네오샤머니즘
NEO-SHAMANISM

NEO-SHAMANISM
The Philosophy of Life and Peace

Written by Park Jung jin.

Published by Sallim Publishing Co., 2018.

네오샤머니즘
NEO-SHAMANISM

생명과 평화의 철학

박정진 지음

살림

나는 이 책을 인류학의 길을 열어준
영남대학교 문화인류학과 개설교수였던
고(故) 김택규(金宅圭) 선생님의 영전에 바친다.
그는 샤머니즘의 영감의 원천이었다.

이 책은 또한 서양철학과 동양의 도학 사이에
다리를 놓느라고 애썼던 하이데거에게 바친다.

| 차례 |

서양철학의 한계를 딛고,
한국자생철학을 선도하다

김형효(전 정신문화연구원부원장)

박정진 선생은 지난 몇 년 동안 거의 초인적인 힘으로 한국의 자생철학의 탄생을 위해, 이른바 철학인류학적인 철학서들을 쏟아냈습니다. 곁에서 지켜본 저로서는 참으로 경이로운 순간들이었습니다. 박 선생의 철학이 이제 한민족문화의 심층인 샤머니즘에 이르고, 그곳에서부터 물레를 돌리듯 자아올린 성과가 이번 책입니다. 그래서 그런지 제목에서부터 민족문화적인 냄새가 물씬 풍깁니다.

『생명과 평화의 철학―네오샤머니즘』은 특이하게도 제가 유럽에서 유학하고 국내에 돌아와서 처음 쓴 책인『평화를 위한 철학』의 '평화'의 염원을 계승하면서 그 앞에 '생명'이라는 단어를 하나 더 붙였습니다. 그리고 그 뒤에 '네오샤머니즘'이라는 관점에서 종합을 하고 있습니다. 인류의 평화는 생명사상이 앞에서 끌어주면서 동반성장하지 않으면 달성될 수 없음을 상기하게 됩니다.

하이데거나 데리다에 대한 비판을 통해서 현재 세계를 이끌고 있는 서양철학과 문명의 한계나 모순, 그리고 마치 인류의 구원이라도 되는 양 떠받들고 있는 과학기술문명의 문제점과 그것에 내재한 '도구적 인간'의 종말적 상황을 지적하는 그의 설명을 들을 때면 그의 혜안에 때로는 놀라움에 젖기도 합니다. 선배 철학도로서 활발한 토론을 해주지 못하는 저의 입장이 못내 아쉽습니다.

저는 여러 번 박 선생의 저술에 「추천사」를 썼습니다. 이번 책은 그간 박 선생의 철학의 요체를 충분히 모아서 드러낸 것 같은 중량감을 느끼게 됩니다. 또한 현대문명을 이끌고 있는 서양철학에다 대고 우리도 '오리지널 철학'이 있다고 소리치는 함성을 듣게 됩니다. 한국자생철학의 선도가 되어준 그를 위로하고 싶습니다.

지난 4, 5년 동안 줄기차게 저의 집에서 '심원철학방'을 함께 운영하면서 제자 및 철학동호인과 활발한 발표와 토론을 해준 박 선생에게 감사를 드립니다.

2018년 2월 16일 설날아침에

심원(心遠) 김형효(金炯孝)

박정진의 철학,
인류 미래의 철학이 될 것

공종원(전 조선일보, 중앙일보 논설위원)

일찍이 한국의 자생철학을 염원해온 열암(洌巖) 박종홍(朴鍾鴻, 1903~1976) 선생은 서울대에서 '한국철학사' 강의를 처음으로 개설하여 우리 철학계에 큰 충격을 주었다. 한창 실존철학 등 서양철학이 풍미하던 시대에 남의 철학이 아닌 우리의 독자적인 철학을 내세운 의도자체가 신선했을뿐더러 우리 역사전통 속에 성장해온 한국의 철학사상에 대한 긍지가 느껴져 학생들과 이 땅의 철학도 들에게 큰 자극을 주었던 것이다.

더 중요한 것은 당시 열암이 막연한 민족주의적 의욕을 내세운 학문연구가 아니라 동·서 철학을 두로 섭렵하고 세계에 자랑할 만한 한국의 철학을 이뤄내야 한다는 계획을 꾸준히 추진하였다는 점이다. 이를 위해 열암은 그의 철학의 논리적 근거로서 '일반논리학' '인식논리학'을 거쳐 '변증법논리학'과 '역의 논리'라는 논리체계 완성에 진력하였다. 이보다 더 중요한 것은 그가 단순한 사변에 빠지지 않고 현실의 문제들을 극복하면서 절실한 문제들을 해결해내는 창조적 지성에 대한 열망을 강조 하였다는 점이다. 그래서 박종홍이 비록 그의 철학체계를 완성 하지 못하고 세상을 떠났지만 그를 기리는 후학들이 모여 만든 열암기념사업회에서 발간하는 학술지의 이름도 『현실과 창조』 였다.

철학자 박동환(연세대 명예교수)은 철학의 방향성(orientation) 을 잃은 서양철학을 극복하고, 동양사상과 서양사상의 밖에서 제3의 철학을 해야 한다는 의미맥락에서 삼표론(三表論)을 제안 했다. 삼표론의 내용은 "동서의 바깥에 해당하는 잉여지대의 사 상의 가능성을 하나의 평면에 구성하는 작업"이었던 것으로 기 억한다. 결국 한국의 자생철학의 완성이라는 것은 동양사상과 서양사상을 이해하는 것은 물론이고, 동서철학을 뛰어넘을 때 에 가능한 일임을 상기케 하는 대목이다.

이 책에서 내놓은 박정진의 철학역시 동양철학과 서양철학 을 섭렵한 것은 물론이고, 그 사이에 있는 철학적 현안들을 다양 하게 검토하고 있다. 특이한 것은 그가 서양철학을 '현상학'이라 는 카테고리로 규정하고, 동양철학을 '도학'이라고 규정한 점이 다. 그는 나아가 도학을 '존재론'과 연결시키는 동서소통작업을 하고 있다. 구체적인 철학적 평면작업은 주로 하이데거와 데리다를 비판하는 것을 중심으로 하고 있는데 이를 위해 그는 데카르트, 칸트, 헤겔, 니체, 마르크스 등 서양 철학사 전반과 결투를 벌이고 있다.

다른 한편 박정진은 동양철학의 대종을 이루고 있는 원시유교철학과 노장철학과 불교철학, 그리고 주자학 등을 아울러 토론의 중심에 끌어 들이는 데에 성공하고 있다. 심지어 그는 철학 자체를 대상으로 하는, 철학의 밖에서 사유하는, 이른바 철학인류학적 태도를 보이면서 앎의 체계인 철학과 삶의 체계인 인류학의 사이(틈새)를 오가면서 철학의 원시반본을 시도한다. 이러한 철학적 원시반본은 서양의 오리엔탈리즘(orientalism)을 극복하면서 '존재론의 미래로서의 네오샤머니즘'을 주장하는 데에 이른다. 인류학자적 자세를 계속 유지하면서 철학하는 모습이 약여하다.

참으로 그의 철학적 여정은 놀랍기만 하다. 특히 서양 현상학의 딜레마를 논할 때는 그의 철학적 위치가 새로운 경지에 있음을 느끼게 한다. 서양 철학사 전체를 현상학으로 일이관지(一以貫之)하는 모습은 어쩌면 당돌하기 그지없다.

그는 이렇게 말한다. "서양철학은 확실하지 않는 세계와 사물을 마치 확실한 것처럼 이분법(이원대립)으로 나누고, 그것에서 말미암은 동일성을 토대로 끝없이(무한대로) 어떤 이상과 욕망을 변증법적으로 실현하고자 하는, 맹목성을 연출한 하나의 드라마와 같다. 확실성(동일성)의 주변에는 항상 틈(공집합)이 있기 마련이고, 그 틈은 항상 다른 동일성으로 향하는 '비어 있는 중심'과 같다. 그 비어 있음이 동양의 도(道)이다. 그렇기 때문에 서양철학은 '동양의 도(道)'의 한 노정에 불과하다. 길은 항상 정해져 있지 않고, 사방으로 통하는 다른 길의 길목일 뿐이다. 그 도(道)는 바로 연기(緣起, 네트워크)의 다른 말이다. 서양철학은 '동일성의 노예'라고 말할 수 있다. 서양철학에서 말하는 '차이성'조차도 '동일성(실체)의 차이성'이다."

물론 서양 철학적 전통의 가장 큰 수확은 과학일 것이다. 그렇지만 하이데거는 "과학은 사유하지 않는다"고 말했다. 오늘날 서양철학이 자신의 장남인 과학에 큰소리를 치지 못하는 것은 마치 권력을 잃은 늙은 아버지와 같은 것인지 모른다. 개념을 바탕으로 하는 서양철학의 보편성과 초월성과 투쟁성과 패권경쟁은 오늘날 지구환경의 황폐화와 문명의 종말적 상황에 처한 나머지 뚜렷한 방향을 잡지 못하고 있다. 박정진이 지난 5, 6년간 내놓은 철학이 인류의 미래의 철학으로 자리를 잡을지 궁금하기 그지없다.

박정진의 철학은 일반성의 철학, 소리의 철학, 여성의 철학, 평화의 철학, 생태철학 등으로 불렸다. 그런데 이들은 그의 철학의 다양한 모습이라고 할 수도 있지만, 일종의 교향악의 변주에 속한다고 볼 수 있다. 여기에 하나 더 추가하면 이 책의 제목이 된 '네오샤머니즘'철학을 보탤 수 있을 것이다. 달(月)과 샤머니즘은 예부터 깊은 관계에 있다. 달은 생명을 은유하고 있고, 샤머니즘도 생명과 평화를 추구하고 있다.

『생명과 평화의 철학—네오샤머니즘』은 과학기술시대를 뛰어넘어서 원시고대의 샤머니즘을 새롭게 부활시켰다는 의미에서 붙여진 이름이다. 이 책을 읽어보면 네오샤머니즘은 신체적 존재론(신체존재론)과 심정적 존재론(심정존재론)의 지평위에 새롭게 쌓아올린 천지인사상의 철학적 건축물이다.

그는 서양철학의 존재론과 현상학의 화해의 산물로 신체적 존재론을 창안하고 있다. 신체적 존재론은 프랑스의 신체적 현상학과 독일의 존재론을 융합한 제3의 철학이다. 동서철학을 뛰어넘은 그의 철학은 바로 이것에 뿌리를 내리고 있고, 그러한 뿌리내림은 동양의 불교와 노장철학의 풍요한 지반(地盤)에 도움을 받고 있다. 그의 철학적 행보는 아마도 한국철학의 미래와 관련되는 모종의 큰 사건을 일으킬 것으로 기대하면서 이 철학적 노작(勞作)에 축하와 함께 영광을 빌어본다.

2018년 5월 5일 어린이날 아침에

숭봉(崇峰) 공종원(孔鍾源)

사이보그 시대,
인간을 어떻게 구원할 것인가

신이 아무런 감흥을 불러일으키지 않는 시대—우린 이미 기계가 되어버렸다. 시인과 철학자들은 기계를 찬양하고 있다. 생명이 없어져버렸다. 이는 인간이 스스로 자초한 절망이다. 그동안 사물로 비하해왔던 자연은 일제히 보복을 할 것이다. 니체가 떠들었던 허무주의의 극복은 허무주의의 극치로 치닫고 있다. 이 아름다운 악마, 영악한 악동인 인간은 스스로 자기 무덤을 파고 있는 형국이다.

자유와 평등은 고사하고 사랑도 계산이 되어버린 과학기술 만능의 기계의 시대가 계속 추앙된다면 인류는 이미 종말을 고했다고 할 수 있다. 마지막 구원을 위해 옛 샤먼을 불러보고 회상한다. 혹시라도 신이 감흥을 불러일으킬까 하여? 신명은 어디

갔는가!

서구중심의 근대과학기술문명이 여러 면에서 한계를 드러
내고 있는 상황에서 동서철학과 문명의 가교역할을 한 것으로
평가되고 있는 하이데거의 존재론이 우리나라에서는 어떻게,
어떤 모습으로 발전되는 것이 가장 바람직할까? 이러한 고민을
하고 있던 중 한국 하이데거 학회와 해석학회가 공동으로 주최
한 2017년 한국현대유럽철학회 하계학술발표회(중앙대학교)에
초대되어 발표논문을 준비하는 과정에서 이 책이 만들어졌다.

학회발표논문을 써가는 과정에서 여러 아이디어가 떠올랐
고 그것을 집약하고 보충하면서 대강이 만들어졌고, 줄기와 가
지를 가다듬으면서 존재론의 미래가 한국의 전통 샤머니즘에
있음을 정리하게 되었다. 물론 이러한 생각의 편린(片鱗)들은 필
자가 그동안 써온 10여 권의 철학저술에 부분적으로 드러난 것
도 있었고, 이번에 정리하면서 새롭게 떠오른 것도 적지 않았다.
결국 역사이든, 철학이든 글쓰기를 하지 않고 떠들어대는 것은
공염불에 지나지 않는 것임을 이번에도 확인할 수 있었다.

하계학술발표회에 낸 논문의 제목은 「서양 현상학과 동양
존재론의 소통과 미래를 위한 사유」였다. 이 논문의 뼈대 위에
좀 더 자세한 설명과 필요한 최소한의 각주를 붙이면서 양적으
로 대폭 늘어났고, 내용 면에서도 큰 진전을 이루었다. 최종적으
로 전면적인 수정보완을 하는 과정에서 결국 네오샤머니즘으로
제목이 낙착되었다.

이날 학회에서 필자는 한국문화에서 완전히 체화된 형태로 드러난 인문학적 성과는 아직 '문학'밖에 없으며, 이는 자신의 삶을 재료로 하지 않고는 성립하지 않는 문학의 특성 때문이라고 말했다. 다른 인문학 분야, 예컨대 철학과 역사학 분야는 자신의 삶에서 좀 더 대자적·반성적 자세를 취해야 하는 것이고, 삶 자체와 거리두기를 해야 하는 관망적 성격 때문에 아직 글쓰기가 본격적인 궤도에 진입하지 않고 있음을 지적하였다. 말하자면 철학과 역사학의 사대적·종속적 입장을 에둘러 지적하였던 셈이다.

집필이 마무리될 즈음에 한국동서철학회로부터 '동양은 어떻게 서양을 계몽하였는가?—오리엔탈리즘에 대한 재성찰과 평가'를 주제로 춘계학술대회(한국외국어대학 교수회관, 6월 2일)를 개최하는데 기조강연을 맡아달라는 초청을 받았다. 그래서 이 책의 일부원고를 주제에 맞게 조정하여 「서양철학에 영향 미친 성리학 및 도학(道學)」이라는 원고를 제출하고 성황리에 발표를 할 수 있었다. 아마도 유종의 미를 거둘 수 있도록 하늘이 배려한 것이 아닌가, 생각되었다.

아직도 한국의 철학자들은 서구학자들의 문서와 책들을 마치 『성경』을 읽듯이—「창세기」 몇 장 몇 절' 하듯이 '문서 몇 번 몇 줄'을 표기하면서 자신의 지식자랑을 일삼는 데서 자기 임무를 다했다는 안일한 자세를 취하고 있다. 한국철학이 단순한 서양철학의 전도사가 되어서는 안 된다. 그것은 주인이 아닌 '종

(從)의 철학'이다. 이는 마치 기독교 목사가 『성경』의 장절을 외치면서 설교하는 것과 다를 바가 없다. 말하자면 서양철학은 또 다른 서양종교가 된 셈이다.

한국인의 종교적 심성이 유독 강한 탓일까. 우리는 외래사상이나 문물이 들어오면 처음에는 강하게 저항하는 척하다가 나중에는 거의 무방비상태로 무조건 받아들이고 숭배하는 특성을 가지고 있다. 이것을 한민족의 여성성이라고 하면 지나친 비하이고 편견일까. 한국인은 외래사상을 시시비비 따지기 전에 무조건 받아들이고 본다. 그리고 한 번 받아들인 것은 세상이 변해도 지키는 습성이 있다.

스스로 창조적 이성으로 생각하고 토론하는 힘이 부족하기 때문에 외래문물은 국내에 들어와서는 쉽게 당파를 형성한다. 내용보다 형식이 중요하고, 실질보다는 허례허식이 중요하다. 그러다보니 의례는 의례적인 것이 되고 만다. 조선 중기의 주자가례(朱子家禮)를 둘러싼 예송(禮訟)은 그 대표적인 것이다. 오늘날도 권력지식인사회에서 부지불식간에 예송-당파는 계속되고 있다. 한국인에게 당파성은 자신의 정체성을 드러내는 방식이기도 하다.

칸트를 공부하고, 헤겔을 공부하고, 마르크스를 공부하고, 니체를 공부하고, 하이데거를 공부하고, 들뢰즈를 공부하는 것이 스스로 자기철학을 하는 것은 아니다. 오늘날 철학자 가운데는 자신이 전공한 서양철학자들을 선양(선교)하고 대변하는 것이 곧 철학하는 행위인 줄 착각하는 학자들이 많다. 물론 철학을 하기 위해서는 철학적 기초공부나 훈련이 필요하지만, 그러한 훈련이 철학하는 것은 아니다. 서양철학의 짜깁기와 요약으로서는 진정한 철학자, 철학하는 사람이 될 수 없고, 동시에 인류를 구원할 철학도 내놓을 수가 없다.

철학의 탄생도 철학자가 거주하는 곳에서 발생하는 자연현상이다. 독일철학은 독일 사람들의 삶과 앎의 일체이고, 프랑스철학은 프랑스 사람들의 삶과 앎의 일체이고, 영국철학은 영국 사람들의 삶과 앎의 일체이고, 그리고 미국철학은 미국 사람들의 삶과 앎의 일체이다. 한국철학은 한국 사람들의 삶과 앎의 일체로서 탄생하여야 한다. 철학자들은 스스로의 사유체계에 도달하려고 하는 사람들이고, 여기에 도달한 사람만이 자신의 고유한 철학의 이름을 붙일 수 있을 것이다.

스스로 사유하지 않고 남의 사유를 마치 자신의 사유인 양 떠들어대고, 남에게 빙의되어 있으면서 철학자 행세를 하는 것은 시중에서 동양철학관을 열어놓고 손님을 부르는 '철학관 철학'보다 못한 행색인 것이다. 철학을 공부하는 사람은 있어도 철학하는(philosophiren) 사람은 아직 한국에 없다. 앞으로 한국의 경제성장에 걸맞은 자생철학자들이 많이 등장하는 것이야말로 한국이 선진국으로 들어가느냐 가부를 결정할 것이다. 그러한 점에서 철학교수들이나 철학도의 사명이 크다. 이 책이 그러한 자생철학의 길에 하나의 징검다리가 되었으면 하는 바람이다.

철학인류학자로서의 필자는 결국 다섯 단어, 즉 God, Geist, Ghost, Culture, Nature라는 단어로 지금까지의 인류의 철학과 문화를 요약하고자 한다. God, Geist, Ghost는 결국 Culture를 대변하고, Culture의 바탕으로서 Nature가 존재한다. Nature야 말로 진정한 존재이고, 심정이다.

『네오샤머니즘』이 패권주의에 빠진 인류를 평화로 인도하는 길에 조금이나마 도움이 되었으면 하는 바람이다. 동시에 현재의 '국가유엔'이 '평화유엔'으로 거듭하는 데에 큰 밑거름이 되었으면 한다. 그리고 문명을 건설한 인간의 오만과 편견을 크게 반성하는 데에 힘이 되어주었으면 한다.

끝으로 이 책에 빛나는 「발문」을 써준 문학평론가 진형준 박사에게 황송한 마음을 금할 길이 없다. 아울러 원고의 첫 독자가 되어주면서 교열과 조언을 아끼지 않았던 옥광 이달희 시인과 항상 옆에서 철학적 대화의 상대가 되어준 조형국 박사(하이데거학회 국제교류이사), 그리고 어려운 출판환경에도 불구하고 이 원고를 세상에 드러나게 해준 살림출판사 심만수 사장에게도 감사를 드린다.

이 책은 칸트가 『순수이성비판』(1781)을 낸 지 237년째이고, 헤겔이 『정신현상학』(1806)을 낸 지 212년째이고, 하이데거(1927)가 『존재와 시간』을 낸 지 91년째이고, 니시다 기타로가 『선(善)의 연구』(1911)를 낸 지 107년째이다. 참고로 니시다 기타로의 『선의 연구』는 일본이 조선을 강제병탄(1910)한 다음 해에 발간되었다. 철학의 힘은 국가의 힘과 관련이 있다. 한 나라의 인문학과 정신력의 바로미터이기 때문이다.

　참으로 안타깝게도 이 책이 출판되기 직전에 나의 철학의 대부이신 김형효 선생님이 갑작스럽게 운명하셨다(2018년 2월 24일 아침 8시). 사람의 생사(生死)와 인연(因緣)이 무엇인지 알 길이 없다. 만년에 불교에서 귀의하여 많은 위로를 받고 감탄을 쏟아내셨던 선생님은 경기도 양평의 공원묘지('양평 별 그리다') 수목장(樹木葬)에서 자연으로 돌아가셨다. 삼가 선생님의 명복을 빌어본다.

2018년 9월 9일 파주 통일동산 기슭 우거(寓居)에서
심중(心中) 박정진

제 1 장

철학인류학의 성립

1. 인류학적 철학, 철학인류학의 태도

철학이 단순히 세계에 대한 어떤 앎을 드러내거나 확장하는 지식의 체계일까, 아니면 삶을 위한 전략으로서의(전략을 숨기거나 내재하고 있는) 지식체계일까. 인류학적 철학은 물론 삶에 중심을 두고 있는 후자에 비중을 두고 있다. 왜냐하면 생물로서의 인간이 생존을 위한 여러 활동 가운데 철학도 포함되며, 존재이유가 있다고 보기 때문이다. 그러한 생존활동이 단지 본능이라면 철학하는 것도 인간의 본능일 수도 있다는 것을 배제하지 않는다.

인간은 본능적으로 철학하는(사유하는, 인식하는) 동물이다. 인간은 그러한 사유나 인식을 통해서 인구(개체군)를 유지하고 증식하는 데에 성공한 생물종일 뿐만 아니라 오늘날 스스로 '만물의 영장'이라고 말한다. '호모사피엔스사피엔스(Homo sapiens

sapiens)'라는 분류학의 명명은 그러한 자의식이 이미 반영되어 있다.

이러한 인류학적 철학의 태도는 한 문화를 '밖'에서 보는 태도를 가짐으로써 도리어 '안과 밖'을 동시에 보는 기회와 힘을 가지게 되며 인류의 소통과 교감을 증진시키게 된다(물론 정복과 지배의 도구로 쓸 수도 있다). 따라서 이 글은 서양철학의 밖에서 서양철학을 보는 것으로서 의미를 찾게 된다. 더불어 인류의 밖에서 인류를 바라보는 것으로서 의미를 동시에 찾게 된다.

확실히 서양철학의 밖에서 보아야 서양철학이 보인다. 서양철학의 안에서는 서양철학의 진정한 의미를 알 수 없다. 중국 송(宋)나라의 절세시인인 소식(蘇軾)의 여산진면목(廬山眞面目)[1]과 같은 것이다. 하이데거도 비슷한 말을 했다. "물리학적인 방법을 갖고 무엇이 물리학인지 말할 수 없다. 무엇이 물리학인지는 오직 철학적인 물음의 방식으로만 사유될 수 있다."[2]

여기서 '서양철학의 밖'이라는 의미는 '동양철학'도 될 수 있고, 또한 동양철학과 서양철학의 '사이'도 될 수 있고, 동서철학을 교집합으로 묶은 '제3의 어떤 영역'의 의미도 될 수 있다.

---

1 소동파(蘇東坡)로 널리 알려진 그는 「제서림벽(題西林壁)」이라는 시에서 "여산의 참모습을 알지 못함은(不識廬山眞面目), 단지 이 몸이 이 산속에 있기 때문이라네(只緣身在此山中)"라고 읊었다.
2 이기상, 『(쉽게 풀어 쓴 하이데거의 생애와 사상, 그리고 그 영향』(누멘, 2010), 64~65쪽.

심지어는 서양철학과 물리학(자연과학)을 통틀어 '그 밖'을 의미할 수도 있다. 이는 다분히 서양의 물리학과 철학을 싸잡아 보는 견해가 될 수도 있다.

동양철학과 서양철학은 사물 혹은 사건과의 관계 맺기가 다르다고 할 수 있다. 동양철학은 '음양적인 관계변화'(대표적인 것은 역학易學)에 초점을 맞춘다면 서양철학은 이원대립을 통한 '동일성(정체성)의 실체증명'(대표적인 것은 과학)에 초점을 맞춘다고 할 수 있다. 이렇게 볼 때 아마도 제3의 철학은 현상학과 존재론의 융합과 같은 이론철학의 영역이거나 아니면, 자유(자본)주의철학과 사회(평등)주의철학의 융합과 같은 실천철학의 영역이 될 것이다.

이상을 종합적으로 보면 결국 기존의 철학에 인류학적 철학의 개입은 인류의 동서철학사로 보거나 지구촌이 된 인류의 미래문명을 위해서나 시대적 사명에 속하는 것이라고 할 수 있다. 말하자면 종래의 철학은 일종의 지역철학으로 재해석하게 된다. 말하자면 서양철학은 서양의 지역학 혹은 지역철학이고, 동양철학도 동양의 지역학 혹은 지역철학이 된다. 보편성과 절대성이라는 것은 한(특정) 문화(지역) 속의 그것으로 왜소화되지 않을 수 없다.

서양철학은 다시 프랑스철학, 영국철학, 독일철학 등으로 나뉠 수 있다. 동양철학은 다시 중국철학, 한국철학, 일본철학 등으로 나뉠 수 있다. 그리고 기타 지역에서도 그들 나름의 철학적 전통이 있음을 일반적으로 인정하지 않을 수 없다. 철학이 해석학이고, 세계에 대한 이해라면 어떤 종류의 철학이든 철학이 없는 문화는 있을 수 없다. 인류학적 철학은 분명히 '지구촌 시대'의 새로운 철학적 환경을 만드는 데에 기여하게 될 것이다. 특히 그동안 통용된 '철학적 보편성'에 대해 크게 이의를 제기하게 될 것이다.

인류학의 통시적·공시적 연구의 병행과 어떤 사회의 삶이라고 할지라도 동등하게 바라보고 이를 인간성의 발현으로 혹은 인류문화의 다양성으로 보는 태도야말로 서구중심의 철학, 인간중심의 철학에 찌들어 있는 서구문명을 치유할 수 있는 대안을 제시할 것으로 기대된다. 인류학적 철학 자체가 바로 인류의 자산이 되는 것이다. 말하자면 인류학적 철학이야말로 동서고금을 넘나들면서 '새로운 철학의 가능성'을 제시하고, 심지어 인류문화의 원형을 되돌아보는 계기를 만듦으로써 과거에 대한 회상과 반성을 통해 새로운 미래문명을 만들어내는 견인차의 역할을 할 것으로 기대된다.

서양철학의 사물에 대한 보편의식은 서양문명의 특수성(집단성)을 바탕으로 한 보편성에 지나지 않는 것이다. 미셸푸코의 『말과 사물』은 그러한 문화인류학적인 정황을 철학에서 잘 반영하고 있고, 서양철학 스스로를 바라보는 대자적 태도를 취한 좋은 예로 볼 수 있다.

인간은 단수(Man)가 아니라 복수(Mans)라는 인류학의 기본적인 태도와 다른 문화들(Other Cultures)에 대한 문화상대주의적 입장은 서양철학주도의 세계철학계에 다른 많은 가능성을 열어주었다. 특히 철학인류학의 길을 개척한 클로드 레비-스트로스는 이 분야에 많은 성과와 충격을 주었고, 특히 사르트르와의 논쟁은 프랑스를 중심한 유럽철학계에 파문을 던진 바 있다.

철학과 인류학은 이미 상호교류를 통해 발전을 거듭하고 있고, 새로운 종합을 위해서 성과를 거두고 있다. 예컨대 서양철학의 밖에서 서양철학을 보는 태도는 많은 시사점을 주면서 동양철학의 의미를 새롭게 발전하게 하는 것은 물론이고, 양자의 자아정립과 발전을 도모케 한다. '자아와 비자아'의 상호 존재확인, 혹은 '정반합'의 변증법적인 관계에 양자를 있게 한다. 본고에서 동양철학을 '존재론'이라고 규정한 것도 다분히 동서철학의 교류 혹은 변증법적인 종합을 이루려는 입장에서 나온 발상이다.

서양철학의 입장에서 보면 불교는 '불교적 존재론'이 되고, 동양의 도가(道家)사상 혹은 무위자연(無爲自然)사상은 '자연적 존재론'이 된다. 물론 서양의 존재론이 완전히 동양사상의 '생성적(生成的) 성격'과 완전히 일치하는 것인가에는 의문이 없는 것은 아니고, 아직 서양철학 특유의 실체론의 그림자가 없는 것은 아니지만 적어도 동서양의 소통과 이해의 가교를 마련한다는 점에서는 이러한 표현이 의의가 있을 것이다. 불교를 '불교적 존재론' 혹은 '부처의 존재론'이라고 말한다면 기독교는 '기독교적 현상학'

혹은 '신의 현상학'이라고 말할 수 있을 것이다.

　서양철학 내에서도 서로 다른 철학적 특성을 보이는 점도 철학이 '삶의 철학'이라는 점을 느끼게 해준다. 독일의 관념론, 프랑스의 합리론, 영국의 경험론의 전통은 철학이 문화 혹은 문화생태, 문화풍토의 영향에서 벗어날 수 없다는 점을 보여준다. 종국에는 서로 다른 철학적 특성을 서로 바라보면서 자신(자아, 주체)을 확인하고, 나아가서 새로운 종합(통합)을 이루는 것이 철학인 셈이다. 오늘날 서양철학은 그러한 역사적 전통을 수립한 셈이다. 그렇다면 이제 인류는 동서양철학의 종합을 과제로 남겨두고 있다. 동양과 서양도 서로를 변증법적인 관계로 설정될 수 있을 것이다.

　오늘날 동서양철학은 제3의 철학을 모색하지 않으면 안 된다. 제3의 철학은 서양철학과 동양철학의 틈새에서 생성될 수밖에 없고, 그 틈은 인간의 본래적 삶에서 생성되는 것이 아니면 안 된다. 그러한 점에서 미래의 철학은 동서양철학의 형성 이전에 존재했던 것으로 짐작되는, 자연스러운 어떤 것, 원시적인 것과 맥이 통하는 존재-사유의 형태일 것으로 짐작된다. 말하자면 서양철학이 지금껏 사물이라고 지칭한 것을 존재사태 혹은 존재사건으로 보는 것일 가능성이 높다. 그렇지만 이러한 존재론도 결국 철학적인 체계가 되기 위해서는 언어로 구성되는 언어구성체가 되지 않으면 안 된다. 동서양철학의 종합자체가 또 다른 변증법적인 지양을 거듭하는 것이다.

철학인류학은 철학적 '앎'과 문화적 '삶'을 융합한 인류학이라고 할 수 있다. 이러한 인류학적 철학의 입장에서 동서양철학의 상호소통과 미래에 대해 나름대로의 해석과 제안을 해보고자 하는 것이 이 책을 쓰는 목적이다. 삶이 없는 앎은 없다. 어떠한 앎도 삶을 통해서 이룩된 것이다. 또한 행위와 사건이 없는 삶은 없다. 인간의 대뇌는 종종 자연과 문화를 '사물'이나 '문양'으로 보고자 하지만 그러한 것도 삶이라는 콘텍스트 위에 성립하는 텍스트일 뿐이다. 인간의 문화는 근거를 알 수 없는 콘텍스트 상에 있다. 그 근거는 원인이라는 것과는 다른, 어떤 바탕이고 심연(深淵, 心淵)이다.

먼저 철학이 인간의 문화행위 가운데 한 활동이기에 다시 말해, 자연에 옷(언어)을 입히는 행위(인간의 손을 가하는)이기에 거기에서 드러나는 인간인식의 이원구조와 대칭과 대립에 대해 살펴보고자 한다. 그런 다음 동서양철학과 종교 각각에서 인간인식의 이원구조 속에서 전개되는 내용들이 왜 서로 소통해야 하는지를 역설하면서 존재론의 미래로서 네오샤머니즘을 소개하고자 한다.

구체적으로는 서양철학의 특징, 서양철학의 계보학, 서양철학의 종언, 그리고 동서철학과 종교의 소통을 살펴볼 것이다. 마지막으로 네오샤머니즘의 관점에서 『천부경(天符經)』의 존재론과 현상학을 비롯해서, 천지인 사상의 현대적 의의를 살펴볼 것이다.

2. 인간인식의 이원구조와 철학의 이원대립

철학은 결국 자연에 언어를 입히는 해석학적 행위이다. 이때의 언어는 물론 언어와 문법을 의미한다. 철학의 자리에 문화를 대입하면 문화는 결국 자연에 옷을 입히는 행위가 되는 것은 물론이다. 인간 의식의 이원구조는 어디서 출발하였으며, 이것을 바탕으로 하는 현상학이 계속해서 동일성을 요구하는 것은 무슨 까닭인가.

철학인류학자인 레비-스트로스는 원시부족사회인의 집단 무의식의 심층구조로서 이원대칭성(dualism)과 어우러져 사는 생활세계의 상호 호혜성(reciprocity)을 발견했다. 인간 의식의 이원구조는 집합적인 무의식(collective unconsciousness), 혹은 심층의식(deep structure)에서 출발한 것이며, 이것은 현상학에서 이원

대립으로 드러난다.[3]

인간의 문명은 도시화됨으로써 이원대립성을 더욱 더 강화하게 되고, 역사변증법에 이른다. 원시부족사회의 상호호혜성은 시장경제에 이르러 교환체계로 변모해갔다. 이러한 과정을 '현상화의 심화' 혹은 '계량의 심화'라고 말할 수 있을 것이다. 헤겔의 유심론(절대정신)과 마르크스의 유물론(절대물질, 사적 유물론)의 대립과 가역왕래는 현상학의 원환(圓環)궤도(타원형의 궤도)의 한계와 특징을 잘 드러내주고 있다. 유심론이든 유물론이든 결국 현상학적인 차원의 대립이다. 물리학을 물리학적 현상학이라고 말한다면 유심론은 현상학적 정신론이라고 말할 수 있고, 유물론은 '현상학적 물리학' '심리학적 자연과학'이라고 말할 수 있을 것이다.

결국 기독교과학의 서양문명이 18세기~21세기까지 근대와 현대에 만들어낸 패러다임 중 자연과학과 유물론은 일란성 쌍둥이와 같은 것이라고 말할 수 있다. 서양 철학사를 훑어보면 고대에 플라톤(Platon, BC 427~BC 347)이 '본질(Idea)'이라는 개념을 등장시킴으로써 도리어 본질이 현상되기 시작하였다고 볼 수

---

3 서양의 많은 철학자들은 구조언어학자나 구조인류학자인 레비-스트로스가 밝혀낸 인간 무의식의 이원구조(이원대립항)를 마치 서양철학의 현상학의 이원대립구조처럼 받아들이는 경우가 많다. 이는 매우 잘못된 것이다. 구조주의의 이원대립항(binary opposition)은 현상학, 즉 의식학의 '비대칭적 대립'이 아니라 무의식의 '대칭적 대립(대칭성)'으로서 고정불변의 실체가 있는 것은 아니다.

있다. 이것이 '현상/본질'이다. 플라톤에 이어 아리스토텔레스에 의해 '형상/질료'라는 대립어가 등장함으로써 오늘날 자연과학의 틀을 잡았다고 볼 수 있다.

플라톤의 이데아를 오늘의 입장에서 보면 하이데거(Martin Heidegger, 1889~1976)의 '존재(Sein)'를 '이데아(Idea)'로 본 것이라고 비유할 수 있다. 다시 말하면 본질을 거론함으로써 사물을 형이상학적으로 탐구하는 길을 열었으며, 동시에 현상학도 출범시켰다고 볼 수 있다. 근대철학에 이르러서 헤겔에 의해 '정신/물질'이라는 대립어가 등장했다고 볼 수 있다.

서양철학에 있어서 현상의 출발과 같은 사태는 동양에서는 논어의 문(文)/질(質)의 형태로 등장한다. '문/질'은 서양철학의 '정신/물질'의 이분법과는 다른 형태이다.

『논어』「옹야(雍也)」에 문질빈빈(文質彬彬)이라는 말이 있다.

공자께서 말씀하셨다. "질(바탕)이 문(문채)을 이기면 촌스럽고 문이 질을 이기면 겉치레만을 한다. 문질이 균형 잡힌 뒤에야 군자라고 할 수 있다."(子曰, "質勝文則野, 文勝質則史. 文質彬彬, 然後君子.)

동양철학에서는 '문질(文質)'이 나중에 불교의 영향 등에 의해 '이기(理氣)'로 바뀌게 된다. 이(理)라는 개념은 화엄불교에 의해 '이사(理事)'의 구분으로 등장하게 되는데 송(宋)의 정주학(程朱學)

에 이르러 다시 이기(理氣)의 형태로 정착되었던 것이다.

철학적 개념들이란 흘러가는 자연(自然, 스스로 그러한)의 입장에서 보면, 모두 자연을 명사화한, 다시 말하면 자연을 사물(언어=사물)로 정지시키거나 자연에 언어를 입힌 해석에 불과하다. 예컨대 '질료'나 '물질'이나 '질(質)'의 경우도 그것 자체라기보다는 현상학적인 대립을 통해 존재(Sein)를 표현한 것에 불과한 것이다. 언어는 그 자체가 철자에서부터 구성된 구성물이다.

프랑스 철학자 데리다는 해체론의 의미로 '문자학(grammatology)'을 수립했지만 문자는 해체론적 의미보다는 구성적인 의미가 앞선다고 할 수 있다. 말하자면 구성이 있은 연후에야 해체가 가능하다는 뜻이다. 문화를 만든 원천적인 힘은 문자(文, 紋)의 힘이고, 구성의 힘이고, 문법(문화문법)의 힘이다. 해체론이라는 말 자체가 이미 구성된 것을 해체한다는 자기모순의 이중성을 안고 있다. 철학과 문화의 구성이라는 측면은 자연(본래자연)이 아니라는 점과 통한다.

문(文), 즉 언어라는 것은 이중의미나 다의미를 갖기도 하지만 기본적으로 그것의 정태성으로 인해 동일성을 대변하는 경우가 많다. 특히 철학적 개념어의 경우 바로 동일성을 바탕으로 철학체계를 구성한다는 점에서 철학자가 주장하는 동일성의 세계를 설명하고자 하는 욕구와 의도를 이미 가지고 있다. 예술과 종교의 경우 상상력과 함께 언어의 상징성을 주로 사용하지만 철학이나 일상용어에서는 동일성을 우선하게 된다.

이에 비해 자연은 동일성(실체)을 추구하는 것이 아니라 변화무쌍한 실재이며 다양성과 차이의 보고이다. 자연은 그러한 점에서 문화나 문명과는 다른 것이다. 불교적으로 말하면 제행무상, 제법무아의 존재이다. 자연은 생성(생멸)의 존재이다. 자연은 시시각각으로 찰나생멸하는 존재이다. 더 정확하게는 생멸에는 시차(時差)가 없다. 시차가 있으면 그것은 실체가 되고 생사가 된다. 자연과학에서는 '언어(개념)=사물(직관)'이지만 자연에서는 결코 '언어=사물'이 아니라 '자연=존재'이다.

문화의 용어들은 '자연 그 자체', 혹은 '존재 그 자체'가 아니며 자연은 인간이 영원히 알 수 없는 '미지의 세계'이거나 '신비한 세계'이다. 인간이 파악한 자연은 어떻든 어떤 프레임에 의해 해석된 것이며, 결국 자연 그 자체(존재 그 자체)가 아니기 때문이다. 인간의 인식구조는 기본적으로 이원대립(대칭)으로 되어 있다. 이는 기본적으로 생물학적인 조건인 전기적 신경전도(이진법)와 긴밀한 관련을 맺고 있는 것으로 보인다.

철학은 자연의 실재에 대해서 항상 명교주의(名教主義)에 빠질 것을 우려하지 않으면 안 된다. 위의 질료, 물질, 질이라는 말도 실은 언어이며, 실재를 제대로 드러낼 수는 없다. 그러한 점에서 철학은 인간이 생존을 위해서 마련한 장치(고도의 언어체계)일 수 있다. 말하자면 철학은 자연(자연의 신체나 몸)을 다스리는 일종의 제도로서 인간의 삶에 이용(利用)하기 위한, 혹은 자연을 일시적으로(임시방편으로) 왜곡하는, 혹은 자연과 삶을 해석하기 위한 어떤 언어체계 혹은 언어그물망일지도 모른다. 예컨대 신, 국가, 종족, 이성, 양심, 선악 등은 가상실재이다.

현상학은 어쩌면 자연의 실재(존재)에 대해 가상실재(실체)를 세우고 세계를 이해하는 하나의 방법이라고 말할 수 있다. 그 가상실재의 두 기둥이 바로 주체와 대상이다. 따라서 현상학은 주체와 대상의 환영들이라고 말할 수 있다. 좋은 것과 나쁜 것, 선과 악, 원인과 결과 등 모든 이분법은 그 좋은 예이다. 기독교의 '최초의 원인(천지창조)'과 '최후의 종말(종말심판)'의 프레임도 현상학적 발상이라고 할 수 있다. 인간은 왜 자연존재로부터 주체-대상(절대-상대)이라는 현상학적 궤도를 만들고, 그 타원궤도를 돌아갔던 것인가. 그 궤도에는 인간이 찍어놓는 환원과 회귀의 수많은 점들의 흔적과 발자취가 남아 있다. 그 흔적은 의식과 인식과 기억들이다.

현상학의 입장에서 보면 종교나 철학의 세계도 판단정지(époche)를 통해 신기원(epoch)을 찾아내는 과정에 불과하다. 그러한 점에서는 서양의 플라톤철학이나 기독교나 과학도 마찬가지이다. 서양의 철학이나 기독교, 즉 헬레니즘과 헤브라이즘은 모두 현상학적인 태도의 산물이라는 공통성을 발견하게 된다. 고대 신화철학의 시대도 예외는 아니다.

인류의 문명을 신과 이성의 관계 양상으로 거칠게 나누어본다면, 고대 신화철학의 시대, 중세 종교의 시대, 근대 과학의 시대, 후기근대의 예술시대로 말할 수 있을 것이다. 물론 여기서

고대 신화철학 시대	중세 종교시대	근대 과학시대	후기 근대 예술 시대
신화(신)와 철학으로 인간이 정체성(동일성. 실체성)을 확보하던 시대/플라톤·아리스토텔레스	인간(理性)이 신(神)을 증명한 시대: 신의 신성에 절대성을 부여한 시대/ 토마스 아퀴나스	신(神)이 인간(이성)을 보증한 시대: 인간 이성에 절대성을 부여한 시대/ 데카르트·칸트	'신이 죽은 시대'에서 다시 신성을 부활하고 인간의 자연성을 회복하는 시대/헤겔·마르크스·니체·하이데거

[고대에서 근대까지의 신화–철학–종교–과학–예술의 시대적 의미]

후기 근대예술시대라는 것은 니체에 의해 '신이 죽은 시대'로 명명된 미래에 예술이 구원이 될 수 있음을 시사하고 있다.

신화는 문화의 상징적 원형이다. 신화는 물론 문화·심리적 콤플렉스로 작용한다. 유라시아 대륙 전체로 볼 때는 서쪽에서 동쪽으로 오이디푸스콤플렉스, 신데렐라콤플렉스, 나무꾼과 선녀콤플렉스, 고부콤플렉스로 배열된다. 지금의 서유럽은 오이디푸스콤플렉스 지역에 해당하고, 동쪽 끝인 동북아시아 지역(특히 한국을 포함한 동이족)은 고부콤플렉스 지역에 해당한다. 신데렐라콤플렉스와 나무꾼과 선녀콤플렉스 지역은 전 유라시아대륙에 걸쳐 분포하고 있다. 신화는 또한 서쪽으로 갈수록 부계콤플렉스 지역에 가깝고, 동쪽으로 갈수록 모계콤플렉스 지역에 가깝다.[4]

---

4 박정진,『철학의 선물, 선물의 철학』(소나무, 2012), 366~377쪽; 박정진,「신데렐라콤플렉스에 대한 신해석」,『문학/사학/철학』(2007년 봄 창간호, 통권 제8호), 14~40쪽, 한국불교사연구소-발해동양학한국학연구원.

니체가 디오니소스신화를 바탕으로 자신의 철학을 구성한 것은 너무나 잘 알려져 있다. 인류문명을 보면 대체로 신화가 철학과 종교를 낳고, 종교는 또한 과학을 낳는 형태로 분화한 것을 알 수 있다. 지금은 무엇보다도 과학의 시대이다. 과학이 종교와 철학을 지배하고, 신화마저도 구성하고 있음을 볼 수 있다. 물리학의 빅뱅-블랙홀 이야기는 바로 현대의 과학신화라고 할 수 있다. 기독교의 창세기-종말의 신화가 오늘날은 물리학 버전으로 우리의 귓전을 울리고 있다.

기독교라는 접두어를 붙이고 설명한다면 서양문명은 기독교신화, 기독교신학, 기독교철학, 기독교과학이라고 말할 수도 있을 것이다. 신을 부정하는 마르크시즘까지도 기독교마르크시즘이라고 말할 수 있을 것이다. 니체의 '안티-그리스도'도 '예수-니체'라고 말할 수 있을 것이고, 니체의 '초인'도 '초인(인간)-신'이라고 말할 수 있을 것이다. '초인-신'은 '메시아(인간)-신' 혹은 '신-메시아'와 무엇이 다른가.

다시 철학이야기로 돌아가자. 니체는 시인이면서 '시의 철학'을 하지 못하고 '권력의 철학'으로 돌아서면서 허무주의를 극복한다고 소리쳤지만, 하이데거는 시인이 아니면서도 '횔덜린의 시' 해석을 통해 시의 철학, 예술의 철학을 감행했다. 니체는 "신은 죽었다"고 선언했지만, 하이데거는 예술철학을 통해 '신(신성)의 회복'을 꾀했다고 보여진다. 예술이야말로 대중적으로 신성에 접하는 매개로서 미래 인류의 구원임을 하이데거는

깨달았던 것이다. 그런 점에서 철학은 종래의 진선미(眞善美)가 아니라 미선진(美善眞)이 되어야 한다.[5]

미(美)는 칸트에서 무목적의 합목적성이었던 것처럼 현상이면서 동시에 존재이다. 미는 인간의 인식 이전에 존재하는 '존재의 종합적 느낌'으로서의 바탕이다. 칸트도 미(美)를 무목적의 합목적성이라고 말했다. 이 말은 무목적이 더 근본적임을 시사하고 있다. 그 무목적의 바탕 위에 세워진 합목적성이 미라는 뜻이다. 여기서 무목적은 오늘날로 보면 존재론적인 차원의 성격인데 칸트도 현상학적인 범주로 철학적 논의를 제한하긴 했지만 존재성을 어느 정도 인식하고 있었음을 읽을 수 있다.

미적 형상과 언어는 현상학적 언어이면서 동시에 존재론적 언어이다. 미는 설명을 필요로 하지 않는 존재의 수용이면서 기쁨이다. 하이데거는 '언어는 존재의 집'이라고 말했지만 필자의 생각에는 "언어는 존재가 아니고, 신체가 존재이다." 예술은 신체와 더불어 형상을 만들어가는 장르로서 신체적 존재론(신체존재론)을 솔선수범하는 것이다. 예술은 그래서 예술행위 그 자체로서 만족하는 것이다. 예술과 함께 스포츠와 축제도 신체적 존재론을 수행하고 실천하는 장르이다.

---

5 박정진, 『철학의 선물 선물의 철학』(소나무, 2012), 149쪽; 박정진, 『소리의 철학 포노로지』(소나무, 2012), 598~599쪽.

신체는 퍼포먼스(performance)를 원한다. 신체적 퍼포먼스 (ritual, 굿)는 예술 가운데서도 가장 살아 있는 예술, 종합예술이라고 할 수 있다. 이러한 퍼포먼스의 대표적인 것이 축제(festival)이다. 마르크스의 실천(praxis)이라는 것도 실은 퍼포먼스의 일종이라고 볼 수 있다. 퍼포먼스는 놀이(play, game)하고자 하는 마음이다. 니체의 신체에 대한 환기(신체주의)는 서양철학을 '이데아의 존재'에서 '신체적 존재'로 전환하는 결정적인 계기가 되었다. 신체를 통하지 않는 어떠한 것도 동일성의 함정에 빠지는 것이 된다.

니체는 예술을 힘(권력)의 증대를 위하는 데에 사용함으로써 결과적으로 '영원회귀'라는 현상학에 머물렀지만, 하이데거는 예술을 존재론적인 사건으로 봄으로써 존재론의 길을 열었다. 예술행위(사건)가 존재론적인 행위인 것은 종교나 과학과 달리 예술만이 주체-대상의 구별이 애매모호하고, 서로 상호작용하는 관계에 있기 때문이다. 예술은 무엇보다도 자연의 모방이나 묘사 등 있는 그대로를 인정하는 데서 출발하기 때문이다.

하이데거는 니체의 생기존재론(Geschehensont-ologie)의 '권력에의 의지'를 '존재(Sein)에의 관심(Sorge)'으로 돌림으로써 존재 사태라는 독자적인 존재론의 길을 열었다. 니체의 생기존재론이 관점의 해석학이라는 이름을 빌린 현상학이었다면 하이데거의 존재 사태(사건)는 존재를 권력으로 향하게 하는 것이 아니라 권력으로부터 멀어짐으로써 시인의 은유적 해석학으로 결정적으로 돌아서게 하였다. 시인의 해석학은 바로 존재의 본질로 귀향하는 의식이라고 말할 수 있다.

하이데거의 '존재에의 관심'은 현상학의 지향성(intentionality)과는 다른 것이다. 현상학의 '지향'은 정신이 밖으로 외물(外物)에 대해 지향을 갖는 것이라면, '관심'은 안으로 내심(內心) 혹은 존재의 내재성에 집중하는 것이다. 외물에 대한 지향은 대상 지향적이거나 목적 지향적인 반면 관심은 자신의 존재의 고유성에 대한 자각(깨달음)을 얻는 것을 의미한다. 하이데거의 존재론은 불교적 존재론과 매우 닮아 있다. 정신의 현상(현상학)과 마음의 존재(존재론)는 다른 것이다. 정신은 현상학에 어울리는 것이고, 마음은 존재론에 어울리는 것이다. 우리는 흔히 정신과 마음을 혼용해서 사용하는 경우가 많은데 현상학과 존재론의 구분을 위해서는 분리해서 사용할 필요가 있다.

서양근대철학사는 크게 보면 칸트의 순수이성, 헤겔의 정신현상, 쇼펜하우어의 의지와 표상, 니체의 권력에의 의지, 후설의 의식의 현상학 등으로 발전하는데 하이데거의 존재론이 등장함으로써 현상학의 굴레를 벗어나기 시작하고, 존재의 고유성에 대해 눈을 뜨게 된다. 존재의 고유성이라는 것은 바로 존재의 생성에 대한 관심을 말한다. 이러한 생성에 대한 관심은 서양철학의 전통인 소유적 존재로부터 멀어지는 것을 의미한다. 존재의 생성에 대한 관심은 니체에 의해 선도된다. 그러나 니체는 생성을 존재(소유적 존재)로 환원시키는 생기존재론을 주장한다.

니체의 생기존재론은 존재와 생성, 존재해야 함(Sein-sollen) 과 존재(Sein), 존재와 인간을 통합하면서 '생기(생성)'와 '존재'에 대한 절대적 긍정을 가능하게 한다. 이에 반해 하이데거는 니체의 절대긍정에 회의를 품고, 과학기술사회의 인간에 대한 '몰아세움(ge-stell)'에 맞서 '시적 거주'로 대응한다. 여기서 니체의 현상학적 태도와 하이데거의 존재론적 태도의 차이를 발견할 수 있다.

하이데거의 존재론은 현상학적 해체를 통해 '자연적 존재'에 다가가는 사유로서, 완전하지는 않지만(서양문명의 실체를 추구하는 것에서 비롯되는 한계를 지니고 있지만) 니체보다는 좀 더 '동양의 생성론'에 접근한 '서양식 생성론(생멸론)'이라고 말할 수 있다. 하이데거는 '자연적 존재자(ens naturae)'와 '이성의 존재자(ens rationis)'을 구분한다. "자연적 존재자는 모든 실재적 존재자를 말하고, 이성의 존재자는 지향된 존재자를 의미한다."[6]

여기서 자연적 존재자라는 것은 바로 자연과학에서 사물이라고 한 것을 말한다. 그러나 하이데거마저도 자연을 생성적(생멸적) 존재로 파악하지 않고 현상학적 존재로 파악하는 데서 출발하고 있음을 드러낸다고 할 수 있다. 하이데거 존재론의 특성은 현상학적인 방법으로 존재에 도달한 것으로 볼 수 있는데 나

---

6 이기상, 『(쉽게 풀어 쓴) 하이데거의 생애와 사상, 그리고 그 영향』(누멘, 2010), 77쪽.

중에는 현상학적인 방법 그 자체가 진정한 존재론에 도달하는 것을 방해했다고 볼 수 있다.

필자는 자연은 '존재자'가 아니라고 생각한다. 자연을 존재자라고 보는 것은 인간이 자연을 그렇게 보기 때문인데 일종의 자기투사이다. 그래서 필자는 항상 자연을 '자연적 존재'라고 말하고 존재자는 모두 '제도적 존재자'들이다. 인간은 지금까지 제도적 존재자들을 존재라고 생각하면서 살아왔다. 자연적 존재는 결코 인간이 파악할 수 없는 본래존재를 말한다. 시간과 공간의 그물로 파악한 존재는 모두 존재자들이다. 그런 점에서 과학이라는 것도 시간과 공간이라는 제도의 산물이다.

그럼에도 불구하고 하이데거는 서양철학의 '존재'를 동양적무(無) 혹은 공(空)에 훨씬 가까워지게 하면서 동서철학의 소통과 이해를 돕는 역할을 한 철학자이다. 서양철학자들은 하이데거를 잘 읽으면 동양의 도학(道學)으로 넘어올 수 있는 길을 발견할 가능성이 높다고 말할 수 있다. 그래서 하이데거는 현상학적인 방법으로서 존재에 도달한 '현상학적 존재론자' 혹은 '존재론적인 현상학자'라고 불린다. 니체의 생기존재론은 욕망을 포함한 이성이 결국 권력이라는 것을 깨달았다면 하이데거는 현상학 전체와 싸우면서 그의 존재론에 도달했다고 볼 수 있다.

하이데거의 약점은 처음부터 플라톤의 이데아(idea)를 뒤집어서 존재(Sein)로 바꾸어야 했는데 그렇지 못하고, 서양 철학사를 따라가면서 뒤집었기 때문에 마지막에 플라톤의 이데아(idea

=Being)에 잡히는, '이데아'와 '존재'의 이중성에서 혼란에 빠지는 면모를 보였다. 아무리 그렇더라도 하이데거에 의해 서양철학의 특징이 규명된 것은 사실이고, 하이데거 존재론의 의미는 축소되지 않는다. 그는 인도유럽어문명권의 양극개념이라고 할 수 있는 서양철학의 '이데아'와 불교의 '존재'를 만나게 한 공적을 평가절하할 수는 없다.

소유적 존재로서의 인간은 마지막까지 하이데거를 잡고 늘어졌다고 볼 수 있다. 이것이야말로 서양철학의 동일성의 유령이다. 하이데거의 철학은 이미 그의 출발점 안에 원천적인 한계를 함축하고 있었다고 볼 수 있다. 말하자면 현존재(Dasein)의 '현(저기=Da)'의 의미 안에 '세계-내'의 의미가 들어 있고, '세계-내'의 의미 안에 '사방세계(Geviert)'의 의미가 이미 들어 있다. 결국 〈현존재=세계-내-존재=사방세계〉인 것이다.

하이데거의 현상학적인 방법으로서의 존재에 대한 도달은 바로 존재(존재 그 자체, 사물 그 자체)에 직입하는 것이 아니라 존재사적(역사적) 회상, 혹은 존재역운적(存在歷運的) 회상을 통해 존재에 들어가는 우회로를 택했다고 볼 수 있다. 이는 결국 공간에 매이는 형이상학에 비해 시간에 매이는 현상학의 특징과 한계를 보여준 것이라고 볼 수 있다. 그의 에포크(epoch, 新紀元)에 대한 열망은 그러한 점을 단적으로 드러내고 있다. 현상학은 항상 주체-대상, 시작-끝, 원인-결과의 이분법으로 세계를 보는 특성이 있다.

인간의 문명은 결국 어떤 방식이든 신(神)의 설정과 관련성 속에서 살아왔기 때문에 신과 인간은 공동 거주하는 영역이 있거나 교집합 영역을 가질 수밖에 없다. 그래서 신-인간이든 인간-신이든 이중성의 문제가 발생한다. 이 이중성을 인간의 편에서 설명하는 것과 자연(만물)의 편에서 설명하는 것은 정반대의 결과가 나올 수밖에 없다. 인간이 신을 증명하거나 신이 인간을 보증하는 것은 내밀한 약속이다.

형이상학으로 출발한 서양철학은 근대에 이르러서는 현상학으로 탈바꿈했다. 전자는 공간적(상·하)인 것을 기준으로 사물을 보는 것이라면 후자는 시간적(선·후)인 것을 기준으로 사물을 보는 것을 말한다. 시공간은 교차하는 것이기에 형이상학은 '공간적 현상학' 혹은 '물리적 현상학'이라고 말할 수 있다면, 현상학은 '시간적 형이상학' '역사적 형이상학'이라고 말할 수 있을 것이다. 형이상학과 현상학은 모두 초월적인 공통성을 갖는다.

형이상학에서 '공간적인 초월'은 현상학에서 '시간적인 영원'으로 탈바꿈한다. 그래서 초월적 주체와 영원한 대상이 성립되는 것이다. 주체(초월)와 대상(영원)은 신처럼 무제약적인 것이다. 인간이 신체적으로 체험하는 것은 욕망(주체 없음)이고, 순간(지금의 시간)이다. 철학이 개념을 가지고 객관적 대상을 다룬다면 현상학은 지향적 대상을 계속해서 설정한다. '대상의 초월'에서 시작하는 철학이 현상학에 이르러 '현상학적 초월'을 통해 의미대상에 이르는 순수의식의 지향성을 벗어나야 비로소 진정한 존재론(존재의 진면목)에 이를 수 있다. 현상학은 '시간의 장난(놀이)'에 지나지 않는다. 형이상학이 '공간의 장난'이듯 말이다.

존재는 '타자'도 아니고 '대상(사물)'도 아니고, 더군다나 '목적'도 아니다. 결국 어떤 의미의 'object'도 아니라는 뜻이다. 그런 점에서 어떤 의미의 주체(subject)도 아니라는 뜻을 동시에 포함하고 있다. 존재는 의식으로 잡을 수 없는 것이다. 인간의 인식이나 의식은 사물 자체나 경험 자체를 잡을 수 없다. 인간은 경험하는 것은 잡을 수 없고, 기억하는 것만 잡을 수 있다. 인간의 특성을 '경험하는 자아(인간)'와 '이야기하는(말하는) 자아(인간)'로 나눈다면 '이야기하는 자아'만이 잡을 수 있는 것이다. 인간의 대뇌는 이를 잘 말해주고 있다. 초월적 주체와 영원한 대상은 실제로 '이야기하는 자아'에 속하는 가상실재이다.

인간은 가상실재를 실재(실체)로 착각하며 살아가는 존재이다. 서양철학의 보편성이라는 것은 실은 가상실재에 불과한 것이다. 일종의 철학적 환상과 같은 것이다. 이것이 과학에서는 과학적 환상이 되고, 과학적 환상이 바로 과학인 것이다. 그렇지만 가상실재가 인간에게 힘이 되지 않는 것은 아니다. 도리어 가상실재를 가지고(만들 수 있는 힘이) 있기 때문에 생멸하는 우주에서 힘과 수단을 갖게 된 존재가 인간이다. 생멸하는 존재에 대한 깨달음이 없이는 그 힘을 남용하거나 오만함으로 인해 스스로 자멸(공멸)할 위험도 동시에 내재하고 있다. 힘은 항상 잘못 사용될 수 있고, 화근이 될 수 있다.

서양철학은 결국 '초월성(보편성)의 철학'이라고 할 수 있다. 시간의 직선적 성격(선후관계)을 기초로 공간을 구축한 서양철학과 과학(물리학)은 다시 질량·에너지의 분포에 의해 왜곡·변형되는 4차원의 시공간이 된다(시간의 선후관계는 변함이 없지만 시간과 공간의 간격이 다르다). 한편 시공간에서의 모든 운동은 항상 '최소작용의 원리'(우주의 대칭성에서 비롯됨)[7]에 따른다. 최소작용의 원리를 따르지 않는 운동은 변분(variational)이 제로(0)가 아니다. 최소작용의 원리를 따르는 운동법칙을 가지고 자연의 진공상태를 설명했더니 '마이너스(-) 에너지' 상태가 존재하는 것으로 확인됐다. 마이너스 에너지는 따라서 우리가 사용하고 있는 플러스에너지의 근원이 되는 것으로 밝혀진 것이다.

---

7 4차원 시공간에서 계(system)의 운동은 항상 '최소작용의 원리(The least action principle)'에 의해 결정된다. 최소작용의 원리란 라그랑지안 또는 라그랑지언 밀도로 표현된 계의 작용이라는 물리량이 최소가 되는 위상공간의 경로를 따라 운동한다는 것이다. 작용의 변분(variation)이 '0'(제로)인 경로이다. 또한 최소작용의 원리에 의해 필연적으로 오일러-라그랑주 운동방정식이 도출된다. 오일러-라그랑주 방정식을 따르는 경로에서는 반드시 보존량(시공간 병진 대칭, 회전 대칭, 게이지 대칭 등)이 존재한다. 즉 최소작용의 원리의 결론은 우주가 대칭의 원리를 따른다는 것이다. 하지만 에너지가 가장 낮은 상태로 정의되는 진공상태(vacuum state)는 포텐셜에너지가 '0'(empty void)보다도 작은 마이너스 에너지값$[-(1/4)\lambda v4]$이다. 앞에서 말하는 '진공상태'는 '힉스장'으로 설명된다. 힉스장이 가지는 진공기대값(v/)은 246GeV이고, λ는 양수이다. 진공기대값(vacuum expectation value)은 포텐셜 에너지의 최소점에서 양자장 진공(바닥 상태)에 대해 가지는 기댓값을 말한다. 따라서 대칭으로 창조된 우주는 '자발적 대칭 깨짐(spontaneous symmetry breaking)' 과정을 통해 에너지가 가장 낮은 기저상태가 됐다. 마이너스 에너지가 우주를 구성하는 근원이 된 것이다. 즉 대칭성을 내준 대가로 질량으로 가득 찬 힉스입자가 v/만큼 균일하게 분포한 우주가 됐다.

인간이 잡을 수 없는 무량(無量)의 세계, 눈에 보이지는 않지만 존재하는(있는) 세계가 기(氣)의 세계라고 말할 수 있을 지도 모른다. 이것은 시간과 공간이 없는 세계이다. 시공간이 없는 곳에서의 만남은 확률제로의 만남이고, 이것이 연기(緣起)의 세계이고 기운생동의 세계이다. 여기에 행운(幸運)과 불운(不運)이 깃든다. 그래서 모든 운명은 니체의 '운명애'처럼 극복할 수밖에 다른 도리가 없다.

서양의 형이상학과 현상학은, 특히 하이데거의 존재론에 이르러서 존재와 존재자의 차이를 '존재론적 차이'라는 용어로 구분하는 진전에 이른다. 하이데거는 『존재와 시간』에서 존재에 대한 새로운 관점과 해석을 보임으로써 존재론의 길을 열었고, 이는 동양철학의 시철학적인 특성, 즉 존재론적 특성과 매개적인 위치에 놓이게 되었다. 서양과 동양의 철학적 만남과 융합이 이루어져야 할 시점에 이른 것이다.

형이상학은 공간적(물리적)-기하학적 특성을 보이는 반면 현상학은 시간적(역사적)-대수학적 특성을 보인다. 그렇지만 시공간이 시간과 공간이 아니라 그야말로 '시공간'이기 때문에 형이상학과 현상학은 결국 초월적인 인식과 의식(인간의 사물에 대한 초월적인 지위)이라는 점에서는 같다. 선험적인(transcendental) 것과 초월적(transcendent)인 것은 같다. 현상학(심리적 현상학)은 특히 시간성(역사성)을 중심으로 집단(민족, 국가)의 동태적인 변화와 발전, 즉 역사적 정반합의 발전과 지양을 추구하기 때문에 시대정신(절대정신)을 중시한다. 헤겔의 역사철학 혹은 법철학은 결국 국가철학을 지향한다고 볼 수 있다.

철학은 시대를 초월하는 절대적이고 보편적인 진리를 추구하는 것이라기보다는 시대상황과 정신을 개념으로 반영한다는 점에서 정당성(정합성)을 갖는다고 할 수 있다. 칸트철학이나 헤겔철학, 마르크스철학이나 니체철학은 모두 당시 시대정신을 반영하였다는 점에서 정당하다고 할 수 있다. 동시에 철학은 각 시대의 역사적·사회적 현상을 나름대로 해석하였다는 점에서 현상학이라고 할 수 있다.

현상학의 입장에서 보면 플라톤은 본질(이데아)현상학, 아리스토텔레스는 형상현상학, 칸트는 이성(주관)현상학, 헤겔은 정신(역사)현상학, 마르크스는 유물(노동)현상학, 니체는 권력(의지)현상학, 베르그송은 생명(지속)현상학, 후설은 현상(의식)현상학, 화이트헤드는 과정현상학, 비트겐슈타인은 실증현상학, 하이데거는 존재현상학 등으로 부를 수 있을 것이다. 서양 철학사에서 하이데거의 정확한 지점은 바로 '존재현상학의 지점'이라고 할 수 있다.

하이데거는 현상학에서 존재론으로 전환을 했다. 하이데거는 서양철학을 현상학에서 존재론으로 전환한 분기점(경계선)의 철학자라고 할 수 있다. 서양철학의 이데아(Idea)는 그 말을 쓰는 차제가 출발부터 현상학과 존재론의 중간지점에서 현상학 쪽으로 발을 내딛기 시작한 것이라고 평가할 수 있다. 이데아는 현상학과 존재론의 이중적 성격을 지녔다고 말할 수 있다. 이데 아를 생각하는 자체가 이미 존재와 현상을 구분하는 태도의 출 발점이라고 할 수 있다.

플라톤의 동굴은 '이데아'를 설명하는, 잘 알려져 있는 철학 에의 비유이다. 플라톤의 동굴은 그림자의 세계이고, 동굴 밖은 이데아의 세계인 것처럼 말했지만 동굴 밖도 여전히 또 다른 동 굴이다. 이데아야말로 세계를 영원한 동굴로 만들어버린 장본 인이다. 태양계도 우주의 동굴이고, 수많은 은하의 세계도 동굴 이다. 동굴을 벗어나는 길은 바로 동굴을 만들지 않는 것이고, 이데아를 버리는 것이야말로 동굴을 벗어나는 길이다. 그렇지 만 인간은 인식과 의식의 동굴로 회귀하는 본성을 가지고 있다.

동굴의 모양은 다르지만 여전히 인간은 '동굴의 인간'이다. 인간은 '자기라는 동굴' 속에 산다. 고대의 동굴은 극장(연극)이 고, 중세의 동굴은 교회(사원)이고, 현대의 동굴은 영화관(텔레비 전)이라고 할 수 있다. 동굴로의 회귀는 마치 고향으로의 회귀와 같은 성격을 지니고 있다. 세계 자체, 물 자체는 바로 존재를 말 하는 것이기 때문이다. 동굴 안과 동굴 밖은 서로 역동적인 안팎 관계에 있게 된다. 밖은 안이 되고, 안은 다시 밖이 된다. 존재는 항상 그 경계에 있다. 현대를 사는 우리는 어쩌면 과학이 만들어 놓은 '시공간의 우주적 동굴(cosmic fabric)' 속에 사는 존재인지 도 모른다. 그래서 존재(Sein)는 '필연'이면서 동시에 '존재'이다.

플라톤의 '이데아(Idea)'는 오늘날 '존재(Sein)'가 되지 않으면 안 된다. 이데아의 존재로의 과정은 결코 순탄하지 않았다. 이데아는 사물에 숨어 있는 본질(essence)로 규정되었고, 따라서 이데아는 결코 자신을 죄다 드러내지 않는 것처럼 되었다. 이데아는 로마시대에 이르러 비율(ratio)이 되었고, 비율은 이성(ration)이 되었다. 이성은 계산의 의미가 강했다. 계산될 수 있는 것, 설명될 수 있는 것만이 합리적인(reasonable) 것이 되었다. 결국 이성은 수학적이든 언어적이든 인간이 '사물'을 잡고 이용할 수 있는 것(법칙=필연)이 될 때 충족되는 것이었다. 결국 사물 자체보다는 '법칙으로 잡을 수 있는 사물'(사물=법칙)이 이데아의 세계가 된다. 결국 '이데아=법칙=이(理)'가 된다.

법칙이란 사물을 이용하기 위해 정리된 기호의 연쇄에 불과하다. 인간은 상상과 기호의 우상의 존재이다. 그러나 기호의 연쇄가 존재는 아니다. 그런 점에서 법칙은 가상존재라고 할 수 있다. 법칙은 본질이 아니다. 그런데도 법칙은 마치 자신이 본질인 것처럼 행세하고 있다. 이데아가 본질(존재)로 귀환하려면 과학으로의 길과 정반대가 되는 길을 가야 한다. 과학의 길은 현상학적인 길이고, 정반대의 길은 존재론의 길이다. 존재론의 길을 가기 위해서는 '필연'으로 해석되던 'Sein'이 '존재'로 해석되어야 한다. 자연이라는 존재는 고정불변의 사물이 아니라 끊임없이 변하고 운동하는 사건이라는 것을 그대로 인정하는 것이 '이데아의 존재'로의 귀환이다.

우리의 눈앞에 있는 현존(presence)은 고정불변의 사물이냐,

변화무쌍한 사건이냐? 서양 철학사는 후자의 입장에 있는 헤라클레이토스(BC 540~480)보다 전자의 입장에 있는 파르메니데스(BC 510~450)에게 손을 들어준다. '사유가 존재'라는 것이다. 이것은 플라톤의 '이데아가 본질'이라는 이데아론으로 계승된다. 이것은 지금에 와서 보면 다분히 처음부터 현상학적인 발상인 것이다. 현상학적 차원에서 보면 '보는 대로 있는 것'이나 '있는 대로 보는 것'이나 마찬가지이다.

"파르메니데스의 잠언에 대한 모든 해석을 규정하는 세 관점 가운데 첫 번째는 사유를 눈앞의 어떤 존재자로 표상하고, 그것을 존재자들 안에 편입시킨다. 두 번째 관점은 대상들의 표상되어 있음(Vorgestelltheit)이라는 의미의 존재를 주체적인 자아에 대한 대상성으로 파악하는 근대적인 것이다. 세 번째 관점은 플라톤에 의해 규정된 고대 철학의 근본적인 입장에 따른다."[8]

서양의 근대는 기독교가 지배하는 중세를 거쳐 다시 고대 그리스정신을 부활하고자 하는 르네상스의 산물이다. 이것의 결정적인 클라이맥스는 물론 자연과학의 성취이겠지만, 근대문화의 완성을 위해서는 인문학적인 뒷받침이 필요했다. 그 철학적·인문학적 성취는 '현상학적인 성취'라는 이름으로 장식해도 좋을 것이다. '주체(자아)-대상(사물)'의 관점은 현상학 전체를

---

8 마르틴 하이데거, 이기상·신상희·박찬국 옮김, 『강연과 논문』(이학사, 2008), 316~317쪽.

꿰뚫고 있다.

서양철학의 'object'는 대상도 되고, 목적도 된다. 칸트철학의 '자연'은 인과론을 우선 표방하고 있었지만 동시에 '자유의지'는 목적을 내재하고 있었기 때문에 그는 판단력비판에서 그것은 '자연과 자유의 조화'를 꾀하지 않을 수 없었다. 칸트로부터 일종의 목적론이 배태된 셈이다. 인간은 사물을 대상으로 보면서도 동시에 자신의 삶에 있어서는 대상의 변형이라고 볼 수 있는 목적을 취하지 않을 수 없었다. 헤겔의 정신현상학은 독일 관념론의 완성으로서 목적론(for object)을 표방하고 있다. 그러나 인간정신의 사유는 항상 새로운 대상과 목적(to object)을 향해 열려 있기 때문에 정신현상학이 아니라 현상학이 되지 않으면 안 되었다.

인간이라는 존재는 목적적 존재(to object, for object)로서의 삶을 버릴 수 없는 것 같다. 인간은 자연적 존재이면서도 동시에 역사적 존재로서 각 시대마다(매 시간마다) 어떤 방향과 목적을 정하고 그것을 잡기 위해서 머리로 개념화하고 손으로 장악하는 현상학적 동물이다. 과학의 인과론이라는 것은 그러한 현상학의 대표적인 예이다.

3. 현상학
— 신(God), 정신(Geist), 유령(Ghost)

서양의 근대철학을 현상학의 입장에서 바라보면 칸트의 순수이성비판·실천이성비판의 철학은 자연과학(물리적 현상학)의 심각한 영향 아래에서 발생한 것으로서 물리학의 자연에 대해서 인간의 자유를 내세운 것이다. 말하자면 인간의 자유가 어떻게 도덕적으로, 양심의 소리(정언명령)와 함께 자연과의 조화 속에 살 수 있을까를 탐구한 것이라고 볼 수 있다. 칸트는 판단력비판에서 다소 목적론적인 성향—자연과 자유의 통합—을 보이긴 했지만 자연과학의 인과론적인 영향을 이탈하지는 않았다.

칸트의 철학이 인간의 인식의 한계를 전제한 '비판(Kritik)철학'이었다면 헤겔의 철학은 인간정신의 절대지(절대진리)를 주장함으로써 결과적으로 자신의 정신이 도달한 지점의 진리를 '절대진리'로 보는 '당파성(Parteilichkeit)철학'이었다고 볼 수 있다. 헤겔의 뒤를 이으면서 동시에 뒤집은 청년헤겔파인 마르크스의 유물론이 심한 당파성을 보이는 것은 헤겔에서 이미 출발한 것이라고 볼 수 있다. 유심론이든 유물론이든 당파성을 내재하고 있다는 측면에서는 같다. 헤겔의 철학이든 마르크스의 철학이든 매우 현상학적인 결과들이다.

헤겔은 처음부터 목적론적인 철학의 양상을 보였다. 헤겔의 개념(Begriff: 청사진)이 실현되면 현실(Wirklichkeit)이 된다. 개념(청사진)의 실현이라는 것은 결국 개념이 현실이 된 것이라는 점에서 그 현실은 개념의 이론적 전체성(목적성, Zweck)을 달성했다고 볼 수 있다. 이것은 한 개인의 의식 속에 세계의 전체성이 들어가는 사건으로서 자의식의 전체성(자의식: 자기-내-의식)이라고 말할 수 있다. 그런데 헤겔 속에 이미 전체적 목적을 달성하는 수단으로서 혁명(revolution)이 등장하게 된다. 그런 점에서 헤겔의 철학을 '관념론의 완성'이라고 부르는 것이다.

정신현상학이라는 이름하에 전개된 그의 관념론(idealism) 철학은 정신(Geist)의 목적성을 드러내면서 최종적으로 절대지(신의 경지)에 이를 것을 주장했다. 헤겔의 절대지는 개인적으로는 인간이 신의 경지에 도달할 정도로 의식을 확장하여 세계의 전체성을 포괄하는 것이 되지만, 이러한 절대지를 집단이나 국가에 요구하게 되면 개인의 '유동성 전체성'은 굳어져서 전체주의로 돌변하게 되고, 전체주의는 정의의 이름으로 수많은 인명을 살상하면서도 반성하지 않는 인간 종을 만들어냈다.

집단은 어떠한 경우도 개인이 성취한 의식의 '유동적 전체성'을 확보하면서 신의 경지에 도달하는 경지를 이룰 수 없다. 공산사회주의(소비에트사회주의)와 파시즘(히틀러의 국가사회주의)은 그 대표적인 예인데 둘 다 독일적 관념론적 전통에서 발생한 까닭은 헤겔과 직접간접의 영향하에 이루어졌다고 볼 수 있을 것이다. 독일의 관념주의적 전통은 항상 관념론(idealism)이 이데올로기(ideology)로 변질될 위험을 안고 있다고 할 수 있다.

헤겔철학은 자연과학과 유리되면서 결국 관념(idea)이 실체(reality)를 규정하는 것으로 역전시켰다. 이러한 헤겔의 노정은 어쩌면 필연적으로 마르크스의 유물론의 길을 열어준 것이라고 볼 수도 있다. 자연과학적 결정론의 영향은 인문사회학에서 유물론적 결정론을 만들어냈다고 볼 수 있다. 그러한 점에서 유물론은 현상학의 자연과학이라고 말할 수 있다.

서양 철학사에서 유심론이 유신론의 편에 서듯이 자연스럽게 유물론은 무신론의 편에 섰다. 유심론-유물론의 현상학적 이분법은 그 어느 것도 존재론에 도달할 수 없다. 더구나 현대과학기술문명은 '신'의 자리에 '과학과 물질'을 대체하였다는 개연성을 피할 수 없다. 그러한 점에서 과학기술문명에 미래를 전적으로 맡긴 자유자본주의와 사회적 평등에 맹목적인 공산사회주의는 둘 다 인류의 '구원의 철학'이 될 수 없다.

오늘날 자유-자본주의와 공산-사회주의는 기독교전통의

이름으로 기독교자본주의, 기독교사회주의라 해도 무방할 것 같다. 여기에 과학기술만능주의가 참가하는 인류문명을 보면, 결코 안심할 수 없다. 인간이 과학기술만능주의에 빠진다면 과학종교를 믿는 것이나 유물론을 믿는 것이나 다를 바가 없고, 유물론은 도리어 자연과학주의와 걸맞은 사상으로 보이고, 자본주의는 이러한 물신숭배를 잘 운반하는 영혼 없는 도구로 화폐(돈)경제를 의미하는 것인지도 모른다. 이런 전반적인 물신숭배의 현상은 무신론과 다를 바가 무엇인가, 의심케 하기에 충분하다.

필자가 물신숭배(物神崇拜)에서 신물숭배(神物崇拜)로, 인간신(人間神)에서 신인간(神人間)으로, 이러한 '말 바꿈(전도)의 방식'으로 현대문명을 진단하고 처방하는 까닭은 바로 정반대로 역전시키지 않으면 안 되는 인류문명에 대한 위기의식 때문이다. 말하자면 현대문명은 이제 뒤집지 않으면 안 되는 한 극단에 서 있다. 그래서 인류문명의 균형 잡기를 위해서는 이러한 극약처방만이 인류에게 유의미한 것이라는 나름대로의 소신을 가지게 된 것이다.

스피노자는 흔히 범신론자로서 종래 기독교신앙과 다른 자연신(自然神)에 가까운 것처럼 말하지만 유일신(substance)을 포기하지 않는 그의 범신론(汎神論)은 도리어 유물론의 출발이다.[9]

9 박정진, 『위대한 어머니는 이렇게 말했다』(살림, 2017), 115~116쪽.

스피노자의 범신론은 데카르트의 은밀한 확대로서 스피노자와 데카르트는 한통속이다. 후에 유물론자들이 스피노자를 신봉하는 것을 보면 이는 잘 증명되고 있다. 여기에 단자론(單子論)의 라이프니츠를 가세하면 서양철학은 자연과학의 실체론을 위한 합창에 지나지 않는다. 칸트마저 자연과학의 모델에 맞는 심리적 현상학으로서의 순수이성을 주장한 것에 지나지 않는다. 헤겔의 절대정신은 그야말로 '존재의 사유에 대한 절대복종'이다. 인간의 사유는, 사유는 하되 절대 오만해서는 안 되는 것이다.

인간이 신을 정복함으로써 만약 신이 무의미해진다(없어진다)면 이러한 현상은 과연 인간에게 유리할 것인가. 철학도 결국 인간에게 유익(有益)한 것이 되지 않으면 안 되기 때문이다. 인간이 신을 섬기는 까닭은 신을 위해서가 아니라 실은 인간을 위해서인데 과연 신을 잃어버린 인간은 궁극적으로 누구와 대화를 할 것이며, 누구로부터 세계의 평화나 행복을 이끌어낼 것인가, 궁금해진다. 물론 오늘날 공산주의는 '무신론의 종교'라고 역설적인 말을 하지만 기계문명이라는 황야에 버려진 인간은 '군림하는 신'이 아니라 함께 대화하는 여성적인 신, 어머니 같은 신을 요청하게 된다.

그런 점에서 철학도 이제 가부장-국가사회의 철학이 아니라, 명령하는 아버지 같은 철학이 아니라 가슴에 품어주는 어머니 같은 철학을 요구하게 된다. 어머니 같은 철학은 권력적인 철학이 아니라 비권력적인 철학으로서 평화를 지향하는 철학이다. 가부장-국가사회의 철학은 정도의 차이는 있지만 대체로 파시즘의 속성을 내재하고 있다. 오늘날 고도로 발달한 금융자본주의도, 빅 데이터 시대의 정보사회도 정보의 공유와 신속이라는 미명하에 파시즘의 요소를 숨기고 있다. 어쩌면 우리가 보편성이라고 믿고 있는 것 자체가 이미 파시즘의 속성인지도 모른다.

헤겔 이후 등장한 니체는 신체-심리적 현상학의 모습을 보이면서 후기 근대철학을 선도했다고 볼 수 있는데 니체의 '권력에의 의지'는 헤겔과 마르크스(헤겔좌파)의 관념-유물론의 입장을 벗어나서 자연과학적 결과라고 할 수 있는 '힘(권력)'을 도입함으로써 철학의 새로운 통일을 시도했다고 볼 수 있다. 그런 점에서 니체는 헤겔우파에 가깝다고 할 수 있다. 독일에서 히틀러 파시즘의 탄생은 니체의 '권력에의 의지'철학을 탄생시킨 분위기나 풍토와 전혀 관련이 없다고 할 수 없다. 철학의 특성으로 볼 때 하이데거에게 파시즘의 연루혐의를 따지기보다는 니체와 연관시키는 것이 더욱 적실성이 있다고 할 것이다.

흔히 현상학은 후설에 의해 창안된 것처럼 말하는데 실은 '앎(지식)'의 철학적 전통으로 볼 때 현상학은 소크라테스나 플라톤에서부터 시작하였고, 그것이 헤겔의 정신현상학에서 집대성되었고, 후설에 의해 다시 제 분야로 분파되었다고 볼 수 있다. 헤겔에게 정신(Geist)은 신(God)이고, 정신은 국가였다고 볼 수 있다. 국가라는 새로운 유령(Ghost)이 등장함으로써 유령이 바로 정신 혹은 신과 같은 정체였음을 폭로한 것이 근대라는 이름의 시대정신이다. 헤겔은 유령이야말로 신과 정신의 가장 근원으로서의 길을 연 인물이다.

인류는 근대에 들어 자유-자본주의국가 혹은 공산-사회주의국가라는 양대 유령(자본과 노동이라는 거대유령)을 만들어 패권 경쟁을 하고 있는 것이다. 헤겔의 정신(Geist)은 국가-신을 만들기 위해 과학기술과 연합하여 전쟁을 일으켰고, 제국을 만드는 데에는 성공을 했지만, 인류에게 평화를 제공하는 데는 실패했다. 헤겔좌파이든 우파이든 국가이기주의와 제국이기주의로 인해 인류의 평화를 달성하는 데에 이르지는 못했다. 도대체 인류의 평화는 어떻게 올 것인가? 집단주의로는 평화가 달성하지 못한다는 것이 양차 세계대전으로 증명되었다.

인류의 평화는 자식이 부모의 입장에서 자신을 되돌아보는 것으로 달성된다. 만약 자식의 입장에만 있으면 '인류역사는 형제들의 투쟁의 역사'라는 장벽과 한계를 벗어나지 못하기 때문이다. 효(孝)는 충(忠)과 더불어 이데올로기라고 비판하기도 하지만 가정의 평화가 없으면 인류의 평화가 달성되지 않는다는 점에서 인류는 일종의 가정주의로 복귀하지 않으면 평화를 달성하기 어려운 구조에 있다. 그런데 그 가정주의는 족벌주의로 돌아가는 것이 아니라 지구촌가족주의로 새롭게 중심을 잡아야 한다. 이는 가정주의와 세계일가정신의 역동적 왕래라고 할 수 있다.

니체의 '초인'은 헤겔의 '절대지에 도달한 인물'과 관련이 없을까. 헤겔과 마르크스와 니체의 공통점은 '신을 부정하거나

도전하는 태도'라고 할 수 있다. 예컨대 헤겔은 신을 긍정하였지
만 신의 절대지에 도전하였으며, 마르크스는 아예 무신론을 주
장하였으며, 니체는 신이 죽었다고 공언하였다. 이러한 태도는
정도의 차이는 있지만 결국 절대유일신을 믿던 중세와 비교하
면 결국 무신론으로 점차 다가가는, 혹은 인간신(人間神)을 추구
하는 모습이라고 하지 않을 수 없다. 헤겔은 철학으로서 신과 역
사에 도전한 첫 철학자이다.

그는 자신의 역사철학에 대한 질문에 "역사철학은 철학의
역사다"라고 답했다고 한다. 역사철학자다운 답변이다. 인류의
문명은 오늘날 자연과학기술과 역사철학으로 대변된다고 해도
과언이 아니다. 전자가 사물대상과 공간에 대한 과학의 성취라
면 후자는 의식대상과 시간에 대한 인문학의 성취이다.

헤겔의 역사철학은 종래의 형이상학의 공간중심을 시간중
심으로 바꾸어놓은 결정적인 전환점을 마련하였다고 볼 수 있
다. 사물을 대상으로 보는 자체가 이미 서양철학의 초월론의 시
작이었지만 후설의 현상학에 이르러 그러한 초월론 혹은 현상
학적인 환원주의는 다양한 현상학적인 연구대상을 향하여 분화
되었다고 볼 수 있다. 이러한 현상학에 근본적·회의적인 물음과
함께 서양철학 전반에 대해 현상학적인 환원주의의 방법으로
메스를 가한 인물이 하이데거이다. 그리고 그는 현상학과의 결
별을 선언하고 '존재론'이라는 낯선 길을 개척했다.

돌이켜 생각해보면 인간의 생각은 필연적으로 환원적일 수

밖에 없는 것이다. 왜냐하면 현재를 기준으로 과거를 생각할 수밖에 없기 때문이다. 과거에 살아보지 않은 '현재의 우리'로서는 현재를 기준으로 과거를 회상할 수밖에 없고, 다른 도리가 없기 때문이다. 따라서 현상학이 되려면 '시간적 현재'에 대한 확고한 인식이나 신념이 없이는 불가능하다. 말하자면 현상학은 '현재의 학'인 것이다. 만약 '현재'라는 개념이 무너진다면 현상학은 사상누각이나 마찬가지이다.

현상학에서 환원이라는 것과 현상학적 회귀라는 것이 얼른 보면 정반대의 것으로 보이지만 그 뿌리는 역시 환원적 사고에 있다. 왜냐하면 미래 또한 과거를 통해서 성립되며, 미래는 과거의 상상적 재구성으로서 그 자료는 결국 과거에 대한 현상학적 사고의 결과물을 다시 재구성(재조립)하는 것에 불과하기 때문이다. 이렇게 보면 인간의 사유라는 것도 '시간의 현재'라는 토대(지평) 위에서 전개되는 파노라마(환영, 영상)에 지나지 않는 것이 된다. 그런 점에서 니체의 '영원회귀'라는 것이 무슨 대단한 것의 발견이라고 보는 것은 어불성설이다. 현상학적 환원이나 영원회귀는 같은 현상(현상학적 현상)을 두고 정반대의 입장에서 표현하는 수사학에 지나지 않는다.

현상학의 요체는 이원대립적인 것으로 설정된 항들이 시간의 간격을 두고 혹은 동시에(순간적으로) 왕래하는 것을 말한다. 현상학은 또한 방법론적인 면에서도 환원적이면서도 동시에 회귀적이다. 왜냐하면 계속적인 환원작업을 수행하기 위해서는 회귀를 하지 않을 수 없고, 환원-회귀를 왕래하여야 주체-대상의 왕래를 계속해서 할 수 있기 때문이다. 서양 철학사에서 하이데거처럼 현상학과 결별한다는 것은 일종의 영웅적인 행위라고 말할 수 있다. 말하자면 자신의 자아를 던져버려야(놓아버려야) 가능한 일이기 때문이다. 이것은 그들에게는 자포자기(自暴自棄)처럼 느껴질 것이다. 그래서 하이데거는 존재론을 주장하면서도 최후의 안전장치로 신(기독교의 신)을 붙잡고 있었다고 말할 수 있다.

그렇다면 서양의 현상학은 어디쯤 왔는가? 서양철학의 종합메뉴, 혹은 종합백화점으로 불리는 헤겔철학은 '정신(Geist)'이라는 개념을 가지고 종래의 서양기독교의 신(God)을 새롭게 해석한 것이라고 볼 수 있다. 그래서 헤겔의 정신은 '신-정신'의 이중성을 갖고 있다. 서양철학과 기독교는 본래 인간을 투사한 것으로서 '이데아'와 '신'을 초월적인 존재로 설정하고 있지만 결국 '신'은 '대중적 플라토니즘'임이 니체에 의해서 폭로됨으로써 결국 '인간-신(인간이 신을 증명함)'이 '신-인간(신이 인간을 보증함)'으로 왕래하다가 헤겔에 이르러 '신-정신(절대정신으로 신을 설명함)'의 이중성으로 변천하는 추이를 보였다.

헤겔의 '정신(Geist)'은 여러 의미의 층위('mind' 'spiritual' 'soul')를 보임에 따라 애매모호함과 함께 해석의 혼란을 야기하기도 한다. 심지어 '정신(Geist)'은 '신성한 유령(Holy Ghost)'의 의미마저 있다. 헤겔이 유령을 들먹인 것은 서양 철학사에서 매우 중대한 자기성찰(자기-내-성찰)이라고 하지 않을 수 없다. 그 까닭은 그 이전의 신과 정신이 유령일 수도 있다는 길을 열었기 때문이다. 신-정신-유령은 서로 이중성의 관계에 있다.

신, 정신, 유령은 서양문명권 안에서 보면 서로 다른 것 같지만 밖에서 보면 이들 셋은 같은 동일성의 변형들이다. 신은 정신을 보증하고, 정신은 유령으로 변신을 했다고 볼 수 있다. 이들 세 존재들은 서로 매개 혹은 이중성의 관계에 있다고 볼 수 있다. 그럼에도 불구하고 이들은 새로운 경계를 지음으로써 존재에 대한 새로운 사유의 태도를 피력하고 있다고 말할 수 있다. 인간은 상상한 것을 다시 언어로 붙잡고, 언어로 잡은 것을 다시 물질로 소유하려는 존재(현존재)이다.

신, 정신, 유령은 실은 서양철학의 동일성을 나타내는 변형들이다. 이들이 바로 문화(culture)이다. 이들은 동양의 천지인사상에 대입할 수도 있지만, 동일성(실체)을 가지고 있다는 점에서 존재자들이다. 자연(nature)의 천지인은 동일성을 가지고 있지 않기 때문에 순환성과 이중성과 상징성을 가지고 있는 존재이다.

자연은 항상 인간이 파악한 세계를 넘어서 알 수 없는 환경으로서 존재하고 있다. 이것을 현상학적으로 받아들이면 무한대 혹은 영원이지만 그보다 자연은 현상의 근본 혹은 바탕으로서 무(無), 혹은 무위(無爲)이다. 자연은 영원한 신비(神祕)이고 신비한 것이 바로 신(神)이다. 생각해 보라. 신비한 것이 없다면 어떻게 신이 존재할 수 있겠는가. 이것은 역설적으로 미신(迷信)이

문화 (culture)	동일성/실체성/ 현상성	God(신)	天	동일성/자연과학/ 기계성/존재자/환유
		Geist(정신)	人	
		Ghost(유령)	地	
자연 (nature)	차이성/비실체성/ 존재성	기운생동 (기운생멸)	천지인(天地 人)의 순환	순환성/이중성/ 상징성/존재/은유

[God, Geist, Ghost]

없다면 신비도 없다는 뜻이 된다. 미신이라고 하는 것은 과학을 기준으로 볼 때 미신이지만, 신앙을 기준으로 볼 때는 신비에 대한 참여이고, 경외일 뿐이다. 신과 귀신의 관계도 과학과 미신의 관계와 마찬가지이다.

신도 어떻게 규정하느냐에 따라 자연과 마찬가지일 수 있다. 서양의 범신론자인 스피노자처럼 기독교의 유일신을 자연에 덮어씌울 수도 있고, 원시부족사회의 애니미즘이나 동양의 범신론이나 도법자연(道法自然)의 도학(道學)처럼 자연을 기독교 유일신에 덮어씌울 수도 있다. 기독교의 절대유일신과 범신론과 애니미즘과 도(道)는 서로 통할 수 있다. 서로 상대방의 입장이 되어보는 공감(共感)으로 역지사지(易地思之)하면 말이다.

문화는 자연과 다른, 문자를 통해 비로소 드러나는 존재자(동일성)이다. 서양철학의 신, 정신, 유령은 얼른 보면 서로 다른 것 같지만, 자세히 보면 동일성이라는 공통성을 가지고 있다. 신은 정신으로 변형되고, 정신은 다시 유령으로 변형되면서 전혀 다른 담론을 펼치는 것 같지만 실은 담론의 중심이동, 혹은 새로운 유행, 혹은 새로운 변신이라고 할 수 있다.

서양철학에서 서로 다른 것처럼 논의되는 유신론은 유심론
(유정신론)이며, 유심론은 유물론(유물질론)이다. 유심론과 유물론
이 현상학적 왕래를 하면 이중성의 한 지점에서 결국 유신론은
무신론이 된다. 극과 극은 통한다는 말이 있지만, 어떤 것을 대
상으로 하든 유무(有無)를 논하는 것은 결국 현상학적인 차원이
다. '무엇(what, thing)'이 있다고 하는 것이나 없다고 하는 것이나
'무엇'이라는 것이 없이는 설명이 불가능하기 때문이다. '신'이
라는 개념이 없이는 무신론을 말할 수 없다. 그럼에도 불구하고
유신론은 또한 신을 과학적으로 설명할 수 없다.

신이 유령이 될 수 있는 것은 그렇기 때문에 막을 수 없고,
나아가서 신과 유령은 상호가역왕래할 수 있는 것이다. 현상학
적인 대립항은 상호가역적일 수밖에 없다. 이들은 모두 동일성
이라는 실체를 가지고 있다. 따라서 동일성은 현상학적으로 보
면 모두 존재를 드러내는 현상에 불과하다. 특히 유령은 종래의
신 혹은 정신과는 달리 매우 색다른 것처럼 보이지만, 실은 신이
나 정신 속에 이미 실체로서 들어 있었던 존재자이다.

마르크스와 데리다의 유령론은 다분히 헤겔의 아류라고 할
수 있다. 해석여하에 따라서는 결국 헤겔의 정신은 실체이고 실
체는 동시에 유령이 된다. 서양의 유령은 결국 '실체가 있는 유
령'이 됨으로써 '실체가 유령'이 되고, '유령이 실체'가 되는 난
센스와 모순에 봉착하게 된다. 서양의 신과 정신과 물질은 실체

로서 처음부터 유령(가상실재)이었다는 알리바이가 성립한다. 결국 '신＝정신＝유령＝실체'가 되는 셈이다.

헤겔이 서양철학을 역사철학으로 옮겨놓은 것은 사실이지만 결국엔 헤겔의 절대정신(유심론)은 마르크스의 뒤집기에 의해 유물론(절대물질)을 낳은 것이 사실이고, 결국 정신이 물질이 되게 하는 데에 결정적인 역할을 했다. 가장 이상적(관념적)인 것이 가장 현실적(실체적)인 것이 되었을 뿐만 아니라 물질이 정신이 되는 적반하장을 초래하게 한 것도 사실이다. 인간의 '정신'이 '물질'이라고 규정한 것은 '물질'이 아니라 본래 '물(物, 존재)'이지만 정신의 개념규정에 의해 '물질'이 되었다. '물질'은 '정신'이 규정한 것이다. 결국 정신(精神)＝물질(物質)이다.

현상학적으로 대립되는 이원대립항들은 무한대로 계속되어도 그 모순이 해결되지 않음(해결불가능, 해체불가능)을 의미하고, 이를 현상학적인 관계에 있다고 말한다. 현상학적인 차원은 한 점(한 순간)에서는 대립되는 의미가 이중성을 보이게 된다. 마찬가지로 우리의 '눈에 보는 것(현존)'은 '눈에 보이지 않는 것(부재)'과 대립적이면서도 이중적인 관계에 있다. 결국 역사적(시간적: 정반합변증법상) 대립과 순간적(공간적: 경계선상에서) 이중성은 말은 다르지만 서로 같은 내용이라는 결론에 도달하게 된다. 서양 문명의 특징은 현상학에 있고, 현상학은 무한대의 이원대립과 의미의 이중성에 있다.

요컨대 데리다의 '해체(deconstruction)'라는 것도 서양의 이성주의나 구성주의를 벗어나는 것 같지만 이러한 현상학적인 범주를 벗어나지 못한다. 그의 '해체'나 차연(différance)이나 환대(to come)나 유령(specter) 혹은 전반적으로 '해결불가능의 문제(unsolvable problem)'라는 것이 모두 현상학적인 지향성(intentionality)의 문제이고 그 결과이기 때문이다.

데리다의 해체론은 결국 종래 철학이 해오던 모든 결정성을 '해체론적 문자학(grammatology)'을 통해 비결정성(undecidability)으로 해체하는 동시에 미래에 '다가오는(to come)' 것에 대해서는 해체불가능으로 간주하는, 이중결박(Double-Bind)('필요'와 '불가능')을 통해 해체론을 주장하지만 그는 결국 서양철학의 법(『법의 힘』)과 기독교의 메시아이론으로 귀향하는 자기모순에 빠졌다. 메시아사상도 '시간의 함정' 혹은 '시간의 놀이'에 빠진 것이라고 할 수 있다. 이는 종합적으로 '현상학적 함정'이라고 말할 수 있다. 그의 '이중결박'이야말로 겉으로는 '해체'라는 이름으로 그를 종래 서양철학의 결정성의 굴레에서 '해방'시키는 것같지만, 실은 바로 자기구속으로서 현상학적 결박이다.

데리다가 이러한 철학적 함정에 빠진 것은 하이데거의 '철학적 방법론으로서의 해체(destruction)'를 해체를 목적으로 사용하는 그의 '해체론(deconstruction)'으로 전용하는 잘못을 범했기 때문이다. 결국 그의 해체론은 '해체론적 유령론'을 통해 서양철학의 본래의 '법'과 기독교의 '메시아'로 다시 돌아가는 '현상학적 회귀'를 보였다. 데리다는 하이데거의 해체라는 방법론을 자기 식으로 잘못 해석적용하고, 종래에는 헤겔의 법철학을 재현하는 쪽으로 나아갔다. 그는 하이데거의 존재론으로 나아가지 못했다.

데리다는 또한 레비나스의 메시아론의 차용을 통해 기독교로 복귀함으로써 두루뭉수리가 되어버렸다. 결국 그의 해체론 철학은 헤겔철학과 레비나스의 메시아론의 짬뽕에 지나지 않는 것이 되어버렸다. 데리다의 '해체론'은 니체가 '신은 죽었다'고 한 것만큼이나 서양문명의 허무주의를 반영하고 있다. 데리다가 니체의 후계자를 자처하는 것은 그런 의미에서 맞는 말이다. 해체론은 구성주의에 반대되는 것 같지만 본질적으로는 구성주의에 반대되는 것이 아니라 구성주의와 같은 지평의 반대쪽에 있는 것이며, 현상학적인 허무주의이다. 해체론은 실체론을 부정하는 것 같지만 실체론을 여전히 붙잡고 있는 것이다.

데리다의 결정적인 실수는 '결정할 수 있는 것'과 '해체할 수 있는 것'이 같은 차원의 것인데 마치 다른 차원의 것처럼 설명했다는 점이다. 결정할 수 있기 때문에 동시에 해체할 수 있는 것이다. 해체란 결정한 것에서만 통용되는 것이다. 그런데 데리다는 결정할 수 없는 것을 문자학(해체적 문자학)이라고 하고, 해체할 수 없는 것을 유령학(해체적 유령학)이라고 하였다. 인간의 인위적 구성을 통해 결정된 것만이 해체할 수 있는 것이고, 해체할 수 있다는 것은 그 이전에 이미 결정되었다는 말에 다름 아니다. 요컨대 '결정불가능'을 해체라고 하였고, 해체 가능한 유령을 '해체불가능'으로 지목하였다는 점이다. 결정불가능과 해체불가능은 생성되는 자연에만 해당되는 것인데 텍스트와 유령에게 그것을 적용하는 도착(倒着)을 범했다. 요컨대 자연은 구성되지 않았기 때문에 결코 해체할 수도 없다. 자연과 같이 근본적인 바탕은 더 이상 파헤칠 수 없다.

니체는 '능동적(적극적) 허무주의'를 통해 허무주의를 극복하려했지만 그의 '권력에의 의지'철학에 부합하려는 듯 세계는 패권경쟁으로 인해 니체 이후 제1, 2차 세계대전이라는 홍역을 치렀다. 지금도 그 패권주의는 여전하다. 이것은 '영원에 대한 숭배'처럼 인간의 치유할 수 없는 병인지도 모른다. 영원은 순간의 목적지일 뿐이다. 따라서 서양적 사유방식에서 참으로 있는 것은 순간이고, 계속되는 순간이 영원인 셈이다.

지금은 공산사회주의든, 국가사회주의든 사회주의는 모두 망했다. 사회주의가 아닌 '사회'를 형용사로 붙인 사회민주주의가 희망을 주고 있지만 인간에 내장된 이성과 욕망의 프로그램이 이를 그냥 내버려둘지는 의문이다. 이제 인류는 자제와 겸손과 감사를 배우지 않으면 안 된다. 인간의 적은 다른 동식물이 아니라 인간 자신이 되었다. 인간은 이제 자신과 싸우면서 공멸의 여부를 가리게 되었다.

돌이켜 보면 데리다가 현상학적 함정에 빠진 연원은 서양철학의 이성중심주의가 '눈앞에 있음'이라고 하는 '현존(presence)' 때문이라고 하는 그의 가정으로 거슬러 올라간다. 그는 또한 말

소리중심주의(logophonocentrism)와 이성중심주의(logocentrism)가 같은 것이라고 봄으로써 '소리를 이성주의의 원인'으로 보았다. 어떻게 소리가 이성인가? 이는 단지 아리스토텔레스 이후 목소리의 환원성(이것은 착각이다)을 통해 '소리를 이성으로 보는' 서양 철학적 전통 때문인 것이다. 하느님의 '말씀=소리'를 '로고스(logos)'로 보는 것과 같은 서양철학과 기독교의 전통, 즉 문화권적 타성의 결과라고 하지 않을 수 없다.

서양철학은 이로써 '빛과 소리'가 이성중심주의의 원인이라고 하는 감옥 속에 빠져버렸다. 빛과 소리는 이성의 근거가 되는 것이 아니라 단지 파동일 뿐이다. 빛은 이성이 드러나는 환경일 뿐이고, 빛 자체는 이성이 아니다. 빛과 인간의 눈이 만나고 여기에 동시에 인간의 대뇌의 언어활동을 통해서 이성이 성립되는 것이다. 소리는 더더욱 이성이 아니라 음파일 뿐이다. 소리를 이성의 원인이라고 생각하는 것은 인간이 자신이 한 말을 자신의 귀로 듣는 현상을 환원이라고 잘못 생각한 데서 비롯된 억측이다. 인간은 자신이 한 말을 글자 그대로 고정불변의 것(동일성)으로 다시 듣는 것이 아니라 이미 변형된 소리를 듣는다.

더구나 소리의 파동은 아무런 의미가 없다. 소리에, 특히 인간의 목소리에 어떤 의미가 내재해 있다고 가정하는 것은 인간의 사유와 의식의 환원적 특성을 드러내는 데에 불과하다. 인간 혹은 신이 내는 목소리는 이미 소리에 어떤 의미를 부여한, 때로는 이성적 의미(개념)를 부여한 환원적 결과이며 일종의 피드백

(feedback)이다. 말하자면 인간이나 신의 목소리가 이성이 되는 것은 인간이 이미 자신의 목소리에 자신의 이성을 투사한 결과라는 말이다. 말하자면 자신이 의미를 투사해놓고 투사한 곳에 의미가 있다고 하는 일종의 순환론(아바위)이다.

사물을 보는 것(see it)과 사물의 소리를 듣는 것(hear it)은 근본적으로 다르다. 보는 것은 사물을 대상화한 것이고, 듣는 것은 사물을 대상화한 것이라기보다는 사물이 내는 소리를 듣는 것이다. 말하자면 사물을 대상화(objectify)하는 것이 아니라 도리어 사물에 종속되는(subject to object) 것이다. 이는 인간이 사물과의 관계에서 본래의 수동적인 자리로 돌아가는 것이다. 여기에 수동적인 자리로 돌아간다는 것은 자연에 순응하는, 본래자연으로 돌아가는 것을 의미한다. '귀-소리-들음'은 '눈-사물-봄'에 비해서는 존재론적인 상태로 더 가까이 다가가는 것(돌아가는 것)을 의미한다. 따라서 필자의 일반성의 철학이 소리의 철학인 것은 내적 필연성이 있는 것이다.

칸트는 인식주체를 무제약자라고 하면서 무제약자의 예로 '광원'과 '눈'을 들었고, 무제약자가 인식활동(인식형식)을 하는 것을 제약하는 행위로 보면서 그 예로 '빛'과 '안경'을 들었다. 말하자면 인간은 빛과 안경을 통해 인식대상인 제약된 것을 인식하는 셈이다. 그런데 여기서 무제약자에 '광원'과 '눈'을 예로 든 것은 그것 자체가 바로 현상학적인 태도라고 하지 않을 수 없다. 예컨대 현상 안 되는 '어둠'과 '눈으로 볼 수 없는 세계

(invisible world)'에 대한 고려를 하지 않았음을 지적하지 않을 수 없다.

또한 인간의 눈이 바로 사물을 바라볼 때 안경의 역할을 하는데 '눈'을 무제약자라 하는 것은 어불성설이다. 인간의 눈이 바라본 자연과 세계는 그것 자체가 매우 제약된 한계의 것이다. 그런데 '눈'을 무제약자로서 보는 것은 인식주체인 인간의 초월적인 입장을 전제하는 것이다. 그래서 칸트의 철학이 선험철학 혹은 초월철학의 출발점이 되는 것이라고 볼 수 있다. 결국 칸트의 '존재(있음)' 규정이 보이는 것만 보인다는 '빛과 눈'의 연합작전과 철학의 도구인 개념의 환원성을 처음부터 안고 있었음을 알 수 있다.

철학의 초월적인 성격은 철학의 이념화(철학이 이념에 봉사할 수 있음)를 내재하고 있었다고 볼 수 있다. 이것이 헤겔에 이르러 철학이 역사와 만나 역사철학(국가철학)이 되면서 이념화의 길을 열었고, 마르크스에 의해 아예 과학사회학(유물사관)의 이름을 앞세우고 이데올로기의 본색을 드러내고 말았다. 돌이켜보면 플라톤의 이데아(Idea)라는 것이 이데올로기(Ideology)의 연원이다. 철학의 치명적인 위험은 한 시대의 어떤 철학이 전 시대를 관통하는 결정론적인 이념이 된다는 데에 있다.

철학의 이념화는, 세계는 변하는데 마치 어떤 하나의 텍스트(고전, 『성경』)의 진리(정의)를 증명하기 위해 존재하는 양 볼 것을 강요하는 것이다. 이것은 철학의 종교화(도그마화)이고, 이것은 자신의 철학만 옳다는 맹목에 빠짐을 의미한다. 무엇보다도 철학의 이념화는 기운생동하는 세계를 하나의 진리라는 텍스트에 가두려는 음모를 가지고 있다는 점에서 인류문화의 적이다. 종교가 종교인 것은 나름대로 기능이 있지만, 철학이 종교화되면 철학으로서의 빛을 잃고 만다. 철학과 역사는 계속해서 새롭게 쓰여 지지 않으면 제 역할을 제대로 수행한 것이 못 된다.

서양철학은 출발부터가 '시각-언어'연합의 철학임을 알 수 있다. '시각-언어' 연합은 세계를 인식대상의 사물로 보는 것을 뜻한다. 그래서 서양의 근대철학은 뉴턴역학(절대물리학)을 철학적으로 뒷받침하는 현상학으로 출발하였지만 그것의 종착역에서도 여전히 자연과학기술을 자랑으로 삼고 있다.

이데아(Idea, what)를 눈으로 찾던 형이상학은 형이하학(물리학, 과학기술문명)으로 돌아갔고, 시간(역사)을 따라가던 현상학은 목적과 대상의 끝없는 반복에 그쳐버렸다. 신(神)은 사물을 대상화하면서 정신(精神)이 되었고, 정신은 대상성을 강화하면서 물질(物質)이 되어버렸다. 정신은 절대정신이 되었고, 물질은 절대물질이 되어버렸다. 우리는 절대정신을 유심론이라고 하고, 절대물질을 유물론이라고 말한다.

돌이켜보면 유물론은 스피노자로부터 시작하였다. 스피노자는 유신론(有神論)을 유물론(唯物論)으로 전이되게 한 장본인이다.[10] 절대유일신인 실체(substance)가 자연에 양태(modes)로 존재한다고 함으로써 절대는 자연으로 옮겨가 자연은 절대물질이 됨으로써 유물론의 길을 열어주었던 것이다. 헤겔의 절대정신은 절대물질, 즉 유물론의 길을 완성하도록 한 셈이다. 또한 현대의 과학기계문명은 실은 데카르트로부터 시작되었던 것이다. 데카르트의 기계적 세계관은 바로 그의 시계에서 출발하였던 것이다. 오늘의 기계문명은 바로 그러한 추상, 혹은 기하학에서 출발하였던 셈이다.

서양의 근대과학문명을 출발시킨 인물은 물론 뉴턴으로부터 시작된다고 할 수 있지만 이에 앞서 데카르트가 있었고, 데카르트에 이어 스피노자가 있었고, 그리고 뉴턴이 있었고, 뉴턴에 이어 라이프니츠가 있었다. 라이프니츠는 서양의 과학(물질의 운동)을 미적분으로 계산할 수 있는 길을 열었다. 그런데 라이프니츠는 동양의 주역의 음양론을 이진법(0, 1)의 수학체계로 전환함으로써 서양과학의 실체론을 가능하게 한 장본인이다.

현상학은 정신을 의식으로 대체하고, 의식은 대상(noema, 의미대상) 이전에 의미작용(noesis)의 산물임을 깨달았지만, 의미작용과 의미대상의 끝없는 반복(일종의 영원회귀, 무한대)을 인정하지 않을 수 없었다. 이는 돌이켜보면 라이프니츠의 미적분과 다를

---

10 박정진, 『위대한 어머니는 이렇게 말했다』(살림, 2017), 115~116쪽.

	유심론(唯心論) - 유신론(有神論)	유물론(唯物論) - 기계론(機械論)
스피노자	절대유일신(실체, substance)	자연에 유일신의 부여는 유물론의 시작
칸트	절대도덕(양심, conscience)	자연과학시대에 부응하는 철학의 정립
헤겔	절대정신(유심론, Geist)	절대정신은 절대물질(유물론)을 가능케 함
마르크스	절대정신을 절대물질로 뒤집음	유물론(materialism)과 유물사관
데카르트	코기토(cogito)	기계적 우주관의 시작
현상학	현상학의 기표연쇄	과학기술만능시대의 전개

[근대철학의 유심-유신론과 유물-기계론]

바가 없는 것이다. 근대서양철학은 처음부터 과학을 증명하기 위한 정신과 의식의 과정을 역으로 추적한 환원적 사유에 불과하였다. 말하자면 자연과학을 정신과 의식으로 사후적으로 증명한 것에 불과하였다.

서양의 철학과 종교와 과학은 결국 실체(substance)의 사유의 결과였고, 이러한 실체(동일성)를 해체하지 않고는 서양이 당면한 문제를 해결할 수 없게 되었다. 그래서 데리다는 결정불가능과 해체불가능이라는 '불가능의 두 기둥'인 이중결박이라는 더블바인드(Double-Bind)에 갇히는 결과를 초래했다. 이러한 이중결박을 벗어나려면 현상학적인 노력으로는 불가능하다. 현상학적인 노력이라는 것은 시간의 계속된 다가옴, 혹은 연장(지연)을 맞을 수밖에 없기 때문이다.

현상학의 이중결박에서 벗어나기 위해서는 현상학적인 노력으로는 불가능하고, '이중결박'에서 '이중의미(ambiguity, 애매성)'로, 이중의미에서 '다중의미(polysemy, 다의성)'로 넘어가지 않으면 안 된다. 말하자면 동양의 음양학, 혹은 음양상징학으로 넘어가지 않으면 안 된다. 이것이 존재론의 길이다. 존재론의 길은 언어적으로는 시(詩)와 은유(隱喩, metaphor)를 회복하는 길이다. 그래서 하이데거의 후기는 '횔덜린의 시'에 매달렸던 것이다. 이것은 또한 동양의 도학(道學)으로 가는 길이다.

동양의 음양학, 혹은 도학(道學)이라는 것에 포함되는 무(無)사상, 무위자연(無爲自然) 사상에 가장 눈을 먼저 뜬 서양 철학자가 바로 하이데거인 것이다. 그래서 하이데거는 동양철학에 크게 영향을 받아서 '존재론'이라는 철학적 대전환을 이룬다. 그렇지만 여러 곳에 서양철학의 실체론적 사유, 즉 존재(Being)에 남아 있는 이데아(Idea)의 성격, 그리고 기독교의 절대유일신 사상 등이 남아 있기 때문에 완전하지는 못했다. 인간의 사유는 궁극적으로 사물 그 자체, 존재 그 자체, 자연 그 자체가 될 수 없다.

데리다의 해체철학은 한마디로 규정한다면 하이데거의 존재론을 프랑스의 현상학으로 재해석한 결과이다. 말하자면 존재를 현상으로 해석한 것이다. 프랑스철학자들은 하이데거의 존재론의 관념적 특성을 두고, "누가 현존재인가?(Who is Dasein?)"라고 묻는다. 구체적인 신체가 없는 현존재(인간)를 두고 문제제기를 한 것이다. 이는 존재와 존재자의 사이에 있는 현존재의 유령적인 성격을 지적한 것과 같다. 프랑스 철학자들은 독일의 관념론을 공격하면서도 자신들은 스스로 '텍스트의 유령' 속에 빠져든다.

정작 데리다의 메시아론은 신체를 가진 메시아의 등장을 지연시키면서, 즉 메시아를 계속해서 다가오는(to come) 존재로 해석하면서 텍스트에 매달린다. 텍스트의 유령도 신체가 없는 유령이기는 마찬가지이다. 이제 인류는 메시아를 더 이상 지연시킬 수 없을 정도로 공멸의 위기에 봉착해 있다. 메시아는 시간 속의 존재도 아니고, 더 이상 기다려야 하는 미래적 존재도 아니다. 더구나 기억 속의 과거적 존재도 아니다. 지금 살아 있는 인간 각자가 메시아가 되지 않으면 메시아는 없는 존재이다. 세계는 신체적 존재이고 신체적 존재야말로 실체이다.

신체를 육체와 같은 뜻으로 사용하는 프랑스의 신체의 현상학은 필자의 신체적 존재론으로 나아감으로써 세계의 신체성(신체적 존재성)을 회복하는 계기를 맞을 수 있다. 필자의 신체적 존재론은 자연을 정신-육체(물질)로 이분화한 서양철학과 문명을 넘어서는 제3의 철학으로서 '존재'에서 '신체'로 왕래함으로써 존재를 추상이 아닌 구체로 돌아가게 하는 계기가 되는, '존재=신체'의 길을 탐색해가는 철학적 작업이 될 것이다. 신체적 존재론이야말로 바로 현상학과 존재론의 화해의 길이다. 물질과 육체로 규정한 것도 인간의 정신이고, 세계를 창조한 신을 규정한 것도 인간의 정신이다. 그런 점에서 세계가 이미 인간이 규정한, 소유적 존재의 화신이다.

하이데거의 해체(destruction)라는 용어를 차용하는 과정에서 자신의 해체(deconstruction)라는 개념을 정립하는 데서부터 현상학적인 오류를 범하고 있다. 이를 데리다 식으로 설명하면 'deconstruction'은 'de-construction'이고, 이 속에는 이미 구성(construction)의 의미가 숨어 있다. 그래서 데리다는 해체론적 유령론 속에서 구성을 시도하고 있다. 데리다의 현상학적 노력, 해체론적 노력은 결국 존재의 진면목에 도달하지 못하고, 다가오는 메시아를 기다릴 수밖에 없는 처지가 된다.

데리다의 해체론에 있어서 텍스트야말로 유령(텍스트=유령)이다. 이는 일종의 현상학적 자가당착이다. 이것이 바로 이중결박이고, 헤겔의 변증법(정반합)의 변형인 '차이의 변증법'이다. 데리다는 해체적 문자학을 통해 문자의 결정불가능, 비결정성을 주장하였지만 다른 한편 해체적 유령론에서 '법의 힘'을 쓰고, 심지어 메시아를 다가오는(to come) 존재로 설정하고 있다. 문자학에서 텍스트를 없애고(부정하고), 유령론에서 텍스트를 찾고(쓰고) 있는 형국이다. 이는 서양철학과 기독교문명이 결코 이탈할 수 없는 궤도이다.

데리다에게 있어서 처음부터 텍스트와 메시아는 유령이었던 것이다. 텍스트는 계속 해체되면서 결정불가능한 것이어야 하고, 메시아는 언제나 기다리는 존재로서 해체불가능한 것이어야 했다. 메시아가 유령이 되지 않고, 진정한 메시아가 되기 위해서는 신체를 가져야 한다(신체를 가진 메시아: 예수). 왜냐하면 신체야말로 진정한 존재이기 때문이다. 신체를 떠난 것은 존재가 아니라 존재자이다. 말하자면 가짜존재(가상실재)이다. 신체적 존재는 즉자적 존재이면서 자기-내-존재이다. 자연은 신체적 존재이다(이것에 대해서는 제5장 「인간이란 무엇인가」에서 상술할 예정이다). 따라서 신체를 벗어나는 의미의 탈자연화야말로 자연의 실재를 왜곡하는 것이다.

데리다의 용어 중에 탈자연화(脫自然化)라는 말은 그의 해체론의 내홍(內訌)을 드러내는 것이다. 자연적인 것은 왜(why)를 묻지 않기 때문에 '탈자연화'해야 한다는 데리다의 주장은 그의 그라마톨로지가 현상학적인 지평에 있음을 결정적으로 폭로하는 말이다. 자연은 본래 이탈할 수 있는 것이 아니다. 이는 자연을 잘못 이해하고 있거나 자연과학을 자연이라고 하는 것과 같다. 자연은 구성된 것이 아니기 때문에 탈할 수도 없고, 해체할 수도 없다. 따라서 그의 해체는 구성된(결정된) 것에만 해당되고, 아직 구성되지 않은 것에 대해서는 해체불가능일 수밖에 없다. 그래서 데리다는 유령을 해체불가능한 것이라고 했다. 결정불가능한 것이나 해체불가능한 것은 결국 같은 말이다.

데리다의 '유령'은 결정불가능한 '텍스트'를 기다리고, 역으로 텍스트는 또한 해체불가능한 유령을 기다리는 것이다. 데리다의 그라마톨로지는 결정불가능한 것과 해체불가능한 것, 즉 텍스트와 유령 사이에 있다. 그렇기 때문에 역설적으로 데리다는 자연을 구성된 것(텍스트, 자연과학)으로 읽는 서양문명의 궤도 속에 여전히 있다. 그가 말년에 '환대의 존재'로서 메시아론에 빠진 것은 매우 서양적이라고 말할 수 있다. 그는 다른 기독교인들과 마찬가지로 여전히 메시아를 기다리고 있는 것이다. 그렇지만 기독교의 기다리는 메시아, 즉 현상학적 메시아, 타자의 메시아는 결코 오지 않는다.

메시아는 어떤 인간(개인)이 자기가('자기-내-존재' 속에서) 메시아적 사명을 가진 존재임을 스스로 인식(의식)하는 경우(천명을 받은 자)에만 드러날 수 있는 메시아이다. 이를 '현상학적인 메시아'라고 할 수 있다. 신체를 가진 메시아가 드러나기 위해서는 우선 메시아적 카리스마를 겸비한 인물이 등장하여야 하고, 동시에 그의 제자나 후세들에 의해 인간 각자가 그 나름대로 메시아가 되지 않으면 메시아는 없는 것이다.[11]

인간은 메시아가 되기 위해 끊임없이 시대적 고통과 아픔을 안고 참사랑을 통해 묻고 또 물어야 한다. 서양철학과 문명의 메시아는 신(God)이나 정신(Geist), 그리고 유령(Ghost)에 이르기까지 광범위하게 전개되었다고 말할 수 있다. 드디어 헤겔과 데리다에 의해 유령으로까지 확대되었다고 말할 수 있다. '유령'은 결국 가상실재를 실재(reality)로 착각한다는 점에서 신이나 정신

---

11 박정진, 『메시아는 더 이상 오지 않는다』(행복한에너지, 2016), 57~78쪽.

과 공통성을 가지고 있다. 가상실재가 실체인 것이다. 그 덕분에 서양문명은 자연과학이라는 도구를 얻었다고 할 수 있다.

신(God)＝정신(Geist)＝유령(Ghost)＝가상실재＝실체＝서양 철학＝기독교(메시아)＝천상천국＝자연과학＝물리적 시공간

신(God), 정신(Geist), 유령(Ghost)은 자크 라캉(Jacques Lacan, 1901~1981)의 실재계(Reality), 상징계(Symbol), 상상계(Imagine)와 서로 통함을 볼 수 있다. 이 말은 헤겔에 의해 이미 팰러스의 철학자로 알려진 라캉의 철학적 프레임이 단초를 보였음을 의미한다. 이를 거꾸로 말하면 라캉에 이르러 헤겔이 완전히 해석되었다고 볼 수 있다. 결국 인간이 세계로부터 아는 것은 언어(대타자: A, a, a')뿐이라는 것을 알 수 있다. 언어가 없으면 인간은 세계를 알지(의식하지) 못한다.[12]

더욱이 하이데거의 존재(Sein)는 라캉의 실재(Reality)와 같은 영역임을 알 수 있다. 하이데거가 "언어는 존재의 집"이라고 할 때의 '존재'는 라캉의 '실재'이고, 둘은 모두 언어를 바탕으로 하고 있다. 라캉은 '언어'를 통해서 현상학의 내에서 존재론을 구성하려고 애쓴 인물이고, 하이데거는 현상학을 뛰쳐나와서 존

---

[12] 박정진, 『철학의 선물, 선물의 철학』(소나무, 2012), 206~207쪽.

재론을 구성한 인물이라고 평할 수 있다. 라캉의 주체 없음은 욕망이 바로 이성임을 주장하는 측면도 있지만 그보다는 주체 없음을 통해서 본래존재(실재)로 돌아가는 '현상학적 출구'를 주체와 대상의 왕래(이중성)에서 발견한 인물이라고 할 수 있다.

라캉이 주체를 욕망으로 대체했다면(욕망의 대상으로서의 주체) 하이데거는 주체를 존재로 대체했다고 볼 수 있다. 라캉의 욕망과 하이데거의 존재는 실은 더 깊은 이면에서는 기독교의 유일신을 대체한 것으로 볼 수도 있고, 아니면 욕망과 존재를 신과 더불어 이중적으로 존재케 한 것으로 해석할 수도 있다. 따라서 라캉의 실재계와 하이데거의 존재는 같은 영역과 주제를 다룬 것이라고 볼 수 있다. 라캉(1901~1981)이 하이데거(1889~1976)의 후배라는 점에서 라캉은 하이데거로부터 영향을 받은 것으로 볼 수 있다. 말하자면 하이데거의 독일적 관념론의 존재론을 프랑스의 현상학으로 재해석한 것으로 볼 수 있다.

하이데거의 경우, 끊임없이 신(神)을 붙들고 있는 이유도 바로 신(神)의 실재에 대한 어떤 믿음이나 영감 같은 '성령적(聖靈的) 체험'이 있었을 가능성이 높고, 그러한 유추가 가능하다. 신은 무엇이고, 유령은 무엇인가. 신이 정신과 유령과 상통하지 않는다면 신은 언어를 통한 인간의 이해로 다가올 수 없다. 결국 신, 정신, 유령, 즉 삼자는 서로 왕래할 수밖에 없다. 왕래하는 것에는 물론 경계의 이중성이 내재하고 있다. 유령이라는 것은 앞에서도 말했지만 신과 정신의 가상실재성을 폭로하는 것이 된다. 인간은 상상계가 있음으로써 욕망할 수 있는 시공간(영역)을 확보하게 되는 셈이다. 상징계와 실재계와 상상계는 모두 언어의 매트릭스에 의해 구축되어 있으며 서로 반사(침투)하고 있을 따름이다.

우리가 그동안 생각해왔던 '주체, 대상, 욕망(a)'은 '욕망의 대상으로서의 주체'로서 같은 것(동일성)을 서로 다른 말로 표현한 것에 불과한 것이 되고, 이들은 모두 결국 '언어(A)'로 표현되지 않으면 알 수 없는 것이며, 이들이 작동되는 장(場)은 상상계(a')였음을 알 수 있다. 이성은 욕망일 뿐이었고, 욕망은 이성일 뿐이었다. 자연과학의 무한대와 현상학의 욕망과 이성은 같은 것(동일성)이었다. 단지 자연과학은 무한대를 설정함으로써 세계를 수학(미적분학)으로 환원시킬 수 있었으며, 현상학의 욕망과 이성을 과학기술적으로 실현하는 도구(대상이자 목적)가 될 수 있었을 뿐이다.

만약 언어인 대타자(A)를 제외하고도 남는 존재가 있다면 그것은 신체적 존재일 뿐이다. 인간과 만물의 신체만이 언어가 아니고 언어 이전의 존재이기 때문이다. 결국 우리는 시간과 공간이라는 상상과 추상의 시공간에 속해 있는 것이 아니라 서로 다른 신체 속에 겹겹이 둘러싸여 있는 셈이다. 생물이든 무생물이든 가리지 않고 만물이 신체로서 서로 하나로 통해있는 것이 존재이다. 신체를 육체(물질)로 얕잡아 보는 것은 인간정신의 자기기만에 따르는 가상실재(환상)일 뿐이다.

"우리(존재)는 몸속에 있는 몸일 뿐이다." 이것은 신체적 존재론의 성구(聖句)가 되지 않으면 안 된다. 언어와 기계에 대항할 수 있는 마지막 존재는 몸이다. 이것은 근대서양철학에서 더욱 더 구체화되었던 '사유-존재'의 프레임에서 '존재-사유'를 거쳐 완전한 '존재(존재사태, 본래존재)'에 이르는(돌아가는) 진정한 존재론의 철학적 노정인 셈이다.

이렇게 되면 내 몸(신체)이야말로 현상학적으로 살아 있는 태초이고, 신이고, 메시아로서 유시유종(有始有終)의 성체(聖體, 聖諦)이며, 동시에 존재론적으로도 무시무종(無始無終)의 성체인 셈이다. 자연은 신체적 존재로서 무궁무진한 것이며 제행무상-제법무아 하는 존재이며, 만물만신-심물일체 하는 존재이다. 기독교『성경』에서 말하는 "나 이외의 다른 신을 섬기지 말라"의 '나'는 바로 자기 자신인 것이다.

우리가 그동안 철학적으로 말했던 모든 것은 가상실재에 불과한 것이었고(가상의 가상의 가상……), 가상실재가 아닌 실재(세계)는 오로지 몸(신체)뿐이다. 그런 점에서 세계(존재)는 신체적 존재이며, 신체적 존재야말로 세계인 것이다. 이렇게 되면 "네 이웃을 네 몸과 같이 사랑하라"라는 예수의 말은 단지 종교적으로 행한 성스러운 말에 그치는 것이 아니라 존재에 대한 깊은 이해에서 우러나온 철학적인 메시지로서 신체적 존재론의 입장에서 새롭게 조명되어야 마땅한 것이다. 그렇게 되면 종교와 철학과 과학은 하나가 되는 것이다.

	정신(精神)	신(神, 神氣)	유령(幽靈, 精氣)
헤겔	Geist	God	Ghost
라캉	Symbol(상징계): 언어, 대타자(A)	Reality(실재계): 주체 없음(a), 욕망	상상계(Imagine): (a')
		실재＝몸＝신체적 존재	
精氣神	정신적(精神的) 차원	신기적(神氣的) 차원	정기적(精氣的) 차원

[헤겔과 라캉의 프레임 비교]

우리는 여기서 인간의 언어에 대해 다시 고민하게 된다. 결국 욕망이 이성이라면, 무의식이 의식이라면 은유(metaphor)와 환유(metonymy) 혹은 상징(내포적 언어)과 언어(지시적 언어)의 관계가 어떻게 설정되어야 하는지, 요컨대 상호 침투할 수 있는지, 서로 변전(바꿈)이 가능한지에 대해서 검토하지 않으면 안 된다. 철학자들은 열심히 자신의 철학적 프레임(패러다임)을 만들기 위해 노력하고 있지만 실은 그것은 어떤 철학적 원형(시스템)의 변주, 혹은 원형시스템(프레임)의 변형에 불과하다는 가설도 성립될 수 있다. 그렇다면 철학적 환유는 보기 좋게 시인의 은유가 되어버리는 것이다.

철학자들이 자신의 철학을 시적 은유로 간단하게 설명하고자 하는 욕구를 가지게 되는 것도 이를 뒷받침하고 있다. 만약 언어가 이렇게 된다면 환유와 은유는 물론이고, 의식과 무의식도 상호왕래하게 될 수밖에 없는 것이 된다. 서양철학이 그동안 현상학적으로 나누어놓았던 것들을 우리는 다시 존재론적으로 순환하게 하지 않으면 안 된다. 여기에 『천부경』의 천지인·정기신 패러다임의 부활이 요구되는 것이다.

헤겔이나 라캉의 패러다임은 동양의 천지인·정기신 순환사상의 패러다임에 대입해 볼 수도 있을 것이다. 예컨대 신기적(神氣的) 차원=실재계, 정신적(精神的) 차원=상징계, 정기적(精氣的) 차원=상상계에 대응된다고 볼 수도 있다. 지금까지 철학적 합리성이라는 것은 하나의 지평 위에서 논리적 인과 혹은 변증법적 지양을 검증하거나 변증하는 것을 위주로 하였다. 이러한 합리성은 현상학적인 원환궤도에 불과하다는 것이 점차 드러나고 있다. 따라서 천지인정기신과 같은 '존재론적인 순환'에 의한 해석이 보다 설득력을 가질 수도 있을 것이다.

이때에 존재론적 순환이라는 것은 현상학적인 지평(시간적·역사적 지평)에서 인간(현존재)이 끊임없이(무한대로) 현상을 생산해내는 원환궤도를 벗어나서 본래 하나였던 천지인의 상태로 돌아가서 서로 침투하는 것을 말한다. 말하자면 『천부경』의 인중천지일(人中天地一: 인간 속에서 천지가 하나 되는 현상)의 상태를 말한다. 인중천지일 사상은 쉽게 말하면 "천지가 나다"(존재-사유) "내가 천지다"(사유-존재) 혹은 "신이 나다"(존재-사유) "내가 신이다"(사유-존재)라고 말할 수 있다. 여기에서 천지가 되었든, '내(나)'가 되었든, 신이 되었든 간에 절대성은 없다.

우리 조상은 인중천지일의 상태를 역사적으로 여러 말로 표현해왔다. 풍류도(風流道)에서는 현묘지도(玄妙之道), 성리학(性理

學)에서는 이기지묘(理氣之妙) 등으로 표현해왔다. 또한 불교에서 원효(元曉, 617~686)는 화쟁(和諍)으로, 지눌(智訥, 1158~1210)은 교선일치(敎禪一致)로, 그리고 불교 전반에서는 사성제(四聖諦) 이외에도 진공묘유(眞空妙有), 부진공론(不眞空論) 등으로 설명해왔다.

앞에서 말한 정기적 차원이라는 것은 인간의 정(精)으로 기(氣)를 포박하는 일이고, 정신적 차원이라는 것은 인간의 정(精)으로 신(神)을 포박하는 일이고, 신기적 차원이라는 것은 인간의 신(神)으로 기(氣)를 해방시키는 일이다. 기를 해방시키면 기(氣)는 본래의 기(氣)가 된다. 이것이 바로 '기의 존재성', '기의 일반성'에 도달하는 것이며, 기일원론(氣一元論)의 경지에 이르는 것이다. '기일원론'에 도달하여야 '이기지묘'의 경지에 이르게 되고, 시대정신에 부응하는 철학, 시대정신이 반영된 철학을 탄생시킬 수 있게 되는 것이다.

신기적 차원에서 '기'를 해방시킨 '신'은 도리어 세계 그 자체와 전면적인 접촉을 하게 되고, '세계의 유동적 전체성(一氣)'에 도달함으로써 아무런 거리낌이 없는, 아무런 장애가 없는 '무애(無碍)의 자유'를 누리게 된다. 이것은 세계에 대한 '신적(神的)인 이해'라고 말할 수 있을 것이다. 말하자면 여기서 세계적인 목적이 개인의 자아에서 완성되는 셈이다. 신기적 차원의 유동적 전체성에 도달하는 경지는 헤겔의 절대지(絶對知) 혹은 주자의 절대리(絶對理)와는 다른 것이다. 그렇지만 이성적인 표현으로는 그렇게밖에 달리 표현할 길이 없다. 유동적 전체성을 현상학에서 보면 '통일적 기운(氣運)'이라고 말할 수 있을 것이다. 천리(天理)는 지기적(地氣的) 존재의 환원-회귀인 동시에 이상이다.

철학한다는 자체는 철학자 개인의 기운생동의 소산인 철학체계를 텍스트화하는 것이기도 하지만 동시에 새로 태어난 철학체계는 한시적인 운명을 맞을 수밖에 없다. 그것의 생명주기는 오래일 수 없다. 왜냐하면 기운생동의 세계는 다시 새로운 철학체계를 만들어주어야 일반에게 이해될 수 있기 때문이다. 하나의 철학체계와 뒤따르는 철학체계의 사이인 생명주기는 경우에 따라서는 몇백 년을 가지고 하지만 대체로 한 세기를 넘지 못한다. 짧은 경우는 정말 몇십 년으로 단명할 수도 있다.

그런 점에서 하나의 철학에, 혹은 남의 철학에, 혹은 외래의 철학에, 나아가서 그 옛날의 철학(혹은 사상)에 수천 년간 매인다는 것은 실은 그 사이에 뛰어난 철학자가 태어나지 못했음을 증명하는 것이기도 하지만 그보다는 원천적으로 철학을 생산할 수 없는 지역이라고 봄이 타당하다. 모든 문화권이 철학을 하는 것은 아니고, 또 철학을 하여야만 살 수 있는 것도 아니다. 철학 없이 사는 민족도 적지 않다. 철학을 하는 민족이나 국가는 바로 선진국이나 중심국(세계지도국), 문화중심지에만 해당되는 일이다.

철학이라는 것은 '애지(愛知)의 학문'으로 지식 자체를 축적하는 것이 아니라 지식을 사랑하는 것으로서, 사랑한다는 것은 이미 형성된 지식체계를 배우고 자랑하는 것이 아니라 일종의 창조적 활동(기운생동)으로 철학하는 것을 하는 것을 말한다. 이렇게 현재적 철학행위를 하여야 철학적 활동성이 새로운 철학 체계를 수립하는 성과로 옮겨갈 수 있다. 이것은 '기(氣)의 이화 (理化)', 혹은 '일반성의 보편성화'라고 할 수 있다.

철학이라는 것은 또한 분과학문 간의 학제적 연구를 도모 하는 것과는 달리 여러 분과학문을 하나의 벼리(綱)로 꿰는 것 을 의미한다. 다시 말하자면 분과학문의 성과나 교양의 성과를 하나의 보편적 지점에서 통하게 함으로써 시대정신을 공유하게 하면서 미래를 준비하는 요약으로 작용한다. 이러한 요약에는 물론 경계적(境界的) 인간이라고 할 수 있는 철학자로 하여금 때 로는 예언자적 기질을 발휘하게도 하고 선지자의 역할을 하게 하기도 한다. 이러한 예언이나 선지는 반드시 인간-신적인 능력 의 발휘와 함께 신기적(神氣的) 차원과 접하는 순간을 맞게 하는 것 같다. 이른바 "신바람이 난다" "신명 난다" "신난다" "기(氣) 산다" 등이 이런 상태를 말하는 것이다.

천지인사상에 따르면 존재론적 순환은 신기적(神氣的) 차원 이 된다. 그리고 정신적(精神的) 차원은 현상학적 차원이 되고, 정기적(精氣的) 차원은 존재-현상학적 차원이 된다. 여기서 주목 할 것은 인간의 현상학적인 차원이야말로 천지인의 순환을 막 는 장벽이 되고 있다는 점이다. 인간은 신-인간의 이중적인 존 재이다. 어느 쪽에 더 무게가 실리느냐에 따라 신(神)중심적인 신인간적(神人間的)이 되기도 하고, 인간중심적인 인간신적(人間 神的)이 되기도 한다. 현대인은 후자인 인간신(인간신, Homo Deus)

天	氣	신기적(神氣的) 차원	존재론적 차원	주체 없음/신-인간 이중성
人	神	정신적(精神的) 차원	현상학적 차원	인간신적(人間神的) 차원
地	精	정기적(精氣的) 차원	존재-현상학적 차원	신인간적(神人間的) 차원

[신기적, 정신적, 정기적 차원]

이 되기 위해 줄달음치고 있다.

인간이 미래에 어떠한 신으로 나타날 것인가, 혹은 어떠한 신을 선택할 것인가는 호모사피엔스의 운명에 결정적인 열쇠가 될 것이다. 인간이 신인간적인 신, 즉 생성적인 신을 택한다면 자연은 인간과 함께 할 것이고, 반대로 인간신적인 기계의 신을 택한다면 인간은 기계인간의 전쟁으로 인해서 종말을 구할지도 모른다. 생성(becoming)의 신, 존재론적인 신은 '말씀의 실체(사유-존재)'가 아니라 '신체의 말씀(존재-사유)'의 신이다. 생성적인 신은 참으로 겸손한 신이며, 희생적인 신이다. 생성적인 신은 결코 권력자로서 군림하는 인간신적(人間神的) 신과는 다른, 신인간적(神人間的) 신이다.

철학인류학자로서의 필자는 결국 다섯 단어, 즉 'God, Geist, Ghost' 이외에 'Culture, Nature'라는 단어로 인류의 철학과 문화를 요약하고자 한다. 'God, Geist, Ghost'는 결국 'Culture'를 대변하고, 'Culture'의 바탕으로서 'Nature'가 존재한다. 진정한 존재는 'Nature'뿐이다.

'culture(칼처)'와 'nature(네이처)'에서 하나의 'ture(틀)'을 의미하는 것으로 치면 칼처는 '가르다(칼)＝갈다(耕, 磨)＝나누다'의 의미가 숨어 있고, 네이처는 '나다(出)＝태어나다(生)＝생기다'의 의미가 숨어 있다. 그러면서 문화와 자연은 상반된 입장에 서게 된다. 문화는 사물(대상)을 가르는 것(틈을 발생시키는 것)이고, 자연은 틈(갈라짐)에서 태어나는 것이다. 이들은 각각 문화의 특성인 분별(판별)과 자연의 특성인 생성(생멸)을 드러낸다. 칼처와 네이처의 한글발음과 영어발음이 유사성을 보이는 것은 유의미해 보인다.

서양철학의 시공간의 연장과 지연의 문제는 소위 서양후기 근대철학에서 불거진 '차연'의 문제가 아니라 서양철학과 기독교문명의 궁극적인 문제, 해결할 수 없는 문제, 자기모순의 문제이다. '차연의 철학'은 말만 바꾼 것이지 결국 '차연의 변증법'에 불과하고, 변증법의 현상학은 다시 초월성을 전제하는 형이상학으로 거슬러 올라간다. 서양철학과 기독교문명은 결국 '초월성의 문제'에 봉착하게 된다.

이러한 초월성의 문제는 결국 다시 서양문명의 '나(I)'의 문제로 환원된다. 이것은 결국 '실체(reality)의 있음'의 문제이고, 무한대를 가정한 운동의 수량화(계산할 수 있는)라고 할 수 있는 물리학의 미적분의 문제와 같은 것이다. 이렇게 보면 서양철학은 서양물리학(형이하학)의 문제를 심리적인 차원(형이상학과 현상학)에서 논의한 반복에 지나지 않는다. 그래서 과학기술만능시

culture(칼처) cul(칼)+ture(틀)	가르다(칼): 나누다	사물(대상)을 가르다(틈)	문화의 특성	분별 (판별)
nature(네이처) na(나)+ture(틀)	나다(태어나다): 생기다	틈(갈라짐)에서 태어나다	자연의 특성	생성 (생멸)

[문화와 자연의 한글발음과 영어발음]

대(이는 기독교신의 전지전능함에 견줄 수 있다)에 철학의 무용론이 나오는 것이다.

철학이 유용해지려면(이것은 '무용의 유용'이다) 이제 초월성을 배제하는 철학으로 신개척지를 마련하지 않으면 안 된다. '초월성'과 대립되는 용어는 '본래성'(본래존재, 본래자연)일 것이다. 필자는 초월성을 보편성과 같은 의미(초월성=보편성)로 사용하는 반면 본래성을 일반성과 같은 의미(본래성=일반성)로 사용하고 있다. 그래서 필자의 철학을 '일반성의 철학'이라고 말하기도 한다.

그런데 일반성의 철학은 동양의 도학(道學)에 힘입은 바 크다. 다시 말하면 동양의 도학을 서양철학의 입장에서 다시 해석하고, 서양철학의 연장선상에서 논의함으로써 상호소통과 이해의 지평을 함께 한다면 동서철학의 융합에 도달했다고 할 수 있을 것이다. 동양의 도학은 유교든, 불교든, 노장철학이든, 선도(仙道)이든 모두 '도(道)'를 추구하는 경향성이 있다. 동양에서는 유교는 유도로, 불교는 불도로 불린다. 이는 도(道)에 대한 공통적 관심을 반영한다.

물리학(물리적 현상학)은 어떤 지점(순간의 시공간의 지점)에서 계산을 하는 것이고, 현상학은 어떤 지점에서 만족하지(정지하지) 않고 계속 지향하는 것이 다를 뿐이다. 현상학은 계산하는 대신에 이원대립항의 사이에서 계속 지향하거나 아니면 어느 지점에서 대립항의 의미의 이중성(애매모호함)을 인정하며 언어의 상징이나 은유로 도피하는 수밖에 없다. 이것이 서양현상학의 한계이다. 서양철학이 존재론으로 넘어가지 않을 수 없는 이유가 여기에 있다.

그렇지만 존재론을 주장한 하이데거가 종래의 '존재'(현상학적인 존재)에 대해 '존재자'라는 이름을 붙이고, '생성'에 대해 '존재(Being)'라는 이름을 붙인 것과 데리다가 '(결정-해체) 불가능'이라고 이름붙인 것은 바로 '생성'에 대한 현상학적 이름붙이기로서 철학적으로 이중적인 몸짓에 불과하다. 말하자면 아직 한 발은 현상학에, 다른 발은 존재론에 딛고 있는 모습이다. 하이데거의 '존재론'과 데리다의 '그라마톨로지(혹은 텍스트)'는 완전히 동양적 생성에 들어오지 못하고 있는 서양철학의 '현상학적 고백성사'에 속한다.

서양철학은 결국 '나(I)＝주체＝대자＝타자＝너(You)'의 문제이다. 그렇기 때문에 '나'와 철저히 분리된(소외된) '너(You＝타자＝대상)'가 있게 되는 것이다. 결국 분리에 따른 대립과 소외의 문제가 서양철학의 전부이다. 신(God)도 철저한 주체가 되거나 타자가 되어야 한다. 이것이 이분법이다. 그런 점에서 하이데거가 '존재의 사유(Seinsdenken)'를 주장했지만, 사유(denken) 그 속에 이미 '나(I, Ich)'가 들어 있기 때문에 '생성(Becoming)의 의미'로서의 '존재(Being)'에 이르지 못하는 한계에 봉착하게 된다.

　모든 서양 철학적 혹은 과학적 노력이라는 것이 생멸하는 우주에 대한 도전, 즉 그것을 실체(실재의 실체)로서 잡으려는 이성과 욕망의 산물이다. 그러한 점에서 이성은 대뇌의 욕망이고, 욕망은 신체의 이성이다. 이성의 근원이라고 하는 '봄(시각)'은 이미 욕망이다. 이성과 욕망이 바로 '나(I, ego, subject)'이고, 자연의 무(無, 無我)를 망각한 데서 오는 아집(我執)의 결과이다. 대뇌의 세뇌(洗腦)는 욕망의 유혹(誘惑)과 같다. 그렇지만 그 실체에 대한 아집이나 진리에 대한 오류 때문에 도구의 발명이나 과학이라는 것이 이룩되었음을 생각하면 이것이 인간이라고 말할 수밖에 없다.

　오늘의 현대과학기술문명에서는 단지 그 이성과 욕망의 수위조절이 필요할 따름이다. 원자기술, 생명공학기술, 나노기술 등을 어떻게 쓸까를 결정하는 것은 인간이다. 왜냐하면 이런 상태로 과학기술문명이 발달하다보면, 결국 기계의 세상이 될 것이 뻔하기 때문이다. 기계의 주인이던 인간은 기계의 노예로 전락할 가능성이 높다. 이러한 주인-노예의 법칙은 이미 신과 인간의 사이에서 그 전도가 벌어졌던 경험이 있는 매우 인간적인 현상이다.

　지금까지 기술은 스스로 결정하지 않고, 인간의 결정을 기다려왔다. 그러나 어느 날 갑자기 기술이 인간의 운명을 결정할

지도 모른다. 자연은 결코 인간의 대상으로, 노리개로 존재하지 않으며, 실은 인간이 모르는(결코 알 수 없는) 세계적 음모(보복)를 기획하고 있는지도 모른다. 더욱이 인간성 안에 이미 인간의 멸종프로그램이 내장되어 있는지도 모른다. 그것이 이성과 욕망이라면 우리는 어떻게 할 것인가?

서양철학의 관념론은 결국 '정신＝물질'을 도출했으며, 다른 한 줄기인 경험론은 과학기술주의(논리철학, 분석철학)를 도출했다. 이 둘의 공통점은 물신숭배(物神崇拜)에 있다. 자유-자본주의든, 공산-사회주의든 물신숭배에 빠져 있다. 서양철학의 '신-정신-물질(유신론-유심론-유물론)'은 정확하게 서양문명의 '종교-철학-과학'과 대칭을 이루는데 서양철학이 중심이 된 물신숭배와 현대과학기술문명을 극복하기 위해서는 이들과 대립관계에 있는 동양의 자연주의, 혹은 도학(道學)의 회복이 절실하다. 그 자연주의 철학의 대표적인 것이 바로 샤머니즘(shamanism)인 것이다.

하이데거의 존재론은 서양 철학사 전체에 반기를 든 철학으로서 보편성의 기반이 되는 개별성(개체성)을 각자성(各自性; 개개의 실존)으로 바꾼 실존철학이다. 각자성은 존재이해에 대한 초월적인 태도를 완전히 버린 것은 아니지만 적어도 집단적·역사적·보편적 이해태도를 벗어나서 인간존재(현존재)의 각자성에 기초한 존재사적 회고라는 태도를 보임으로써 철학적 사건을 이룬다. 각자성은 보편성(이름)에 봉사하는 개별성(개체)을 박차

종교	철학	과학	모두 동일성을 추구하는 공통성을 가지고 있다
유신론(有神論)	유심론(唯心論)	유물론(唯物論)/자연과학	
신/유일신(唯一神)	정신/절대정신	무신론(無神論)/물질	

[서양의 종교-철학-과학은 일란성 세쌍둥이다]

고 일어나서 존재일반(일반존재)으로 향하는 몸짓을 보임으로써 필자의 '일반성의 철학'을 향하고 있다고 말할 수 있다.

그러나 하이데거는 존재일반에서 다시 존재이해의 초월, 즉 '실존론적 초월'로 향하는 바람에 일반성에 도달하지 못했던 셈이다. 뒷장에서 자세히 말하겠지만 이것은 칸트의 '범주적 초월'과는 다르지만 역시 초월이라는 점에서 한계를 보이고 있다. 실은 실존론적 초월 그것도 넘어서야 모든 사물 그 자체를 존재로 보는 일반성에 도달할 수 있는 것이다. 필자의 일반성의 철학이야말로 존재론의 완성이면서 서양철학의 종언이다.

칸트는 "직관 없는 개념은 공허하고, 개념 없는 직관은 맹목이다"라고 말했다. 필자는 "개념 없는 직관(시공간)은 맹목이고(눈이 없고), 직관 없는 개념이 무(無)이다"라고 말하고 싶다. 개념과 실체(사물, thing)를 추구하는 서양 사람들은 동양 사람들의 '무(無)'를 '공허'라고 생각한다. 필자는 나아가서 "직관 없는 개념은 소리(波動, 氣波)이고, 소리는 사물(thing)이 아니라 존재(event)이다"라고 말하고 싶다. 소리는 궁극적 존재이다. 소리는 만드는 것이 아니라 드러날 뿐이다. 동양 사람들에게 세계는 '시간과 공간의 장소(입자)'가 아니라 '파동이 흘러가는 장(場)'일 뿐이다.

이데인(idein, 보이다)을 명사화한 이데아(Idea)를 '사물(Thing)'의 본질로 전제한 서양철학의 뿌리를 통째로 바꾸어서 '본질(Wesen)'을 '존재(Sein)'로 바꾸면 새로운 존재론이 전개가 된다. 그러면 '사물'은 '존재'로 변모한다. 고정불변의 실체(이데아)를 가진 '사물'은 이제 생성 소멸하는 '존재'로 탈바꿈하게 된다. 그러한 점에서 하이데거는 칸트가 버려두었던(논의에서 제외하였던) '신'과 '물 자체'를 다시 철학적 사유의 대상으로 회복한 셈이다.

칸트의 철학적 행위가 물리학(물리적 현상학)을 뒷받침하는 심리학적 현상학으로서의 현상학의 근대적 출발이었다면 현상학이라는 철학을 출발시키고 집대성한 후설을 거쳐 하이데거는 니체의 형이상학의 완성과 함께 현상학의 종지부를 찍은 철학자라도 말할 수 있을 것이다. 이는 하이데거로 하여금 서양의 철학과 동양의 도학을 연결시키는 교량 역할을 하도록 유도했다. 이 과정에서 하이데거는 동양의 도학을 많이 참조한 것으로 보인다. 동양의 선(禪)불교나 음양(陰陽)사상, 천지인(天地人)사상 같은 것 말이다.

서양의 근대-후기근대철학의 형성과정에서 동양철학의 영향이나 피드백 과정을 살펴볼 수 있는 측면이 적지 않다. 형이상학과 물리학은 결국 현상학이었으며, 현상학은 이제 존재론과 새로운 대응관계에 있게 된다. 그런데 이 대응은 대립이라기

이데아/현상	현존재	사물/존재	형이상학/존재론	사물/사건
Ding(Thing)	형이하학	사물	공간적(형이상학)	thing
seiendes(beings)	현존재	존재자	시공간적(현상학)	thing-event
Sein(Being)	(Dasein)	존재	시간적(존재론)	nothingness
Wesen(Idea)	형이상학	본질	불교적(자연적) 존재론	nothingless

[형이상학과 현상학과 존재론의 위상학]

보다는 상호보완적인 성격을 가지면서 마치 동양의 음양사상과 같은 관계에 있게 됨을 볼 수 있다. 현상은 존재와의 대립이 아니라 상호보완, 혹은 상생관계에 있어야 하는데 이는 동양의 노장철학에서 말하는 무유(無有)상생관계와 같다. 따라서 서양의 형이상학과 물리학은 앞으로 유형지학(有形之學)으로, 존재론은 무형지학(無形之學)으로 새롭게 분류되어야 할지도 모르겠다.[13]

무형지학은 존재론의 영역이고, 유형지학은 현상학의 영역이다. 음-양(무-유)상생관계는 존재론의 영역이고, 양-음(유-무)관계는 현상학의 영역이다. 현상학은 음양 관계를 양음관계로 해석하는 것이다. 아래 표의 '없이 있는'(nothingless)은 서양 존재론의 미래적 달성목표로서 승조(僧肇, 384~414)의 '부진공론(不眞空論)'과 같은 의미이다.

---

13 박정진, 『일반성의 철학과 포노로지』(소나무, 2014), 555~569쪽.

철학	무/유, 음/양	없음에 대하여
형이상학(形而上學, 形而下學)	형이상학, 물리학	thing/nothing
현상학(주체-대상)	양-음(유-무관계)	nothingness
존재론(無形之學, 有形之學)	음-양(무-유관계)	nothingless(不眞空論)

[형이상학, 현상학, 존재론과 동양의 음양사상]

승조의 조론(肇論), 예컨대 물불천론(物不遷論)과 부진공론(不眞空論)과 반야무지론(般若無知論)과 열반무명론(涅槃無名論)은 참으로 불교의 진리를 역설적으로 드러내는 역설의 진리이다. 조론은 특히 인도유럽어문명권의 진리를 한자문명권에서 소화한 백미라고 할 수 있다.

'시각-언어'의 패러다임을 주축으로 사물(Thing)에 대한 대상인식을 중심으로 한 서양철학은 주체와 대상(원인-결과)에서 모두 실체를 전제하거나 요구하게 되고, 이것은 존재라는 바탕에서 형성된(현상된) 이분법의 대표적인 예라고 할 수 있다. 그렇지만 주체나 대상은 어떤 경우에도 궁극적인 실재(실체)가 되지 못한다. 서양의 기독교와 이성철학과 자연과학은 같은 사유계열에 속한다. 말하자면 기독교와 철학과 과학은 다른 결과물을 만들었지만 그 뿌리에서는 같은 것이다. 그런 점에서 기독교와 철학, 철학과 과학은 일종의 문화적 제국주의의 표본이라고 할 수 있다.

시각으로 '본다'라는 행위는 빛의 본질을 사유함이 없이 으레 실체를 전제하고 있는 것으로서 존재의 근원에서 사유하는 것은 아니다. 말하자면 빛을 전제하고 있지만 사유하고 있지는 않다. 이때의 사유는 생각과는 다른 것이다. 서양문명에서는 '봄'이 '있음'이고 또한 '이해'이다. 빛에 대한 인간의 신앙은 태양계의 일원으로서 존재적으로 당연한 것이다. 사유는 '보는' 행위의 결과이고, 존재는 눈앞에 '지속적으로 있는 대상'인 것이다. 이것이 바로 '시각+언어'의 연합이다. 이는 기독교문명에서뿐만 아니라 불교문명, 그리고 그 밖의 문명에서도 마찬가지이다.

서양철학과 문명에서 '보는 것'은 이미 '사유'이고 사유는 이미 '소유'이다. 보는 것은 이미 사물을 손으로 장악하는 것이다. 그래서 사물의 소리를 듣는 철학으로 전환하지 않으면 현대문명은 '소유의 사회'를 극복할 수 없다. 말하자면 '눈의 철학'에서 '귀의 철학'으로 문명전환을 꾀하지 않으면 인류는 권력경쟁으로 공멸할지도 모른다. '귀의 철학'은 세계를 파동으로 보는 철학이다. 빛은 '채워짐의 시작'이고 소리는 '본래 빈 것'이다.

동서양철학은 어디에서 가장 극명하게 갈라질까. 동양철학이 '삶의 철학'이라면 서양철학은 '앎의 철학'인 것 같다. 물론 삶은 앎을 포함하고, 앎은 삶에 수단을 제공하는 측면이 있기 때문에 양분되는 것은 아니지만, 그런 특징은 무시할 수 없는 게 사실이다. 서양철학이 '현상-인식'의 철학이라면 동양철학은 '존재-관계'의 철학이다. 현상의 철학이 주체-대상(존재자) 혹은 언어-사물의 이분법(이원론)을 중시하는 철학이라면 존재의 철학은 생성(생멸)의 일원론을 따르는 철학이다. 이원론의 철학은 항상 대상과 목표를 설정함으로써 통일이나 통합(unification)을 꾀하는 데 반해 일원론의 철학은 상보적 관계를 맺는 이원대립항으로 역동성(dynamism)을 꾀한다.

현상학이 '눈의 철학'적 특징을 갖는다면 존재론은 '귀의 철학'적 특징을 보인다. 현상의 철학이 고정불변의 '실체의 유무(有無)'에 관심이 많다면 삶의 철학은 인간과 자연의 '비실체적 관계'에 관심이 크다. 삶의 철학은 존재의 생성과 변화에 관심이 많으며 어떤 목적보다는 과정이나 길(道)에 관심이 많은 반면 앎의 철학은 인식의 방식 및 지식과 권력에 관심이 많다. 결국 서양철학은 자연과학에서 그 절정을 이루고 인과기계론(因果機械論)에 치중한다면, 동양철학은 자연철학에서 그 특징을 이루고, 무위자연(無爲自然)에 충실하고자 한다.

물론 서양철학과 문명에도 도(道)가 없는 것은 아니고 동양철학과 문명에도 과학이 없는 것은 아니지만 양자는 자신의 방식에서 삶과 앎을 영위한다고 말할 수 있다. 최종적으로는 서양은 유시유종(有始有終)의 방식으로 삶과 자연을 대한다면 동양은 무시무종(無始無終)의 방식으로 삶과 자연을 대한다고 말할 수 있다. 서양철학은 존재의 본질(idea)에 관심이 많지만 동양철학은 신체적 존재 및 수신(修身)과 도(道)에 관심이 크다.

존재(자연적 존재)는 저마다 자신의 고유한 신체성을 갖는다. 이 신체성을 타자의 시각(시선)에서 보면 육체(물질)가 된다. 이에

철학/도학	현상/존재	앎/삶	권력/수신	과학/자연	유시/무시
서양철학 (이원론)	현상−인식의 철학 주체−대상(존재자)	앎의 철학 유무(有無)	지식/권력 '눈'의 철학	자연과학 인과기계론	유시유종 (有始有終)
동양철학 (일원론)	존재−관계의 철학 존재(생성, 생멸)	삶의 철학 음양(陰陽)	수신/도(道) '귀'의 철학	자연철학 무위자연	무시무종 (無始無終)

[동서양철학과 문명의 차이와 특성]

비해 정신의 인식은 항상 주체의 시각을 대상에 투사한다. 그래서 정신의 현상인 진리(절대 진리)는 존재가 아니다. 존재는 따라서 철학(哲學)이 추구하는 보편성이 아니라 존재가 본래 지니고 있는 일반성(본래존재)이 되지 않으면 안 된다. 존재의 본래를 찾는 것이 도학(道學)이다. '알 수 없는 것'을 인정하는 것이 도학이다. 그런 점에서 소크라테스는 서양의 철학자라기보다는 서양의 도학자이다.

고대는 소크라테스를 통해서, 근대는 하이데거를 통해서 동서양철학이 만나게 된다. 이는 마치 종교에서 부처를 통해서 예수를 만나거나 예수를 통해서 공자를 만나는 것과 같다. 같은 호모사피엔스로서 지구촌에서 만나지 못하고, 통하지 못할 것은 없다.

4. 도가도(道可道)에서 무시무종(無始無終)까지

서양에 철학(哲學)이 있다면 동양에는 도학(道學)이 있다고 말할 수 있다. 서양철학이 철학-과학의 연결이라면 동양의 도학은 도학-자연의 회귀라고 볼 수 있다. 서양철학과 문명은 끝없이 어떤 대상(목표)을 향하는 지향성에 특징이 있다면 동양철학과 문명은 대상이 아니라 자기 자신으로 돌아가고자 하는 본래성으로 돌아가고자 하는 특징이 있다.

서양철학은 이분법(이원론)으로 하나의 세계를 향하고, 마치두 다리로 걸어가듯이 하나의 세계를 향하고, 동양철학은 하나의 세계, 일원론의 세계에서 수기치인(修己治人), 수신안인(修身安人)하고자 한다. 만약 어떤 이가 태어나서 수신안천(修身安天), 즉 내 몸을 닦아 하늘을 편안하게 하고자 한다면 그는 누구일까.

세계에 대한 해석은 하나로 말할 수도 있고, 둘로 말할 수도 있다. 하나로 말하는 것 중에는 초월적으로(초월적인 하나) 말할 수도 있고, 본래적으로(본래적인 하나) 말할 수도 있다. 둘로 말하는 것을 현상학적으로 말한다고 한다. 그러나 하나로 말하는 것이든, 둘로 말하는 것이든 세계가 본래 하나라면 이들은 결국 만나서 하나가 되지 않을 수 없다.

따라서 초월론(초월적 하나)과 본래론(본래적 하나)은 뒤에서(비밀리에) 만나지 않으면 안 된다. 이것을 두고 초월론자(보편론자)들은 '보편적이고, 일반적인'이라고 말하고, 본래론자(일반론자)들은 '일반적이고 보편적인'이라고 말한다. 하늘이 땅 위에 있는 천지(天/地)시대, 주역으로 막힐 비(否)괘의 시대에는 '보편적이고 일반적인'이 옳지만, 땅이 하늘 위에 있는 지천(地/天)시대, 태(泰)괘의 시대에는 '일반적이고 보편적인'이 옳다. 천지의 기운 생동에 따라 서로 정반대의 입장에 있음을 말하는 것이다.[14]

한편 세계를 둘로 해석하는 현상학은 항상 이원대립 항으로 세계를 해석하면서 대립 항들의 상호모순으로 인해 끝없는 변증법적 통합과정을 통해 '새로운 초월'(새로움)에 도달하거나, 혹은 대립 항들의 상호왕래(주관적 상호작용, 상호주관적 해석학)를 통해 세계의 이중성(애매성)을 터득하고 현상에서 물러남으로써(은적

14 박정진, 『철학의 선물, 선물의 철학』(소나무, 2012), 71~73쪽.

함) 본래 하나의 세계에 도달하게 된다. 이것을 현상학과 존재론의 화해라고 말한다.

필자의 일반성의 철학은 우선 서양의 철학(哲學)과 동양의 도학(道學)을 화해시키는 철학으로서의 의미가 있다. 동시에 '철학'이 보편성을 추구하는 도학이라면 '도학'은 일반성을 추구하는 철학이라고 할 수 있다. 그럼으로써 동서양에 있어서 새로운 철학의 시대를 여는 철학으로서 의미가 있다.

일반성의 철학은 또 서양의 개념철학을 동양의 구체철학, 서양의 관념철학을 동양의 생명철학, 서양의 이성(理性)철학을 동양의 기(氣)철학, 서양의 실체철학을 동양의 소리(파동)철학과 화해시키는 미래철학으로서 의미가 있다. 일반성의 철학으로서의 기(氣)철학은 신(神)과 총체적으로 결합함으로써 '신기(神氣)의 철학'이 될 때에, 서양의 기독교이성철학의 정(精)과 신(神)의 철학, 정신(精神)의 철학과 시너지 효과를 거두면서 새로운 철학의 시대를 열 것이다. 이것은 또한 새로운 천지인의 철학시대를 여는 북소리라고 할 수 있다.

앞 장에서 'God' 'Geist' 'Ghost'는 모두 동일성(실체)을 추구하는 서양철학과 문명의 가상실재임을 말하였다. 쉽게 말하면 이들은 세계에 대한 초월적이고 현상학적인 해석들이다. '자연'을 '세계'라고 말하는 자체가 이미 초월이고 현상이다. 이러한 초월적이고 현상학적인 노력과 달리 자연을 부단하게 자연 그대로 보려는 노력들이 동양철학과 문명에서는 오랫동안 지속되어왔다. 그 대표적인 책들이 바로 『도덕경(道德經)』 『장자(莊子)』와 같은 고전들이다.

동양의 도학(道學)은 『도덕경(道德經)』 제1장에서부터 "말해진 도는 도가 아니다(道可道 非常道)"라고 말하고 있다. 여기서 '길 도(道)자'가 '말 도(道)'자로 쓰이고 '말함(可道)'으로 쓰이는 반전을 통해 '도'와 '말'이 얼마나 가까운 곳에 있으며, 동시에 모순적이고 이중적인 위치에 있는가를 결정적으로 보여준다. '도가 도' 석 자에 이미 도덕경의 전부가 들어 있다고 해도 과언이 아니다.

또 『도덕경』 제23장은 "말이 없는 것이 자연이다(希言自然)"라고 말하고 있다. 그런데 동양의 도학은 '말하는 것(可道)' 자체를 부정하는 태도를 보이고 있다. 공자도 『논어(論語)』 「학이(學而)」편에서 '교언영색(巧言令色)'을 비난하고 있다. "말을 공교롭게 하고 얼굴빛을 곱게 하는 자가 인한 자는 드물다."(子曰, "巧言令色, 鮮矣仁!)

『도덕경』『논어』『장자』 등 동양의 대표적 경전들은 여러 곳에서 말을 신중하게 할 것을 요구하고, 말 많은 것을 경계하고 있으며, 심하게는 말을 하는 것이 '도(道)'를 왜곡하고 해치는 것처럼 생각하고 있기도 하다.

기독교(타력신앙)와 반대의 입장에 있는 것처럼 인식되는 불교(자력신앙)에서도 '깨달음'을 빛으로 묘사하고 있다. 그런 점에서 불교의 깨달음과 기독교의 구원은 실은 상통하는 점이 많다.

아마도 둘 다 인도유럽어문명권에 속하는 때문일까. 그렇지만 불경의 대부분은 결국 제행무상(諸行無常), 제법무아(諸法無我)를 역설하면서 일체개고(一切蓋苦)에서 벗어나려면 깨달음을 통해 열반적정(涅槃寂靜)에 들어가야 할 것을 주장하고 있다. 『금강경』 『화엄경』 등 모든 불경은 하나같이 말(言語)과 사물(事物) 그 자체를 공(空)과 무(無)로 역설하고 있다. 그렇지만 불교에서 말하는 '존재에 대한 깨달음'이라는 것도 엄밀하게는 '존재 그 자체'는 아닌 것이다.

존재와 존재를 말함으로써(말의 껍데기를 덮어씌움으로써) 빚어지는 존재-존재자의 경계는 실로 쉽게 말할 수 없다. 언어도단의 영역이 있기 때문이다. 말을 하면 이미 존재는 본래모습이 아니고, 말을 하지 않으면 존재의 본래모습은 감추어지기 때문에 우리는 아무 것도 알 수 없다. 결국 알 수 없는 것이 존재의 진면목이다. 말(언어)을 하는 것은 이미 현상학적 존재의 시작이고, 빛은 이미 현상학적 존재의 시작이다. '빛=언어=시작'이다.

기독교『성경』은 "태초에 말이 있었다"라고 시작하고 있다. 서양은 말(logos)'을 존재의 원인으로 삼고 있을 정도이다. 그러니까 말이 사물이 되고(말-사물), 사물이 말이 되는(사물-말) 것은 당연하다. 기독교의 '창조-피조론'과 '창조-종말론'은 이미 세계를 이분법적으로 나누고 시작하는 관계로 결국 동일성을 추구하지 않을 수 없고, 물론 현상학적인 특성을 버릴 수 없다.

서양기독교의 창조-종말론(원인-결과론)은 일종의 제조적(製

造的) 신관(철학)의 산물로서 크게 보면 최초의 현상학적인 신학 혹은 철학이라고 말할 수 있을 것이다. 플라톤의 이데아도 불변의 본질(실체)로서 이데아를 설정한 관계로 그 후의 서구철학이 현상학적 특성을 지니게 되는 한 원인이 되고 있다. 이 점에서 기독교 유일절대신과 이데아론은 서로 다른 것 같지만 실은 같은 것이다. 그래서 니체는 기독교를 '대중적 이데아론'이라고까지 말했다. 창조-종말론과 이데아론은 '실체적(동일성의) 세계관'이 투영되어 있다.

서양철학과 문명을 꿰뚫어보면 '말-사물, 사물-말, 사유-존재, 존재-사유'의 패러다임시퀀스(paradigm-sequence)로 요약할 수 있고, 이들 현상학적인 시퀀스 밖에 '존재'(존재론적 존재, 자연적 존재)가 있는 셈이다. 하이데거는 이 시퀀스의 가장 오른쪽에 있는 '존재-사유'의 계열에 속하는 철학자라고 말할 수 있다.

창조론과 진화론은 둘 다 현상학적 궤도에 있다. 창조론은 원인적 동일성에 중심을 두고 있고, 진화론은 결과적 동일성에 중심을 두고 있다. 서로 정반대의 코스몰러지(우주론)로 대립하면서 치열한 논쟁을 벌이고 있지만, 창조론과 진화론은 결국 하나의 원환(타원)궤도에 있는 것이다. 하나는 원을 왼쪽으로 돌고, 다른 하나는 오른쪽으로 돌고 있는 까닭으로 인해서 양자는 결국 접점을 가질 수밖에 없다. '창조적-진화'(베르그송)라는 말이나 '창조적-이성'(화이트헤드)이라는 말은 진화-창조의 이중성의 관계를 표명하는 말이다.

엄격하게 말하면 진화론은 동식물의 '관계망'일 뿐이다. 진화론은 고정불변의 실체가 있는 것들의 관계가 아니라 동식물 전체의 관계양상일 뿐이다. 동식물은 유전자를 가진 유전자 집합체일 뿐이고, 그 집합체에는 인간이 설명할 수 없는 공집합(空集合) 같은 것이 있다. 공집합 속에는 공(空)사상이 숨어 있다. 말하자면 '전체'는 무엇이라고 실체적으로 규정할 수 없다. 어떤 것도 독자적이고 독립적인 실체가 아니다. 분류학이라는 것은 인간의 존재이해를 담은 '인간의 이해체계'일 뿐이다.

하이데거의 세계-내-존재나 존재이해에도 타자의 철학으로서의 서양철학, 즉 이용의 대상으로 사물을 보는 태도가 숨어 있다고 볼 수 있다. 하이데거의 존재이해의 위계(hierarchy)는 그가 존재의 일반성에 주목하였으면서도 일반성의 철학에 진입하지 못하는 맹점이 된다. 이것이 바로 서양철학의 현상학적 전통인데 하이데거가 간신히 이러한 궤도를 이탈하려는 몸짓을 했지만 결국 실패하고 만다. 하이데거의 수준에서도 필자의 자기-내-존재 혹은 즉자적 존재 혹은 신체적 존재론에 도달하지 못하고 있다. 이는 서양철학의 관념성(동일성)이라는 장애물 때문이다.

현상학으로 서양철학을 크게 보면, 서양문명의 두 우주론, 즉 창조론과 진화론은 두 개의 중심을 가지고 있는 '타원형의 궤도'라고 할 수 있다. 과학과 역사라는 것도 실은 일종의 현상학적 원환궤도상에 있다. 과학(공간, 물리학, 형이상학)은 원인적 동일성을 추구하고 있고, 역사(시간, 의식학, 현상학)는 결과적 동일성을 추구하고 있다. 인간은 역사적 존재이면서 동시에 과학적 존재이다.

인간은 왜 자연(자연적 존재)을 현상학적 존재로 해석하고, 그렇게 하지 않으면 안 되는가. 결국 대뇌 '신피질(neocortex)'의 증가(두개골의 용량의 증가)에 그 원인을 두지 않을 수 없다. 과학과 역사는 원환궤도이지만 그것의 내용은 동일성(실체)과 직선(인과성)을 추구하고 있다.

왜 서양이 주도하는 기독교과학문명은 동양의 생성론(생멸론), 혹은 기운생동론을 배제하는가. 하이데거의 말대로 '존재론적 존재'보다는 '현상학적 존재'(존재자)를 '존재'라고 했던가. 어떻게 보면 인간(호모사피엔스)은 처음부터 그러한 특성을 가진 생물종이었다고 말할 수밖에 없다. 또한 그것이 오늘날 근대서양문명에서 더 두드러졌다고 말할 수밖에 없다.

동일성은 서양철학의 이분법에서 초래된다. 이분법은 모든 동일성과 실체와 소유의 출발이다. 만약 동일성이라는 것이 하나의 세계를 지칭하는 것이라면 동일성은 존재할 수 없다. 그러한 절대적 동일성이 존재하면 세계는 움직일 수도 변할 수도 없기 때문이다. 그래서 존재의 전체성(유동적 전체성, 一氣)은 상징이나 은유로서 표현될 수밖에 없다.

서양의 기독교신학과 철학은 동양의 『천부경(天符經)』의 시각으로 보면 시작도 끝도 없는 '무시무종(無始無終)의 세계'과정(process)의 세계'를 인간이 임의로 어느 한 곳(어떤 지점)을 잘라서 그것을 원인으로 하고, 다음의 어떤 곳을 잘라서 결과로 잡는 '유시유종(有始有終)의 태도'라고 말할 수 있을 것이다.

이러한 유시유종은 실체가 없는 세계에서 실체를 잡고, 존재의 세계를 소유의 세계로 환원시키는 발단(출발)이라고 할 수 있을 것이다. 그런 점에서 인간이야말로 자연적 존재로서 태어나서 스스로를 소유적 존재로 탈바꿈함으로써 생존을 확보한 존재인지도 모른다. 현상학의 근저에는 근거 아닌 근거로서의 존재가 있음을 인정하지 않을 수 없다. 현상학에 대한 이러한 이해나 관조가 존재론을 탄생시켰을 것이다. 인간이 무엇을 알아내면, 즉 앎의 세계를 넓히면 자연(자연적 존재)은 더 멀리 달아나 있다. 이는 마치 달아나는 신과 같다. 결국 현상학적인 존재파악은 세계를 연장하거나 지연시킬 수밖에 없다.

니체의 '권력에의 의지'와 '영원회귀'마저도 현상학에 지나지 않는 것으로서 단지 현상학적 환원을 영원회귀라는 말로 표현한 것에 불과하다. 현상학적 환원은 나아가기 위해 돌아보는 것과 같고, 이것은 결국 시종(始終)의 만남으로 원환궤도를 이룬다. 즉 니체의 영원회귀 사상은 나아가는 것 같지만 실은 환원적 사유와 같은 것이다. 환원과 회귀는 결국 같은 원환궤도에서 방향만 다른 같은 것이라고 할 수 있다. 환원은 시간적으로 뒤로 소급하는 것이고, 회귀는 앞으로 나아가는 것이지만 현상학의

한 갈래로 볼 수도 있을 것이다.[15]

더구나 현상학적인 순간과 영원은 같은 것이며, 시간의 현재(현재적 순간)는 항상 환원(과거에 대해)과 회귀(미래에 대해)를 동시에 붙잡고 있다고 말할 수 있다.[16] 시간도 현상학의 산물(제도)이다. 시간의 현재는 역설적이게도 비시간이 되어야 과거와 미래의 시간을 존재할 수 있게 한다. 만약 현재가 계속되면 과거와 미래는 존재할 수 없다. 이는 시간이 본래 없는 것이며, 현상학적인 산물임을 말해주는 것이다.

니체는 근대와 후기근대의 경계선에서 '신이 죽었다'고 시대정신을 개념화함으로서 새로운 '예술시대'를 예감하고, 낙타(종교의 시대)와 사자(과학의 시대)에 이어 어린이의 시대(예술시대: 놀이하는 인간)를 상징적으로 표현했지만, 결국 그는 예술마저도 '권력의 증대'에 이용하는 '생기존재론' 혹은 '예술생리학'을 주장하는 현상학적인 한계에 머물렀다.[17]

니체는 이성에 대해 반이성주의로서 욕망을 발견하고, 인간의 정신에 대해 신체를 부각시키는 대반전을 시도했다. 하지만 언어와 욕망, 혹은 의식과 무의식의 관계가 전혀 반대가 아닌, 교차관계에 있다. 말하자면 이성은 대뇌의 욕망이고, 욕망은 신

---

15 박정진, 『니체, 동양에서 완성되다』(소나무, 2015), 30~41쪽.
16 같은 책, 125~130쪽.
17 같은 책, 505~528쪽.

체의 이성이라는 점이 발견되고 있다. 주체는 욕망의 대상으로서의 주체이고, 욕망은 대상의 주체로서의 이성이다. 이러한 점은 이성과 욕망이 무한대라는 점에서 확인되고 있다. 심지어 물리(과학)의 세계, 수학의 미적분도 그러한 세계인식의 프레임에 의해 이루어진 합의이다.

서양근대철학사에서 욕망은 이성보다 후에 관심을 받았다. 그러나 인류학적으로 볼 때 욕망 혹은 욕구는 이성보다 앞선 것이며, 인간의 문화는 그러한 기본적 욕구를 충족시키는 문화적 장치의 성격이 강했다. 이성의 도구적 성격을 생각하면 존재는 이성보다 욕망에 더 가까운 것이다. 인간의 존재방식이나 존재이해를 들어 인간존재의 특성으로 보기도 하지만 보다 근본적인 인간의 존재성은 현상학적으로 드러나기 이전의 인간심리의 심층구조와 관련이 있는 것 같다.

근대철학의 아버지 데카르트의 코기토는 기계적 세계관의 출발이었으며, 스피노자의 '실체와 양태'이론은 유물론의 출발이었으며, 라이프니츠의 단자론(monad)과 미적분의 세계는 과학의 세계를 수학적으로 뒷받침했다. 결국 신화와 종교와 철학과 과학이 '자연의 실재'로부터 인간이 잡을(소유할) 수 있는 '실체의 세계'를 보다 많이 확보하기 위한 '소유의 존재방식'이었음을 확인하기에 이르렀다.

현대문명의 입장에서 볼 때 인간의 미래는 자연을 기계의 세계로 환원하거나 기계인간을 만들어 함께 살아가는 존재가 될 가능성이 높다. 인간의 알고리즘은 기계인지 모르지만 인공지능(기계인간)의 알고리즘은 인간이다. 그러한 점에서 인간의 신체에 대한 새로운 환기, 즉 신체에 대한 현상학적인 연구보다는 신체에 대한 존재론적인 연구가 절실한 편이다.

인간의 신체는 다른 만물의 신체와 다르지 않다. 인간의 신체도 똑같이 생멸하고 있는 것이다. 인간이라고 해서 불멸한다는 것이야말로, 요컨대 인간이 지혜의 동물이라고 해서 영혼불멸하는 존재가 될 수 있다고 생각하는 자체가 바로 소유적 존재로서의 인간의 자기착각이며, 자가당착이다. 모든 존재는 신체로서 존재한다. 신체가 없으면 존재가 아니다. 모든 존재는 신체적이라는 점에서 동등하다. 이때의 신체라고 하는 개념은 흔히 무생물(물질)에도 적용되는 신체이다. 만물은 신체적 존재라는 관점에서 보면 무생물(무기물)도 고정불변의 것(실체)으로 존재하는 것이 아니라 변화하는 존재임이 틀림없다.

이상의 논의를 간추려서 정리해볼 필요가 있다. 동서 문명은 처음부터 '말(道)-말씀'구조를 가지고 세계에 대한 해석을 달리했음을 볼 수 있다. 『도덕경』 제1장의 '도가도(道可道)'와 『성경』 「창세기」의 '태초말씀'을 대비해서 볼 수 있다. 도덕경은 '비상도(非常道)'라고 서술됨으로써 비(非: 이다, 아니다)구조로 나아갔고, 이것은 『도덕경』 제42장에 나오는 구절인 '도생일(道生一: 도가 일을 낳고)'에서 알 수 있듯이 '비(非)시간구조=생성(현재진행형으로 기술)구조'임을 알 수 있다.

"도는 일을 낳고 일은 이를 낳고 이는 삼을 낳고 삼은 만물을 낳는다. 만물은 음을 등에 지고 양을 포옹한다. 충기(沖和之氣: 천지간에 조화된 기운)가 모여서 조화를 이룬다. 사람들이 싫어하는 것은 오직 고아, 과부, 불곡(곡식보다 못한 것)인데 왕이나 제후를 이렇게 부른다. 그러므로 사물은 혹 잃어서 얻게 되고 혹 얻어서 잃게 된다. 사람들이 가르치는 것은 나도 그것을 가르친다. 강포한 자는 제 명에 죽지 못한다. 나는 장차 이것을 교부(가르침의 으뜸)로 삼는다."(道生一, 一生二, 二生三, 三生萬物, 萬物負陰而抱陽, 沖氣以爲和, 人之所惡, 唯孤, 寡, 不穀, 而王公以爲稱, 故物, 或損之而益, 或益之而損, 人之所教, 我亦教之, 强梁者, 不得其死, 吾將以爲教父)

이에 비해 『성경』「창세기」 제1장은 "'태초말씀'이 '있었다(과거시제로 기술)'"라고 서술함으로써 유무(有無: 있다 없다) 혹은 창조-종말(주체-대상) 구조로 나아갔고, 이것은 '시간과 공간구조＝제조(製造)구조'로 나아갔음을 알 수 있다. 도덕경의 구조가 '생성구조'(실체가 없는)라면 『성경』의 구조는 '존재구조'(실체가 있는)라고 말할 수 있다. 생성구조는 만물이 모두 생멸(生滅)하지만, 존재구조는 변하지 않는 실체(하나님)가 있음을 전제한다.

'말-말씀'을 가지고 동서양문명의 특징을 살펴보는 데서 한 걸음 더 나아가서 다시 언어가 사물이나 존재를 어떻게 규정하고, 이것에 어떤 작용(의미, 개념)을 하는가를 살펴볼 필요가 있다.

사물(언어)-존재(사태)의 구조로 살펴보면, 서양문명과 철학은 기본적으로 현상학적 태도를 가짐을 알 수 있다. 언어-사물

말(道)-말씀구조	도가도 (道可道)	비상도 (非常道)	비(非: 이다. 아니다)구조 도일생(道一生)	비(非)시간구조 생성(生成)구조
	태초말씀 (하나님)	있었다	유무(有無: 있다. 없다)구조 창조-종말(주체-대상) 구조	시간과 공간구조 제조(製造)구조

['말-말씀' 구조로 통해본 동서양문명의 특징]

은 언어가 사물을 규정하는 것을 말하고, 이는 거꾸로 다시 사물-언어를 규정하는 것으로 현상학적 왕래를 하게 된다. 그 결과 서양에서는 필연적으로 유심-유물론이 나올 수밖에 없다.

현상학의 언어-사물을 존재론적 일원구조로 보면 사유-존재가 되고, 사물-언어는 존재-사유가 되는데 이때의 존재-사유는 사물-언어의 '막힘 구조'(유심-유물론)가 아니라 '존재-사유'로의 '열린 구조'라는 점이 다르다. 서양철학은 줄곧 '현상학적 이원구조'를 갖는 데 반해 하이데거 이후 존재론에서는 '존재론적 일원구조'로 향하는 길을 열어놓았다고 말할 수 있다.

결론적으로 동서양문명과 철학의 특징을 살펴보면 크게 질서(cosmos)구조와 혼돈(chaos)구조로 대비해서 살펴볼 필요가 있다. 질서구조는 크게 남성적 질서(하나님 아버지)와 여성적 질서(玄

사물(언어)-존재(사태)구조	현상학적 이원구조 서양문명과 철학	언어-사물	사물-언어	유심-유물론 (막힘 구조)
	존재론적 일원구조 (하이데거 이후)	사유-존재	존재-사유	존재-사태 (열림 구조)

[사물(언어)-존재(사태)구조로 본 동서양문명의 특징]

牝: 검은 암컷)로 나누어볼 수 있다.

『도덕경』 제1장의 이어지는 구절에는 "이름이 없는 것이 천지의 시작이고 이름이 있는 것은 만물의 어머니이다. 그러므로 항상 욕심이 없으면 그 묘함을 보고 항상 욕심이 있으면 그 나타남을 본다. 이것은 둘 다 같은 데서 나오지만 이름은 다르다. 같은 것을 '현'이라고 한다. 현 중의 현은 중첩된 묘의 문이다." (道可道非常道, 名可名非常名. 無名天地之始, 有名萬物之母. 故常無欲以觀其妙, 常有欲以觀其徼. 此兩者同出, 而異名, 同謂之玄. 玄之又玄, 衆妙之門.)

『도덕경』 제6장은 이렇게 말한다. "곡신은 죽지 않는다. 이것은 신비스런 암컷을 말한다. 암컷의 문, 이것은 천지의 뿌리를 말한다. 면면히 존재하는 것 같고 씀에 힘쓰지 않는다."(谷神不死 是謂玄牝玄牝之門是謂天地根綿綿若存用之不勤.)

결국 현(玄)은 비로소 암컷(牝)임이 드러난다. 앞 장에서부터 천지지시(天地之始), 만물지모(萬物之母) 등의 '시(始)' 혹은 '모(母)'에서 그 징조를 보았지만, 제6장에서 결정적으로 암컷, 즉 여성적 질서를 실토하고 있는 셈이다.

『성경』이 남성적 질서임은 여기서 재론할 필요도 없다. '하나님 아버지'는 그것을 잘 말해준다. 하나님 아버지가 아담을 창조한 뒤에 다시 이브(아담의 갈비뼈)를 창조하는 남성 위주가 잘 드러난다. 『성경』이 '천지창조' 구조, '창조—종말(製造, 만듦)' 구조인 것은 크게 이의가 없을 것이다. 문제는 '제조적 신관'이 결국 현대에 이르러 '제조—기계적 환상구조'로 발전한 데에 있다.

남성은 여성처럼 자신의 몸으로 재생산하는 구조가 아니라 자신의 몸의 밖 혹은 공장에서 물건을 만들어내는 구조이다. 그 구조가 오늘날 과학기술문명을 만들어냈다고 볼 수 있다.

이에 비해 『도덕경』의 '도가도' 구조는 '생(生: 낳다)' 구조로서 여성적 질서를 상징한다. 여성적 질서에는 결국 신체의 재생산으로 인해서 특징지어지는 존재-생성적 신체구조를 가지게 된다. 이상에서 볼 때 『도덕경』이나 『성경』의 구조는 여성적 질서구조이든, 남성적 질서구조이든 간에 질서의 구조임은 분명하다.

그렇다면 최종적으로 '질서구조' 밖에 있는 '혼돈구조'를 예로 듦으로써 동서양의 세계관, 우주론을 요약해볼 필요가 있을 것이다. 『도덕경(道德經)』과 함께 『장자(莊子)』를 예로 들어보자.

『장자(莊子)』 「내편(內篇)」의 마지막 장인 「응제왕(應帝王)」 제6장을 보자.

"이름에 죽지 말고(이름의 시체가 되지 말고) 음모를 쌓지 말고(음모의 창고가 되지 말고) '쓸데없는 일'을 맡지 말며(일의 책임을 지지 말고) 아는 체하지 마라(앎의 주인이 되지 마라)."(无爲名尸, 无爲謀府, 无爲事任, 无爲知主.)

"무궁한 도를 체득함을 다하고 짐이 없는 곳에 노닐어라. 그 하늘에서 받은 것을 다하고 터득한 것을 드러내지 마라. 또한 비어 있을 뿐이다. 지인(至人: 도에 도달한 眞人, 聖人)의 마음 씀은 거울과 같고 장차 맞이하지 않음이 없다(무엇이든 맞이한다). 응하면서도 감추지 않는다. 그러므로 능히 사물을 이기고(사물을 꿰뚫어

승리하고)도 해(상처)를 입지 않는다."(體盡无窮, 而遊无朕., 盡其所受乎天, 而无見得, 亦虛而已. 至人之用心若鏡, 不將不迎, 應而不藏, 故能勝物而不傷)

"남해의 임금은 '숙'이고 북해의 임금은 '홀'이고 중앙의 임금은 '혼돈'이었다. 숙과 홀이 때때로 서로 함께 혼돈의 땅에서 만났다. 혼돈은 최선을 다해서 대접했다. 숙과 홀은 혼돈의 은덕을 갚을 것을 상의했다. '사람에겐 모두 일곱 구멍이 있어 보고 듣고 먹고 숨 쉬는데 이들은 홀로 있는 법이 없으니 시험 삼아 그것을 뚫어줍시다.' 하루 한 구멍씩 뚫었는데 이레가 되자 혼돈은 죽고 말았다."(南海之帝爲儵, 北海之帝爲忽, 中央之帝爲混沌. 儵與忽時相與遇於混沌之地, 混沌待之甚善. 儵與忽謀報混沌之德, 曰:「人皆有七竅以視聽食息, 此獨無有, 嘗試鑿之.」日鑿一竅, 七日而混沌死)

숙과 홀은 남북에 있는 시간의 신이다(숙홀지간은 짧은 시간을 말한다). 혼돈은 사물의 시초이며 움직임이 없는 중앙의 지도리를 의미한다. 위에서 '혼돈사(混沌死)'는 장자가 아니면 그 누구도 말하지 못할 참으로 장자다운 발상이다. 혼돈은 죽을 수 없는 것인데도 혼돈을 죽게 함으로써 질서의 상대적 의미의 한계와 경각심을 부추기고 있다. 혼돈(混沌)에게 일곱 개 구멍(사람의 이목구비를 말한다)을 뚫어주었는데 도리어 질식해서 죽이기에 이른다는 것은 무엇을 말하는가.

이 대목은 『장자』「전편(全篇)」에서 보여주었던 여러 종류의 현상학적 이분법의 세계를 결국 상쇄하거나 무화시키려는 태도를 보여주고 있다. 혼돈은 혼돈대로 있어야 제 역할을 하는데 혼돈에 구멍을 뚫었으니 제 역할을 할 수가 없게 되었다. 혼돈이 죽어버렸으니 세계는 질서(Cosmos)만이 존재하게 되고, 질서가 세계가 되어버렸다. 이는 현대의 과학기술문명을 풍자하기에 충분하다.

　혼돈의 우화(寓話)는 오늘날 '존재의 질식'을 반면교사하고 있다. '혼돈'이야말로 '장자의 존재론'의 백미라고 말할 수 있다. 장자의 존재론은 「제물론(齊物論)」에서 잘 전개되고 있다. 「제물론」 제1장을 보자.[18] 이 장에서 중요한 대목은 특히 천지인의

---

18 『장자』 「제물론」 제1장: "남곽자기가 책상에 기대어 앉아서 하늘을 우러러보면서 길게 한숨을 쉬었다. 멍한 모습이 마치 제 짝을 잃은 것과 같았다. 안성자유가 서서 앞에서 시중을 들면서 말하기를 "웬일이십니까? 몸은 참으로 마른 나무와 같다고 할 만하고 마음은 참으로 죽은 재와 같다고 할 만합니다. 지금 책상에 기댄 자는 옛날에 책상에 기댄 자가 아닙니다." (南郭子綦隱机而坐, 仰天而噓, 荅焉似喪其耦. 顔成子游立侍乎前, 曰:「何居乎? 形固可使如槁木, 而心固可使如死灰乎? 今之隱机者, 非昔之隱机者也.」) 자기가 말하였다. "안은 또한 즐겁지 아니한가? 그대가 이것을 물으니! 지금 내가 나를 잃었다는 것을 그대는 아느냐? 그대는 사람의 통소소리를 들었으나 땅의 소리를 아직 듣지 못했을 것이다. 그대는 땅의 소리를 들었으나 하늘의 소리를 아직 듣지 못했을 것이다!"(子綦曰:「偃, 不亦善乎? 而問之也! 今者吾喪我, 汝知之乎? 汝聞人籟而未聞地籟, 汝聞地籟而未聞天籟夫!」) 자유가 말하였다. "감히 그 방도를 묻겠습니다."(子游曰:「敢問其方.」) 자기가 말하였다. "대지는 기운을 품어낸다. 그 이름은 바람이다. 이것은 다만 일어나지 않지만 일어난다면 수많은 구멍이 힘차게 소리 지른다. 너는 유독 이 길게 부는 바람소리를 듣지 못하는가? 산과 구릉은 험하고 높고 둘레가 백이 되는 큰 나무의 구멍은 코와 같고 귀와 같고 횡목과 같고 나무그릇과 같고 절구와 같고 깊은 웅덩이와 같고 얕은 웅덩이와 같다. 그 바람소리는 노도와 같고 포효하는 것 같고 질책하는 것 같고 흡입하는 것 같고 규탄하는 것 같고 곡하는 소리 같고 요상한 소리 같고 귀여운 소리 같다. 앞에서는 웅웅 울어대고 뒤에서도 웅웅 울어댄다. 산들바람은 작게 화답하고 태풍은 크게 화답한다. 매서운 바람이 그치면 많은 구멍은 비게 된다. 그런데 유독 이 가지가 크게 흔들리는 것, 가지가 작게 흔들리는 것을 보지 못했는가?"(子綦曰:「夫大塊噫氣, 其名爲風. 是唯無作, 作則萬竅窺怒呺. 而獨不聞之翏翏乎? 山陵之畏佳, 大木百圍之竅穴, 似鼻, 似口, 似耳, 似枅, 似圈, 似臼, 似洼者, 似污者, 激者, 謞者, 叱者, 吸者, 叫者, 譹者, 宎者, 咬者, 前者唱于而隨者唱喁. 泠風則小和, 飄

'소리(籟)'에 대한 비유의 말이다.

자유가 말했다. "땅의 소리는 많은 구멍의 소리이고 사람의
소리는 비죽(생황, 통소)의 소리일 뿐입니다. 감히 하늘의 소리에 대
해 묻겠습니다."(子游曰:「地籟則衆竅是己, 人籟則比竹是己. 敢問天籟.」)

자기가 말하였다. "하늘의 소리는 만 가지를 불어도 같지 않
되 자기를 부린다고 하는 것은 모두 자기 소리라는 뜻이니, 과연
격노하는 자는 그 누구인가!"(子綦曰:「夫天籟者, 吹萬不同, 而使其自己
也, 咸其自取, 怒者其誰邪!」)

장자는 결국 '하늘의 소리는 항상 같지 않지만 스스로 부리
기 때문에 스스로 얻는다'고 결론짓는다. 본래 자연의 소리는 다
양하고, 다양한 것이 자연이다. 장자는 소리뿐만 아니라 모든 사
물에 대한 인위적인 구별과 시비(是非)는 무의미하다고 주장한
다. 장자는 모든 시비차별을 없애버리는 '무차별'을 시도했는데
이러한 취지가 가장 잘 드러난 것이 바로 「제물론」 제3장이다.

제3장에서는 도(道)와 말(言), 그리고 시비(是非)에 대해서 말
한다.[19] "삶이 있기에 죽음이 있고, 죽음이 있기에 삶이 있다. 가

風則大和, 厲風濟則衆竅爲虛, 而獨不見之調調之刁刁乎?」)
19 『장자』「제물론」제3장: "도는 어디에 은폐되어 진위가 있는 것일까? 말은 어디에 은폐되어
시비가 있는 것일까? 도는 어디에 가서 있지 않는 것일까? 말은 어디에 있기에 제 역할을 할
수 없는 것일까? 도는 작은 성취에 가리고 말은 말장난에 가리었다. 고로 유가와 묵가의 시
비가 있는 것이다. 그러므로 옳은 것을 가지고 틀린 것이라고 하고 틀린 것을 가지고 옳은 것
이라고 한다. 틀린 것을 옳다고 하고 옳은 것을 틀린다고 한다면 밝음만 같지 못하다."(道惡
乎隱而有眞僞? 言惡乎隱而有是非? 道惡乎往而不存? 言惡乎存而不可? 道隱於小成, 言隱於榮華. 故

함이 있기에 불가함이 있다. 옳음이 있기에 그름이 있고, 그름이 있기에 옳음이 있다. 그러므로 성인은 이유를 따지지 않고 하늘(자연)에 비추어 옳음을 삼는다."(方生方死, 方死方生., 方可方不可. 因是因非, 因非因是. 是以聖人不由, 而照之於天, 亦因是也.)

장자는 자연을 기준으로 하면(자연의 결을 따라가면) 옳음을 찾을 수 있다고 말한다. 말하자면 '자연(天)'이야말로 기준진리가 되기 때문이다. 그래서 성인은 자연에 비추어본다(照之於天)라고 말한다. 장자의 '혼돈구조'와 '무차별구조'는 결국 같은 것이다. 그런데 혼돈을 죽게 하고, 무차별을 없애버리면 문제가 해결되는가. 도리어 문제가 된다. 이에 비해 자연의 차이(이치)는 옳은 것이다. 자연의 차이는 옳고, 문명의 차별은 옳지 않다는 것이다.

『장자』「제물론」제5장은 특히 장자의 직설적인 '존재론'으로 유명하다.[20] "천지는 나와 동시에 생하고 만물은 나와 하나이

有儒墨之是非, 以是其所非而非其所是, 欲是其所非而非其所是, 則莫若以明) 사물의 '시피(是彼)'에 대해서도 말한다. "사물(존재)은 저것 아닌 것이 없고 동시에 사물은 이것 아닌 것이 없다. 저것에서는 보이지 않고 이것에서는 안다. 그러므로 저것은 이것에서 나오고 이것 또한 저것에서 기인한다. 저것과 이것이 동시에 난다고 말하는 설(혜시의 주장)은 맞다. 삶이 있기에 죽음이 있고, 죽음이 있기에 삶이 있다. 옳음이 있기에 그름이 있고, 그름이 있기에 옳음이 있다. 그러므로 성인은 이유를 따지지 않고 하늘(자연)에 비추어 옳음을 삼는다.(物无非彼, 物无非是. 自彼則不見, 自是則知之. 故曰彼出於是, 是亦因彼. 彼是方生之說也, 雖然, 方生方死, 方死方生., 方可方不可. 因是因非, 因非因是. 是以聖人不由, 而照之於天, 亦因是也.)
20 『장자』「제물론」제5장: "이제 또 여기에 말해보자. 그것이 이것과 같은 것인지, 다른 것인지 알 수 없다. 같은 것과 다른 것이 서로 묶을 수 있다면 같은 것이 된다면 그것과도 다를 바가 없다는 것은 맞다. 시작이 있다는 것은 처음에 시작이 있지 않은 것(시작하기 이전)이 있다는 것이고 저 처음에 시작이 있지 않은 것이 있다고 하는 것(시작하기 이전의 이전)이 있

다. 이미 하나인데 또 다른 말을 해야 하는가. 이미 하나라고 일렀는데(말했는데) 또 다른 말을 할 필요가 없지 않은가."(天地與我竝生, 而萬物與我爲一. 旣已爲一矣. 且得有言乎? 旣已謂之一矣, 且得无言乎?)

이 대목은 제물론의 '만물평등사상'은 물론이고, '본래존재'로서의 자연을 잘 말해주고 있다.

『장자』의 '혼돈'의 구조와는 '제물론'의 구조와 대적할 만한 다른 철학이 있을까. 말하자면 혼돈(混沌)에 대해서조차 혼돈을 그대로 그냥 둠으로써 매우 열린 태도를 취하는 경전을 찾아볼 수는 없을까. 여기에 내놓을 수 있는 것이 『천부경』이라고 생각한다. 『천부경』의 '무시무종(無始無終)'의 구조는 인중천지일(人中天地一)이라는 구절로 완성되면서 천지인의 생성적 순환과 그것

는 것이다. 있음이 있다는 것은 없음이 있다는 것이다. 없음이 처음에 있지 않았다는 것은 없음이 처음에 있지 않았다는 것도 있지 않았다는 것이다. 이윽고 있고 있지 않음이 있는 것이다. 없는 것이 과연 무엇인지, 있는 것이 과연 무엇인지 모르겠다. 지금 내가 무언가 말했지만 내가 말한 그것이 과연 말한 것이 있는지, 말한 것이 없는지 모르겠다. 천하에는 가을 터럭 끝보다 큰 것이 없고 태산도 작은 것이다. 태어나서 갓 죽은 아이보다 장수한 자가 없다. 팽조는 요절했다. 천지는 나와 동시에 생하고 만물은 나와 하나이다. 이미 하나인데 또 다른 말을 해야 하는가. 이미 하나라고 말했는데 또 다른 말을 할 필요가 있는가. 하나는 말과 더불어 둘이 되고 둘은 하나와 더불어 셋이 된다. 이후로부터 셈에 능한 사람도 할 수가 없는데 하물며 범인에 있어서랴! 그러므로 없음에서 있음으로 나아가도 셋에 이르는데 하물며 있음에서 있음으로 나아감에 있어서랴! 나아갈 필요가 없다. 옳음을 따를 뿐이다.(今且有言於此, 不知其與是類乎? 其與是不類乎? 類與不類, 相與爲類, 則與彼无以異矣. 雖然, 請嘗言之. 有始也者, 有未始有始也者, 有未始有夫未始有始也者. 有有也者, 有无也者, 有未始有无也者, 有未始有夫未始有无也者. 俄而有无矣, 而未知有无之果孰有孰无也. 今我則已有謂矣, 而未知吾所謂之其果有謂乎, 其果无謂乎? 天下莫大於秋毫之末, 而大山爲小., 莫壽於殤子, 而彭祖爲夭. 天地與我竝生, 而萬物與我爲一. 旣已爲一矣. 且得有言乎? 旣已謂之一矣, 且得无言乎? 一與言爲二, 二與一爲三. 自此以往, 巧曆不能得, 而況其凡乎! 故自无適有以至於三, 而況自有適有乎! 无適焉, 因是已.)

질서 (cosmos) 구조	남성적 질서 하나님 아버지	'천지창조' 구조	창조―종말(製造, 만듦) 구조	제조―기계적 환상구조
	여성적 질서 현빈(玄牝)	'도가도' 구조	생(生, 낳다) 구조	존재―생성적 신체구조
혼돈(chaos) 구조	장자적(莊子的) 혼돈	'제물론(齊物論)' 구조	혼돈(混沌) 질식 구조	존재론적 질식 구조
	『천부경』적(天符經的) 혼돈	'무시무종(無始無終)' 구조	인중천지일(人中天地一) 구조	『천부경』(天符經)적 순환구조

[인류문명의 질서와 혼돈구조]

에 순응하는 인간상을 보여준다.

인류의 철학 가운데 질서와 혼돈을 동시에 수용하는 것으로는 『천부경』만한 것이 없다. 『천부경』만큼 '열린 구조(open structure)'의 순환체계는 없을 것이다. 『천부경』의 무시무종(無始無終) 구조에 대해서는 이 책의 제4장 『천부경』의 현상학과 존재론」에서 상세하게 다룰 예정이기에 여기서는 생략한다.

제 2 장

서양철학의 계보학과
동서철학의 특징

1. 서양철학의 계보학
—현상과 과학을 위한 철학

서양철학의 계보에 대해서 일부 중요인물을 중심으로 보여주는 기회를 앞장에서 가졌다. 서양철학은 오늘의 입장에서 보면 '현상학'을 위해 존재했던 것처럼 보인다. 플라톤의 이데아도, 아리스토텔레스의 형이상학도, 칸트의 물 자체도, 심지어 하이데거의 존재도 현상학적인 존재(존재자)와 존재론적인 존재(존재)의 경계에서 존재자에서 존재를 바라보는 태도를 취하고 있다. 그런 점에서 하이데거의 존재론도 동양의 자연적 존재론의 입장에서 보면 미완성적인 성격이 강하다. 이는 모두 서양철학의 현상학적인·존재자적인 타성에 기인하는 것 같다.

기독교의 창조-종말신화는 현상학의 가장 원조 격인 대표적인 예이다. 창조주와 메시아에 대해서는 가정은 하지만 그것에 대한 합리적인 해명은 할 수 없다. 그래서 창조주는 그렇다 치고 역사적 미래에 등장할 메시아는 계속해서 내일로 지연되지 않으면 안 된다. 이는 세계에 대한 이분법과 동일성에 따른 구조적 모순에 따른 결과이다. 이성과 과학의 세계도 마찬가지이다.

최초의 원인이나 최후의 대상(목적)을 말하지만 그것은 합리적으로 확인할 수 있는 것은 아니라는 점에서 상상적인 것이고, 그것은 또한 가상의 동일성에 불과하다. 동일성이 없는 자연의 세계에서 그것을 요구하는 것은 애초부터 가상실재에 매달린 것이라고 하지 않을 수 없다. 주체는 초월적인 주체, 대상은 영원한 대상을 요구하지 않을 수 없는 것이 현상학적인 특성이자 한계이다. 이는 생성적인 자연(자연적 존재)에 못 미치는 인간 주체와 대상인식의 한계적 현상이거나 실존적 한계이다.

결국 현상학은 철학의 전제가 어떤 것이든 시작과 종말, 원인과 결과 등 이분법에 의존하는, 그래서 결과적으로 현상에 대한 이해나 해석은 지극히 해석학적인 관점의 나름대로의 노력이라는 점에 도달하게 된다. 그래서 서양철학을 현상학이라고 볼 수 있을 것이다. 기독교의 천지창조는 현재의 판단정지를 기점으로 환원주의의 산물이고(그래서 하나의 신기원으로서 창세기로부터 시작하고 있다), 또한 메시아의 구원사상은 영원히 나아가는 회귀주의의 산물이다. 환원주의와 회귀주의는 결국 하나의 원환적(圓環的) 궤도에서 만나는 같은 동일성이다.

필자는 서양철학의 특징을 '사물(Thing)–시간(Time)–텍스트 (Text)–테크놀로지(Technology)' 즉 4T로 설명한 바 있다.[1] 서양 철학은 4T라는 사각의 링 속에 있다. 이 사각의 링은 현상학적 링이자 현상학적 굴레(감옥)이다. 이 사각의 굴레에서 벗어나는 도정에 있었던 철학이 바로 하이데거의 존재론이다.

하이데거는 칸트가 설명할 수 없는 것으로 치부한 신(神) 과 물 자체(Thing itself)를 다시 철학적인 주제로 삼아 현상학과 는 다른 존재론(Ontology)의 문을 열었다. 그렇지만 하이데거는 『존재와 시간』이 시사하듯 '시간'을 넘어서지 못했고, 폴 리쾨르 의 『존재와 이야기』도 이야기를 통해 드라마틱한 연출은 하지만 '텍스트'의 한계를 벗어나지 못했다. 테크놀로지가 현상학적인 차원을 넘어서지 못한 것은 물론이다.

하이데거는 시간(Time)에 잡혔고, 데리다는 텍스트(Text) 에 잡혔고, 들뢰즈는 기계(Machine)에 잡혔고, 과학은 기술 (Technology)에 잡혀 있다. 이들은 또한 모두 사물(Thing)이라는 고정불변의 이데아의 실체(가상실제)로 구축되어 있다. 하이데거 가 서양철학에서 가장 멀리 달아난 입장이다. 왜냐하면 시간성 자체를 문제 삼고 있으니까 말이다. 그렇지만 '존재와 시간'은

---

1 박정진, 『메시아는 더 이상 오지 않는다』(행복한에너지, 2016), 417~433쪽. 박정진, 『평화는 동방으로부터』(행복한에너지, 2016), 246~261쪽.

여전히 '존재'라는 말 속에 '공간(실체)'의 의미가 들어 있으며, '시간'은 실체의 변화를 드러내거나 재는 것으로 잔존한다. 백번을 양보해도 시간과 공간의 대립성을 넘어서 시공간의 이중성에 머물러 있다고 말할 수 있을 것이다. 이는 'Dasein'을 '현존재'(시간성 기준) 혹은 '터-있음'(공간성 기준)으로 번역할 수 있는 것에서도 발견할 수 있다.

예나 지금이나 이데아(서양철학의 근거)라는 실체적 동일성에 잡혀 있는 것이 서양철학이다. 현상학은 결국 시간과 공간의 프레임과 정지된(불변의) 사물(실체)을 전제하지 않고는 성립되지 않는 것이다. 칸트가 감성적 직관의 형식으로 설명한 시간과 공간은 서양철학을 옭아매는 근원적 틀, 패러다임(paradigm)이라고 말할 수 있다. 이것은 초월적인 신, 혹은 이데아 아래서의 시간과 공간의 모방(mimes)이라고 은유할 수 있을 것이다.

서양철학을 현상학으로 볼 수 있는 저변에는 또 다른 의미맥락으로서의 '동양적 존재론(생성론)'이 있음은 물론이다. 그렇다면 왜 동양철학을 '존재론'으로 묶을 수 있느냐는 질문에 대답하지 않으면 안 된다. 동양철학은 본래 생성론(生成論)의 입장이다. 이것을 두고 서양의 철학(哲學)에 대해서 동양의 도학(道學)이라고 말해도 좋을 것이다.

여기서 동양의 도학을 서양 철학적 관점에서 존재론이라고 한 것은 종래 서양철학을 현상학이라고 명명한 것과 궤를 같이한다. 이는 하이데거 존재론의 '존재(存在, Sein, Being)'라는 용어를 존중하고 차용하는 입장이다. 하이데거의 '존재'라는 용어가 동양의 '실체 없는 생성' '실체 없는 변화'를 말하고 있기에는 부족하지만 말이다.

서양철학의 도(道)에의 접근은 하이데거에 의해 구체적으로 실천된다. 하이데거는 자신의 철학적 여정을 '도(道)'라고 설명한 적이 있다. 이는 동양의 도가사상 그 자체를 말하는 것은 아니지만 은연중에 도가적 태도를 보여준다고 말할 수 있다.

"결국 그의 사상이 걸어간 길이—그 길이 인간존재 분석(Daseinsanalytik)의 길이든, 존재역사(Seinsgeschichte)의 길이든 존재언어(Sein-Sprache)의 길이든—그 마지막 발걸음에 이르기까지 결코 완결되거나 또 완결될 수 없는 변천의 길, 즉 도중이었음을 보여준다."[2]

하이데거 이외에도 화이트헤드는 『과정과 실재(*Process and Reality*)』에서 서양철학의 '실재'와 반대되는 세계로서 '과정'이라는 개념을 사용함으로써 서양철학자로서는 보기 드물게 불교철학의 진수에 이르는 면모를 보여주었다. 세계는 '도정(道程)'이나 '과정(過程)'에 있는 셈이다.

동양에서는 실은 유교의 성인인 공자마저도 도(道)에 뜻을 두었다고 한다. "도에 뜻을 두고, 덕에 기대어, 인에 의지하다 예

---

2 염재철, 「하이데거의 사상길의 변천」, 『하이데거의 철학세계』(철학과 현실사, 1997), 23쪽.

에서 노닌다."(志於道, 據於德, 依於仁, 游於藝)(『논어』「술이」)

하이데거는 과거 서양 철학적 전통의 '존재'라는 말을 버리지 않고 '존재자(존재자, seiendes, beings)'로 규정하면서 '존재'를 생성의 의미로 사용하는 철학적 전환을 이룬다. 현상학적 존재는 어떤 고정불변의 실체(substance)가 있는 실체론의 입장에 서는 것이고, 존재론적 존재는 그러한 실체가 없는 비실체론 혹은 관계론(relativism)의 입장에 서 있는 용어이다.

동양은 예부터 실체가 없는 도(道) 혹은 상징(象徵)으로서, 예컨대 천지인(天地人)사상과 기운생동의 음양론(陰陽論)으로 세계를 보았다. 동양의 음양론은 서양의 유무론(有無論)과는 근본적으로 다른 것이다. '음양론'은 '유무론'이 아니라 "존재가 음으로 있고, 양으로 있는 것"을 말한다. 말하자면 항상 '있는'을 의미하는 진정한 존재론이다. 또한 음양론은 "'음으로 있고, 양으로 있는 것'을 번갈아 하는 것"을 말한다. 음양은 고정불변이 아니고, 명사가 아니라 동사이다.

오늘날 동양의 학자들 중에는 동양의 음양론을 서양의 변증법 혹은 현상학적인 존재론으로 바꾸는 경우가 있는데 이는 동양과 서양을 동시에 왜곡하는 것이고 동양과 서양을 둘 다 모르는 것이다. 동양의 '음양'사상을 서양의 '유무'사상으로 번역한 것은 일종의 인류문명사적 번역과정의 큰 오류이며, 철학적 오류사건이다. 물론 문화권 사이의 번역은 항상 오류와 한계가 개입될 여지가 많았다고 볼 수 있다.

세계철학사상사적으로 보면 인도유럽어문명권의 불교(佛敎)가 한자문화권의 노장(老莊)철학, 도교(道敎)를 매개로 격의불교(格義佛敎)로 번역된 것이 4~5세기 전후 위·진·남북조시대의 일이었다면, 19~20세기 전후로 하이데거 등에 의해서 동양의 불교나 도학(道學)이 다시 서양의 철학으로 이해되거나 번역된 것은 똑같은 비중의 사건이었다고 말할 수 있다. 불교는 흔히 동양사상이라고 말하지만 언어문명권으로 보면 인도유럽어문명권에 속하는 것으로서 불교가 기독교나 서양철학으로 번역되는 것은 불교가 한자로 번역되는 것보다는 보다 쉬운 일이었다고 말할 수도 있을 것이다.

아무튼 동서양문명은 인류역사상 두 차례에 걸쳐 음양이 유무로, 유무가 음양으로 번역되는 커다란 문명적 번역과정을 거쳐서 서로를 이해하는 폭을 넓히고 인류문명을 확대재생산하면서 동시에 문명적 통합을 이루는 기회를 가졌다고 볼 수 있다. 인도유럽어문명권에 속하는 서양철학과 기독교와 과학은 실체가 있다는 입장이고, 불교는 실체가 없다는 입장이다. 그러나 실체가 있든 없든 '실체의 유무'를 화두로 삼은 실체론의 갑론을박이다. '유무'사상이라고 하더라도 극과 극은 통한다는 말에서 볼 수 있듯이 소통과 이해의 가능성과 지평을 내재하고 있다고 말해도 좋을 것이다.

그런 점에서 하이데거의 존재론은 동양의 '음양사상'을 서양의 '유무론'으로 바꾼 것이라고까지 말할 수 있다. 즉 '유무론'은

동양의 '음양론'을 서양식으로 절대화(실체화)한 번안이라고 말할
수 있다. 한자문화권의 음양사상은 인도유럽어권의 유무사상을
넘어서는 문명적 대전환을 의미한다. 지금 지구촌은 그러한 대변
혁의 시기에 있는 셈이다. 음양사상은 서양의 과학으로 보면 전기
(전기)의 흐름과 같은 것인데 음양사상은 전기를 흐르게 하는 도체
가 없는(전기선이 없는), 무선의 전자기 작용이라고 보면 된다. 이것
이 바로 동양의 기운생동(기운생멸)이다.

　　기운생동은 관념이 아니라 실재이고, 단순히 진리(앎)가 아니
라 존재(삶)를 사는 것이다. 우주 전체는 삶이고, 아무리 큰 것도
음양이고, 아무리 작은 것도 음양이다. 거시세계나 미시세계나 같
은 것이다. 음양의 세계는 고정된 실체가 없다. 음양의 자연(존재)
은 선후상하좌우내외의 구별이 없는, 말하자면 시간과 공간이 없
는 세계이다. 시간과 공간이 있으면 선후상하좌우내외가 있게 되
고, 그러한 세계는 실체의 세계가 된다. 세계는 실체가 아니라 인
간이 실체만을 보거나 실체로 세계를 보는 것일 뿐이다.

　　물론 동양의 불교나 노장사상도 무(無), 공(空), 무위(無爲) 등
'유무론'을 차용하기도 하지만, 이는 '일원론적(상생적) 유무론'
이라고 할 수 있다. 서양의 '유무론'은 동양과 달리 글자그대로
'이원론적(상극적, 대립적) 유무론'이다. 서양의 후기근대철학자들
의 해체론 등은 전통적인 이분법을 부정하기는 하지만, 그 이면
에는 여전히 이분법(이분법에 의한 실체)이 자리하고 있다. 이에 비
해 음양사상은 하나의 사유의 지평을 전제하고 있지 않다. 음

양은 전체이면서 동시에 부분이다. 철학적 사유가 추구하는 것이 '진리'(사유-존재)라면 음양은 자연을 있는 그대로 받아들이는 '존재'(존재-사유)로서 진정한 존재론(자연적 존재)이다.

동양의 '음양상생'을 '유무상생'으로 설명하는 것은 서양문명의 특성인 '시각'을 기준으로 '있음(현존)과 없음(부재)'을 구분하는 태도에 역으로 영향을 입은 해석이라고 할 수 있다. 음양은 있고, 없음이 아니다. 음양은 보이지 않는 세계에서도 생성되고 있다. 음양은 그렇기 때문에 실체가 아닌 상징이라고 표현하는 것이 오해를 막을 수 있다. 물론 음양사상을 실체론의 대립적 입장에서 해석할 수도 있지만, 그것은 이미 서양화된 '현상학적 태도'이다.

선과 악이 어디에 있는가. 인간이 선할 수도 있고, 악할 수도 있는 것이다. 모든 이념은 인간이 만들어낸 허상(유령)에 지나지 않는다. 인간은 그 허상을 실체라고 생각하면서 서로 싸우면서 살아가고 있다. 특히 유물론과 무신론은 인류의 '마지막 이념(last ideology)'이라는 점에서 가장 치열한 이념투쟁을 하고 있다. 이러한 현상학적인 태도는 세계를 이분법적으로 보는 태도를 말한다. 이분되지 않으면 동일성이라는 것은 주장될 필요가 없다. 따라서 동일성이 주장되는 것은 이미 이분된 세계를 전제하는 것을 의미한다.

따라서 서양의 '있음(Being, Sein)'을 현상학적인 초월로 해석하는 것은 서양의 존재론으로 하여금 '유무의 현상학적 이분법'

의 한계를 극복할 수 없게 하는 장애가 된다. 서양의 존재론은 동양의 생성론을 진정으로 이해하지 못하기 때문에 결국 생성을 존재로 환원시키는 과오를 범한다. 물론 그 과오가 과학을 만들기는 했지만 말이다. 음양은 서양식의 조화·부조화가 아니라 상생·상극하는 것이다. 서양의 모든 생성론은 존재론의 장애에 걸렸다고 볼 수 있다.

말하자면 니체, 화이트헤드, 하이데거, 데리다 등도 생성의 세계에 대한 상당한 이해를 하였지만 바로 '유무이분법'에 의해 이들의 철학이론들이 절대론과 초월론의 형태를 띠지 않을 수 없게 된다. 모든 이분법은 동일성의 원인이 된다. 세계는 이분됨으로써 동일성(정체성)을 유지해야만 하는 조건에 걸리게 된다. 서양의 이분법은 서양철학자들로 하여금 동양의 생성론(Becoming)에 완전히 진입하지 못하게 한다.

동양의 태극음양론(太極─陰陽論)	음양오행, 주역	기운생동의 변화무쌍한 세계
동양 일원론적 유무론(有無論)	불교, 노장사상	중도론(中道論), 도학(道學)
서양의 이원론적 유무론(有無論)	기독교, 서양철학	이분법의 세계, 철학(哲學)

[음양(陰陽)상생과 유무(有無)상생의 차이]

서양철학 전체를 꿰뚫어보면서 돌파하는 것은 쉽지 않다. 서양철학 전체의 대강을 훑어보면서 그 핵심줄기를 잡아나가서 기라성 같은 서양철학자들을 분류하고 계보를 작성하는 것은 거의 불가능에 가깝다고 할 수 있다. 그렇지만 오늘날 한국철학의 상황은 그것을 달성해내지 못하면 자생철학을 만들 수 있는 기회를 얻지 못하는 까닭에 서양철학 밖에서 서양철학을 바라보는 철학자를 요구하고 있다.

서양의 근대지식은 학문적 토대가 뒷받침되지 않으면 학문으로서 위상을 유지할 수 없게 되었다. 토대주의 혹은 근거주의는 자연과학보다는 실은 인문학 쪽에서 그 역할을 많이 하였다고 볼 수 있다. 자연과학은 도리어 토대나 근거보다는 패러다임이나 연구자집단의 퍼즐(puzzle)을 푸는 방식으로 진행되었기 때문이다.

오늘날 서양근현대철학의 성격을 가장 종합적으로 깔끔하게 정리한 구절은 강영안의 다음 문장이라고 할 수 있다.

"토대주의는 오히려 철학과 역사, 그리고 언어 연구에 더 큰 영향을 미쳤다고 볼 수 있다. (중략) 철학은 학으로서의 기초를 합리론자처럼 이성에서 찾거나, 경험론자처럼 경험에서 찾거나, 혹은 칸트처럼 이성의 체계적 본성에서 찾거나, 헤겔처럼 이성의 역사적, 변증법적 성격에서 찾거나, 또는 맑스처럼 사회 실천의 변화, 즉 철학의 지양을 통해 철학의 실현을 추구하거나, 논리실증주의자들처럼 철학을 경험과학과 형식과학으로 구별해서 언어와 논리적 명료화의 활동으로 보거나, 후설처럼 초월론적 의식을 통해 엄밀학(strenge Wissenschaft)을 수립하고자 노력하거나 하는 방식으로 철학의 학적 성격을 유지하고자 했다. 그러나 그 결과, 철학은 비록 삶과 언제나 가까이 있고자 했지만 삶과는 거리가 있는, 이론적 활동으로서 자리를 굳혀왔다."[3]

헤라클레이토스(Heraclitos): BC 540?~BC 480?

파르메니데스(Parmenides): BC 510~BC 450

소크라테스(Socrates): BC 469~BC 399

데모크리토스(Dēmokritos):BC 460?~BC 370?

플라톤(Plato): BC 428/427~BC 348/347

아리스토텔레스(Aristoteles): BC 384~BC 322

에피쿠로스(Epikouros): BC 342?~BC 271

제논(Zēnōn ho Kyprios): BC 335?~BC 263?

데카르트(Rene Decartes): 1596~1650

스피노자(Benedict de Spinoza): 1632~1677

라이프니츠(Leibniz, Gottfried Wilhelm): 1646~1716

루소(Jean-Jacques Rousseau): 1712~1778

칸트(Immanuel Kant): 1724~1804

헤겔(Georg Wilhelm Friedrich Hegel): 1770~1831

쇼펜하우어(Arthur Schopenhauer): 1788~1860

다윈(Charles Robert Darwin): 1809~1882

3   강영안, 『인간의 얼굴을 가진 지식』(소나무, 2002), 50쪽.

키르케고르(Søren Aabye Kierkegaard); 1813~1855

마르크스(Karl Heinrich Marx): 1818~1883

니체(Freidrich Wilhelm Nietzsche): 1844~1900

프로이트(Sigmund Freud): 1856~1939

소쉬르(Saussure, Ferdinand De): 1857~1913)

베르그송(Henri Bergson): 1859~1941

후설(Edmund Husserl): 1859~1938

화이트헤드(Alfred North Whitehead): 1861~1947

비트겐슈타인(Ludwig (Josef Johann) Wittgenstein: 1889~1951

하이데거(Martin Heidegger): 1889~1976

마르셀((Gabriel Marcel) : 1889~ 1973

바타유(Georges Bataille: 1897~1962)

라캉(Jacques Marie Emile Lacan): 1901~1981

사르트르(Jean Paul Charles Aymard Sartre): 1905~1980

레비나스(Emmanuel Levinas): 1906~1995

메를로-퐁티(Maurice Merleau-Ponty): 1908~1961

레비-스트로스(Claude Levi-Strauss): 1908~2009

리쾨르(Paul Ricoeur): 1913~2005

바르트(Roland Barthes): 1915~1980

알튀세르(Louis Althusser): 1918~1990

리오타르(Jean-François Lyotard): 1924~1998

들뢰즈(Gilles Deleuze): 1925~1995

푸코(Michel Foucault): 1926~1984

보드리야르(Jean Baudrillard): 1929~2007

데리다(Jacques Derrida): 1930~2004

서양철학의 계보를 추적하느라 기라성 같은 철학자들의 철학들을 편편히 읽다보면 정말 존재의 무상함에 이르게 된다. 또한 인간지식의 무상함을 느끼게 된다. 동시에 인간의 시각과 언어에 대한 무상함에 이른다. 불교에서 말하는 제법무아(諸法無我), 제행무상(諸行無常)에 이를 수밖에 없다. 서양문명은 왜 소유(所有)를 놓지 못하는 것일까. 그들은 결국 소유적 존재에 영원히 머물러 있다. 아마도 시공간의 탓일 것이다.

실제로 역동적인 세계는 실체가 없는 변화이다. 실체가 있는 변화는 존재의 세계이다. 생성은 실체가 없는 변화이다. 서양철학은 변화와 불변 사이에서 '실체의 유무(有無)', 특히 '실체의 없음'을 중요하게 다루지 않았다. 이러한 유무(有無)의 이분법은 세계를 이분화하고야 마는 것이고, 이분법의 세계는 어느 쪽이든 실체로 만들어버린다. 서양철학은 '실체가 없는 세계'를 가정하지 않고, 변화와 불변을 다루었던 것이다.

결국 변화를 하든, 변화를 하지 않든 '존재의 세계'인 것이다. 말하자면 관념의 세계이든, 감각의 세계이든 그것을 이분화해서 대상화하기 때문에 실체가 되고 만다. 이원대립은 생성을 존재로 만든다. 이는 결국 세계를 현상학의 세계로 만들어 버린다. 서양문명은 생성을 존재로 만든 문명이다.

파르메니데스는 "있는 것은 있고, 없는 것은 없다"라는 말로 영원한 실재(실체적 존재)를 말했다. 소크라테스 이전 그리스에서 엘레아학파를 세운 파르메니데스는 존재하는 다수의 사물과 그들의 형태 변화 및 운동이란 단 하나의 영원한 실재의 현상일 뿐이라고 주장했다. 그는 비(非)존재를 주장하는 것은 비논리적이라고 말했다. 논리적 존재개념을 바탕으로 현상에 대한 주장을 펼쳤다는 점 때문에 그는 형이상학의 창시자 중 한 사람으로 여겨진다.

파르메니데스를 계승한 플라톤은 본질인 이데아(idea)와 현상을 이분화했으며, 현상을 가상의 세계로 보았다. 이는 생성의 세계로 볼 때는 가상의 역전을 말한다. 존재(본질)의 세계야말로 가상의 세계이고, 가상의 세계는 개념의 세계이고, 개념의 세계는 실체의 세계이다. 그래서 서양의 철학과 문명은 '실체의 증대'의 세계에 속한다.

흔히 서양철학은 세계를 '변화'와 '불변'의 대립으로 본다. 전자는 헤라클레이토스(Heraclitos, BC 540?~BC 480?)의 세계이고, 후자는 파르메니데스(Parmenides, BC 510~BC 450)의 세계이다. 이것 자체가 대립하는 양상을 띠고 있다. 그런데 문제는 변화하는 것에도 실체가 있을 수가 있고, 실체가 없을 수도 있다.

고대 서양철학은 파르메니데스가 주도권을 잡은 역사였다. 그래서 파르메니데스의 실체 계열이 주류가 되고, 변화계열은 비주류가 되었다고 할 수 있다. 주류는 실체-절대-과학의 계열이고, 비주류는 자연-관계-실재의 계열이라고 말할 수 있다.

소크라테스, 데모크리토스, 플라톤, 아리스토텔레스는 주류였고, 에피크로스, 제논은 비주류였다. 근대철학에 들어와서도 데카르트, 스피노자, 라이프니츠는 주류였고 루소만이 비주류였다. 물론 스피노자와 라이프니츠는 생각하기에 따라 자연주의 계열에 포함시킬 수 있는 측면도 있지만, 실은 실체를 확대하는 계열에 포함하는 것이 더 적절하다. 루소 계열로 파스칼, 몽테뉴 등을 포함시킬 수도 있지만 철학자라기보다는 에세이스트라고 할 수 있다.

칸트, 헤겔은 근대 서양 철학사에서 실체의 확대를 보다 구체적으로 실현한 철학자였고, 쇼펜하우어는 동양의 불교에 심취하여 서양 철학사의 실체의 확대에 반기를 드는 듯했으나 결국 불교적 허무를 도덕으로 해결하는 쪽으로 돌아갔다. 찰스 다윈은 진화론으로 서양의 기독교창조론의 세계에 철퇴를 가했으나 여전히 진화와 자연선택의 목적에 인간을 위치시킴으로써 여전히 인간중심주의를 벗어나지는 못했다.

자연선택은 자유의지와 전혀 다른 것 같지만, 선택에도 의지가 개입될 수 있고, 의지도 선택으로 나타날 수 있다. 자연선택에도 어떤 주체(실체) 같은 것이 있을 수 있다. 자유의지는 '개인'을 중심으로 어떤 존재 사태를 설명하고 있지만 자연선택에는 개인 대신에 '종(種)'의 주체가 들어 있다. 결국 자유의지 속에 '선택'이라는 의미가 들어가 있고, 자연선택 속에 '자유'의 의미가 들어가 있다.

자연선택에는 성(性) 선택이 들어가 있다. 자유의지 속에도 집단(集團)의지가 들어가 있다. 자연이 만약 자연과학의 의미로 사용된다면 이것은 의지도, 선택도 아닌 필연(인과)이다. 칸트는 자연을 필연으로 보고, 인간의 행위를 자유의지로 해석해왔다. 그런데 자연은 필연이 아니라 자연현상 가운데 필연적인 관계(인과관계)만을 본 것이 자연과학이라고 말할 수 있을 것이다. 그런 점에서 자연은 필연이 아닌 존재(Sein)라고 말할 수 있다. 존재를 가장 일반적인 것에서부터 보면 자연(본래존재), 자연선택, 자연과학(인과), 자유의지 등으로 나누어볼 수 있다.

인간은 사유를 통해서 자연선택을 거스를 수 있는 유일한 종이 되었다. 자연선택을 거스르는 출발은 어디까지나 '사유(思惟)-존재(存在)'("나는 생각한다. 고로 존재한다"를 줄인 말, 즉 코기토를 표현한 말이다)에서 기인했다. 이것은 자연을 인간중심으로 전도시키는 것이면서 동시에 자연을 이용 가능한 대상으로 보는 것이었다. 오늘날 테크놀로지와 과학은 이 같은 거스름의 거의 정점에 있는 것 같다. 자연적 존재, 자연선택적 존재로서의 인간은 테크놀로지와 과학기술을 습득하면서 성공적인 생존(만물의 영장)을 영위해왔지만 그것의 관리나 제어에 실패할 경우 역으로 이들에게 당하거나 소외될 처지로 전락할 수도 있다. 그런 점에서 '사유-존재'의 세계는 언제나 타자가 될 수 있다.

인간이 세계를 타자의 세계로 만드느냐, 아니면 세계를 자신의 세계로 만드느냐는 인류의 미래를 결정할 것이다. 세계에 대한 인식은 세계를 타자로 만들고 있다. 세계에 대한 타자로서의 이해는 한편으로는 타자를 이용하는 것을 의미하면서도 동시에 소외를 의미한다. '신(神)'은 가장 대표적인 경우이다. 신은 철저한 타자이면서 동시에 즉자가 되지 않으면 안 된다. 신이 진정으로 타자가 된다면 신이 인간을 소외시키거나 인간이 신을 소외시키지 않으면 안 된다.

인간이 소외를 극복하기 위해서 신을 부정하거나 신이 없다고 한다(무신론) 해도 신은 그러한 판단과 시비에 얽매이지 않을 것이다. 만약 진정한 신이 있다면 자신의 피조물을 끝내는 감쌀 것이기 때문이다. 인간과 신이 서로 소외되지 않기 위해서는 서로 자기가 되지 않으면 안 된다. 세계에 대한 타자로서의 이해는 소외의 문제에 직면함으로써 반대로 세계에 대한 자기로서의 이해로 전환할 것은 요구한다.

이성과 욕망은 세계에 대한 타자로서의 이해를 부추겨왔지만 이제 그 한계에 부딪히고 있다. 이성은 욕망을 제어하는 까닭으로 둘은 정반대인 것 같지만 실은 동시에 서로 포지티브피드백하면서 무한대로 향하는 성질을 가지고 있다. 그러한 점에서 이성은 '제도화된 욕망'이다. 만약 이성과 욕망을 적절히 제어하면서 내면에 침잠할 수 있다면(본래존재로 돌아갈 수 있다면), 신의 내재성(自神)의 발견과 함께 세계는 자기-내-존재가 될 수 있다.

사물에 대한 이성과 욕망의 철학은 이제 존재사태(사건)를 겸허히 받아들이는 태도로 넘어오지 않으면 안 된다. 존재 사태를 설명하기 위해서는 항상 관계항들 사이에 있을 법한 인과관계나 상관관계를 증명하거나 밝혀내야 하는데 이때 주체(자아)-대상을 전제하지 않으면 안 된다. 그런 점에서 자연선택이라는 것은 자연이 주체가 되는 것 같은 환상에 빠진다. 그렇지만 자연이라는 것은 인간이 설명할 수 없는 유동적 전체(유기적 전체), 말하자면 존재의 전체(부분으로 쪼갤 수 없는 총체)와 같은 것이다. 따라서 자연선택은 전체를 가지고 부분을 설명하는 것과 같다.

자연이라는 전체가 과연 어떤 설명을 위해 존재하는 것인가에 대해서는 의문이 없지 않다. 존재는 설명인가, 그냥 존재인가? 아무래도 존재가 먼저이고, 설명은 사후적일 수밖에 없다. 설명이라는 것은 존재보다 클 수 없다. 그런 점에서 자연선택은 자연이 주체가 되는 것이 아니라 자연의 의미를 '저절로' 혹은 '그냥'이라고 해석하는 것을 더 타당한 것으로 여길 수밖에 없다. '저절로' '그냥'은 설명이라고 할 수 없다.

우리는 여기서 중대한 갈림길에 서게 된다. 설명할 수 없다면 무엇을(존재를) 진리라고 주장할 수 없게 되고, 따라서 결국 "존재는 진리가 아니다"라는 경구에 도달하게 된다. 이는 헤겔의 "진리는 전체다"라는 경구와 정반대이다. 여기서 헤겔의 '전체'는 '시초에서 귀결에 이르는 전체'를 말하지만, 서양철학의 밖에서(타자의 시선으로) 서양철학을 관망하면 '존재는 진리가 아니다'에 이르지 않을 수 없다. '진리는 전체다'라는 말은 매우 서양철학적인 맥락(현상학적인 맥락)에서의 결론에 불과하다. 서양철학의 밖에서 보면 '진리'에 대한 논의는 무의미해진다. "자연은 존재이고, 존재는 전체이다."

같은 이치로 인간이 말하는 '세계'(인간이 경계를 지은 세계)는 이미 인간의 정신이 침투한(오염된) 것이기 때문에 자연이라고 할 수 없다. 따라서 "자연은 세계가 아니다"라는 경구에 도달하게 된다. 존재는 진리가 아니다, 라는 말과 자연은 세계가 아니다, 라는 말은 같은 뜻이 된다. 이는 자연을 '존재' 혹은 '자연적 존재(자연존재)'라고 말하는 공통기반 위에 성립한다. 자연과 존재는 같은 말이고, 진리와 세계는 같은 말이다.

자연은 개체로서 있는 것이 아니라 전체로 있을 뿐이다. 따라서 자연은 자연선택의 존재가 아니라 '저절로 그렇게 있는' 자연적 존재(자연존재)일 수밖에 없다. 자연은 전체이기 때문에 어떤 동일성도 없다. 굳이 동일성을 말하자면 결과적으로 그렇게 되었다고 말하는 '결과적 동일성'일 수밖에 없다. 이는 존재사태에 대한 합리적 설명이기보다는 어쩔 수 없이 합리화하는 '결과적 합리성'일 뿐이다. 인간은 세계에 대한 설명을 위해 '원인적 동일성'을 사용하다가 현상학의 등장과 더불어 결과적 동일성으로 중심이동을 했다고 볼 수 있다.

다윈은 철학자는 아니지만 그의 진화론은 서양철학의 '결과적 동일성' 계열에 속하는 여러 철학들의 아버지가 되었다. 이제 인간의 세계에 대한 설명은 '최초의 원인'에서 '최후의 결과'로 관심을 바꾸었다. 그 이전에 기독교적 창조론이나 과학적 인과론 등에서 원인적 동일성을 주장하던 여러 학설들은 결과적 동일성으로 이동하도록 했기 때문이다. 원인적 동일성과 결과적 동일성은 형이상학적 이원화에서 비롯된 것인데 이는 마치 두 개의 중심을 가진 것으로 분석되는 타원과 같은 것이다. 인간이 이해하는 세계는 이제 과거의 원인이나 창조보다는 앞으로 다가올 미래의 결과나 목적에 중심을 두는 현상학적 해석의 세계가 되었다. 시간적으로는 과거보다는 미래에 지향점을 두는 것이었다.

과거든, 미래든 물론 시간(공간)을 전제하는 사고방식이었지만, 적어도 시간이라는 것이 과거나 원인에 결정성이 있는 것이 아니며, 과거와 미래로 왕래할 수 있는 것이며, 시간 자체에 이중성이나 애매모호함이 있는 것으로 이해되기 시작했기 때문이다. 이는 시간의 직선성이나 결정성에도 변화를 초래했다. 이는 앞으로 얼마든지 시간이나 공간에 대해서도 다른 견해를 제안할 수 있는 길을 열어주었다. 이는 시간과 존재(실존)의 근본적인 문제를 제기하는 것이었다.

진화론의 충격에서 다시 키르케고르는 기독교의 절대신 앞으로 돌아가서 자신의 실존에 대해 생각하기 시작했다. 신 앞에 절대고독자로서의 인간실존을 부상시키고, 유신론적 실존주의자로 자리매김을 함으로써 절대유일신과 절대고독자로서의 인간존재를 부각시켰다. 드디어 서양철학의 절정이라고 할 수 있는 마르크스가 등장한다. 마르크스는 인간을 신에게 종속되는 존재로부터 완전히 결별시키는 조치를 취하게 된다. 마르크스의 무신론이 그것이다.

헤겔의 절대정신(유심론)과 역사철학에 대해 정반대의 입장을 취한 마르크스는 유물론과 사적 유물론으로 맞섰다. 유물론은 인간의 정신을 높이 사던 서양철학에 극심한 허무주의의 광풍을 몰고 왔다. 도대체 지금까지 신의 아들로서, 만물의 영장으로서 고귀한 대접을 받던 인간이 세계 어디에도 흩어져 있는, 흔하고 흔한, 지금까지 마음대로 부리고 사용하던 물질의 파생체라는 것은 도저히 용인할 수 없는 것이었기 때문이다. 말하자면 인간은 물질로 전락했던 것이다. 인간에게 다른 구원이 필요했던 것이다.

한편 헤겔과 마르크스의 정반대의 입장은 서양철학의 현상학이 결국 상호왕래·가역적인 관계에 있음을 결정적으로 드러냈다. 이는 본질에 치중하던 서양철학을 현상에로 중심이동하게 만들었으며, 앞으로 현상학 시대의 도래를 점치게 했다.

헤겔의 정신현상학은 현상학의 출발이었으나 절대정신과 역사철학적 결정론으로 인해 '관념(개념)＝물질'이라는 결론에 도달함으로써 독일관념론의 완성이라는 명성을 얻은 '닫힌 현상학'이었다면 니체의 '권력에의 의지' 철학과 후설의 현상학은 '역사' 대신에 '무엇에 관한 지향성'에 초점을 둠으로써 '열린 현상학'이었다고 말할 수 있다. 헤겔의 정신현상학은 역사적 발전의 관점으로 인해 변증법적 지양(止揚)을 운동의 원리로 채택한 반면 니체의 의지철학과 후설의 현상학은 역사적 목표(대상)를 설정하지 않는 관계로 지향(志向)을 운동의 원리로 채택하는 열린 자세를 보였던 셈이다.

물론 니체의 의지는 헤겔의 정신과 달리, 욕망을 포함함으로써 의식과 무의식을 동시에 연구대상으로 하는 특징을 보이는 반면 후설의 현상학은 의식을 대상으로 한다는 점에서 서로 다르긴 하지만 나중에 현상학도 프로이드의 영향을 받은 라캉 등에 의해서 무의식을 다룸으로써 니체의 신체주의로 합류하게 되었다.

그런 점에서 니체야말로 실은 의식과 무의식을 동시에 포괄하는 현상학의 제안자였다는 점을 알 수 있다. 현상학은 주체의 동일성을 부정하는 한편 결정론을 피함으로써 현상의 다원주의를 택하였다고 말할 수 있지만 동일성을 대상으로 옮긴 혐의를 벗을 수가 없다. 이는 물론 주체의 동일성은 아니지만 말이다.

예컨대 현상학자의 최대공헌이라고 생각되는 차이(差異)라는 것도 실은 어떤 실체를 전제하지 않으면 차이를 알 수 없는 것이다. 차이가 끝없이 무한대로 나아간다는 것은 우리가 그 무한대를 경험적으로 파악하는 것은 아니지만 결과적으로 어떤 수치와 결과를 계산할 수 있는 것이다. 이것이 바로 수학과 자연과학이 일반적으로 이용하고 있는 미적분학의 등식인 것이다.

다시 말하면 현상학은 무한대라는 개념을 도입한 동일성인 것이다. 이성이 무한대이지만, 욕망도 무한대이다. 니체는 신체주의를 통해 이성뿐만 아니라 욕망이 무한대인 것을 프로이트보다 먼저 발견한 심리학자이다. 그는 단지 자신을 실험대상으로 한, 기질적으로 용감한 심리학자였던 것이다. 니체는 그래서 후기근대철학을 연 인물로 오늘날 칭송되고 있는 것이다.

니체야말로 존재에 대해 열려 있는 철학자이고, 헤겔은 닫혀 있는 철학자이다. 헤겔의 절대관념(절대정신)은 바로 물질인 것이다. 헤겔적 사고는 이미 마르크스의 유물론(절대물질)을 배태하고 있었던 셈이다. 헤겔좌파가 발전하여 사회주의의 좌파가 되었고, 헤겔우파가 발전하여 오늘날 국가주의적 우파가 형성되었다. 니체는 사실 그 중간에서 돌출한 돌연변이적 철학자였다. 그래서 그의 철학의 애매모호성과 복합성이 있다.

헤겔의 닫힌 현상학의 태도와 니체의 열린 현상학의 태도는 헤겔의 미네르바의 올빼미와 '황혼의 철학자', 니체의 독수리와 '새벽의 철학자'에서 대조를 이룬다.

"헤겔은 철학의 시간을 황혼녘에 두었다. 생이 충분히 익어 떨어질 것이라고 판단될 때, 철학자는 비로소 생에 대해 말한다. 그래서 철학은 늙은이의 직업이다. '미네르바의 부엉이는 황혼이 깃들 무렵에야 비로소 날기 시작한다.'(『법철학』「서문」) 하지만 니체에게 황혼의 철학은 위험한 것이다. 늙고 지친 상태에서, 생보다는 죽음이 가까운 시점에서 생을 판단하는 것은 바람직하지 않다. 황혼은 오히려 낡은 것들이 사라져가는 시간으로 이해해야 한다. 니체가 자기 책 중의 하나에 '우상의 황혼'이라는 제목을 달았듯이 황혼은 고집스러웠던 낡은 신이 서서히 죽음을 맞이하는 시간이다. (중략) 밤을 지난 새벽은 황혼과 대비를 이루는 시간이다. 그것은 곧 태양이 떠오를 것을 예고한다. 밤에 이루어진 일이 입덧처럼 어떤 조짐이나 신호로 나타나는 시간이다. '해뜨기 전에' 하늘을 바라보고 있는 자라투스트라는 벌써부터 어린아이가 되어가고 있다. 그는 스스로 자신의 아이로 태어날 준비를 하고 있는 것이다."[4]

혜겔과 마르크스의 싸움에 끼어들어서 제3의 다른 길을 제시한 인물이 니체이다. 새로운 구원자로 등장한 것이 바로 니체의 '초인'사상이다. 초인은 기독교의 '신' 대신에 그 자리에 등장한 존재이다. 초인에 대한 해석은 아직도 분분하지만, 한 가지 분명한 것은 '죽은 신'의 자리에 대체된 존재라는 것이다.

니체는 일반인이 보다 더 쉽게 접근할 수 있는 형태로 철학을 전개하기 시작했다. 이는 니체 특유의 시적인 철학, 문예적인 철학, 자기고백적인 문체에서 잘 드러난다. 니체의 철학은 핵심

---

4   고병권, 『니체의 위험한 책, 차라투스트라는 이렇게 말했다』(그린비, 2003), 342~345쪽.

은 '권력에의 의지'였다. 철학에서 그동안 말하던 보편성이라는 것이 사회적 일상에서 맞닥뜨리는 권력의 문제와 동일한 것이며, 지배에 대한 욕망이라는 것을 폭로하였던 것이다.

서양 철학사에서 니체보다 솔직하고 용감하고, 사물을 자신의 신체와의 전인적인 차원에서 전개한 철학자는 없다. 서양 철학은 니체에 의해서 인간의 신체와 별개로 전개되던 관념주의, 다시 말하면 대뇌적 추상주의에서 벗어나게 되었다. 이는 마르크스가 물질의 파생체로 정신을 설명하는 유물론보다는 한결 주체적인 것이고, 긍정적이고, 희망적인 메시지였다.

마르크스의 유물론과 집단적 평등주의의 공산사회주의에 대해 니체는 주권적 개인주의의 자유와 초인적 이상을 대안으로 제시했다. 니체는 이와 아울러 인간의 신체주의를 부르짖고 이성에 대해 욕망을 강조하는 태도를 취한다. 니체는 욕망을 이성과 똑같은 비중으로 다루면서 이를 권력에의 의지로 규정함으로써 현상학의 길을 열어놓는다.

서양 철학사에서 이성과 욕망은 이제 권력이라는 용어로 새롭게 통합되고 철학은 원인적 인과론에서 '~을 지향하는' 것으로, 다시 말하면 결과적 인과론으로 방향을 선회하는 전기를 맞는다. 이와 더불어 서양철학의 본질과 존재는 이제 여러 현상으로 파악되고 해석되는 것이 된다.

니체는 인간의 욕망에 대해 눈뜨게 했으며, 이는 그 자신의 성찰적 고백에 의해서 수행되었다. 욕망은 의식적으로 다 설명할 수 없는 그 무엇이었으며, 새로운 연구영역으로 떠올랐다. 욕망은 양성적 존재로서의 인간 종(種)의 특성과 필히 관련이 있으며 어떤 무의식적 혹은 집단무의식적인 것과 관련이 있음이 분명해졌다.

니체의 욕망학과 거의 동시에 프로이트의 무의식의 욕망학(리비도)이 등장한다. 이는 철학이 인식론적 의식학에서 무의식과 집단무의식으로 그 영역을 확장하는 것을 의미한다. 프로이트는 철학자는 아니었지만 욕망학 계열의 철학에 크게 영향을 미치기 시작했다. 의식과 무의식, 언어와 욕망은 분명히 관련이 있을 것임이 예상되었다. 이제 인간의 언어에 대한 구조적 분석이 요구되었다.

소쉬르는 철학계의 현상학적 추세와 독립적으로 구조언어학을 창시하게 되는데 이는 결국 언어의 영역에서 존재와 현상을 탐구하는 것이라고 말할 수 있다. 그것이 바로 시니피에와 시니피앙이다. 구조언어학은 표상과 의미의 역동적 관계, 드러난 의미와 숨어 있는 의미의 역동적 관계를 구조적으로 밝혀냈다.

베르그송은 생명현상과 시간의 지속의 문제를 다룸으로써 다윈에 의해 제기된 진화의 문제를 비약과 지속의 차원에서 검토하게 된다. 그는 '기계론이든 목적론이든 그 사고의 방향이 과거지향이냐 미래지향이냐 하는 차이점만 가지고 있을 뿐, 그 기본 논리는 지능이 좋아하는 기계론적 설명에서 다 같이 벗어나지 않는다.'고 강조함으로써 생명현상을 비약(창조)과 지속(진화)

으로 설명한다. 그래서 종래의 창조론과 진화론을 융합한 '창조적 진화'라는 개념을 내놓는다.

다윈의 진화론에 의해 촉발된 현상학적 사고는 후설에 의해 본격화되어 철학에서의 현상학의 시대를 연다. 후설은 니체에 의해 제기된 주체적 해석학을 본격적인 현상학으로 정초하는 작업을 함으로써 현상학 시대를 열게 된다. 다시 말하면 후설에 이르러 서양철학이 현상학인 것을 스스로 터득하고 정리하기 시작하였다고 볼 수 있다. 그런 점에서 하이데거의 스승이기도 한 후설은 서양 철학사에서 실은 가장 인간의 심리적 내면에 집중한 철학자라고 말할 수 있다.

유럽대륙에서의 이 같은 노력과 달리 경험론 전통의 영국에서도 독자적으로 화이트헤드의 과정철학과 비트겐슈타인의 분석철학 등이 존재에 대한 실체적 혹은 비실체적 연구를 수행했다. 화이트헤드의 과정철학은 존재의 비실체적인 특성, 즉 현실적 존재(actual entity)을 규명한다. 이는 서양철학으로서 불교적 존재에 대한 가장 괄목할만한 설명으로 풀이된다. 실체적 전통의 서양철학이 어떻게 비실체적인 불교와 소통하는가를 보여주는 가장 성공적인 실례이다.

비트겐슈타인은 언어의 실체성에 대한 규명작업을 '형식적인 언어철학'(formal language philosophy)과 '일상적 언어철학'(ordinary language philosophy)으로 나누어 진행한다. 비트겐슈타인의 분석철학은 오늘날 과학철학으로 계승되지만 기계적인 언어가 아닌 일상어는 결코 분석철학으로 설명되지 않는다.

하이데거는 후설의 현상학을 하이데거적 '존재론'으로 발전시킴으로써 종래에 서양철학에서 '존재'라고 규정해온 것들이 바로 '존재자'들임을 밝혀낸다. 또 존재는 무(無)라는 것에 도달함으로써 불교의 '무'에 대한 서양철학적 이해의 일단을 드러낸다.

전통 가톨릭신학에 대한 존재론적인 해석으로 평가받는 가브리엘 마르셀도 "나는 생각한다. 그러므로 존재(存在)는 존재한다(je pense donc l'être est)"[5]고 말함으로써 하이데거와는 독립적으로 독자적인 존재론의 세계를 연다.

가톨릭적 구원에 대한 희망을 버리지 않는 가브리엘 마르셀은 '내적 평정'이라는 초현상학으로 존재의 근본문제를 해결하려고 하지만 근본적인 치유는 되기 힘들다. 이는 문제가 문제를 치유하는 격이기 때문이다. 기독교적 절대와 성결의 맥락에서 점차 벗어나기 시작한 서양철학은 희대의 철학적 반항아라고 할 수 있는 바타유를 만나서 천상과 지상의 화해와 소통을 실현한다.

바타유는 철학을 고상한 고담준론인 성결학(聖潔學: hagiology)에서 오물학(scatology)으로 끌어내린 인물이다. 바타유는 기독교적 성령체험이 바로 에로티즘의 클라이맥스와 다를 바가 없다

---

5   김형효, 『가브리엘 마르셀의 구체철학과 여정의 형이상학』(인간사랑, 1990), 195쪽 재인용.

고 주장한다. 바타유야말로 유일신의 신학에서 완전히 해방된 최초의 서양철학자인지 모른다.

바타유는 "헤겔의 정신현상학은 정신에서 일어나는 모든 현상을 말했는데 단 두 가지, '웃음과 놀이'를 설명하지 못했다"고 말했다. 바타유는 '무지(無知)의 철학'(philosophy of non-savoir: philosophy of non-knowing)을 주장하여 소크라테스로부터 내려오는 서양철학의 전통인 '애지(愛知)(philosophy)'의 철학을 완전히 역전시킨 인물이다.

종래 경제학을 '제한경제학'의 범주에 넣은 바타유는 죽음을 가장 무의미한 낭비로 봄으로써 일반경제학 최고의 행위라고 본다. 사실 죽음 자체는 변증법이니 체계니 의미니 하는 모든 것들을 궁극적으로 초월하고 있기 때문이다. 그는 존재들의 죽음을 존재의 연속으로 보면서 에로티즘을 지배하는 것 역시 연속성 또는 죽음에 깃든 매혹이라고 말한다. 양성생식의 생물은 죽음으로써 연속에 이르고 무성생식의 생물은 번식의 순간에 연속이 있다고 말한다.

실존주의가 말하는 죽음을 선구(先驅)한다는 것은 무엇을 말하는가. 죽음을 미리 생각하고 불안(염려)하기 때문에 죽음을 내몰고, 결국 생각(기억)하는 죽음 때문에 불안하고, 그 불안을 없애기 위해 영원을 숭배하는 여러 장치들을 인간은 개발한 것인지도 모른다. '영원'이라는 것은 언어의 자기기만인지도 모른다. 죽음을 불안해하고 공포를 느끼는 실존주의는 불교의 해탈과 열반과는 비교도 할 수 없다.

자연의 실재는 생멸하는 것이 당연한 것인데도 불구하고 인간은 생멸(生滅)을 생사(生死)로 바꾸고(인식·의식하고), 그 바꾼 생사 때문에 스스로 저세상(there)의 구원(救援)을 요청한다. 이것 자체가 매우 연극적인(놀이적인) 것이다. 동시에 구원에 대한 믿음이 없기 때문에 혹은 믿음이 있더라도 그것과 별개로 이 세상(here)에서 기계(생각이 기계이다)를 만들어낸다. 기계가 마치 영원한 삶을 보장하고 전지전능한 신을 대신할 것처럼 말이다.

라캉은 프로이디언(Freudian) 마르크시스트로서 욕망에 대한 연구를 통해 팰러스(phallus), 즉 남근이론을 내놓는다. 라캉은 주체(subject)는 없다고 주장하면서 욕망의 대상으로서의 주체를 설정함으로써 주체중심의 철학을 대상중심으로 옮겨놓은 작업을 수행한다. 욕망 자체도 타자의 욕망이 되고, 결국 모든 것은 대타자(A)인 언어(symbol)로 환원된다.

남근의 욕망은 여성의 재생산을 위한 죽음인지도 모른다. 그 '작은 죽음'이야말로 자신도 모르게 본능적으로 존재의 생멸이라는 거대한 행렬에 참가하는 것인지도 모른다. 남근의 욕망은 니체의 권력의 증대와 같은 것으로 권력의 증대 자체가 존재의 생멸에 참가하는 매우 인간적인 자기기만에 속하는 것인지도 모른다. 결국 인간이 아무리 죽음을 피하려고 발버둥쳐도 자연의 거대한 생멸과정의 한 단락에 지니지 않는 셈이다.

니체의 권력에의 의지(意志)가 추구하는 '권력의 증대'와 '영원회귀'도 끊임없이 운명애의 미래에 동반하는 결과적 동일성과 궤를 같이한다는 점에서 욕망이론의 현상학으로 주목된다. 원인과 주체에 중심을 두던 서양철학은 이제 결과와 목적에 중심을 둠으로써 철학에서 전반적으로 현상학적인 붐을 의미한다. 현상학이란 결국 세계의 본질(이데아, 존재)에 대해서 알 수 없던 것을 현상에서 발견하려는 인간의식의 노력이라고 말할 수 있다.

이러한 현상학의 전성기는 프랑스 철학자들에 의해 수행되는데 그 주인공이 바로 사르트르와 메를로-퐁티이다. 두 철학자는 함께 잡지 『현대』를 발행하는 등 활동을 하면서 서로에게 영향을 미쳤으면서도 서로 다른 현상학적 입장을 취한다.

20세기 최고의 진보지식인 사르트르는 6·25전쟁을 "미국의 사주에 의한 남한의 북침"이라고 하는 바람에 사상적 동료였던 메를로-퐁티와 결별한다. 사르트르는 또한 강제수용소로 논란의 대상이 되던 소련을 "비판의 자유가 완벽하게 보장됐다"고 평가하는 바람에 카뮈와도 절교하게 된다.

의식주체를 주장하는 사르트르와 몸주체를 주장하는 메를로-퐁티는 늘 견해를 달리한다. 사르트르는 "나(대자로서의 나)는 내 몸(즉자로서의 나)을 부정(초월, 무화)하는 나이다"라는 입장에 있는 반면, 메를로-퐁티는 "나는 내 몸이다"라는 입장이다.

사르트르에게 몸은 대자가 세계에 개입해 있는 방식인 것이다. 메를로-퐁티에게 몸은 대자와 즉자의 혼합이며 이중성이다.

"살아 있는 몸은 내부 없는 외부가 아니고, 주체성은 외부 없는 내부가 아니다. 즉 살아 있는 몸은 내부로서의 외부이고, 주체성은 외부로서의 내부이다. 살아 있는 몸과 주체성은 하나로 통일되어 있다."[6] 사르트르와 메를로-퐁티는 둘 다 역시 현상학적인 차원에 있긴 하지만 몸에 대한 입장은 다르다.

사르트르 및 메를로-퐁티와 동시대를 살면서 서양 철학사에 매우 색다른 철학적 사색을 제공한 인물이 인류학자 레비-스트로스이다. 인류학자로서 원주민사회를 연구한 레비-스트로스는 서양의 현대사회를 모델로 구축해온 서양현대철학은 한마디로 '비대칭사회'라고 규정한다. 레비-스트로스에 의해 서양철학은 전혀 새로운 해석학적 지평을 만난 것이다.

레비-스트로스는 구조언어학적 설명 틀을 인류학에 도입함으로써 구조인류학 혹은 철학인류학의 영역을 개척하였다. 그는 서양철학을 비대칭구조, 즉 대립하는 세계로 설명하고 이에 반하는 선주민사회를 대칭구조(binary opposition)로 설명했다. 그는 선주민사회의 집단심리적 심층구조를 이원론(dualism)과 상호호혜성(reciprocity)의 세계로 해석했다.

폴 리쾨르는 현상학을 적용해 악의 현상을 설명했으며, 롤랑바르트는 기호학으로 문화현상학을 다차원에서 분석했다. 네

---

6 Maurice Merleau-Ponty, 『Phénoménologe de la perception』(Gallimard, 1945), 68~69쪽.

오마르크시스트인 루이 알튀세르는 저 유명한 "이데올로기가 개인을 주체로 호명한다"는 주장과 함께 주체를 '구성하는 위치'에서 '구성되는 위치'로 옮겨놓았다. 그는 또 '이데올로기는 하나의 통일이며, 욕망된 통일, 그리고 욕망되거나 거부된 통일'이라고 말했다.

알튀세르는 라캉의 뒤를 이어 욕망이론을 전개하는데 그는 마르크시즘에 중심을 둠으로써 프로이트에 중심을 두는 라캉과 다른 입장을 취한다. 라캉이 '잃어버린 기표'(주체 없음)를 실재라고 하는·반면 알튀세르는 '사회의 복잡한 전체 및 계급 적대구조'가 실재라고 한다.

서양철학의 가장 최근 집대성자로 불리는 질 들뢰즈는 마르크시스트답게 기계론(machinism)과 리좀(Rhizome)으로 세계를 설명한다. 들뢰즈의 리좀은 나무의 땅 위에 있는 부분인 줄기와 가지(수목형)가 아니라 땅 속(아래)에 퍼져 있는 뿌리를 의미하는 것인데 뿌리는 분명히 물과 관계에 있다는 점에서 주목된다. 서양의 '태양(日)-불' 숭배와는 거리가 먼 '달(月)-물' 숭배에 접근하고 있다. 하지만 그의 철학도 여전히 서양철학적 실체론의 편에 있는 것은 마찬가지이다.

미셸 푸코는 니체의 착실한 후예답게 '권력의 계보학'과 '윤리의 계보학'을 완성한다. 장 보드리야르는 시뮬라크르, 즉 '가상실재'이론으로 현대문명과 사회현상을 설명하고 있다. 자크 데리다는 하이데거의 존재론의 영향하에서 그것을 프랑스철학에 접목한, 혹은 새롭게 해석한 그라마톨로지(grammatology)로 이성주의의 해체를 시도한다.

결정성을 중시해온 서양철학은 동양의 도학(道學)을 보면 마치 해체철학처럼 느낄 수 있을 것이다. 그러나 결정이 없으면 해체도 불가능하다. 결정은 구성이고, 구성이 전제되어야 해체가 가능하다. 말하자면 구성-해체는 일종의 연속(연결)과 불연속(분리)으로서 이중성이다. 자유도 욕망과 연속-불연속의 관계에 있다. 욕망이 계속(무한대로) 추구되어야 자유도 계속 추구할 수 있다. 계속 추구되어야 하는 자유는 도리어 구속의 의미도 있게 된다. 이 분법은 항상 상대적 의미와 요소를 내포하고 있다.

서양의 근현대철학사를 보면 특히 칸트와 헤겔과 마르크스, 니체와 프로이트와 하이데거 등은 상호영향 속에서 자신의 철학사적 위치를 자리매김하였다고 볼 수 있다. 특히 후기 근대철학의 경우, 니체의 영향은 절대적이다. 니체의 잠언(箴言)철학 혹은 시(詩)철학은 하이데거의 합리적인 서술에 의해 '존재론'으로 계승된다.

서양철학에서는 항상 실체가 있는 것이 주류철학을 이루었다. 이는 결국 이성주의에 기초한 서양철학의 실체론의 전통 탓이다. 그러나 니체와 하이데거에 의해 이성철학, 실체론은 뒤집어진다. 어쩌면 철학은 그동안의 과대망상을 치유하기 위해서 인류학을 기다리고 있는지도 모른다. 인간도 다른 동식물과 함께 사는 존재에 불과할 뿐이고, 우주적 존재론으로 볼 때는 눈앞에 있는 하나의 돌조각과 다를 바가 없는 존재이다.

만물은 지금 모두 자신의 여정(旅程) 중에 있을 뿐이다. '존재는 소리'라고 생각하는 소리철학은 '여정(旅程)으로서의 철학' 중에서 가장 최근(21세기)의 철학으로서 존재의 바탕인 '일반성'을 토대로 인간의 문화장르라고 할 수 있는 종교와 예술과 과학의 공통점과 뿌리를 발견함으로써 이들을 융합하는 길을 열어주는 철학이 되고자 한다. 그 철학의 중심에 '예술'이 있다. 말하자면 철학의 일반성과 예술을 중심으로 인간의 문화를 재편성하고 재해석하고자 한다.

소리철학의 요체는 존재의 여성성과 사건성, 즉 생성에 대한 재발견에 있다. 존재의 여성성과 사건성은 존재의 남성성과 사물성과 대조되는 음양 관계에 있게 된다. 여성성이야말로 존재 그 자체, 즉 본래존재의 특성이다. 이러한 여성성의 바탕 위에 인류의 문화가 현상(현현)되었다고 말할 수 있다. 여성성이 없으면 인류의 문화는 존재기반을 잃고 만다. 인간의 문화를 말할 때 우리는 흔히 종교, 예술, 과학을 말한다. 이들 세계의 문화장르는 서로 긴밀하게 영향을 주고받고 있다. 이들의 절대적인 경계는 없다. 종교인가 하면 예술이고, 예술인가 하면 과학이고, 과학인가 하면 종교이다. 이들은 현상학적으로 서로 이중적인 영역들을 가지고 있다.

고대·중세에는 종교(신화를 포함)가 종교만이 아니라 철학(과학)과 예술을 동시에 포함하는 문화의 대표성을 가졌다. 여기서 종교는 종교만을 의미하는 것이 아니라 국가까지도 포함됐다. 중세가 종교국가의 시대라면 근대는 국가종교의 시대이다. 근대를 여러 말로 표현하지만, 실은 근대국가를 만들기 위한 노력이었다고 말할 수 있다. 근대국가는 종교와 과학의 결집체이다. 말하자면 국가는 국가종교이고, 국가는 과학의 뒷받침이 필요했다. 국가체제를 바꾸는 정치적 혁명도 과학적으로 해석할 수 있다. 과학에는 물론 수학이 포함되고 실체를 다루는 모든 것이 여기에 포함된다.

신화와 종교, 제사와 정치, 즉 제정(祭政)을 정치의 원형으로 본다면 고대에는 신화와 철학을 중심으로 도시국가(chiefdom state)가 운영되다가 고대국가가 형성되었고, 중세는 종교국가, 근대는 국가종교, 그리고 현대는 과학기술국가시대로 구분할 수 있을 것이다. 이를 종교/과학의 교체로 보면 고대에 신화와 종교, 중세에 종교, 근대에 과학, 그리고 현대에는 과학기술과 예술의 시대라고 부를 수 있을 것이다. 이를 또한 제/정(祭/政)의 교체로 본다면 고대에 제(祭)와 정(政)이 있고, 중세에 제(祭), 근대에 정(政)을 해당시킬 수 있을 것이다.

후기근대(현대)를 공시적으로 보면 과학기술국가, 과학예술(퍼포먼스), 축제(祝祭)가 하나의 기술·예술적 공통성을 보인다. 후기근대는 기술의 시대이기 때문에 기술과 극단적으로 대조되는 축제(신체가 참가하는)가 예술 가운데서도 가장 존재론적인 집단예술(퍼포먼스)이라고 말할 수 있다. 말하자면 축제는 신체적 존재론의 정수이다. 과학기술시대의 기계적인 환경에서 인류를 구원하는 것은 신체가 직접 참여하는 예술(퍼포먼스)과 신체가 참여하는 축제(祝祭)라고 말할 수 있다.

	고대	중세	근대	후기근대(현대)
신화/국가/기술	신화·종교	종교국가	국가종교	과학기술국가
종교/과학	신화·철학	종교	과학	과학예술(퍼포먼스)
제(祭)/정(政)	제정(祭政)일치	제(祭)	정(政)	축제(祝祭)

[신화-철학-종교-과학-제사-정치-기술-예술-축제]

미래를 예술시대 혹은 예술철학의 시대라고 부르는 까닭은 예술 속에 종교와 과학이 포함되는 성격을 의미한다. 말하자면 종교와 과학도 예술의 옷을 입지 않으면 제대로 가치를 부여받을 수 없고, 행세할 수 없게 됨을 의미한다. 인류의 미래문화가 예술의 옷을 입는다는 것은 생활자체가 축제적 성격을 내포하는 것을 의미한다. 예술은 시에서 비롯되는 모든 예술과 함께 인간의 삶을 예술(생활=예술)로 이해하게 한다. 필자의 철학이 예술인류학(미학, 예술론, 생활예술론)에서 시작하여 종교인류학을 거쳐서 철학인류학으로 완성되는 것은 이러한 의미맥락이 있다.

철학인류학은 서구중심의 근대철학을 감히 가부장-국가철학 혹은 과학기술 철학이라고 반성케 하거나 규정하게 한다. 서구철학의 밖에서 서구철학을 보면 〈가부장-국가철학=과학기술 철학=동일성(실체)의 철학=보편성의 철학〉이 된다. 물론

이와 반대되는 것은 필자의 〈모계-여성철학=자연주의 철학=
차이성(비실체)의 철학=일반성의 철학〉이 될 것이다.

그동안 서양철학은 남성중심의 철학, 〈남성철학-보편성의
철학-개념철학-전쟁철학-인간중심철학〉이었다는 것이 필자의
여성중심의 철학, 〈여성철학-일반성의 철학-소리철학-평화철
학-자연중심철학〉이 나옴으로써 드러나게 되었다. 그런 점에서
필자의 '여성-평화철학'은 여성성을 중심으로 '사유의 전체성'
과 '현상학적인 신기원'에 도달하였다고 볼 수 있다.

여성은 그동안 철학의 주체가 되지 못하고 대상이 되거나,
존재의 신체성을 논할 때 재생산의 기능과 더불어 남성에 종속
된 존재로 거론되기 일쑤였다. 물론 여성철학자도 거의 없었다.
존재의 신체성은 더 이상 정신의 대상으로서의 육체(물질)가 아
니라 존재의 본래성으로서 격상되지 않으면 안 된다. 본래존재
는 신체적 존재인 것이고 자연도 신체적 존재로서의 자연인 것
이다. 신체야말로 존재인 셈이다.

서양철학은 그동안 인간의 집단성(특수성)에서 출발하여 보
편성으로 향하는 인간의 의식의 여정 혹은 추상화(개념화)의 과
정이었으나 이제 보편성에서 개별성은 각자성(各自性: 각자 자기-
내-존재의 의미)으로 나아가서 다시 존재일반 혹은 존재의 구체성
(신체성)으로 돌아오는 '일반성의 철학'으로 순환하여야 하는 입
장에 있다. 그런 점에서 철학적 보편성은, 즉 '보편적이고 일반
적인'이라는 말은 '일반적이고 보편적인'이라는 말로 대체되어

야한다.

'보편적이고 일반적인' 하나는 초월적인 하나를 통해서 일
반적인 하나에 도달하는(내려오는) 것이고, '일반적이고 보편적
인' 하나는 일반적인 하나에서 초월적인 하나를 추구하는(올라가
는) 것이다. 일반적인 하나는 본래적인 하나를 의미한다. 일반적
인 하나는 인간의 생각 여부와는 상관없이 본래부터 존재하는
하나를 의미한다. 여기서는 예컨대 인간이 유신론자이든 무신
론자이든, 신의 존재 여부와는 상관이 없고, 또한 그 신이 절대
유일신이든 범신(汎神)이든 상관이 없다. 그래서 '본래존재(본래
하나)'라고 말하기도 한다. 모든 존재는 평등하다. 이러한 철학적
견해의 대강은 필자의 '일반성의 철학'[7]에서 이미 개진한 바 있
다. 보편성은 초월성과 통하고, 일반성은 공통성과 통한다.

과연 아는 것(앎)이 사는 것(삶)을 압도해도 되는 것인가. 삶
은 앎, 특히 빅 데이터에 종속되어도 되는 것인가. 인간은 더 이
상 자신을 믿지 않고, 기계를 믿으면서 살아갈 것인가. 기계신이
다가오고 있는 마당에 '존재란 무엇인가'라는 근본적인 질문은
무슨 의미가 있는가?

하이데거는 과학기술만능시대에 계산을 하는 사유 이외에
또 다른 사유의 길로 의미를 새기는 사유, 즉 '뜻의 사유'를 제안

---

7 박정진, 『일반성의 철학과 포노로지』(소나무, 2014) 참조.

했다.[8] 그래서 그는 후기에 뜻의 사유를 위해 횔덜린의 시(詩)에 매달렸고, 거기서 '시적(詩的) 거주'를 발견함으로써 철학적 구원을 얻었다. 그런데 그 뜻의 사유야말로 동양철학의 특징이었다 해도 과언이 아니다. 동양의 시(詩)철학은 그 대표적인 것이다.

동서양철학의 비교와 소통을 통해 우리는 이렇게 요약해도 좋을 것이다. 서양철학이 과학에 이르러 기표연쇄의 '환유의 철학'에 도달함으로써 '철학의 종언'을 말하였다면, 동양철학은 예부터 상징적·시적 의미 혹은 다의미를 추구하는 '은유의 철학'이었다. 은유의 철학은 쉽게 '시(詩)철학'이라고 말할 수 있을 것이다. 은유는 모든 존재들이 서로를 비추는 것을 통해 본래 하나였다는 것을 일깨워준다는 데에 특별한 의미가 있다. '시(詩)철학'의 이면에는 자연을 닮은 소리(音)와 리듬으로 인해 쉽게 서로 공명케 하는 힘이 있다. 시를 읊으면 자신도 모르게 본래존재인 소리로 돌아가는 자신을 발견하게 된다.

동서양철학을 물리학을 빗대서 말하면 서양은 '입자의 철학' '빛의 철학'이라고 한다면, 동양철학은 '파동의 철학' '소리의 철학'이라고 견줄 수 있을 것이다. 그런데 빛은 입자이면서 파동이지 않은가. 그렇다면 파동이야말로 소리와 빛을 동시에 포용할 수 있는 것이다. 빛이 양(陽)이라면 소리는 음(陰)이다. 서

---

8   이기상, 『하이데거의 존재사건학』(서광사, 2003), 289~291쪽.

달(月)의 철학	특징	내용
음(陰)	음양철학의 음(陰)철학	세계에 대한 음양–상징론적 이해
음(吟)	시(詩)의 철학	시적 은유를 통해 세계의 상징성을 노래함
음(婬)	육체(肉, 月)의 철학	신체적 존재로서의 여성에 대한 이해
음(淫)	에로티시즘의 철학	생식과 쾌락의 생태철학
음(音)	관음(觀音)의 철학	관음에 도달하여야 소리철학이 완성된다.

[달(月)의 철학적 특징]

양은 '양(陽)의 철학'이라면 동양은 '음(陰)의 철학'이다. 동양이 양음론(陽陰論)이 아니라 음양론(陰陽論)을 중시하는 까닭을 여기서도 알 수 있다.

서양의 양음철학이 '해(日)의 철학'이라면 동양의 음양철학은 '달(月)의 철학'이라고 할 수 있다. 해(일출-일몰)[9]의 철학은 현상학으로 연결되고, 달(달의 차고 기욺)의 철학은 존재론으로 연결된다. 해의 철학은 〈시각-언어-남성-노동-경쟁(전쟁)〉의 철학이라면 달의 철학은 〈청각-상징-여성-놀이-평화(축제)〉의 철학이라고 할 수 있다. 전자는 영어로 'Sun-Work-War'로 요약되고, 후자는 'Moon-Feast-Peace'로 요약된다. 달은 사물을 어둠 속에서 드러나게 한다. 어둠은 소리와 마찰하지 않는다. 소리는 밤에 더 잘 들린다.

해의 철학이 남성적인 '지배의 철학' '지식의 철학' '지시

---

9 오리엔탈리즘(orientalism)을 주장한 헤겔의 철학은 '일몰(日沒, sunset)의 철학'이다.

(명령)의 철학' '존재자의 철학'이라면 달의 철학은 여성적인 '생명의 철학' '지혜의 철학' '가무(놀이)의 철학' '존재의 철학'이다. 전자가 '메시지(Message)의 철학'이라면 후자는 '마사지(Massage)의 철학'이다. 달을 의미하는 월(月)자는 신체(肉, 身)를 의미하고, 이는 이미 신체적 존재론을 내포하고 있다. 남자의 시각은 육체(대상적 신체, 물질)로 연결되고, 여자의 시각은 신체(주체적 육체, 심신일체)로 연결된다. 여자(자연)를 대상으로 보는 남자의 시각 자체(자연과학)가 현상학이다. 남자의 시각은 현상학과 연결되고, 여자의 시각은 존재론으로 연결된다.

달의 철학은 '음(陰, 吟, 婬, 淫, 音)'의 철학이다.[10] 달의 철학에서 관음(觀音)에 도달하여야 소리철학, 일반성의 철학에 도달할 수 있고, 여성철학의 완성에 이르게 된다.

서양철학이 왜 존재를 현상하는(인간이 잡을 수 있는 실체로 드러내는) 현상학인가를 이해하면 서양철학의 특징에 다가갈 수 있을 것이다. 결국 서양철학은 과학적 성과를 제외하고는 이성과 욕망의 끝없는 전개라는 것을 알 수 있다. 서양에서 철학은 과학의 종속변수에 불과하다. 이에 비하면 동양은 시(詩)의 철학지역이다.

---

10 박정진, 『소리의 철학, 포노로지』(소나무 2012), 306~307쪽.

2. 시(詩)철학으로서의 동양철학
— 상징과 예술과 도덕을 위한 철학

동양의 최고경전은 시경(詩經)이다. 흔히 동양 사람들은 시경(詩經), 서경(書經), 역경(易經)의 순으로 경전의 순서를 매긴다. 시(詩)는 국가성립 이전의 마을사회에서 인간의 자연스런 성정(性情)의 발로가 노래로 남은 것이었다고 할 수 있다. 이들이 경전으로 승격되기 전에는 '시서역(詩書易)'이라고 친근하게 불렀다. 시경은 쉽게 말하면 당시의 대중가요(風) 모음집이고, 나라와 왕을 칭송하는 노래(雅頌)도 있었다. 서경은 국사책이었고, 역경은 천문점서(天文占書)였다고 할 수 있다.

동양이 왜 시의 문화권인가를 여기서 더 설명할 필요는 없을 것이다. 공자는 『논어』 「위정편」에서 시(詩)와 예(禮)에 대해서 나란히 말했다. 그만큼 시와 예는 생활에서 필수교양이었다고 할 수 있다.

"시 300편을 한마디 말로써 단언한다면 '생각에 삿된 것이 없는 것'이라고 할 수 있다."[11]

"법제로써 인도하고 형벌로써 가지런히 한다면 백성이 면하고도 수치심이 없을 것이고 덕으로써 인도하고 예로써 가지런히 한다면 수치심이 있고 또한 도리에 맞을(선에 이를) 것이다."[12]

시(詩)가 삶의 예(禮)라면, 예(禮) 또한 삶의 시(詩)이다. 그래서 시와 예는 '상징-의례'의 한 묶음이라고 할 수 있다.

역경은 요즘의 눈으로 보면 자연과학에 해당하는 책이지만, 그것의 표현방식은 매우 상징적이다. 그래서 천지(天地)와 인사(人事)의 변화를 읊은 상징시에 가깝다.[13] 얼마든지 맥락에 따라 다른 해석과 적용이 가능한 책이다. 그래서 점서(占書)라고 불리기도 한다.

동양문명은 이래저래 상징이 풍부한 문화권이다. 그래서 시(詩)가 문화의 대종을 이룬다.

공자는 『논어』에서 "시에서 흥하고(흥기하고), 예에서 입하고(입신하고), 악에서 성한다(완성된다)(興於詩 入於禮 成於樂)"(「태백」)고 말했다. 이 말의 참뜻을 알기는 쉽지 않다. 이 구절은 매우 상

---

11 子曰, "詩三百, 一言以蔽之, 曰, '思無邪'."
12 子曰, "道之以政, 齊之以刑, 民免而無恥, 道之以德, 齊之以禮, 有恥且格."
13 박정진, 『종교인류학』(불교춘추사, 2007), 432~467쪽.

징적이면서도 고도로 동양인의 인생을 압축한 표현이기 때문이다. 도대체 동양인에게 시란 무엇이란 말인가.

동양인은 어릴 때부터 시를 통해 의미를 습득한다. 시를 통해 '의미의 세계'로 들어간다는 말은 철학적으로 무엇을 의미하는가. 철학과 시는 무슨 관계에 있는가. 플라톤은 자신이 시인이면서도 철학을 위해서 시를 멀리하도록 했다. 그 이유는 시는 철학의 이데아(Idea, Being)의 동일성(同一性)과는 다른 길로 방식, 즉 유사성(類似性)으로 의미를 획득하기 때문이다. 유사성은 시에서는 은유(metaphor)로 통한다.

시인과 철학자(과학자)들은 모두 사물을 토대로 시를 짓고, 철학행위를 한다. 사물은 인간의 마음과 정신활동의 기반이다. 시의 메타포(metaphor)와 철학의 메타피직스(metaphysics)는 둘 다 'meta~'라는 단어를 공통적으로 가지고 있다. "메타포(metaphor)라는 단어는 두 가지 그리스어인 '그 위에'를 뜻하는 메타(meta)와 '넘어서 전하다'라는 뜻의 '피레인(pherein)'으로 이루어져 있다."[14] 말하자면 '(사물을) 그 위에서 넘어서 (의미를) 전하다'라는 뜻이다. 말하자면 사물과 사물을 넘나들면서 관계를 맺음으로써 어떤 의미를 발생시키게 하는 기능을 말한다. 이런 관계 맺기를 통해 서양의 철학은 동일성을 통해 개념적 의미를, 동양의 시는 유사성을

---

14 레너드 쉴레인, 조윤정 옮김, 『알파벳과 여신』(파스칼북스, 2004), 42~43쪽.

통해 은유적 의미를 얻는다. 동일성을 추구하는 서양철학은 결국 과학에 이르게 되고, 유사성을 추구하는 동양은 시(예술) 혹은 도덕의 세계를 지향하게 된다.

시가 도덕에 치중하는 까닭은 사물의 실체(동일성)를 추구하기보다는 관계(차이성)맺기를 통해 세계를 바라보기 때문이다. 실체를 추구하게 되면 '소유적 사유'를 하게 되고, 관계를 추구하게 되면 '예(禮)의 규범'을 치중하게 된다. 그러한 점에서 예(禮)는 인간관계의 예(藝)이다. '예'라는 것은 인간이 세계에 대해 자신의 입장을 요약하고 정리하는 가운데 취하게 되는 행동규범이다.

의미의 발생은 시(詩)에서도 일어날 수 있고, 현상학적인 의미작용(noesis)과 의미대상(noema)의 의식과정에서도 일어날 수 있다.[15] 개념의 발생을 G. 레이코프·M. 존슨의 『삶으로서의 은유』로서 보면 개념적인 은유(conceptual metaphor)와 개념(concept)이 상호왕래하기도 한다.

"은유의 본질은 한 종류의 사물을 다른 종류의 사물의 관점에서(in terms of) 이해하고 경험하는 것이다. ······우리는 인간의 사고과정의 대부분이 은유적이라고 주장하려고 한다. 이것이 인간의

---

15 박정진, 『철학의 선물, 선물의 철학』(소나무, 2012), 233~258쪽.

개념체계가 은유적으로 구성되고 규정된다는 말의 의미이다."¹⁶
시와 개념은 실은 서로 왕래하는 관계에 있는 것이다.

"인간은 은유적이고 환유적이다. 은유와 환유는 서로 통하
는 통로가 인간의 몸 안에 있으면서 가역적이다. 은유는 의미의
층이 언제라도 다원다층적으로 생성될 수 있음을 전제하고 있
고, 이는 의미의 비결정성과 자유를 뜻한다. 그러나 환유는 어떠
한 의미라도 하나의 맥락에서 결정화할 수 있음을 말한다. 이는
하나의 콘텍스트를 통해서 텍스트로 나아갈 수도 있고, 반대로
다시 콘텍스트로 환원될 수 있음을 뜻한다."¹⁷

metonymy	logical language/ concept	개념적 은유(conceptual metaphor) →개념(concept)
metaphor	metaphysics	
poem(poesis)	physics(physis)	
사물(thing)		시 ↔ 언어

[철학과 시의 메타(meta)의 차이]

서양 철학사에서 가스통 바슐라르는 시적인 철학, 상징의
철학, 상상력의 철학을 한 서양에서는 매우 보기 드문 예외적 존
재이다. 그러나 서양에서 매우 희귀한 시의 철학은 동양에서는

---

16 G. 레이코프·M. 존슨, 노양진·나익주 옮김, 『삶으로서의 은유』(박이정, 2006), 24~25쪽.
17 박정진, 『철학의 선물, 선물의 철학』(소나무, 2012), 240쪽.

보편적인 것이었다. 그러한 점에서 보편성이라는 것은 특수성 (집단성)의 바탕 위에 건립된 것이며, 더욱이 보편성이라는 것이 개별성을 바탕으로 한 것이라는 점에서 서양철학을 쉽게 일반적인 것이라고 쉽게 말해서는 안 된다. 흔히 '보편적이고 일반적인'이라는 말에 대한 재고가 필요하다.

서양에 시가 없고, 동양에 과학이 없는 것은 아니지만, 문화의 특성으로 볼 때 우리는 동양한자문명권을 '시의 철학'권, 서양알파벳문명권을 '과학의 철학'권이라고 명명해 볼 수 있다. 좀더 부연하면 서양철학이 과학의 철학, 시니피앙의 철학, 메토니미(환유)의 철학인 데 반해 동양은 시의 철학, 메타포(은유)의 철학, 시니피에의 철학이라고 말할 수 있다. '시(詩)의 철학'은 '시공간(時空間)의 철학'이 아니고, 시공간을 상징으로 보는 철학이다. 이 말은 시의 철학은 '의미의 철학'이라는 말과 같다. 시의 의미는 다중적이며, 다원다층의 의미(의미의 다원성, 복수의 의미, 복수의 언어, 서로 다른 문화와 맥락)를 추구하는 것이다.

서양 철학사에서 가장 시와 예술의 철학을 갈구한 철학자는 과학기술시대의 몰아세움에 정면으로 맞섰던 하이데거라고 할 수 있다. 하이데거의 철학은 존재론으로 알려져 있지만, 내용면에서는 시와 예술의 철학이라고 말할 수 있다. 하이데거의 사유를 흔히 '존재의 사유(Seinsdenken)'라고 하면서 종래의 '나(주체)의 사유(Ichsdenken)'와 비교하기도 한다. 가브리엘 마르셀은 "나는 생각한다. 고로 존재는 존재한다"라고 주장했다. 하이데거의 사유와 마르셀의 사유가 비슷한 측면이 있다. 어쨌든 둘 다 현상학에서 존재론으로 나아가는 공통점을 보이고 있다.

존재론적 사유는 왜 시적 사유와 통하는가. 우선 존재론적 사유는 사물을 대상으로 보지 않고, 소유하지 않고, 존재를 있는 그대로 보고자 한다. 시란 도구적 연관체계 속에 있는 일상 언어를 은유적으로 사용함으로써 도구적 성격을 제하고 사물을 존재의 본래적 속성으로 돌아가게 한다. 그래서 시적 사유와 존재론은 통하는 것이다.

하이데거는 기술문명의 황폐화와 대적하면서 종래 '환유의 철학(현상학)'에서 '은유의 철학'(존재론)으로 나아갔던 셈이다. 하이데거의 후기('시간과 존재')는 단적으로 말하면 '시간'을 극복하려는 시기였고, 그것을 실현하는 방법으로서 횔덜린 시(詩)의 세계와 예술의 세계를 탐구한 시기였다. 말하자면 시적·예술적 은유가 아니면 시공간을 벗어날 수 없었음을 의미한다. 존재를 둘러싸고 그가 말하는 '은폐(隱閉)'라는 용어는 실은 시의 은유(隱喩)를 철학자의 입장에서 역의 방향에서 철학화한 용어이다. 하이데거의 '현존재'와 '세계-내-존재'는 이미 존재자에서 존재를 바라보는 시선의 한계를 노정하고 있으며, 또한 그 결과이다.

하이데거는 존재를 말하면서 항상 '존재의 소리'와 그것에 귀를 기울여야 함을 역설해왔다. '세계-내-존재'라는 말을 쓸 때는 이미 세계의 밖을 언뜻언뜻 볼 수 있음을 의미한다. 그 '세계의 밖'이 바로 '소리'이다. 시가 언어의 운율의 산물임을 생각하면 이는 더욱 분명해진다. 시는 언어의 문자의 성격(랑그)이 아니라 소리(파롤)의 성격, 혹은 문자언어보다는 음성언어의 리듬을 즐기는 예술이다. 물론 근대에 이르러 '이미지즘(내재율)의 시 운동'이 있었기는 하지만 말이다. 시의 본래적 성격은 소리(운율)이다.

'시의 철학'에서 한 걸음 더 나아간 필자의 '소리의 철학'은 그런 점에서 역설적이지만 '의미의 철학'이 아니라 '무의미의 철학'이다. 말하자면 소리철학의 최종목표는 '의미'가 아니라 '무(無)' 혹은 '존재 그 자체'이다. '존재 그 자체가' 바로 '존재의 일반성'이고, 이것을 추구하는 철학이 '일반성의 철학'이다. 일반성의 철학은 서양의 보편성의 철학을 '밖에서 바라보는 관점(시점)'에 있는 것이고, 그러한 점에서 일반성의 철학은 보편성의 철학 자체를 비판하는 반(反)철학이다. 보편성의 철학이 수직의 철학이고 권력의 철학이라면 일반성의 철학은 수평의 철학이고 비권력의 철학, 평등의 철학이다.[18]

서양철학은 운명적으로 사물을 밖에서 바라볼 수밖에 없다. 인간이든, 자연이든 모든 자신(自身)은 스스로를 볼 수 없다. 자신은 결국 스스로를 사는 것이지 보는 것이 아니기 때문이다. 여

---

18 박정진, 『일반성의 철학과 포노로지』(소나무, 2014); 박정진, 『철학의 선물, 선물의 철학』(소나무, 2012); 박정진, 『소리의 철학, 포노로지』(소나무, 2012) 참조.

기서 철학과 삶이 갈라진다. 바라본다는 것은 밖에서 바라본다는 것이다. 밖에서 바라보는 것은 개념을 필요로 한다. 밖에서 바라보는 철학은 은유를 개념으로 만든다. 서양철학의 특성은 바로 여기에 있다.

서양철학의 반대편에 있는 것이 시(詩)이다. 시는 안에서 바라보는 것이다. 정확하게 말하면 시는 안에서 바라보는 것이 아니라 '노래하는' 것이다. 노래하는 것은 사물을 바라보는 것과 달리 그야말로 삶을 표현(표출)하는 것이다. 노래한다는 것은 안에서 노래하는 것이다. 안에서 자신을 드러내는 것은 상징을 필요로 한다. 안에서 노래하는 철학은 사물을 은유한다. 동양철학적 특성은 바로 여기에 있다.

서양철학을 언어의 철학, 개념의 철학이라고 말한다면, 동양철학은 시의 철학이고, 상징의 철학이다. 그래서 서양의 철학과 동양의 시(詩)철학은 다른 것이다. 그런데 일반성의 철학은 이 둘을 함께 바라보는 밖의 자리, 존재 그 자체에 있다. 일반성의 철학은 이 둘의 밖에 있다. 그래서 개념이나 상징이 아니고, 소리이다.

서양철학은 '밖의 관점'에서 그 이전의 철학을 바라보는 환원주의다. 그런 점에서 서양의 모든 철학은 반(反)철학이다. 철학 자체가 '반(反)의 특성'을 가지고 있다. '반의 특성'은 어쩌면 자연에 대한 인간의 특성이고, 철학자체가 '반자연주의의 집합'이다.

철학은 삶의 끝에서 반추하는 사유에 지나지 않는다. 이는 마치 버스 지나가고 손드는 것과 같은 '사후약방문(死後藥方文)에 지나지 않지만, 그래도 삶의 어떤 지표(指標; 地表: 지상의 표상)를 줌으로써 다음의 삶을 준비하게 하는 것이다.

인간은 끊임없이 움직이는 자연에 어떤 절단(切斷, 絶斷, 節斷: 절단을 하면 표면이 생긴다)을 하고 그것을 정지(靜止)시키는 동물이다. 그러한 정지시킨 것을 가지고 '실체'라고 하고, 그것을 또 '문화'(文, 節)라고 하는 감각(感覺)의 동물이다. 그런데 감각하는 이전에는 '감각할 수 없는 어떤 것', 혹은 감각함으로써 실체화된 '실체 이전의 실재'를 철학은 이제 가정하지 않으면 안 된다.

앞에서 말한 '밖의 관점'이라는 것은 항상 어떤 남음이 있는, 예컨대 공백(空白), 여지(餘地), 여한(餘限)과 같은 것이며 이는 수학적으로 무한대(無限大: 무한대는 시공간적인 개념이다), 혹은 공집합(空集合)에 속한다. 후기철학의 하이데거와 데리다의 차이(差異)혹은 차연(差延)이라는 것도 같은 등속의 것이다.

서양철학의 환원의 핵심에 대상과 주체가 분열된 채로 있다. 대상에 매달리든, 주체에 매달리든 결과는 마찬가지이다. 대상(객체, 목적, 어떤 것, 무엇에 관한 것)에 매달린 것이 현상학 계열의 철학이라면, 본질(존재, 실재, 가상실재)에 매달린 것이 존재론(칸트적 존재론, 하이데거적 존재론)이다.

모든 서양철학은 현상학이다. 따지고 보면 서양철학의 출발이라고 할 수 있는 '본질'이라는 용어 자체, 혹은 본질이라고 규정된 자체가 이미 현상이다. 본질이 현상이다. 그러나 동양철학의 관점에서 보면 본질은 규정될 수 없다.

그렇다면 플라톤의 이데아 철학이 바로 현상학의 출발이다. 무엇을 비판하는 자체가 이미 현상이다. 그런 점에서 칸트의 비판철학 또한 바로 현상학의 출발이다. 헤겔의 정신현상학은 이를 집대성한 것이다. 그런 점에서 서양철학은 모두 현상학이다. 하이데거의 존재론은 마지막 현상학, 따라서 존재론적 현상학 혹은 현상학적 존재론이라고 말할 수 있다.

서양 철학적 의미에서의 철학(哲學)은 동양철학적 의미에서의 역학(易學: 동양철학의 최고봉은 역학이다)에 무릎을 꿇지 않을 수 없다. 서양의 후기근대철학이나 해체철학의 차이나 해체까지도 실은 서양철학의 실체론적 전통을 안고 있으며, 그것의 연장선상에 있다. 동양의 역학을 서양철학 식으로 말하면 차연(差延)이 아니라 차역(差易)이다.

말하자면 서양철학은 시간과 공간을 넘어서지 못하고 있다. 서양철학의 마지막 족쇄는 시간과 공간이다. 그런데 서양 철학자 누구도 시간과 공간이 없다고 말하지 못하고 있다. 그래서 서양철학은 과학의 시녀가 되어버렸다. 과학철학이라는 것은 과학의 들러리에 불과하다. 서양철학이 실체(가상실제)를 추구하는 한 과학을 뒷받침하는, 과학을 설명하고 증명하는 것에 불과한 것이다.

3. 동서양문화와 철학의 상호보완성
─ 존재를 위한 철학

　　오늘날 서양철학은 '이성-과학'에서 정점에 이르렀고, 동양은 '시(詩)-예술'의 특성을 지니고 있다. 동양중에서도 한국의 고유철학은 『천부경』의 천지인사상에서 보이는 것처럼 샤머니즘의 성격을 심층구조로 내장하고 있다. 그러한 심층구조는 특히 '상징-의례'의 성격을 갖는다. 상징-의례에는 '언어적 상징'(verbal symbol)과 '의례적 상징'(ritual symbol)으로 나눌 수 있다. 전자는 언어적 성격이 강한 반면 후자는 퍼포먼스의 성격이 강하다. 한국인은 특히 퍼포먼스, 즉 몸을 놀리는 놀이(play)와 축제(festival)를 좋아한다. 퍼포먼스는 종국적으로 언어적 분석을 싫어하는 경향을 가지고 있다.

동서양철학	철학의 특성	문화적 성향
서양철학	이성-과학	이성철학: 사물(thing)중심: 이(理)-과학
동양철학	시(詩)-예술	시(詩)철학: 시(詩)중심: 예(禮)-예(藝)
한국철학	상징-의례	샤머니즘(천지인)철학: 사건(event)중심: 기(氣)-축제

[동서양철학의 특징]

서양의 근대철학의 동향을 일이관지해서 보면 환유(과학)의 철학에서 은유(詩)의 철학, 시니피앙의 철학에서 시니피에의 철학, 진리의 철학에서 존재의 철학, 사물(thing, 존재자)의 철학에서 사건(event, 존재)의 철학, 이성의 철학에서 기분의 철학으로의 추이를 볼 수 있다. 이를 싸잡아 말하면 이(理)의 철학에서 기(氣)의 철학으로의 중심이동이라고 말할 수 있을 것 같다. 이는 진리와 존재의 긴장이고, 존재자와 존재의 긴장이라고 말할 수 있을 것 같다.

존재와 진리의 관계는 동서양철학의 관계와 흡사하다. 서양사와 서양 철학사는 '진리를 추구하는 여정'이라고도 말할 수 있다. 말하자면 존재는 진리(존재=진리)가 되어야 한다. 이에 비해 동양은 진리를 추구하지 않는 것은 아니지만 서양처럼 인간이 인위적으로 구성한 진리에 매달리지 않는다. 그런 점에서 동양은 진리보다는 존재(존재>진리)를 선호한다.

진리라는 말 속에는 이미 절대진리에 대한 염원이 숨어 있다. 절대진리는 절대반지처럼 사람들을 사로잡는다. 그러면서도 진리는 진리의 변증법적 지양을 용인하고 있다는 점에서 진리에 대한 부정을 전제하고 있기도 하다. 존재를 진리라고 하는 이 면에는 인간의 소유욕과 지배욕이 작용하고 있는 것 같다. 진리 는 존재를 사물로 봄으로써 가능해진다. 따라서 진리는 사물이 고, 진리와 사물은 언어와 기억의 관계이다. 그래서 서양철학과 문명을 흔히 '사물과 언어'로 요약하기도 한다.

하이데거의 존재론철학이 등장한 이후 비록 하이데거는 '언어는 존재의 집'이라고 말했지만 존재는 언어에서 점점 멀어지고 있다. 존재가 언어에서 점점 멀어지고 있다는 것은 인간이 언어의 구성을 통해 밝혀낸 진리는 진정한 진리 혹은 진정한 존재가 아니라는 것을 말한다. 존재와 진리의 간극을 메우기는 어려워 보인다. 그렇다면 존재와 진리는 끝없는 평행선을 달릴 것인가. 진정한 존재는 진리가 잡을 수 없는 존재라고 말할 수밖에 없다.

존재론의 철학은 실은 "존재는 진리가 아니다" "존재는 의미가 아니다"라는 명제를 신봉한다. 어떤 점에서 존재론의 철학은 언어에 의한 구성된 철학이 아님을 선언하고 있다. 언어는 어차피 존재 그 자체가 아니고 표상(기표-기의)이기 때문이다. 존재의 철학은 기(記, text)가 아닌 기(氣, context), 즉 기운생동(氣運生動)을 존재(존재의 본질)로 받아들인다. 존재론의 철학은 이데아(idea)를 인정하지 않고, 이데아를 존재로 바꾸어버린 서양철학의 최종반란이면서, 이것은 동시에 이데아라는 최초에 대한 반란이다. 보편성의 철학이 이(理)의 편이라면, 일반성의 철학은 기(氣)의 편이다.

이(理)의 철학	기(氣)의 철학	근대철학의 동향
환유(과학)의 철학	은유(詩)의 철학	철학의 '과학으로부터 예술로의 귀향', 혹은 '철학의 종교로의 원시반본'으로 볼 수 있다.
시니피앙의 철학	시니피에의 철학	
진리의 철학	존재의 철학	
사물(thing, 존재자)의 철학	사건(event, 존재)의 철학	
이성의 철학	기분의 철학	
보편성의 철학	일반성의 철학	보편성에서 일반성으로

[동양의 이기(理氣)철학으로 본 서구근대철학의 동향]

존재와 진리의 긴장관계는 사건과 사물의 그것과 같다. 사물은 신이 만든 과거적 사실로서의 사물이다. 사물이라는 말에는 이미 고정불변의 신 혹은 실체성이 들어 있다. 이에 비해 사건은 현재(현재진행형)로서의 과정이며 생성이다. 사건이라는 말에는 비실체성이 들어가 있으며 신마저도 생성적인 신이 되지 않으면 안 된다. 사건으로서의 세계를 바라보는 것은 존재로 육박해 들어가는 것이다. 그렇다면 존재는 진리라기보다는 일종의 퍼포먼스(performance)로 작동한다.

이러한 동향은 시(詩)와 예술이 엄정한 과학적 말놀이에 비해 신체적 퍼포먼스의 일부라고 생각할 여지를 남겨주고 있다. 인간의 말보다는 신체적 속성을 가진 것들이 존재에 보다 가깝고, 존재의 소리를 드러낸다고 할 수 있다. 각종 예술의 표현과 은유는 존재의 문제에 관한 한 과학보다는 특권을 누리게 된다. 그런 점에서 예술은 진리보다는 진실에 가깝고, 주관적 진실이야말로 존재라는 생각이 들게끔 한다.

철학의 '과학으로부터 예술로의 귀향'은 철학고유의 길을 모색하는, 하이데거를 비롯한 일군의 철학자들에 의해 수행되고 있지만, 과학과 예술의 긴장관계는 쉽게 해결될 것 같지 않다. 또한 이것은 어느 한쪽의 일방적인 승리로써 해결되어서도 안 될 문제이다. 따라서 철학은 시와 과학의 사이에서 어떤 중재 역할을 하지 않으면 안 된다. 인간이 존속하는 한 시(詩)와 철학과 과학은 동시에 필요하다. 시(예술)와 철학(과학)은 일란성 쌍둥이에 비할 수 있다. 같은 알에서 태어났지만 서로 다르거나 심지어 반대가 되는 쌍둥이 말이다.

"현대인들이 과학자야말로 가장 이성적인 사람들이라고 보는 반면에, 하이데거는 과학자들의 이성이란 시적인 이성의 퇴락한 형태이며 우리는 과학적인 이성을 통해서가 아니라 오히려 시적인 이성을 통해서 진리에 더 가까워진다고 말한다. 현대인들이 인간을 원래 과학자이고 '과학적인 지성에 의해서 합리적으로 조직된 세계'가 인간이 거주할 세계라고 생각하는 반면에, 하이데거는 인간은 원래 시인이고 우리가 거주해야 할 근원적인 세계는 시적인 세계라고 생각한 것이다."[19]

필자는 여기서 한 걸음 더 나아가서 이러한 경향을 철학의 '종교로의 원시반본'이라고 부르고자 한다. 물론 여기에 대해서

---

19 박찬국, 『들길의 사상가, 하이데거』(동녘, 2004), 225쪽.

는 다음의 샤머니즘을 논하는 장에서 구체적으로 진술하겠지만 우선 이런 경향이 지나친 과학기술적 환경에 대해서 인간본래의 신성(神性)을 회복하려는 욕구의 발동이라고 볼 수도 있을 것이다. 기계(도구적 존재자)와 인간(자연적 존재)의 대립은 미래에 더욱 더 치열해질 것이다.

종교적 인간을 본래인간으로 가정하는 것은 고고학적 결과 (특히 네안데르탈인)에 힘입은 바 크다. 필자는 인간을 우선 '자기위로적 존재', 그다음 '자기투사적 존재', 그리고 '자기기만적 존재'라고 규정한 바 있다. 자기위로적 존재는 과학(학문)과 예술에 연결되고, 자기투사적 존재는 종교와 예술에 연결되고, 자기기만적 존재는 과학과 종교에 연결된다. 점점 더 제도와 기계의 노예가 되어가고 있는 현대인은 이제 자기위선에 빠져 있다.

이는 일찍이 필자가 예술인류학에서 단초를 보인 내용들[20]을 발전시킨 것이다. 우주의 생성변화를 기운생동 혹은 기운생멸로 보는 대전제하에서 과학을 이(理)의 산물로, 예술을 이(理)와 기(氣)의 가역의 산물(理↔氣)로, 종교를 기(氣)의 산물로 본것을 구체적인 삶과의 관련 속에서 확장한 것이다.

동양의 근대라는 것은 서양이 만든 과학문명에 정복당해서 (패배해서) 불교를 과학에 바치고, 유교를 기독교에, 음양을 시공

---

20 박정진, 『한국문화와 예술인류학』(미래문화사, 1990), 75~76쪽.

간에 바친 역사에 지나지 않는다. 서양의 과학문명을 따라잡으면 동양은 서양에서 더 배울 것이 없다. 서양은 과학문명 이외에는 모두 동양에서 배워간(훔쳐간) 것을 자신의 것으로 바꾼 것에 지나지 않는다. 근대서양철학의 비조가 된 칸트의 도덕철학은 동양의 성리학을 모방하여 독일어로 번안한 것에 불과하며(칸트는 라이프니츠를 통해 동양의 주역과 성리학을 배웠다), 이에 앞선 스피노자의 『에티카(윤리학)』도 동양의 성리학의 사유구조와 너무나 흡사하다.

스피노자의 실체(substance)와 양태(mode)의 구조는 성리학의 이(理)와 기(氣)에 대응시키면 크게 틀리지 않는다. 스피노자는 욕망과 정서(affection)를 강조했지만, 실체(인간의 이성)가 감정(기쁨과 슬픔, 그리고 이것의 파생감정인 쾌락과 유쾌, 고통과 우울)을 잘 다스려야 함을 역설했다. 이는 존천리(存天理) 알인욕(遏人慾)의 성리학과 크게 다를 바가 없다. 후기근대철학은 동양의 불교와 도학을 훔쳐가서 자신의 언어로 번안한 것에 지나지 않는다고 말할 수 있다.

서양의 근대문명이라는 것은 사물을 다스리는 자연과학(과학적 합리성)을 먼저 획득한 뒤에 그 힘을 바탕으로 세계를 정복하고, 다시 인간을 다루는 도덕(도덕적 합리성)을 동양에서 섭취함으로써 완성한 문명체계라고 말할 수 있다. 동양의 근대문명의 장악의 실패는 도덕적 합리성에 멈춘 성리학에 있다고 해도 과언이 아니다. 서양의 과학이 동양의 도덕을 정복해체한 시대가 근대였다고 말할 수 있다. 그런 점에서 서양의 과학문명(기독교를 포함)은 스스로의 문제점을 스스로 해결할 수 없는 과학기술문명의 요소와 모순과 함정이 숨어 있다고 해도 과언이 아니다.

니체도 동양의 생성론과 함께 불교를 서양식(서양의 문화문법)으로 번안하여 서양 철학적 전통 위에 실음으로써 생기존재론과 '권력에의 의지'를 주장했다. 하이데거도 선불교의 영향을 크게 받아서 그동안 서양철학의 '존재(Sein)'가 '존재자(seiendes)'를 도착시킨 것이라는 점을 상기시키면서 그의 '존재론'을 내놓았다. 화이트헤드의 '과정철학'도 불교의 제법무아, 제행무상을 실재적 존재(actual entity)로 대응시키면서 서양의 실재(reality)를 새롭게 정립한 것으로 드러나고 있다. 이밖에 루소도 동양의 도가의 무위자연(無爲自然)사상에 크게 영향 받는 등 예를 들자면 이루 헬 수 없다.

이렇게 보면 동양은 단지 과학에 뒤진 이유로 서양야만인에게 정복당한 것에 지나지 않는다. 서양의 장점은 그들의 문화적·철학적 전통 위에서 다시 동양의 인문학을 그들의 것으로 재창조했다는 점이다. 서양의 박물관에 동양에서 훔친 문화재들이 즐비하듯이 학문이라는 것도 모습은 마찬가지이다. 그런데 문제는 동양이 그렇게 절도당한 사실조차 모르고 있다는 사실이다. 서양은 동양문화의 요소를 그들의 문화적 영양분으로 하나둘씩 섭취하고 잡아먹고 있는 것이다. 과학을 습득한 동양은 더 이상 서양의 모르모트가 되어서는 안 된다.

마르크스에 의해 이데올로기화된 서양철학과 자연을 자연

과학의 세계로 강요하는 과학문명을 그냥두면 결국 인류는 멸망할 것이다. 마르크스는 헤겔의 노동을 노동가치설로 변화시켰고, 주인과 노예의 변증법을 계급투쟁으로 변화시켰고, 유심론을 유물론으로 변화시켰다. 그렇다면 근대철학에서 유물론의 출발은 누구일까. 스피노자이다. 스피노자는 흔히 범신론자라고 알려져 있지만 실은 기독교의 절대유일신을 만물에 존재케(깃들게)한 범재신론자이다.

그는 서양의 근대철학을 어떤 존재에도 의존하지 않는 실체(substance)인 신(神)과 그것의 속성을 가진 양태(mode)로 봄으로써 자연의 세계를 신의 세계와 같은 것(신=세계)으로 봄으로써 후일에 유물론자들의 스승이 되었다. 그는 또한 동양의 성리학의 이기론(理氣論)을 원용하여 정신이 신체(물질)의 욕망 혹은 정서(affection)를 다스리는 관계로 설명함으로써 결과적으로 도덕적 합리론(에티카)과 신체적 경험론(코나투스)과 유물론을 묘하게 동거케 한 인물이다.

서양의 근대철학사에서 스피노자의 공헌은 단자(monad)를 주장함으로써 세계를 수학적으로 해석한 라이프니츠와 함께 철학을 해석학 혹은 현상학으로 나아가게 하는 선구적 역할을 하였다. 그런 점에서 서양의 근대철학은 처음부터 과학에 주눅이 든(과학적 현상을 철학적으로 설명하기 위한) 과학의 아류인 현상학적 유물론 혹은 유물론적 현상학이라고 해도 과언이 아니다. 이는 헤겔의 정신(관념)을 물질로 넘어가게 한 마르크스의 원조이다.

스피노자의 철학은 라이프니츠의 미적분의 수학(과학)과 같다. 스피노자는 철학적 라이프니츠이다. 라이프니츠는 수학적(과학적) 스피노자이다. 여기서 관념론과 유물론과 수학(과학)의 삼각관계가 이루어진다.

동양의 도학은 유기적인 세계관의 산물이다. 자연은 물론이고, 자연의 산물(자연적 존재)인 인간으로 하여금 자연을 잃지 않게 하면서 유기적 조화를 이상향으로 삼게 하고 있다. 이에 비해 서양철학은 오늘날 자연과학의 영향으로 인해 기계론적인 세계관을 인간에게 강요하고 있다. 서양의 추상철학, 논리철학은 결국 자연과학을 이루었고, 세계를 일종의 기계로 환원시키는 결과를 초래했다. 이러한 기계적 환경 속에서는 인간이 자연스럽게 기계의 부품처럼 파편화되는 것을 피할 수 없다. 파편화된 세계는 인정도 없이 그저 조립을 기다리고 있을 뿐이다.

이러한 기계적 환경은 인공지능(AI), 인조인간(사이보그)의 탄생을 목전에 두고 있고, 인간으로 하여금 기계와 더불어 살 것을 준비하게 하지만, 그 부산물로 각종 정신질환이 발생하고 있다. 이러한 기계적 환경은 섹스머신의 출연과 함께 성도착환경을 조성하고 있다. 그러한 점에서 오늘날 서양은 그동안 천시한 동양의 도학을 새롭게 의미부여하고 발전시키지 않으면 인류의 종말이나 공멸을 면할 수 없게 되었다.

다음은 필자가 세계일보 청심청담 칼럼에서 쓴 「'사피엔스' 인간에 내장된 종말시나리오」(「세계일보」, 2016년 4월 26일자)의 일부내용이다.

유발 하라리의 『사피엔스』는 역사학은 물론이고, 인류학, 생물
진화학, 그리고 신화에서 종교, 철학에 이르기까지 인간이 산출
해놓은 지식집적을 토대로 인간의 미래를 내다본(점친) 융합학
문적 성격의 책이다. 독자들은 우선 저자의 방대한 지식섭렵에
압도되지 않을 수 없을 것이다. 그러나 필자는 저자가 알고리즘
을 가진 인공지능을 닮아 있다고 생각되었다. 그 알고리즘은 '절
대(정신)=기계(인간)'이다. 놀랍게도 그는 죽음과 영생도 기술
적인 문제로 본다.

서양의 후기근대 철학을 대표하는 니체는 인간이 '힘(권력)에의
의지'의 동물임을 실토한 바 있다. 현대과학문명을 주도하고 있
는 서양에서는 힘, 패권주의 신화가 만연하고 있다. 사피엔스의
멸종과 이를 대체할 세력으로서 인조인간, 사이보그를 설정하는
저자의 결단과 냉엄함은 참으로 유대그리스도 문명권의 후예답다.
어떻게 저자 자신이 소속한 사피엔스가 자신을 대신할 기계인
간을 진화의 다른 종으로 설정하고도 당당할 수 있는지, 궁금하
다. 이것 자체가 과학이 주도하는 인류문명의 정신병리학적 현
상인지도 모른다. 사이보그가 점령하는 지구는 그 사이에 많은
것을 생략하고 있다. 인간과 사이보그의 전쟁, 이 속에는 문명의
허무를 극복하기 위한 끝없는 욕망과 힘의 경쟁이 있으며, 평화
는 없다.

유발 하라리는 훌륭하게도 인류학적 지식과 그동안 인류가 쌓아놓은 모든 지식을 총동원하여 자신의 문명예언서를 쓰긴 했지만, 지식을 종합하는 방법은 어디까지나 역사학자답게 헤겔의 역사철학의 전통 아래에 있다.

『사피엔스』를 보면서 몇 해 전에 하버드대학의 정치학자인 새뮤엘 헌팅턴이 쓴 『문명의 충돌』을 떠올리게 되었다. 인류가 문명충돌, 즉 종교전쟁으로 인해서 종말적 전쟁에 직면하게 될 것이라고 전망한 저자는 서구문명의 패권을 유지하기 위한 준비가 필요하다고 역설하고 있다.

역사학자인 유발 하라리는 다분히 인류학적이고 진화론적인 지식을 활용하면서 사피엔스의 멸종을 예언하고 있지만 헌팅턴은 종교로 인한 인류의 종말적 전쟁을 예언했다.

서구문명은 왜 힘의 경쟁과 전쟁을 피할 수 없는 것으로 보고, 또 이를 선호하는 것인가. 여기엔 서구문명 자체의 모순이 있다. 그것은 세계를 절대적·인과적·직선적·진화적 세계로 보는 현상학적 태도이며, 이는 유대그리스도 전통에서 출발한다. 진정 '신들의 전쟁'의 문명인가. 인류문명을 서구에 맡겨놓을 수 없다는 생각이 든다. 멸종과 패권에 굴복한 서구지식인을 보는 것이다.

『사피엔스』와 『문명의 충돌』은 인간에 내장된 자기멸종의 시나리오를 읽게 한다. 기계가 인간을 멸종시킨다는 것은 쉽게 말하면 칼(문명의 이기)로써 인간을 죽이는 것과 같다. 어떻게 영생과 생명이 기계기술이라는 말인가. 이것은 인류학적 마인드도 아니다. 둘 다 인류의 평화를 위해서는 좋은 신호나 징조가 아니다.

이들의 주장은 합리적이고 과학적이고, 실증적이긴 하지만 적극적으로 인류의 평화를 도모하기 위한 대안적 노력을 보이지는 않고 있음을 볼 수 있다. 이들의 책에서 깊이깊이 숨겨진 허무주의를 읽을 수 있다. 말하자면 문명의 충돌을 막기 위한 노력이라든가, 인조인간에게 멸종당할 인류를 불쌍하게 바라보는 연민의 정이 부족하다고 하지 않을 수 없다.

신화의 정체성, 종교의 절대성, 철학의 동일성, 과학의 실체성에 의존해온 서양문명의 시퀀스를 바라보면 욕망의 끝없는 전개를 보게 된다. 이들을 관통하는 정신은 동일성이다. 이 동일성으로부터 벗어나야 인간은 멸망하지 않을 수 있다.

욕망을 스스로 제어하는 기술이 발달하지 않으면 인간은 언젠가는 멸망할 것임에 틀림없다. 힘과 실체의 상승과 증대를 꾀해온 서양문명은 무한대의 욕망, 즉 인간의 섹스프리(sex-free: 생식적 섹스로부터 해방된 자유)를 프리섹스(free sex)로 변모시키면서 성적으로 타락하고 말았다. 이는 가정 자체를 무너뜨리는 것이다.

서양문명을 대표하는 위의 책들도 실은 욕망을 상부구조의 텍스트로 미화하거나 승화하거나 감춘 것에 불과한 것일 가능성이 높다. 서양문명은 욕망의 노예가 될 수밖에 없다. 욕망의 주인이 되기 위해서는 '무한대'를 '무'로 바꾸는 의식의 혁명이 수반되어야 한다.

서양의 근대철학은 결국 '생각'이 '기계'로 드러나는 과정을 겪었다고 말할 수 있고, '신(神)'은 '물신(物神)'이 되어버림으로써 인류문명의 위기에 직면하게 되었다고 평가할 수 있다. 자유자본주의든, 공산사회주의든, 유심론이든 유물론이든, 서양은 모두 과학기술주의의 물신숭배(fetishism)에 빠졌다. 서양의 인류학자들은 원시부족사회의 정령숭배를 보고 물신숭배에 빠졌다고 했지만 실은 오늘의 서양문명이야말로 물신숭배에 빠진 셈이다. 원시부족사회인은 도리어 자연의 사물을 신령으로 보는 신물숭배(神物崇拜)의 신앙인이었다. 서양인류학자들은 자신들의 물신숭배를 원시부족사회인들에게 투사했다고 말할 수 있다.

　　서양철학의 존재론은 동양의 불교나 노장철학, 그리고 성리학과도 소통하고 융합할 가능성이 높다.

　　"과학기술문명으로 귀착되는 서양의 역사를 진보의 역사로 볼 때는 동양과 서양 사이의 대화는 불가능하고 불필요한 것이 된다. (중략) 이에 반해 하이데거처럼 서양의 역사를 오히려 진리에서 멀어져가는 역사로 볼 때 두 문명 간의 대화는 가능하게 된다. 아니, 오히려 과학기술적인 사고로 이어지는 그리스적인 사유의 길과는 다른 사유의 길을 개척해나간 동양의 사상은 과학기술문명의 전일(專一)적인 지배에서 벗어날 수 있는 대안적인 사유의 길을 제공할 수 있는 것으로 간주된다. 이 점에서 우리는 하이데거와 동양사상, 특히 그 중 나아가 유학(儒學) 중에서 선불교와 노장 사상을 대폭적으로 수용한 신유학과의 대화가 가능하다고 생각한다."[21]

동서양사상의 변별을 위해서 운동과 변화에 대한 설명이 필요할 것 같다. 실체가 있는 것의 변화는 운동(물리학적 운동)이고, 실체가 없는 것의 운동(기의 운동)이 변화이다. 서양철학자들은 세계를 사물(thing, 실체)로 알았지만 사건(event, 비실체)인 줄 몰랐고, 동양철학자들은 세계를 사물이 아닌 사건 혹은 상징으로 보았던 것이다.

서양철학의 종언[22]이 거론되는 동시에 철학이 지금까지의 텍스트에서 사건 위주[23]로 나아가야 한다고 역설되는 것도 서양철학의 위기와 한계를 인식하는 데서 비롯되는 것이다. 서양의 후기근대철학의 계보를 읽다보면 마르크스는 니체의 반면교사이고, 니체는 하이데거의 반면교사이다. 그리고 하이데거와 데리다는 필자의 반면교사라고 할 수 있다.

인류의 동서 문명을 언어계통으로 보면 크게 인도유럽어문명권과 한자문명권, 한글문명권 등으로 나눌 수 있다. 한글문명권은 한자문명권에 속해 있지만 한글이 표음문자인 반면 한자는 표의문자로서 동아시아에서 공존하고 있다.[24]

---

21 박찬국, 「하이데거와 동양 사상의 대화가능성과 필연성」, 『하이데거의 예술철학』(철학과 현실사, 2002), 319~320쪽.
22 박정진, 『니체, 동양에서 완성되다』(소나무, 2012), 658~712쪽.
23 같은 책, 712~730쪽.
24 지금 일부 언어학자에 의해 연구 중에 있지만 한글은 인류언어의 공통어근으로서 떠오를 가

인도유럽어문명권의 불교(佛教)는 한자문명권의 도교(道教, 老莊)의 무(無), 무위(無爲)철학, 심-물학(心-物學)과 함께 자리매김하고 있다. 인도유럽어문명권의 기독교와 한자문명권의 유교(儒教) 및 성리학(性理學)은 유위(有爲), 인위(人爲)철학이라는 공통점을 가지고 있다. 양자 간에는 서로 소통과 이해, 번역이 가능한 것은 거의 기적에 가까운 일(사건)로 여겨진다. 이는 인간의 이해력(理解力)보다는 공감력(共感力) 때문이라고 본다. 공감은 이해가 도달하지 못하는 어느 지점에서 기통(氣通)을 통해 공명을 하는 것 같다. 공감의 해석학은 따라서 기통해석학이다.

	존재론/현상학	인도유럽어문명권	한자문명권
무위(無爲)철학	존재론	불교(佛教)	도교(老莊), 심-물학(心-物學)
유위(有爲)철학	현상학	기독교	유교(儒教) 및 성리학(性理學)

[인도유럽어문명권과 한자문명권의 존재론과 현상학]

서양의 형이상학은 현상학이고 동양의 도학은 존재론이다. '무'철학, '무위'철학은 무위자연, 존재론적 입장을 표방하고 있고, '유위'철학, '인위' 철학은 역사적, 현상학적 입장을 취하고 있다. 동서 문명의 교섭사로 볼 때 중요한 것은 중세에 인도유럽어문명권의 불교가 '격의불교(格義佛教)'과정에서 도교와 노장철

능성이 높다. 그래서 '한글문명권'을 별도로 두었다.

학의 언어로 번역되었다는 점이다. 두 문명 간의 역사적 소통이 이루어진 위진남북조(魏晉南北朝)시대는 인류문명사적으로 참으로 중요한 시기였다.

근대에 들어 동아시아의 성리학이 서양의 근대철학을 완성하는 데 큰 영향을 미쳤음이 속속 드러나고 있는 것도 양 문명 간의 소통과 이해를 도모하는 바탕이 될 것임은 의심할 여지가 없다. 스피노자의 윤리학(에티카)과 칸트의 도덕철학이 성리학과 유사한 철학구조를 가지는 것은 앞으로의 연구과제이다. 또한 서양의 후기근대철학이 동양의 노장철학 및 불교와 유사한 구조를 가지고 있는 것은 양 문명 간의 영향과 소통을 짐작하게하기에 충분하다.

서양의 근대철학이 자연과학의 영향 하에 그것을 뒷받침하거나 그것에 부합하는 인간의 이성적 도덕철학을 형성하는 시기였으며, 그 주변에서 이성철학에 반기를 드는 철학이 산발적으로 있었다면, 후기근대철학은 자연과학의 과학기술만능주의에 실존적 불안과 공포를 느끼면서 동양의 불교사상이나 노장사상에서 구원을 찾는 엑소더스의 시기였다고 할 수 있다.

서양 철학자들이 스스로 동양철학에서의 구원을 찾았음(표절하거나 약간의 변조를 행함)을 고백하지 않고 있긴 않지만, 철학사의 여려 징후들은 이러한 정황을 충분히 드러내고 있고 또 일부 발견할 수도 있다. 동양의 많은 철학자와 서구유학철학자들은 아직도 이 사실을 발견할 정도로 철학에 예민하거나 투철하지 못하고 있지만 언젠가는 이러한 사실이 폭로될 날이 올 것이다.

존재는 진리도 아니며 선악의 구분도 없으며 아름다움(美醜
를 함께 포함한 아름다움)과 생명일 뿐이다. 따라서 인류의 새로운
구원은 예술에서 찾을 수밖에 없다.

서양철학들이 동양에 그렇게 구원을 요청했지만 그들이 구
원에 도달하지 못하는 까닭은 아직도 그들의 '실체론적 전통'과
'힘의 철학'을 포기하지 않았기 때문이다. 서양철학자로서 가장
동양철학에 접근하였다고 하는 프랑수아 줄리앙조차도 중국미
학과 철학을 담(淡)과 세(勢)로 보고 있다.[25] 세(勢)는 힘(力)으로
세계를 본 것으로 기(氣)의 진정한 세계를 보지 못한 것이며, 담
(淡) 또한 '농(濃)'을 기초로 색을 본 것으로 동양의 공(空)이나 무
(無), 여백(餘白)의 진정한 의미에 도달하지 못하고 있다.

'세(勢)'는 동양의 기(氣)를 에너지(energy)로 보고 있음을 반
영하는 것이며, 담(淡)은 기본적으로 캔버스를 색으로 채워버리
는 것을 기준으로, 둘 다 서양의 실체론을 투사한 것으로 보인
다. 물론 동양에도 세(勢)의 강약이 있고, 기(氣)가 세(勢)로 드러
나는 기세(氣勢)라는 말도 있다. 색(色)의 농담(濃淡)이 있는 것은

---

25 프랑수아 줄리앙, 최애리 옮김, 『無味禮讚』(산책자, 2010); 프랑수아 줄리앙, 박희영 옮김,
『사물의 성향, 勢』(한울아카데미, 2009); 프랑수아 줄리앙, 이근세 옮김, 『전략』(교유서가,
2015); 프랑수아 줄리앙, 박치완·김용석 옮김, 『현자에게는 고정관념이 없다』(한울아카데미,
2009) 등 참조.

사실이고, 화선지를 채색으로 전체를 메우는 채색화(彩色畵)가 없는 것도 아니다. 그렇지만 '세'와 '담'은 동양철학과 문명의 표면을 보는 것에 지나지 않으며, 더더구나 동양문명의 핵심을 대표하는 것도 아니다. 지구상의 어느 문명권이라도 '힘과 농담'은 있기 마련이다.

프랑수아 줄리앙만큼 중국에 직접 유학하여 동양에 살면서 동양문명에 깊이 들어온 학자도 드물지만 그도 역시 자신(서양인)의 눈으로 자신이 보고자 하는 것을 보았을 따름이다. 동양철학과 미학과 문명에는 '세'와 '담'의 이면에 도저히 잡을 수 없는, 현상할 수 없는 존재인 기(氣) 혹은 '기(氣)의 일반성'의 세계가 있다. 기(氣)의 세계는 공(空), 무(無), 허(虛)의 세계와 연결된다. 종래에는 유물론자들에 의해 기(氣)가 마치 물질과 같은 것처럼 생각되었지만 기(氣)는 심물(心物)에 다 적용되는 것이다. 심즉기(心卽氣), 물즉기(物卽氣)이다.

4. 하이데거는 왜 일반성의 철학에 이르지 못했을까

1) 동양과 서양의 차이, 칸트와 하이데거의 차이

인간의 존재에 대한 이해는 의식적·무의식적으로 사용하는 '세계'라는 말 속에 들어 있다. '세계'라는 말은 인간이 만든 모든 '경계'를 의미한다. 말하자면 인간은 존재를 세계로 이해하는 동물인데 그런 점에서 세계는 존재를 어떤 형태이든 자기 나름으로 해석해서 대하는 태도를 가지고 있다. 따라서 인간이 알고 있는 세계는 존재(본래존재)가 아니다. 인간은 존재의 '변화(變化, 時間性)에 대한 감지'를 시간으로 정하고, 어떤 '장(場, 空間性)에 대한 감지'를 공간으로 정하면서 계산을 시작한 동물이다. 그런 점에서 시공간은 세계를 이해하는 일종의 프레임, 틀, 제도라고 할 수 있다.

존재는 고정불변의 실체가 없이 끝없이 변하는 사건일까, 아니면 고정불변의 실체가 있는 사물일까. 인간은 우선 자연을 대상적 사물로 대하게 된다. 사물을 대하는 서양적 시각과 동양적 시각은 근본적인 차이가 있다. 서양은 있음과 없음, 즉 존재의 유무(有無)를 따지는 것을 좋아하고, 유무의 차원(dimension)을 계산하면서 동일성을 찾는 것을 최종목적으로 한다. 이에 비해 동양은 유무보다는 존재의 음양(陰陽)을 관조하기를 좋아하고, 음양의 다층적 의미와 함께 변화의 순환성에 따라 사는 것을 최종목적으로 한다.

아시다시피 서양철학은 감성적 직관의 형식으로 시간과 공간을 채택하고, 이에 따른 이성적 개념정립을 통해 지각된 사물에 대한 판단을 하는 지성을 중시한다. 이에 비해 동양은 사물의 상보성을 중시하고, 존재를 음양오행의 은유로써 받아들이면서 지성보다는 감수성을 중시하는데 여기에는 고정된 차원이 없다. 그런 점에서 서양은 결국 물리학과 자연과학을 만들어냈고, 동양은 역(易)과 한의학을 만들어냈다.

서양은 부분의 동일성에서 전체로 나아가고 있고, 동양은 전체의 음양성에서 부분으로 나아가는 대조를 보이고 있다고 해도 과언이 아니다. 물론 서양문명이 세계를 선도하는 근현대는 동서양이 모두 과학기술문명을 우선으로 세계를 경영하고 있다고 해도 과언이 아니다.

서양적 시각은 한 마디로 초월적(선험적)·환유적 시각이라고 할 수 있다. 이에 반해 동양적 시각은 도학적(道學的)·은유적 시각이라고 할 수 있다. 이러한 시각의 차이는 기독교『성경』과 노자의『도덕경』에서 극명하게 드러난다.

『성경』의「창세기」제1장 제28절과『도덕경』제25장을 비교하여 보자.

"하나님이 그들에게 복을 주시며 하나님이 그들에게 이르시되 생육하고 번성하여 땅에 충만하라, 땅을 정복하라, 바다의 물고기와 하늘의 새와 땅에 움직이는 모든 생물을 다스리라 하시니라."(「창세기」1: 28)

"물은 혼돈을 이루었다. 천지가 나기 이전에. 소리도 없고 형체도 없고 홀로 서서 고치지도 않고 두루 움직였지만 위태롭지 않았다. 천하의 어머니라고 할 만하였다. 나는 그 이름도 모른다. 글자로 말하면 '도'이다. 억지로 이름을 말하면 '크다'라고 말한다. 큰 것은 말하자면 뻗어 나아가는 것이고 뻗어 나아가는 것은 멀리 멀리 나가는 것을 말하고 멀리 멀리 나가는 것은 되돌아오는 것을 말한다. 그러므로 도가 크면 하늘이 크고 땅이 크고 왕 또한 크다. 세상 중에 네 가지 큰 것이 있는데 왕도 그 가운데 하나에 거한다. 사람이 땅을 본받고 땅은 하늘을 본받고 하늘은 도를 본받고 도는 자연을 본받는다."(有物混成, 先天地生, 寂兮廖兮,

獨立不改, 周行而不殆, 可以爲天下母, 吾不知其名, 字之曰道, 强爲之名
曰大, 大曰逝, 逝曰遠, 遠曰反, 故道大, 天大, 地大, 王亦大, 域中有四大,
而 王居其一焉, 人法地, 地法天, 天法道, 道法自然)(『도덕경』제25장)

위의 두 문장에서 가장 극명하게 대조를 이루는 구절은 「창
세기」의 "모든 생물을 다스리라 하시니라"와 『도덕경』의 "도는
자연을 본받는다"라는 구절이다. 「창세기」는 인간에게 자연을
지배하라고 명령하는 반면 『도덕경』은 자연을 본받아야 한다고
말하고 있다. 「창세기」는 자연에 대해 '인간우위'를 천명하고 있
고, 『도덕경』은 인간에 대해 '자연우위'를 말하고 있다. 이러한
동서양의 시각의 차이는 그대로 철학에도 반영된다.

서양철학은 사물과의 관계에서 처음부터 초월적이다. 이것
은 사물(Ding)과 나타남(Erscheinung)을 구별하는 데서부터 드러
난다.

"시간적 공간적 현상을 괄호 안에 넣는다고 하는 것이 그
현실이 없다고 가정하는 것은 아니다. 시야의 전환은 오히려 바
로 존재자의 존재성격을 뚜렷이 하려는 데 그 의미가 있다. 경
험의 정립(즉 초월해 있는 것의 정립)을 배제한다는 것은 바로 존재
자를 그 의미에 있어 현전(präsent)하게 하는 기능을 갖는다. "사
람은 우선 판단중지를 통해 세계를 잃어버려야 한다"고 후설은
말한다. "그러나 그것은 보편적 자기성찰에서 세계를 다시 얻기
위해서이다."(CM 39, 183). 판단중지를 통해 우리는 비로소 대상

들을 지향적 나타남과의 상관관계 안에서 순수하게 파악할 수 있게 된다. 이를 통해 대상의 그 자체로 있음(즉자존재)은 주어져 있음의 방식에서의 나타남으로 환원된다. 우리는 대상의 존재를 '현상'으로, 나타남으로 환원시킨다. 우리는 자연적 태도에서는 초월해 있는 것으로 간주된 존재를 '괄호 안에 넣어' 존재를 현상으로 나타나게끔 한다. 이것이 바로 현상학적 환원의 의미이다."[26]

위의 문장에서 "자연적 태도에서는 초월해 있는 것으로 간주된 존재"는 '사물(대상)'을 처음부터 '의식의 밖'에 있는 초월적 존재로 본다는 것을 의미하고, 그것을 판단중지를 통해 다시 '현상'으로 나타나게 하는 것이 '현상학적 환원'이라고 말하고 있다. 그렇다면 초월적 존재인 '사물'을 다시 판단중지를 통해 다른 '현상'(현상 자체가 초월적 의식의 산물이다)으로 본다는 것을 의미한다. 말하자면 '초월에서 (판단중지를 통해) 다른 형태의 초월'로 가는 것을 현상학적 환원이라고 하는 셈이다. '사물(대상)의 초월'에서 '현상의 초월'로 이동하는 것이다. 그런데 여기서 '있다'와 '본다'는 것은 서로 가역왕래하고 있다. '있다'고 할 때 이미 '본다'는 의미(시각)가 들어가 있고, '본다'고 할 때 이미 '있다'는 의미(존재)가 들어가 있다. 이것이 바로 현상학의 조건이자

---

26 李基相, 『하이데거의 존재와 현상』(문예출판사, 1992), 55쪽.

굴레이다.

우리는 여기서 서양철학은 처음부터 초월적인 태도를 가지고 있음을 알 수 있다. 말하자면 후설의 현상학은 '초월적 현상학'으로서(칸트의 철학은 '초월철학' '이성현상학'이다) 현상을 현상학적인 방법으로 바라보는 '현상현상학'(현상학적 존재론)이 되는 셈이다. 후설에 비하면 하이데거의 존재론은 '존재현상학'(존재론적 현상학)이 된다. 하이데거의 존재론이 보다 더 발전하려면 존재존재론(존재론적 존재론)이 되어야 할 것이다. 하이데거도 본래존재라는 말을 사용하고 있기는 하지만 현상학적 틀을 완전히 벗어나지는 못했던 것 같다.

하이데거와 필자의 존재론의 차이를 말한다면 하이데거는 '현상학적인 방법'으로 존재에 도달하였지만, 필자는 현상학적인 방법을 소화하면서도 '존재론적인 방법으로' 존재를 이해함으로써 진정한 존재론의 첫걸음을 이루었다는 점이다. 양자의 차이는 하이데거는 아직 현상학적인 자산을 버리지 않는 반면, 필자는 처음부터 현상학적인 방법과의 결별을 시도했다는 점이다.

하이데거에게는 아직 인간중심주의가 남아 있고, 필자에게는 인간중심주의라는 것이 '인간-신'중심주의(人間神을 추구한다)이며, 이것은 결국 인간중심주의로 귀결된다. 따라서 존재론적 존재를 밝혀내려면 '신-인간'주의(神人을 추구한다) 혹은 '자연-인간'주의가 되어야 한다는 것이 필자의 입장이다. '신인(神人)'이 되려면 종국에는 자연주의가 되어야 한다.

현상학은 현상학을 놓아버려야 현상학을 벗어날 수 있다. 마치 불가에서 도를 얻은 뒤 사바세계(娑婆世界)를 건너온 배를 버려야 하는 것과 같다. 형이상학은 비유하자면 절대의 높은 산을 수직으로(초월적으로) 오르는 것과 같다면 현상학은 수평으로(상대적으로) 펼쳐진 산의 연봉(連峰)이나 망망대해를 끝없이 나아가는 것과 같다. 그러나 둘 다 결국 초월적인 것을 벗어날 수 없다. 이에 비해 존재의 세계는 아무런 장애나 한계가 없는 세계이다.

필자가 이 책의 여러 곳에 걸쳐서 때로는 산발적으로, 때로는 집중적으로 내비친 '심정존재론'은 바로 위의 '존재존재론'을 지향하는 서술이라고 말할 수 있다. '심정존재론'는 서양철학의 전통인 '사유-존재(진리, 절대진리)'에 대항하는 것으로써 궁극적으로 인간이 심정평화에 도달할 수 있는 길을 열기 위한 철학적 탐색이라고 말할 수 있다. 말하자면 심정평화에 도달하자면 심정존재론을 넘어야 한다.

서양철학은 결국 타자(동일성)의 철학이고, 경쟁(투쟁)의 철학이고, 소외의 철학이다. 서양철학을 가지고 인류의 진정한 평화에 도달할 수는 없을 것이다. 서양철학과 문명의 저변에는 '신(神)들의 전쟁'이 숨어 있기 때문이다. 이에 비해 필자의 심정존재론은 '자기의 철학' '자기존재(자기-내-존재)의 철학'으로써 세계가 이미 자기이기 때문에 그런 소외가 없다. 따라서 진정한 평화는 심정존재론을 필수코스로 넘어야 하는 것이다. '심정평화론'은 세계를 놓아버리기 때문에 '비논리적 평화론'이라고 말할 수 있을 것이다. 동양문명의 저변에는 '신(神)들의 평화'가 숨어 있다.

서양철학에서 사물을 '대상'으로 보는 자체가 이미 주체의 초월적 행위이다. 다시 말하면 서양철학은 사물을 '대상'으로 보는 초월에서 다시 사물을 '현상'으로 보는 초월로 이행하는 것은 물론이고, 계속해서 그 이전의 현상을 판단정지를 통해서 백지화함으로써(순수의식을 통해) 새롭게 나타나는 '신기원'을 모색하는 과정이라고 할 수 있다. 이것이 현상학적 환원이다. 그런 점에서 '새로운 시대(das Neue, 새로운 것)의 탄생'을 주장한 헤겔에서부터 현상학이 시작되었다고 볼 수 있다. 후설의 현상학에 앞서 정신현상학이 현상학의 출발이라고 말할 수 있다.[27]

헤겔의 정신현상학을 들여다보면 '현상학적 환원'의 환원은 '변증법적 지양'의 지양과 반대말인 것 같지만 실은 같은 뜻이다. 인간의 정신이 전진(발전)하고 있다는 생각은 헤겔철학의 핵심사상이라고 할 수 있다. 하이데거의 존재사적 회상이라는 것도 변증법의 다른 종류이다. 기독교의 복귀사관(에덴동산으로의 복귀, 復樂園)도 철학의 현상학적 환원과 같은 것이다. 현상학은 현상학적인 원환궤도를 말하는 것이다. 이 원환궤도상에는 헤겔의 변증법적 '지양(합일)'이나 니체의 '회귀(영원)'나 후설의 '환원(현상)', 하이데거의 '회상(신기원)'은 같은 것들이 배열되어 있다.

---

27 박정진, 『니체, 동양에서 완성되다』(소나무, 2015), 215~216쪽.

하이데거는 존재일반, 혹은 일반존재를 거론하면서 왜 다시 초월론적인 냄새가 풍기는 기초존재론의 존재이해로 돌아가버리고 말았을까. 그 까닭은 무엇보다도 그가 서양철학의 '초월성'과 '메타피직스(metaphysics)'의 'meta(넘어가다)'와 형이상학을 바탕으로 존재를 설명하고 있기 때문이다. 그래서 그는 인간현존재의 존재성보다는 존재자성에 중심을 두고 있기 때문이다.

"형이상학은 예로부터 무에 대해 다음과 같이 말하고 있다. '무로부터 무가 생긴다'(ex nihilo nihil fit) 이 명제는 무 자체를 합당하게 문제 삼고는 있지 않지만, 무에 대해 나름대로의 관점에서부터 존재자에 대한 주도적인 견해를 표명하고 있다. 고대의 형이상학은 무를 비존재자(=존재하지 않는 것)의 의미로, 다시 말해 형태를 갖추지 않은 재료의 의미로 파악하고 있다. (중략) 이렇듯 고대 형이상학의 무에 대한 논의에는 존재자에 대한 견해와 이해가 함축되어 있다. 중세의 형이상학은 '무로부터 무가 생긴다'는 명제를 부정하며 '무에서부터의 창조-피조물'(ex nihilo fit-ens creatum)을 주장하는데, 여기에는 물론 무가 다른 의미를 부여받는다. 이제 무는 본래적인 존재자인 신에 대한 대립 개념이 된다. (중략) 무가 본래적인 존재자의 대립 개념이라는 사실, 즉 그것의 부정이라는 점이다."[28]

---

28 이기상, 『하이데거의 존재사건학』(서광사, 2003), 157~158쪽.

하이데거의 존재자중심(존재자를 앞에-세움)은 다음에서도 드러난다. "'무에서부터 모든 존재자로서의 존재자가 생긴다'(ex nihilo omne ens qua ens fit)라는 명제가 그것이다. 현존재의 '무'속에서 비로소 존재자 전체가 그 가장 고유한 가능성에 따라, 다시 말해 유한한 방식으로 자기 자신에 이른다."[29]

하이데거가 초월성과 존재자중심의 존재론을 전개하는 것은 존재는 현현(현성)하지 않으면 우리 눈으로 볼 수 없는 것이라고 생각하고 있기 때문이며, 존재자가 실지로 우리 눈으로 볼 수 있는 것이라고 생각하기 때문이다. 이것은 '현존의 존재성'을 모르는 소이이다. 현존은 이미 존재이며 단지 그것이 생멸하기 때문에 실지로 인간이 손으로 잡을 수 없을 뿐이다. 인간이 파악한 존재는 실은 '존재의 존재자'가 아닌 가상존재(가상실제)일 뿐이다. 하이데거는 현존적 존재성을 모르고 있다고 할 수 있다.

하이데거는 존재와 언어의 경계에 서긴 했지만 언어에 경도됨으로써(언어는 존재의 집이다) 결국 서양철학의 사유-존재(사물)의 큰 테두리를 벗어나지 못하고 진정한 존재는 그냥 슬쩍 본 것에 지나지 않는 것이 되었다. 그가 후기에 시적 은유에 매달린 것은 현존적(現存的; 現成的) 존재에 대한 이해를 할 수 없었기 때문에 '언어를 버리지 않고 존재를 엿볼 수 있는' 은유의 방식을

---

29 같은 책, 59쪽.

택했던 것이라고 볼 수 있다. 존재자는 본래 없었던 것으로 인간 현존재(존재자)의 '존재방식'에 불과했던 것이다. 진정한 존재론의 입장에서 보면 하이데거의 공헌은 존재(존재사태, 존재사건)에로 문을 열어놓은 것밖에 없다.

그의 몸(신체)은 존재자의 편에 있었던 것이다. 결국 그는 존재를 보는 것밖에 한 것이 없다. 그래서 불교적으로 말하자면 그는 존재의 섬, 깨달음(得度, 得道)에 도달하지 못했으며, 따라서 타고 온 배도 버리지 못했을 뿐만 아니라 기독교적 절대유일신으로 돌아갔다고 말할 수 있다. 그는 존재자의 편에서 문을 열고서 세계가 열려 있다고 말한 것에 비유할 수 있다. 그는 세계(자연)가 한없이 열려 있는 존재라는 사실을 몰랐다. 그랬기 때문에 존재자 때문에 존재가 열린다고 말했던 것이다. 그는 헤겔과 마찬가지는 아니지만 역시 사유-존재(사물)의 굴레를 완전히 벗어나지 못함으로써 존재의 관념론에 머물렀다. 존재의 신체론, 신체적 존재론에 도달하는 것은 필자를 기다리는 수밖에 없었다.

지금 눈에 보이는 현존 이외에 다른 존재가 없다. 존재는 결코 관념이 아니다. 눈에 보인다고 그것 자체가 존재자인 것이 아니라 눈에 보이면서 고정불변의 실체(언어, 개념)로 잡혀야 존재자가 되는 것이다. 존재자는 인간이 존재에 언어를 덮어씌운 것이다. 현존 가운데는 고정된 실체가 아닌 상태로 느껴지는 존재도 얼마든지 있다. 기운생동에 의해 변화하는 계절은 바로 그러한 것의 대표적인 사례이다(계절에 적응하는 것은 시간을 계산하는 것과는 다르다. 시간을 계산하는 것은 계절과 관계없이 계산되는 것이다). 계절은 고정되지 않고 끊임없이 변하는 신체이며, 이 신체적 존재야말로 바로 존재 그 자체이다. 봄여름가을겨울이라는 계절의 이름은 존재가 아니라 존재자이다.

이 세계에서 고정불변의 실체는 언어밖에 없다. 언어도 그 의미가 변하기는 하지만, 해당되는 의미맥락에서는 고정불변이다. 따라서 언어에 매이면 결국 서양철학과 문명의 '시각-언어' 혹은 '언어-사물'의 연쇄에 매이게 되며, 그렇게 되면 그는 죽은 언어(언어는 처음부터 죽은 것이다)에 매달려서 존재는 논하는 것이 된다. 인간이 언어를 사용하는 것은 존재를 사물로 잡기 위함인데 '사물로 잡는다'는 것은 존재를 사물과 동의어로 봄으로써 그것을 소유하기 위한 수단(고기를 잡는 낚싯대)에 지나지 않는다고 말할 수 있다. 여기서 바로 인간이 언어를 사용한다는 것은 소유적 존재로서의 출발이며, 인류문명은 과학을 포함하여 모두 그 연장선상에 있는 일이라는 것을 알 수 있다. 존재와 사물 그 자체는 인간이 잡을 수 없는 자연(우주)의 생멸과정이다.

인간은 자연의 생성과정의 한 단락에서 자신이 잡을(소유할) 수 있는 것을 가지고 우주를 설명하고 측량하는 것에 지나지 않는다. 심지어 우주를 깨달았다는 자체도 실은 너무나 인간적인, 인간적인 일들에 지나지 않는다. 이는 마치 날아가는 새를 잡았다고 하거나 흘러가는 강물을 잡았다고 하는 것에 지나지 않는다. 어떻게 생멸하는 존재가 잡은(깨달은) 것이 고정불변의 진리가 될 수 있을 것인가. 그런 점에서 존재는 진리가 아니다. '존재적 진리'라는 말은 인간의 무지의 소치이다.

하이데거의 한계는 생성(Becoming)을 존재(Being)로서 설명하고자 하는 서양문화권적 타성 혹은 고집에서 비롯된다. '존재의 존재자'이든, '존재자의 존재'이든 둘 다 '존재하는 존재자'로 통일되는 것이지만,[30] 이것으로 '생성'을 설명하는 데는 불합리하거나 모자란다고 하지 않을 수 없다. 하이데거는 '존재(Sein)'의 특성을 말하기 위해 '동사형의 존재'를 말하고 있긴 하지만 생성은 본래 '실체가 없는 기운생동'의 현상이기에 '실체가 있는 것의 동사형'인 '존재하는 존재자'는 생성과는 다른 움직임이다. 한마디로 존재자는 동사라고 할지라도 생성(Becoming)이 될 수 없다. 만약 그렇다면 존재와 생성의 의미는 구태여 구분될 필요가 없게 된다.

만약 고정불변의 존재가 있는 것이 확실하다면 우리는 굳이 알 수 없는 세계가 있다고 말할 필요가 없다. 고정불변의 존재로부터 모든 것이 연원된 것이라고 하면 그만이기 때문이다. 우리가 존재론을 말하는 것은 바로 알 수 없는 세계, 본질로서의 존재를 두고 하는 말이다. 만약 그렇지 않다면 과학의 세계만 있는 것으로 하면 그만이다. 존재는 과학 이전의 세계이고, 과학적으

---

30 같은 책, 106~107쪽.

로는 알 수 없는 세계이다. 그런 점에서 유일신을 섬기는 기독교와 과학은 존재론의 세계와는 다른 현상학적 세계라고 말할 수 있다.

인간은 실지로 태초와 종말이라는 말을 사용하기는 하지만 그것이 어떤 것인지 정확히 알 수 없다. 기껏해야 천체물리학에 의한 빅뱅이론이나 블랙홀이론에 의지할 수밖에 없다. 그렇지만 그것은 자연과학적 방법의 이론일 뿐이다. 과연 특정의 제한된 방법론으로 우주의 전체를 알 수 있을까. '알 수 없는 태초'와 '알 수 없는 종말'은 엄밀하게 말하면 태초가 아니고 종말도 아니다. 도리어 태초가 없고 종말이 없는 무시무종(無始無終)과 같은 것이다.

그런데 '알 수 없는 것'이 바로 존재이다. 역설적으로 알 수 있으면 이미 존재가 아니다. 그런 점에서 앎의 철학은 앎의 방법으로 인해서 역설적으로 스스로 한계를 지니고 있다.

그렇다면 삶이란 무엇인가, 우주의 생멸은 무엇인가. 그것은 인간으로 하여금 아는 것을 근원적으로 거부하는 그 무엇인가. 앎의 방법을 통해서는 알기 어렵지만, 쉽게 보면 지금 살고 있는, 혹은 현존하고 있는 모든 존재가 내재적으로 품고 있는 것이 삶이고 생멸이 아닌가. 말하자면 인간의 이해여부를 떠나서 삶 자체, 사물 그 자체가 그냥 존재가 아닌가. 존재는 알려고 하면 매우 어렵지만 삶으로 보면, 모든 존재가 품고 있는 것이 우주의 신비이고, 우주 그 자체인 것은 사실이다.

우리가 가지고 있다고 생각하는 우리의 신체야말로 우리가 알 수 없는 태초와 알 수 없는 종말을 동시에 지닌 존재로서 무시무종의 존재가 아닌가? 인간은 자기 몸을 의식적이든 무의식적이든 자신의 소유물로 생각한다. 그런데 정작 자기 몸을 소유한 사람은 한 사람도 없다. 몸(신체)은 소유물이 아니다. 몸은 태초와 종말을 내재적으로 품고 있는 생멸하는 존재, 즉 신체적 존재이다. 만약 몸이 육체이거나 물질이라면 내가 소유할 수 있어야 한다. 그러나 우리는 자신의 몸을 결코 소유할 수 없다. 몸은 자연과 같은 존재이다. 모든 존재에 해당하는 것이 신체적 존재이다.

언어에 종속되는 것은 결국 사물에 종속되는 것이다. 특히 과학의 언어인 수학 등 논리적 언어에 종속되는 것은 과학에 종속되는 것이다. 따라서 언어의 종속으로부터 탈출해야 '존재' 혹은 '신체적 존재'의 진면목에 도달할 수 있게 된다. 하이데거가 횔덜린의 시에 매달린 것은 은유가 하이데거가 생각하는 존재의 은폐를 가장 자연스럽게 탈은폐(脫隱閉)시키기 때문이다. 즉 존재를 현성하면서 존재를 존재자로 드러내는 것은 시 혹은 예술밖에 없었기 때문이다. 하이데거가 「예술작품의 근원」에서 반 고흐의 구두를 예를 들어 존재진리사건(존재진리의 건립)으로서 예술을 설명한 까닭[31]도 여기에 있다.

---

31 마르틴 하이데거, 신상희 옮김, 『숲길』(나남, 2008), 41~46쪽, 59~61쪽.

이러한 사정을 통해 우리는 인간의 미래에 대한 일말의 희망을 가질 수 있다. 그것은 다름 아닌 존재론적인 삶을 사는 길은 예술적인 삶을 사는 길밖에 없다는 사실이다. 그래서 예술이야말로 인류의 구원이다. 하이데거는 「기술에 대한 논구」에서 "기술의 본질에 대해 물음을 던지며 사유하면 할수록 예술의 본질이 더욱더 신비스러워진다"[32]고 말했다. 이 말은 넓은 의미에서는 기술의 닦달이 심하면 심할수록 예술의 신비가 다가온다는 뜻으로 해석된다. 주체의 욕망의 표현으로서의 예술이 아니라 존재진리의 건립으로서의 예술을 하이데거는 말하고 있다. 이것은 총체적으로 필자의 예술인류학과 만나게 된다.

언어의 은유와 상징을 멀리하고 지시나 논리에만 매달린다면 이것은 결국 문명의 기술주의에 항복하는 것이 된다. 기술주의는 존재와 가장 먼 것이다. 그런 점에서 세계의 신체성의 회복은 인간으로 하여금 본래존재로 돌아가게 하는 첩경일 것이다. 필자의 신체적 존재론은 과학기술문명의 쇄도와 닦달과 종속에 저항하는 문명의 최전선에 있는 것이다.

존재는 자연처럼 그냥(저절로) 있는 것이다. 존재는 '무엇을 보는 것(see what)'도 아니고 '그것이 주는 것(It gibt)'도 아니다. 서양은 존재를 'what' 혹은 'It'으로 파악함으로써 무엇을 소유

---

32 마르틴 하이데거, 이기상 옮김, 『기술의 전향』(서광사, 1993), 101쪽.

하거나 주고받는 것으로 생각한다. 그러나 존재는 그러한 명사형의 어떤 것, 즉 존재자(존재하는 것)가 아니다. 존재는 실체가 있는 것의 동사형도 아닌, 실체가 없는 기운생동이다. 존재를 만나려면 자신을 비울 수 있어야 하고, 존재가 들어찰 빈 그릇이 될 수 있어야 한다. 이는 자궁을 가진 여성성과 통하는 것이다. 말하자면 존재가 여성성이라면, 남성성은 존재자가 된다는 뜻이다.

인간의 가부장-국가사회의 역사를 회고해보면 이러한 진실이 적나라하게 드러난다. 남성은 존재자를 만들지 않으면 자신의 존재의 의미를 발견하지 못하는 존재이다. 따라서 초월적 존재자를 만들어서 자신이 그 자리(권력의 자리)를 차지하고 여성과 자연을 지배하였고, 현대에 이르러서는 고도의 과학기술문명의 발명으로 여성의 신체적 생산성(생명성)을 위축시키거나 끝내는 죽이고자 의도하고 있는지도 모른다. 여성은 또한 남성을 모방하여 스스로를 권력의 반열에 올려놓고, 자아를 찾는다는 이유로 아이를 낳지 않고, 자연적 존재로서의 존재성을 망각하고, 인구생산에 참여하지 않음으로서 단순한 성적 쾌락을 즐긴다.

이 '불임의 시대'에 임신을 대신해주는 생명공학의 발달과 인간기계(인공지능)의 등장은 너무나 당연한 수순이라고 말할 수 있다. 인간은 자신이 신체적 존재라는 사실을 잊어버렸다. 인간은 또한 세계를 기계(기계공학)의 세계로 환원시켜버렸다. 인간은 어쩌면 기계의 세계가 도래하기 전에 이미 스스로 기계가 되어감으로써 어쩌면 그러한 세계에 적응훈련(?)을 하고 있는 지도 모른다. 이러한 기계로 작동되는 세계는 가공할 무기와 핵폭탄을 생각하면 종말론적 상황으로 인간을 몰고 가기에 충분한다.

이러한 때에 신체적 존재로서의 인간의 재발견은 인간으로 하여금 가부장-국가사회의 틀에서 벗어나서 전쟁을 막는 동시에 자연으로 복귀시키는 사유를 통해 여성성을 다시 인간의 삶의 전면에 내세움으로써 신(新)모계사회-모(母)중심사회를 만들고자 하는 대열에 동참하고 있다고 말할 수 있다. 신체적 존재론은 따라서 이 공학적 사회에서 인류의 평화에 한 걸음이라도 더 다가가고자 하는 노력의 일환이라고도 말할 수 있을 것이다.

필자의 일반성의 철학이 '소리의 철학'에 이어 '여성의 철학' '평화의 철학' '생태철학' 등으로 동시에 불리는 것은 바로 이 때문이다. 일반성의 철학은 서양철학의 초월성을 배제하고자 했기 때문에 현존적 존재의 신체성에 대해 주목하기 시작했고, 그 신체성은 현상학에서 말하는 육체나 물질을 의미하는 것이 아님은 물론이다. 육체나 물질이야말로 실은 자연의 신체적 존재가 아니라 인간의 사유가 만들어낸 가상존재(사유-존재)일 뿐이다. 하이데거의 존재가 관념성을 벗어나지 못하는 것은 존재가 존재자와 다른 어떤 초월적 차원에 있다고 생각하기 때문이다. 하이데거도 서양철학의 초월론을 근본적으로 극복하지 못하고 있다.

하이데거는 인간이 존재를 접하게 되는 것도 '불안' 때문으로 꼽고 있는데 이것은 '고정불변의 실체(존재자)'를 잡으려는 인간의 경우(반대급부)에 해당되는 것이다. 불안하지 않고도(불안과 상관없이도) 존재하는 자연적 존재가 인간과 함께 살고 있음을 모르는 소치이다. 인간만이 불안하고 동시에 권태롭다고 할 수 있다. 불안은 인간현존재의 특성일 따름이다.

"근원적인 불안은 현존재 안에서 어느 순간에라도 고개를 디밀 수 있다. 불안은 언제나 뛰어들 태세를 갖추고 있지만, 아주 드물게만 뛰어들어 우리를 동요 속으로 헤집어놓는다. 바로 이 감추어져 있는 불안 때문에 현존재가 '무' 속으로 들어서 머물러 있게 되며 이것이 인간을 '무의 자리지기'가 되게 한다. 우리는 우리 스스로의 결심과 의지로써 우리 자신을 무 앞으로 데려갈 수 없다. 우리는 우리 자신에게 감추어져 있는 불안이 깨어나도록 하기 위해 불안에의 태세를 갖추고 있어야 한다. 감추어져 있는 불안에 근거해서 현존재는 '무' 속으로 들어서 머물며 무의 자리지기가 된다. 무의 자리지기가 되면서 현존재는 존재자 전체를 넘어선다. 즉 초월의 사건이 일어난다.

그런데 '형이상학'이라는 이름은 '메타피지카'에서 유래하는데, 이 '메타'가 나중에 존재자 전체를 '넘어서' 그 밖으로 나가는 물음을 지칭하는 것으로 해석된다. 형이상학은 존재자를 그 자체, 그리고 그 전체에서 파악할 수 있게끔 다시 소급해 잡기 위해 존재자를 넘어서는 것이다. 무에 대한 물음에서 이처럼

존재자를 그 자체 그 전체에서 넘어서는 사건이 일어난다.[33]

이에 대해 필자의 일반성의 철학과 신체적 존재론은 신체는 초월이 아니라는 점과 존재자 전체는 실지로 그렇게 자연적 존재가 있는 것이 아니라 인간이 그렇게 존재자로(이름을 붙여) 보거나 분류한 것일 뿐이다. 이름은 존재가 아니다. 인간이 인식하거나 의식한 존재는 이미 존재 그 자체가 아니라 가상존재일 뿐임을 지적하고자 한다. 초월적이고 보편적인 것은 이미 자연적 존재가 아니다. 자연적 존재야말로 바로 무(無)이며, '무'라는 것은 따라서 '없음'(nothingness, Nichtheit)'이 아니며 '없이 있는'(nothingless)으로서 명사형이 아니다.

하이데거가 존재의 진정한 일반성을 보지 못한 것은 초월적 사유를 하는 인간현존재의 우월성을 포기하기에는 서양 철학적 전통과 기존관념의 세뇌(강박관념)가 강했던 때문이었을 것이다. 일반성이야말로 초월성이 아닌 존재 자체이기 때문에 마치 등잔 밑이 어두운 것처럼 보이지 않았던 까닭이었을 것이다. 그래서 초월성은 일반성과 뒤로(현상학적인 차원이 아닌 존재론적인 차원에서) 만나야 자연적 존재(생멸적 존재)에 합류하게 된다. 현존이야말로 존재자가 아니라 현존적 존재이다.

하이데거는 소리(종소리)와 기분(분위기)을 중요하게 여겼지

---

33 이기상, 『하이데거의 존재사건학』(서광사, 2003), 156~157쪽.

만 그것 자체가 존재인 줄, 존재의 비밀인 줄 몰랐다. 종은 보이지만, 종소리는 보이지 않고, 사물과 사람은 보이지만 분위기는 보이지 않는다. 보이지 않는(잡을 수 없는) 것이 더 근본적인 것이다. 소리이든, 기분이든 결국 보이는 실체(입자)가 아니라 보이지 않는(잡을 수 없는) 전자기파(파동)이고, 전자기파는 기(氣)의 한 종류이다. 존재의 본질은 보이지 않는(잡을 수 없는) 기(氣)이다.

하이데거는 존재이해에서 돌멩이(무생물)는 세계가 없는 존재이고(돌은 세계 없음 속에 존재한다), 동물은 결여된 혹은 환경 제약적 존재(동물은 세계빈곤 속에 존재한다)인 반면 인간은 세계 형성적 존재(인간은 세계형성 속에 존재한다)라고 말함으로써 인간중심적인 세계이해(세계-내-존재)를 드러냈다.[34] 하이데거는 존재이해를 비롯하여 인간만이 '죽음'과 '거주'를 안다고 생각함으로써 인간을 다른 동식물과 구분했다. 하이데거의 이러한 존재이해방식은 존재에 대한 초월적 이해방식이면서 인간중심적이라고 하지 않을 수 없다. 이러한 것은 결국 인간을 중심으로 친소(親疏)를 따지면서 존재를 분류하는 수목형(樹木形) 분류학에서 크게 벗어나지 못하는 방식이다.

서양 철학사는 특수성(집단성)을 기초로 보편성으로, 다시 보편성에서 개별성(각자성)으로 중심이동을 하면서 존재의 실존에

---

34 마르틴 하이데거, 이기상·강태성 옮김, 『형이상학의 근본개념들』(까치, 2001), 296~300쪽.

대해 눈을 뜨기 시작했다. 실존에 대해 가장 먼저 눈을 뜬 인물이 키르케고르(Søren Aabye Kierkegaard, 1813~1855)라고 할 수 있다. 그는 '유신론적 실존주의자'였으며, 그의 영향아래 독일에서는 하이데거의 존재론이 탄생하게 된다. 존재론은 실존주의에 속하는 것이지만 현상학과의 결별을 시도하는 독특한 모습을 보인다. 한편 프랑스에서는 하이데거의 영향을 받았지만 사르트르(Jean Paul Charles Aymard Sartre, 1905~1980)는 유물론의 영향으로 '무신론적 실존주의자'로 자리매김을 하게 된다.

하이데거와 사르트르는 실존주의 계열의 철학자에 속하지만 하이데거는 존재론을 통해 '즉자로서의 나'에 접근한 반면 사르트르는 유물론적 현상학(현상학적 유물론)을 통해 '대자로서의 나'를 고수한다. 말하자면 하이데거는 '즉자(자연)의 철학'에 다가간 반면, 사르트르는 '대자(타자)의 철학'을 고수했다. 서양철학이 '타자의 철학'이라는 관점에서 보면 사르트르가 더 서양적이라고 할 수 있다.

존재의 보편성으로부터 존재의 각자성(개별성)에 눈을 뜬 서양철학은 존재자 일반의 고유성에 대해 관심을 갖기 시작했다. 그런데 하이데거는 인간중심적 사유로 인해 존재자 일반을 인간과 동식물, 무생물을 서로 다른 차원에서 존재이해를 함으로써 존재의 차별을 두게 된다. 하이데거의 이러한 태도는 그의 존재론이 존재자의 일반성을 기초존재론에서 다루면서도 존재의 고유성에 도달하는 것을 방해하게 된다. 이는 동시에 그의 존재를 관념성으로부터 완전히 탈피하는 것을 방해했다고 볼 수 있다.

모든 존재자들이 공통으로 갖는 고유성은 무엇인가. 관념의 동일성인가, 아니면 신체의 차이성인가. 관념은 결국 동일성을 추구한다는 사실과 신체는 어떤 신체라도 차이가 있다는 사실에 주목할 필요가 있다. 관념에 매이면 결국 고유성을 동일성이라 하고, 신체를 바라보면 고유성을 차이성이라고 할 것이다.

하이데거는 존재의 고유성인 신체에 대한 외면으로 그의 존재론이 관념적인 성격을 완전히는 벗어나지 못하는 한계를 보이게 된다. 그때까지 신체는 현상학적인 대상이었지, 존재론적인 대상으로 떠오르지는 못했기 때문이다. 신체는 서양 철학사에서, 주로 사유의 대상으로서의 육체(물질)(사유-존재)로 인식되었던 것이다.

현상학적 사유에 익숙한 프랑스철학자들은 그래서 하이데거에게 "누가 존재인가?"라고 물었던 것이다. 이때의 누가는 신체를 가진 존재를 의미한다. 이렇게 묻는 프랑스철학자들은 신체를 육체로 당연히 생각하고 있었음은 물론이다. 다시 말하면 독일철학자들은 존재의 관념론에, 프랑스철학자들은 신체의 물질론(육체론)에 빠져 있었던 셈이다. 신체적 존재론은 독일의 관념론과 프랑스의 신체론(현상학적 신체론)을 극복할 수 있는 새로운 사유의 근거가 된다.

다시 말하면 "신체가 없는 존재는 없다." "신체가 없는 존재는 유령이다."

물리학의 물질에는 중력(고유성)이 있듯이 철학적 존재에는 고유성(존재성)으로서 신체가 있다. 물리학에서 물질이 되려면 중력이 가지고 있는 입자가 되어야 한다. 입자가 되지 못하면 파동이 된다. 그런데 빛은 입자이면서 파동인 이중적 성격을 띠고 있다. 이에 철학은 중력이 없는 파동적 존재를 자연적(우주적) 생멸의 리듬으로 보고, 생멸하는 모든 존재를 신체로 보는 필자의 신체적 존재론을 통해 새로운 영역을 개척하고 있다고 볼 수 있다. 중력은 없지만 생멸(파동)은 있는, 신체적 존재의 고유성을 '동질성'이라고 부를 수 있을 것이다.

물리학	존재론	철학의 중심이동
중력(고유성)—입자: 자연과학의 사물(Thing)의 세계	존재(고유성)—파동: 존재론의 존재(Sein)의 세계	특수성에서 보편성, 개체성에서 일반성으로 이동: 신체적 존재의 동질성
물리적—기계론의 세계	신체적 존재론의 세계	
보편성의 철학(개념철학)	일반성의 철학(소리철학)	

[보편성의 철학에서 일반성의 철학으로]

이때의 동질성은 동일성이나 동시성과는 다르다. '동일성(同一性)'은 서양철학이 추구하는 고정불변의 실체를 의미하는 초월적인 것이라면 '동시성(同時性)'은 그 동일성을 갖게 하는 현상학적인 이원대립성을 이중성으로 극복하는 계기가 된다. 이에 반해 동질성(同質性)은 다시 현상학적인 동시성(시공간성)을 극복함으로써 존재의 고유성에 도달하는 것을 의미한다. 동질성은

동기성(同氣性)으로 명명되기도 한다.[35]

이로써 철학은 신체적 존재의 동질성(동기성)에 도달하게 된다. 예컨대 고양이는 고양이로서 존재하는 고유성을 가지고 있는데 굳이 인간이 이해하는 존재방식으로 존재한다고 규정한 것이 하이데거의 존재이해방식이다. 하이데거의 실수는 무엇인가? 하이데거는 존재자 일반을 다루는 기초존재론에서 일반성(공통성)에 도달하지 못하고, 새로운 초월적 사유(실존론적 초월)를 시도함으로써 존재의 관념성(동일성)으로 후퇴하였다고 할 수 있을 것이다. 이러한 존재규정은 세계이해에 있어서 열려진 태도가 아니라 닫힌 태도라고 할 수 있다.

그렇다면 존재의 고유성은 과연 무엇인가. 애니미즘은 모든 사물에 나름대로 존재의 고유성이 있다고 보고 그러한 고유성을 '정령(spirit)이라고 부르는 원시고대의 사물이해(존재이해) 방식이다. 말하자면 정령은 현대과학이 말하는 고정불변의 동일성의 의미와는 다른, 기운생동의 존재이해방식을 의미하고 있다고 볼 수 있다. 정령은 자기-내-존재에 대해 원시고대인이 붙인 이름이다.

이러한 정령숭배를 현대인은 '물신숭배(fetishism)'라고 지칭하고 있는데 이는 매우 작위적인 이해방식이다. 이러한 지칭에

---

35 박정진, 『철학의 선물, 선물의 철학』(소나무, 2012), 36~38쪽.

는 현대인의 사유가 그대로 투사되어 있다. 거꾸로 과학기술만
능에 빠져 있는 현대인이야말로 물신숭배자들이다. 그래서 필
자는 정령숭배를 물신숭배와 차별성을 두기 위해 '신물숭배(神物
崇拜)'라고 부르자고 말한 적이 있다. 신물숭배를 네오-애니미즘
(neo-animism)이라고 불렀다.[36] 물질을 신처럼 숭배하는 것이 아
니라 본래 신성(神性)을 가진 물(物)을 숭배한다는 의미에서 신물
숭배라고 한 것이다. 신물숭배의 신은 인간이 마음대로 다룰(이
용할) 수 없는 신이다. 말하자면 본래존재 혹은 자연으로서의 신
을 말한다. 물신숭배와 신물숭배는 정반대의 성격을 가진 용어
이다.

마찬가지로 과학기술로 신에 도전하는 현대인의 모습을 '인
간신(人間神)'이라고 말한다면 '우주의 기운생동을 믿는 인간'
'정령숭배의 인간'을 '신인(神人)' 혹은 '신인간(神人間)'으로 표
현하는 것도 존재사태에 걸맞은 표현일 것이다. '신인간'은 '인
간신'에 대응되는 말로서는 적당한 말이지만 '신인간'이라는 말
속에 '사이(間)-존재'의 개입과 오해가 있을 수 있기 때문에 개
인적으로는 '신인'이라는 말을 선호한다. '인간신'이라는 말 속
에는 도구적 인간(도구적 이성)으로서의 인간중심주의가 짙게 깔
려 있다. 인간신은 도구-기계적 인간, 인조인간(사이보그)을 연상

---

36 박정진, 『굿으로 보는 백남준 비디오아트 읽기』(한국학술정보, 2010), 274~275쪽.

하게 한다.

'인간신'이 인위적으로(인간이 힘을 기름으로써) 신의 권능에 도전하여 신성(神性)을 쟁취한 인간을 말한 것이라면 '신인간'은 본래부터 신성(神性)이 내재된 인간을 말한다. 자연이 '본래하나'에서 출발한 것이라면 신(神) 아닌 것이 세계에 없다. 따라서 신인간이라는 말은 만물만신(萬物萬神)의 뜻과 다를 바가 없다. 인간신이 인간중심이라면 신인간은 자연중심이다. 그런 점에서 신인간은 무위자연(無爲自然)의 다른 말이다.

인간신의 경우, 『성경』에서 신과 맞서는 권능을 가진 악마를 연상할 수 있다. 신성–악마성은 이중성의 관계에 있으며 『성경』에서 신과 악마의 등장 자체가 인간성의 분화된 표현이라고 말할 수도 있을 것이다. 그런 점에서 신인간은 자연성–신성의 이중성의 표현이다. 신–물숭배이든, 신–인간이든 '신'자가 앞에 들어가는 것은 과학기술 이전에 심물자연, 신물자연의 상태를 말하는 것으로서 범신론적인 성향을 보이는 것이다. 물론 종합적으로는 만물만신(萬物萬神)의 사상이다. 만물만신의 사상은 동양적 범신론으로서 모든 존재를 무위자연(無爲自然), 무시무종(無始無終)의 존재로 보는 것에 뿌리를 두고 있다.

서양철학자 중에서 가장 동양적 사유에 접근한 하이데거를 통해서 우리는 서양 철학자가 동양적 사유에 들어올 때 어떤 장애물에 걸리는가를 알 수 있다. 서양철학과 과학의 세계는 세계가 일단 어떤 체계, 폐쇄된 체계 속에 있는 것을 가정하고 있는 듯하다. 그러한 체계 속에서 존재 각자가 적당한 자리를 차지하고 운동변화하고 있는 것이 바로 세계라는 것이다. 그런 점에서 '세계'라는 말 자체가 이미 존재에서 걸리는 것이다. 하이데거의 세계-내-존재도 세계라는 바깥 테두리를 정한 상태에서 존재를 배열하는 존재 규정적 특징이 있다. 존재를 규정하고 통제하는 것은 현대인의 특징이라고 하지만 인간이 규정하고 통제한 대로 자연적 존재들(신물자연, 심물자연)이 존재하는 것은 아니다.

오늘날 서양학문은 사물에게는 물리적 법칙을, 인간에게는 자유의지를, 자연에게는 자연선택을 적용하여 세계를 종합적으로 이해하고 있는 듯하다. 물리적 법칙에 대해서는 별도로 하더라도, 자유의지와 자연선택은 인간과 자연을 크게 분리하는 태도를 가지고 있다. 과연 자유와 자연을 명석판명하게 분리할 수 있을까. 필자가 보기에는 자연과 자유는 서로 이중적 영역이 있는 것 같다. 자연의 만물에게도 자유를 줄 필요가 있다.

인간에게만 자유를 주는 것은 현대인의 잘못된 학문적 폐단이다. 자유의지와 자연선택은 서로 물고 물리는 관계에 있다고 보는 것이 훨씬 설득력이 있을 것 같다. 자유 속에 자연이, 자연 속에 자유가, 의지 속에 선택이, 선택 속에 의지가 내포되어 있다. 양자는 단속적이면서도 연속적이다. 더욱이 자연은 그냥 자연적 존재이다.

하이데거의 세계-내-존재는 세계를 인간이 규정한 어떤 체계의 폐(閉)상태 속에서 바라보는 것이다. 그렇게 바라보면 체계의 관념성으로부터 벗어날 수 없게 된다. 체계의 관념성이란 세계의 실재(존재)를 어떤 언어적 관념(idea)이나 개념으로 파악하는 관념성을 궁극적으로 벗어날 수 없게 된다. 이렇게 바라보면 절대론이나 결정론이 생기게 되고, 세계는 위계적이 되거나 체계적이 된다. 동일성(정체성)을 추구하는 어떤 문화적인 것도 체계적으로 바라보는 것의 한 예이다. 세계-내-존재라는 것도 막연하나마 세계를 하나의 체계로 보는 것을 전제하고 있다. 하나의 체계 속에서는 항상 주체-대상 등의 이분법이 존재하게 된다. 세계-내-존재에는 어디까지나 '타자적 시각'(타자의 철학)이 깔려 있다.

이에 비해 필자의 자기-내-존재는 존재(세계가 아닌)를 열려진 체계인 개(開)상태 혹은 체계가 없는 상태에서 바라보는 것이다. 이러한 상태에서 바라보면 존재는 일시에 주체-대상이 없이 자유롭고 평등하게 된다. 필자가 종래에 주장하던 '역동적 장(場)의 개폐이론(DSCO)'은 철학적으로는 자기-내-존재라는 것으로 좀 더 구체화되었다고 볼 수 있다. 사물과 사건을 바라볼 때 대상으로만 바라보지 말고, 마음을 열고 그대로 받아들이는 습관을 길러야 자기-내-존재를 이룰 수 있다.

자기-내-존재는 사물과 존재에 대한 현상학적인 이해라기보다는 존재론적 이해라고 할 수 있다. 자기-내-존재가 세계-내-존재가 되는 것은 '자기'의 자리에 '세계'를 대입하면 그만이다. 그런 점에서 자기-내-존재가 보다 근본적인 존재규정임을 알 수 있다. 자기-내-존재에는 타자적 시각이 아니라 '즉자적 시각'(즉자의 철학)이 깔려 있다. 자기-내-존재에 대해서는 뒷 장에서 상술할 예정이다.

한편 하이데거는 존재와 시간을 동격으로 봄으로써(성리학에서는 格物致知한다고 말한다) 시간으로(시간이라는 틀로써) 존재를 보려고 했다. 그래서 그는 시간이라는 변수를 벗어나지 못하게 된다. 하이데거는 물론 자연과학자가 자연을 자연과학과 동격(자연=자연과학)으로 보지는 않았지만 시간으로부터 벗어난 존재를 가정하지는 않았다. 하이데거는 '시적 거주'를 통해 시공간의 틀, 과학기술적 틀을 벗어나고자 했다. 그렇지만 시간(공간)을 전제하면 결국 현상학을 벗어나는 것은 불가능하다. 시간이야말로 존재를 현상으로 드러내는 가장 보편적인 방식이기 때문이다.

하이데거는 『존재와 시간』에서 시간을 초월론적인 지평에서 다룬다. 그에게 여전히 초월론적인 사고가 남아 있다고 볼 수 있다. "'현존재를 시간성으로 해석해 내고 시간을 존재에 대한 물음의 초월론적 지평에서 설명'하고 제2부는 '존재론의 역사를 존재시성(Temporalität)의 문제틀을 실마리로 삼아 현상학적으로 해체하는 근본 특징들'을 다룬다."[37]

그가 '현존재'에 대한 관심에서 '존재'에 대한 관심으로 전

---

[37] 이기상, 『(쉽게 풀어 쓴) 하이데거의 생애와 사상 그리고 그 영향』(누멘, 2010), 124쪽.

회를 하지만 여전히 서양철학이 견지해온 '존재의 실체성'에 대한 타성을 완전히 탈피한 것은 아니었다.

"'존재'는 '존재함' '있음'이 실사화(實辭化)된 경우이다. 그래서 오래전에는 '존재'라는 개념 대신에 '유(有)'라는 개념이 철학 용어로 사용되기도 했지만 그것이 다양한 변형에 적당치가 않아 '존재'라는 개념에 자리를 내주고 망각 속으로 사라져버렸다. 따라서 어떤 형태로건 '존재하는', 즉 '있는' 것은 전부 '존재'라는 포괄적인 개념 속으로 합류해 들어올 수 있고, 이러한 '존재'의 범주를 벗어날 수 있는 것은 그야말로 '존재하지 않는 것'이기에 이 개념은 가장 포괄적인 개념이며 존재하는 모든 것에 적용이 되는 가장 초월적인 범주인 셈이다. 존재하지 않는 것으로 규정되는 '무(無)'도 우리가 이렇게 글로 쓰고 그에 대해 말을 하고 있는 한 이미 '존재하지 않는 것'이 아니라 어떤 의미에서는 '존재하는 것'으로 우리에게 경험되고 있다고 볼 수 있다."[38]

위의 글에서 우리는 하이데거 존재론의 무(無)의 실체성을 엿볼 수 있다. 그래서 하이데거가 말하는 존재와 무(無, nicht, nothingness)의 '무'는 불교의 '무(無, nothingless, 眞空妙有, 不眞空論)'가 되지 못한다.[39] 하이데거가 평생 매달린 물음은 "존재란 무

---

38 같은 책, 126쪽.
39 프랑스어로는 존재는 'etre'이고, 존재자는 'etant'(etre의 현재분사)이다. 사르트르는 그의 저서 『존재와 무』에서 '무'를 'néant'로 표시했다. 물론 사르트르의 '무'는 하이데거의 '무'와

엇인가"이다. 존재의 의미를 보다 명확하게 분별하기 위해서는 '존재는 무(無)'가 아니라 '존재는 기(氣)'라고 말해야 한다. 기(氣)는 보이지 않고, 들리지 않고, 만질 수 없지만 존재하는 실체가 있는 그것이다. '존재는 그냥 그대로 자연(自然)'이다. 이때의 자연(nature)은 자연과학(science)이 아니라 '기운생멸하는 존재로서의 자연'을 말한다.

필자는 '일반성의 철학(소리 철학)'을 주장하면서 하이데거의 존재론을 한국의 동학(東學)과 함께 일반성의 철학에 가까운 서양철학으로 다루었다.[40] 그렇지만 하이데거의 존재론은 심물일체의 존재론이 되기에는 부족하다. 이는 그가 초월론적인 사유를 결국 놓지 않고 있기 때문인 것 같다. 똑같은 이유로 그는 존재의 생성적인 측면(존재사유, 존재사태, 생기존재론, 성기존재론)을 강조하면서도 존재자(seiendes, 개별적 존재자)라는 용어를 강조하면서 아리스토텔레스의 전통을 따라서 끝내 종래의 존재(Sein, Being)라는 단어를 의미전환시켜 사용하는 것에서도 읽을 수 있다.

한국에서 하이데거 '텍스트 읽기'는 크게 보면, 김형효와 박찬국이 읽는 '불교적 이해'와 이기상이 읽는 '기독교적 이해'로 대별된다고 할 수 있을 것 같다. 김형효의 이해는 하이데거를 불

는 다른 것이다.
40 박정진, 『철학의 선물 선물의 철학』(소나무, 2012), 151~191쪽.

교적 틀에 의해 너무 불교적으로 과대평가한 점이 있고, 이기상의 이해는 기독교적 이해의 틀을 넘지 못했던 것 같다. 김형효의 하이데거 이해는『하이데거와 마음의 철학』(청계, 2001)과『하이데거와 화엄의 사유』(청계, 2002)가 대표적이고, 이기상의 하이데거 이해는『하이데거의 존재사건학(존재진리의 발생사건과 인간의 응답)』(서광사, 2003)과『(쉽게 풀어 쓴) 하이데거의 생애와 사상 그리고 그 영향』(누멘, 2010)이 대표적이다.

하이데거의 철학용어는 자칫하면 종래 칸트적 용어와 같은 것으로 오해하기 쉽다는 점에서 주의가 요청된다. 하이데거는 그의 '기초존재론'(Fundarmemtalontologie)에서 "재래의 실존적 사유와 과학적 사유가 다 가능할 수 있게 하는 근거와 같다"고 말하고, "자신의 사유가 향외적·대상적 사유와 구별되는 향내적인 인간 존재의 특성을 다루는 '실존적 사유(das existenzielle Denken)'와 결코 같은 수준이 아니라고 하면서, 자신의 기초존재론에 등장하는 사유로서 존재가 바깥 세계와 관계를 맺는 것을 지시하는 '실존론적 사유'(das existenziale Denken)는 저 내면 세계를 보호하는 실존적 사유와 엄격히 구분되어 사용되어야 한다고 역설하였다."[41]

하이데거의 사유는 사르트르의 사유와는 다르다. "하이데

---

41 김형효,『하이데거와 마음의 철학』(청계, 2000), 57~58쪽.

거의 사유세계에서 실존적 사유(das existenzielle Denken)는 대상적 사유(das gegenständliche Denken)와는 대립되는 것이지만, 실존론적 사유(das existenziale Denken)는 객관적·대상적 사유나 주관적·실존적 사유의 공통기반이 되는 현존재의 세상지향적 사유를 말하고 있고, 재래의 전통적인 존재론은 존재자를 존재로 알고 탐구한 존재자적 사유(das ontische Denken)이지만, 자신의 기초존재론은 존재자 지향의 형이상학을 벗어나서 그동안 망각되어온 존재의 의미를 비로소 묻는 것이기에 존재론적 사유(das ontologische Denken)에 해당된다고 강조하고 있다. 이런 구분을 '존재론적 차이'(die ontologische Differentz)라고 부르기도 하였다."[42]

같은 실존주의 철학자 계열에 속하는 하이데거와 사르트르의 차이를 사르트르 식으로 말하면 하이데거는 '즉자적 삶'을 추구하였다고 말할 수 있고, 사르트르는 '타자적 삶'을 추구하였다고 볼 수 있다. 사르트르는 자연의 즉자를 견디지 못하고 구토(嘔吐)를 했다. 사르트르는 철저한 현상학적 태도를 취함으로써 결국 유물론적 실존주의자로 자리매김하였다. 그렇지만 하이데거는 존재론의 길을 열었다.

하이데거는 실존철학 계열에 속하는 야스퍼스(Jaspers), 사르트르, 마르셀과는 다름을 주장하였다. 그는 전통적 존재론은 존

---

42 같은 책, 58쪽.

재자(Seiendes)의 존재자성(Seiendheit)에만 관심을 기울이는 존재(Sein) 망각의 형이상학이라고 비판했다. 하이데거의 현존재와 존재, 그리고 존재자에 대한 개념을 보다 확실히 할 필요가 있다. 이것을 정확하게 모르면 정반대의 의미로 해독하기 쉽기 때문이다.

"현존재는 곧 그 존재가 '존재자의 존재'(Sein des Seienden)임을 말한다. 그러므로 현존재는 존재자이면서도 자신의 본질상 존재에의 물음을 물을 수 있는 그런 뚜렷한 관계를 지니고 있다."[43] "존재는 언제나 한 존재자의 존재이다."[44]

결국 존재자는 존재의 현상인 셈이다. 현상은 자칫 잘못하면 오해받기 쉽다. 그런데 이것은 종래 서양철학의 칸트적(혹은 후설적) 의미의 명사적 현상이 아니라 동사적인 '현시하다'의 의미이다. 따라서 현상의 실재인 존재도 칸트적 의미의 실재와는 의미가 다르다.

여러 모로 하이데거의 존재를 잘못 읽으면 칸트적 의미로 읽기 쉽다. 그 이유는 칸트적 사실을 실은 통째로 뒤집은 것이라고 할 수 있기 때문이다. 같은 단어를 쓰면서도 정작 의미는 다르다. 사실(Faktum)에 있어서도 하이데거의 '실존론적 사실'

43 M. Heidegger, 『SeinundZei』, 8쪽; 김형효, 『하이데거와 마음의 철학』(청계, 2000), 60쪽, 재인용.
44 M. Heidegger, 『Sein und Zeit』, 12쪽; 김형효, 『하이데거와 마음의 철학』(청계, 2000), 60쪽, 재인용.

(existenzial Faktum)은 칸트의 '범주적 사실'(kategorial Tatsache)과 다르다. 하이데거는 실존론적 사실을 토대로 존재론(존재론적 존재)을 개척하는 반면 칸트는 범주적 사실을 토대로 인식론(현상학적 존재)에 도달하는 것이 다르다.

"실존론적 사실은 인간이 이 세상에 존재하고 있다는 원초적 진실에 대응하는 구체적 현실이고, 범주론적 사실은 그다음에 객관화나 대상화의 필요에 의하여 요청되는 추상적 자료에 지나지 않는다."[45]

하이데거의 이 말에서 그가 이미 보편성의 철학과 다른 입장임을 강하게 읽을 수 있다. 단지 그것이 일반성의 철학이라는 말을 하지 못하는 수준에 있을 따름이다.

"실존(Existenz)의 어원은 밖으로 향하여 서 있는 탈출의 존재양식으로서의 탈존(脱存, Ex-sistenz, Ek-sistenz)의 의미를 이미 함의하고 있다. 실존은 곧 탈존이다. 이런 탈존의 행위를 하이데거는 초월(Transzendenz)이라고 불렀다."[46]

여기서 '초월'은 칸트적 의미가 아니다. 하이데거의 초월은 칸트적 의미의 수직상승하는 의미가 아니라, 안에서 밖으로(Ex) 나가는 수평적인 의미이다. 하이데거가 초월이라고 한 이유는

---

45 M. Heidegger, 『Sein und Zeit』, 45쪽: 김형효, 『하이데거와 마음의 철학』(청계, 2000), 78쪽, 재인용.
46 김형효, 『하이데거와 마음의 철학』(청계, 2000), 69쪽.

"존재와 존재의 구조는 온갖 존재자를 넘어 있고, 한 존재자가 가질 수 있는 온갖 가능한 규정을 넘어서 있다. 존재는 단적으로 초월함(das transcendens)이다. 현존재의 존재의 초월은 가장 근본적인 의미에서 개체화(Individuation)의 가능성과 필연성이 그 초월 속에 있기"[47] 때문이다. 칸트의 범주적 사실은 범주적 초월론의 결과이고, 하이데거의 실존론적 사실은 실존론적 초월론의 결과이다. 서양철학이 초월론을 극복하지 못하는 것은 바로 '시각-언어의 연합'의 문화적 특성 때문이다.

인간은 대상(타자)을 보는 것이 아니라 대상을 만들어낸다. 이 말은 자신이 만들어낸 대상을 본다는 뜻이다. 눈은 있는(존재하고 있는) 대상을 보는 것이 아니라 자신이 구성한 대상을 본다. 자신이 구성한 대상을 보는 주체는 이미 세계로부터 소외되어 있다. 말하자면 주체는 이미 소외된 주체이다. 주체-대상은 본래 있는 존재(본래존재)가 아니라 일종의 가상(가상실재)이다. 주체-대상, 정신-물질(육체)등 모든 이분법은 가상실재로서 동일성(실체)을 추구하고 있다. 진정한 자기(self)는 주체가 아니다. 주체는 없다. 주체-대상, 정신-물질 등 이들은 모두 언어일 뿐이다. 물질은 정신이 규정한(구성한) 것이다. 대상은 주체가 규정한 것이다.

---

47 같은 책, 69쪽.

칸트	하이데거
현상(명사)	현시하다(동사)
초월성(수직상승적 초월＝보편성)	초월성(수평적 초월＝개별성＝각자성)
범주적 사실을 바탕으로 하는 인식론	실존론적 사실을 바탕으로 하는 존재론
선험성(선험적 인식론)	선험성(선험적 진리＝존재진리론)
특수성－보편성	일반성－개별성

[칸트와 하이데거의 초월성 비교]

하이데거는 '초월'의 의미와 함께 '선험적'인 의미도 사용한다.

"초월함으로서의 존재를 현시(現示)함(Erschließung)은 선험적인 인식(transzendentale Erkenntnis)이다. 현상학적인 진리(존재로부터 현시되어 있음, Erschlossenheit von Sein)는 선험적 진리(veritas transcendentalis)이다."[48]

초월과 선험의 의미는 칸트도 사용했기 때문에 잘못하면 하이데거의 존재론은 칸트적 존재론으로 해석할 위험이 많다. 칸트의 시공간이라는 것도 하이데거에 이르면 존재가 아니라 존재자가 된다. 하이데거의 철학적 용어들이 칸트의 철학적 용어들과 겹치는 것은 독일의 철학적 전통 위에 있기 때문이다. 후기 근대 철학자의 특성 가운데 하나가 바로 철학을 하면서 새로운

---

48 M. Heidegger, 『Sein und Zeit』 38쪽; 김형효, 『하이데거와 마음의 철학』(청계, 2000), 69쪽, 재인용.

용어를 창출하지 않고 종래의 용어를 단지 의미를 다르게 사용하거나 정반대의 의미로 사용하는 경우이다.

하이데거의 존재론이 칸트의 인식론과 결정적으로 오해되는 이유는, 필자의 일반성의 철학의 입장에서 보면, 특수성-보편성의 항목에서 이루어지는 용어들을 일반성-개별성의 항목에서 그대로 사용하기 때문이다. 전자의 항목은 사물을 대상화하는 특성이 있고, 후자는 사물을 자기화(자아화가 아니다)하는 특성이 있다. 전자는 존재에서 현존재의 드러남과 목적을 개별화에 두는 한편, 후자는 특수성(집단성)을 기초로 보편성을 추구하는 데에 철학의 목적이 있기 때문이다.

바로 앞에서 예를 든 "현존재의 존재의 초월은 가장 근본적인 의미에서 개체화(Individuation)의 가능성과 필연성이 그 초월 속에 있기 때문"이라는 구절은 참으로 중요한 말이다. 아마도 하이데거의 이해여부가 여기서 결정된다고 해도 과언이 아니다. 특수성에서 보편성을 추구하는 철학의 초월과 일반성에서 개별성을 추구하는 철학의 초월은 다르다. 일반성의 초월은 현존재(존재자의 존재) 자체가 중요하다.

결국 하이데거의 입장에서 보면 특수성-보편성의 항목은 존재자에 해당하고, 일반성-개별성의 항목은 존재에 해당한다. 일반성-개별성은 생기(生氣, 有機), 즉 생명(생멸)현상이 있는 것을 말하고, 특히 일반성은 그 생명현상을 무기(無氣, 無機), 즉 사물전체에 내재한 것으로 보는 경지를 말한다. 겉으로 보면 사물은 무기(無氣)같지만 실제로 '생기(生氣)'이며 '유기(有機)'이다. 말하자면 존재의 모든 바탕을 은유하는, 만물을 포용하는 여성성에 해당하는 것이다.

하이데거는 존재를 설명하는 데에 있어 매우 어려운 절차와 용어를 창안하는 모습을 보인다. 사물 그 자체, 존재 그 자체를 간명하게 설명하는 방법은 사물(존재)을 대상으로 보지 않는 것이다. 사물을 대상으로 보지 않으면 그것 자체가 존재가 되는 것이다. 그런데 인간은 자신을 주체라고 설정하기 때문에 사물은 저절로 대상이 되고, 세계는 주체-대상의 범주에 속하는 현상(현상학)이 되는 것이다. 이렇게 보면 자연(自然: 스스로 그러한)은 존재에 대한 최초의 이름이다. 동시에 자연과학은 존재를 존재자로 보는 마지막 이름이다. 인간은 왜 현상학적인 존재의 바탕이라고 할 수 있는 생성을 무시하는가? 그 까닭은 존재 자체에 대해서는 말을 할 수 없기 때문이다. 말로 된 것은 이미 존재가 아니기 때문이다.

하이데거의 '존재'의 의미는 『도덕경(道德經)』의 "말할 수 있는 도는 상도가 아니다(道可道非常道)"의 '도(道)'의 의미와 맥락을 같이한다. 이는 또한 소크라테스의 "너 자신을 알라?"의 숨은 의미인 "어떤 것도(나 자신도) 알 수 없다는 것을 나는 안다"는 애지(愛知) 혹은 '무지(無知)의 지(知)'의 철학과도 의미가 통한다. 하이데거는 서양 철학적 전통을 가지고 동양의 도학(道學: 無爲自然)에 가장 가까이 접근한 인물임을 알 수 있다.

예부터 서양은 앎을 중시했지만 동양은 앎을 자랑하는 것을 좋아하지 않았다. 노자나 장자뿐만 아니라 공자도 『논어』에서 "배우고 알맞은 때에 익히면 즐겁지 아니한가(學而時習之不亦說乎)"라고 배우고 복습하는 것을 중시했지만 종국에는 "남이 나를 알아주지 않아도 성내지 않으면 즐겁지 아니한가(人不知而不慍不亦君子乎)"라고 말했다. 동양적 지혜는 앎이라는 지식이 아니다. 불교의 재행무상(諸行無常)과 제법무아(諸法無我)는 앎과 지식은 물론이고, 존재의 무상과 무아를 역설했다.

'존재'와 '현상'이 따로 있다고 생각하는 것은 현존재의 '사물을 대상으로 보는' 자기투사이다. 이는 곧 남자가 여자를 대상(소유)으로 보는 것과 같은 시각이다. 인간(남자)이 사물(존재)을 보는 존재라면 그런 점에서 존재는 남성성이라기보다는 여성성이다. 말하자면 남성성(여성을 대상으로 보는)은 현존재의 존재자이고, 여성성은 현존재의 존재이다. 여성성은 존재의 바탕이고, 신체의 바탕이다. 인간의 남성성은 존재자를 발생시키고, 인간의 여성성은 존재와 결부되어 있다.

2) 음양문명과 양음문명: 여성적 존재의 존재성

여성의 출산은 여성으로 하여금 인간의 신체적 존재로서의 속성을 상속하게 한다. 가부장사회의 남성은 혈통(권력, 존재자)의 상속자라면, 여성은 존재(자연, 신체)의 상속자이다. 여성은 혈통과 동일성을 중시하지 않고 단지 생산(출산)을 통해 자신의 DNA를 후대에 전달하는 것에 관심을 갖는다. 그런 점에서 모계사회는 혈통이라기보다는 부계사회의 반사작용에 의해 붙여진 이름이다.

이상하게도 여성은 남성과 똑같이 DNA를 자손에 물려주고 이에 더하여 수임과 발생학적 과정을 담당하면서도 자신의 몸으로 낳은 자식에게 자신의 이름(성씨)을 붙이는 것에 연연하지 않는다. 왜 그럴까. 이것이 바로 여성이 역사적이지 못하고, 논리적이지 못하고, 권력적이지 못한 이유가 되기도 하지만 동시에 여성의 존재론적 성격을 웅변하는 것이다. 성씨(姓氏)의 의미(기의)에는 여성성이 숨어 있지만 실지로 성씨를 권력화(기표)하는 것은 남성이다.

여성은 스스로가 자기-내-존재인 것을 느끼고 안다. 이는 여성이 출산을 할 능력이 있기 때문이다. 여성은 자신이 생명을 잉태하고 출산하고 있기 때문에 자신과 생명을 일치시키는 경향이 있다. 이에 비해 남성은 스스로를 세계-내-존재로 생각하기 쉽다. 남성은 자아의 입장에서 세계를 바라보는 자신을 자기라고 생각하고 있다. 세계-내-존재는 다분히 물리학적 세계를 전제하고 있고, 자기-내-존재는 심정적 세계와 통한다. 심정적 세계는 안으로 내관(內觀)한 결과 도달하는 세계이다. 그런 점에서 자기-내-존재는 심정적 존재이다.

인간(Man: 남자는 인간의 대표성을 획득하고 있다)의 입장에서 볼 때 자연은 여성성이다. 〈자연＝여성＝존재(본질)＝신체＝본래성＝일반성〉, 〈인간＝남성＝존재자(현상)＝언어＝초월성＝보편성〉이다. 존재는 초월성과 보편성이 아니라 본래성이고, 일반성이다. 존재야말로 일반성이다. 존재의 일반성은 동양의 철학에서 잘 드러나고 있는데 노자의『도덕경』의 '도(道)사상'이나『장자』의「제물론(齊物論)」등에서 찾아볼 수 있다.

하이데거의 초월은 칸트처럼 집단성에서 보편성으로 가는 초월이 아니라 일반성(존재일반, 일반존재)에서 개체성으로 가는 초월이다. 하이데거와 필자의 '존재에 대한 입장'의 다른 점은 하이데거의 초월이 일반성(일반존재, 존재일반)에서 개별성(각자성)으로 가는 존재이해(기초존재론)의 과정인 데 반해 필자는 초월 자체를 부정하고 개별성에서 일반성(본래존재)으로 내려온다. 일반성은 존재 그 자체(사물 그 자체)이다. 말하자면 하이데거가 일반성에서 개별성으로 올라간다면 그 역방향인 개별성(각자성)에서 도리어 일반성으로 내려오고 있다고 말할 수 있다.

결국 필자는 어떤 초월성도 부정하게 되고, 심지어 보편성도 부정하는 입장에 있다. 그래서 필자의 철학을 '일반성의 철학'이라고 명명했다. 일반성의 철학은 만물만신(萬物萬神)의 철학이다. 이를 하이데거의 입장에서 말하면 '신'과 '물 자체'를 하나로(하나의 순환으로) 보는 신물일체(神物一體)의 입장이다.

하이데거에 대한 필자의 이해는 서양철학 전반에 대한 계보학적 이해와 함께 동양 도학의 실천적 이해를 통해 서양철학 전체를 바라보면서 특히 한국문화에 숨어 있던 평화적 본능, 낙천적인 성격이 자연스럽게 솟아오른 것이라고 할 수 있다. 말하자면 네오-샤머니즘적 이해의 출발이라고 말할 수 있을 것 같다. 네오샤머니즘 철학은 서양철학을 넘어서는 동시에 자생철학을 구성할 수 있는 문화적 역량이 함께 갖추어졌을 때에 자연스럽게 현실화될 수 있는 철학이라고 말할 수 있을 것이다.

필자는 「한국 기층문화로서의 밝(붉)문화에 대한 검토—샤머니즘에 대한 존재론 및 기호론적 분석」을 발표한 바 있다.[49] 샤머니즘적 해석은 거듭 말하지만, 만물만신의 시각에서 '완전한 존재론'을 말하는 것이다. 하이데거는 신과 물 자체를 구분하지만, 필자는 신과 물 자체를 구분할 필요를 느끼지 않는다. 하이데거는 신과 물 자체를 하나로 통합하는 것이 매우 어려웠을 것이다. 초월적인 신을 보잘것없는 사물의 일반성(신체성)과 동등하게(평등하게) 보는 것은 참으로 서양기독교문명의 일원으로서 감내하기 어려웠을 것이다.

신과 물 자체를 분별하는 것도 실은 세계를 이분법으로 보는 것이다. 바로 이러한 '신-물 자체'의 구분이 서양철학으로 하여금 현상학이 되게 하는 원천적인 이유이다. 현상학은 초월성

---

49 박정진, 『철학의 선물 선물의 철학』(소나무, 2012), 260~348쪽.

(보편성)과 일반성(신체적 본래성) 사이에 존재하는 어두운 터널과 같은 것이다. 세계가 원초적으로 하나가 되기 위해서는 어떠한 분리와 터널도 인정해서는 안 된다.

하이데거의 존재론이 완전히 생성론적 성격의 존재론이 되기 위해서는 존재의 초월성(보편성, 추상성)을 탈피하거나 포기하여야만 했다. 그러나 하이데거는 마지막 단계에서 머뭇거리다가 죽었다. '존재'라는 말에 현상학적 성격이 잔존하는 한, 완전한 존재론이 될 수가 없다. 현상학은 존재의 성격을 실체화(주체-대상)하는 경향 때문에 참다운 존재인 본래존재에 이르지 못한다. 본래존재에 이르게 되면 신과 사물 자체마저도 이분화되지 않게 된다. 현상학이야말로 신과 사물을 서로 다른 동일성으로 취급하는 사유였다고 볼 수 있다.

칸트가 그동안 무제약자로 규정하였던 신과 세계, 영혼 등 초월적 관념론을 극복하고 이들이 하나라는 것에 도달할 수 있어야 이들의 도구적 성격에서 완전히 해방되고, 만물만신에 이르게 된다. 또한 세계가 바로 자기 자신이라는 것을 깨닫게 된다. 모든 것은 자기 자신이고, 이는 현상학적으로는 자기 원인적으로, 존재론적으로는 자기 순환적으로 드러났음을 의미한다. 요컨대 인간이 망해도(멸종해도) 자기 원인 때문이며, 자기 순환적 결과라는 뜻이다.

서양철학과 기독교의 핵심은 실은 도구성에 있다. 욕망과 이성이라는 것도 기운생멸 하는 우주 속에서 실체(무엇)를 잡고

자 하는 인간의 본성에서 비롯된 것이며, 결국 자기투사의 결과이며 그것은 냉정하게 보면 육체적으로 나약한 인간이 생존경쟁에서 살아남기 위해 도구를 발전시킨 노력의 결과이다. 도구성은 그동안 인간의 위선과 끝없는 욕망에 의해 숨겨져왔으나 오늘날 과학기술주의(기계)에 이르러 그 본색을 드러냈다.

인간이 세계를 이분법으로 보는 그 자체가 바로 도구성과 동일성의 원인이었던 셈이다. 세계의 실체를 잡기 위해서는 불교의 공(空)과 동양의 무위(無爲)사상과 무(無)사상을 철저히 배제하고, 세계로부터 동일성을 확보해야만 했다. 동일성은 이분법을 요구하고 이분법은 동일성을 필요로 한다. 왜냐하면 동일성은 이분법이 없으면 움직일(변화할) 수 없고, 이분법은 동일성이 없으면 이분법을 계속해서 유지할 수 없기 때문이다. 이것이 동일성과 역동성(力動性)의 서양문법이다. 서양문명은 형이상학의 이원론 때문에 태생적으로 동이불화(同而不和)한다고 말할 수 있다. 이것은 상징적으로 '신들의 전쟁'이라고 표상된다.

이에 반해 동양의 음양사상의 상보성은 서양철학의 '이분법과 동일성'과 달리 세계를 음양의 상대성과 역동성(易動性)으로 본다. 음은 음의 성질을 계속해서 유지할 수 없고, 양은 양의 성질을 유지할 수 없다. 음은 극점에서 양으로 변하고, 양은 극점에서 음으로 변한다. 본래 동일성이라는 것은 없다. 이것이 음양태극의 세계이다. 태극의 하나는 초월성이 아니다. 그렇기 때문에 동양문명은 화이부동(和而不同)한다고 말할 수 있다. 이것은 상징적으로 '신들의 평화'문화라고 할 수 있다.

서양문명과 동양문명을 문화상대적인 관점에서 보면, 서양
문명이 '동일성의 문명'이라면 동양문명은 '상보성의 문명'이라
고 할 수 있다. 동일성의 관점에서 보면 상보성은 이중성 혹은
상징성이라고도 할 수 있을 것이다. 동일성은 남성중심문화이
고, 상보성은 여성중심문화이다. 그래서 동서양문명을 음양론으
로 바라보면, 동양을 '음양문명'이라고 말한다면, 서양은 '양음
문명'이라고 말할 수 있다. 동양과 서양을 동서양의 밖에서 음양
론으로 바라보면 다시 상보적 관계에 있다고 말할 수 있을 것이다.

서양의 '본질/현상'문화는 초월성(절대성)을 벗어날 수 없고,
동양의 '태극/음양'문화는 (초월적일 수가 없을 뿐만 아니라) 상대성
(상보성)을 벗어날 수가 없다. 서양은 이데아(idea)와 합리적인 세
계(reasonal world)를 벗어날 수 없고, 오류(진리)가 만드는 과학·
현상의 세계에 빠져 이상(idea)을 실체(reality)라고 생각하면서
진짜세계(실재세계)를 볼 수가 없다. 서양은 자연과학의 세계를
자연이라고 생각한다. 그러니 결코 생멸하는 세계를 인정할 수
없을 뿐만 아니라 자연을 도구·기계의 세계로 대체하게 된다.

서양철학과 종교와 문명의 약점은 이데아(본질)든, 신이든,
국가이든, 이상세계든 결국 '있음-없음' '유심론-유물론' '유신
론-무신론' '국가주의-사회주의(무정부주의)' '유토피아-디스토
피아'의 이분법에 의존함으로써 현상학적인 차원의 한계를 드
러내고, 이것은 또한 서양의 특성이기도 하다. 오늘날 '신'은 '기

계'로 대체되고 있다. 따라서 서양이 주도하는 인류의 미래는 '신-기계'의 이분법에 속해 있게 되는 것이다.

니체에 의해 욕망이 이성이고 이성이 욕망임이 드러났다. 동물과 분리된 인간의 섹스프리(sex-free)의 특성은 욕망의 확대재생산인 프리섹스(free-sex)로, 기독교-자본주의와 유물론-사회주의는 물신숭배(fetishism)로, 이성과학주의는 기계주의(machinism)로 변형되고 말았다. 이들을 관통하는 정신은 실체주의이다. 사회주의의 현실(reality)과 기계주의의 실체(substance)는 인간의 정체성(identity)을 물신숭배로 몰아가고 있다.

사회주의는 사회를 구성하여야 하는 인간의 마지막 강구수단으로서 어떤 사회주의(사회민주주의조차)도 결국 사회전체에 책임을 묻다가 결국 전체주의로 떨어질 위험을 안고 있다. 말하자면 가장 이상적인 것이 최악의 흉악한 사회가 되는 역설의 현실을 맞이하게 되는 셈이다. 인문학적인 유물론(유물사관)과 과학기술만능주의는 인류사회를 물신숭배의 사회로 빠뜨리는 주범이다. 어쩌면 인간성으로 보면 유물론과 과학기술주의는 이것 자체가 이미 허무주의이다.

철학자의 소위 실천이라는 것도 실은 철학의 한계상황에서 나온 궁여지책의 제안인지 모른다. 말하자면 철학적으로 대안을 제시할 능력이 없음을 위장하는 것인지도 모른다. 철학자는 철학적 글 쓰는 것 이외에 따로 실천할 것이 없다. 철학자의 소위 마르크스적 실천이라는 것은 이미 철학의 새로운 이론

(theoria)구성에 한계를 느꼈음을 자인하는 꼴이고, 실천을 외치는 철학자들은 이미 철학할 것이 없는 자들이다. 유물론과 기계주의는 이미 문명의 막다른 골목에서 스스로 외치는 절망이요, 허무주의의 극치이다.

유물론으로 정점을 찍은 이후 서양철학은 그동안 쌓아온 철학적 전통의 해체에 들어갔다. 그 첫 고성이 "신은 죽었다"는 니체의 선언이었다. 후기근대의 해체주의라는 것은 실은 더 이상 아무 것도 할 수 없다는 선언이나 다를 바가 없다. 이들이 하는 짓이라는 것은 기존철학의 해체이거나 서양 형이상학의 최대의 성과인 과학실증주의에 빠지거나 아니면 유물론에 경도되는 것뿐이다. 데리다로 대표되는 해체주의 철학과 들뢰즈로 대표되는 유물기계주의 철학은 저들이 온갖 의미부여로 미화하고 과대포장하고 있지만 이미 서구문명의 절망을 바라보거나 그것을 속이고 있는 위장에 지나지 않는다.

하이데거의 존재론 이후 유행하고 있는 유무상생(有無相生)이라는 말도 이미 서양문명에 오염된 음양상생(陰陽相生)의 절대화라고 할 수 있다. 존재를 유무(有無), 즉 '있음'과 '없음'으로 해석하는 자체가 이미 다분히 시각적인 발상이다. 시각적으로 보이지 않으면 없는 것이고, 보이면 있는 것이 된다. 그러나 세계에는 보이지 않는 존재도 얼마든지 있다. 보이지 않는 존재는 비실체이고, 동양에서는 이를 기(氣)로 표현해왔다. 남성은 개념에 의해 사물을 판단하려 하지만 여성은 기 혹은 기분(氣分)으로 사물을 느낀다. 여성은 흔히 분위기에 약하다고 한다. 분위기라는 것은 사물을 전체적으로 받아들이는 태도이다.

존재를 유무로 판단하는 것은 자연의 다원다층의 음양성과 역동적 우주의 태극의 성격을 하나의 지평에서 평면화하는 일이라고 말할 수 있다. 플라톤 이후 고정불변의 존재(이데아, 실체)와 존재의 유무(有無)에 매달려온 서양철학은 바로 극단적 이분법과 동일성의 추구로 현대의 과학기술문명을 만들었지만 자연을 자연과학과 동의어로 만들고, 인간을 기계(기계인간)로 대체하거나 삶을 기계적 환경으로 덮어버리는 만행을 저지르고 있다.

이러한 현대문명의 병증은 물신숭배에 빠진 인류문명의 도처에서 발견되고 있다. 기계의 신, 기계의 우상에 빠진 현대인은 인간성의 황폐화와 존재망각의 늪에 빠져 있다. 이러한 병증을 미리 안 헤겔 좌파의 마르크스는 생산수단의 유무를 기준으로 계급투쟁을 선동하고, 코민테른(세계 공산주의) 운동을 전개하였던 것이다. 그렇지만 그것은 해결이 아니라 또 다른 갈등의 전개에 다름 아니었다. 서구문명이 근대에 들어 만들어낸 체제인 공산사회주의의 유물론이나 자유자본주의의 과학기술주의는 말은 다르지만 둘 다 물신숭배의 종교에 봉사하고 있는 두 얼굴이라고 말할 수 있다.

아무튼 헤겔, 마르크스, 니체로 이어지는 철학의 전통과 생물학에서의 진화론의 만남과 프로이트의 심층심리학의 등장은 오늘의 인류사회를 구성하고 있는 인문학의 3대 축이다. 그러나 현상과 실체에 눈이 어두운 서양철학은 결코 동양의 음양론이라는 기운생동의 학에 견줄 수가 없다. 니체는 생기존재론으로, 하이데거는 존재론(존재 사태)으로 생성적 우주를 포용하려고 하였지만 저들의 요지부동의 존재(Being)의 장벽에 막혀서 '권력에의 의지'로 되돌아가거나(니체) '존재의 의미의 애매모호함'이라는 미완(하이데거)에 그쳤다.

서양사상과 문명은 땅의 뿌리(근거)를 하늘의 이치(理致)로 극대화시킨 것으로 땅 중심을 하늘 중심으로 바꾼 문명이다. 뒷장에서 논의를 하겠지만 '섹스프리(sex-free)'라는 인간의 생물학적 성격 혹은 지위는 인간의 모든 활동과 이성철학과 과학기술의 뿌리이다.[50] 성욕과 호기심은 끝이 없고, 그것이 만들어낸 가상실재, 즉 실체의 끝없음이 오늘의 기독교-이성철학-과학기술 문명을 만들었다. 하늘의 이치가 아니라 땅의 뿌리야말로 존재의 근거 아닌 근거인 것이다.

성(性)은 성(姓)만큼이나 권력적(powerful)이고, 성(聖)만큼이나 비밀스럽다(esoteric). 이들의 공통점은 비밀스럽다(secret)는 점이다. 인간의 권력과 정치, 성스러움과 종교는 성(性)의 문명적 변형·변이일 가능성이 높다.[51] 서양철학과 문명은 이를 실체

---

50 박정진, 『니체, 동양에서 완성되다』(소나무 2015), 599~603쪽; 박정진, 『일반성의 철학과 포노로지』(소나무, 2014), 588~589쪽.
51 박정진, 『성(性) 인류학』(한국학술정보, 2010) 참조.

로서 다루는 반면 동양의 음양사상은 이를 실체로서 다루면서
도 상징적인 형태로 해석한 것이고, 상징적인 형태이기 때문에
언어의 비결정성으로 인해 세계의 전체성(유동적 전체성)과 변화
를 해석하고 은유하는 포괄적 체계, 역동적 체계(음양오행체계, 주
역체계)가 된다.

동양의 음양사상, 혹은 음양 상징사상이야말로 자연(사물)의
전체성(一氣, 氣波)을 바라보고 표현할 수 있는 힘이다. 이때의 전
체성은 실체적 의미의 전체성이 아니라 전체성에 대한 은유로
서의 전체성이다. 말하자면 자연의 전체는 실체적인 전체, 다시
말하면 자연과학적으로 파악할 수 있는 전체가 아니다. 자연은
그야말로 인간이 파악한 실체로서의 자연, 자연과학적으로 증
명된 자연이 아니라 인간이 지각하기 이전의 자연, 즉 본래자연
을 의미한다. 자연의 전체는 부분의 전체이고, 자연의 부분은 전
체의 부분이다. 자연은 전체와 부분을 이분법적으로 나눌 수 없
다. 그래서 초월적인 신은 없다.

『장자(莊子)』「인간세(人間世)」에 등장하는 공자와 제자 안회
(顔回)의 문답에서도 '기(氣)로써 들어라'라는 구절이 등장한다.
장자가 공자와 안회를 풍자하는 것이어서 과연 공자와 안회의
문답인지 의심스럽기는 하지만 '기'에 대한 설명이어서 주목할
만하다.

공자가 말씀하셨다. "재하라. 내가 너에게 말한다! 마음으로 해

도 쉽겠는가? 쉽다고 하는 자는 맑은 하늘이 마땅하다고 하지 않는다."

안회가 말하였다. "저는 집이 가난합니다. 오직 술을 마시지 못하고 양념한 음식도 먹지 못한 것이 수개월입니다. 이와 같다면 재라고 할 수 있습니까?"

공자께서 말씀하셨다. "이것은 제사의 재지, 마음의 재가 아니다."

안회가 말했다. "감히 마음의 재를 묻겠습니다."

공자께서 말씀하셨다. "한 마음과 같다. 귀로써 듣지 말고 마음으로 들어라. 마음으로 듣지 말고, 기(氣)로써 들어라. 귀가 듣는 것에 머물면 마음은 기호에 머물지만 기라는 것은 비어 있으면서도 사물을 기다리는 것이다. 오직 도는 빈 것에서 모이는 집허(集虛)이고, 빈 것은 마음의 재인 심재(心齋)이다."

안회가 말하였다. "제가 아직 부리기 전에 실재로 제가 있지만 부리게 되면 제가 있지 않습니다. 이것이 비어 있다고 말할 수 있습니까?"[52]

위에서 '기'는 '마음'과는 또 다른 것임을 알 수 있다. '기'는

---

52 仲尼曰:「齋, 吾將語若! 有心而爲之, 其易邪? 易之者, 皞天不宜.」顔回曰:「回之家貧, 唯不飮酒不茹葷者數月矣. 如此, 則可以爲齋乎?」曰:「時祭祀之齋, 非心齋也.」回曰:「敢問心齋.」仲尼曰:「若一志, 无聽之以耳而聽之以心, 无聽之以心而聽之以氣! 耳止於聽, 心止於符, 氣也者, 虛而待物者也. 唯道集虛. 虛者, 心齋也.」顔回曰:「回之未始得使, 實有回也, 得使之也, 未始有回也. 可謂虛乎?」.

'물(사물)'을 기다리는 것이라고 했다. '기'는 마음보다 더 본래적인 것이다. 위의 문장에서 집허(集虛)와 심재(心齋)은 텅 빈 마음이라고 할 수 있는 일심(一心)과 같은 의미이다. 귀로 듣거나 마음으로 듣는 것은 폐쇄된 틀이 있음을 의미한다. '기'는 이념이나 어떤 틀이 작용하기 이전의 원초적인 상태를 의미한다. 정해진 틀이 없는 상태로 자기 자신이 드러나는 것을 의미한다. 이러한 상태라야 자연의 변화와 세계의 유동성에 적응할 수 있는 진정한 사람이 된다. 이런 상태에 있는 사람만이 참사람(眞人), 신인(神人)이다. 참사람은 만물만신(萬物萬神)에 도달한 사람이다.

만약 신이 있다면 만물만신이다. 인간은 저마다의 신 혹은 우상을 가지고 있다. '우상'이라는 말은 기독교의 십계명에서 "나 이외의 우상을 섬기지 말라"라는 영향 때문에 부정적으로 사용되는 경우가 많은데 실은 모든 인간적 상징은 우상이다. 기독교의 신조차도 우상을 벗어나지 못한다. 현대는 도리어 '대중의 우상시대'라고 말할 수 있다. 현대는 각종 우상들이 넘쳐난다.

인간은 우상이라는 상징을 통해서 세계와 접촉하고 소통하고 세계를 이해한다. 그런 점에서 인간은 '우상의 동물'이다. 만약 어떤 힘 있는 자가 하나의 절대적인 신이나 우상을 요구한다면 이는 강제가 되고, 끝내는 독재 혹은 전체주의가 된다. 무신론조차도 또 하나의 우상이다. 무신론을 요구한 마르크시즘은 유일신을 요구한 기독교와 다를 바가 없고, 어떤 면에서는 기독교의 변종이라고 말할 수 있다.

여호와 이외에 어떤 신도 섬기지 말라는 십계명은 바로 우상의 상징에 대한 폭력이고, 종교적 폭력이고, 이는 철학에서 운위되는 형이상학적 폭력과 다를 바가 없다. 우상의 동일성을 요구하는 서양문명은 폭력적 성격을 내재하고 있다. 절대라는 말은 절대우상이면서도 동시에 폭력적 우상이다. 사랑과 용서와 자비의 신의 이면에 폭력이 도사리고 있는 것이다. 기독교의 세계적 전도과정은 폭력의 과정이었으며, 지배의 야욕을 숨기고 있다. 자신의 진리와 정의와 사랑을 놓지 않으면 폭력으로부터 벗어날 수 없다.

하이데거의 존재론이 과학기술문명의 폭력적 성격에 저항하는 최초의 후기근대철학이 되었다. 니체는 과학기술문명의 편에 섬으로써 권력의 존재론을 펼쳤다면 하이데거는 비폭력의 존재론을 연 셈이지만, 하이데거의 '본래존재'라는 말이 '본래자연'을 의미하는 것인지에 대해서는 의문의 여지가 있다. 본래존재는 본래자연이 되어야 존재론이 완성되는 것이다. 서양에 철학(哲學)이 있다면 동양에 도학(道學)이 있는 것이다. 그러한 점에서 하이데거는 철학과 도학의 사이에 있다. 동시에 하이데거는 철학과 시의 사이에 있다.

서양근대철학은 데카르트, 스피노자, 라이프니츠에 의해 합리론을 완성하게 된다. 이때의 합리론은 신이 인간을 증명하는 것이었다. 이는 중세 스콜라철학이 인간이 신을 증명하는 것과 정반대이지만, 서로 통하는(왕래하는) 것이었다. 스피노자는

『에티카』에서 기독교의 절대유일신을 고정불변적 성격의 실체 (substance)로 재정립하고, 자연을 양태(modes)로 규정한다.

스피노자의 이러한 신관을 흔히 범신론이라고 말하지만, 이는 정확하게 말하면 애니미즘의 성격을 내재한 종래의 범신론이 결코 아닌, 유물론이라고 볼 수 있다. 왜냐하면 스피노자의 신은 항상 기독교의 절대유일신을 전제하고 있기 때문이다. 절대유일신의 속성이 자연으로 확대된다면, 절대유일신의 속성을 자연에 부여함으로써 신의 실체성을 자연에 옮기는 효과를 거둔다면 유물론의 출발이라고 말할 수밖에 없다. 이는 헤겔의 절대정신이 마르크스에 의해 유물론이 된 것과 같은 효과를 거둔다. 라이프니츠도 단자론을 정신물질의 이중적 속성으로 봄으로써 정신의 실체성을 물질에 부여하게 된다. 스피노자가 유물론의 출발이라면, 라이프니츠는 과학의 실체성을 세계에 연장하는 결과를 초래하게 된다.

서양의 근대와 후기근대는 동양의 이기(理氣)철학을 소화하는 과정인지도 모른다. 스피노자 윤리학(에티카)의 실체 (substance)와 양태(mode, Affect)는 성리학의 이(理)와 기(氣)를 나름대로 소화하고 변용한 것으로 보이며, 칸트의 도덕철학도 성리학의 이학적(理學的) 측면을 소화하고 강조한 것으로 보인다. 마르크스의 유물론은 성리학의 기(氣)를 물질(氣=물질)로 본 것으로 볼 수 있으며, 하이데거의 존재론도 기분(氣分), 즉 기(氣)를 중심으로 이(理)를 본 것으로 보인다. 말하자면 하이데거의 존재(Sein)는 기(氣)를 우선하는 주기론(主氣論)의 측면을, 존재자(seiendes)는 주리적(主理的) 측면을 강조한 것으로 보인다. 특히 하이데거의 '기분'은 동양의 기론(氣論)의 변용으로 보인다.

서양철학은 칸트에 의해 대륙의 합리론과 영국의 경험론이 종합되었지만, 헤겔에 이르러 절대관념론을 완성하는 동시에 마르크스는 그것을 뒤집음으로써 다시 유물론과 과학으로 재정립되게 된다. 스피노자와 라이프니츠는 결국 유물론과 과학의 세계를 철학적으로 연 철학자라고 말할 수 있을 것이다. 세계는 데카르트·라이프니츠 이후 기계의 세계, 컴퓨터의 세계가 되어버렸다.

세계는 점점 '컴퓨터 안의 세계'가 되어가고 있다. 이는 데카르트가 '존재'를 '생각(언어, 수학)'속에 집어넣은 결과이다. 즉 존재를 존재자로 환원시킨 셈이다. 오늘날 그 '생각'은 컴퓨터가 되고, 인터넷이 되고, 드디어 사물인터넷(IoT), 인공지능(AI)이 되었다. '나'와 '생각'과 '시각'의 연합은 존재(자연적 존재)를 컴퓨터 안에 집어넣고 컴퓨터를 통해 자연(세계)을 계산하고 있다. 인간은 기계의 주인인 것 같지만 실은 기계의 노예가 되어가고 있다. 이는 자연적 존재인 인간의 착각 혹은 자기기만에 속한다. 인간의 자기기만, 존재기만의 결과가 과학기술문명이라는 것인지도 모른다.

하이데거의 '현존재'라는 말이 이미 시간이라는 변수를 넣은 것이고, 인간이 시각적 존재임을 전제한(제한한) 것이다. 계산이라는 것 자체가 이미 자연을 쪼갠 것이다. 컴퓨터는 이분법의 세계를 전기적 전도(+, -)를 이용하여 이진법(0, 1)의 세계로 전환한 미적분(집합)의 결과이다. 우리가 자연과학의 세계라고 말하는 것은 자연을 수학적 계량의 세계로 전환한 것이다.

과학의 발달은 이제 인간의 의식조차 무시하거나 무의미한 것으로 치부하게 하고 있다. 현상학은 '인간의 의식학'이라고 말할 수 있는데 의식이 없는 지식, 컴퓨터의 알고리즘은 인간의 모든 문제를 해결해줄 만능해결사로 부상되고 있다. 인간은 머지않아 의식과 결별하고, 기계와 더불어 삶을 나눌지도 모른다. 기계가 시키는 대로, 기계가 지시하는 대로 아무런 개인의식도 없이 쫄쫄쫄 따라다니면서 맹종의 노예가 될지도 모른다.

기계인간은 역설적으로 인간과 사물(만물)이 평등하다는 사실과 생명체와 무생물의 경계도 허물어뜨리면서 계산의 명수로서 '계산된 만물만신'을 구가할지도 모른다. 21세기를 먼저 살다간 니체는 '권력에의 의지'의 이름 아래 유전공학과 우생학, 인공지능과 기계의 힘에 대해서 신뢰를 보낸 바 있다.

생명의 입장에서 무생명을 보면 무생명은 스스로가 무생명(혹은 생명)이다. 그러나 무생명의 입장에서 생명을 보면 생명은 스스로가 생명(혹은 무생명)이다. 물론 그 반대의 경우도 성립한다. 문제는 생명과 무생명을 하나의 전체(전체의 연속성)로 보느냐, 아니면 부분으로 보느냐의 유무에 따라 진리는 바뀔 수 있다. 세계는 연속적인가, 불연속적인가? 세계는 정체성이 있는가,

없는가? 셰익스피어의 'to be or not to be'는 흔히 알고 있듯이 "사느냐, 죽느냐"의 문제인가? 아니면 "있느냐, 없느냐"의 문제인가?

5. 니체와 하이데거, 그리고 불교적 존재론

서양철학의 동양철학에 대한 이해는 특히 근대와 더불어 본
격적으로 시작되었다고 말할 수 있다. 성리학과 유교의 이해에
서 불교와 노장철학의 이해로 넘어가면서 새로운 전기를 맞는
다. 서양 철학사에서 불교와 노장철학에 대한 이해가 가장 높았
던 인물은 쇼펜하우어와 니체와 하이데거라고 할 수 있다. 니체
는 쇼펜하우어를 통해서 불교를 접했다.

서양 철학사에서 니체와 불교를 가장 잘 파악한 인물은 하
이데거이다. 하이데거는 흔히 '서양의 부처'라고 명명되는 니체
가 실은 서양의 '형이상학의 완성자'라고 평했다. 이 말에는 하
이데거의 니체에 대한 평가의 이중성과 양면성을 읽을 수 있다.
니체는 불교를 가장 많이 이해하는 듯했지만 결국 '권력(실체)

의 증대'를 도모함으로써 그의 '영원회귀'(영원한 대상)라는 철학적 목표가 풍기듯이 가장 서양철학적인 것으로 회귀하고 말았다. 니체의 생기존재론은 '생기(生起)'마저도 현상학적인 '존재(실체)'를 위한 존재론이었다. 종합적으로 니체는 불교적 존재론에 도달하지 못하고 '권력의 현상학'에 머물렀다.[53]

하이데거의 니체에 대한 총평에는 '서양의 부처'라는 것에 대한 회의가 내밀하게 숨어 있다. 그러면서도 하이데거는 서양철학과 불교철학의 경계에서 불교적 화두를 가지고 지신도 세계를 이해하고자 했다. 그가 인간을 '죽을 인간'이라고 전제한 것은 바로 그의 철학이 불교의 '생로병사(生老病死)'에서 따온 '생사(生死)의 현상학'에서 출발한 것을 유추케 한다.

인간을 '생사(生死)의 존재'로 파악하고, '던져진 존재'라고 규정한 것은 다분히 인간의 각자성에 주목한 불교적·실존적 물음이라고 할 수 있다. 물론 기독교에서도 '죽음'이라는 것은 매우 실존적 물음을 불러일으켰다. 실존주의를 일으킨 키르케고르는 '신 앞에 단독자'로서의 인간을 통해 볼 수 있듯이 유신론적 실존주의자로 잘 알려져 있다. 하이데거도 평생 기독교의 절대유일신의 그늘에서 벗어나지는 못했지만, 그가 펼치는 질문(대답)의 논리전개를 보면 다분히 불교의 영향을 읽을 수 있다.

---

53 박정진, 『니체, 동양에서 완성되다』(소나무, 2015) 참조.

서양의 기독교와 동양의 불교는 흔히 대척점에 있는 것으로 보지만, 실은 같은 인도유럽어문법에 속하는 번안관계에 있는 것으로 볼 수 있다. 요컨대 고정불변의 실체를 인정하지 않는 '비실체적 불교'는 절대유일신을 믿는 기독교로 번안하면 '실체적 기독교'가 되는 것을 알 수 있다. 문화문법이라는 '장(場, context)'을 감안하면 동양의 불교는 서양의 기독교인 것이다.

　　하이데거의 불교에 대한 심층적 이해를 보여주는 바로미터로 '나의 사유(Ichsdenken)'와 '존재의 사유(Seinsdenken)'를 들 수 있다. 서양철학에서 '나(I, Ich, subject)'는 매우 중요하다. '나'야말로 서양철학의 전부이고, 초월성(신, 영혼, 우주, 세계)마저 내포하고 있는 용어이다. 말하자면 서양철학은 '나에서 시작하여 나로 끝나는' 철학이라 해도 과언이 아니다. 그런데 하이데거는 존재(Sein)을 들고 나왔다. 하이데거의 '존재'는 '나'와 다른, '알(명명할) 수 없는 그 무엇'을 의미한다. '무엇(what, idea, 실체)'에 대한 의문에서 '존재(Sein, Being, 있음)'에로의 선회를 의미하고 있음을 볼 수 있다.

　　서양철학의 어려운 문제들은 일상의 수준에서 논의해보자. 우리는 흔히 육하원칙(六何原則)을 말한다. 우리는 또 육하원칙에 의해 생활을 하고 있다고 해도 과언이 아니다. 철학을 육하원칙에 의해서 풀어보면 '누가(who), 언제(when), 어디서(where), 무엇을(what), 어떻게(how, way), 왜(why)'라고 했을 때 인간은 결국 '누가(who)'의 자리에 '나(I, subject)'를 대입하고, 나의 실체를 토대로 시간(when)과 공간(where)을 설정한다. 그리고 그 시공간의 좌표(프레임)에서 무엇(what, object, you)이라는 목표를 설정하고, 그 목표에 다가가기 위한 방법(how, way)을 생각하고, 가장 나중에 그 이유(why)를 묻는다.[54]

서양철학은 모두 '나'가 있기 때문이다. '내'가 없으면 철학은 성립할 수가 없다. 그런데 철학이 실지로 다루는 것은 '너(you, object, what)'이다. 결국 철학은 '나'와 '너'의 거리 때문에 생긴 일들이다. 만약 둘 사이에 거리가 없다면 어떻게 될까. 거리가 없다면 '사이'가 없고, 사이가 없다면 실체가 없다. 실체가 없다는 뜻은 길은 있는데 길 위에 사람이 없다는 뜻이다. 사람이 없다면 만물은 모두 자기 자신, 즉자(卽自)이다.

사람(현존재)이 이해하는 존재는 불완전하고 단지 인간이 이해한 존재(존재이해)에 불과하다. 동시에 사람이 없다면 존재이유도 없을 것이다. 그런 점에서 사람은 존재이유를 묻는 최초의 존재이다. 존재는 이유 없이 존재하는 그런 일반적인 기운생동의 생멸과정이다. 그러므로 존재는 이유에 앞서 있을 뿐만 아니라 모든 사후적 설명의 앞에 일어났던 사건이다.

인간의 모든 의식과 설명은 사후적이다. 여기서 '사후적'이라는 말은 인간이 파악하거나 잡은 것은 이미 과거라는 말이다.

---

54 박정진, 『니체, 동양에서 완성되다』(소나무, 2015), 188쪽.

우리는 과거를 사실이라고 하는 것이다. 현재는 말뿐이다. 현재가 말뿐이라고 하는 것은 시간이 없음을 의미한다. 따라서 시간이 없다면 존재는 무(無)이다. '무'는 생멸이 동시에 일어남을 의미한다. 동시성은 시간을 무화시키는 말이다.

존재론적 관점에서 보면 시공간이 없는 것은 물론이고, 지금의 변화는 바로 태초와 다를 바가 없다. 그러한 점에서 존재론은 '지금의 신앙'이라고 말할 수 있다. '지금의 신앙'은 '기운생동의 신앙'이다. 모든 존재는 '지금의 존재'이다. 인간만이 시간이라는 현재를 설정하고, 가상실재를 실재라고 생각한다. 그런 점에서 인간은 자기도착적 존재이다. 자기도착 속에는 자기투사-자기도구, 자기기만-자기놀이, 자기위로-자기축복의 존재의 의미가 들어 있다.

존재론적인 차원에서는 시공간이 없는 반면 현상학적인 차원은 시간과 공간에 따라 전개되는, 실체(개체)가 있는 세계이다. 현상학의 세계는 지금보다는 '과거와 미래의 신앙'이라고 말할 수 있다. 현재는 시간을 만들고는 살신성인(殺身成仁)하듯이 스스로 사라져버렸다. 지금 있는 것은 흘러가는(변화무쌍한) 사건이고, 그것은 잡을 수 없는 것이기에 잡을 수 있는 사실이 되려면 과거가 되지 않을 수 없고(사실=과거), 미래 또한 아직 오지 않았기 때문에 잡을 수 없는 것이기에 과거를 재구성함으로써 미래를 볼 수밖에 없다(미래=과거의 재구성).

잡을 수 있는 실체의 세계는 일종의 가상이라고 할 수 있는 주체-대상의 이분법에 따라 의식된다. 우리가 흔히 시공간을 초월했다고 말하는 것은 현상학적인 차원에서 주체가 대상을 의식하거나 인식하는 행위를 초월했다고 말하는 것이다. 더욱이 주체-대상의 설정이 이미 초월적인 의식의 산물이다. 이에 비해 존재는 초월이 아니라 생성(생멸)이다. 존재는 이분된 세계도 아니고, 따라서 동일성의 세계도 아니다. 존재는 스스로 그러한(self so) 자연의 세계이다.

존재는 이유가 아니다. 존재는 이유를 위해서 존재하는 것이 아니다. 모든 존재는 인간이 이해하는 방식으로 존재하지 않는다. 하이데거의 존재이해 방식은 여전히 인간중심주의에 불과한 것이며, 존재 그 자체에 이르지 못하고 있다. 모든 존재는 인간이 그러하듯 저마다 삶을 위한 존재이해 방식을 가지고 있고, 인간만이 죽음을 이해하는 존재라는 하이데거의 대전제도 실로 가당치도 않는 말이다. 수많은 동물들의 자연사한 시체를 인간이 쉽게 찾을 수 없다. 그들이 죽음을 미리 준비하고 있었다는 동물생태학자들의 보고와 증거가 있다. 따라서 존재이해와 죽음이해도 인간만의 존재방식이 아니다. 인간만이 실존적인 존재가 아니다.

하이데거의 '존재의 사유(Seinsdenken)'는 탁월한 발상이긴 하다. 그러나 '존재의 사유'는 그것이 '사유'임으로 인해서 때로는 한계를 갖게 된다. '존재의 사유'는 '몸(신체)의 사유'가 되어야 한다. '몸의 사유'는 어쩌면 종래의 전통적인 사유—정신이 육체를 지배하는, 주체가 대상을 지배하는—가 아니다. '몸의 사유'는 세계가 분리된 상태(주체-대상)의 사유가 아니고, 세계가 하나인 본래상태의 사유라고 말할 수 있다.

인간은 단지 인식이나 의식의 대상을 철저하게 고집하는 존재이다. 그 대상에 대한 철저함과 고집이 바로 주체-대상이라는 이분법을 탄생시키는 것과 함께 인간을 현상학적인 존재가 되게 하였지만 존재는 '사유(denken)'가 아니다. 존재는 '사유'라기보다는 '감사(danken)'가 되어야 한다. 인간을 제외한 모든 존재는 자기 자신의 삶에 대해 감사하고 있는지도 모른다. 모든 존재는 자연의 선물과 같은 것이다. 그런 점에서 모든 존재는 자연적 존재이다.

'존재의 사유'조차도 바로 이유와 원리와 방법을 찾는 '사유(denken)'의 특성으로 인해서 결국 '나의 사유(Ichsdenken)'로 환원(회귀)하게 되는 위험을 안고 있다. 이러한 위험에 빠지지 않기 위해서는 결국 '존재의 말(언어)'을 듣는 것이 아니라 '존재의 소리(상징)'를 들음으로써 '존재의 은유'에 참가하여야 한다. 존재의 소리를 들음으로써 우주(세계)와 공명(共鳴)하는 경지에 도달하여야 한다. 존재의 소리를 듣지 못하면 존재의 사유를 했다고 할 수 없다.

하이데거도 존재의 소리를 들어야 한다고 했지만 '존재의 공명'보다는 '존재의 거울반사'에 머물렀음을 그의 '사방세계'에서 확인할 수 있다. 하이데거의 사물(thing)에는 사방세계가 모인 점(포도주는 그 좋은 예이다)이 있긴 하지만 '거울반사'는 사물 그 자체를 존재로 바라보는 데에 이르지 못하고 있다. 요컨대 기독교의 신을 가정하지 않고는 사물은 사방세계에 참여하지 못하는 것이다. 또 인간(죽을 인간)이 참여하지 않고는 사방세계가 구성되지 않는 것이다. 그런 점에서 서양철학은 신중심주의이면서 동시에 인간중심주의이다.

서양철학은 그 자체가 처음부터 '존재를 왜곡하는 질병'이었는지도 모른다. 그런 점에서 서양철학은 현상학이라고 해도 과언이 아니다. 현상학은 서양철학의 특징 혹은 장점이라고 할 수도 있지만 동시에 서양철학의 늪 혹은 질병이라고도 말할 수 있을 것이다. 그렇지만 그 질병이 오늘의 고도의 과학기술문명을 이루었음에랴.

현대의 과학기술문명은 인간의 질병의 요소를 내재하고 있다. 과학기술문명으로 자연을 정복하는 것과 영원에 대한 추구는 수단과 목적의 현상학적 일치라고 말할 수 있다. 현상과 대상의 일치 말이다. 존재는 주체의 대상이 됨으로써 현상이 된다. 대상과 현상은 존재 그 자체가 아니라 존재의 표면현상(표상), 즉 존재의 거울반사에 지나지 않는다. 표상되는 것은 어떤 것도— 신(神)일지라도, 부처(佛)일지라도, 더욱이 '일즉일체(一卽一切)의 일(一)'일지라도 존재(존재 그 자체)가 되지 못한다.

인간존재의 거울반사는 스스로의 생각(정신)을 사건(존재사건)에 투사함으로써 사건을 사물화(물질화)하는 데에 있다. 정신

(절대정신=유심론)이 없으면 물질(절대물질=유물론)이 없는 것이다. 그런 점에서 유심론은 유물론인 것이다. 이것을 잘 간파한 철학자가 카를 마르크스이다. 현상학적인 것은 결국 모두 유령(Ghost)들이다.

인간이 본래존재(자연적 존재)를 돌려받으려면 어떤 종류의 절대주의라도 절대주의를 벗어나야 한다. 정신현상은 헤겔의 말대로 절대를 사모한다. 절대를 벗어나기 위해서는 생각을 골몰히 하는 것이 아니라 생각에서 벗어나야 한다. 생각에서 벗어난다는 것은 생각을 놓아야함을 의미한다. 이것이 선불교의 무억(無憶), 무념(無念)이다. '본래존재로의 여행'은 자신의 내면에 깊이 침잠함으로써 자아(에고)라는 존재(현상학적인 존재)를 잊어버리고 우주와 하나가 되는 자기를 발견하는 길이다. '생각'하는 것보다는 '감사'하는 마음이 존재로의 귀향을 도와준다.

모든 현상학적인 사유는 '존재 그 자체'를 사유하는 것이 아니라 존재를 생각으로 환원시키는 '존재의 환원'에 불과한 것이다. 사유(denken)는 곧 바로 제조(machen)로 연결된다. 사유의 구조는 항상 '나(Ich)'를 필요로 하고, '나'는 '대상(object, what)'를 필요로 하고, 대상에 접근하는 수단을 강구하게 된다. 결국 대상은 끝이 없기 때문에 영원한 것(eternal object)이 되고, 이는 '내'가 초월적 주체(superficial subject)가 되는 것과 같다. 각각 한 세대의 차이가 나는 니체와 화이트헤드와 하이데거는 철학하는 방법과 정도의 차이는 있지만, 같은 현상학적인 고민을 하였는지도 모른다.

현상학적인 환원과 회귀는 둘 다 현상학적인 하나의 궤도 상에 있다. 전자가 원인론적 동일성이라면 후자는 결과론적 동일성이다. 이는 기독교의 천지창조-종말구원의 이분법적 구조와 같다. 기독교의 천지창조-종말구원의 구조는 전형적인 현상학적인 구조이다. 기독교를 흔히 제조적 사유로 설명하는 까닭이 여기에 있다. 현상학적인 사유의 이분법을 벗어나서 그러한 사유의 바탕이 되는 존재를 느껴야 '존재의 사유' '몸의 사유'로 들어갈 수 있다. '존재의 사유'와 '몸의 사유'는 사유라기보다는 느낌이라고 할 수 있고, 결국 '느낌의 사유'이다.

'생각하는 존재'로서의 인간은 결국 모든 존재 가운데서 최초로 일어난 일종의 특이성(singularity)이다. 인간은 '최초의 자기 투사적 존재'인 것이다. 요즘 과학기술계에서 말하는 '기계인간'이 특이성이 아니라 인간이 이미 특이성인 셈이다. 인간이라는 생물 종은 수많은 생물 종 가운데 하나일 뿐이고, 존재 가운데서 단지 생각하는 존재인 현존재(존재자)인 것이다. 그런 점에서 인간이 존재이해를 통해서 존재자라고 부르는 사물(만물)들은 존재자가 아니라 그냥 존재, 현존적 존재인 것이다.

존재는 존재이유가 아니다. 인간이 말하는 존재이유라는 것도 인간이 덧씌운 것일 뿐이다. 존재는 내가 쓰는 것이 아니라 존재로부터 덧씌워진 것이다. 불교의 깨달음이라는 것도 존재를 앞서지 못한다. 존재가 없다면 깨달음도 없을 것이기 때문이다. 존재는 '나' 이전의 것에 대한 단지 이름(명칭, 호칭)일 뿐이고, 그것을 알 수 없다. 따라서 알 수 없는 것에 대한 이름이 존재이다. 서양철학과 문명은 알 수 없는 것에 대한 이름을 단지 '신'이라고 하였고, '세계'라고 하였고, '우주'라고 하였다.

신과 더불어 존재 자체(사물 자체)를 논한 것이 하이데거의 존재론이지만, '존재의 사유'도 결국 사유인 한에서는 존재에 감히 이르지 못한다. 존재는 사유가 덧씌워진 것이 아니다. 존재는 사유가 아니다. 존재는 무억(無憶)·무념(無念)이다. 그러한 점에서 존재의 사유는 '존재의 감사(Seinsdanken)'가 되지 않으면 안된다. 하이데거도 '감사'에 대한 이해가 있긴 하지만, 그것은 정중무상(淨衆無相, 684~762) 선사가 말하는 '무억(無憶), 무념(無念), 막망(莫妄)'에는 이르지 못하고 있다.

하이데거가 부처의 경지에 이르려면 우선 기억(회상)을 하지 말아야 하는데 그는 현상학적인 판단정지(épochè)와 더불어 스스로의 순수의식에 의한 존재사적인 회상과 사유(현상학적인 환원)를 통해 새로운 기원(epoche)에 도달하고자 한다. 말하자면 이러한 현상학적인 방법으로서는 결코 존재 그 자체에 도달하지 못함을 깨닫지 못하고 있는 것이다. 이러한 현상학적인 방법은 그가 비록 '진리의 여성성' 혹은 '존재망각'(莫妄, 莫忘)을 말하지만 결국 이것을 극복한 진정하고도 충분한 '감사(Danken)'에 이르지 못하고 있음을 드러낸다. 이는 실제로 무억, 무념, 막망을 실천하는 것과 이것을 사유하는 것의 차이라고 말할 수 있다.

하이데거의 한계는 '존재(Sein)'라는 말에 기독교와 플라톤 철학의 영향으로 실체적 의미, 혹은 초월성을 배제하지 못하는 데에 있다. 서양철학은 전반적으로 선험성(transcendental)과 초월성(transcendent)을 기초로 초월철학, 초월적 현상학의 특성을 보이고 있는데 이는 존재 자체에 무엇인가(관념, 틀)를 덮어씌우는 결함이 있다. 그러한 점에서 초월성과 선험성은 같은 것이다.

한 인간이 존재 자체가 되는 것, 즉 부처가 되는 것과 현존재(존재자)로서 존재 자체를 사유하는 것은 차이가 있다. 이를 하이데거의 말대로 '존재론적 차이'라고 말할 수 있을 것이다. 하이데거는 존재론적 차이를 말하였지만 실제로 말하는 그 자체에 도달하지 못하였다. 말하자면 하이데거는 자신이 존재에 도달하기 위해서 사용한 현상학적인 방법(방편)을 버리지 못하고 있기 때문에 진정한 존재에 도달하지 못하고 있는 셈이다. 존재는 현상학적인 환원이나 회귀로 달성할 수 있는 것이 아니라 모든 고정불변의 실체를 '놓는 순간'에 달성되는 것이다. 존재에 이르는 길은 잡는 데에 있는 것이 아니라 놓은 데에 있다.

기독교의 종말(창조-종말)은 종말이 있어서 종말이 있는 것이 아니라 종말을 생각하기 때문에 스스로 종말이 있게 되는, 인간이 자초한, 인간이 자기투사한 종말인 것이다. 결국 인간신, 호모 데우스(Homo Deus)는 호모 데몬(Homo Demon)이 될 것이다. 이것이 기독교가 말하는 바로 창조-종말론의 자기투사, 자기암시이다.

인간은 의미를 먹고 사는 동물이다. 인간은 마음의 소리를 듣는 동물이다. 인간존재의 의미는 종(種)에 있는 것이 아니라 개체에 있다. 만약 종에 존재의미가 있다면 단지 자손을 번식시키는 일을 완수하는 데에 의미가 있을 것이다. 그러나 인간은 그것으로 만족할 수 없다. 인간은 자기자각, 자기쾌락의 동물이다. 혈통론은 단지 권력승계의 의미 외에 다른 것이 없다.

기독교의 혈통론은 다분히 시간에 종속된 것이다. 혈통을 실존적으로 해석하면 혈통이 있어서 내가 있는 것이 아니고(나는 누구의 혈통이나 자손이 아니고) 내가 있기 때문에 혈통이 있는(나에게 모든 혈통이 실존하는) 것이다. 결국 '살아 있는 나'가 없으면 아무 것도 없는 것이다. '살아 있는 나'는 본래 시간과 공간에 예속된 존재가 아니다. 모든 존재는 본래존재이다.

어떤 점에서는 불교적 깨달음은 철학의 차원이 아니라 철학 밖의 차원이라고 말할 수 있다. 이는 '존재'와 '사유'의 차이이다. 존재는 사유함으로써 도달할 수 있는 것이 아니라 사유를 멈춤으로써 도달할 수 있는 경지이다. 그래서 불교와 『천부경』은 '지감(止感), 조식(調息), 금촉(禁觸)'을 말하고 있는 것이다. 동양인이 서양의 실체론적 사유를 이해하기 어렵듯이 서양인은 동양의 비실체적 사유를 이해하기 어려운 처지에 있다.

인간이 자기-내-존재라는 것의 종합적인 의미는 자연적 존재를 대상(사물, 존재자)으로 해석하는 심리적·의식적 도착을 감행하였음을 의미한다. 아마도 자기보다 물리적으로 힘센 동물을 적으로 설정하는 데서부터 이러한 도착이 비롯된 것이 아닌가 생각된다. 그리고 그 적은 심하게는 악마가 된다. 자신을 선(善)하고 정의롭다고 생각하는 반면 상대와 적을 악(惡)으로 몰아가는 수법이다. 그런데 그 악마적 성격을 감추는 자기기만을 시도하는 것이 인간이다. 그러면서도 정작 인간은 힘이 센 악마를 부러워하고 닮아간다. 결국 악마를 떠올리는 존재가 실은 악마인 것이다.

인간 이외의 존재는 천국이나 극락, 악마와 지옥을 떠올리지 않는다. "오, 마이 갓" 혹은 "지옥에나 가렴"이라는 극단적인 말들은 인간성 속에 내재한 악마성을 적나라하게 보여준다. 신에게 자신을 구해달라고 요청하는 것과 남을 지옥에 빠지라고 저주하는 것은 바로 인간의 악마성의 양면이다.

세계-내-존재는 다분히 물리적 세계를 상정하고 있는 존재론이다. 이에 비해 자기-내-존재는 물리적 세계를 상정하지 않고, 모든 존재의 '있는 그대로'를 자기-내-존재라고 이름붙인 것이다. 만약 세계-내-존재의 '세계'에 '자기'를 대입하면 자기-내-존재가 된다. 마찬가지로 자기-내-존재의 '자기'에 '세계'를 대입하면 세계-내-존재가 된다.

세계-내-존재가 현상학적 입장에서 붙인 이름이라면 자기-내-존재는 그 현상의 본질의 입장에서 붙인 이름을 의미한다. 그런 점에서 모든 존재는 좋든 싫든 자기-내-존재일 수밖에 없다. 세계는 모두 각자 자기존재일 뿐이고, 유동적 전체가 자기일 뿐이다. 객관적 세계는 없고, 단지 경험적 세계일 뿐이다. 세계는 주관적 세계이다. 주관적 세계라는 것은 자기-내-존재의 다른 말이다. 만물은 모두 자기-내-존재라는 점에서 평등하다. 모든 존재는 자기-내-존재(본래존재)이기 때문에 선하고 평등하다. 인간(현존재, 존재자)만이 본래존재에서 악과 불평등을 촉발시킨 존재이다.

비교적으로 말하자면 헤겔은 세계를 자기-내-의식 속에 집어넣어버렸다. 그것이 헤겔의 자기의식, 즉 자의식이다. 헤겔이 자기-내-의식의 바탕에 있다면 필자는 자기-내-존재의 바탕에 있는 셈이 된다. 자기-내-의식과 자기-내-존재의 차이는 무엇인가. '의식'과 '존재'의 차이는 전자는 '의식학'이 되고, 후자는 '존재론'이 된다. 너무나 인간적인 것들(존재자들)을 다시 본래존재로 돌려놓는 것이 자기-내-존재로의 귀향이다. 그렇지만 이것은 하이데거의 세계-내-존재로의 귀향과는 다르다.

헤겔은 자의식과 정신의 현상학에 머물렀지만, 하이데거는 현상학적인 방법으로 존재론으로의 '길 닦기'(道 닦기)를 감행했다. 그러나 그의 길 닦기는 아직 자기-내-존재로 완전히 귀향하기에는 역부족이고, 도중(途中)에 횔덜린의 시적-은유적 귀향에 머물렀다고 말할 수 있다.

자기-내-존재는 동양철학의 다른 경지, 즉 중용(中庸)이나 대학(大學)의 도와 비교해볼 필요가 있다. 자기-내-존재는 "인간은 자기 그릇(세계)만큼 존재한다"는 존재의 상태나 상황을 말하는 것이다. 인간은 살아 있을 때는 오히려 자기 그릇만큼 존재하게 된다. 죽게 되면 자신이 본래 있던 곳(본래존재)으로 복(復: 동아시아 사람들은 사람이 죽으면 '복'이라고 외친다)하는 것이지만 살아 있을 때는 부단히 도를 얻기 위해 노력하지 않으면 안 된다. 물론 이러한 노력이 '영원한 삶'(천국과 극락)을 보장하지 않는다 해도 말이다.

『중용(中庸)』의 도(道)는 중(中)과 화(和)라는 가치를 통해 희로애락이 모두 절도에 맞는 경지를 말하는데 이는 곧 인간이 "내가 곧 천지(우주)이다"를 추구하는 도이다. 『중용』 제1장 제4절에는 "희로애락이 아직 발동하지 않는 것을 '중'이라고 하고 그것이 발동하여 모두 절도에 맞으면 그것을 '화'라고 한다. 중이라는 것은 천하의 큰 근본이고 화라는 것은 천하의 달통한 도이다"라고 말하고 있다.

이에 비해 『대학(大學)』의 도(道)는 결국 평천하(平天下)를 추구하니까 "내가 곧 세계이다"라는 뜻이다. 『대학』 제10장 제1절에는 "이른바 천하를 평정하는 것은 그 나라를 다스리는 데에 있다. 위로는 노인을 노인으로 대우함에 백성들이 효를 흥기시키고 위로 어른을 어른으로 대우함에 백성들이 제를 흥기시킨다. 위로 고아를 불쌍하게 여기면 백성들이 배반하지 않는다. 이 때문에 군자는 혈구지도(絜矩之道: 자기의 처지를 미루어 남의 처지를 헤아리는 것)를 가지고 있다"고 말하고 있다.

중용이나 대학은 도를 수양하고 실천하여 큰 경지에 이르는 것을 말한다. 그렇지만 이는 매우 인위적이고 목적적인 것으로 하나의 '닫힌 존재(세계)'를 상정하고 있다. 이에 비해 자기-내-존재는 목적적이거나 결정적이지 않고, 단지 하나의 가능성으로 존재하는 '열린 존재(세계)'의 상태나 상황을 말하는 것이다. 이러한 상태를 굳이 말하자면 천인합일(天人合一), 혹은 신인합일(神人合一) 상태라고 말할 수도 있을 것이다. 그렇지만 이것은 인간신(人間神)을 말하는 것은 아니다.

인간의 힘은 현대의 과학기술시대에 이르러 신에게 위탁한 전지전능, 무소부재를 돌려받으면서 '인간신'의 경지에 이르렀다. 인간이 인간신에 이르는 과정을 어느 소설가가 탐정소설로 쓴다면 "인간은 처음부터 신이었다"라고 서두를 꺼낼 것이다. 아니면 "인간은 처음부터 신을 기획(기투)했다"라고 말할 수도 있을 것이다. 그런 뒤 인간은 문명의 여러 단계와 과정을 거친 뒤에 근현대의 과학기술문명에 이르러 기계인간(사이보그)으로 그 음모의 일단을 드러냈다고 스토리를 구성할 것이다.

인간 이외의 어떤 존재도 '존재를 현상하는 현상학적인 존재'가 될 수 없었다. 과학기술문명은 인간의 힘이 가장 극대화된 형태이다. 과학기술문명에 대한 간단한 설명은 '사유-존재'에서 시작한다. 인간이 '사유-존재'가 되어 상상력을 통하여 꿈과 이상을 실현한 것이 오늘날 과학기술문명이다. 이는 소유적 존재로서 이룩한 찬란한 과학기술문명인 것이다. '사유(思惟)'가 '소유(所有)'인 셈이다. 인간은 어느덧 사유-존재에서 사유-소유(소유적 존재)가 된 셈이다.

인간의 생각은 '사유-존재'("나는 생각한다. 고로 존재한다")와 '존재-사유'("나는 존재한다. 동시에 생각한다")의 사이 어느 지점에 있다. 그 중간지점에 '유심론'과 '유물론'이 극단적으로 대립하고 있다. 그러나 그 대립도 실은 '주체-대상'의 한 변형일 뿐이고, 이들은 현상학적 타원궤도상의 하나의 세트(set)라는 점에서 대립이 무화된다. 이때의 무화는 대립이 아닌 이중성(이중적인 의미관계)으로 돌아감을 의미한다. 자연은 본래하나였고, 이것을 우리는 오늘날 본래자연, 본래존재라고 말한다. '본래'라는 말자체가 문명의 '비본래적 특성'을 웅변하고 있다.

과학기술문명의 극대화에 따라 인간은 이제 스스로 자제(自制)하고 욕망을 절제하지 않으면 공멸의 임계점에 도달할지도 모른다. '물질'이야말로 사유의 특성이고 결과이다. 그런 점에서 마르크스의 유물론은 현상학적 존재인 인간의 허무주의의 극치이다. 유물론은 공산사회라는 순백의 이상을 표방하고 있지만 그 속에는 인간의 모든 비극과 부도덕(좌파적 파시즘과 성적 타락)이 숨어 있다. 니체는 그러한 허무주의와 데카당스를 잃고 '신의 죽음'을 선언하고 '권력에의 의지'를 부르짖었지만 역사적으로 그것 또한 국가주의적 비극과 부도덕(우파적 파시즘과 기계적 환상)에 빠져들게 하였다.

도덕주의자들의 한계가 과거를 토대로 현재와 미래를 재단하고자 하는 데에 있다면 발전주의자들의 한계는 일종의 욕망과의 결탁(일종의 악마적인 모의)에 있을 것이다. 우리는 여기서 "문명은 악마인가?"라고 반문하지 않을 수 없다. 한 걸음 더 나아가서 "인간이 악마인가?"라고 되묻게 된다. 인류의 권력에의 의지와 욕망의 총량은 거대한 산을 이루어 소유와 욕망을 놓지 않으면 자연으로부터 총체적인 보복을 당할 처지에 있다. 이를 우리는 '무위자연의 보복'이라고 말할 수 있을 것이다.

호모사피엔스의 대뇌와 손의 피드백은 이제 인간신(人間神)을 지향하고 있다. 인간신은 다른 인간과 존재에 대한 '악마'로 돌변할 가능성이 높다. 인간의 지혜와 불의 발견과 악마는 같은 발생학적 기원을 가진 것인지도 모른다. 왜 인간은 순순히 죽음을 받아들이지 않고, '사후세계'라는 것을 만들어서 '영원한 삶'을 생각하는 것일까. 이것은 현재의 삶을 선하게 살도록 유도하는 효과가 있긴 하지만 무엇보다도 삶에 대한 집착이다. 집착은 인간의 소유적(실체적) 존재를 가장 잘 드러내는 것이다. 더욱이 세계에 고정불변의 실체(동일성)가 있다고 생각하는 한 인간은 경쟁과 전쟁을 멈추지 않을 것이다. 죽어서도 경쟁할 것을 미리 생각하는 것이 인간이 아닌가.

하이데거 존재론의 출발인 현존재의 '죽을 인간'이라는 존재조건을 극복하기 위해서는 그러한 규정을 통해 불안과 공포를 느끼거나, 때로는 실존적 강박관념으로 죽음을 선구(先驅)하기보다는 불교적 '제법무아(諸法無我)'를 통해 아예 죽음자체를 잊어버리는 것(無憶, 無念)이 '죽을 인간'을 극복하는 극약처방일 것이다.

무아(無我)야말로 만법귀일(萬法歸一)로 가는 지름길이고, 무아야말로 바로 '전체로서의 존재'이다. 초월적 하나가 아니라 무아를 통해 존재의 일반성에 도달하는 것이 진정한 존재론이다. 하이데거의 '본래존재로의 귀향'은 바로 불교적 세계로의 귀향을 의미하는 것이었을 것이다. 비록 서양 철학적 관성이나 타성으로 인해 그것을 실현하는 데에 문화권적 한계와 장애를 지니고 있었지만 말이다.

자기-내-존재의 '자기'에 모든 생각과 집착을 놓아버리는 자기, 즉 '무아'를 대입하는 것이 필요하다. 불교의 사성제(四聖諦: 苦集滅道)는 물론이고, 대승경전인 『화엄경』과 『반야경』의 공(空)은 바로 '무아'에 도달하기 위한 전략이다. 특히 화엄일승법계도(華嚴一乘法界圖, 일명 法性偈)에 나오는 생사반야상공화(生死般若常共和: 살고 죽고 비어 있음이 항상 함께 어우러진다)와 이사명연무분별(理事冥然無分別: 이치와 세상사는 그윽하여 분별할 수 없다)의 경지가 필요하다.[55] '생사'를 구분하는 것 자체가 이미 존재와 결별하는 것이 되고, '이치와 사건'을 구분하는 것이 이미 존재를 결별하는 것이다.

「법성게(法性偈)」의 마지막 구절은 구래부동명위불(舊來不動名

---

55 박정진, 『불교인류학』(불교춘추사, 2007), 78~79쪽.

爲佛: 예부터 부동을 불러 부처라고 하였네)이다. 이때의 부동은 겉으로
는 움직이지 않는 것 같지만 실은 자기 호흡을 느끼거나 내관(內
觀)을 통해 존재의 변화(소리)를 가장 민감하게 깨닫는 경지이기
도 하다. 뭐니뭐니 해도 우주는 부동(不動)이 아니라 '기운생멸하
는(실체가 없는) 존재'라는 사실에 도달하여야 한다.

영혼이나 영원불멸, 그리고 사후의 천국과 극락, 지옥에 대
한 미래적 상상과 염원은 오늘날 매우 현재 혹은 현세적인 모습
으로 탈바꿈되어 있다. 요컨대 천상천국은 지상천국으로 대체
되고 있으며, 내세에 대한 바람보다는 현세의 기쁨과 행복을 꿈
꾸고 있다. 인도불교는 중국의 격의불교(格義佛敎)를 거치면서 현
세의 기복(祈福)과 깨달음을 꿈꾸는 염불종과 선종으로 변모했
다. 기복과 깨달음은 모든 종교의 존재이유이다.

염불종이 선종으로 변하는 가운데 결정적인 역할을 한 고
승대덕이 바로 신라 성덕왕의 셋째 아들로서 출가하여 중국 사
천지방에서 정중종(淨衆宗)을 일으킨 정중무상선사(淨衆無相禪師,
685~762)이다.[56] 무상선사의 인성염불(引聲念佛)은 부처를 억념(憶
念)하거나 상호(相好)를 관(觀)하면서 명호(名號)를 부르는 염불에
서 벗어나서 '염불'을 '인성'으로 대체한 승려이다.[57] 무상선사는

---

56 같은 책, 165~173쪽.
57 무상의 염불선은 정토종의 염불이 아니라 선종으로 나아간, 새로운 경지를 개척한 선이다.
　이는 '염불하는 자는 누구인가'(念佛是誰)라고 자신을 바라봄으로써 염불하는 자신을 화두로

'인성'을 통해 '무억(無憶), 무념(無念), 막망(莫妄)'의 삼구화두를 통해 선정(禪定)에 드는 방법을 제시한 승려이다. 무상선사의 '무억, 무념'은 바로 염불종의 '억념(憶念)'에 반하는 것으로 대조를 이루고 있다.

무상선사의 인성염불은 '염불의 소리'뿐만 아니라 '소리 그 자체'를 중시한, 한국인의 염불전통을 계승·극복하여 독창적인 선종을 개척한 것으로 평가된다. 그의 인성염불은 '부처의 기억 (記憶)과 상호(相好)의 관(觀)'을 통해 구원을 요청하는 염불종의 타력신앙에서 벗어나서 '화두(話頭)'를 통해 선종의 자력신앙으로 넘어오는 분기점으로도 평가된다.

필자의 소리철학(일반성의 철학)은 무상선사의 '소리 그 자체'에 대한 깨달음의 전통을 철학적으로 계승한 것으로서 "존재는

삶는 방법이다. 여기엔 반드시 인성염불(引聲念佛)을 필요로 한다. 인성염불은 내면의 소리 (內耳聲)와 외면의 소리(外耳聲)를 구분하는 것으로 소리를 내뱉지 않고 관조해 들어가는 정통수행법이다. 일기(一氣, 一聲)의 숨을 전부 다 내쉬게 한 뒤에 목소리가 끊어지고 한 생각이 끊어졌을 때에 삼구(三句:無憶, 無念, 莫妄)를 설한다. 삼구는 달마조사로부터 전해오는 총지문(總持門)이라고 선언할 정도였다. 염불선은 부처님의 힘을 빌리는 타력신앙이 아니라 스스로 깨닫는 자력신앙의 길로 나아가는 결정적 역할을 한 선이었다. 무상은 염불선으로 선종의 새로운 길을 개척하였다. 무상의 인성염불과 염불선은 그의 스승인 검남종의 선당(詵唐: 智詵과 處寂) 두 화상이 가르친 바가 아니라는 주장에서도 그의 독창성을 엿볼 수 있다. 무상은 염불선으로 간화선을 개척하는 한편 선차지법(禪茶之法)으로 깨달음이라는 것도 실은 평상심에서 이루어짐을 역설하였다. 선차지법은 '차 마시기'와 '도'가 하나라는 것으로 마조의 '평상심시도(平常心是道:평상의 마음이 바로 도이다)'와 조주(趙州)의 '끽다거(喫茶去:차나 한 잔 하게)의 선구적 실천이었다. 중국 땅에서 차를 마시는 행위보다 더 평상심인 것은 없었다. 이는 우리가 물을 마시는 것과 같다.

(말이 아니라) 소리이다" "존재는 진리가 아니다"라는 경구를 통해 존재일반과 만물만신에 도달하고 있는 철학임을 상기할 필요가 있다. "존재는 진리가 아니다"는 결국 "존재는 신체이다"(신체적 존재론)로 귀결된다. 이렇게 되면 모든 존재는 신체이고, 따라서 존재는 신물일체(身物一體)가 되고, 나아가서 신물일체(神物一體)가 된다. '신물일체'는 만물만신(萬物萬神)이 된다.

신체적 존재론을 효과적으로 설명하기 위해서 자연과학을 기준으로 설명하면 다음 표와 같다. 여기서 하이데거 철학(존재론)과 필자의 철학(일반성의 철학)은 자연과학적 입장과 대조를 이룬다. 자연과학의 사물(Thing)의 경우, 하이데거는 존재(Being)이고, 필자는 신체적-생성적인 존재(becoming)를 대응시킬 수 있다. 진리에 대해서도 자연과학이 진리(자연과학의 법칙)를 찾는다면 하이데거는 존재적 진리, 필자는 신체적 존재("존재는 신체이다" "존재는 진리가 아니다")를 추구한다.

자연과학이 시간과 공간(뉴턴 절대역학), 시공간(아인슈타인 상대성원리)을 설정한다면 하이데거는 '존재와 시간' '시간과 존재'를 사유하고, 필자는 '시공간은 없다' '시공간은 과학적 제도이다'라고 주장한다. 자연과학이 "모든 존재는 변한다(everything changes)"라고 한다면 하이데거는 사방세계(Ge-viert)로 세계를 설명한다. 이에 대해 필자는 "존재는 움직이지 않는다(Being don't change)"로 응수한다. 이것은 「화엄일승법계도」(「법성게」)의 '구래부동명위불(舊來不動名爲佛: 예부터 움직이지 않는 것을 부처라고 말하였다)'의 의미와 같다.

박정진의 철학인류학 (일반성의 철학)	하이데거 철학 (존재론)	자연과학
신체적(생성적) 존재(becoming)	존재(Being)	사물(Thing)
존재는 진리가 아니다 (존재는 신체이다)	존재적 진리	진리(자연과학 법칙)
시공간은 없다 (시공간은 과학의 제도)	존재와 시간	시간과 공간(뉴턴역학): 힘
身物一體/神物一體/萬物萬神	시간과 존재(본래존재)	시공간(아인슈타인): 에너지
모든 존재/자기-내-존재	현존재/세계-내-존재	'최소작용의 원리' (변분 =0: 시공의 최소거리)
존재는 움직이지 않는다(不動名 爲佛): Being don't change	사방세계(Ge-viert): 신은 요청하는 존재	everything changes (모든 것은 변한다)
* 자기-내-존재/예수는 부처이다/나는 나이다. 이들 문장은 모두 같은 의미이다.		

[일반성의 철학, 존재론, 자연과학]

　　여기서 자연과학의 '최소작용의 원리(변분=0)'를 적용하여 설명할 필요가 있다. 이 원리는 우주의 대칭성에서 비롯되는 것으로 적어도 '잡을 수 없는 기(氣)'의 원리와 통하는 점이 있다. 최소작용의 원리라고 하는 것은 뉴턴역학의 힘, 아인슈타인의 상대성원리(에너지)에 이어 나온, 잡을 수 있는 것(현상)의 무진장한 근원이 되는 '무(無)의 존재'(없는 것이 아닌 존재, 眞空妙有)에 관한 과학적 이론이다.

　　서양철학은 결국 '초월성(보편성)의 철학'이라고 할 수 있다. 시간의 직선적 성격(선후관계)을 기초로 공간을 구축한 서양철학과 과학(물리학)은 다시 시간이라는 변수에 의해 공간을 왜곡·변형하는 4차원의 시공간이 된다. 시공간의 에너지는 아무런 작용이 없는 '최소작용의 원리'에 따라 변분이 제로(0＝시공간의 최소 거리)가 되면서 '마이너스(-) 에너지'와 경계를 이룬다. 마이너스 에너지의 세계는 운동량을 계산할 수는 없지만 여전히 존재와 운동이 있는 세계이다. 마이너스 에너지의 세계는 인간이 잡을 수 없는 무량(無量)의 세계, 눈에 보이지는 않지만 존재하는(있는) 기(氣)의 세계라고 말할 수 있다. 이것은 시간과 공간이 없는 것과 경계를 이룬다.

과학은 존재의 바다에서 논리적 그물에 잡히는 고기(입자)만 잡는 것이다. 나머지는 잡을 수 없는 파동이다. 자연과학에서 "모든 것은 변한다(everything changes)"라고 하는 것은 결국 '사물(thing)'을 전제하는 것으로서 사물, 즉 실체가 변한다는 뜻이다. 이것은 동양에서 말하는 생성론(生成論)과는 다른 것이다. 그런데 필자의 일반성의 철학은 '사물'을 '존재사건(event)'으로 본다. 그런 점에서 일반성의 철학은 도리어 "존재는 변하지 않는다(Being don't change)"라고 주장하는 것이다. 말하자면 승조(僧肇)의 물불천론(物不遷論)과 같은 것이다. 과학에서 말하는 것과 철학에서 말하는 존재의 내용은 정반대이다.

서양철학은 빛과 소리를 이성주의의 조건(원인)으로 생각하였지만 실은 빛은 입자이면서 파동인 이중성의 존재이다. 입자는 불연속적이기도 하다. 입자일 때는 운동의 계산이 가능하지만, 파동일 때는 계산이 불가능하다. 소리 파동일 뿐이다. 그렇다면 빛과 소리의 공통성은 파동이다. 이성주의는 빛과 시각과 인간의 대뇌활동의 연합에 의해 성립되는 것일 뿐이다. 빛을 입자로 보는 서양철학은 결국 '소유적 세계'를 열었다.

서양철학의 '사유'는 이미 '소유'이다. 불행하게도 서양철학은 인간의 평화와 안심입명을 위해 종언을 고하지 않으면 안 될 것 같다. 서양 철학적 사유는 이제 사유(불안)-소유(욕망)-기계(인간신)의 연장선에 있다. 인간의 알고리즘이 '기계'라면 기계인간의 알고리즘은 '인간신(Homo Deus)'이다. 기계인간은 인간신이 되기 위해 끝없이 발전해갈 것이다. 고정불변의 영혼이나 영원이라는 실체(동일성)는 이제 인간신, 기계인간으로 진화하고 있지만 그 이면에는 '인간악마(Homo Demon)'를 숨기고 있는지도 모른다.

신은 인간이 자연에서 신을 떠올리고(현상하고), 자연의 전체성에 대해 붙인 인격신의 이름이라고 할 수 있다. 이에 비해 악마는 순전히 인간이 창안한 것으로써 자신의 적에 대해 붙인 이름인데 너무나 인간적인, 인간적인 인격이다. 인간신에게는 인간악마의 그림자가 있다. "자연은 선(善)이고, 인간은 악(惡)이다." 내가 선(善)이라고 생각하는 자체가 악일 가능성이 높다. 자연의 생존경쟁은 악이 아니고 생물의 생존을 위한 본능에 따르는 것이다.

인간만이 악(惡)을 상상하고 악을 탄생시킨 것이다. 인간은 적을 악이라고 규정한 동물일 가능성이 높다. 인간신을 향하여

가는 서양철학을 통째로 전복시키지 않으면 인류는 공멸할지도 모른다. 적을 악마라고 인식하는 인간은 악마를 물리칠 수 있을지 모르지만, 너무나 악마를 닮은 인간은 스스로 악마가 되어 파멸할지도 모른다. 패권주의의 인간은 결국 파시즘을 벗어날 수 없을지도 모른다.

인간이 자연의 밖으로 나갔듯이 기계는 인간 밖으로 나가버렸다. 21세기는 기계적 파시즘으로 향하고 있는지도 모른다. 세계를 기독교적 시각에서 보면 기독교마르크시즘과 기독교자본주의가 싸우고 있는데 신 자체를 부정하는 무신론의 마르크시즘은 물론이지만, 자본주의마저 신의 자리에 '돈(money)신'을 집어넣어 스스로 자기배반에 둘러싸여 있다. 인류의 미래는 '돈과 기계'만이 설쳐대는 파시즘의 세계로 돌변할 수도 있을 것이라는 불안과 공포가 다가온다.

서양철학의 허무주의(데카당스)를 극복했다고 자처하는 니체는 기독교를 대중적 플라토니즘이라고 간파한 적이 있다. 이 말은 인간집단은 기본적으로 종교적 인간이 그 원형인 것과 통한다. 이를 역으로 말하면 종교는 대중적 철학이며, 철학은 대중적 이해를 종교로부터 구하지 않을 수 없다. 그래서 종교와 신학의 업그레이드가 필요한 것이다.

인류문명을 종교 혹은 대중적 철학이라는 관점에서 종교와 철학(과학)의 교체로 보면 고대에서 현대에 이르기까지 이렇게 설명할 수 있을 것이다. 고대 신화시대(제1차 종교시대) 철학시대(제1차

철학시대) 중세 종교국가시대(제2차 종교시대) 근대 국가종교시대(제2차 철학시대), 현대 과학종교시대(제3차 철학시대)라고 말이다.

따라서 지금은 국가종교시대를 넘어서 과학이라는 종교의 시대라고 말할 수 있다. 철학은 과학에게 자신의 고유한 자리를 넘겨준 셈이다. 세계는 지금 국가와 과학의 연합을 통해 권력과 패권을 추구하고 있는 시대이다. 이는 누가(어느 국가가) 힘이 더 세냐를 결정하는 결전장이라고 할 수 있다. 그래서 인류의 공멸을 걱정하지 않을 수 없는 시대이다.

소크라테스의 '애지(愛知, philosophy)'에서 출발한 서양철학, 플라톤의 "이데아(가 본질이다.)"를 화두로 삼은 서양철학에게 "존재는 이데아(진리)가 아니다"라고 종언(최종설법)을 선언(선물)하지 않을 수 없다. 서양철학에 하이데거의 존재론이 탄생한 것은 결국 존재에 대한 불교적 존재해석의 서양적 표출이라고 말할 수 있다.

신체적 존재론은 결국 자기-내-존재를 말하는 것이고, 자기-내-존재는 결국 '세계는 나'라는 최종목적지에 이르게 된다. 존재는 결국 '자기-내-존재이며, 모든 존재(나)는 신이다. 따라서 역사적 존재로서의 인간은 누구나 예수 혹은 부처가 될 수 있다.

제 3 장

동서철학과
종교의 소통

1. 동서철학과 종교의 상호소통과 미래

서양철학은 항상 '존재'를 초월적으로 혹은 현상학적으로 생각하는 경향이 있다. 그래서 존재의 '안(內)과 밖(外)의 왕래'나 '위(上)와 아래(下)의 순환' 같은 것을 가정하는 데에 인색하다. 내외와 상하를 고정시키는 버릇이 있다. 그런 서양 철학자에게 장자(莊子, BC 369~289)의 '나비의 꿈'은 정말 상상도 못할 내용이다.

『장자』「제물론」제7장에 나오는 '나비의 꿈'은 오늘의 현대인에게 많은 교훈을 주기에 충분하다. 장자는 '나비'꿈을 꾸면서 "내가 나비의 꿈을 꾸는지, 나비가 내 꿈을 꾸는지 모르겠다"는 말을 했다.

그렇지만 이 우화를 현대인에게 적용하면 현대인은 "내가 기계의 꿈을 꾸는지, 기계가 내 꿈을 꾸는지 모르겠다"고 말할 수 있을 것이다. 그것이 가장 잘 드러나는 현실이 바로 인공지능 (AI)의 알고리즘(algorithm)이다. 인간의 알고리즘은 기계이고, 인 공지능의 알고리즘은 인간인지도 모른다. 인공지능은 기계인간 (사이보그)에 이를 정도이다.

현대의 과학적 환상은 데카르트의 시계로부터 이미 잉태되 었으며, 그 꿈(환상, 상상)은 자연을 우주공학적으로 탈바꿈시켰 다. 오늘날 인간은 자연을 으레 자연과학(우주천제물리학)과 동일 하게 이해하려고 한다. 그러나 과연 자연이 자연과학의 세계인 가?[1] 자연과학이 이상적 모델로 생각하는 기계는 스스로 움직이 는 생명의 세계가 아니라 제조의 세계이며, 제조의 세계는 타의 에 의해 움직이는 세계이다.

인간은 또한 동물을 애니미즘(animism)으로 변형시키는 것 에서 알 수 있듯이 '이즘(-ism)'을 만들어내는 동물이다. 애니미

---

1 한국사회에서도 과학·기술계에서 뿐만 아니라 최근 한국철학회에서 '인공지능의 도전, 철학 의 응전'이라는 주제로 학술대회를 가졌다. 크게 두 세션으로 나뉘어 '인공지능의 철학적 문 제'(제1세션)와 '인공지능시대의 기술과 인간'(제2세션)에 대해 집중적인 논의가 이루어졌 다. 이 자리에서 '인공 감정을 가지게 되는 로봇과 어떻게 더불어 살아가야 하는가' '인공지 능시대 기술과 인간 소외문제는 어떻게 보아야 하는가' '체화 인공지능과 현상학의 관계는 어떻게 되는가' 하는 등 다양한 철학적·기술적 문제들이 제기되었다. 이러한 전체내용을 아 우르는 기조강연을 한 이진우 한국철학회장은 "인공지능, 인간을 넘어서다"를 통하여 인공 지능을 통한 4차 산업혁명이라는 구호에 현혹되지 말고, 인간에게서 데이터화될 수 없는 것 이 무엇인지, 알고리즘의 형식 논리로 환원될 수 없는 고유한 특성이 무엇인지에 대해 진지 하게 물어야 한다고 강조했다. 이진우, 「인공지능, 인간을 넘어서다」, 『인공지능의 도전, 철 학의 응전』(2017, 한국철학회 이화인문과학원 공동학술대회, 이화여자대학교 인문관 104), 1~13쪽 참조.

즘은 토테미즘으로, 토테미즘은 다시 샤머니즘으로, 샤머니즘은 가부장-국가사회의 등장과 더불어 고등종교들로 변형되었다. 신체적으로 다른 동물에 비해 왜소했던 인간은 자신보다 위협적인 큰 동물을 악마(적)로 규정하고, 내심 힘 있는 악마를 사모하였는지도 모르며, 그 악마를 물리칠 존재로서 기계(기계라는 악마)를 대신 만들었는지도 모른다. 그러나 과학기술문명을 손에 쥔 인간과 존재자 전체는 '계량 가능한 에너지들의 공급원'으로 전락하고 말았다.

근대를 자연과학의 시대라고 말한다. 근현대인은 자연과학을 마치 절대적인 신처럼 모신다. 말하자면 과학종교(과학기독교)라고 말할 수 있다. 그러나 과학이라는 말 속에는 인간과 자연을 기계로 환원시키는 기계적 환원주의가 숨어 있다. 기계적 환원주의는 일종의 '기계적 전체주의', 혹은 '기계적 감옥'을 숨기고 있다. 자의식(자기-내-의식)의 인간이 자의식의 감옥에 갇히지 않기 위해서는 부단히 자신을 열려는 노력을 경주하지 않으면 안 된다. 인간이 자신을 열려면 신체적 존재로서의 인간(이것은 육체적 인간이 아니다)을 회복하지 않으면 안 되고, 그러한 집단적으로 노력 가운데 하나가 축제이다. '축제적 인간'이 되지 않으면 '기계적 인간'이 될 실존적 위기에 처한 것이 현대인이다.

과학기술문명의 압제 앞에서 자연적 존재로서의 의미를 상실한 인간은 인간 자신보다 작은 애완용 동물을 사랑함으로써 자신의 자연성을 조금이나마 회복하고 있는지도 모르며, 사랑마저도 상대를 애완용쯤(이용물)으로 생각하면서도 서로 용도폐기 시키는 바람에 이혼율도 높아져가고 있는지도 모른다. 오늘날 인간은 자연을 지배하다 못해 자연을 황폐화시키고 있다. 현대과학은 인간도 에너지체계로 환원시키고 있다. 여기에는 분명 현상학적인 환원의 성격이 그대로 재현되는 것이라고 할 수 있다.

"과학은 사물을 정복하고 만물을 보편적으로 지배하는 하나의 방식이다. 따라서 과학의 응용은 더 이상 과학에 부가된 외적인 것이 아니라 과학 자체의 본질이 되었다. 또한 근대와 현대의 기술이 자연에서 에너지를 뽑아내고 그것을 다시 다른 에너지로 변환하는 성격을 갖는 한, 그것은 존재자들의 작용을 정확히 계산하고 예견하는 정밀과학을 이용하지 않을 수 없다."[2]

이러한 과학기술적 환경 속에서 인간은 스스로 점점 기계화·에너지화를 감수하지 않으면 안 된다. 이러한 전반을 총체적으로 표현하면 동일성의 폭력적 상황이라고 하지 않을 수 없다. 현존적 사물을 존재적 사건이나 사태, 즉 '현존적 존재'로 보지 못하는 소유적 관념의 병폐라고 하지 않을 수 없다.

동양의 한자문화권에는 예로부터 '화이부동(和而不同)'이라는 말이 있다. 이것은 매우 동시적인 의미의 말로써 "화합하지

---

2 박찬국, 『들길의 사상가, 하이데거』(동녘, 2004), 188쪽.

만(하나이지만) 동일하지는(같지는) 않다"는 뜻이다. 만약 이것을 기준으로 서양 알파벳문화권을 바라본다면 '동이불화(同而不和)'로 이름붙일 수 있지 않을까 생각한다. 이 말의 뜻은 "동일하기(동일성을 추구하기) 때문에 화합할 수(하나가 될 수) 없다"이다. '화이부동'은 역설적으로 긍정의 논리를 숨기고 있고, '동이불화'는 부정의 논리를 숨기고 있다. 그래서 전자는 굳이 이름을 붙이자면 '상징법'으로 대표되고, 후자는 변증법으로 대표된다.[3]

서양문명과 철학은 동일성과 절대성, 초월성(선험성)과 보편성을 추구하고 있다. 이들은 말을 다르지만 결국 같은 '동일성'의 의미라고 말할 수 있을 것이다. 진리를 추구하는 자체가 동일성을 추구하는 것이고, 그것은 반드시 모순에 직면하기 때문에 변증법적 상황을 피할 수 없다. 이러한 현상학적 딜레마를 벗어나기 위해 우리는 무엇을 해야 할까? 세계를 분석하는 자세는 이분화를 요구하고, 이분화는 동일성을 전제하지 않고는 성립되지 않는다. 어떤 점에서는 분화된 것이야말로(분화되었기 때문에) 이면에 동일성(변하지 않는 실체)을 전제하지 않을 수 없다. 세계를 총체적(전일성, 전체성)으로 바라보는 것이야말로 존재론적으로 세계를 바라보는 것과 맥락이 통한다.

이러한 점에서 동서철학의 오해를 살펴보는 것이 서로의 이

---

3 박정진, 『평화는 동방으로부터』(행복한에너지, 2012), 97~108쪽.

해와 소통을 도모하는 것이 될 것이다. 동서철학에서 이(理)는 실제로 '없는 것(가상실재=실체)'으로서 '있는 것(실재)'인 존재(氣)의 일분수(一分殊)이며 추상이다. 흔히 기(氣)를 '있는 것'이라고 해서 실체가 있는 물질로 번역하거나 이해하는 경우가 많은데(특히 유물론자) 이는 크게 틀린 것이다. 기(氣)는 '실체가 없는 있음=무(無)'이다. 물질은 실은 기(氣)에 대한 추상이며, 정신의 산물이다. 서양철학은 지금까지 추상을 실체라고 해온 셈이다. 그래서 헤겔의 유심론이 마르크스의 유물론으로 둔갑해도 논리적으로는 틀리지 않는 것이다. 물질은 곧 정신이기 때문이다.

서양 철학사에서 칸트는 중세의 신을 이성으로, 헤겔은 신을 절대정신으로 바꾸었다. 칸트는 신-이성(도덕적 이성)-과학(수학적 이성)의 근대합리주의를 철학적으로 뒷받침했고, 헤겔은 신-유심론(절대정신)의 완성과 함께 유물론(마르크스는 헤겔 좌파)의 등장을 열어줌으로써 독일관념론-유물론을 완성시킨다. 결국 서양의 근대는 과학(물리적 현상학으로서의 물리학)과 유물론(심리적 현상학으로서의 철학)으로 완성되었다고 볼 수 있다.

분명 서양철학의 종점은 유물론이고, 기계론이다. 이는 필연적으로 허무주의를 잉태한다. 니체의 '힘에의 의지' 철학은 이를 가장 절실하게 깨달았지만, 결과적으로 허무주의를 극복하기 위해 서양문명의 과학기술주의에 매달리게 된다. 이것이 그의 생기존재론이다. 니체를 두고 서양의 부처라고 하는 학자들도 있지만, 이는 일종의 서구예찬론 혹은 니체예찬론에 지나지 않는다. 니체는 신체주의와 생성론을 전개하였지만 그의 '영원회귀론'이 증명하듯이 결국 종래의 현상학적 존재론으로 회귀한 인물에 지나지 않는다. 어떻게 '제행무상' '제법무아'를 실천한 부처가 힘의 증대를 추구한 인물일 수 있겠는가. 니체가 권력의 편에 섰다면, 부처는 비권력의 편에 있는 인물이다.

동양의 이성주의, 즉 성리학(性理學), 나아가서 주리론(主理論)은 도덕적 이성에 치중했고, 서양의 이성주의는 물리적 이성에 치중한 것으로 드러난다. 근대에 이르러 동양에 대한 서양문명의 정복과 지배는 실은 물리적 이성, 즉 과학기술적 이성의 승리라고 말할 수 있다. 과학기술적 이성은 지금까지 전 지구적으로 맹위를 떨치고 있으며, 인공지능, 기계인간의 제조의 단계에 이르고 있다. 이러한 인류문명의 시점에서 우리는 세계를 어떻게 바라보는 것이 인류를 구할 길인가를 생각하지 않을 수 없다.

분명한 것은 시대정신이 근대를 향할 때와는 다른 태도를 요청하고 있다는 점이다. 자연을 자연과학적으로 바라보지 않는 태도 같은 것 말이다(그렇다고 자연과학을 버리자는 것도 아니고, 실제로 버려서는 거대한 인구를 부양할 수도 없다). 오늘의 인류문명은 성리학(性理學)이 성리학(性利學)이 되어버렸고, 따라서 인의(仁義)가 이욕(利慾)이 되어버렸다. 또한 성기(性氣)가 성기(性機, 性器)가 되어버렸고, 따라서 기운(氣運)이 기계(機械)가 되어버렸다. 이들은 모두 세계에 본래 없던 것들이고, 모두 자연으로부터 이용한, 혹은 훔친(도적질) 것들이다.

세계에 실제로 있는 것은 '실체가 없는 존재'인 기(氣)이다. 그런데 서양 사람들은 실체가 있는 것을 실재(reality)라고 생각한다. 하이데거는 서양의 이성중심주의의 형이상학이 그러한 딜레마에 빠진 것을 알고, 종래의 존재(현상학적 존재)를 존재자로 규정하고, 존재에 대한 새로운 의미, 즉 존재론적 의미의 존재로 바꾸어 사용한 것이다.

서양의 후기근대의 여러 해체론적 철학은 이성주의를 벗어난 것처럼 광고를 하고 있지만 실은 해체론은 또 다른 구성주의에 지나지 않는다. 왜냐하면 구성되지 않은 것은 해체할 수 없기 때문이다. 해체주의는 일종의 제스처에 불과하다. 분명히 해체론적 철학은 새로운 구성을 하고 있다. 이것이 서양철학의 특징이자 한계이다. 서양의 철학(기독교＝철학＝과학)은 눈(eye)의 산물이고, 결국 아이(I)를 찾는 것이다. 이에 반해 동양의 도학(자연＝도덕＝생명)은 귀(ear)의 산물이고, 결국 위(We)를 찾는 것이다. 눈(eye)은 사물(thing)에 이르고, 귀(ear)는 공기(air)에 이른다.

동양의 시적(詩的) 태도, 혹은 시철학적(詩哲學的) 태도는 세계를 분석적으로 보지 않고, 전체로 보려고 한다. 전체는 은유적일 것을 요구한다. 좀 더 나아가면 동양의 철학은 시니피에의 철학이다. 이에 비하면 서양철학은 시니피앙의 철학이다. 〈동양 시철학(詩哲學)-메타포-시니피에-자연주의(무위자연)〉 〈서양 현상학-메토니미-시니피앙-자연과학〉의 대구가 형성된다. 서양 현상학, 동양 존재론으로 인류의 철학과 종교를 종합적으로 해석해보면 서로 교차됨을 볼 수 있다. 서양철학과 종교에도 존재론이 없는 것은 아니고, 동양철학과 종교에도 현상학이 없는 것은 아니다.

동서양의 철학과 종교는 오늘날 철학의 기준으로 볼 때 현상학과 존재론의 내용을 동시에 가지고 있다고 볼 수 있다. 대체로 제도적인 종교는 현상학적인 내용을 가지지 않을 수 없었고, 종교의 본래적 성격은 존재론의 성격을 가졌다고 해도 무리가 없을 것 같다.

서양철학의 소크라테스에게서도 현상학과 존재론의 영역을 찾을 수 있다. '애지(愛知)의 철학'의 '애지'는 현상학의 영역이지만, "내가 아무것도 모른다는 것을 알고 있다(I know that I know nothing)"의 '나는 아무것(nothing) 모른다'는 존재론의 영역이고 '나는 안다'는 현상학의 영역에 속하는 것이고 할 수 있다. 플라톤도 마찬가지이다. 이데아는 존재론의 영역에 속하고, 이데아를 규정함으로써 빚어지는 현상은 현상학의 영역에 속한다. 이데아는 현상학의 분기점이 된다는 점에서 현상학의 출발이라고도 말할 수 있다. 결국 이데아-이성-진리의 입장은 현상학의 입장이고, 진리는 '드러난 것(aletheia)'이라는 존재론의 입장이라고 말할 수 있다.

자연적 존재인 인간이 무엇을 '안다'고 하는 것은 이미 무엇을 대상화한 것이고, 무엇을 '있다'고 한 것도 이미 무엇을 대상화한 것이다. 무엇을 대상화한 것은 대상화에 따른 주체의 설정을 불가피하게 하고, 대상과 동시에 주체가 발생한 것이다. 그래서 주체-대상의 이분법이 성립한다. 인간의 '앎(모름)'과 '있음(없음)'의 존재규정이 존재를 있게 하는 것은 아니다. 존재규정은 존재의 사후적(事後的)인 인식행위이다. 존재는 인간에 의해 그것의 있음이 좌우되지 않는다. 만약 그렇지 않다면 존재는 자신의 근거를 잃게 된다. 앎이 존재에 앞서면 앎에 따라 존재의 유무가 결정된다. 따라서 앎과 유무가 있는 존재는 현상학적인 존재규정이 될 수밖에 없다.

인간과 만물의 본래존재의 모습을 보려면(깨달으려면) 결국 내성(內省)을 하지 않을 수 없다. 물론 이때의 본다는 행위는 앎을 위한 것이 아니라 깨달음을 의미하고, 그 깨달음은 대상화(주체-대상)를 거치는 것이 아니라 바로 자기 자신을 들여다보는 행위이다. 그렇다면 자기 자신을 들여다보는 종국의 경지는 무엇일까. 자기 자신 속에 있는 세계의 본래모습일 것이다. 그렇게 되면 인간은 '세계-내-존재'가 아니라 '자기-내-존재'가 되는 역전현상이 일어난다. 세계-내-존재는 자기-내-존재로서의 세계-내-존재이다. 자기-내-존재가 먼저라는 말이다. 이것은 세계를 자기 자신으로 체화하는 '세계체험의 경지'이다. 이 경지가 바로 존재론적인 지평의 '존재자각의 경지'이다.

존재자각의 세계체험은 세계를 정복하고 소유하고 다스리는 것이 아니라 세계를 그냥 저절로 생멸하게 내버려두는 경지이다. 이는 헤겔의 현상학적인 절대(절대-상대)세계와는 다른 것이다. 현상학적인 존재이해나 깨달음은 결국 세계를 대상과 주체로 환원하고, 따라서 본래존재를 절대의 세계로 환원함으로써 세계를 권력체계(계층체계, 계급체계) 혹은 분류체계로 재구성하게 되는 경우에 이르게 된다. 이것은 궁극적으로 '과학에 이르는 도정'이라고 할 수 있다. 인간의 삶을 과학만능(과학일변도)으로 자포자기(自暴自棄)하지 않기 위해서는 철학의 사명은 본래존재인 자연을 인간에게 되돌려주는 일일 것이다.

철학의 이러한 사명이 결코 과학을 포기하라고 요구하는 것은 아니다. 과학의 도구적, 그리고 이용후생적(利用厚生的) 측면을 버리고 인간이 살 수는 없다. 단지 과학의 도구성 가운데 도사리고 있는 파괴성과 폭력성을 견제하지 않으면 과학이 도리어 인간을 멸종시킬지도 모르는 처지에 '과학기술적 인간'이 노출되어 있음을 주지시키지 않으면 안 된다. 그런 점에서 인류가 지금껏 발생시킨 고등종교들의 가르침을 지금의 입장에서 재해석하는, 그리고 이들의 공통적 가르침의 발견을 통해 이들을 통합(통일)하는 노력들이 지구촌시대에 요구되는 것이다. 무엇보다도 현상의 이면에 있는 존재론적인 성격, 즉 현상의 근거(근거 아닌 근거)에 대한 성찰이 요구된다.

유교의 경우도 인(仁)은 존재론의 영역, '의예지(義禮智)'는 현상학의 영역이다. 중용(中庸)도 존재론의 영역, 대학(大學)은 현상학의 영역이라고 할 수 있을 것이다. 불교의 경우도 자비(慈悲)와 중도(中道)는 존재론의 영역, 유식학(有識學)은 현상학의 영역에 배치해도 좋을 듯하다. 물론 유식 중에서도 제8식 아라야식이나 제9식 아마라식의 경우는 존재론의 성격을 다소 지니고 있다고도 볼 수 있을 것 같다. 화엄학(華嚴學)에서 체(體)는 존재론의 영역, 용(用)은 현상학의 영역에 넣을 수 있을 것 같다. 교선(敎禪)에서 교종은 현상학의 영역, 선종(禪宗)은 존재론의 영역에 넣을 수 있을 것 같다.

서양 후기근대철학을 대표하는 '차이(差異)의 철학'에서도 서양은 '실체(고정불변)의 차이'인 데 반해 동양의 음양사상의 차이는 '비실체의 차이'로서 서양과는 다르다. 음양사상은 서양철학의 영향으로 이원대립적인 것같이 해석되기도 하지만 실은 대립적인 것이 아니고 상호보완 혹은 상생관계에 있다. 이원대립은 현상학적인 차원이지만, 음양상생은 존재론적인 차원이다. 음양상생(陰陽相生)은 이원대립적이지 않다.

동양의 음양은 비실체인 기(氣)를 상징적으로 표현한 것이다. 동양의 음양사상이 현상학에 길들여진 철학자에게는 마치 음의 동일성과 양의 동일성이 있는 음양대립으로 느껴지면서 마치 변증법적인 운동을 하는 것처럼 오해하겠지만 음양은 역동적인 기운생동을 표현하는 것이며, 결코 절대진리를 추구하는 변증법이 아니다.

오늘의 시점에서 우리는 원시고대부족사회의 샤머니즘의 '존재론적인 성격과 기반'을 다시 환기하고 재해석할 필요가 있다. 존재론적인 성격은 흔히 철학의 형이상학적 특성으로 인해 매우 고차원의 난제처럼 느껴지지만 실은 형이상학을 포기하는 데에 있을 가능성이 높다. 형이하학이니 형이상학이니 하는 자체가 이미 자연의 기운생동과는 멀어져 있는, 이미 결별한 사유이기 때문이다. 서양의 형이상학(metaphysics)이 결국 형이하학으로 치부된 과학(physics)에 굴복한(회귀한) 것은 무엇을 말하는 것인가.

샤머니즘은 음양의 기운생동과 관련이 있다. 샤머니즘은 천지인(天地人)을 정기신(精氣神)으로 동시에 표현하는데 샤머니즘의 정령은 정기신이 역동적으로 순환하면서 기운생동으로 드러나는 상황을 말한다. 정령(精靈)은 정(精)과 기(氣)의 연합을 말하며 이러한 정기(精氣)의 순환의 하이라이트는 신(神)이다. 그렇지만 샤머니즘의 신들은 기독교의 신처럼 절대유일신이 아니고 범신(汎神)이다. 기독교와 샤머니즘은 완전히 다른 것인가? 샤머니즘의 입장에서 보면 기독교의 신은 샤머니즘의 신이 하나의 초월적 신으로 변형되어 절대화된 샤머니즘일 수 있다.

천지인사상의 완성론(完成論)에 따르면 천명(天命)을 받은 사람(人), 즉 무당이 신(神)이 된다. 말하자면 인류가 지금까지 성인(聖人)이라고 한 인물들은 실은 무당의 시대적 변형이었다고 할 수 있다.

天地人	存在論	養生論	完成論	네오샤머니즘(neo-shamanism)
天	精	性	氣	
人	神	精	神	천지인(天地人)-정기신(精氣神)- 성명정(性命精) 순환론(循環論)
地	氣	命	精	

[天地人과 그 변형]

　　모든 종교의 원형은 정령숭배(animism)가 아닐까? 흔히 종교의 발전과정을 진화론적으로 설명할 때 애니미즘(정령), 토테미즘(토템), 샤머니즘(귀신)의 순으로 말하지만, 이것은 진화적인 성격이라기보다는 존재론적-구조적인 성격이 강하다. 샤머니즘이야말로 인간이 자연으로부터 독립하여 초월하기 시작한 범신론과 초월신론의 경계에 있는 것으로 보인다. 이를 역으로 말하면 샤머니즘은 범신론을 내재하고 있는 초월성이라고 말할 수 있다. 아직 자연성이 내재한 초월성 말이다.

　　귀신은 기독교의 절대유일신보다는 한때 살았던 사람이 죽어서 자연으로 돌아가는 신(생멸하는 신)의 묘미가 있다. 〈말하자면 귀신은 명사라기보다는 '신으로 돌아가는' 동사의 의미가 있다. 죽음은 사물(事物)로 돌아가는 것, 사물화(事物化)되는 것이 아니라 신물(神物)로 돌아가는 것이다. 신물이야말로 존재라는 의미마저 있다.〉 모든 종교에 내재한 신비주의(mysticism)는 샤머니즘과 연결될 가능성이 높다. 신비주의는 인간의 앎(알음알이)의 다른 쪽(모르는 쪽)일 수밖에 없으며, 결국 비합리주의와 통할 수밖에 없다. 이것이 바로 신비이다. 자연에 인간의 앎이 아닌 다른 분야, 즉 신비가 있다고 하는 것은 자연에 대한 경외심과 통한다.

신비는 모르는 세계에 대한 지칭이며 새로운 가능성의 보고이다. 모르는 것이 있는 것을 인정하는 한 신비주의자가 될 수밖에 없다. 그런 점에서 신은 신비이며, 신비야말로 신성이다. 신비는 미신(迷信)이 아니라 일종의 미궁(迷宮)이다. 미궁은 연기(緣起) 혹은 연기적 사태의 네트워크(web)를 의미한다. 인류의 종교들은 신비를 여러 다른 이름으로 불렀을 뿐이다. 원시애니미즘의 정령(精靈)을 성령(기독교), 음양(유교), 보신(불교), 기운생동(선도), 귀신(샤머니즘) 등으로 불렀다.

동학(東學)은 한민족 문화의 원형인 『천부경』의 선도(仙道)가 근대에서 부활한 것이다. 동학의 '개벽(開闢)사상'은 『천부경』의 '무시무종(無始無終)'의 사상이나 다름없다. 개벽사상은 계속해서 '열리는 사상'으로 시작도 끝이 없이 변해가는 세계를 말하고 있다. 그럼에도 불구하고 구한말 서세동점(西勢東漸)의 상황에서 기독교의 하나님을 포용한 '한울님'을 부활시킴으로써 한민족의 영성에 대한 이해가 세계적 정상(세계최고봉)에 이르렀음을 증명하고도 남음이 있다.

동학은 놀랍게도 선(仙)사상을 중심으로 성리학과 기독교를 포용한 자생철학 및 토착종교의 좋은 예라고 할 수 있다. 그래서 동학을 중심으로 여러 토착종교가 탄생하는 바탕이 되었던 것이다.

"예컨대 동학에서 파생된 자생종교를 보면 먼저 동학과 무교(샤머니즘)이 만나서 증산교가 생기고, 동학과 유교가 만나서 갱정유교가 생겨났다. 또 동학과 재래의 신선교(단군교 계통)가 만나서 대종교가 생기고 동학과 불교가 만나서 원불교가 생겨났다. 이러한 맥락을 존중한다면 통일교는 기독교와 만나서 탄생한 민족종교라고 할 수 있다."[4]

오늘날 기독교를 동양의 '선(仙)'의 관점에서 보면 '기독교선(仙)'이라고 말할 수 있을 것이다. 기독교선이라는 것은 옛 선도(『천부경』의 선도)가 오늘날 서양기독교적 실천을 통해서 구현되는 것을 말한다. 문명의 흐름으로 볼 때 기독교와 선도가 결합되어야만 문명의 원시반본이 이루어지기 때문이다. 통일교는 이러한 기독교선(仙)의 전형적인 형태로서 원리원본과 혈통의 하나님, 심정의 하나님을 믿는 자생종교이다. 말하자면 서양기독교와 동학의 습합된 형태라고 말할 수 있다. 동학은 물론 옛 선도의 근대판이라고 할 수 있다.

동양문명과 서양문명의 교섭사의 입장에서 볼 때 샤머니즘과 선도(仙道)의 경전인 『천부경』의 '천지인(天地人)'사상은 기독교에서는 '성부성자성령(聖父聖子聖靈)'으로 문화번역된 것 같다.

---

4 박정진, 『메시아는 더 이상 오지 않는다』(행복한에너지, 2016), 210~211쪽.

이는 서양에서 '자연'이 '자연과학'이 된 이치와 상통한다. 예컨 대 본래 실체가 없는 자연(존재)을 실체가 있는 것(존재자)으로 해 석하여 그것을 실천(실행)한다면 바로 기독교와 자연과학이 되 는 것을 피할 수 없다. 그런 점에서 극과 극은 통한다는 말을 할 수 있을 것이다. 기독교와 기독교선은 바로 그런 관계에 있다.

기독교-과학주의의 연대는 오늘의 과학기술문명을 낳았다. 그러나 이들의 연대는 결국 '실체론의 우주관'과 '소유적 존재' 를 극대화한 결과를 초래하면서 자연을 생산의 수단과 이용물 로 봄으로써 자연을 황폐화시키고 말았다. 이런 황폐화 속에는 자연적 존재로서의 인간성의 상실과 자연을 기계적 우주로 보 는 일종의 '이성적 욕망과 광기'라고 말할 수 있을 것이다. 이러 한 문명의 광기를 치유하고 구원하기 위해서는 인류의 옛 조상 들의 자연관과 세계관을 부활시키지 않으면 안 되는 상황에 직 면하게 되었다.

샤머니즘-자연주의의 연대를 필자는 네오샤머니즘(neo-shamanism)으로 요약하고 있는 것이다. 원시부족사회의 천지인 사상이 오늘날 자연과학의 시대를 맞아서 새롭게 해석될 필요 가 있고, 이것을 네오샤머니즘이라고 명명함으로써 동양문화 혹은 동아시아의 '원시반본적 르네상스'를 꾀하고자 하는 것이 다. 이는 마치 공자의 유교를 주자가 성리학(neo-confucianism)이 라고 말했듯이 말이다. 다시 말하면 네오샤머니즘은 근대자연 과학시대를 넘어선 이후의 샤머니즘을 말한다. 즉 '과학 이후의 샤머니즘'이다.

네오샤머니즘의 입장에서 해석해보면 예수는 '예수샤먼' '예수신선' '예수단군'이라고 말할 수 있다. 예수는 또한 '예수토템', '예수정령'이라고 말할 수도 있다. 심지어 예수부처, 부처예수라고 말할 수도 있다. 인류의 원형문화(파미르고원과 고원지대, 수메르문화와 수미산)와 그것의 지역적 확산변형(변이)을 보면 충분히 예수샤먼과 예수부처 등을 논할 수 있다. 더구나 인간은 스스로 신-자신(自神)이 될 수 있는 존재이며, 존재를 신으로 현상화한 최초의 존재이다.

샤머니즘이라는 말은 실은 동북아시아 샤먼을 연구한 민속학자 겸 종교인류학자인 엘리아데(Eliade Mircea, 1907~1986)가 '성속(聖俗) 이분법'의 기독교적 관점에서 샤먼현상을 보면서 붙인 이름이다. 샤머니즘이라는 말은 한국의 경우, 신선교(神仙教)라는 말이 더 적당하다. 왜냐하면 한국인은 신선(神仙)을 이상적인 인물로 생각하며, 그 중심에 단군신선이 있기 때문이다. 단군은 사후에도 황해도 구월산 신선이 된 것으로 인물로 알려져 있다.[5] 그러나 서양 사람들과의 소통을 위해서 신선사상을 샤머니즘으로 부르고자 한다.

샤머니즘은 만물에 내재한 정령(spirit)을 숭배하고, 샤먼

---

5 박정진, 『단군신화에 대한 신연구』(한국학술정보, 2010), 참조.

(shaman)이라는 사제를 통해서 '귀신(신)과 인간의 평화'를 도모하는 우주적 종교였다. 샤머니즘은 인류역사상 국가시대 이전에 전 지구적으로 유행한 세계종교였다. 말하자면 요즘 기독교나 불교나 유교와 같은 종교였다. 종교 학자에 따라서는 다른 해석이 가능하지만 샤머니즘은 문명의 발달과 함께 각 지역별로 합리성의 강화를 요구하게 되었고, 이에 부응하여 각 지역별로 발달한 것이 오늘의 고등종교라고 말한다.

네오샤머니즘은 특히 유교가 주자학(neo-confucianism)이 되었듯이, 샤머니즘이 다시 자연과학시대를 뛰어넘어선 모습으로 새롭게 개혁되어 특히 자연과 문명 간의 공생관계를 회복하는 것에 주안점으로 두고 있다. 말하자면 자연과학시대의 과학기술만능의 시대의 모순을 극복하고 인류의 평화를 도모하는 에코샤머니즘(eco-shamanism)을 말한다. 네오샤머니즘의 가장 큰 특징은 인간과 자연의 관계를 새로 회복함으로써 자연과 더불어 사는 인간상을 이상으로 설정하고 있다. 네오샤머니즘은 과학기술문명의 전지전능한 힘에 밀려 신비를 잃어버린 자연의 신비를 회복하고, 인간과 자연이 존재론적으로 동등한 존재임을 천명하고자 하는 것이다.

네오샤머니즘은 '신비(mysticism)'와 '만물만신(萬物萬神)'과 '미궁(迷宮)의 연기적 존재'의 우주모습을 말하고자 한다. 네오샤머니즘에는 유·불·선·기독교·이슬람교는 물론이고, 인류는 모든 종교를 하나의 뿌리에서 나간 것으로 보는 입장을 취하고 있다. 샤먼은 특별한 존재이기보다는 인간의 보편적·일상적 존재이다. 샤먼들은 또한 신이 내리도록(신 내림을 위해) 마음을 비워둘 줄 아는 사제(승려)들이다. 마음을 비워둔다는 것은 소유적 존재로서의 자신을 생성적 존재로 탈바꿈한, 스스로 해탈(解脫)할 줄 아는 사정을 말한다.

존재란 무엇인가? 이에 대한 답을 서양 철학사에서 구한다고 한다면 플라톤보다는 역시 그의 스승인 소크라테스에게서 찾을 수밖에 없다. 플라톤이 말한 '본질(Idea)'이 아니라 그의 스승이 말한 "너 자신을 알라"라는 문장 속에 내재해 있다. 말하자면 '자신을 알 수 없다'는 사실에서 존재에 대한 답변을 끌어내야 한다. 그런 점에서 소크라테스는 애지(愛知)와 무지(無知)의 경계선상에 있다. 자기 자신을 알 수 없고, 알 수 없는 것이 또한 자기 자신이다. 이들이 바로 '존재'인 셈이다. 소크라테스가 석가, 공자, 예수와 더불어 4대성인인 이유를 알겠다.

인류의 4대문명의 발상지는 저마다 자신의 문화권과 문화문법에 상응하는 성인들을 배출했다. 인구가 증가하면서 지구적으로 정복과 복속을 통해 국가를 만들고, 제국을 영위하던 인간집단은 이제 확산되던 시대를 멈추고 하나로 수렴되어야 하는 문화통합의 시대를 맞고 있다. 따라서 인류는 카를 야스퍼스(Karl Theodor Jaspers, 1883 1969)가 말한 '추축시대'(서기전 5세기 전후)와 달리, 철학과 사상과 종교 면에서 새로운 '통합의 신기원'을 마련해야 하는 시대적 요구를 받고 있다. 물론 이것은 시대정신의 개념화일 것이다.

　인류의 5대종교는 이들을 관통하는 '통합의 철학' '통합의 종교'를 만들어야 하는 시대적 사명을 가지고 있는 것은 물론이고, 그 종교가 원시반본의 수렴적 성격을 가질 것도 요구받고 있다. 인간은 사회적 동물이지만 그 출발점은 거대한 제국이나 광막한 우주에 있는 것이 아니고, 그 바탕은 너무나 소박하고, 작은 규모의 가정에 있다. 우주를 여행하고 있는 인류문명은 이제 자신의 신체와 가정으로 돌아오고 있다. 이것은 인간현존재의 역사의 종언(종말)을 의미하기도 한다. 인간은 본래존재로 돌아가고 싶어하고 있다. 그래서 원시반본의 종교, 원시반본의 철학을 요구하고 있다.

　인류종교와 철학의 원시반본은 문명권으로 보면, 불교는 힌두교로, 기독교이슬람교는 유대교로, 유교는 조상숭배의 샤머니즘으로 돌아가는 형태를 취할 수밖에 없다. 철학은 그리스로 돌아갈 수밖에 없다. 이제 종교와 철학, 신학과 문화가 하나가 될 수밖에 없다. 신(神)과 하늘(天)과 인간(人)은 지상(地)에서 하나가 되어야 한다. 이들은 모두 존재론적 순환의 관계에 있는 본래존재들이다.

　이에 더하여 말하자면, 모든 종교와 철학의 출발점은 가정이다. 인류는 하나의 가정에서 출발하였듯이 이제 다시 하나의 가정으로 돌아가야 하는 시절운(時節運)을 맞았다고 볼 수 있다. 세계는 파더콤플렉스(기독교·이슬람교), 마더콤플렉스(불교), 부모

콤플렉스(유교), 그리고 자연(만물)콤플렉스(선도샤머니즘), 즉 모든 콤플렉스에서 벗어나서 완성을 기해야 하는 시절에 도달하였다고 볼 수 있다.

아래의 표를 보면 여러 종교들이 모두 존재론적인 측면과 현상학적인 측면을 동시에 가지고 있음을 볼 수 있을 것이다. 제 종교들이 그렇게 되는 까닭은 인간이 '자연적 존재로서의 인간' 과 '역사적 존재로서의 인간'이라는 이중성을 가지고 있기 때문이다 인간은 존재론적인 존재이지만 역사를 이끌어가기 위해서는 현상학적인 존재가 되지 않을 수 없기 때문이다. 심지어 현상학의 출발이라고 볼 수 있는 서양철학의 소크라테스도 존재론적인 측면을 내재하고 있다.

모든 성인들과 철학자들은 존재론과 현상학의 경계에서 인류로 하여금 삶의 균형을 잡을 수 있도록 솔선수범하고 가르쳤던 것으로 보인다. 오늘날에 있어 가장 중요한 말씀은 소유론의 입장에서도 "모든 것은 놓아야 세계 전체(자체)를 가질 수 있다"는 진리이다. 만약 인간이 잡은 것이 세계라면 그 세계는 항상 부분일 수밖에 없고 부족할 수밖에 없다. 욕망의 무한대는 아무리 커져도 만족할 수 없다. 결국 욕망을 무(無)로 돌리는 것밖에 세계 전체를 잡을 수 있는 방법은 없다.

소유론의 입장에서 보아도 그런데 하물며 존재론의 입장에서는 더 물을 것도 없다. 세계는 본래하나이고 본래존재이다. 지금 내 눈앞에 보이는 어떠한 것도 존재론적으로 보면 나와 다를 것이 하나도 없다. 내가 알 수 없는 어떤 것에서부터 우리는 같이 출발한 존재이고, 단지 경로만 달랐을 뿐이다. 만물이 그러할진대 하물며 사람에 있어서랴!

더구나 시작도 끝도 없다. 생각해보라. 어디가 시작이고, 어디가 끝인지. 만약 끝이 있다면 그것은 바로 시작이 되지 않으면 안 되고, 그 시작은 또 다시 끝이라는 것을 맞이하지 않으면 안 된다. 이렇게 보면 서양철학과 기독교는 그 한 단락을 말했을 뿐이다. 비록 존재론적인 면을 가지고 있지만 경계지점에서 현상학 쪽으로 향하였다고 말할 수 있다.

필자는 30대 후반(1990)에 펴낸 『한국문화 심정문화』(이 책의 제2판은 『한국문화와 예술인류학』으로 개명했다)에서 '역동적 장의 개폐 이론(DSCO: Dynamic Space, Close & Open))'[6]을 주장한 바 있다. 세계의 무한한 열림(Open)이야말로 존재의 근본이다. '무한한 열림'을 존재(생성적 존재)의 바탕으로 삼으면서 우리가 지각하는 것은 단지 그것의 닫힘(Close, 폐쇄된 울타리, 시공간, 체계)일 뿐임을 선언한 이론이었다. 무한한 열림, 개방성만큼 본래존재를 드러내는 일은 없을 것이다.

필자의 DSCO 이론을 철학사상적 입장에서 가장 짧은 문장으로 요약한 동양철학자 최문형은 현대인류문명의 위기를 다음

---

6 박정진, 『한국문화와 예술인류학』(미래문화사, 1990), 91~108쪽.

과 같이 진단·처방하고 있다.

"진정한 인간의 본질은 자신의 본원적 문제를 세계를 향하여 열어놓은 개방성에 있다. 그러나 현재의 문명위기를 초래한 인간중심주의는 인간이 자신만을 목적으로 하고 타인이나 사물을 수단시한 과오를 범한 데서 시작되었다 해도 과언이 아니다. 그것은 종교의 진정한 본질, 즉 인간의 참된 행복의 추구와 인간사랑이라는 명제에서 어긋난 것이다. 그러므로 인간은 자연과 세계 속에서의 자신의 위치를 개방적 안목으로 자각하고, 그에 따라 자신의 유한성과 그에 따르는 욕구들을 초월하고 승화하는 방향으로 나아가는 것이 진정한 의미의 행복을 추구하는 기초라고 하겠다."[7]

철학과 종교	현상학: 실체 유시유종(有始有終)	존재론: 비실체(마음: 氣) 무시무종(無始無終)	명사/ 동사
서양 현상학	소크라테스 "너 자신을 알라."/애지(愛知) 플라톤: 현상 이데아/이성(理性)/진리	"내가 아무것도 모른다는 것을 알고 있다."/무지(無知) 플라톤: 이데아 진리는 알리테이아(aletheia)	앎(진리)/모름(존재)
유교(儒敎)	인의예지(仁義禮智) 대학(大學)	인(仁): "말로 하기 어렵다." /중용(中庸)	예(禮)/ 인(仁)
불교(佛敎)	화엄학: 체(體)용(用) 유식학(唯識學): 제8, 9식	중관(中觀):慈悲/中道 선종(禪宗): 간화선, 묵조선	유(有)/ 무(無)

7 최문형, 『韓國傳統思想의 探究와 展望』(경인문화사, 2004), 409쪽.

선도(仙道)/도교(道敎)/동학(東學)	문화: 문명문화(인위문화)/호흡(呼吸)과 리듬(rhythm)	자연: 무위자연(無爲自然)/도(道)/무위이화(無爲而化)	문명/자연
서양 후기근대철학: 존재론	존재자(Seiendes, beings) 사물(thing)/이(理) 고정불변 실체(실체의 차이)	존재(Sein, Being) 사건사태/氣(파동) 생명, 생멸(음양의 차이)	사물/사건/사태
기독교/샤머니즘	절대유일신: 성부성자성령 자연과학(물리학적 우주론)	애니미즘(animism):정령/자연(自然)	성령/자연
기독교선(仙): 통일교	통일교: 원리원본(原理原本)/혈통중심	가정연합: 심정(心情)의 하나님/심정중심	원리/심정
네오샤머니즘(neo-shamanism)	정령(spirit)/ 샤먼(shaman)/ 평화(귀신과 인간)의 우주	신비(神祕, mysticism)/ 만물만신(萬物萬神)/ 미궁(迷宮)의 연기적 존재	정령/신비/미궁

[현상학과 존재론으로 본 동서양 철학과 종교]

　　여기서 유불선기독교를 통합하는 종교, 초종교초교파를 추구하는 종교로서 통일교-가정연합의 변천과정에 주목할 필요가 있다.[8] 이는 원효(元曉)의 회통불교의 정신이 기독교에서 되살아난 것으로 평가된다. 통일교(Unification Church)는 처음부터 무신론(無神論)-유물론(唯物論)을 주장하는 공산주의에 대해 유신론(有神論)-심정론(心情論: 심정의 하나님)인 '가디즘(Godism: 하나

8　1954년 세계기독교통일신령협회(Holy Spirit Association for the Unification of World Christianity)로 출발한 통일교는 1994년 세계평화통일가정연합(Family Federation for World Peace and Unification)으로 명칭을 변경함으로써 교회의 성격을 전환한다.

님주의)'[9]으로 맞서면서 반공승공운동으로 세계적인 교세를 키웠다. 이는 세계기독교사는 물론이고 현대세계사에서도 매우 주목할 만한 역사적 의미를 내재하고 있다.

공산주의가 코민테른(Communist International: 국제공산주의)운동을 통해 마르크시즘(Marxism)을 전파한 데 반해 통일교는 초종교초교파운동의 맥락에서 가정연합(Family Federation)운동과 천주평화연합(UPF; Universal Peace Federation) 운동을 전개함으로써 공산주의와 대결하는 한편 유엔(United Nation)갱신운동을 펼쳤다. 가정연합은 세계 어떤 종교보다 가정과 순결의 중요성을 설파했다는 점에서 최종적으로 유교적 가치와의 통합을 통해 동서양적 완성을 꾀했다.

기독교	유일절대신	아가페 사랑	천상천국	복음주의
마르크시즘	무신론	계급투쟁(분노, 질투)	지상천국(공산사회)	코민테른
통일교-가정연합	하나님주의 (Godism)	통일승공사상 두익(頭翼)사상	지상천국-천상천국 공생-공영-공의	가정교회 심정-효정

[기독교, 마르크시즘, 통일교-가정연합]

9   가디즘(Godism)은 기독교의 맥락에서 붙여진 이름이지만 네오샤머니즘의 입장에서 보면 오늘날 세계적으로 만연된 물신숭배(物神崇拜)를 비판하는 신물숭배(神物崇拜)의 의미를 담고 있다.

현대세계사에서 가정연합운동은 코민테른과 대척점에 있음을 알 수 있다. 가정의 연합과 공산당의 인터네셔널은, 전자는 사회의 기본단위인 가정을 기초로 하고 있는 반면 후자는 국가 위에 군림하는 공산당을 기초로 하고 있다는 점에서 대조된다.

『천부경』	유교	불교	선교-도교	기타
진성광(眞性光): 성동심(性動心)	태극(太極), 천리(天理), 지선(至善), 지성(至誠)	원각(圓覺), 진공(眞空), 법신(法身), 사리(舍利)	영아(嬰兒), 선천일기(先天一氣), 성태(聖胎), 금단(金丹)	유무동시출리(有無同時出理)
일신조화 (一神造化)	관일(貫一): 일이관지(一而貫之)	귀일(歸一): 만법귀일(萬法歸一)	수일(守一): 득기일만사필(得其一萬事畢)	음양이기(二炁)합일중(合一中)
일시무시일 (一始無始一)	공자(孔子): 진마(眞馬)	석가(석가): 백우(白牛)	노자(老子): 암우(暗牛)	도가(道家): 현빈(玄牝)
초범입성 (超凡入聖)	중용(中庸)의 문: 도의(道義)의 문	일승(一乘)의 문: 불이(不二)의 문	금단(金丹)의 문: 중묘(衆妙)의 문	허공중 (虛空中)
성주천대은하계 (成主天大銀河系)	주역(周易): 태천공(太空天)	비비상천(非非上天), 금강천(金剛天)	태허천(太虛天), 천극천(天極天)	고도가(古道家): 도리천(忉利天)

[『천부경』과 유불선의 원형과 변형의 관계]

현상학	무(無): nothing	기(氣): 에너지	물질계, 色界	정신-물질 (육체)
존재론	무(无): nothingless	기(炁): 空, 虛	몸(마음몸), 물심일체	신체적 존재론

['무'와 '기'의 현상학과 존재론]

전자는 비권력적이면서도 심정적이고 평화주의인 반면, 후자는 권력적이면서도 당파적이고 전체주의적인 성격을 띠고 있다.

유불선과 『천부경』의 관계를 살펴보면 유불선은 『천부경』에서 퍼져나간 지역적·문화권적 변형이라는 것을 알 수 있다. 그렇다면 이들의 관계를 구체적으로 살펴보자. 『천부경』의 정신은 용어는 다르지만 뜻은 같은 여러 용어들로 유불선도교에서 나타났음을 알 수 있다. 『천부경』의 일시무시일(一始無始一)이 다른 종교에서는 어떻게 변형되었는지 살펴보자. 유교에서는 진마(眞馬)로, 불교에서는 백우(白牛)로, 노자에서는 암우(暗牛)로, 도가에서는 현빈(玄牝)으로 나타났다. 논리적으로는 일시무시일이 설명될 수 없는 까닭에 동물에 비유되었다.

동양철학과 『천부경』철학에는 무(無)에서도 무(无)라는 글자가 따로 있고, 기(氣)에서도 기(炁)라는 글자가 따로 있어서, 오늘의 철학으로 말하면 현상학적인 차원이 아닌, 존재론적인 차원의 세계관을 가지고 있었던 것 같다. 존재론은 그런 점에서 오늘의 문명인이 잊어버렸던 원시반본의 자연철학이다.

2. 존재론의 미래로서의 네오샤머니즘

인간은 세계를 현상학적으로 볼 수도 있고, 존재론적으로 살 수도 있다. 현상학의 정점에는 신(神)과 과학이 있지만, 존재론은 모든 존재의 삶과 그것의 동등(同等)함을 의미한다(萬物平等, 萬物萬神). 현상학은 쉽게 말하면 육하원칙의 세계를 말하고, 존재론의 세계는 육하원칙을 넘어서서 본래존재로 돌아가는 것을 말한다. 현상학은 "나는 누구인가(Who am I)"라고 묻는다. 그렇지만 존재론은 누구(Who)와 나(I) 사이에 있는 '있음(am)'이다. 존재론은 대문자(Who, I, Being, God)의 세계를 부정한다.[10]

---

10 하이데거는 대문자 '존재(Being)'를 사용했기 때문에 본래존재(자연, 자연적 존재)에 돌아

그냥 소문자(being, am, god)의 세계이다.

현상학의 최종적인 형태는 '주체-대상'(나-너=I-You)의 권력적(인식-소유)인 형태이다. 존재론의 최종적인 형태는 '주체-대상이 없는'(우리=we) 무제약적인 비권력적인 형태이다. 현상학의 주체-대상은 정신-물질(육체), 창조(創造)-진화(進化)의 틀 내에 있다. 존재론은 세계를 자기화('세계-내-존재')하거나 자기를 세계화('자기-내-존재')하는 심물일체(心物一體)-심물존재(心物存在), 신물일체(神物一體)-신물존재(神物存在)의 세계(경지)를 의미한다.

현상학	주체-대상 ('나-너'=I-You)	정신-물질(육체) 창조주-피조물	창조(創造)-진화(進化) 기독교-자연과학	권력적
존재론	무제약적 ('우리'=we)	심물존재(心物存在) 만물평등(萬物平等)	신물존재(神物存在) 만물만신(萬物萬神)	비권력적

[현상학과 존재론]

존재론의 미래로서 네오샤머니즘을 거론하는 것은 쉽게 말하면 과학기술공학 주도의 인류문명에 대해서 다시 원시반본을 통해 공학과 자연의 균형을 새롭게 조정하자는 취지이다. 본래

가고자 하는 노력에도 불구하고 '존재론의 미완성'에 그친다. 서양문명권 속에서는 그렇게 될 수밖에 없다. 이는 마치 스피노자가 '범신론적-유물론'에 그치고, 니체가 '권력에의 의지'로 인해 '실패한 부처'에 그치는 것과 같다.

공학의 공(工)자는 글자형성자체가 하늘땅사람을 상징하는 것이었다. 공(工)자의 옆에 사람 인(人)자가 두 개 들어가는 것을 무(巫)자라고 한다. 무자는 '굿'하는 행위를 의미하기도 하고, 굿을 주관하는 사제인 무당을 의미하기도 한다. 말하자면 통상적으로 '춤추는 사람'을 의미한다.

오늘날 과학기술체계에 길들여진 현대인은 인간이 '춤추는 존재'라는 것을, 혹은 춤추는 사실 자체를 잃어버렸는지도 모른다. 춤추는 행위는 신체를 동반하지 않으면 안 되는 것이다. 고도로 과학기술문명이 발달한 현대는 신체가 동반하지 않는 문자정보체계의 송수신에 의해 지식과 정보를 서로 교환하는 데 익숙해진 관계로 신체의 의미를 잃어버리는 경우가 많다. 그러나 본래 인간이 태어날 때는 신체적 인간이었음을 부인할 수는 없을 것이다. 결국 신체를 잃어버린 인간은 존재의 고향을 잃어버린 것이나 다를 바 없다.

그러한 점에서 존재론의 미래로서의 네오샤머니즘은 다음의 표로 상징적으로 설명할 수 있다. 결국 인간은 신체로 춤출 수 있어야, 어린아이처럼 춤추고 노래할 수 있어야 본래존재로 돌아갈 수 있는 길을 열 수 있다는 의미가 된다.

인간의 생각은 결국 도구·기계적 세계를 열었지만 그것은 과학기술공학에 지배당하는(잡힌, 예속되는) 근현대인을 만들었다. 본래인간을 회복하자면 결국 춤추는 인간이 되어야 하고, 춤추면(舞) 결국 무(無)에 이르게 됨을 신체로 확인할 수 있게 된다. 여기서 춤추는 인간이란 반드시 춤을 추어야 한다는 뜻이라기보다는 춤과 놀이(노래)를 통해 '놀이하는 인간'이 되어야 한다는 뜻이다.

천지인 사상	원시고대인		근현대인		미래인
工	巫	→	工	→	巫舞無
하늘땅사람	춤추는 무당 (사제)		기술적응인간		춤추는 인간
천지인의 순환	자연친화적인 삶		과학기술문명		존재회복의 인간

[巫에서 工으로, 다시 巫로]

하이데거는 각 시대의 존재 이해, 즉 존재자 전체의 본질과 근거에 대한 이해가 그 시대의 모든 활동을 규정한다고 말한다. 중세는 존재자 전체를 '신의 피조물'로서 이해함으로써 학문화 예술과 일상생활이 신에 대한 숭배를 중심으로 이루어졌다고 말한다. 현대기술문명은 존재자 전체를 '계량 가능한 에너지들의 공급원'으로 이해하기 때문에 인간마저도 계량 가능한 노동력과 욕구의 담지로 간주한다.[11]

하이데거는 현대과학기술문명은 데카르트의 형이상학에 의해 출발하였다고 말한다. 데카르트의 자연관은 인간마저도 과

---

11 박찬국, 『들길의 사상가, 하이데거』(동녘, 2004), 27~28쪽.

학에 의해 대상화되는 것을 피할 수 없게 한다. 인간과 자연의 이분법은 자연을 이용대상으로 하는 길을 열어주는 반면 자연으로부터 인간의 소외를 동시에 초래했다. "'연장적인 사물'로서의 이해와 인식하는 자(res cogitans)로서의 인간 사이에는 공통점은 없다고 보았다."[12]

'주체-대상(목적)'의 이분법적인 현상학은 인간으로 하여금 매 순간 대상의 소유에 집착하게 만든다. 그렇게 되면 목적은 대상이 되고, 대상은 수단적 의미가 된다. 따라서 현상학적인 인간은 주체의 상실에 직면하게 됨으로써 결국에는 물질주의(공산주의)나 물신숭배(자본주의)의 위험에 처하지 않을 수 없다. 서양의 현상학이 마르크스에 의해 유물론에 빠진 것은 현상학의 피할 수 없는 자기모순과 자기왕래의 귀결이라고 하지 않을 수 없다. 헤겔의 관념론이 물질적 조건을 무시함으로써 비현실적이라고 규탄한 마르크스는 경제구조(생산관계)가 정신활동을 규정하기에 이른다. 이는 대상적 사고나 목적이 결국 실체(동일성)를 추구함으로 인해 소유적 존재로서의 인간의 자기모순을 드러낸 것이라고 볼 수 있다.

하이데거의 존재론은 과학기술문명시대의 인간소외 문제를 제기하면서 어떻게 하면 자연적 존재로서의 인간성을 회복할

---

12 같은 책, 29쪽.

수 있을 것인가에 집중했다. 서양철학에서 존재론의 문을 연 하이데거라 할지라도 존재론을 완성한 것 같지는 않다. 하이데거는 존재가 마치 존재자의 저편에 있는 것처럼 말한다. 하이데거의 존재론은 어디까지나 존재자의 입장에서 존재를 보는 것이라고 하지 않을 수 없다. 그가 구사하고 있는 존재의 은폐(隱閉, 隱迹)나 개현(開顯, 顯現)[13]이라는 말은 그것 자체가 이미 존재자의 시선을 말해준다.

하이데거의 은폐와 개현은 시의 은유(隱喩)를 철학적으로 설명한 것에 불과하다. 말하자면 하이데거는 과학의 철학에서 시의 철학으로 대전환을 한 인물이다. 하이데거의 존재론이 복잡한 말놀이를 하는 것은 그만큼 과학의 세계 혹은 과학의 철학에서 시의 세계 혹은 시의 철학으로 전환하는 것이 쉽지 않음을 의미한다. 진정한 존재는 생멸적 존재이고, 연기적(緣起的) 존재이기 때문에 은폐나 개현의 여지가 없는 '현존적 존재'일 따름이다.

존재자가 존재를 열거나 드러나게 하는 것이 아니라 존재는 항상 열려 있는 존재 '생멸하는 존재'로서 인간이 이것을 사물

---

13 '은폐'나 '개현'이라는 말은 결국 존재와 존재자 사이의 역동적인 관계를 표현하는 용어인데 '은폐'나 '개현'은 현상학적인 입장에서 붙인 말의 성격이 강하고, '은적'이나 '현현'이라는 말은 존재론적인 입장에서 붙인 말의 성격이 강하다. 그러나 둘은 같은 역동성을 드러내는 말이다. 필자도 존재의 개폐적(開閉的) 성격을 드러내는 모델로 '역동적 장(場)의 개폐(開閉) 이론(DSCO)'을 발표한 바 있다.

로 즉 '닫혀 있는 존재자'로 본 까닭에 그것을 '개폐(開閉)'로 설명하는 것일 따름이다. 진정한 세계는 본래 열려 있는 세계이다. 존재를 깨달은 하이데거는 적반하장으로 존재자가 존재를 열었다고 말하는 것이다. 그런 점에서 존재는 사물(thing)이 아니라 사건(event)이다.

하이데거에 있어서는 존재자는 존재를 열었다고 할 수 있다. 그러나 존재(자연적 존재)는 닫힌 적이 없다. 존재와 자연은 항상 동사로서의 그것이며, 사건으로서의 그것이며, 실체가 없는 것으로서의 그것이다. 그런데 서구문명은 그것을 명사로, 사물로, 실체로 인식했다. 서양은 '정(靜, 실체, 존재자)'에서 존재를 인식한 반면 동양은 '동(動, 氣, 존재)'에서 존재를 읽은(해석한) 셈이다. 이것이 서양에 '과학'(자연과학)을 가져다주었고, 동양에 '역(易)'(한의학)을 가져다주었다.

존재는 내가 생각하기 때문에 존재하는 것이 아니고, 존재하기 때문에 존재하는 선물과 같은 것이다. 그런 점에서 데카르트의 코기토와 정면으로 충돌하는 것이다. 나아가서 존재는 시각적 구성의 산물이 아니고 자연의 흐름, 시간적(계량할 수 없는) 흐름이며, 일종의 풍류도적(風流道的) 성격을 가지고 있다. 존재 그 자체에 가장 가깝게 접근하는 것이 바로 소리이다. 소리는 파동으로서 자연의 어떤 사물도 소리를 내장하고 있다고 말할 수 있다. 이는 존재가 시(詩)를 내장하고 있는 것과 같다.

'시각-언어-페니스'의 남성철학은 '청각-상징-버자이너'의 여성철학으로 중심이동을 하고 있다. 페니스는 어떤 경우에도 스스로 일으켜야 한다는 점에서 자기 결정적(능동적)이고 자아-권력적인 반면, 버자이너는 자신의 의사와 상관없이 열려 있다는 점에서 자기 개방적(수동적)이고, 무아-비권력적이다. '시각-언어'의 프레임에 길들여진 서구문명은 '청각-상징'의 세계에 대해 신기할 뿐이다. 청각과 상징은 실체가 아닌 유령으로서 존재를 받아들이게 된다. 청각과 상징은 동일성의 세계와 다른 세계를 상정하게 되고, 실체가 없는 세계는 유령의 세계라고 말할 수 있다. 유령의 세계에 가장 가까운 세계가 바로 소리의 세계이다.

하이데거의 존재에 대한 물음이나 신에 대한 경건함도 실은 불확정한 청각적 상황에 대한 관심이었을 수 있다. 이때의 소리란 무엇인가. 간단히 말하면 동일성이나 정답이 없는 세계, 실체(입자)가 아닌 파동(리듬)의 세계를 말한다. 그렇다면 진정한 존재론은 무엇일까? 진정한 존재론은 '존재존재론'(존재론적 존재)이라고 부를 수 있을 것이다. 존재존재론은 주체(자아)를 벗어나야 이를 수 있는 경지이다. 이를 달리 말하면 '심정존재론'이 된다.

원시부족사회의 사람들은 자연의 소리를 듣는데 본능적으로 민감하였다고 할 수 있다. 샤먼은 '자연의 소리'를 듣는 사제라고 말할 수 있다. 샤먼은 자연의 소리를 듣고 자연과 사람의 공생관계를 회복해주는 영통자라고 말할 수 있을 것이다. 정령숭배(animism) 같은 것도 신앙도 샤먼과 관련이 있을 가능성이 높다. 정령숭배는 불확정한 세계에 대한 부족사회인들의 믿음체계이며 그들의 존재론이 아닐까? 정령숭배는 사물과의 공감(共感)을 통해 심물일체, 만물만신의 분위기 혹은 기운생동에 접신함으로써 자기 자신이 세계와 하나가 되는 신비감에 젖는 것과 관련이 있다.

접신의 세계는 바로 하늘과의 천정(天情)과 사람 사이의 심정(心情)과 땅 사이의 지정(地情)을 통하는 '교감전율(交感戰慄, 交感電慄) 세계'이다. 이러한 교감의 세계를 극대화하면 우주와의 공명(共鳴)을 이루는 세계이다. 심정존재론과 심정평화론은 바로 이러한 경지에 이르는 철학으로서 주체-대상의 이분법에서 벗어나서 궁극적으로 존재론적인 평화에 도달하는 것을 말한다.

근대과학시대의 전개와 더불어 원시부족사회의 샤머니즘은 미신의 대명사로 통했으며, 더 이상 인간의 삶을 치유하고 행복을 가져다주는 것과는 전혀 관계가 없는 줄 알았다. 그러나 인간의 앎이라는 것이 동시에 항상 모르는 세계를 전제로 하는 것이고, 앎의 저편에는 항상 신비와 모르는 전체가 숨어 있음을 간과할 수 없다. 앎은 동일성의 세계를 추구하는 것이고, 삶은 시시각각 생멸하는 '차이의 세계'로서 동시성의 전체적 세계이다. 역동적으로 생멸하는 전체적·총체적인 세계야말로 본래존재의 세계이다.

앎의 현상학적(존재자적, 과학적) 입장에서 샤머니즘을 미신으로 본다면 삶의 존재적 입장에서 보면 샤머니즘은 적어도 인류가 자연친화적인 삶을 영위하던 부족사회 혹은 부족국가 시절에 유행한 종교적 원형으로서 새롭게 볼 필요와 여지가 없지 않다. 샤머니즘의 신비적 요소는 단지 미신이 아니라 세계를 총체적으로 바라본 철학적 의미를 갖는 것인지도 모른다. 현대사회처럼 세계를 파편으로 쪼개지 않던 시절의 세계관으로 볼 여지가 있다.

샤머니즘이 신비의 여지를 둔 것은 도리어 '요소-체계'의 실체론이 아닌 '관계-총체(전체)'의 비실체적 세계관의 산물로 볼 수도 있을 것 같다. 전체(총체)는 정해진 것이 아닌 신비이다. 신비야말로 인간이 신을 접할 수 있는, 신을 모실 수 있는 역동적 장(場)인지도 모른다. 실지로 샤머니즘보다 상대적으로 합리적 종교로 알려진 고등종교에도 신비적 요소가 깃들어 있음을 살펴볼 수 있다. 예컨대 기독교의 성부-성자-성령 중에서 성령(聖靈), 불교의 법신-응신-보신 중에서 보신(補身)은 그 대표적인 것이다.

샤머니즘의 경전으로 알려진 『천부경』의 내용 중 인중천지일(人中天地一)의 구절, "사람 가운데에 천지가 하나가 된다(역동적으로 하나가 된다)"는 내용은 바로 고등종교의 위의 상태를 잘 표현한 것으로 보인다. 성령이나 보신은 기운생동(氣運生動)의 우주를 표상하는 말로서 샤머니즘의 정령(精靈)이나 영기(靈氣), 혹은 신령(神靈)처럼 과학적으로 그 정체를 확연히 밝힐 수 있는 것은 아니다. 진리와 신비 사이의 완벽한 이분법은 더 이상 용인할 수 없게 되었다.

더욱이 기독교의 절대유일신은 고정불변의 동일성을 요구함으로써 인간을 자연으로부터 더욱 더 멀어지게 하였다. 기독교의 '창조(시작)-종말(끝)' '원인-결과' 등의 이분법의 사유는 자연적 존재로서의 인간을 소외시키는 것은 물론이고, 인간성을 파괴시킬 정도이다. 기독교와 이성철학, 그리고 자연과학은 세계를 '기계적 체계'로 읽기를 강요하고 있다.

존재는 '알 수 없는 세계' '불확실한 세계'이다. 만약 존재가 알 수 있는 세계가 되면 그것은 이미 현상의 세계(현상학적인 존재)인 것이다. 그렇다면 알 수 없는 세계와 신비의 세계는 어떻게 다른가? 우리는 알지 못하기 때문에 신비의 세계라고 말하고 있는 것은 아닌가? 미신은 과학적으로 설명할 수 있는 것을 불합리하게 설명하는 것이라면 신비는 처음부터 합리적으로 설명이 된 적이 없는 세계이다. 신비는 마치 정체를 드러내지 않기 위해 달아나는 신과 같아서 신비가 곧 신이다. 존재의 신비는, 샤머니즘의 세계와 통하는 그 무엇이 아닐까? 흔히 존재는 무(無)라고 할 때의 '무'야말로 글자 그대로 없는 것(nothing)이 아니라 알 수 없는 그 무엇이라고 할 수 있지 않을까?

하이데거는 "돌멩이가 있는 것(나무가 있는 것)"과 "인간이 있는 것"은 다르다고 주장한다. 그래서 인간을 '현존재(터-있음)'라고 규정하고 현존재를 존재이해의 존재라고 부른다. 하이데거의 입장은 샤머니즘의 입장과는 다르며, 그의 존재론에는 여전히 인간중심주의적인 사유(존재자의 위계성)가 깔려 있음을 볼 수

있다. 여기에는 인간을 창조한 기독교의 유일신관이 개재되어
있음을 엿볼 수 있다.

이에 비해 샤머니즘의 신관은 모든 사물에 신령(정령)이 깃
들어 있으며, 종국에는 만물만신(萬物萬神)의 태도를 지니고 있
다. 샤머니즘의 세계야말로 실은 존재론이 추구하는 모든 '있음
(존재)'을 동등하게 생각하는 사유가 숨어 있다고 할 수 있다. 이
것을 필자는 존재의 일반성, 혹은 일반존재라고 부르고 있다.

필자는 샤머니즘과 철학의 상호관련성에 대해서 상당한 분
량의 견해를 밝힌 바 있다.[14] 그 글의 핵심은 철학이 사물을 대
상화(주체-대상)하는 것을 포기하고 세계를 '관계의 세계', 즉 '실
체가 없이 연결되는 그물망(web)'으로 인식하는 것이 존재와 자
연에 이르는 길임을 천명한 것이었다.

샤머니즘은 비록 오늘의 시각에서 보면 과학적이지는 않았
을지 몰라도 세계를 '관계의 망'으로 보고 삶을 영위한 지혜로
볼 수 있을 것이다. 오늘날 네오샤머니즘의 이름으로 샤머니즘
을 부활시키는 것은 분명히 과학시대를 지난 시대적 의미가 가
미된 것이다. 그런 점에서 현대인, 혹은 미래인은 과학과 함께
샤머니즘도 동시에 고려하면서 삶을 영위하여야 할 것이다. 이
는 전자의 '이성적-체계적 세계'와 후자의 '감성적-공감적 세

---

14 박정진, 『철학의 선물, 선물의 철학』(소나무, 2012), 260~348쪽.

계'가 공존(병존)하는 방식일 것이다.[15]

필자는 네오샤머니즘을 제안하면서, 철학의 밖에서 철학을 보면 철학행위도 자연에 의미를 부여하는 행위에 불과하다고 주장했다. "철학과 문명이란 결국 자연의 음률, 멜로디에 의미를 입히는 작업(그 의미작업에는 항상 단절이 있다. 의미는 반드시 재구성되기 때문이다)으로 존재의 존재자를 설정하는 과정이다. (중략) 존재(실재)=자연'은 끊임없이 계속 흐른다."[16]

네오샤머니즘(neo-shamanism)은 원시부족사회의 샤머니즘이 아니라 근대 과학의 시대를 통과한 다음에 새롭게 사유되는 샤머니즘의 의미를 말한다. 기독교와 자연과학의 유시유종(有始有終)의 사유는 현상학적인 성격을 갖고 있는 반면 동아시아 샤머니즘의 경전으로 여겨지는 『천부경(天符經)』의 무시무종(無始無終)의 사유는 존재론적인 성격을 갖고 있다고 볼 수 있다. 무시무종만큼 '존재와 무(無)'를 완전하게 설명하는 것은 없다.

기독교(『성경』)	천지창조(최초의 원인)- 종말구원(최종의 결과)	유시유종(有始有終)	현상학
샤머니즘(『천부경』)	일시무시일(一始無始一)- 일종무종일(一終無終一)	무시무종(無始無終)	존재론

[기독교와 샤머니즘의 극과 극]

15 동양의 도교나 불교의 수행(修行)의 방식을 삶에 응용하는 것을 예로 들 수 있다.
16 박정진, 『소리의 철학, 포노로지』(소나무, 2012), 647~648쪽.

"세계는 시작도 끝도 없다(無始無終)."

이 구절은 동양의 최고(最古) 경전인『천부경(天符經)』의 처음과 끝을 요약한 것이다. 이는 기독교의 '천지창조'와 '종말구원'을 내용으로 하는 바이블, 즉 유시유종(有始有終)의 경전과 가장 대조되는 내용이다.『천부경』은 동이족(東夷族)에 전해 내려오는 '81자'로 구성된, 세계경전 가운데 가장 집약(集約)된 경전이다. 여기서 '동이족'이라고 함은 중국의 한족(漢族)과 구분되는 동북아시아의 고대 국가인 고조선(古朝鮮)을 세운 민족을 말한다.『천부경』은 지금까지 동양의 대표적 경전으로 알려진 중국의『주역(周易)』보다 훨씬 오래된 경전이다.

독일의 철학자 하이데거의 존재론은 동양의 선불교나 도교 사상 등 여러 경전의 영향을 받았겠지만 아마도『천부경』의 영향을 받은 것으로 짐작된다.[17] 특히 하이데거의 사중물(四重物, 四

---

17 하이데거는『천부경』을 보았다거나 그것에서 힌트를 얻었다는 말을 한 마디로 하지 않았지만『천부경』을 알고 있다는 여러 가지 혐의나 시사점을 하이데거 존재론에서 발견할 수 있다. 특히 하이데거에게『천부경』의 내용이 전달되었을 가능성은 대한민국의 초대 문교부 장관인 안호상 박사가 단군사상에 대한 전문가일 뿐만 아니라 그가 헤겔이 교수로 있었던 독일 예나(Jena) 대학교 유학시절에『천부경』을 독일 철학계에 소개했을 개연성이 높다. 그는 단군사상에 투철하였을 뿐만 아니라 정부의 승인 없이 북한의 단군릉을 다녀와서 물의를 빚기도 했다. 박사학위 논문도 단군사상과 관련된 것을 썼다. 대표저서로는『배달동이는 동아문화의 발상지』,『나라역사 육천년』등이 있다. 안호상 박사의 업적은『천부경』을 바탕으로 우리나라 철학 기반을 다졌으며, '홍익인간' 개념을 한국교육에 녹아들게 하였다는 점이다. 하이데거의 존재론에는 천지인순환사상이 서양철학사가 허용하는 범위 내에서 도입되고 있으며, 불교의 연기(緣起)사상과 더불어 천지인사상이 그의 후기철학의 내용을 점령하고 있다고 해도 과언이 아니다. 그가 특히 '시간'에 매인 것도 실은『천부경』에 나오는 '일시무시

域, 사방세계)은 그 대표적인 것이다. "『천부경』은 하늘, 땅, 사람을 중심으로 세계를 설명하였지만, 하이데거는 여기서 신(神)을 보태 '사중물'로 본 것이다. '신'을 보탠 것은 물론 기독교 절대유일신의 영향일 것이다. 기독교의 '신'은 천지인의 순환체계를 끊고 설정한 일종의 절대 신앙체계이다. 그렇지만 서양문명을 근원적으로 비판한 하이데거는 절대유일신의 기독교체계의 유산을 가지고 동양의 『천부경』의 순환체계에 적응하려고 노력한 철학자이다. 그래서 그 신은 유일신이 아닌 제신(諸神)이다."[18]

『천부경』은 모두 81자로 「상경(上經)」 「중경(中經)」 「하경(下經)」으로 나뉜다. 「상경」은 천(天, 一)을 중심으로 천지인을 설명하고, 「중경」은 지(地, 二)를 중심으로 천지인을 설명하고, 「하경」은 인(人, 三)을 중심으로 천지인을 설명하고 있다. 하이데거는 이를 그대로 재현하고 있는 모습이다(뒷 장에서 설명).

『천부경』의 천지인은 실체가 아닌 일종의 상징으로 사용되는 것인 반면 하이데거의 천지인과 신은 실체로서 사용되고 있다. 『천부경』의 천지인은 그것 자체가 신과 분별되는 개념이 아니며

일(一始無始一), 일종무종일(一終無終一)사상의 영향이 컸던 것으로 보인다. 이 내용은 결국 시간이 없다는 말이나 다름없기 때문이다. 그는 시간을 극복하지는 못했지만 후기에는 '시간'을 극복한 측면도 없지 않다. 강학순 교수는 필자의 「서양의 현상학과 동양의 존재론의 상호소통과 미래를 위한 사유」 주제발표에서 여기에 대해 "일찍이 독일에 유학한 안호상 박사가 하이데거에게 『천부경』을 소개했을 확률이 높다"(2017년 7월 14일, 한국현 대유럽철학회 하계 학술발표회, 중앙대학교 103관 파이퍼홀 106호)고 말했다.

18 박정진, 『평화는 동방으로부터』(행복한출판사, 2016), 126~127쪽.

그런 까닭에 기독교의 신과 같은 절대적인 신이 필요 없다.

『천부경』「상경(上經)」천경(天經)	천(天)을 중심으로 천지인을 설명함	하이데거의 '하늘'	'사중물(四重物)'은 '신(神)'을 포함해서 서로 비춤
『천부경』「중경(中經)」 인경(人經)	지(地)를 중심으로 천지인을 설명함	하이데거의 '대지'	
『천부경』「하경(下經)」 지경(地經)	인(人)을 중심으로 천지인을 설명함	하이데거의 '죽을 인간'	

[『천부경』와 하이데거의 사중물]

이에 비해 하이데거의 천지인은 실체이며 신도 또한 실체이다. 그래서 하이데거의 사중물은 서로가 서로를 비춤으로써 관계하게 된다. 『천부경』의 천지인은 비추는 관계가 아니라 서로 순환관계에 있다. 그러나 서양철학자인 하이데거로서는 가장 동양적 천지인의 세계에 근접한 것이라고 볼 수 있다.

『천부경』과 『주역』을 비롯하여 동양사상에서는 본래 절대의 사상이 없었다. 그 까닭은 자연의 변화의 이치를 근간으로 철학과 사상을 만들었기 때문이다. 『천부경』의 천지인·정기신(天地人·精氣神) 삼재(三才)사상과 주역의 음양(陰陽)사상은 변화와 변이를 근간으로 하는 사상체계이다.

동양에서는 본래 절대를 의미하는 하늘, 천(天)은 없었다. 천(天)은 본래 '천지(天地)＝자연(自然)'의 뜻으로 상징적으로 사용되던 것인데 동양에서도 성리학이 등장하면서 '천(天)＝이(理)'의 의미를 갖게 되면서 절대사상이 등장하게 된다. 동양사상과 서양사상의 근본적인 차이는 『천부경』과 기독교 『성경』을 비교하면 뚜렷하게 다른 점이 드러난다.

기독교 『성경』은 〈절대유일신(하나님 아버지)의 천지창조(天地創造)-시작과 종말-최후의 심판〉으로 연결된다. 이에 비해 『천부경』은 〈천지개벽(天地開闢)-무시무종(無始無終)-열림의 연속(변화·생성하는 우주)〉으로 연결된다.

여기서 우리는 인류가 왜 서로 세계관이 달라졌는가를 유추해볼 수 있다. 천지를 자신과 같이 생각하거나 자신이 천지를 닮은 것으로 생각하면(자신과 자연을 분리하지 않으면) 절대성은 생기지 않게 되는데 천지를 대상으로 생각함으로써 천지가 자신과 별개의 존재가 되고, 그로부터 절대의 세계가 생기게 된다. 절대의 세계란 결국 주체-객체(대상)의 세계가 되는 것을 말한다.

기독교 『성경』	천지창조 (天地創造)	절대유일신 (하나님 아버지)	시작과 종말 원인과 결과	최후의 심판 (하늘나라)
『천부경』(天符經)	천지개벽 (天地開闢)	무시무종 (無始無終)	열림의 연속 열릴開/열릴闢	변화·생성하는 우주(宇宙)

[『성경』과 『천부경』의 대조]

『천부경』과 샤머니즘을 새롭게 회상하면서 우리는 다음과 같은 철학인류학적인 질문을 던져 볼 수 있다. 아시다시피 샤머니즘은 주로 여성사제인 무당에 의해 의식(굿, 의례)이 집전되는 여성중심의 원시종교라고 할 수 있다.

이것이 국가의 등장과 더불어 '샤먼-킹(shaman-king, priest-king)'으로 변하면서 남성중심의 '사제-왕'의 국가사회로 발달하게 된다. 이러한 인류문명의 문명화과정이 가부장-국가사회의 출현과 함께 남성의 혈통(血統)사상인 부계친족체계와 더불어 권력사회가 되고, 권력사회는 동일성의 철학을 요구한 것은 아닐까 하는 점이다.

그런 점에서 철학이 '권력에의 의지'라는 니체의 주장은 설득력을 갖게 된다. 또한 '문명화과정＝권력화과정'이라는 등식이 성립되게 된다. 남성중심의 권력화과정은 물론 그것에 '이성화과정＝기계화과정'을 내재하고 있다. 그렇다면 이러한 권력화과정을 치유하는 방법으로서의 철학을 생각할 수는 없을까? 하는 대목에 이르게 된다.

그 대안으로 여성중심의 철학이 떠오른다. 과연 하이데거의 주장처럼 인간은 '세계에 던져진 존재'일까. 이것은 여성의 몸에서 생명탄생의 발생학적 과정을 거치는 점을 생략한 것을 아닐까. 세계에 던져지기 이전에 인간은 여성의 자궁에서 분신으로서의 보살핌을 받았으며, 탄생 후에도 가정에서 여성의 양육과정을 거치는 동안 수많은 보살핌과 사랑을 받았다고 하지 않을 수 없다. 그런 점에서 인간은 '던져진 존재'라기보다는 '헌신적인 사랑을 받은 존재'인 것이다.

세계에 던져진 존재라는 발상 자체가 매우 가부장-남성적인 시각일 뿐만 아니라 우리가 무의식적으로 쓰고 있는 세계(世

界)라는 말 자체가 '경계적(境界的) 존재로서의 인간'의 의미를 내포하고(전제하고) 있다고 하지 않을 수 없다. 세계를 이분법으로 나누었기 때문에 우리는 '밖으로(ex) 던져진 존재'로서 실존적 존재(existence)'로 생각하는 것은 아닐까. 그러한 점에서 세계라는 말 자체가 존재(자연)의 경계지음이고, '분열된 세계'의 자기원인적 성격을 가지고 있다.

과연 여성중심, 즉 여성성의 철학을 인류가 한다고 해도 '던져진 존재'라는 말을 고집할 수 있을까. 여성성은 결코 존재를 세계에 던지지 않는다. '세계에 던져졌다'는 말 자체가 이미 남성적 세계관의 산물이다. '자궁적 존재'로서의 여성은 존재를 감싸 안으면서 생성의 상속자로서의 임무를 파기하지 않는다. 만약 그러한 존재파기가 일어난다면 이는 이미 존재로서의 세계에 대한 배반이며, 멸종의 신호이다.

세계가 하나의 지구촌으로 좁혀지고 있는 현실을 감안하면 지구촌 내의 평화를 위해서는 여성성의 철학의 탄생이 절실해진다고 하지 않을 수 없다. 여성이 생명을 탄생시킨다는 점에서 여성은 환경과 긴밀한 관계를 맺지 않을 수 없고, 그런 점에서 여성성의 철학은 환경생태철학과 불가분의 관계를 맺는다고 하지 않을 수 없다.

자연과 여성을 자신의 대상이나 소유의 관념으로 보는 남성 철학은 스스로 패권주의라는 한계에 갇힌 꼴이 되었다. 그 패권주의가 바로 과학기술사회의 전반적인 살풍경이다. 어쩌면 지금까지의 〈남성-이성-권력의 철학-기계철학〉은 〈여성-감정-평화(비권력)의 철학-생명철학〉으로 대전환을 하지 않으면 인류의 구원을 가대할 수 없을지도 모른다. 하이데거의 존재론은 바로 이러한 현실에서 시와 예술을 통해 인간으로 하여금 자연(자연적 존재)에 귀향할 것을 종용하는 철학일 가능성이 높다.

자연의 소리, 존재의 소리에 청종(聽從)하는 하이데거의 철학적 태도는 진정한 여성성의 철학의 길을 닦는 철학일 가능성이 높다. 하이데거가 동양의 경전과 『천부경』에 관심이 많았던 이유도 여기에서 찾을 수 있을 것이다. 동양의 도학은 서양의 철학과 달리 근본적으로 하이데거 식으로 말하면 존재론적인 태도를 가지고 있다고 볼 수 있다. 도학이나 존재론은 끊임없이 변화하는 자연, 서양 철학적으로 말하면 실체가 없는 자연을 바탕으로 인간의 삶을 정립하고 있다. 그렇기 때문에 자연친화적(순응적)이다.

이에 비해 서양의 철학은 실체(동일성: 주체, 대상)를 중심으로 초월적인 세계를 추구하는 현상학적인 철학이라고 말할 수 있을 것이다. 하이데거는 서양철학과 동양철학의 경계에서 새로운 의미의 존재론 철학, 혹은 예술철학을 정초한 인물이다. 예술은 무엇보다도 주체와 대상의 이분법보다는 주체와 대상이 상호소통하고 교감하는 존재론적 사건의 의미가 있다.

세계는 이제 현상학적 사물이 아니다. 세계는 이제 존재론적 사건이다. 세계는 또한 종교와 철학과 과학의 시대를 넘어서 새로운 예술의 시대를 맞이하고 있다. 예술은 기본적으로 차이를 바탕으로 하고 있고, 자연도 본래 차이와 다양성을 바탕으로 하고 있다는 점에서 미래예술시대는 종래와 다른 원시반본적 의미로서 '예술로서의 종교의 시대'를 맞이하고 있는지도 모른다.

앎(지식)으로서의 철학이 이성과 언어(개념)를 중심으로 하는 철학이라면 삶의 철학은 감성과 상징(기운생동)을 중심으로 하는 철학이라고 볼 수 있다. 서양철학을 줄잡아 이성(理性)철학(예외는 있겠지만)이라고 한다면 동양철학은 이학(理學: 성리학, 심학)을 제외하면 상징철학이라고 명명해도 좋을 것이다.

존재의 진리는 남자의 진리가 아니라 여성의 진리이다. 존재는 자연이고, '선물(present)'이다. 존재는 시간의 '현재(present)'가 아니라 '선물'로서의 자연이다. 인간의 문명은 어느샌가 자연의 '선물'을 시간의 '현재'로 바꿔치기를 했다. 그럼으로써 세계는 과학기술주의에 빠졌고, 신의 죽음과 결여, 신성성의 부재를 공인했던 것이다.

"신성한 빛이 세계사에서 사라지고 있는 것이다. 세계의 밤의 시대는 궁핍한 시대이다. 왜냐하면 그 시대는 더욱더 궁핍해지고 있기 때문이다. 그 시대는 이미 너무도 궁핍해져서, 이제는 더 이상 신의 결여를 결여로서 감지할 수조차 없게 되어버린 것이다."[19]

---

19 마르틴 하이데거, 신상희 옮김, 『숲길』(나남, 2008), 396쪽.

그렇다면 인간이 신을 회복하는 길이 없는 것인가. 자신에게서 신성성을 회복하는 길은 신체(身)가 곧 신성(神)이라는 사실을 깨닫는 것으로써 시작되어야 한다. 존재는 그런 점에서 자신(自身)이고 자신(自信)이고, 자신(自新)이고 자신(自神)이다. 존재는 몸의 세계이고, 존재는 믿음의 세계이고, 존재는 날마다 새로워지는 세계이고, 존재는 스스로 신이 되어야 하는 세계이다.

철학이 앎과 삶의 문제만이 아니라 믿음의 문제가 되어야 하는 까닭은 신체를 가진 인간(自身)은 불안과 공포 속에서도 동시에 자연발생적으로 믿음을 가지는 인간(自信)을 피할 수 없기 때문이다. 또한 그 믿음은 항상 열려져 있고, 새로운 것을 향하는 사명(自新)을 수행할 때 변화무쌍한 세계와 끝없는 대화를 할 수 있게 되고, 인간으로 하여금 신(自神)에 이르는 길을 허용하게 된다. 구원과 깨달음은 바로 인간이 신이고 부처임을 체휼하고 자각하는 것임을 말한다. 철학이 신학과 융합할 수밖에 없는 것이 오늘의 인류문명의 상황이다.

자신(自身)은 주체(主體)와는 다르다. 자신은 '주체-대상'의 이분법과 달리 주체-대상이 본래하나인 '몸(마음)'을 가진 인간을 말한다. 본래하나는 변증법적으로 달성하는 통일(통합)이 아니라 존재론적으로 달성하는, 본래하나였음을 회복하는 것을 의미한다. 몸은 대상으로서의 육체(물질)가 아니다. 존재를 초월적으로 대하는 주체-대상의 패러다임은 존재론을 달성할 수 없는 것이다. 인간으로서의 주체는 대상을 다스리는 것 같지만 실은 대상에 종속되어 있으면서, 스스로를 속임(자기기만)으로써 세계의 주체(주인)가 된 것처럼 착각하는 것이다.

주체는 '보편적이고 일반적인 세계'를 추구하지만, 자신은 '일반적이고 보편적인 세계'를 추구한다. '주체'는 보편성을 우선하지만 '자신'은 일반성을 우선한다. 일반성이 없는 보편성을 생각할 수도 없는 것이다. 그런 점에서 존재는 일반이다. 일반성의 철학, 소리철학은 바로 존재일반으로 철학이 원시반본하는 것이다.

일반성의 철학에 이르면 '앎'은 시작과 끝이 있는 것이라는 점을 알게 된다. 시작과 끝은 순간 혹은 절대와 다르지 않다. 시작과 끝은 세계를 실체로서 끊어서 보는 관점의 소산이다. 시작과 끝은 매 순간 시작과 끝이다. 이와 달리 '삶'은 시작과 끝이 없는 생멸의 과정이다. 다시 말하면 '앎으로서의 존재'는 시작과 끝이 있고, '삶으로서의 존재'는 시작과 끝이 없다. 앎은 절편이고, 삶은 지속이다. 여기에 이르면 죽음이 처음부터 죽음이 아니라 생멸이 동시에 일어나는 존재를 현상학적으로 본 것, 실체적으로 본 것에 불과하다는 사실을 알게 된다.

앎은 유시유종(有始有終)이고, 삶은 무시무종(無始無終)이다. 유시유종은 철학과 과학에서 그 특징이 있고, 무시무종은 종교와 예술에 그 특징이 있다. 인간의 자기투사성과 자기최면성은 처음에는 동전의 양면과 같은 관계였으나 역사적으로 서로 반대방향으로 향했다고 볼 수 있을 것이다. 자연을 지배하는 문명은 자기투사적이고, 자연에 동화되는 문명은 자기최면적이다. 자기투사적인 문명은 과학에서, 자기최면적인 문명은 종교에서 진면목을 보였다. 유대기독교의 서양문명이 결과적으로 과학에서 그 특징을 보이고 원시부족사회의 무교가 종교의 원형인 것은 이 때문이다.

오늘날 다시 샤머니즘이 재조명되어야 하는 까닭은 문명이 원시반본을 맞아야하기 때문이다. 문명의 원시반본은 문예부흥과는 다른 것이다. 문예부흥은 고전으로 돌아가는 것이지만 원시반본은 그보다 오래전의 문화원형으로 돌아가는 것을 말한다. 인간이 구성한 명사(구조)로서의 세계는 존재자(가상실재, 제도적 존재자)에 불과하고, 자연의 동사(작용)로서의 세계는 존재(본래존재, 자연적 존재)이다. 앎은 제도적 존재자이고, 삶은 자연적 존재이다.

철학은 삶에서 앎으로 갔다가 다시 삶으로 원시반본하고 있다. 그런 점에서 서양은 동양이 내재하고 있는 자연과 더불어 사는 문화의 원형, 도(道)-신선도(神仙道)를 제대로 배우고 이해해야 한다. 동양(동북아시아)문명의 원형문화가 바로『천부경』에 내재해 있다.

현상학적 입장에서 보면 존재(자연적 존재)는 유물(물질)이 될 수밖에 없는지도 모른다. 그래서 존재론이 필요한 것이다. 존재론의 완성이야말로 인류문명으로 하여금 신을 회복하고 자연을 회복하게 하는 존재로의 귀향의 길이 될 것이다. 현재적 실체로서의 유물과 영원한 대상으로서의 욕망을 벗어나면 '지금 (now), 여기(here), 바로(right)'가 존재임을 깨닫게 된다.

샤머니즘은 바로 존재(자연적 존재, 본래존재, 심물존재, 심물자연)를 깨닫게 하는 인류의 문화원형, 혹은 문화유산으로서 새롭게 해석되어야 한다. 샤머니즘의 경전인 『천부경』은 인류로 하여금 그것에 귀향하게 하는 경전으로서 부각되어야 한다.

제 4 장

『천부경』의 현상학과 존재론

1. 천지인의 순환론과 현상학의 원환(환원과 회귀)
─존재론과 현상학의 화해로서의 샤머니즘

『천부경』 해석은 적어도 온고지신(溫故知新)하거나 지신온고 (知新溫故)하지 않으면 의미가 없다. 이것은 순차적으로 이루어지 는 것이 아니라 동시에 이루어지는 것이다. 옛 글자를 축자적으 로 해석하는 것은 단지 지식 자랑에 불과한 것이다. 이러한 해석 의 한계를 벗어나기 위해서는 오늘의 철학을 알아야 옛 철학을 해석할 자격을 갖는다는 의미가 된다. 시간의 고금을 하나로 관 통하는 힘은 해석자가 '지금' 살아 있지 않으면 실현이 불가능 하다. 동서양의 문명을 하나로 관통하는 것도 마찬가지이다. 동 서양의 철학을 동시에 알아야 동서양을 넘어설 수 있을 것이다.

동서양을 막론하고, 이성주의자는 끝내 '기(氣)'를 '이(理)'로 대치시키려고 한다. 주리론자인 퇴계 이황(李滉)도 주기론자의 화담 서경덕(徐敬德)의 기(氣)개념이 자신의 이(理)개념과 같다고 술회한 적이 있다. 이는 지금까지 서양철학이 '존재자'를 '존재'라고 지칭해온 것과 같다. 하이데거에 의해 '존재'가 '존재자'로 드러났다.

하이데거는 동양의 성리학의 이기론(理氣論) 중에서 '기(氣)' 개념을 '존재(Being)'라는 용어로 번역했을 가능성이 높으며, 이에 더하여 불교의 '무(無)'사상을 '존재'에 연결함으로써 그의 '존재론'을 구성하였을 가능성이 높다. 하이데거의 '근본 기분'이라는 것은 바로 동양의 기일원론(氣一元論) 혹은 일기(一氣)에 다가간 용어이다. 모든 존재자들은 기일분수(氣一分殊)에 지나지 않는다. 그는 놀랍게도 동양의 성리학과 불교의 융합을 통해 서양의 과학기술문명을 극복할 철학적 탈출을 시도하였다. 그렇지만 하이데거의 '존재'에는 초월적 의미가 전혀 없는 것은 아니다. 말하자면 그의 '존재'에 일리(一理)의 특성이 전혀 없는 것은 아니다. 이것이 서양철학자로서의 하이데거의 한계이다.

무엇보다도 그에게 결정적인 영향을 미친 것은 동양의 천지인(天地人) 순환론의 보고인 『천부경(天符經)』이었을 가능성이 높다. 도대체 샤머니즘의 경전인 『천부경』에 어떤 내용이 들어 있기에 하이데거로 하여금 존재론을 촉발했던가? 하이데거는 현상학자이기도 하고, 존재론자이기도 하다. 그래서 그의 철학은 현상학적 존재론, 혹은 존재론적 현상학의 이름으로 불릴 수밖에 없다.

현상학과 존재론의 화해를 이루는 것이 인류의 미래적 삶에 존재이해의 획기적인 전환이 될 가능성이 높다고 하지 않을 수 없다. 천지인 순환론의 차원에서는 신물일체(神物一體), 주체와 대상의 현상학적 차원에서는 심물일체(心物一體)를 주장함으로써 세계가 본래 하나인 '본래 자연, '본래 존재' 세계였다는 것을 깨닫게 된다.

『천부경』을 역사학이 아닌 철학적 입장에서 근대에 들어 처음 연구한 학자는 최근 밝혀진 바에 따르면 서우(曙宇) 전병훈(全秉薰, 1857~1927)인 것 같다. 그는 『정신철학통편(精神哲學通編)』(1920)을 통해 자신의 철학을 집대성하였으며, 이 책의 맨 앞부분에 『천부경』에 대한 해석을 실었다. 당시 동아시아 최고의 철학자 반열에 오른 그는 『천부경』을 접하고, 철학적·상수학적으로 검토한 뒤, '단군의 진전(眞傳)'임을 확신하기에 이른다.[1]

『정신철학통편』을 연구한 철학자 김성환(金晟煥)은 "단군이 『천부경』을 지어서 전했다는 설화는 복희가 팔괘를 그렸다고 말하는 것만큼이나 상징적이다. 그런데 복희가 『주역』을 지은 게 사실이 아니라고 해서, 『주역』의 내용을 거짓이라고 말하지 않는다. 『대승기신론』은 당나라에서 제작된 위경의 혐의를 받고 있다. 그렇다고 해서, 이 경문에 대한 원효의 주석인 『대승기신

---

1 김성환, 『우주의 정오』(소나무, 2016), 997쪽.

론소(大乘起信論疏)』가 거짓이라고 말할 수 없다. 그와 마찬가지로, 『천부경』과 그에 대한 서우의 주해를 이해할 필요가 있다"라고 말한다.[2]

김성환은 이어 "전병훈이 『천부경』을 단군의 진전을 확신한 것은, 역으로 말해 그가 이미 갖고 있던 풍부한 상수학적 식견에 『천부경』의 수리체계가 딱 부합하였기 때문이다. 서우는 도교와 유교의 상수학에 공히 정통했으며, 그런 견실한 학문의 토대에서 『천부경』의 경문을 해석했다. 물론 그렇다고 해서, 서우의 해석이 반드시 정답이라고 말할 수는 없다. 서우 본인도 이렇게 명언한다. '(『천부경』의 해석에서) 감히 내가 옳다고 하지 못한다. 온누리의 명철한 군자들이 공정한 이치로 바로잡아 올바르게 밝히기를 바란다'"[3]고 자신의 견해와 서우가 직접 말한 대목을 소개한다.

전병훈은 『천부경』 주해에 앞서 "세상에서 『음부경』을 황제의 경전으로 여긴다. 그러나(주자의 비평이 있으며) 나는 깊이 믿지 않는다. 오직 이 『천부경』이 하늘과 사람을 포괄하고, 도에 극진하면서도 성스러움을 겸한다. 확실히 우리 단군 성조의 정신이 담긴 참된 전승(眞傳)임에 의심이 없다"고 단언한다.[4]

2 같은 책, 1001쪽.
3 같은 책, 1005쪽.
4 같은 책, 1007쪽.

전병훈의 『천부경』에 대한 해석[5]은 필자와 다르지만 『천부경』의 철학적 의미에 대해서 그가 입증하였다는 것은 후학으로서 큰 힘을 얻게 하기에 충분하다. 필자는 『천부경』을 근대철학의 입장에서 '존재론적 철학'이라고 생각한다. 그 이유는 여러 가지가 있겠지만, 특히 『천부경』의 구절 중에 '인중천지일(人中天地一)'이라는 대목에서다. "사람 속에 하늘과 땅이 하나다"라는 대목은 '사람이 천지를 자신의 인식지평에서 해석하지 않고, 천지와 사람이 본래 하나'라는 것을 설명하고 있기 때문이다.

존재는 인간이 어떤 진리(설명틀)로 설명하기 때문에 존재하는 것이 아니라 이미 존재하기 때문에 존재하는 것이다. 기독교 『성경』은 하나님이 만물을 만들었다고 설명한다. 기독교의 '천지창조-종말구원' 신화는 그러한 점에서 매우 현상학적인 발상을 하고 있다. 말하자면 유시유종(有始有終)의 신화체계인 셈이다.

존재론과 현상학의 화해를 최초로 실천한 서양 철학자는 하

---

5 전병훈의 『천부경』 해석은 다음과 같다. "'하나'가 '시작 없음'에서 시작한다(一始無始)/하나가 셋으로 갈라진다(一析三)/태극은 끝이 없다(極無盡)/근본의 하늘이 하나로 하나다(本天一一)/땅이 하나로 둘이다(地一二)/사람이 하나로 셋이다(人一三)/하나가 쌓여 열이 되니, 크다(一積十鉅)/셋을 품은 조화가 궤핍됨이 없다(無匱化三)/하늘에 둘(陰)과 셋(陽)이 있다(天二三)/땅에도 둘과 셋이 있다(地二三)/사람에게도 둘과 셋이 있다. 큰 셋이 합해 여섯이 된다(人二三, 大三合六)/일곱, 여덟, 아홉을 낳는다(生七八九)/셋(三木)과 넷(四金)을 운용해 둥근 고리를 이룬다(運三四成環)/다섯과 일곱과 하나로 미묘하게 넘친다(伍七一妙然)/만겁과 만사를 오고간다(万迋万來)/쓰임이 변하지만 근본은 움직이지 않는다(用變不動本)/본마음이 본래 태양으로 밝게 빛난다(本心本太陽昻明)/사람이 천지의 중심이 되고 하나하나 끝난다(人中天地一一終)/하나에서 끝남이 없다(無終一)."

이데거이다. 하이데거의 '존재의 존재자', 혹은 '존재자의 존재'라는 개념은 서로 상충하거나 상호작용하는 것을 하나로 공속(共屬, Zusamnen gehoren)시키기 위한 노력의 결과들이다. 그러나 하이데거는 마지막에 관념론(idea=Being)의 틀을 벗어나지 못했고, 결국 완전한 존재론에 도달할 수 있는 기회를 잃어버렸다. 이는 하이데거 개인의 역량의 문제라기보다는 서양문명의 집단적 한계(특징)라고 볼 수 있다.

현상학과 존재론의 화해는 구체적으로는 현상학적 신체론과 관념적인 존재론의 화해를 말하고, 이는 신체적 존재론에서 이루어진다고 말할 수 있다. 이때의 신체는 물론 정신의 대상으로서의 육체(물질)가 아닌, 생성적 사건·생기적 사건으로서의 신체이다.

하나의 신체가 생기적 사건을 맞이하기 위해서는 바로 '신기(神氣)의 차원'에 있어야 한다. '신기'의 차원에 있어야 신(神)과 기운생동(氣運生動)을 동시에 느낄 수 있기 때문이다. 이것은 동학(東學)의 '내유신령(內有神靈) 외유기화(外有氣化)'와 통하는 것이고, 이와 같은 경지에 이른 사람만이 각지불이(各知不移)'를 깨달을 수 있다. 말하자면 동학의 교주 수운(水雲) 최제우(崔濟愚, 1824~1864)는 그러한 '신기적 사건'을 접한 인물이라고 말할 수 있다. 아마도 동서양의 성현들은 모두 신기적 사건의 인물이라고 확대해석할 수도 있을 것이다.

'신기(神氣)'라는 것은 천지인(天地人)-정기신(精氣神)의 순환과정에서 정신(精神)과 다른, 기(氣)와 신(神)이 만난 것이다. 이에 비해 정신(精神)은 정(精)과 신(神)이 만난 것이다. '정신'은 그것의 대상으로서 물질(육체)을 두지만 '신기'는 그 대상을 두지 않고 사물 자체와 하나가 된다. '신기'에 대해 깨닫는 것이야말로 사물 그 자체, 존재론의 세계로 곧바로 들어가는 문이다.

2. 『천부경』의 존재론과 현상학

『천부경』의 존재론적 특징을 여기서는 도표로 간략하게 소개하고 간단한 해석으로 넘어갈까 한다. 『천부경』사상의 가장 큰 특징은 '무시무종(無始無終)'과 '인중천지일(人中天地一)'이라고 할 수 있다. 인중천지일사상은 특히 앞에서 말한 '인간의 자연동형론(physiomorphism)'을 고쳐시켜준다는 점에서 현대인에게 원시반본(原始返本)의 가르침을 준다. 이 원시반본의 가르침은 축제의 본래적 성격, 다시 말하면 축제의 존재론적인 성격을 탐구하는 데에 큰 도움을 준다고 생각된다.

필자는 『천부경』의 「상경」은 '존재론적-현상학적'이고, 「중경」은 '현상학적'이며, 「하경」은 '존재론적'이라고 생각한다. 「상경」의 일시무시일(一始無始一)은 물론 존재론적이다. 「상경」의 천지인(天地人)에 공통적으로 있는 일(一)은 '존재론적인 일(一)'을 의미하며 뒤에 붙은 천일(天一), 지이(地二), 인삼(人三)은 현상학적인 수라고 생각한다.

「중경」은 천지인이 모두 이삼(二三)을 이루어지고, 이를 바탕으로 육칠팔구(六七八九), 그리고 삼사오(三四五)로 이루어져 있기 때문에 십진법의 수가 모두 들어 있음으로 인해 현상학적이다.

「하경」은 일묘연(一妙然)은 하나는 하나이되 실체를 말할 수 없는, 묘연(妙然)한 모습이다. 이는 불교의 무(無)나 공(空)의 의미와도 같기 때문에 존재론적이다. 일종무종일(一終無終一)은 상경의 '일시무시일'과 '처음과 끝'(극과 극이 만나는 환)을 이루면서 『천부경』 전체를 존재론적인 모습이 되게 한다. 무엇보다도 하경의 인중천지일(人中天地一)은 존재론적 성격을 드러내는 백미이다.

결국 『천부경』은 전체적으로 '존재론적인 사유'를 바탕으로 하면서도 '땅'을 상징하는 「중경」에서는 '현상학적인 사유'를 표방하였음을 알 수 있다. 땅에서 살아가는 인간생활의 모습은 현상학적(소유적인)인 사유를 하지 않을 수 없음을 내포하고 있다. 그렇지만 『천부경』은 결국 선도(仙道)수련·내단(內丹)수련의 종결로 '무시무종(無始無終)의 존재론'으로 귀결되고 있다.

우리의 역사학계와 철학계가 대수롭지 않게 생각하는 '『천부경』'의 내용을 독일의 최고철학자인 하이데거는 한국근대철학의 선구자인 박종홍 선생이 그를 찾았을 때 물었다는 사실은 충격을 준다.[6] 따라서 『천부경』의 사상과 현대철학을 연결시키는 것은 고금동서를 소통시키는 획기적인 일로 생각된다.

『천부경』의 존재론적 특징				
天	1	天의 입장에서 천지인 해석	天一一, 地一二, 人一三 (존재론적-현상학적)	『천부경』 「상경」 天經(28자)	一始無始一/析三極 無盡本/天一一 地一二 人一三/一積十鉅 無櫃化三
人	3	人의 입장에서 천지인 해석	人中天地一 (존재론적)	『천부경』 「하경」 人經(29)	一妙衍/萬往萬來/用變不動本/本心本太陽/昻明人中天地一/一終無終一
地	2	地의 입장에서 천지인 해석	天二三, 地二三, 人二三 (현상학적)	『천부경』 「중경」 地經(24)	天二三 地二三 人二三/大三合六/生七八九/運三四成環五七

[『천부경』의 현상학과 존재론적 특징]

---

6 『천부경』에 대한 관심은 독일의 세계적인 철학자 하이데거에게도 있었다. 서울대 철학과 박종홍 교수가 전주에서 있었던 한 강연회에서 털어놓은 고백에 따르면 하이데거는 프랑스를 방문한 박종홍 교수를 융숭히 대접하면서 이렇게 말했다고 한다. "내가 당신을 초청한 이유는 당신이 한국 사람이기 때문입니다. 내가 유명해지게 된 철학사상은 바로 동양의 무사상인데 동양학을 공부하던 중 아시아의 위대한 문명발상지는 한국이라는 사실을 알게 되었습니다. 그리고 세계 역사상 가장 완전무결한 평화적인 정치로 2,000년이 넘은 장구한 세월 동안 아시아 대륙을 통치한 단군시대가 있었음을 압니다. 그래서 나는 동양사상의 종주국인 한국인을 존경합니다. 그리고 나도 무사상을 동양에서 배웠으며 그 한 줄기를 이용해 이렇게 유명해졌지만 아직 당신들의 국조 한배검 님의 『천부경』은 이해를 못 하겠으니 설명을 해주십시오." 그렇게 말하면서 『천부경』을 펼쳐놓았다고 한다. 한국의 유명한 철학과 교수이니 당연히 『천부경』철학을 잘 알고 있으려니 했던 것이었다. 그런데 문제는 그 박종홍 교수가 『천부경』의 말만 들었지 『천부경』에 대해서는 아는 바가 전혀 없었단다. 그래서 아무 말도 못 하고 부끄러움을 안은 채 돌아왔다고 실토했다(이상은 한국전통사상연구소 문성철 원장 증언이다). 박정규 지음, 『세상의 전부-『천부경』』, 멘토프레스, 2012, 152~153쪽, 참조 바람.

<〈「천부경」〉

◇ 「상경」: 28자
① 하나는 시작이라 하되 시작이 아닌 하나로다.
　(하나는) 세극으로 나누어도 근본을 다함이 없다.
② 하늘은 하나이면서 하나이고, 땅은 하나이면서 둘이고, 사람은 하나이면서 셋이다.
　(하늘은 하나의 하나이고 땅은 하나의 둘이고 사람은 하나의 셋이다.)
③ 티끌(미세우주)이 모이면(적분되면) 우주(대우주)가 되고
　궤(몸체)가 없으면(無櫃)(미분되면) 셋이 된다.
　(무無의 성궤聖櫃는 변하면 셋이 된다.)
　(一始無始一/析三極 無盡本/天一一 地一二 人一三/一積十鉅 無櫃化三)

◇ 「중경」: 24자
④ 하늘은 둘이면서 셋이고, 땅도 둘이면서 셋이고, 사람도 둘이면서 셋이다.
⑤ 크게 셋을 통합하면 육이 되고, 칠, 팔, 구를 생한다.
⑥ 삼과 사를 움직여 오와 칠에서 환(環)을 이룬다.
　(天二三 地二三 人二三/大三合六 生七八九/運三四成環五七)

◇ 「하경」: 29자
⑦ 하나의 묘연함 속에서 만물이 오간다.
⑧ 쓰고 변해도 근본은 움직이지 않도다.
⑨ 본래 마음은 본래 태양이니
⑩ 밝음을 우러르면 사람 가운데 천지가 하나로다.
⑪ 하나는 끝이라 하되 끝이 아닌 하나로다.
　(一妙衍/萬往萬來/用變不動本/本心本太陽/昻明人中天地一/一終無終一)

* 「상경」의 해석에는 이견이 없으나 「중경」과 「하경」에는 어디서 끊느냐를 두고 학자들마다 다르다. 필자는 28/24/29자로 끊어서 읽는다.

　　인간의 사유지평과 세계가 만나는 것을 상정한 인간동형론은 천지중인간(天地中人間: 하늘과 땅 사이에 인간이 있다)의 성격이 강하고, 순환적인 자연을 강조하는 자연동형론은 인중천지일(人中天地一: 사람 가운데 천지가 하나이다)과 통한다.

　　인간동형론은 역사적 존재로서의 인간을 부각시키고, 자연

동형론은 자연적 존재로서의 인간에 초점을 맞추고 있다. 전자는 어디까지나 인간을 중심으로 우주를 해석하는 것이고, 따라서 대립을 전제하는 역사적 변증법을 지향한다. 후자는 아예 대립을 없애는 비역사적·존재적 방식이다. 인간은 어디까지나 자연의 일부로서 자연의 순환에 순응하면서 살아가는 존재이다. 전자는 인간을 역사적 지평에 세워서 드러내는 방식이고, 후자는 인간을 천지 속에 감추어서 천지와 하나가 되는 방식이다.

따라서 현상학적으로 통일(통합)을 이루는 변증법적인 방법의 합일(合一)이 있는가 하면 인간에 내재한 본래 천지와 하나인 속성을 깨닫는 귀일(歸一)의 방식이 있다. 이를 서양철학으로 말하면 전자는 종래의 존재론이고, 후자는 생성론이다. 이를 하이데거 식으로 말하면 전자는 현존재로서의 인간, 즉 '현존재=존재자'이고, 후자는 '존재'(생성적 존재, 본래존재)이다. 전자는 '제도적 존재자'이고, 후자는 '자연적 존재'이다.

천지인삼재 사상이 가장 집약적·상징적으로 표현된 것이 『천부경』이다. 아마도 『천부경』은 우리나라 혹은 동북아시아에서 내려오는 전통종교인 신교(神敎), 신선교(神仙敎), 단군교(檀君敎) 등으로 불렸던 샤머니즘(shamanism), 즉 무교(巫敎)[7] 계통의

7　흔히 한국에서 무(巫)는 '무속(巫俗)'이라고 불리는데 이는 일제강점기 때 일본인 학자들이 한국의 전통인 '무'를 천시하기 위해서 붙인 이름이다. 일본인 학자들은 자신의 '무'는 '신도(神道)'라고 부른다. '신도'라는 말은 '신선도(神仙道)'에서 따온 말일 가능성이 높다. '무' '신

경전이었을 것으로 짐작된다.

무교(巫敎)의 상·중·하계는 바로『천부경』의 천·지·인 사상의 반영으로 보인다. 모두 81자로 된『천부경』은 아마도 인류 최고(最古)의 경전 중의 하나일 것이다. 유불선(儒佛仙) 삼교를 비롯한 동양의 여러 경전들은 아마도『천부경』의 정신을 시대적·지역적·문화권으로 재해석하거나 새롭게 번안한 것으로 보인다. 물론 경전이 새롭게 번안되는 것은 흔히 성인(聖人)의 출현으로 이루어진 것으로 보인다.

여기서 중요한 것은『천부경』의 유래나 다른 종교들에 끼친 영향이 아니라『천부경』의 본문 속에 있는 인중천지일(人中天地一)이라는 구절이다. 말하자면 "사람 가운데 하늘과 땅이 하나이다(하나로 움직인다)"라는 뜻의 구절이다.

이 구절이 오늘의 인간에게 중요한 이유는 서양문명과 철학이 주도하는 현대과학기술문명은 천지인의 순환을 잃어버리게 함으로써 인간으로 하여금 자연성의 상실은 물론 '소외된 인간'으로 전락케 하여 이를 치유하는 대안적 철학으로 다시 부상하고 있기 때문이다.

인간의 삶이 반드시 원인과 결과를 알아야 하고, 주체와 대상, 수단과 목적을 분리해야만 하는, 말하자면 반드시 현상학적

도'는 '신에 이르는 길' 혹은 '신 지피는 일'이라는 공통점이 있다.

일 필요가 없다. 원인과 결과, 주체와 대상, 수단과 목적은 상호 왕래(↔)하다가 끝내는 같은 것(=)이 되고 만다. 결국 '원인=결과' '주체=대상' '수단=목적'이 되고 만다. 목적은 항상 다른 목적의 수단이 되거나 항상 다른 수단을 필요로 한다.

인간은 항상 현상학적인 존재만이 아니다. 수많은 이분법은 어쩌면 나선(螺旋)관계에 있는지도 모른다. 만약 세계가 진정한 하나라면 이분법보다는 도리어 세계에 대한 순환론(원환론)적인 해석이 훨씬 존재의 진리에 가까울 가능성이 높다. 세계에 대한 현상학적인 해석은 단지 가상실재로서의 존재자를 설정해야 하는 인간, 즉 현존재의 특성(특이성)이라고 할 수 있다.

현상학은 세계를 나누고, 바로 그 나눔 때문에 다시 계속적으로 통합하지 않으면 안 되는 변증법의 세계이지만, 순환론은 처음부터 세계를 나누지 않고, 서로 겹치는 이중적인 것으로 보고 피드백 하는 것으로 본다. 현상학은 '동일성의 실체'(주체이든, 객체이든)를 추구하는 세계라면, 순환론은 세계를 실체가 없는 '변화무쌍한 실재'로 본다.

3. 천지중인간(天地中人間), 인중천지일(人中天地一)

　　동서양문명의 차이를 『천부경』의 입장에서 바라보면 서양
문명은 인간을 중심(기준)으로 하는 혹은 인간을 지평(地平)으로
삼는 문명이라고 할 수 있다. 말하자면 '하늘과 땅 사이에 인간'
이 있는 천지중인간(天地中人間)이다. '천지중인간'은 인간중심
적-소유적 사유를 하게 된다. 이것은 물론 오늘의 서양철학으로
보면 현상학적인 차원이다.

　　이에 비해 동양은 인중천지일(人中天地一)의 사유를 한다. '인
중천지일'은 자연중심적-존재적 사유를 반영하고 있다. 말하자
면 인간도 여전히 자연의 일부로 보는 것이다. 이것은 오늘의 서
양철학으로 보면 하이데거의 존재론과 통한다. 하이데거는 세
계를 마치 『천부경』의 세계처럼 해석하고 있다.

하이데거는 사중물(四重物)인 하늘, 땅, 인간(죽을 인간), 그리고 신(神)을 서로 반사하는 거울의 관계처럼 해석함으로써 마치 『천부경』을 본 듯한 해석을 하고 있다.[8] '사중물'의 반사는 엄밀한 의미에서는 천지인의 순환론과 다르지만(천지인은 서로 반사하는 것이 아니라 실체가 없이 서로 기통(氣通)하는 관계에 있다), 천지인 사상을 서양철학자의 시각에서 최대한으로 수용한(이해한) 것으로 보인다. 그러한 점에서 '사중물'은 천지인의 순환을 연상케 한다.

하이데거가 천지인삼재(三才) 이외에 신(神)을 별도로 포함시키면서 '사중물'의 서로 비춤을 논한 것은 아직도 기독교 신의 영향이 남아 있음을 의미한다. 서양 철학자에게 기독교 유일신을 완전히 버리는 것은 자신의 정체성을 버리는 것과 같은 것이라고 말할 수 있다. 하이데거는 만년에 자신을 '기독교 철학자(나는 기독교인에 걸맞은 신학자이다: Ich bin ein christlicher Theologe)[9]라고 한 것은 그의 이러한 점을 실토하는 셈이다. 하이데거의 철학적 입장은 일생을 두고 조금씩 변하면서 매우 복합적이었던 것으로 보인다.

"그는 철학자로서 그의 눈에 결국 '종교 작가'로 비쳤던 키

---

8 박정진, 『평화는 동방으로부터』(행복한에너지, 2016), 126~127쪽.
9 M. 하이데거, "Drei Briefe Martin Heideggers an Karl Loewith", in: *Zur philosphischen Aktualitaet Heideggers*. hrg. von D.Papenfuss und O. Poeggeler(Frankfurt am Main, 1990), 29쪽.

르케고르의 길을 갈 수 없었다. 종교적-신학적 문제로부터 간격을 취하고, 다시 아리스토텔레스에 접목되어 철학적 사유의 새로운 정초를 시도함으로써 하이데거는 자신의 입장을 '탈-신론적(a-theistisch)'으로 이해한다. '철학이 자신을 근본적으로 이해한다면, 철학 자체는 무신론적이다.' 이러한 그의 태도를 우리는 하이데거가 1923년 자신의 철학적 입장을 위해 비판적으로 거리를 가지면서 받았던 영향에 대한 간략한 언급에서 간과할 수 있다. '찾아 나설 때의 동반자는 젊은 루터였고, 모범은 그가 미워했던 아리스토텔레스였다. 동기는 키르케고르가 주었고, 눈은 후설이 나에게 주었다.'"[10]

그러나 하이데거 철학의 현상학적인 방법론이라든지, 기독교의 역사적(집단적) '종말론적 상황'을 개인의 '죽을 인간'의 상황에 대입한 점, 그리고 사중물(四重物, 사방세계) 등에서 신을 별도의 실체로서 둔 점 등을 감안하면 기독교의 신을 버릴 수 없었던 그의 입장을 통해 기독교로의 귀의를 읽을 수 있다.

서양철학자들은 그런 점에서 동양과 원시의 '범신론'을 수용할 수 없는지도 모른다. 하이데거도 결국 사방에 신의 분위기를 느꼈지만 결국 사방세계가 각자의 실체를 가지고 서로 비추는 것에 머물고 말았다. 스피노자의 범신론도 실은 원시의 애니

---

10 김재철, 「하이데거의 종교현상학」 『철학과 현상학연구』(제17집, 2001), 63쪽. 한국현상학회.

미즘에서 말하는 범신론이 아니며, 기독교 유일신의 사물로의 확대(실체의 양태로 확대)이며, 결과적으로 유물론의 출발이었다고 할 수도 있다. 유심론과 유물론은 현상학적인 왕래에 불과하며, 결과적으로 같은 것이라고 말할 수 있다.

서양철학자들의 현상학적 태도는 진정한 존재론으로 들어가지 못하게 하는 궁극적 장애가 되고 있다. 현상학은 세계를 대상으로 바라본 데서 출발하고 있으며, 결국 사물 자체의 존재적 성격을 전폭적으로 받아들이는 데에 걸림돌이 되고 있다. 서양철학에서는 사물 자체가 신이 되지 못하는 원천적 장애가 있는 셈이다.

천지인 그 자체가 신이 되지 못하고, 별도의 신(유일신)을 둔 것은 동일성을 버리지 못하는 서양철학자들의 '동일성의 마지노선'이라고 말할 수 있다. 서양철학과 문명은 처음부터 '이데아'(고대)라는 동일성과 기독교라는 '유일신'(중세)이라는 동일성, 그리고 '기계'(근대)라는 동일성을 버리지 못하는 '동일성의 철학'의 태생적 한계를 가지고 있다. 서양철학의 근원적인 것을 회고해보면, 사고의 원리로서 형식논리학에서 처음부터 동일률(모순율, 배중률, 충족이유율)을 신봉한 철학이었음을 일의관지(一以貫之)할 수 있다. 신과 이성과 주체와 대상 등 모두 동일성의 변형에 불과하였다고 볼 수 있다.

동일률이 모순율에 빠지는 것은 실은 세계의 본래존재가 동일성의 세계가 아니라는 것을 말해준다. 그런데도 서양철학자들은 그 모순을 정반합으로 극복한다는 미명하에 포기하지 않고 있다. 그런 점에서 진리와 모순은 하나의 손의 양면과 같은 것이라는 것을 알 수 있다. 예컨대 자유와 평등은 모순관계에 있다. 그러면서도 자유와 평등의 통합을 이루는 과제를 박애에 맡기고 있다.

자유와 평등과 박애는 실은 자연이라는 기운생멸의 역동적 세계를 두 개의 평면(이분법)으로 나눈 뒤 다시 그것을 통합하기 위해 박애를 설정하는 자기모순의 논리성과 그 한계를 읽게 한다. 자연은 자유와 평등과 박애의 성질과 그 이상의 전체성(부분의 합은 전체가 되지 못하는)을 한꺼번에 가지고 있는데 이것을 굳이 인간의 초월적(관념적·추상적) 지평에서 생각하니까 결국 그렇게 된 것은 아닌지, 추측하게 된다. 말하자면 근대문명이 최고의 가치(금과옥조)로 채택한 논리성(합리성)이라는 것이 단지 인간의 자기 도구를 증대시키기 위한 것에 불과한 것을 존재 전체의 의미로 확대해석한 것은 아닌가 하는 의심이 들기도 한다.

현대과학기술문명의 폭력성을 비판한 하이데거는 칸트가 현상학의 범주에서 제외한 신과 물 자체를 존재론으로 제론함으로써 신과 존재를 훨씬 가깝게 했다. 그렇게 함으로써 존재가 신이 될 가능성을 열어준 셈이다. 이는 범신론이 유물론이 되는 길을 열어준 스피노자와 "신은 죽었다"라고 선언한 니체보다는 훨씬 범신론에 다가간 철학적 진전이라고 평가할 수 있다. 비록 하이데거의 신이 기독교의 절대유일신을 벗어난 것은 아닐지라도 말이다. 이는 서양의 현상학이 동양의 존재론, 그리고 원시 고대의 샤머니즘과 화해할 수 있는 길을 연 것이라고 평가할 수 있다.

『천부경』의 핵심사상은 천지인·정기신 사상이지만 그것의 정수는 음양사상이다. 음양사상은 『천부경』의 인중천지일 사상과 바로 통한다. 인중천지일의 천지는 음양으로 바꾸어도 전혀 달라지지 않는다. 천지는 바로 음양이기 때문이다. 샤머니즘이야말로 음양사상을 핵심으로 하고 있다.

"무에 있어서 조화 그리고 구원은 상대적이고도 음양론적(陰陽論的)인 것으로 이해된다. 김범부(金凡父)은 일찍이 한국문화가 무계(巫系)에 속하고 한국문화의 특징적 사유방식을 음양론이라 갈파한 적이 있다. 이것은 무의 조화와 구원은 그 인식의 바탕 위에서 부단한 노력과 정성을 기울일 것을 요구한다. 그것도 집안을 단위로 해서 그러하다. 집안이 돌보지 않는 망자는 조상의 반열에 들지 못하고 구원받지 못한다. 후손들의 대접을 받다가도 뒷날 잊혀져버린 조상은 더 이상 구원받지 못하게 되는 것이다."[11]

샤머니즘에서는 신이 인간을 구원하는 것이 아니라 자손이

---

[11] 조흥윤 교수 정년기념 헌정집, 『우반풍류지 I-신명(神明)』(한양대학교 문화인류학과, 2012), 113쪽.

조상(귀신)을 구원하는 셈이다. 기독교가 개인-죽은 사람-내세 중심적으로 개인구원을 요청하는 반면 샤머니즘은 가족-산 사람-현세중심적으로 가족구원을 요청하고 있다. 마을공동체사회가 아닌 현대의 지구촌도시사회에서는 인간이 신을 구원하는 모습으로 전환되지 않으면 안 된다. 인간은 이제 각자가 스스로 신이 되고 메시아가 되지 않으면 안 된다. 이것이 네오샤머니즘의 진면목이다.

동양의 고대사상인 『천부경』을 서양의 근대(후기근대)철학인 존재론과 소통시키는 것은 어떤 점에서는 서양철학의 해석을 거꾸로 적용하는 (빌려와서 비교한) 것이지만, 동서고금의 소통을 위해서는 매우 가치 있는 일로 여겨진다. 이는 동양이 서양을 이해하는 데에 긴요한 것이라기보다는 서양이 동양을 이해하는 데에 더욱 긴요한 것이다.

지금에 와서 동양과 서양의 철학을 회고해보면 서양철학과 문명은 길고 긴 '현상학의 여로'에 있었던 것 같다. 그런데 그 종착역이 하이데거의 존재론이라고 볼 수 있다. 이에 비해 동양은 '처음부터 존재론적인 사고', 즉 천지인의 순환과 음양의 기운 생동과 변화에 초점을 맞추었던 것 같다. 서양의 형이상학이 추구한 '초월적인 하나'와 동양의 도학이 추구한 '전체성(일반성)의 하나'는 역설적으로 『천부경』에서 만나고 있다고 해도 과언이 아니다.

『천부경』의 '인중천지일'의 사유는 동양의 오래된 사유로서

고대의 '동양의 존재론'이라고 말할 수 있다. 인간이 천지의 기운이 생동하는 존재이듯이 다른 사물도 마찬가지로 천지가 작용한(작용하고 섭리한) 존재이다. 이를 '일반적인 존재'라고 말할 수 있을 것이다. 서양의 후기근대철학자들은 동양의 천지인사상과 음양사상의 아이디어를 가져가 저들의 언어로써 토착화를 통해 서양문화문법으로 번안한 것으로 볼 수 있다. 이는 스피노자, 칸트도 예외가 아니다. 이들은 동양의 성리학의 번안을 통해 자신의 윤리학(에티카)과 도덕철학(순수이성비판 등)을 만들었을 가능성이 높다.

니체는 칸트의 도덕주의를 비판하면서 "이것은 삶의 몰락과 삶의 최후의 소진과 쾨니히스베르크의 중국주의가 표명하는 환영들이다"(「안티크리스트」)라고 말한다. 칸트의 도덕철학이 만들어지던 당시 유럽에 동양학, 특히 성리학 붐을 유추할 수 있는 구절이다. 이러한 비유가 통용되었다는 것은 이미 서양의 내로라하는 철학자들에게는 성리학적 지식이라는 것이 교양수준이었음을 반영한다. 서양의 근대철학의 형성에 중국의 영향이 컸다는 것은 이제 기정사실이 되었다.

"18세기 유럽의 계몽철학자들은 공자를 숭배하고 공자철학으로 유럽을 개화시켰다. 명저『중국과 유럽』을 쓴 라이히바인은 '공자는 계몽주의의 수호성인이다'라고 평했다. 유럽 계몽운동은 다름이 아니라 '공자의 유럽계몽'이었던 것이다. 18세기 유럽 철학자들은 17세기에 이미 완역되어 있던 공자경전에서 새로운 철학을 발견했다. 이를 활용해 '신학의 시녀' 스콜라철학과 그리스합리주의에 갇힌 유럽을 '개화'시켰다."[12]

하이데거가 서양철학의 종래의 존재는 '존재자(seiendes = beings)'였음을 밝히고, 새롭게 '존재(Sein = Being)'를 규정함으로써 존재론이 탄생하였지만, 존재 자체의 긍정에 이르는 존재론의 완성에 이르지는 못했다. 하이데거의 철학은 특히 동양의 선불교, 혹은 『천부경』의 철학을 수용하고 나름으로 이해하기는 했지만, 서양철학자로서의 태생적 한계에 부딪쳐(문화적 저항에 부딪쳐) 마치 칸트의 '이성의 한계 내에서의 종교(신)'처럼 '기독교의 한계 내에서의 존재'에 머물렀다.

더욱이 하이데거는 동양의 변화에 대한 철학인 역학(易學)과 기운생동의 세계를 완전히 소화하지는 못한 것 같다. 하이데거의 존재론은 현상학과 존재론의 경계에 있다. 하이데거 존재론의 특성은 바로 인간을 '현존재'로 본 데서, 그리고 존재를 시간으로 본 데서 한계를 보인다고 할 수 있다. 앞에서도 말했지만 하이데거 존재론은 바로 '현존재'에 모두 담겨 있다.

필자가 말하는 "시간과 공간은 없다"[13]라는 말은 과학기술문명이 맹위를 떨치는 지금은 어불성설처럼 들릴지 모르지만,

---

12 황태연·김종록 지음, 『공자 잠든 유럽을 깨우다』(김영사, 2015), 304쪽.
13 박정진, 『위대한 어머니는 이렇게 말했다』(살림, 2017), 135쪽.

과학기술문명의 폐해가 두드러지는 미래에는 점차 이해되고 느껴질 것이다. 아인슈타인은 공간(고정된 공간)에 시간(운동과 변화)이 흐른다는 종래의 관점을 시공간으로 바꾸어 시간에 따라 공간이 얼마든지 변할 수 있다는 점(4차원을 비롯한 다른 차원의 공간)을 말했지만, 그것은 어디까지나 과학적 관점인 것이고, 철학적으로 보면 보다 더 근본적인 것은 시간이 없으면 공간이 성립되지 않는다는 점이고, 종국에는 시간도 없다는 점이다. 시간은 일종의 과학의 세계를 위한 제도라고 말할 수 있다.

이러한 관점에서 보면 아인슈타인의 상대성원리($E=mc^2$)조차도 질량과 시간을 가지고 있기 때문에 뉴턴의 절대과학과는 다르지만 일반성의 철학이 말하는 존재에 이르지는 못하고 있다고 말할 수 있다. 존재는 결코 양화할 수가 없는 무량수전(無量壽殿)이다.

"존재는 주체와 대상이 아니다."
"존재는 시간과 공간이 아니다."
"존재는 방법도, 이유도 아니다."

현존재인 인간은 '현재'라는 시간의 설정과 더불어 '존재'를 의식하고 인식하는 존재적 특성을 가지고 있는 존재이다. 시간은 '시간과 비시간의 이중성의 관계'에 있다. 있음은 '있음'과 없음의 이중성의 관계'에 있다. 인간은 습관적으로 '시간'과 '있음의 편에서 존재를 잡고 기술해왔던 것이다. 그 기술(記述)의 최고봉이 바로 과학기술(技術)인 셈이다. 그렇지만 앞의 두 '기술'은 기운생동의 기술(氣述)을 이기지 못한다. 세계는 인간이 잡지 못하는 기운생동으로 가득 차 있다.

한마디로 존재는 시간이 아니다. 존재는 존재 그 자체이다. 시간은 존재를 측정하는 시공간의 좌표, 혹은 프레임이다. 라이프니츠는 왜 동양의 음양사상과 주역을 가지고 가서 미적분을 만드는 데에 이용했을까. 서양 사람들은 동양의 음양사상을 전기적 양전기와 음전기로 전환하여 오늘의 계산기와 컴퓨터·인공지능을 만들어냈다. 이것은 계산적 이성의 집대성이다.

서양의 기독교와 이성주의의 전통에 길들여진 하이데거조차도 시작과 끝이 없는, 시간이 없는 무시무종(無始無終)을 이해할 수 없었던 셈이다. 하이데거는 존재를 시간과 동격으로 봄으로써 아직 시공간의 프레임을 완전히 벗어난 입장에서 자연을 보지는 못했다. 시간은 변화 자체는 아니며 변화를 재는(계산하는) 일종의 존재자이다. 이는 그가 인간을 기분적(氣分的) 존재로 파악하면서도 아직 세계를 '일기(一氣)의 존재'로 파악하는 데는 이르지 못했음을 의미한다. 이러한 한계는 현존을 시각중심(대상)으로 바라보는 서양철학의 타성에서 그가 완전히 벗어나지 못했음을 의미한다. 현존을 대상(주체-대상)으로 보지 않으면 정신-물질의 이분법은 '마음과 몸(신체)'의 심물(心物)일체가 되고, 현존은 '현존적인 존재'가 된다.

인간을 '현존재(Dasein)'로 규정한 하이데거는 눈으로 파악하지 못한 '존재'를 은폐되어 있다고 했는데 실은 존재는 은폐된 적이 없다. 존재를 은폐되어 있다고 보는 그 자체가 존재자의 입장에서 존재를 바라보는 것을 의미한다. 그래서 그는 존재의 드러남을 현성(顯性)이라고 하였던 것이다. 현존(現存, presence)을 '현존적 존재'(존재자가 아닌)로 인정하지 못하는 이유는 서양철학이 본래 '현존'을 '현상(現象)'으로 해석하는 현상학적 전통을 가지고 있기 때문이다.

현상학에서 출발한 하이데거는 현상을 벗어나기 위한 중간 절차로 '존재'(존재자가 아닌)를 새롭게 규정했지만, '현존적 존재'에는 도달하지 못하였다. 그래서 그는 후기에 시적(詩的) 은유로 존재에 도달하는 길을 택했던 것이고, 그것에 그쳤다. 하이데거의 후기철학('시간과 존재')은 시간을 벗어나기 위해 횔더린의 시에 매달렸던 것이다. 시적 은유야말로 시간을 벗어나는 언어의 길이었던 셈이다.

하이데거의 존재론을 쉽게 설명하기 어렵지만, 서양의 현상학적인 이분법의 세계, 예컨대 천지창조(시작)-종말구원(종말), 원인-결과, 절대-상대 등의 이원대립적인 세계의 근원이나 바탕으로서 '존재의 세계'를 설정하고 있다. 다시 말하면 존재의 세계는 이분법적인 세계를 샘솟게 하는 근원 아닌 근원(근원은 원인이 아니다)이면서, 동시에 스스로는 이분법의 세계에 물들지 않

고 벗어나 있는, 하나의 세계로 존재하는 세계인 셈이다.[14]

역설적으로 현상하지 않는 것만이 존재인 것이다. 본래자
연, 본래존재를 우리는 규정할 수 없다. 그래서 인간은 세계를
규정하기 위해서 이분했는지도 모른다. 세계가 이분되지 않으
면 동일성이라는 것은 존재할 수가 없다. 이는 차이(差異)로 말미
암아 동일성이 발생하기 때문이다. 이분된 세계는 최초의 차이
이고, 이 차이를 근거로 동일성이 발생하였던 셈이다. 그런 점에
서 차이는 동일성의 선험적(전제적) 조건이라고 말할 수 있다.

동일성의 철학인 서양철학이 후기근대철학에 이르러 다시
차이의 철학을 말하는 것은 실은 동일성(실체)의 은폐에 지나지
않는다. 동일성이 없는 반복은 반복이 아니다. 차이의 반복은 있
을 수 없다. 차이의 반복은 동일성을 숨기기 위한 전략이거나 자
기변명에 지나지 않는다. 특히 들뢰즈가 차이의 반복을 주장하
면서 유물론적·기계적 세계관에 빠져 있는 것은 서양철학의 한
계를 극명하게 드러내는 좋은 예이다.

14 하이데거의 '존재론' 철학은 처음에 출발은 스승인 후설의 '현상학'에서 출발하였지만, 최종
적으로 그의 '존재(Being)'에 도달한다. 현상학은 역사적인 지평에서 정반합의 모순관계를
끝없이 극복하는 과정이지만, 존재론은 본래존재(불교의 無, 혹은 空과 같은 개념이다)에 도
달함으로써 에포케(epoché: 판단정지)를 통해 새로운 시원(origin, epoch)을 발견한다. 그
런 점에서 그의 존재는 역사적이지도, 환원적이지도 않으며, 시원적(근원적)이라고 말할 수
있다. 그런 점에서 존재론에서는 역사적 발전론이나 무엇을 무엇보다 높게 보는 서열적인,
위계저인 것은 의미가 없다. 존재론에서는 현상학에서 중요시되는 '선후상하좌우내외'의 개
념은 없다.

그러한 점에서 인간의 과학기술문명에 대해 회의를 품고 있는 하이데거야말로 서양철학을 서양철학의 밖에서 바라보기 시작한 최초의 인물이라고 말할 수 있을 것이다. 하이데거가 니체를 형이상학을 완성한 인물이라고 규정하면서도 동시에 그를 비판하는 것은 서양의 기술지상주의가 가져오는, 자연적 존재로서의 인간의 인간소외를 걱정하고 있기 때문이다. 마르크스가 지적한 사회로부터의 소외는 자연으로부터의 소외에 비하면 보다 절망적이지 않다. 전자는 인간을 죽음에 이르게 하지만 후자는 인류를 공멸하게 할 가능성을 잠재하고 있기 때문이다.

인간은 특이하게도 시공간을 설정하는 동물이기 때문에 역설적으로 'nowhere(어디에도 없다)의 존재'가 된다. 그런데 이 단어를 'now-here'로 끊어보면 '지금, 여기에 있다'는 뜻으로 정반대로 돌변한다. '지금, 여기'는 실체가 있는 시공간이 아니라 실체가 없는, 생멸하는 찰나를 말한다. 찰나는 시간의 거리가 있는 것이 아니라 생멸을 은유하는 것이다. '거리가 있음'은 '정체성'과 '차이'를 말하기도 하지만 뒤집어 말하면 '타자'와 '소외'를 동시에 의미한다.

하이데거의 'Da-sein(저기-있음)'도 'Da(저기, there)'에서 출발하고 있다. '저기(there)'는 '여기(here)'가 아니다. 하이데거의 존재론도 '저기'에서 출발하고 있기 때문에 매우 서양철학적임은 부인할 수 없다. 그렇지만 '저기'라는 것을 파악하였다는 점에서 이미 '저기-여기'의 경계, 즉 이중성에 있다고 볼 수 있다.

그렇기 때문에 그의 존재론은 곳곳에서 '여기-있음'의 존재를 열고 있다고 말할 수 있다. 그런 점에서 그의 '세계-내-존재'는 필자의 '자기-내-존재'로의 길을 열고 있다고 말할 수 있다.

하이데거는 서양과 동양의 경계에 서 있는 인물이다. 하이데거의 철학이 동양의 천지인순환의 철학에 완전히 도달한 것은 아니지만 그래도 그의 존재론은 인중천지일의 세계와 통하고 있고, 그의 존재론으로 설명하면 동서고금의 철학이 피가 통하고, 더욱더 가깝게 될 개연성이 얼마든지 있다. 존재를 자연의 선물, 신의 선물로 보는 하이데거의 존재론은 바로 신과 통하고자 하는, 신과 하나가 되고자 하는, 그래서 신인일체(神人一體)의 순간을 맞으려고 하는 축제이다. 그러한 점에서 존재론과 천지인사상은 '축제적 인간'을 철학적으로 설명하는 틀로 자리 잡을 수 있는 것이다.

축제 혹은 축제적 시공간을 동양의 천지인사상으로 말하면, 천지인이 하나가 되는 시공간이라고 말할 수 있다. 축제의 시공간은 일상의 시공간이 아니라 인간이 신과 하나가 되는, 신이 내리는 시공간이다. 신이 내리는 시공간은 '천지중인간'의 시공간이 아니라 '인중천지일'의 시간과 공간이다.

천지중인간의 시공간은 현상학적인 시공간이며, 역사적인 시공간이다. 이에 비해 인중천지일의 시공간은 존재론적인 시공간이며, 비역사적인 시공간이다. 이것은 앞에서 말한 '자연의 인간중심론'과 '인간의 자연중심론'과 통하게 된다. 물론 천지중

인간은 '자연의 인간중심론'과 연결되고, 인중천지일은 '인간의 자연중심론'과 연결된다.

천지인사상으로 말하면 축제의 시공간은 인중천지일의 시공간이다. 인간은 일상생활에서는 제도적인 것에 매여 살지만 축제의 시공간에서는 자연의 본성으로 돌아가게 된다. 이때의 본성이란 사회적 존재로서 함께 살아가는 '공동체적 본성'을 말한다. 인간에게는 '이기적(利己的) 존재'로서의 유전자도 가지고 있지만 분명히 '이타적(利他的) 존재'로서의 유전자도 함께 지니고 있다. 이것이 인간이 다른 동물과 다른 점이다. 이타적 존재로서의 유전자가 발휘되는 시공간이 바로 축제의 시공간인 것이다. 천지중인간의 시공간과 사회는 위계적인 반면 인중천지일의 시공간과 사회는 평등적이다.

	천지중인간(天地中人間): 역사적인 시공간/자연의 인간중심론	인중천지일(人中天地一): 비역사적인 시공간/인간의 자연중심론
천(天)		존재론적인 차원: 천지인(天地人)의 순환적 관계/신체적(상징적) 존재적 사유/시공간이 없음/축제의 시공간/이타적(利他的) 시공간/평등적 질서 * 축제의 시공간은 인중천지일의 시공간이다.
인(人)	현상학적인 차원: 인간적(人間的) 지평(地平)/이성적(언어적)−소유적 사유/시공간적 사유/일상의 시공간/이기적(利己的) 시공간/위계적 질서	
지(地)		

[천지중인간과 인중천지일의 시공간]

서양문명은 '직선(直線)과 원환(圓環)의 문명'이고 동양문명은 '곡선(曲線)과 순환(循環, 太極)의 문명'이다. 여기서 사용하는 '원환의 문명'과 '순환의 문명'은 다른 것이다. 지구에서 직선을 그으려고 고집하면 원이 된다. 지구는 둥글기 때문이다. 그래서 직선은 곧 원이 된다. 이것이 서양이다. 서양문명과 서양신화의 순환은 원환의 순환이다. 서양문명은 곧 직선을 그으려고 고집하는 문명이다. 이는 서양문명의 근원에는 동일성(실체)이 숨어 있다는 뜻이다.

이에 비해 동양문명은 직선을 그으려고 고집하는 것이 아니라 자연스럽게(우주적 기운생동에 따라) 선을 그으니 자연히 곡선 즉 태극(太極)이 된다. 태극은 직선을 고집하지 않는다. 태극의 곡선은 원의 동일성을 지향하는 것이 아니라 나선적(螺線的) 순환을 한다. 그래서 동양의 세계는 변하지만 하나도 같은 것(동일성)은 없는 것이다. 예컨대 사계절은 돌아오지만, 하나도 같은 봄·여름·가을·겨울은 없는 것이다. 서양은 자아와 자유를 찾으려고 하지만 동양은 자연을 즐긴다. 서양의 역사는 자유(평등)를 찾으려는 역사이지만, 동양의 역사는 자연의 자연스러움을 즐기려는 역사이다.

서양철학은 동일성(실체)을 찾으려는 사유이다. 여기에 서양철학의 특징이 있다. 동양철학은 차이성(음양)에 순응하는 사유이다. 서양철학이 이성-언어적 이성철학이라면 동양철학은 상징-신체적 자연철학이다. 여기서 자연철학은 천지인철학과 음양철학을 말한다.

서양의 천지인은 각각 실체로서 존재하는 천지인이다. 동양의 천지인은 각각 실체로서 존재하는 천지인이 아니라 상징적 천지인이다. 말하자면 서양의 천지인은 실체의 천지인이고, 동양의 천지인은 상징의 천지인이다. 그렇게 다른 동양과 서양이 만나서 오늘날 지구문명을 형성하고 있다. 그러니 아무리 말해도 동문서답을 할 수밖에 없다.

서양문명의 꽃은 결국 과학, 즉 힘을 말하는 역학(力學)이다. 동양문명의 꽃은 천지의 변화를 말하는 역학(易學)이다. 동양이든, 서양이든 세월의 변화를 잴 수 있는 역학(曆學)을 쓰고 있다. 서양은 태양력 중심의 역학이고, 동양은 태음력 중심의 역학이다(물론 역학적으로 동양이 태양력을 쓰지 않는 것은 아니다). 서양은 변하지 않는 태양(물론 과학적으로는 태양도 변하고 있지만)과 같은 것을 모델로 하고 있고, 동양은 변하는 달(물론 달의 모양은 달이 변하는 것은 아니지만)과 같은 것을 모델로 하고 있다.

'천지중인간'의 세계는 '인간적 인식의 지평(地平)의 세계'로 천리(天理)의 세계이다. '인중천지일'의 세계는 '천지융합의 역동(力動, 逆動, 易動)의 세계'로 지기(地氣)의 세계, 기운생동(氣運生動)의 세계이다. 이것을 비유적으로 말하면 천리가 '하늘의 태양'이라면 지기는 '땅의 바다'와 같다. 땅의 바다는 우주적으로 확대하면 '우주의 바다'가 된다. 바다는 생명의 탄생의 심연이다.

인중천지일의 세계는 역동적으로 움직이는 하나의 세계이다. 비유적으로 말하면 인간의 몸에는 지금도 태양과 바다와 같은 것이 숨어 있으면서 순환하고 있다. 상징적으로 말하자면 음과 양이 순환하고 있다. 서양이 천리를 중시한다면 동양은 지기를 중시하는 문명이다. 서양의 천리는 오늘날 자연과학이 되었고, 동양의 천리는 도덕으로 근대 이전에 멈추었다. 서양의 천(天)은 '지배의 천'이지만 동양의 천은 '순환의 천(天)'일 뿐이다.

인간(人間): 천지중인간 (天地中人間)	역사−논리적 사건 '언어−사물'프레임 이성적−소유적	철학·과학적 지평 (말−개념−풀이놀이) 인간인식의 지평	서양철학과 문명 유대기독교적 사고 (신들의 전쟁)
천지일(天地一): 인중천지일 (人中天地一)	계시−야생적 사건 '상징−의례'프레임 신체적−존재적	예술·축제적 지평 (말−의미−몸놀이) 천지역동의 세계	동양철학과 문명 『천부경』적 사고 (신들의 평화)

['천지중인간'과 '인중천지일'의 세계의 비교]

샤머니즘의 부활은 바로 '인중천지일의 부활'을 의미한다. 이것은 자연과 세계를 순환의 관점에서 바라볼 것은 요구하는 것이다. 자연을 정복과 지배의 대상으로 바라볼 것이 아니라 함께 살아가는 공동존재로 바라보는 것을 요구하는 것이다. 샤머니즘의 부활은 크게 보면 오늘날 과학기술시대의 정점에서 자연과 인간성의 회복을 위해 에콜로지의 차원에서 철학할 것을 요청하고 요구하는 시대정신이라고 말할 수도 있다. 자연적 존재로 태어난 인간은 결국 기계를 만들어냈고, 인공지능과 기계인간(사이보그)을 만들어낼 정도에 이르렀다.

옛 샤머니즘을 에콜로지의 차원에서 새롭게 바라보는 것은 도시와 문명의 수학적 길이 아니라 농촌의 들길이나 나아가서 산중의 오솔길, 노래로 말하면 아리랑과 같은 민요의 가치를 새롭게 조명해보는 것이라고 할 수 있다. 오늘날 고도로 분석적인 현상학적인 대상철학은 존재론의 측면에서는 원시부족사회의 샤머니즘보다 못한 철학인지도 모른다.

그런 점에서 동양의 '도학'은 참으로 현대인이 그 정신을 새롭게 조명할 가치가 있는 것이다. '자연적 존재'는 있는 그 자체가 존재인 것이지, 어떻게 생각하고 해석한 존재가 아니다. 현재 함께 있는 만물이 바로 인간과 똑같은 가치를 지닌 존재이며, 함께 살아 있는 것이야말로 존재의 진면목이다.

『신천부경(新天符經)』

無	時	無	空	無	大	無	小	
動	靜	易(逆)	動	理	氣	神	學	
意	氣	投	合	萬	物	萬	神	
萬	物	萬	神	意	氣	投	合	
天	地	天	地	陰	陽	天	地	
自	身	自	信	自	新	自	神	
二	一	三	一	五	行	八	卦	
人	中	天	地	一	風	流	道	64자
巫	儒	佛	仙	道	天	地	教	
鬼(歸)	仁	慈	自	無	神	中	道	80자

제 5 장

인간이란 무엇인가
—자기-내-존재로서의
인간

1. 철학적 인간학 대 인류학적 철학

인간이란 무엇인가. 학문의 분야에 따라 인간을 정의하는 것은 다르다. 철학적 인간학(Philosophical Anthropology)과 인류학적 철학(Anthropological Philosophy)은 어떤 점에서 보면 전자가 끝나는 지점에서 후자가 출발하는 것인지도 모른다. 또한 후자는 전자의 결정을 협소한 것이라고 생각할지도 모른다. 철학적 인간학의 결론은 아마도 에른스트 카시러(Ernst Cassirer, 1874~1945)가 정의한, '인간은 상징형식의 존재'라는 것이 가장 폭넓게 받아들여질 것 같다.

상징형식의 존재라는 것은 눈에 보이는 사물에 어떤 '의미(意味)'를 입혀서 사물을 다루는 존재라는 뜻이다. 그 의미는 때로는 결정론적인 것에서부터 무의미의 의미에 이르기까지 변이의 폭이 넓다. 의미의 의(意)자를 보면 '마음의 소리(意＝音＋心)'를 듣는 것을 유추하게 하고, 결국 마음의 소리의 맛(味) 보는 것을 연상케 한다. 비록 한자의 조합을 빌어서 추론하는 것이긴 하지만 재미있다. 맛은 형이상학적으로 추상화·개념화되어 멋(美)이 되었을 것이라고 생각해볼 수 있다.

서양철학의 사물을 대하는 태도는 눈에 보이는 '현존(현존적 존재)'를 잡고자 하는 경향을 볼 수 있다. 잡고자 하는 것은 순간적이라고 할지라도 그것을 정지시키고, 대상화하는 것을 의미하며, 그것에서 고정불변의 동일성(정체성)을 찾고자 하는 욕망이다. 이것을 우리는 이성이라고 하기도 한다. 결국 욕망은 이성인 셈이다. 결국 잡고자 하는 것이 발달하면 소유가 된다. 잡고자 하고 소유하고자 하는 욕망이 강하면 강할수록 사물을 우선 대상으로 보는 태도가 선행되어야 한다. 바로 이런 것이 데카르트의 코기토이고, 칸트의 선험론이다. 물론 칸트에 앞서 과학의 아버지라고 칭송받는 뉴턴이 있다.

근대서양철학은 뉴턴의 발견을 철학적으로 증명하는 것이거나 그것에 이르는 의식의 발생학적 과정을 탐색하는 것이거나 아니면 자연의 법칙처럼 인간에게 도덕을 부여하는 것이었는지도 모른다. 데카르트는 존재와 생각의 선후를 뒤집어서 "나는 생각한다. 고로 존재한다"고 천명했다. 이로써 근대가 철학적으로 성립하고, 인간은 사물을 대상으로 본격적으로 소유하기 시작했다. 말하자면 '사유가 존재'가 된 셈이다. 이것은 존재론적으로 보면 분명히 자기투사이고, 자기도착이고, 일종의 자기기만이다. 그럼에도 불구하고 이러한 도착이 현대의 과학기술문명을 만들었다고 해도 과언이 아니다.

이런 면모는 그 이후의 서양철학 전체를 꿰뚫고 있음을 보게 된다. 여기에 반발한 철학이 하이데거의 존재론이고, 이로부터 형이상학의 극복((Verwindung der Metaphysik)과 새로운 사유의 과제(Aufgabe des Denkens) 및 새로운 출발사유(Andere Anfang)을 모색하였고, 일부에서는 '철학의 종언'이라는 말이 떠돌기 시작했다. 이것은 서양의 과학기술문명에 대한 경종이며, 서양 철학적 사고에 대한 거대한 반성으로 기록될 것이다.

서양 철학사를 보면 동일성(실체)을 찾기 위한 대장정으로 볼 수 있을 것이다. 사물을 대상으로 보면서 시작된 서양철학은 그 후 사물을 현상으로, 다시 현상에서 상징으로 보는 것으로 발전하였지만, 그 상징은 언어의 결정론으로 다시 돌아갔고, 결정론적 언어는 자연과학을 형성하는 데에 기여해서 오늘날 과학기술문명을 만들어냈다.

그렇다면 과학기술문명의 폐해를 치유하기 위해서는 철학의 새로운 사유의 출발은 무엇이 되어야 할까. 하이데거는 시적 거주를 거론하면서 과학기술문명의 문제점에 대해서 가장 일찍 눈을 떴다고 할 수 있는 인물이다. 그러나 그도 새로운 사유의 내용에 대해서 확실한 것을 내놓지는 못했다. 그 새로운 사유는 놀랍게도 인류가 오래전에 버려둔 '샤머니즘'임을 필자는 제안하는 것이다. 그러나 그 샤머니즘을 과학기술문명을 극복한 형태로 자리 잡게 하기 위해서는 네오샤머니즘의 이름 아래 전개되어야 할 필요성을 느낀다.

네오샤머니즘의 철학은 대상→현상→상징으로 간 서양철학을 다시 상징에서 징후로, 즉 '징후학(徵候學, 徵兆學)'으로 나아가게, 더 정확하게는 원시반본하게 만드는 것이다. 징후학은 자연을 대상이나 이용물로 파악하는 것이 아니라 자연의 존재 그 자체를 그대로 받아들이는 데서부터 시작하여야 한다. 마음을 열고 자연을 바라보면 자연은 말을 걸어오기 시작하고, 인간은 자연의 소리를 청종(聽從)하게 된다. 하이데거도 청종의 의미를 강조하였지만, 그것이 자연친화적인 삶을 영위하던 '인류의 오래 전의 삶의 방식'이라는 것을 몰랐다고 할 수 있다.

서양철학의 인간학과 다른 인류학적 철학은 서양을 구축하고 있는 헬레니즘과 헤브라이즘의 결합, 그리고 그것이 이룬 현대과학기술문명과 다른 삶을 살았던 많은 사람들, 예컨대 시간과 공간을 달리한 사람들의 삶을 바라보는 것을 의미한다. 더욱 폭넓게는 진화론상의 호모 사피엔스(Homo Sapiens)와 그 이전의 많은 유인원과 유원인 등 영장류들의 생태를 포섭하면서 인간을 정의하고자 한다. 말하자면 인간과 영장류들의 경계에 대한 생태나 행태를 살펴봄으로써 또 다른 각도에서 인간을 바라보고자 한다.

그 하나의 방법으로써 오늘날 문명인들이 흔히 미신(迷信)

이라고 폄하하는 샤머니즘의 시각을 통해 서양문명을 바라보는 것도 인류학적 철학의 발전에 크게 기여하는 것이 될 것이다. 샤머니즘은 한때 유라시아 대륙을 지배했던, 말하자면 본격적인 고대문명이 출발했던 그 경계의 지점에서 크게 유행했던 원시 고대종교였던 것으로 짐작된다. 인류의 오래전의 삶의 방식을 간단히 '미신'으로 치부해버리는 것은 현대인의 오만이라고 할 수밖에 없다. 역으로 생각하면 미신 속에 신비가 있고, 신앙이 있는지도 모른다. 예컨대 과학이라는 것이 모든 것을 명석판명하게 밝히고 해답을 죄다 준다면 종교가 더 이상 필요 없을 것이다. 미신-신비-제사-종교는 서로 단속적이면서도 연속적이다.

옛 샤먼들은 자연과의 소통을 통해 생태의 균형을 취했고, 주변의 동식물과 심지어 돌과 같은 무생물까지도 함께 살아가는 공동존재로 받아들였다. 말하자면 만물만신의 방식으로 살면서 자연에 대해 항상 외경하는 마음가짐으로 함께 호흡하며 사는 것을 덕목으로 생각했다. 우리가 흔히 말하는 애니미즘이나 토테미즘은 그러한 삶을 종합적으로 표현하는 표상들이다. 토템동물들은 거꾸로 인간에게 환경에 적용하여 잘 살아가는 방식이나 교훈을 가르쳐주기도 했다.

토템동물과의 결혼이야기를 다룬 많은 신화들은 그러한 문화의 소산이다. 단군신화에 등장하는 곰과 결혼한 환웅과 그 사이에 태어난 단군의 이야기도 이러한 등속에 속한다. 신화이야기에 등장하는 이야기는 여러 상징들로 가득 차 있으며, 이런 상징들은 집단의 메타포라고 할 수 있다. 집단의 메타포(은유)를 메토니미(환유)로 이해하는 것은 신화역사학의 심각한 실패나 심지어 무식에 속한다.

인류는 애니미즘이나 토테미즘의 방식을 버린 것 같지만 실은 아직도 여전히 그러한 표상들을 삶에 긴요하게 사용하고 있다. 애니미즘이나 토테미즘을 활용하는 대상과 영역이 달라졌을 뿐이다. 요컨대 애니미즘은 기독교의 성령과 연결되고, 개인의 마스코트도 여기에 속한다. 토테미즘은 스포츠단체의 여러 상징과 깃발, 브랜드(brand), 아이콘(icon), 심지어 국가들의 국기도 이에 속한다.

샤먼들은 예언자(prophet)들이었다. 그들의 예언은 처음에는 말로 이루어졌지만, 추축시대(BC 9C~2C, BC 6C~4C) 이후에는 글로써 예언을 남기는 문서예언자였다. 옛 샤먼이야말로 시인과 철학자와 사제, 그리고 간혹 무의(巫醫)의 기능을 한 몸에 지니고 있었던 예언자였다. 시인과 철학자와 사제와 무의는 '천(천상)-지(지상)'를 연결하는 매개자(매신저, 영매)의 공통성을 갖는다고 할 수 있다.

오늘날 이들 기능(역할)들은 제각기 흩어져 독립되었고, 특히 과학기술이라는 이름으로 존재의 전체성이 조각나버렸다. 이에 이들 간의 매개(영매)가 없어져버렸다. 따라서 일상 언어를 사용하는 시인과 철학자의 공속이 필요하게 되었다.

"시인과 철학자가 공속적인 것은 이들이 매개자 혹은 중매

자의 역할을 수행하는 데에 있다. 즉, 천상적인 것과 지상적인 것이며 신적인 것과 인간적인 것이다. 성스러운 공간에 거주하는 시인과 존재의 이웃으로 거주하는 철학자는 다름 아닌 시원적으로 시작(詩作)하는 시인과, 시원적으로 사유하는 철학자다. 이들은 '사이-존재'로서 어떤 중간 지대에 위치하여 매개하는 과제를 떠안고 있는 것이다."[1]

"'궁핍한 시대에서의 시인'의 직책은 사명과 소명으로 각인된 '시인직(詩人職: Dichterberuf, Dichteramt)'이라는 용어로 대변된다. 우리에게는 도무지 낯선 용어이다. 그러나 바로 여기에 횔덜린을 이해할 수 있느냐와 없느냐가 갈린다. 이 '시인직'은 그에게서 사제직과 직결되고 또 어쩌면 사제직 이상이었던 것이다."[2]

정령숭배를 기초로 하는 샤머니즘의 '만물만신(萬物萬神)'의 정신이나 심물일체(心物一體)의 정신이 절대유일신의 기독교나 유물론의 기계적 세계관을 넘어서는, 보충하는 철학이 될 수도 있다. 하이데거에 의해 제기된 존재론은 다시 동양으로 돌아와 네오샤머니즘으로 꽃을 피움으로써 비로소 완성되는 운명인지도 모른다.

하이데거의 시간(Time)은 이미 사물(Thing)이며, 텍스트

---

1   윤병렬, 「하이데거의 횔덜린 시(詩)—해석과 '다른 시원'」(철학과 현실사, 2002), 200쪽,
2   같은 책, 201쪽.

(Text)이며, 테크놀로지(Technology)이다. 시간(시간의 단면, 파편, 이미지)을 떠올리는 자체가 이미 구속이다. 따라서 사물과 함께 물리적 시간과 공간, 역사(시간)와 사회(공간)를 버리지 못하는 인간은 결코 제도와 테크놀로지에서 자유로울 수 없다. 테크놀로지는 인구증가와 함께 벌어진 인류사의 필연적 과정이었다.

하이데거의 '현존재(Dasein: 터-있음, 저기-있음)[3]의 뜻은 인간이 '시간적 존재'이며 '열려져 있는 존재'이면서 동시에 '닫혀져 있는 존재'인 이중성의 경계의 존재임을 말한다. 그의 『존재와 시간』은 시간적 존재로서의 인간을 사유한 것이다. '현존재'라는 말 자체에 하이데거의 모든 철학이 이미 들어 있다. 시간과 공간 안에 들어 있는 칸트의 '인간'은 하이데거에 이르러 '현존재(Dasein)'가 되는데 '현존재'는 시공간을 벗어난 '존재(Sein)'로 가기 위한 중간의 '터-있음', 중간기착지라고 할 수 있다.

'터-있음'은 필자의 '역동적인 장(場)의 개폐이론'(DSCO: Dynamic Space, Close & Open)'의 '장(場)'의 개념에 흡사하다. '장(場)'은 '장소(場所)'와 다른 전자기장(電磁氣場)과 흡사한 개념이다.[4] 하이데거의 '터-있음'은 고정된 공간적 장소라기보다는 존

---

3 하이데거의 'Dasein'을 '현존재'와 '터-있음'으로 번역하는 것은 전자는 시간성을 중심으로, 후자는 공간성을 중심으로 번역한 것으로 생각된다. 시간과 공간이 둘이 아닌, 하나의 시공간인 만큼 결국 둘은 같은 뜻이다.
4 박정진,『한국문화와 예술인류학』(미래문화사, 1990), 91~116쪽.

재적 사태가 벌어지는 장(場)을 의미한다. 존재는 실체적 사물이 아닌 실재적 사건사태이다. 하이데거의 '터-있음'이 완전히 '열려 있는 존재'가 되어야 존재론의 완성이 된다. 아무튼 하이데거는 실재적 사건, 실재적 존재에 가장 가까이 간 서양철학자이다. 그러나 하이데거는 존재의 진면목에 도달하지는 못했다.

하이데거의 기초존재론은 현존재인 인간을 중심으로 존재자들을 분석하고 이해한 것으로서 만물이 제각각 존재인 것을 아직 인정하지 못하고 있다. 그의 기초존재론은 필자의 '일반성의 철학'의 바탕을 이루고 있는 일반존재론(존재일반)으로 탈바꿈되어야 존재론의 완성이 될 것이다.

하이데거의 존재론은 전기의 현상학적 존재론('존재와 시간')과 후기('시간과 존재')의 존재론적 현상학으로 나눌 수 있는데 현존재(존재자)의 입장에서 존재를 바라보는 시각으로 인해 결국 시간적 연장성과 공간적 초월성을 완전히 탈피는 하지 못하고 있다. 자연 혹은 우주를 기운생동의 세계로 보면 그냥 역동적인 세계일 뿐이다. 그런데 서양철학적 전통에 따라 역동적인 세계를 현상학의 시간성으로 보면 과거현재미래가 되지만 형이상학의 공간성으로 보면 형이상학과 형이하학이 된다. 니체에 의해서 형이상학이 완성(Vollendung)되었다고 보는 입장에서 새로운 존재론을 연 하이데거는 나름대로는 존재의 진리에 도달하였다고 하지만, 서양철학 자체의 한계에 직면하고 있다.

그는 기본적으로 시간과 공간을 벗어나지 못하고, 그것의 경계에 머물렀다. 그러한 증거는 여러 곳에서 찾을 수 있지만, 우선 '현존재'와 현존재의 근본구성틀인 '세계 내 존재'에서 찾아볼 수 있다. 그는 이것을 전제한 다음에 나머지를 문제 삼고 있다.

"그가 문제 삼고 있는 것은 크게 세 가지이다. 첫째, 세계를 어떻게 이해해야 하는가? 실존범주로서의 '세계'는 무엇을 뜻하는가? 둘째, 세계 내에 '누가' 존재하고 있는가? 실존을 '자신의 존재'로 규정했기에, 세계-내-존재에서 자신으로서 존재하고 있는 것은 누구인지를 알아보아야 한다. 셋째, 세계 내에서 '어떻게' 존재하고 있는지가 문제되어야 한다. 현존재가 어떻게 존재를 이행해나가고 있는지가 분석되어야 한다."[5]

여기서 하이데거는 언제(when)와 어디서(where)를 제하고, 누가(who), 무엇을(what), 어떻게(how)만을 문제 삼고 있다. 말하자면 시간과 공간에 대한 근본적인 물음, 시간과 공간의 존재여부에 대한 물음을 결여하고 있다. 이는 '현존재(시간성)'와 '세계-내-존재(공간성)'를 전제했기 때문이다.

존재는 은폐(은적)된 것도 아니고, 개현(현현)된 것도 아니다. 존재는 그냥 기운생동하고 있는데 현존성에서 대상을 파악하려는 인간(현존재)의 인식론적 욕망(이성) 때문에 존재자(사물)의 이

5　이기상, 『하이데거의 생애와 사상 그리고 그 영향』(누멘, 2010), 194~195쪽.

면에서 존재가 은폐되어 있다가 탈은폐되어 현상으로 개현되고 있다고 보는 것이다. 존재가 은폐되어(숨어) 있다는 발상 자체가 이미 현상학적인 태도이다. 이는 이데아(idea)의 전통에서 멀리 떨어진 것이 아니다. 존재는 세계의 전체성이기 때문에 모두 부분으로 현상될 수는 없다(부분의 합은 전체가 아니다). 존재의 세계는 본래 열려 있는 세계이다. 본래 열려 있는 세계를 시각 혹은 어떤 체계로, 즉 하나의 폐쇄성으로 보기 때문에 은폐와 개현을 말하는 것이다. 심지어 존재자의 개방성을 말하기까지 한다. 엄격하게 말하면 존재의 개방성은 본래존재의 개방성이다. 그런데 현존재의 입장에서 보면 마치 존재자가 개방하는 것 같은 착각(전도)을 갖게 한다. 이는 성리학과 퇴계철학의 '이발(理發)'과 같은 개념이다.

요컨대 방안에 갇혀 있던 사람은 문이 열리면 세상이 열렸다고 한다. 세상은 닫혀 있지도 않았는데 자신의 입장에서 그렇게 말한다. 하이데거도 존재자의 입장에서 존재가 열렸다고 말한다. 존재는 본래 닫혀 있지도 않았는데 말이다. 존재가 열린 것이 아니라 존재자의 문이라고 할 수 있는 눈이 열린 것이다. 시를 감상하는 사람들은 시가 세계를 열었다고 말한다. 그러나 정작 시인들은 본래 열려 있는 세계를 여행했다고 생각한다.

하이데거의 '세계-내-존재'라는 말은 잘 새겨보면 인간을 '세계 안'에 있는 존재로 해석함으로써 '세계'를 새삼 떠올리게 하고, 동시에 '세계 밖'을 떠올리게 한다. '세계'라는 말 자체가 인간적 속성인 '경계의 존재'임을 잘 드러내는 말이다. 말하자면 경계란 그것을 드러냄으로써 경계를 벗어날 수 있는 동시적 사건이다. 경계로 나누어진 세계는 각각 동일성(소유적 존재)을 갖게 되고, 그 경계는 동시성(존재의 의미)을 갖게 된다. 그렇다면 존재는 무엇인가. 본래 있는 그대로가 존재가 아닌가. 여기서 인간 존재의 '있음'을 다른 존재(동식물)의 '있음'과 구별하는 인간중심주의를 발견할 수 있다. 인간중심주의는 존재론의 진면목이 아니다. 결국 존재는 자연이기 때문이다.

인간은 존재를 막연하게 혹은 확실하게 이해하고 있다. 여기서 확연(廓然)은 존재자이고, 막연(漠然)은 존재이다. 존재는 막연할 수밖에 없다. 초월(trans-: transcendent)을 추구하는 형이상학과 밖(ex-: existence)을 추구하는 현상학은 얼른 보면 다른 것 같지만 결국 같은 것이다. 현상학에서 출발하면 항상 '진리(모순)-반진리'는 하나의 변증법적 원환궤도에 머물고, 현상학적 환원(reduction)과 현상학적 (영원)회귀(recession)는 같은 것이다. 이러한 현상학적 궤도를 이탈하는 것이 존재론의 진면목이고 진정한 존재론이다. 서양철학자들은 의례적으로 시간과 공간을 전제하고 있기 때문에 이것에 대해 근본적인 질문과 저항을 하지 못한다. 그래서 순간/영원, 부분/전체가 대립적인 것으로 간주한다. 그러나 현상학의 밖에서 존재론적으로 보면 순간이 영원이고, 부분이 전체인 것이다.

주체(초월적 주체)에는 '초월'이 이미 개입되어 있고, 대상(영원한 대상)에는 이미 '영원'이 개입되어 있다. 보편성이란 '주체-대상'의 대립구조의 산물이고, 이는 '구성된(constructed) 세계'이지 '세계 그 자체'는 아니다. 그래서 "존재는 진리가 아니다"가 성립한다. 시간과 공간도 구성(시각적 구성)의 산물이고 따라서 현상은 실체의 환상일 뿐이다. 이렇게 보면 자연과학은 과학적 환상일 뿐이다. 보편성과 일반성은 극과 극이 통하듯이 극점에서는 같은 것처럼 보인다. 그래서 '이(理)와 기(氣)는 같은 것'처럼 착각을 일으킨다.

철학은 흔히 '보편적이고 일반적인'이라는 말을 쓴다. 그러나 이 말은 이미 초월을 중시하고 있고, 지배구조의 편이다. 이렇게 보면 세계는 '지배(주인)-피지배(노예)'의 세계이고, 이는 '권력에의 의지' 구조가 된다. 마르크스가 노예의 편의 대변자라면 니체는 주인의 편의 대변자이다.

초월의 반대편에는 일반(일반 존재)이 있다. 일반성을 중시하면 종래의 '보편적이고 일반적인'은 '일반적이고 보편적인'으로 전도될 수밖에 없다. 인간은 삶을 위해서 혹은 죽음을 모면하기 위해서(영생을 위해서) 가상실재를 만들어 사는 현존재, 존재자적 존재이다. 인간은 죽음을 앞두고 자신이 '생멸적 존재'이며, 그러한 세계가 본래존재의 세계임을 자각하게 된다. 이러한 자각을 통해 모든 존재자의 세계 및 우상과 결별하고 실재의 세계로 돌아가게 된다. 따라서 존재에 대한 깨달음은 생멸을 초월하는 것이 아니라 도리어 그것을 긍정적으로 받아들이는 입장이라고 말할 수 있으며, 여기서 안심입명이 이루어진다. 죽음은 저주가 아니라 축복이다.

현상학은 주체-대상(원인적 동일성) 혹은 대상-주체(결과적 동일성)의 상호왕래에 있다. 현상학은 주체 혹은 대상의 동일성으로 인해 최소한 두 개의 중심을 가지고 있다고 볼 수 있다. 두 개의 중심이 있는 세계는 타원을 의미하며, 나아가서는 다중심(多中心)의 세계를 상상하게 한다. 심지어는 수많은 대립 항이 대칭적으로 존재한다면 결국 세계에 중심이 없음을 의미하기에 충분하다.

현상학의 실체인 주체와 대상은 어느 것이든 모두 존재로부터 현현한 것이라고 할 수 있는데 기운생동의 존재는 스스로를 은폐하지도 않는다. 현존재(인간)의 시각 혹은 관점일 따름이다. '죽을 인간'으로서의 현존재라는 규정은 매우 현상학적인 차원에서의 발상이다. 그러나 기운생동의 존재는 결코 현상학적인 존재일 수 없다. 하이데거의 존재론의 관점은 현존재의 기초 위에서 전개되는 것이기 때문에 초월성과 완전히 결별할 수는 없다. 이는 그가 기독교를 떠날 수 없는 것과 같다.

"현존재는 탄생과 죽음을 통해서 존재 전체의 순환에 편입된다. 인간은 자신을 보통 자신의 삶과 세계의 주체라고 생각하지만 사실 인간은 탄생과 죽음을 통해서 불가항력의 존재 전체에 포섭된 유한한 존재이다. 이런 의미에서 죽음이란 우리가 이미 그 안에서 태어났고 그 안에서 살며 그 안으로 소멸해 들어가는 존재 전체가 자신을 알려오는 통로이다. 죽음은 후기 하이데거의 용어를 빌리면 존재의 집수처(集收處, Gebirge)다. 따라서 '죽음으로의 선구'란 존재 전체가 자신을 알리는 길로 진입하는 것이다."[6]

기독교의 역사적인(창조-종말적인) 입장은 하이데거의 존재론에 이르러 존재사적인 입장에 서게 되고, 현존재의 인간은 현재의 입장에서 회고(回顧: 과거)와 기투(企投: 미래) 라는 시간성에 매이게 된다. 기운생동의 존재론에 따르면 모든 존재는 실체가 없이 시시각각 생멸하는 존재로서 죽음이라는 것도 생멸의 한 단락에 불과한 것일 따름이다. 말하자면 현존재의 죽음이라는 사건을 하나의 실체로서 크로즈업 되는 사건이 아니다. 절대유일신을 믿는 기독교는 초월적인 존재로서 신을 전제하고 존재의 의미부여를 한다. 서양기독교문명과 철학은 결국 인간과 신의 상호보증(입증과 증명)과 같다.

그러나 반드시 유일신을 모시고 살 것을 인류에게 강요할 수는 없는 것이다. 실지로 많은 인류는 그렇게 살지도 않았을 뿐더러 여러 범신(汎神)과 더불어 살아왔다고 할 수 있다. 애니미즘과 토테미즘은 그 대표적인 예이다. 더욱이 동아시아 유교문화권의 조상숭배, 혹은 귀신숭배는 그것의 지배적인 유행성을 결

---

6 박찬국,『들길의 사상가, 하이데거』(동녘, 2004), 118~119쪽.

코 간과할 수 없는 믿음체계이다. 귀신은 신보다는 매우 자연적 존재이다. 귀신은 자연으로 돌아간 인간존재이다. 귀신은 매우 자연적인 신이다.

인간은 자기기만적 존재이면서 동시에 공감적 존재이다. 자기기만적 존재는 이성적-소유적 존재로서의 특징이고, '사유-존재'로서의 특징이다. 이것은 철학적 인간학의 모습이다. 이에 반해 공감적 존재는 감성적-존재적 존재로서의 특징이고, '존재-사유'로서의 특징이다. 네오샤머니즘은 후자인 공감적 존재로서의 특징을 원시반본하는 것이다. 이것은 인류학적 철학의 모습이다.

근대라는 것이 인간의 생각에서 비롯되었다면, 근대를 넘어서기 위해서는 "나는 생각한다. 고로 존재한다."는 구절은 "나는 생각하지 않는다. 고로 존재한다"로 바뀌어야 한다. 인간은 생각하지 않을 때 가장 본래존재의 모습으로 서 있기 때문인지도 모른다. 여기서 생각하지 않는다는 것은 자연을 어떤 관념이나 개념, 혹은 부분으로 이해하려고 하는 것이 아니라 전체적으로 수용하고 공감하는 존재가 되는 것을 의미한다. 옛 샤먼은 그러한 대표적인 인물일 것이다.

2. 네오샤머니즘의 현대적 해석

샤머니즘은 역사적으로 고등종교들보다는 지구상에 앞서 있었던 종교이다. 말하자면 종교의 원형이라고 할 수 있다. 샤머니즘이 유라시아 대륙에서 지배적인 종교로서 유행을 하고, 세계의 각 지역으로 분화되어 나간 것이 바로 고등종교들이다. 한자문화권에서는 유교와 도교 등이 여기에 포함되고, 인도유럽어문화권에서는 힌두교, 불교, 유대교, 기독교, 이슬람교 등이 토착종교와 융합된 형태로 다양하게 분포하고 있다.

바로 샤머니즘은 신보다는 귀신의 종교이다. 영혼불멸과 함께 천국과 지옥을 설정하고 죽음을 부정하는 기독교보다는 샤머니즘이 죽음을 통해 생멸을 느끼고 긍정함으로써 본래존재를 깨닫게 한다는 점에서 존재론의 미래라고 할 수 있을 것이다. 영혼은 영혼불멸이라는 사상과 기독교의 영향으로 초월적인 측면이 강하다. 이에 비해 정령은 동식물에도 있는 것이기 때문인지 자연에 가깝다.

샤머니즘은 정령의 종교이다. 서양의 실존주의가 죽음의 한 계상황을 생사(生死: 생과 사의 이분법)가 아니라 다른 만물과 같이 생멸(생성)하는 인간존재의 자연스러운 특성을 느끼는 계기로 잡는다면 서양은 훨씬 자연에 가까워질 것이다. 동양의 죽음은 자연의 생멸과정의 한 단락일 뿐이다. 심지어 동양에서는 귀신도 생사한다는 사고방식을 가지고 있다.

서양의 유령은 실체론적인 사유의 영향으로 비실체적인 것으로서의 실체인 데 반해 동양의 귀신은 처음부터 생멸하는 것이다. 그런 점에서 서양의 유령은 '동일성의 유령'이라면, 동양의 귀신은 '차이성의 유령'이며, '얼굴을 아는 유령'이다. 서양의 유령은 처음부터 '가상실재'라면 동양의 귀신은 실제로 산 적이 있는 '실재의 흔적'이다.

따라서 동양의 귀신은 자연처럼 생멸한다. 동양의 귀신은 죽은 뒤에도 한시적으로 활동하는, 자연적인 속성을 가진 실재의 흔적(기억)이다.

하이데거는 니체의 '신의 죽음' 선언 이후에 비록 기독교 신이지만 신의 회복을 통해 종교의 신비주의를 부활시켰다는 점에서 샤머니즘과 재회할 가능성과 친밀감을 높였다고 볼 수 있을 것이다. 샤머니즘의 정령숭배는 서양인들이 잘못 보았듯이,

원시미개인이나 동양인들이 자연물을 숭배하는 물신숭배(物神崇拜, fetishism)가 아니라 도리어 자연을 신물(神物)로 보는 신비주의(神秘主義)에 가까운 것이다. 샤머니즘은 서양인들처럼 사물을 인간의 이용물로 보는 것이 아니라 마치 자신의 존재처럼 경이롭게 보는 태도를 지니고 있다.

서양인들이야말로 물신숭배자들이며, 샤머니즘이야말로 자연을 경외의 존재로 보는 태도를 견지하고 있다. 서양인들은 자신의 관점을 원시미개인이나 동양인에게 적반하장으로 투사했던 셈이다. 인간은 아무리 그렇게 하지 않으려고 하여도 결국 자신의 관점에서 사물을 볼 수밖에 없다. 인간은 사물에 자신(자신의 주관적 관점)을 투사하는 존재이다.

"하이데거는 호프만스탈과 마찬가지로 우리가 사물들을 그렇게 경이롭게 보는 것을 배워야 한다고 생각했다. 하이데거의 이러한 입장은 신비주의적인 입장과 유사하다고 볼 수 있다. 신비주의란 개념적인 체계 안에서 다 파악할 수 없는 실재 자체를 직관하고자 하는 입장이다. 이러한 신비주의적인 입장에서 가장 분명하게 말할 수 있는 것은 '내가 있고 세계가 저렇게 있다'는 사실뿐이다. 그 외의 개념은 실재를 담기에는 너무 빈약하며, 이 경우 침묵이야말로 그러한 실재에 가장 적합한 말일 수 있다."[7]

---

7 같은 책, 114쪽.

샤머니즘은 합리적인 판단보다는 자연의 기운생동이나 자연스러움, 그리고 자연과 인간의 평화를 추구하는 데에 중점을 둔다. 그래서 산자와 죽은 자(귀신)의 평화를 도모한다. 자연의 기운생동을 존재론적으로 말하면 근본기분에 흡사한 것이다. 샤머니즘은 자연에 대한 경외심과 어떤 존재자라도 정령(精靈)을 가진 존재자로 동등하게 인정한다. 이는 오늘날 생태계의 균형이나 생태학적 적소의 실현을 통해 모든 존재자들이 공생하는 존재라는 데에 공감하는 한편 존재자의 바탕이 되는 존재가 자연(자연적 존재, 생멸적 존재)이라는 태도를 가지고 있는 것에 비할 수 있다.

그런 점에서 샤머니즘은 존재론의 미래적 성격을 함유하고 있다고 보아도 좋을 것 같다. 합리적인 이성이나 존재자들이 지시적·도구적 연관을 갖는 것이라면 지금까지 비합리적인 것으로 보인, 그래서 미신으로 취급받았던 샤머니즘에서 존재론의 미래를 보는 것은 매우 고무적일 수 있다.

마르크스의 유물론과 탈신화화와 함께 막스 베버의 프로테스탄티즘과 탈주술화는 서양의 근대합리주의를 이끌었지만, 오늘날 인간의 자연적 존재로서의 존재성을 회복하기 위해서는 도리어 신화화와 주술화가 필요한 시대에 이르렀음을 느낄 수 있다. 우리가 미신이니 신비주의라고 매도했던 것을 다시 잡지 않으면 인간의 자연성조차 잃어버리는 사태를 모면할 길이 없다. 앎을 기준으로 우리가 잘 모르는 세계를 쉽게 잘라버린다면 삶은 언제나 미신이나 신비투성이일 것이다. 기술이 인간소외를 가져오는 것은 더 이상 강조할 필요도 없다. 기술문명의 언저리에는 항상 광기가 있고, 그러한 점에서 현대는 가장 합리적인 시대이면서도 가장 비합리적인 시대라고 불러도 좋을 것이다.

"현대기술문명에 대해 하이데거의 견해는 근대세계를 쇠우리(ein stahlhartes Gehäuse)로 보는 막스 베버의 근대관과 유사한 면이 있다. 근대 이전에 세계는 수많은 신이나 유일신에 의해 지배되는 것으로 생각된 반면에, 근대가 진행될수록 인간을 비롯한 모든 존재자가 객관적인 자연법칙에 의해 지배되는 것으로 간주된다. 베버는 이러한 과정을 '탈주술화(Entzaubrung)'라고 불렀다. 막스 베버는 이러한 탈주술화를 긍정적으로만 보지는 않았다. 그는 탈주술화가 인류역사에서 전대미문의 기술적인 성과와 함께 그에 못지않은 고통을 가져올 것이라고 생각했다."[8]

서양문명의 자기종말적 상황은 인위(유위)의 생산(공장)을 빌미로 자연(무위)의 불임(재생산의 황폐화)을 추구한 나머지 인공지능과 기계문명으로 치닫고 있다. 참으로 역설적이지만(이는 원시반본적인 사건이기도 하지만), 인간은 신(절대유일신)에 대한 절대 신앙에서 도리어 귀신(한때 살았던 사람)에 대한 상대신앙으로 돌아감으로써 세계의 생멸적 존재성을 받아들이고, 존재자에서 존

---

8 같은 책, 199~200쪽.

재로 돌아갈 수 있는 길을 열어야 하는 것은 아닐까. 이는 추상과 기계에서 구체와 생명으로, 영원한 삶이라는 존재자와 우상에서 죽음을 선구하는 실존적 개인과 자연적 존재로 돌아가는 겸허한 삶의 자세가 아닐까.

우리는 철학의 소크라테스를 포함한 고등종교의 섬김의 대상이 되는 인물들을 성인(聖人)이라고 부른다. 성인이라는 말 속에는 초월적인 의미가 들어 있다. 성인은 살신성인(殺身成仁)하는 사람이다. 자연은 추상적이고 초월적인 대상이 아니라 구체적인 유기체, 기운생동하는 생명체이다.

네오샤머니즘의 관점에서 보면 자연친화적으로 깨달은 사람을 큰 샤먼(shaman)[9]이라고 부르는 것이 훨씬 더 적합한 호칭인지 모른다. 샤먼은 야성적이다(savage). 기존의 문화에 길들여진 세련된 사람들은 야성적인 것을 받아들이기 어렵다. 그러나 자연과 문화의 새로움은 야성적인 것을 통해 새롭게 다가온다. 죽음을 두려워하지 않는 순교(殉教)나 열반(涅槃)의 경지에 이르는 사람은 스스로 자신의 몸(신체)에서 동정·열정(compassion)을 이끌어내는 신체적 도취나 기쁨을 만들어내는 일종의 영적인 마약(엔돌핀)과 같은 것이 없이는 불가능하다.

---

9   'shaman'은 흔히 '무당'을 의미하는 용어이지만, 티베트 승려들도 'sharman'이라고 불리기도 한다. 아마도 어원학 상 같은 뿌리를 가진 것으로 보인다.

네오샤머니즘의 입장에서 보면 샤먼은 만물만신(萬物萬神)의 경지에 이른 사람이다. 그런 점에서 애니미즘이나 토테미즘의 상징성을 몸에 지니고 있으면서 동시에 '초월적인 영혼'을 지닌 사람이라고 말할 수 있을 것이다. 쉽게 말하면 자연과 하나가 된 접신의 경지에 이른 사람이다. 샤먼들은 서양문명의 '신-이성', '정신(주체)-물질(대상)'의 이분법을 초월하고 극복하면서 '모든 존재는 하나 됨'을 표방하는 사람이다. 이때의 '하나 됨'은 초월적인 의미의 '하나'가 아니라 존재일반으로서의 '하나 됨'이다. 다시 말하면 서양의 형이상학적 의미의 '하나'가 아니라 동양철학의 도학적(道學的) 의미의 '하나 됨'이다.

이상에서 논의된 동서양철학과 네오샤머니즘을 종합적으로 비교하면, 서양 철학(哲學)은 〈동일성(同一性)-보편성(일반성)-세계 내 존재-신·이성(理性)〉의 연쇄라면, 동양 도학(道學)은 〈재물성(齋物性)-보편성과 일반성의 교차-자연 내 존재-자연·도(道)〉의 연쇄라고 볼 수 있을 것이다. 그렇다면 네오샤머니즘은 〈각자성(各自性)-일반성(보편성)-자기 내 존재-만물만신(萬物萬神)〉의 연쇄가 될 것이다.

이때의 각자성(各自性)은 '각자 자기-내-존재'로서의 의미이다. '각자 자기-내-존재'의 의미는 '각자 자기기분으로 살아가는 존재'라는 것을 의미한다. 만물은 인간의(하이데거의) 존재이해대로 살아가는 것이 아니라 '각자 자기가 느낀 기분대로 살아가는 존재'이다. 자연은 각자 자기가 이해한 방식대로 살아가는 존재이다.

철학(哲學)	동일성(同一性)	보편성(일반성)	세계-내-존재	신-이성(理性)
도학(道學)	재물성(齋物性)	보편성-일반성	자연-내-존재	자연-도(道)
네오샤머니즘	각자성(各自性)	일반성(보편성)	자기-내-존재	만물만신 (萬物萬神)

[철학, 도학, 네오샤머니즘]

인간은 너무 오랫동안 자연을 떠나 있었던 관계로 존재를 잊어버렸다가 다시 자연으로 돌아온 것이 바로 서양의 존재론이라는 것이다. 인간은 제자리(존재의 고향)로 돌아오기 위해 너무나 머나먼 길을 돌아온 셈이다. 그러한 점에서 서양의 현상학과 동양의 존재론의 만남과 통섭이 필요한 시점이다. 세계에 불변의 실체는 없다. 이들은 모두 인간이 만든 가상실재, 즉 존재자들이다. 생멸하는 존재, 그것만이 실재이다. 그러한 점에서 현상학과 존재론의 화해가 절실하다.

현상학이 가부장의 철학, 인간중심의 철학으로서 〈남성철학-개념철학-전쟁철학-유위기술철학〉이라면 존재론은 가모장의 철학, 자연철학으로서 〈여성철학-구체철학-평화철학-무위자연철학〉의 특성을 보인다고 할 수 있다. 여자는 '존재(몸, 자연)의 존재'이고, 남자는 '소유(머리, 문명)의 존재'이다. 필자는 후자를 전자의 '보편성의 철학' 대신에 '일반성의 철학'이라고 규정한 바 있다.[10] 하이데거의 존재론의 미래로서 필자는 일반성의 철학을 주장했다.

존재론의 진면목은 필자의 '일반성의 철학'(소리철학, 여성철학, 평화철학, 에코페미니즘 철학)에서 드러난다고 말할 수 있을 것이다. 네오샤머니즘은 바로 일반성의 철학을 말하는 것이다. 일반성의 철학은 보편성을 추구하는 종래의 보편성의 철학과 달리, 존재로부터 공통적인 존재성을 느끼면서 '보편적이고 일반적인'이라고 지배적인 위치를 취하지 않고, '일반적이고 보편적인'이라고 비지배적(혹은 피지배적인)인 태도를 취한다.

코기토적 존재인 근대적 인간이야말로 이미 추상과 기계로 세계를 환원하는 출발점이었으며, 이것이 근대라는 이름의 내용(실체)이었고, 후기근대의 많은 철학들은 마치 근대를 극복한 것 같은 제스처를 취하고 있기는 하지만 결코 그렇지 못하다. 근대와 후기근대의 분기점에 있는 니체의 '권력의 의지' 철학도 기계적 세계관을 극복한 것은 아니었다. 그가 발견한 신체와 욕망도 결국 이성과 다를 바가 없는 것으로 판명되었다. 들뢰즈도 서양철학의 탈출구를 모색하기는 했지만, 그의 '차이의 반복'과 '다양체'라는 것도 실은 기계적인 세계를 벗어난 것도 아니며, 기계적 세계의 접속의 틈바구니에서 탈주라는 형태로 자연의

---

10 박정진, 『일반성의 철학과 포노로지』(소나무, 2014) 참조.

다양성을 힐끗힐끗 보여주는 데에 불과하다.

요컨대 서양철학, 서양의 현상학에서 인류의 구원을 찾을 수가 없다. 동양철학, 동양의 존재론이라고 할 수 있는 도학(道學)과 그 이전의 종교적 원형이라고 할 수 있는 샤머니즘에서 구원의 손길을 찾아야 할지도 모른다. 샤머니즘은 일찍이 귀신과 인간의 평화를 도모했으며, 그것을 위해 굿(ritual)을 벌였던 것이다. 샤머니즘의 평화사상은 이제 인간과 귀신이 아니라 기계와 인간의 평화를 위해서 또 다른 형태의 굿판과 축제를 벌여야 하는 시대적 요청에 직면해 있다.

서양철학은 하이데거의 말대로 '존재자'를 '존재'로 불러온 철학이다. 그러한 사물을 대상으로 보는 이해는 도구의 탄생과 함께 과학문명이라는 유용성을 낳았지만 이제 그 도구는 분에 넘쳐서 기계사회로 확장되어서 세계를 기계적 시스템으로 환원시키고 있다. 미래인간은 인공지능과 기계인간의 환경 속에서 살지 않으면 안 되는 처지에 몰려 있다.

기계로 변한 살풍경한 환경의 입장에서 보면 그 옛날 샤먼들이 자연과 더불어 살아갔던 천지인의 순환론적 지혜가 아쉽다. 샤먼들은 더욱이 한때 살다가 죽은 귀신과도 평화를 유지하며 '자연과 소통하는 총체적인 삶'을 도모했던 것이다. 그러한 삶의 태도의 이면에는 자연의 모든 것을 앎의 체계로 환원시키는 현대과학기술문명보다는 신비의 요소를 남겨두는 신비주의가 깔려 있었다. 신비주의는 결코 앎의 입장에서 미지의 세계의

'신비'를 '미신'이라고 하지 않는다. 세계에는 언제나 신비가 남아 있다.

'세계-내-존재'로서 밖으로 던져진 인간은 끝없이 밖으로 외연을 넓히는 기투(企投)를 하지 않을 수 없다. 한편에서는 그렇게 사는 것을 피할 수 없다고 하더라도 다른 한편에서는 모든 존재가 같은 '있음'의 존재라는 것을 깨달아야 한다. '있음'의 평등에서 존재의 진면목을 만날 수 있다. 그렇게 되면 모든 존재는 신비가 된다. 만물은 신비이다. 신비야말로 존재이고, 또한 삶이다. 만물은 만물만신이다.

만물은 모두 동등한 존재이다. 지금 나와 함께 존재하는 모든 것은 태초에 나와 함께 출발한 것들이다. 그런 점에서 태초는 지금 나와 함께 있다. 만약 태초가 내 속에 있지 않다면 나는 태초와 분리된 것이고, 세계는 처음부터 분리대립하지 않을 수 없다. 만약 세계가 하나라면 나는 태초이고, 나는 신이 되지 않을 수 없다. 만물은 모두 경로(과정)만 다른 같은(평등한) 존재일 뿐이다. 이때의 신은 절대유일신이 아니라 만물이다. 즉 만물만신이다. 하이데거의 신은 기독교의 영향으로 도리어 전지전능한 신인 것이 문제이다.

서양철학은 그동안 '있음'을 보지 못하고, '본질'만을 강조해왔다. 하이데거에 이르러 '본질(essence＝Was-sein＝Washeit＝무엇임)'보다는 '있음(existence)'과 '현존재(Dasein)＝거기에 있음'을 강조하기 시작했다. 하이데거는 '존재' '있음'을 강조하는 철학의 전환을 이루었지만 그에게는 기독교의 전지전능한 신, 대문자 존재(Being)의 초월성을 극복하지는 못했다.

하이데거의 존재에도 초월적인 의미가 남아 있다. 그래서 그가 '현상학적인 존재론'에서 완전히 벗어나서 '존재론적(생성론적) 존재론'에 도달하지 못하는 것이다. 이는 니체가 생기존재론을 주장하면서 결국 존재생성론(생멸론)을 받아들이지 못하고 '힘에의 의지'로 회귀한 것처럼 하이데거는 존재론을 주장하면서 실체 없는 존재의 생멸론을 수용하지는 못했다.

이는 서양의 기독교문화풍토에서 절대성이나 초월성을 완전히 벗어나는 것은 원천적으로 힘든 때문인지도 모른다. 니체의 생기존재론이 진정한 생성론에 도달하지 못하고 결국 현상학적 존재론의 일종이라고 볼 수 있는 '힘의 증대'와 '영원회귀'에 머문 것과 같은 하이데거의 한계이다. 서양 사람들은 진정한 범신론이 될 수 없다. 이는 스피노자가 진정한 범신론에 도달하지 못하고 유물론의 길을 터준 것과 같다.

하이데거의 존재론(ontology)과 필자의 일반성의 철학(general philosophy)의 차이의 대략을 보면 다음과 같다. 존재론은 개체성과 각자성과 구체성을 토대로 구축된 존재사건학으로 볼 수 있다. 그렇지만 존재론에는 아직 초월성의 여운이 남아 있다. 존재론은 현존재인 인간을 중심으로 존재이해를 한 기초존재론 토대로 '존재의 진리'를 찾고 있다. 기초존재론의 존재의 특성은 초월적이고 개체적이면서 구체적이다. 결국 존재사건학이다. 하이데거의 존재론을 압축한 아포리즘은 "인간은 존재의 목동이다"이다.

이에 비해 일반성의 철학의 존재의 특성은 내재적이고 일반적이고 구체적이다. 결국 한국적 자생철학으로서 철학적 네오샤머니즘이다. 네오샤머니즘은 모든 존재를 일반존재(만물만신, 만물생명)로 보고 있다. 필자의 일반성의 철학의 아포리즘은 "존재는 진리가 아니다"이다.

철학	존재의 특징	진리 유무	존재/생멸	경구
ontology (존재론)	초월성/개체성/구체성(존재 사건학)	존재의 진리 존재자 일반 (기초존재론)	개체적이고 각자적인(존재 사적인 의미)	"인간은 존재의 목동이다."
general philosophy (일반성의 철학)	내재성/일반성/구체성(네오-샤머니즘)	일반존재 기운생멸 (만물만신)	일반적이고 생멸적인(기운 생멸의 우주)	"존재는 진리가 아니다."

[존재론과 일반성의 철학 비교]

필자의 네오샤머니즘의 이면에는 무한대의 지식체계(권력의 증대)보다는 자연을 '무위(無爲)＝무(無)'로 보는, 동양의 도학적 태도, 혹은 존재를 무(無)로 보는 존재론적 태도가 깃들어 있음을 엿볼 수 있다. 그러한 점에서 『천부경』에 나오는 한국인의 '천지인사상'을 '천지인철학'으로 새롭게 조명하고 의미부여하는 철학함이 필요하다.

존재와 무(無)의 '무'는 '없음(nothingness)'이 아니라 '없이 있는 (nothingless)'이고, 자연적 존재를 의미하고, 때로는 야성

(savage)을 말하기도 한다. 인간이 천지와 교통(교감)하는 방식, 인중천지일(人中天地一)의 교감을 중시함으로써 우주와 교감하는 인간존재의 특성을 가지고 있다. 우주와 교감하는 데는 크게 두 가지가 있다고 여겨진다. 불교의 '참선(參禪)의 방식'과 무교의 '춤추는 방식'이다. 불교의 선(禪), 즉 좌선하는 방식은 겉으로는 정적인 깨달음의 방식이지만 속으로는 동적인 상태에 있다. 즉, 정중동(靜中動)의 방식이다.

이에 비해 샤머니즘의 방식은 겉으로는 매우 동적인 방식이다. 샤머니즘의 춤(巫, 舞), 춤추는 방식은 겉으로는 역동적인 굿판을 펼치지만 속으로는 정적인 상태에 있다. 양자는 정중동(靜中動), 동중정(動中靜)의 방식이다. 인간은 양자 중 하나를 선택할 수 있고, 또한 양자를 왕래하거나 겸할 수 있다.

샤머니즘은 야성을 내장하고 있는 원시종교(원형종교)이다. 그런 점에서 샤머니즘은 존재, 혹은 카오스(Chaos)의 방식이다. 존재는 사물 자체도 될 수 있고, 신이 될 수 있다. 칸트가 현상학을 위해 범주에 넣지 않았던 '신'과 '사물 그 자체'는 현상학(주체-대상)만 벗어나면 서로 만나서 하나가 되면 만물만신(萬物萬神)이 된다.

인중천지일	동중정/정중동	마음/몸	마음과 몸의 일체
참선(參禪)명상	정적인 깨달음의 방법(靜中動)	마음	혼돈(Chaos)/ 만물만신(萬物萬神)
샤머니즘의 춤(巫)	동적인 깨달음의 방법(動中靜)	몸	

[인중천지일과 동중정/정중동]

'예(藝)'자는 갑골문에는 무당이 굿을 하는 모습으로 그려져 있다. 말하자면 '예'자와 '무(巫)'자는 기원을 올라가면 하나로 만나고 있다. '무(巫)'자의 상형은 하늘과 땅 사이에 있는 인간이 천지의 매개(영매)로서 춤을 추는 모습이다.

인류문화의 공시적이고 구조적인 장르라고 할 수 있는 철학과 과학, 시와 예술, 신과 종교의 문제가 종합적으로 다루어질 수는 없을까. 이들은 서로 교차하거나 피드백하고 있는 게 사실이다. 하이데거의 '세계-내-존재((Das in-der-welt-sein)'는 '자기(Self)-내-존재' 되어야 진정한 존재론에 도달할 수 있다고 여겨진다. 인간은 자기 자신이 없이는 세계를 지각할 수도 없고, 논할 수도(부정할 수도, 긍정할 수도) 없고, 규정할 수도, 초월할 수도 없다. 인간과 존재, 모두는 공평하게 '자기-내-(순환의) 존재'이다. 이것이 만물만신(萬物萬神)의 경지이다.

세계는 결국 '자기(Self)'이고 칸트의 신과 물 자체는 같은 것을 지칭하는 다른 용어가 된다. 그런 점에서 인간은 자신의 몸(自身)에서 출발하여 자신의 믿음(自信)에 이르고, 날마다 자신의 믿음과 지식을 새롭게 하는 자신(自新)을 통해서 자신의 신(自神)에 이르러야 존재론의 완성을 기할 수 있다. 이는 오늘날 기계인간으로 지칭되는 제작된 인간신(人間神)이 아니라 본래신인 만물만신이며 '자신(自神)으로서의 신인간(神人間)'이다. 이때 현상학의 주체-대상은 없어지고, 신과 물이 하나가 되는 신물일체(神物一體)의 경지에 이른다.

앞에서 말한 '인간신'과 지금 말하는 '신인간'은 같은 단어의 조합만 바뀐 것으로 같은 의미로 보는 사람도 있을 것이다. 그렇지만 정반대로 천지차이라고 말할 수 있다.

인간신(人間神)은

〈비본래적 신(神)-기계신(인공지능)-인간공멸-Homo Deus (Homo Demon)〉의 특성을 갖는다.

신인간(神人間)은

〈본래적 신(神)-자연신(만물만신)-자신(自神)-무위자연(無爲自然)〉의 특성을 갖는다.

인간신으로서의 'Homo Deus'는 'Homo Demon'의 성격도 잠재하고 있다. 신인간은 유발 하라리가 말하는 인간신이 아니다. 신인간은 바로 무위자연(無爲自然)의 신, 도법자연(道法自然)의 신이다. 인간은 본래적 신이며, 만물만신과 같은 자연신이며, 스스로 신의 속성을 가진 '자신(自神)'이다. 자신(自神)은 '자기-내-존재'의 다른 말이다.

인간신(人間神)	비본래적 신(神)	기계신(인공지능)	인간공멸	Homo Deus (Homo Demon)
신인간(神人間)	본래적 신(神)	자연신(만물만신)	자신(自神)	무위자연 (無爲自然)

[인간신(人間神)과 신인간(神人間)의 차이]

앞에서 여러 차례 언급했듯이 '자기-내-존재'라는 것은 하이데거의 존재론이 인간을 '세계-내-존재'로 본 것에 대해 거꾸로 세계를 '자기-내-존재'로 본 것이다. 세계-내-존재가 천지중인간(天地中人間)의 성격과 통한다면 자기-내-존재는 『천부경』의 인중천지일(人中天地一)과 통한다. 하이데거의 존재론이 서양철학 중에는 자연주의 혹은 자연회귀적 성향을 갖는다고 하지만 여전히 인간중심의 세계이해를 완전히 벗어난 것은 아니다.

　자기-내-존재는 세계를 더 이상 보편성의 이름으로 수직적·위계적으로, 분류학적으로 보지 않는다. 모든 사물은 각자 존재의 독자적인 특성을 갖는 것은 물론이고, 존재로서의 동등성을 갖게 된다. 모든 존재는 단지 자신의 경로(經路), 자신의 도상(途上)에 있을 뿐이다. 이를 단적으로 표현한 말이 만물만신이다. 말하자면 칸트가 현상학을 위해 남겨둔 신과 물 자체가 본래 하나였다는 점을 말하는 것이다. 도리어 현상학이라는 자체가 본래존재(자연적 존재)에 틈과 균열과 결핍을 만든 것으로 본다. 그 틈을 메우기 위해 인간은 무한대의 욕망을 발휘하는 소유와 욕망의 존재가 되었다.

세계-내-존재	인간을 세계-내-존재로 봄	천지중인간 (天地中人間)	현상학적 존재론 존재론적 현상학
자기-내-존재	세계를 자기-내-존재로 봄	인중천지일 (人中天地一)	존재론의 완성 (萬物萬神)

['세계-내-존재'와 '자기-내-존재']

　서양철학은 근본적으로 세계를 어떤 동일성(substance)으로 보고, 그것에 대한 일종의 결핍이나 추락이나 틈새(수학적으로 송

集合)로 인하여 세계가 분열된 것으로 본다. 그 결핍이 바로 주체이고, 대상인 것이다. 이에 비해 동양의 불교는 세계를 본래 공(空) 혹은 무(無)로 본다. 전자는 결핍을 메우기 위해 무한대의 이상과 욕망을 좇아야 하는 반면 후자는 그럴 필요가 없다. 서양의 형이상학과 현상학은 바로 전자를 대표하고 있다.

서양의 현상학은 철저하게 자연의 실재(생멸적 존재, 역동적으로 변하는 존재)를 동일성의 실체(고정불변의 존재)로 본다. 이로 인해 인간은 자유와 함께 진리를 향한 주체-대상의 끝없는 정반합의 변증법적 운동을 필요로 한다. 이는 물론 예지-초월-현상계에서 잘 나타나고 있고, 이를 다른 말로 하면 신-주체-기표 혹은 창조-생각-의미로 설명할 수 있을 것이다. 이들은 모두 생멸하는 존재론의 세계로 들어가지 못하고 있다. 말하자면 하이데거에 이르러 사후적(事後的)으로 이 같은 사실(존재자를 존재로 본 사실)을 발견하고, 존재론을 전개하였다고 말할 수 있다.

예지계(무제약계)	신(피조물)	창조	기독교(헤브라이즘)	신, 영혼, 세계, 우주
초월계(주체)	주체(대상)	생각	이데아(헬레니즘)	주체-대상의 변증법
현상계(대상)	기표(기의)	의미	의식(현상학)	수많은 존재자들

[예지계, 초월계, 현상계]

서양철학에서 '사후적(事後的)'이라는 의미는 예상외로 크다. 철학이라는 자체가 인간의 삶이라는 사건이 있고 난 뒤에 일어난 것으로서 사후적이긴 하지만 특히 서양철학에서는 역사적 발전(정반합의 변증법적 발전)의 의미가 크기 때문에 더욱 그 의미가 두드러진다. 요컨대 칸트철학도 뉴턴 역학의 사후에 철학적 설명을 하기 위해 태어난 사후적인 것이다. 말하자면 현상학이라는 것이 실은 물리적 현상학의 현상을 설명하기 위해 인간의 인식이 어떻게 그것에 도달하였는가를 설명하는 심리적 해석이라고 말할 수 있다. 이것은 전반적으로 심리적 현상학이라고 부를 수 있을 것이다.

그렇게 보면 칸트철학을 제대로 이해한 것은 헤겔에 이르러서이고, 헤겔철학을 제대로 이해한 것은 라캉에 이르러서이고, 결국 라캉철학을 이해하기 위해서 헤겔과 칸트를 이해하여야 하는 의식의 환원작업이 필요하다. 철학이 현상학적 작업의 소산이라는 것이 여기서도 증명된다. 서양철학이 결국 언어와 의식의 문제이며 무의식이라는 것도 실은 의식이고, 의식은 언어라는 것을 안 것은 라캉에 이르러서다. 라캉은 욕망이 이성이라고 깨우친 인물이다.

라캉에 이르러서 니체와 프로이트에 의해 제기된 욕망이라는 것이 결국 이성과 언어로 번역된다는 것을 알게 되었고, 욕망은 결핍에서 비롯되는 것임도 알았다. 서양철학은 결국 결핍의 소산이었다. 이성과 욕망은 결코 해결되는 법이 없는 무한대의 행진이다. 서양철학이라는 것, 즉 '주체-대상'이라는 영원한 현상학적 주제는 존재의 결핍(틈, 균열)에서 비롯된 사건인 셈이다.

여기서 결핍이라는 것은 결국 실체(인간이 잡을 수 있는 것)의 결핍이고, 실체는 바로 고정불변의 동일성이다. 결핍은 필요를 유발하고, 인간은 끝없는 필요와 소유에 직면하게 된다. 결국 주체-대상은 소유적 존재의 피할 수 없는 운명인 셈이다. 동양의 공(空) 사상은 서양에서는 결핍이 된다. 주체-대상, 필요와 소유는 존재라는 근거(근거 아닌 근거) 위에 서 있는 무한대의 실체의 대행진인 셈이다. 그런 점에서 서양철학 전체를 현상학이라고 해도 좋을 것이다. 시간의 선험성은 공간의 초월성과 같고, 예지계는 또한 초월성일 뿐이다. 서양철학은 플라톤에 의해 이데아(존재)를 추구했지만 결과적으로 실현한 것은 현상뿐이고, 현상은 결국 초월인 셈이다.

현상계는 결국 '나(Ich, I, subject)의 생각의 세계'라고 말할 수 있다. 이에 비해 존재계는 '존재(Sein, You, object)의 세계'라고 말할 수 있다. 인간은 '자연적 존재'를 처음에는 대상으로 규정함으로써 '대상에 종속되는 주체(subject to object)'가 되었다가 다시 '대상을 초월하는 주체(subject over object)'로 전환하는 전이(자연의 안에서 자연의 밖으로)를 통해 자연을 장악함으로써 소유적 존재가 된 생물종인 셈이다.

돌이켜보면 칸트의 예지계, 초월계, 현상계는 결국 현상학으로 묶을 수 있고, 현상계는 다시 존재계와 또 다른 대립적 상호작용을 일으키게 된다. 이것이 하이데거의 존재론이다. 서양철학은 하이데거에 이르러 현상계와 현상학적 존재계(존재론적 현상계), 그리고 존재계로 새롭게 재편된 셈이다. 존재(존재계)는 우선 주체-대상의 이분법의 세계가 아니고 본래존재의 세계이다. 존재는 사후적 사실의 세계가 아니고 지금 일어나고 있는 사건의 세계이다. 이것이 현사실적 세계이고, 실존의 세계이다. 니체의 생기적 존재와 하이데거의 생기적 사건이 동양의 기운생동(기운생멸)의 세계에 이르지 못하는 것은 결국 사건(현재적)을 사실(과거적)로 고착시키려 하기 때문이다.

물론 이러한 사건의 사실화로 인해서 과학이 발전한 것도 사실이지만 인간이 '사실'이라고 하는 것은 경험적인 것이긴 하지만 객관적인 것은 아니고 매우 주관적인 것이고, 주관적 구성에 의한 사실이다. 말하자면 구성된 세계이지 세계 그 자체는 아닌 것이다. 인간이 생멸하는 사건을 잡으려면 그러한 구성이 필수적이지만 구성은 이미 사물 그 자체, 존재 그 자체는 아니라는 딜레마에 빠진다. 그래서 고정불변의 '실체적 있음(동일성)'이 아닌 그냥 '비실체적 있음'에 대한 이해가 요구된다. 서양철학이 바로 이 '비실체적 있음'을 받아들이기 어려운 것이다. 서양철학의 틈, 균열, 결핍, 혹은 공집합이라고 하는 것은 바로 동양철학의 공(空) 혹은 무(無)의 세계이다.

그런데 재미있는 것은 바로 과학기술의 고도화로 과학기술만능과 인간성의 상실, 그리고 기계인간의 도래가 점쳐질 때쯤 존재 그 자체에 대한 필요에 직면하였다는 사실이다. 이러한 직면 자체가 바로 현상학적인 결과이긴 하지만 그 결과로서 인간은 이제 본래존재에 대한 생각을 하지 않을 수 없다. 그런데 본래존재는 생각의 세계가 아니다. 생각하지 말고 시시각각 펼쳐지는 존재의 세계, 자연적 존재에 대한 새로운 인정, 받아들임, 소중함을 일깨우는, 자연에 대한 감사함이 보다 절실해졌다.

아이로니컬하게도 옛 원시고대인들은 바로 현대인이 일어버린 자연에 대한 고마움을 항상 잃지 않는 삶의 태도를 가지고 살아왔던 우리의 선조들인 것이다. 우리는 그들의 자연친화적(자연적)인 삶의 태도, 혹은 자연과 자신을 하나로 느끼는 태도를 회복해야 할 시점에 있는 것이다. 그렇다고 현대인이 원시시대로 돌아갈 수는 없다. 단지 그러한 자연친화적인 삶을 부분적으로 회복하고, 자연에 대한 고마움을 항상 느끼는 것만으로도 현대인의 삶은 달라질 것이다. 자연을 필요의 대상으로 약탈하고 개발하는 것이 아니라 함께 살아가는 공동운명체, 공동존재로서의 의미를 되새기고, 생각(denken)보다는 감사(danken)할 줄 아는 인간이 될 필요에 직면해 있다.

서양 철학사에 인류학적 철학, 혹은 철학인류학적 사유를 보탤 것이 요구되는 것은 인간의 모든 활동을 일종의 문화로 보는, 자연 그 자체가 아닌, 인간의 손길과 생각이 개입된 문화라는 것을 인정하도록 하기 위함이다. 우리는 이즈음에서 문화라는 총체성(wholism)을 다시 바라보게 된다. 인간의 문화는 크게 보면 과학(철학, 학문), 예술, 종교이다.

필자는 철학의 고유한 주제인 진선미(眞善美)에 대해서 인류학적 해석과 실험을 감행하여 그 결과를 예술인류학,[11] 종교인류학,[12] 철학인류학[13]의 형태로 저술한 바 있다. 그 결과 철학의 주제를 진선미가 아니라 미선진(美善眞)으로 바꾸어보는 게 보다 인류문화에 일반적이라는 사실을 알게 되었다. 우리가 자신이 소속한 문화를 떠나 '다른 문화(Other Culture)'에 들어가서 그 문화를 이해하려고 할 때 가장 먼저 눈에 들어오는 것은 미적인 형태이다. 그 미적인 형태 속에 진(眞)과 선(善)이 숨어 있다고 볼 수 있다. 그런 점에서 필자의 일반성의 철학은 미(美)를 우선하는 철학, 예술을 우선하는 철학이라고 말할 수 있다.

미(美)는 특히 존재의 신체성(질료성)을 담보하고 있기 때문에 존재론의 완성에 가깝다고 말할 수 있다. 미는 진과 선보다는 대지(大地)와 어머니에 충실하다는 점에서 '신체가 존재 그 자체'라는 신체적 존재론으로의 길로 열어주는 이정표라고 할 수 있다. 신체적 존재론과 미(美)의 연결은 '보편성-진리-형이상학'으로 연결되는 서구중심철학과 문명의 폭력에 대항하는 '일반성-존재-존재 그 자체'를 연결하는 일반성의 철학을 구성하는 중심을 이루고 있다고 해도 과언이 아니다.

---

11 박정진, 『한국문화와 예술인류학』(미래문화사, 1992).
12 박정진, 『종교인류학』(불교춘추사, 2007), 『불교인류학』(불교춘추사, 2007)
13 박정진, 『철학의 선물, 선물의 철학』(소나무, 2012); 『소리의 철학, 포노로지』(소나무, 2012), 『빛의 철학, 소리철학』(소나무, 2013); 『니체야 놀자』(소나무, 2013); 『일반성의 철학, 포노로지』(소나무, 2014); 『니체, 동양에서 완성되다』(소나무, 2015).

나와 다른 인간과 문화를 존중하고 아름답게 보는 눈길이 없으면 인간의 세계에 평화는 결코 달성될 수 없을 것이다. 모든 존재는 자기-내-존재라는 사실을 고려하면(깨달으면) 다른 어떤 존재, 설사 무생물과 보잘것없는 사물에 이르기까지도 엄연하게 인간과 동등한 존재임을 인정하지 않을 수 없다. 이것이 만물만신(萬物萬神)이다. 여기에 이르러야 자연을 황폐화시키지 않고 더불어 살아가는 존재로 여기게 될 것이다. 이것이 바로 존재론의 미래로서의 샤머니즘의 특성과 연결된다.

인간은 종교적 인간에서 출발하여 예술적 인간, 과학적 인간의 다양한 모습을 보여왔다. 철학-과학적 인간은 자기 투사적-도구적 존재, 시-예술적 인간은 자기 기만적-놀이적 존재, 신-종교적 인간은 자기 위로적-축복적 존재의 특성을 보이는 것으로 필자는 해석해보았다. 철학-과학적 인간은 사물을 대상으로 하는 존재로서의 특성을 보이고, 신과 종교적 인간은 신을 주체로서 섬기는 존재로서의 특성을 보인다. 이에 비해 예술적 인간은 주체와 객체를 떠난(주객의 구분이 없는) 주객일체의 '존재적(존재사태적) 존재'로서의 특성을 보인다.

철학-과학의 남성성과 시-예술의 여성성, 서양에서의 철학-과학의 강세와 동양에서의 시-도학의 강세는 또 하나의 음양론으로 볼 수 있다. 말하자면 서양은 양음론(陽陰論)으로, 동양은 음양론(陰陽論)으로 볼 수도 있다.

서양 양음론(陽陰論)	철학-과학적	소유론	사물=대상(주체)	남성성
동양 음양론(陰陽論)	시-예술-도학적	존재론	사물=존재(자기)	여성성

[서양 양음론, 동양 음양론]

　이들 문화장르들은 상호소통하면서 '문화로서의 전체성(wholism)'을 이룬다. 이 문화복합성·전체성이야말로 인간의 존재적 특성이 아닐까, 생각해본다. 철학과 과학은 서양의 철학을, 시와 예술은 동양의 시(詩)철학을, 신과 종교는 인류의 원시의 애니미즘(정령숭배)이나 샤머니즘과 연결될 가능성을 내포하고 있다. 오늘날 지구촌이 하나 된 시점에서의 인류학의 입장은 종래의 역사적 입장을 확장하는 하는 동시에 학문적 종합해석이라고 할 수 있을 것이다.

　철학인류학의 입장에서 보면 인간본성의 가장 깊은 곳에 있는 것이 '종교적 인간'인 것 같다. 그렇지만 진·선·미, 학문(과학)·예술·종교는 서로 순환관계에 있으며, 동시적으로 발생한 것 같다.

　인간은 믿음의 존재이면서, 사유의 존재이고, 놀이적 존재이다. 이들은 각자의 입장에서 서로를 해석할 수 있다. 예컨대 '믿음'(종교)을 '신(神)-놀이' '신(神)-도구(신의 사유)'라고 할 수 있다. 또한 '사유'(학문)를 '말(言)-놀이' '말(言)-축복'이라고 할 수 있다. 마찬가지로 '놀이'(예술)를 '심정(心情)-신' '심정(心情)-도구(심정의 사유)'라고 할 수 있을 것이다.

문화장르	인류학	인간의 특성	내용
철학과 과학 진(眞)-천(天)	철학인류학	자기투사적-도구적 존재(자기투사적)	보편성의 철학(Homo Habilis)→일반성의 철 학(Homo Nature)
신과 종교 선(善)-인(人)	종교인류학	자기위로적-축복적 존재(자기최면적)	종교적 인간 (Homo Religiosus)
시와 예술 미(美)-지(地)	예술인류학	자기기만적-놀이적 존재(자기기만적)	삶=예술=퍼포먼스 (Homo Ludens)

[인류와 문화의 상호소통과 이해]

철학도 실은 '지식인의 영감'(지식인의 예술) 혹은 '지식인의 신 내림'(지식인의 종교)의 산물이라고 말할 수는 없을까? 고대의 신탁이라는 것은 좋은 예이다. 오늘날의 지식인의 학문적 화두나 아포리즘도 일종의 신탁이라고 할 수 있을 것이다. 신탁은 말하자면 '생각(denken)'이라기보다는 '감사(danken)'이다. 특히 종래와 확연히 다른 패러다임의 지식, 철학의 전회적인 화두는 일종의 선물과도 같은 것이다. 새로운 지식은 일종의 우주의 선물과도 같은 것이다.

종교, 학문(과학), 예술을 앞장에서 말한 'God' 'Geist' 'Ghost'와 연결시켜보면, 종교는 'God', 학문은 'Geist', 예술은 'Ghost'와 대응되는 것을 짐작해볼 수 있다. 'God'은 절대유일신이라는 동일성, 'Geist'는 절대정신이라는 동일성을 나타내는 것이기에 연결이 별로 어렵지 않다. 그렇다면 'Ghost'가 왜 예술에 대응하는가를 살펴볼 필요가 있다.

인간의 지각(sense-perception)과정은 지각이미지(senseimage)를 거쳐 관념이나 개념(concept)으로 정착된다. 그런데 그 과정에서 이미지(image)라는 것이 유령과 직접적인 관련이 된다. 이미지는 볼 수 있는 것이지만 만질 수는 없는 것이다. 다시 말하면 이미지는 볼 수 있지만 신체가 없다. 그런 점에서 이미지는 감각적이면서도 비감각적인 기억이라고 할 수 있다. 유령이라는 것은 어떤 동일성(실체)에 이르기 전의 신체(대상-구체)와 실체(개념-추상)의 사이에 있는 '신체-실체적 존재'이다. 그런 점에서 유령은 귀신과 혼용되지만 한때 살아본 적이 없는, 동일성을 감춘 '차이의 동일성(반복)'이다.

예술이야말로 차이의 동일성의 대표적인 영역이다. 인간의 사유행위는 실은 바로 이미지에서 비롯되는 것이라고 할 수 있다. 그런 점에서 신이나 정신이라는 것도 그 원천은 이미지(image, icon, symbol)라고 할 수 있다. 유령이라는 개념은 동일성의 서구문명이 동일성의 근원에 대해서 탐색한(고백한) 것이라고 할 수 있다. 유령의 영역은 전반적으로 이미지-예술의 영역이다. 이미지는 개념(concept)과 감각(sense) 사이에 있는 유연한(flexible) 영역이면서 이중성의 영역이다.

데리다는 "유령론(hantologie)은 존재론(ontologie)의 언어유희다"라고 말한다. 프랑스전통의 현상학자인 데리다는 존재론을 현상학적 존재론의 의미로 사용했겠지만, 이를 존재론 혹은 존재론적 현상학의 입장에서 말한다면 "존재를 현상학적으로 설명한 것이 유령론이다"라고 말할 수 있을 것이다. 이때의 유령에는 신이나 정신, 혹은 메시아 혹은 텍스트도 포함된다.

현상학의 입장에서 보면 '있기(있음이 있기)' 때문에 '없는 것'이 있다(생겨난다). 반대로 존재론의 입장에서 보면 '없기' 때문에 '있는 것'이 생겨난다. 이때의 없음은 현상학적인 없음과는 다른, 진정으로 '있는 없음'(없는 있음)이다. 이때 진정으로 있는 없음을 기(氣)라고 해두자(하는 것이다). 서양철학에서 유령이라고 하는 것은 바로 동양의 '기(氣)(유령=기)와 같은 것일 가능성이 높다. 유령과 귀신은 존재론적으로 다른 것이다. 옛 사람들이 귀신을 신으로 모시고 있다고 말할 수 있다. 귀신은 그래도 언젠가 신체를 가지고 산 적이 있는 유령이라면 유령은 처음부터 신체가 없는 가상실재일 수도 있다.

데리다도 '유령'이 존재와 현상의 상호관계 속에서 인간에게 다가오는 어떤 중간적인 존재라는 뜻으로 사용한 것 같다. 그렇다면 유령도 가상실재의 한 종류가 되지 않으면 안 된다. 그렇다면 가상실재의 한 종류인 유령이 변신한 것이 바로 신이고, 정신이고, 텍스트가 되어도 무방하다. 유령의 원천은 무엇일까. 아마도 정령(spirit)일 가능성이 높다. 원시부족사회 사람들은 사물에 정령이 깃들어 있다고 생각했지만 문명사회에 이르러 그 정령은 사물로부터 밖으로 튀어나와(사물로부터 독립하여) 신이 되고, 정신이 된 것이다. 인간의 의식은 사물의 안에 있을 수도 있고, 사물의 밖에도 있을 수 있는 그런 이중적인 성격을 가지고 있다.

유령론은 예술적 이미지들과 유사하다. 신체도 아니고, 개념(실체)도 아닌 중간적 형상이다. 예술적 이미지들도 신체를 가진 인간의 세계와의 상호주관적 교감과 소통의 산물이다. 예술적 이미지들은 실은 저마다 다른 것이 특징이고, 예술이라는 것 자체가 자신의 고유한 성질이나 정체성을 갖는다기보다는 이미지의 변신(변형)을 속성으로 하고 있다. 유령은 결정불가능하고 동시에 해체불가능하다. 유령은 존재론의 영역을 현상학적으로 보여주면서 동시에 고정되어 있지 않고 출몰하는, 결코 도달할 수 없는 이념이면서 동시에 존재의 일반성이다. 유령은 서양 철학적으로 말하는 징조이면서 기운생동이다. 유령의 입장에서 보면 유령이 고착되고 우상화되고 절대화된 것이 신이고, 정신이다.

유령은 가장 가까운 것에서 말하자면 기독교의 성부-성자-성령의 '성령'과 같은 존재이다. 성부는 추상적이고, 성자는 신체적(구체적)인 반면 성령은 그 사이를 왕래하는, 이미지는 있지만 신체가 없는 기운생동의 존재이다. 유령은 고착되거나 도그마화한 신이나 정신이 아닌 실제로 느낄 수 있는 '느낌(전율)의 신'일 수도 있다.

'신(神)-놀이' '신(神)-도구(신의 사유)' '말(言)-놀이' '말(言)-축복' '심정(情)-축복' '심정(情)-도구(심정적 사유)' 등으로 우리가 좀 쉽게 학문과 종교와 예술의 상호관계를 설명하다보면 보다 입체적으로 인간을 바라볼 수 있는 기회를 얻게 되고, 눈을 터득하게 된다.

문화장르	철학인류학	인간의 특성
철학과 과학 진(眞)-천(天)	Geist	말(言)-놀이/말(言)-축복
신과 종교 선(善)-인(人)	God	신(神)-놀이/신(神)-도구(神의 사유)
시와 예술 미(美)-지(地)	Ghost	심정(情)-축복/심정(情)-도구(심정적 사유)

[종교, 학문(과학), 예술과 God, Geist, Ghost]

서양 철학사에서 칸트가 세계를 측정하는(계산하는) 과학을 철학적으로 뒷받침해주면서 과학적 사고는 철학일반에서도 뿌리를 내리기 시작한다. 그러나 과학은 존재에 대한 사유의 과학적 전도(顚倒)라고 할 수 있다. 헤겔에 이르러 '사유-존재'의 전통에서 존재는 절대지(絕對知) 혹은 절대리(絕對理)'의 성격을 갖게 된다. 헤겔의 전도인 마르크스의 사상은 어떤 점에서는 존재(사물)-사유(언어)의 성격을 갖는다고 말할 수 있지만 이때의 '존재'는 헤겔의 '존재＝유심(唯心)'의 전통에 반하였던 관계로 '존재＝유물(唯物)'이 되고, 결국 유물론(唯物論: 唯物質論)과 유심론(唯心論: 唯精神論)은 극단적으로 대립하게 된다.

그러나 이러한 유물-유심의 대립은 양자를 초월하는 입장에서 보면 역시 현상학적 대립에 지나지 않고, 그렇기 때문에 이 둘은 가역왕래 혹은 이중성의 관계에 있다고 하지 않을 수 없다. 결국 헤겔과 마르크스의 현상학적인 왕래는 '존재＝유심', '존재＝유물'이라고 극단적인 양상으로 대립하지만 오늘에 있어 결국 심물일원론(心物一元論)의 길을 열어놓게(엿보게) 된다.

　서양철학의 '사유-존재'의 전통에서 '존재'를 '유심' 혹은 '유물'로 규정한 것은 현상학의 결과였지만, 존재를 정신과 물질이 아닌, 양자를 다 수용할 수 있는 어떤 것, 잡을 수 없는 어떤 것, 즉 동양철학의 입장에서 보면 기(氣)로 설명할 수 있다면 제3의 방안이 될 수도 있을 것이라는 생각해보게 된다. 즉 기(氣)는 정신도 물질도 아닌 것이 되지만 동시에 기는 정신도 물질도 되는 것이 '심물일원론'이다. 즉 심즉기(心卽氣) 물즉기(物卽氣)인 셈이다. 존재를 기(氣)로 해석하는 것이야말로 장차 진정한 존재론의 길이고, '존재존재론'의 길이다.

　현상학적인 차원에서 보면 "보는 대로 있는 것"이나 "있는 대로 보는 것"이나 마찬가지이다. 그러나 존재론적으로 보면 "보는 대로 있는 것"도 아니고, "있는 대로 보는 것"도 아니다. 진정한 존재론은 그냥 존재를 존재로 있게 하는 것일 것이다. 문제는 존재를 어떤 '동일성의 형태'로 전환하려는 인간의 생각이다. 그 동일성은 신, 정신, 절대, 이상, 수(數), 텍스트, 유령 등 여러 가지가 있을 것이다.

　인간은 사유하기에 앞서 존재했던 존재(자연적 존재, 본래존재)인데 마치 사유함으로써 존재하는 것(현존재=존재자)인 양 서양철학은 선후(입장)를 바꾸었다. 이러한 전도를 발견한 것도 하이데거에 의해서 현상학의 끄트머리에 이르러서이다. 이 같은 전도의 결과, 유심론과 이를 뒤집은 유물론이 탄생하였다고 해도 과언이 아니다. 과학문명은 이러한 전도를 더욱 더 보편화했다. 과학의 종착역은 '기계화된 우주'이다. 이성(오성을 포함)은 오늘날 '말의 바벨탑'일 뿐만 아니라 '기계의 바벨탑'을 드러냈다. 말(언어)과 기계에 의한 사회적 소통은 도리어 인간의 신체적 소통을 점점 더 축소시켜왔다. 인간은 신체적 동물인지조차 의심스럽게 되었다.

인간의 대뇌가 시간과 공간을 상상한 것은 참으로 자연을 자연과학으로 바꾸는 일대 문화(문명)혁명을 일으켰다. 이것을 '이성의 전도'라고 말할 수 있을 것이다. 그러나 이러한 이성이 발달하기 이전에 또 다른 전도가 있었다면 어디에서 어떻게 있었을까? 바로 본능과 욕망을 일컬을 수 있을 것이다. 인간은 다른 동물과 달리 생식본능인 발정기로부터 자유로워지는 진화를 겪는다. 이것이 바로 섹스-프리(sex-free)이다. 그런데 오늘날 섹스-프리는 프리-섹스(free-sex)가 되어버렸다.

이성이 기계가 된 것, 섹스-프리가 프리-섹스가 된 것은 서로 상관관계가 없을까. 말하자면 기계화된 세계와 프리-섹스는 인간사회에 어떤 함수관계를 보여줄 수도 있다. 세계의 기계화 정도가 높을수록 섹스-프리가 증가한다든가, 아니면 감소한다든가 등 여러 관계를 예상할 수 있을 것이다. 이 둘 사이에는 적어도 비례와 반비례가 동시에 발생할 수 있을 것 같다.

섹스는 신체의 접촉을 필요로 한다는 점에서 섹스-프리는 기계화에 저항하는 인간의 신체적 행위로의 신체주의 혹은 감정주의의 복귀로 해석될 수도 있지만 동시에 기계화(인공적인 섹스도구)로 인해 더욱 섹스-프리가 강화될 수도 있다. 현대과학기술만능의 시대에 이성은 기계로, 욕망은 프리-섹스로 귀결되고만 느낌이다. '이성'과 '욕망'은 같은 것의 서로 다른 것일 수 있다.

사유-존재(도구, 기계)와 신체-존재(재생산, 섹스)는 현상학적인 평행선을 달릴 수도 있고 동시에 존재론적인 상호보완적인 입장에 설 수도 있다. 사유-존재는 현상학과 과학으로 연결되고, 신체-존재는 존재론과 축제로 연결된다.

사유-존재	도구, 기계	감성적 직관으로서의 시공간	이성	현상학-과학
신체-존재	재생산, 섹스	섹스프리- 프리섹스(orgy)	욕망	존재론-축제

[사유-존재, 신체-존재]

데카르트는 코기토를 주장했지만, 과연 '내'가 생각하고 있는 것인가? 아니면 '자연'이 생각하고 있는 것인가? 알 수가 없다. 인간은 문명적 존재이기 이전에 자연의 산물, 자연적 존재이기 때문이다. 철학사에서 새로운 개념을 내놓고, 새로운 철학 체계를 수립하는 것은 철학자 개인 혹은 나(ego, I, Ich, subject)의 사유, 즉 '나의 사유(Ichsdenken)'의 결과라고 한다. 그런데 개인(individual)이라는 말 자체가 '나뉠 수 없는 것'을 의미한다면 고정불변의 어떤 것이 있다고 가정하는 것인데 과연 그럴까? 개인, 영혼이 있는지는 아무도 증명할 수가 없다.

그런데 무엇보다도 '나'는 이미 자연(세계, 우주) 속의 존재인 것은 의심할 여지가 없다. 나와 자연은 지각 이전에 어떤 존재와 교감을 이루고 있는지도 모른다. 데카르트의 영성훈련이 코기토의 논의와 함께 탐구되는 것은 이 때문이다. 데카르트도 어떤 존재와 교감을 이루었기 때문에 지각이 가능하고, 세계에 대한 이해와 설계가 가능한 것이 아니었을까? 현상학의 이면에는 근거 아닌 근거로서의 존재가 있다. '존재의 사유(Seinsdenken)'는 그런 것이다.

철학을 그렇게 본다면 종교는 '보통사람(생활인)의 철학' 혹은 '보통사람의 예술'이 되고, '예술은 감성이 풍부한 사람들의 철학', 혹은 '감성이 풍부한 사람들의 종교'가 될 것이다. 무당이 옛 무교의 사제라면 결국 예술과 종교와 철학이 사람을 통해서 하나가 되는 원형을 말해준다고 볼 수 있다. 진정한 샤먼은 기운생동으로 인해서 자신의 몸에서 천지가 역동적으로 하나가 되어서 움직이는 인물(시인, 예술가, 철학자, 사제)이다. 즉, 이들은 '인중천지일'의 인물이다.

만약 인간을 '세계-내-존재'가 아니라 '자기-내-존재'라고 규정한다면 '자기-내-존재'야말로 바로 『천부경』이 말하는 '인중천지일(人中天地一)'의 존재가 아닐까? 인중천지일의 인간은 하늘과 땅 위에 존재하는 그야말로 '사이-인간'으로서의 인간(人間)이 아니라 '인간-내-천지'의 존재로서의 인간, 천지와 인간이 하나가 된, 천지와 거리두기를 한 가운데 천지를 이해하고 계량하는 존재가 아니라 만물만신(萬物萬神), 심물일체(心物一體)

의 인간이 아닐까? 그러한 '인간-내-천지'의 인간으로서 우리는 옛 무당을 떠올리지 않을 수 없다.

옛 샤먼의 모습에서 우리는 조각나지 않는, 분열되지 않는, 기계화되지 않은 건강한 인간의 모습, 자연과 소통하고 교감하는 야성의 인간을 유추해볼 수 있다. 네오샤머니즘은 '철학의 원시반본'이라고 이름붙일 수 있을 것이다. 자연의 본래존재의 모습을 잃고, 조각조각 나고 기계화된 현대인의 모습을 치유할 수 있는 길은 샤먼에서 찾을 수 있을 것이라 생각된다.

현상학은 기독교의 '최초의 원인(천지창조)'과 '최후의 결과(종말심판)'에 이의를 제기하고 '최후의 결과'에 인과의 중심을 옮기려는 인간의 의식 활동이다. 하이데거의 존재론은 기독교의 '종말구원사상'을 인간 각자(各自)의 '죽음'에 대입(치환)하여 양심에 따른 개인의 실존적 삶을 추구한 철학이다. 그래서 하이데거는 스스로를 '기독교 철학자'라고 실토했다. 인간의 마음은 상황에 따라 선할 수도 있고, 악할 수도 있다.

양심이야말로 각자성에 기초한 선한 마음이라고 할 수 있다. 우리는 흔히 양심을 말할 때 '양심의 소리'라고 말한다. 이는 양심이야말로 모든 인간이 가지고 있는 '존재의 소리'이기 때문일 것이다. 하이데거는 존재의 소리에 청종(聽從)할 것을 주장하는 등 눈에 보이지는 않지만 들리는 존재의 소리에 대해 남다른 관심을 표명했다. 하이데거의 존재론은 '양심의 존재'를 통해 모든 인간이 구원될 수 있는 길을 열었다는 점에서 서양적 샤먼을 떠올리게 한다.

소리는 파동으로서 고정불변의 실체(입자) 혹은 에고(자아)와
는 거리가 먼 존재이다. 소리야말로 존재하면서도 잡을 수 없고,
다른 파동과 쉽게 하나가 되는 까닭에 정체성을 지니지 않는다.
소리야말로 비결정체로서 가장 비권력적인 존재이다. 현존재
(Dasein)에서 출발한 존재론의 미래는 현존재가 아니라 '지금-
여기-있음(Hiersein)＝자기-내-존재' 즉, 자기 자신(Self＝Selbst)
일 것이다. 이는 동양의 도학(道學)에서 볼 때는 너무나 당연한
것이다. 세계는 결국 자기 자신이다. 세계가 자기가 되면 세계는
인류적 의미에서의 '우리(We)'가 된다. 여기서 우리는 닫힌 '타
성적인 우리'가 아니라 끝없이 열린 '전체성의 우리'이다. 전체
성의 우리는 어쩌면 존재의 '근원적인 우리'인지도 모른다.

하이데거는 존재(Sein)를 여러 형태로 발전시키고 있는데 현
존재(Dasein) 이외에도 '길존재(Wegsein＝Das Dasein)' 등의 용어
를 사용하고 있다. 결국 현존재의 존재적 특성을 '길(道) 위의 존
재', '도상(途上)의 존재'로 귀결시키고 있다. 이것이야말로 동양
의 도(道), 혹은 도학(道學)에 다가서는 몸짓이다. 길(道)이야말로
존재의 일반성과 같은 말이다. 중국의 도교(道敎)가 한국의 샤머
니즘(巫敎)의 입장에 있는 것은 우연이 아니다.

샤먼의 특성은 고등종교의 제도적이고 집단적(계급적)인 것
과 달리 각자성(各自性)에 있다. 존재는 어떤 기준에 의해 종속(種
屬)으로 분류되기 이전에 각자성으로 존재한다. 개체(각자)이면

서 전체인 것이다. 인류의 고등종교들은 성인(聖人)을 사표로 삼거나 우상으로 삼으면서 제도적으로 구원을 요청하고 있다. 그러나 성인이 태어났다고 해서 인류가 구원되는 것은 아니다. 물론 성인의 탄생은 인간의 타락의 정도를 약화시키고, 혹은 지연시키면서 역사를 지탱해왔다고 할 수 있다.

원시/고등종교	성인/사제	합리성/각자성	하늘의 말씀	구원
고등종교	성인(聖人)	집단성-보편성	경전(經典)	집단민족구원
샤머니즘	무당(巫堂)	개체성-각자성	공수(空手, 신탁)	각자실존구원

[원시종교와 고등종교의 특성]

성인들을 칭송하는 종교에 비해서 샤먼은 인간 각자가 굿의 과정을 통해 신과 접신(接神)하고 공수(空手: 보이지 않는 손, 신탁, 성령)를 받는 매우 자유분방한 종교이다. 그런 점에서 샤먼이야말로 각자가 신을 초대하고 놀다가 보내는(신을 응신하고 오신하고 송신하는) 매우 실존적인 종교형태이다. 샤먼은 각자종교이다. 그런 점에서 샤먼이야말로 인간의 본래종교(원형종교), 혹은 인간이 종교를 만들어가는 방식(형태)이 아닐까 하는 생각이 든다. 이는 서양기독교(불교도 마찬가지다)가 메시아(미륵부처)의 강림을 통해 구원을 받기를 갈구하는 것과는 다르다.

기독교의 메시아적 사건은 집단적-역사적 구원의 사건인 반면 샤머니즘의 구원(치병과 기복)은 지극히 개인적이고-실존적이라고 할 수 있다. 인류의 구원이 집단적으로 이루어지는 사건이 아니고 인간 각자가 담당해야 할 시대적 책임이라면 네오샤머니즘의 입장에서 인간의 구원문제를 생각해볼 여지가 있게 된다. 예컨대 인간 각자가 메시아적 사명을 깨달음으로써 인류가 구원된다면 고등종교의 해체와 샤머니즘의 부활은 시대적 요청이라고 할 수 있다. 물론 이때의 샤머니즘은 모든 것을 귀신의 탓으로 돌리는 기복신앙과 같은 세속적이고 말단적인 샤머니즘은 아니다.

인간은 각자가 깨달음의 샤먼이다. 옛 샤먼은 당시에 자연적 존재로서 자연의 소리(부름, 요청)에 따라(천지인의 조화를 꿈꾸며), 양심의 소리에 따라 마을을 이끌어간 지도자(사제)가 아니었을까? 서양철학이 실존주의에 이르러서 인간의 각자성에 눈을 뜬 것은 샤머니즘으로의 융합, 혹은 존재론의 새로운 가능성을 열어주고 있다.

인간 각자가 지니고 있는 '양심(良心)'이라는 것은 어쩌면 인간 각자가 지니고 있는 내재성의 '신(神)'일지도 모른다. 이러한 양심과 신의 만남(합일)을 심신일체(心神一體)라고 말할 수 있을 것이다. 이러한 '심신일체'가 밖으로 드러난 것이 심물일체(心物一體) 혹은 만물만신(萬物萬神)일지도 모른다. 샤머니즘의 입장에서 보면 인류의 고등종교나 철학들이 성인(聖人) 혹은 성철(聖哲) 혹은 현철(賢哲)이라고 부르는 사람들은 바로 그 시대, 그 지역의 샤먼들일지도 모른다.

샤먼이 신으로부터 신탁(神託)을 받은 것을 한국에서는 공수

(空手)라고 하는데 이는 매우 복합적인 의미를 가지고 있다. 공수를 순 한글로 말하면 '빈손'이다. 이 말은 우선 아무 것도 가지지 않고 있어야 그야말로 하늘의 말씀이 내린다는 의미가 될 수 있을 것이다. 또 공수라는 말 자체가 바로 허공의 '보이지 않는 손'(아담스미스가 말한 것과 같은 손) 혹은 '하늘의 손'을 의미하기도 한다. 하늘의 손은 무엇인가. 손이라는 것은 동사로 보면 무엇을 잡는 것을 의미하고, 무엇을 잡는다는 것은 소유를 의미한다. '공수(空手)'라는 말 자체가 하늘의 말씀을 잡는다(듣는다)는 의미가 들어 있다. 그래서 공수는 쉽게 '신탁'과 '성령'을 받는 것을 의미한다. 결국 하늘과 지상의 인간이 조응하는 현상을 두고 말하는 것이다.

신탁은 하늘이 인간에게 부탁하는(명령하는) 말이다. 신탁은 신이 인간에게 하는 부탁이나 위임이기도 하지만 일종의 천명(天命) 혹은 정언명령(定言命令)이 될 수도 있다. 결국 하늘의 어떤 뜻, 시대적 소명을 말로 듣는 사람들은 무엇인가. 그 말은 과연 누구의 말인가. 인간이 언어를 사용하기 시작한 후 가장 먼저 내뱉은 소리가 아마도 '자기 위로적-축복적' 말이었을 것이다. 그것이 종교의 출발이다. 하이데거의 '존재의 사유(Seinsdenken)'야말로 바로 샤먼의 공수에 가장 가까운 서양번역어이다. 물론 더 좋은 번역은 '존재의 감사(Seinsdanken)'이겠지만 말이다.

샤먼의 사유는 '사유'가 아니라 하늘에 '감사'하는 것이었고, 그것은 쉽게 의례(굿, god, good)로 표현되었을 것이다. 하늘에 감사하는 것은 존재 전체, 혹은 존재 자체에 대한 감사였을 것이다. 원시부족사회의 인간들은 자연을 대할 때에 그러한 감사의 자세를 가지고 삶을 영위했던 흔적들이 많다. 한국의 '고수레'는 그 대표적인 행사였을 것이다. 이러한 샤머니즘은 유난히 성행했던 동북아시아지방에서만 있었던 것이 아니라 한때 지구적으로 유행했던(지배했던) 원시종교였다. 샤머니즘은 동양에서는 흔히 신선교(神仙敎) 혹은 신선도(神仙道), 풍류도(風流道) 혹은 도교(道敎) 등으로 불리기도 한다. 샤머니즘이라는 이름은 앞에서도 말했지만 엘리아데가 붙인 이름이다.

인류의 원시부족사회의 샤머니즘이야말로 오늘날 서양철학에서 말하는 존재론을 미리 산 것이라고 볼 수도 있다. 하이데거의 현상학적 존재론은 '샤머니즘'과 동양의 '도학'과 연결되는 통로를 가지고 있을 것으로 생각된다. 샤머니즘을 오늘날 과학기술문명의 사물인터넷 혹은 전자기기적 온라인 시스템에 비한다면 우주적 온라인 시스템 혹은 자연생기적(自然生氣的) 온라인 시스템 혹은 기운생동적(氣運生動的) 교감시스템이라고 말할 수 있을 것이다.

샤먼은 일상의 보통사람에게도 사제의 길을 열어주고 있다. 마을사회의 동제(洞祭)에서는 보통사람들도 사제가 될 수 있다. 샤먼의 사제는 계급화되어 있지 않다. 물론 동제의 사제가 되기 위해서는 일종의 심신의 정화기간과 몸가짐을 전제하고 있긴 하지만 성(聖)과 속(俗)이 제도적으로 이분법적으로 차단된 것이 아니라 상호 왕래할 수 있는 세계임을 인지하고 있는 것이다.

세계는 '질서 잡힌 전체'인 코스모스(cosmos)가 아니라 '존재하는 전체'인 피지스(physis)이다. '세계(世界: 인간의 境界, 경계 짓는 인간)'라는 말 자체에는 이미 '나(ego, Ich)'가 빠져버린 객관적인 것이 아니라 인간중심적인 의미가 들어 있는 용어이다. 원시부족사회는 비록 도구를 사용하였지만 자연의 자연스러움을 유지하거나 존중하는 삶의 태도가 있었다. 그러나 오늘날 고도과학기술사회는 그러한 자연으로서의 인간, 인간의 자연성을 송두리째 잃어버리고 있다. 인간의 자연성을 회복하는 것이 존재론의 미래이고, 미래의 도정에 그동안 미신이라고 비하되었던 샤머니즘과 신비주의가 빛을 발하고 있다.

하이데거는 존재사유(denken)의 길이 결국 감사(danken)로의 길임을 제시하고 있다. "존재사유의 측면에서 보면 그 길은 사유의 자발성과 자의성을 제거해나가는 길이라 할 수 있다. 그 길의 마지막 지점에서 사유는 감사해야 하기 때문에 감사해야 하는 그런 감사로 규정된다. 그러나 사유는 언제 어떻게 감사해야 할지 모른다. 그것을 감사 자체가 스스로 오는 '있음(Es gibt)'의 선사이기 때문이다. 바로 이 점에서 사유는 마침내 '기다림(Warten)' 즉 '다가오는 것의 열린 터에로 스스로 귀의함(Sicheinlassen auf das Offene der Gegnet)'(Gelassenheit, 48)으로써 '기다리는 그것을 열리게 해주는(das, worauf wir warten, offen lassen'(42) 의미에서의 기다림이 된다. 이 기다림은 아무 것도 하지 않는 단순한 기다림이 아니라 '깨어 있음(Wachsamkeit)'이 수반된 '준비(Vorbereitung)'이다. '깨어 있는 기다림(Das Warten mit Wachsamkeit)'—바로 이것이 하이데거의 '도중(Unterwegs)'의 본래적 의미이다."[14]

이 말은 무슨 뜻인가. 이러한 깨어 있음의 기다림은 마치 무당이 하늘 혹은 몸주신으로부터 공수(空手)를 받으려는 자세와 유사하다. 하이데거에게는 단지 그것이 기독교의 유일신(하이데거는 '신들'이라고 복수를 쓰기도 한다)일 가능성이 높지만 말이다. 인간은 존재(자연)로부터 스스로 말을 주고받는 소통과 매개의 존재이다. 이러한 기다림이 없는 삶은 단지 기계로부터 어떤 문제와 해결을 추구하는, 현대의 기술과학에 종속된 삶이 될 뿐이다. 인간의 사유도 결국 자연과의 상호소통이나 교감 속에서 이루어지는 것이다. 그런 점에서 '사유(思惟)'는 '감사(感謝)'가 되어야 한다.

하이데거의 존재(본래존재)는 '자연적 존재'가 되어야 완성이 되는데 서양 철학적 전통의 '존재의 초월적 성격' 때문에 그것에 도달하지 못하고 있다. 자연적 존재(본래존재)라는 것은 세계가 이분화—주체(자아)와 대상(객체) 혹은 나와 너—되면 접할(접신할) 수 없는 것이다. 말하자면 자연적 존재의 전체성은 이분화

---

14 염재철, 「하이데거의 사상길의 변천」, 『하이데거의 철학세계』(철학과 현실사, 1997), 50~51쪽.

되지 않는 가운데 천지인이 하나로 순환되는 교감체가 될 때 본래모습을 드러낸다고 할 수 있다. 옛 샤머니즘은 그러한 정황을 잘 드러내주고 있는 것이다. 사유가 자연 밖에 있는 것은 아니다. 사유는 무시무종(無始無終)한 자연에서 현존재(인간)가 벌이는 유시유종(有始有終)한 사건의 한 매듭일 뿐이다.

호모사피엔스를 가장 원초적으로 정의할 때 우리는 주술(呪術, magic)을 거론하지 않을 수 없다. 주술은 과학을 기준으로 볼 때는 비과학적인 것이 될지 모르지만 자연을 기준으로 보면 자연에 대해 인간이 어떤 의미부여를 하는 원초적 행위라고 말할 수 있을 것이다. 주술을 해자하면 '주술(呪術)＝呪文+技術(藝術)'이 된다. 주술의 의미에는 자연에 대해(자연을 대상으로) 말로든, 기술로든 의미부여를 하고 나아가서 자연을 이용하는 능력이라고 말할 수 있을 것이다.

오늘날 언어학적 의미로 보면 '동종주술＝은유'에 해당하고, '접촉주술＝환유'에 해당하는 것이다. 호모사피엔스는 '은유와 환유의 교차'를 통해 자연에 의미부여를 하고 자연과 더불어(자연을 정복하기도 하면서) 살아왔다고 말할 수 있다. 그러한 점에서 주술은 '문화문명의 원형'이었다고 말할 수 있을 것이다. 원시고대인들은 물론이고 오늘날 현대인도 주술행위를 하고 있다. 자연과학기술의 발달과 더불어 주문과 기술과 예술이 분리되었고, 각종 종교는 주문의 전통을, 과학은 기술의 전통을, 예술은 주문과 기술의 종합문화적인 전통을 이었다고 말할 수 있다. 오늘날 문명인도 여전히 둘의 전통을 동시에 삶에 적용하는 경우가 적지 않다. 다시 말하면 인간은 여전히 '매직(magic)하는 존재'인 것이다.

'매직하는 존재'로서의 인간은 원시모계사회에 통용되었던 것으로서 오늘날 문명인은 '매직(magic)'을 끝내 '마귀(magi)'로 매도하는 지경에 이르렀다. 우리는 '매직'과 '마귀'에서 옛 '주술가', 특히 여성주술가(마귀할머니)의 어원학적 흔적을 발견할 수 있다.[15] 가부장-국가사회의 등장과 더불어 여성주술가 혹은 여성통치자(shaman-queen), 즉 무당은 철저하게 매도되었던 것이다. 우리는 샤먼의 전통 속에서 자연과 더불어 살아가던 인간의 원형적인 모습을 발견할 수 있다.

현대인은 자연과학기술을 이용하면서도 동시에 매직하는 인간의 모습을 되찾아야 한다. 이것이 자연에 대해 '열린 태도'이고, '열린 종교'와 '열린 과학' '열린 도덕'과 '열린 지식'으로

---

15 무(巫)라는 글자는 중국어 발음으로 wu/우이다. 'wu'의 중세 중국어 발음은 /맥(매그)/myag이다. '맥'은 페르시아어로 마구/magu이다. magu의 뜻은 주술가(magician)이다. 성경에서는 동방박사를 매기/magi라고 불렀다. 매기는 '동방의 현자'라는 뜻이다. 흔히 하느님이라고 하면 '하느님 아버지'이고, 마귀라고 하면 '마귀할멈'이라고 하는데 이것은 가부장사회의 편견이다. 마귀는 'magi'와 발음이 유사하다. 같은 발음이 '현자'와 '마귀'로 정반대의 의미로 반전되는 것은 흔히 있는 일이다. 결국 무(巫)=마고(맥, 마구)=주술가='동방의 현자'(동방박사)라는 뜻이 성립된다. 예수의 본 이름은 이사(Isa)였다. 『성경』에 동방박사가 큰 별을 보고 찾아왔다는 것은 다시 말하면 동방의 무당, 주술가가 찾아왔다는 뜻이다. 박정진, 『지구 어머니, 마고(麻姑)』(마고북스, 2014), 31~32쪽, 참조.

나아가는 요체이다. 한없이 열려 있는 태도만이 기운생동하고 변화무쌍한 자연에 대응할 수 있는 삶의 자세일 것이다. 그럼에도 불구하고 인간은 '대뇌라는 감옥'에 사는 '뇌 공룡'일 가능성이 높기 때문에 스스로 '지식의 노예'가 되는 것을 경계해야 한다.

제 6 장

언어·문화권과 철학
—인도유럽어문화권, 한자문화권, 한글문화권

서양철학과 문명은 한 마디로 유신(唯神)-유심(唯心)론과 무신(無神)-유물(唯物)론의 대결, 혹은 유신-유심론과 자연과학기술과의 대결이라고 말할 수 있다. 현상학적으로 말하면 유신이 없으면 무신이 없고, 유심이 없으면 유물이 없다. 이들은 하나의 타원형의 궤도상에 있는 두 개의 동심원과 같다고 말할 수 있다. 말하자면 이것이 없으면 저것이 없게 되는 차원이다. 물론 선(善)과 악(惡)도 마찬가지이다.

근대문명은 인간으로 하여금 철저하게 '동일성을 추구하는 동물'로 변모시켰다. 앞에서도 말했지만 동일성이라는 것은 세계를 이분법으로 나눈 결과이다. 특히 인간의 생각(의식)은 존재(생성적 존재)를 존재자(존재하는 것)로 환원시키는 의식작용을 한다. 말하자면 존재를 사물(대상)로 환원시키는 특성을 가지고 있다. 그러한 수행(실천)은 결국 언어-시각의 연합작전에 의해 주로 텍스트(text)를 생산하게 한다.

살아 있는 사람들은 이 텍스트를 '신체(몸)'로 되살아나게 해야 본래의 존재, 진정한 존재를 공감하는 데에 이르게 된다. 그런 점에서 인간의 신체의 중요성은 그 어느 때보다 중요하게 다가오고 있다. 인간은 스스로 대뇌적(大腦的) 존재인 양 착각하고 있는데 실은 대뇌를 살고 있는 것이 아니라 신체를 살고 있다. 신체는 존재 그 자체이다. 사실 신체가 없으면 아무 것도 이루어질 수 없는 데도 인간은 대뇌의 명령을 받아서 신체를 육체로 보고, 때로는 업신여기는 태도를 보였다. 바로 이것이 인간현존재의 모습이다.

인간을 신체적 존재로부터 멀어지게 한 것은 인간의 정신이 사물을 도구적(수단적) 대상으로 보면서부터이다. 정신-물질은 자연으로부터 소외(타자)됨을 의미한다. 이것은 인간을 포함한 모든 존재가 자연의 신체로부터 소외되어 기계(물질, 연장)가 됨을 의미한다. 신체를 육체나 물질로 봄으로써 인간은 자신으로부터 멀어졌을 뿐만 아니라 '자신(自身)의 세계'를 '타자(他者)의 세계'로 환원시키는 결과를 초래하게 되었다. 과학기술문명과 더불어 살고 있는 현대인은 모두 자신의 신체로부터 소외된 존재들이다.

예로부터 동양은 수신(修身)이나 수도(修道)를 강조해왔다.

수신이나 수도는 '언어의 체계'에 의해 완성되는 것이 아니라 신체적 체득이나 온몸의 깨달음을 통해 완성되는 것이었다. 따라서 사물을 이용하거나 도구로 이해하는 태도로서는 도(道)에 이르지 못했다고 할 수 있다. 그런 점에서 동양의 사상이나 철학은 근본적으로 '앎의 체계'가 아니라 '삶의 체계'였다.

현상학의 진리는 진리자체가 '모순의 진리'이다. 현상학의 동일성(실체)은 모순을 안고 있기 때문이다. 그래서 보편성을 추구하는 현상학은 끝없이 모순으로부터 벗어나지 못한다. 세계를 이분화 시킨 결과로 얻은 진리의 운명과 같은 것이다. 플라톤의 이데아(Idea)에서부터 연역법이나 귀납법이나 비판철학이나 변증법, 그리고 형식논리에 이르기까지 이것을 벗어날 수 있는 것은 하나도 없다. 고정불변의 '절대하나(absolute oneness)'를 가정하는 것은 결국 참 진리에 도달할 수 없다. 세계가 본래 하나(一)라면 진리를 따로 말할 필요도 없다. 세계가 하나가 아니기 때문에 진리를 찾아 헤매야 한다. 그렇다고 세계는 둘(二)도 아니다. 그래서 불이(不二)를 말한다. 세계는 불일이불이(不一而不二)이다.

진리에 대해 접근하는 방법은 크게 두 가지가 있다. '하나(一)의 진리'에 접근하는 방식이 있고 '불이(不二)의 진리'에 접근하는 방식이 있다. 전자는 결국 보편성의 일리(一理)를 추구하는 방식이고, 후자는 일반성의 일기(一氣)를 추구하는 방식이다. 전자는 사유의 진리이고, 후자는 존재의 진리이다. 보편성의 진리는 사유의 진리이고, 일반성의 진리는 존재의 진리이다. '존재의 진리'는 엄밀한 의미에서는 서양철학이 지금까지 말해온 진리와 그 성격이 다르다. 그런 의미에서 "존재는 진리가 아니다."

인류의 언어문화권으로 본 진리는 인도유럽어문화권의 '유무(有無)의 진리'(유대기독교문화) '공색(空色)의 진리'(불교문화)가 있고, 한자문화권의 '음양(陰陽)의 진리'(동아시아문화) '이기(理氣)의 진리'(성리학문화)가 있다. '이기(理氣)의 진리'는 양 문화권의 상호영향의 결과라고 할 수도 있다. '음양(陰陽)의 진리'는 바로 기(氣)의 진리이다. 태극음양(太極陰陽)이라고 할 때의 태극(太極)은 서양철학에서 말하는 보편성의 '절대하나'와는 의미가 다른, 일반성의 '상대하나'이다. 무극태극(無極太極)이라고 할 때의 무극(無極)도 마찬가지이다. 무극이라는 말은 음양(陰陽)문화권이 불교의 '이사(理事)사상'이나 '이기(理氣)사상'의 '이(理)의 사유'에 영향을 받아서 붙인 이름이다. 태극의 의미에 절대성을 부여하기 위해 붙인 이름이다. 무극-태극은 절대-상대의 다른 이름이다.

이들 문화 간에는 같은 문화권 안에서도 약간의 편차가 있다. 말하자면 유무(有無)의 문화와 공색(空色)의 문화는 정확하게 대응이 되지 않는다. 예컨대 유(有)와 색(色)이, 무(無)와 공(空)이 정확하게 같은 것은 아니다. 불교의 부진공론(不眞空論)이나 진공묘유(眞空妙有) 등은 그렇지만 우리는 거의 같은 의미로 사용하기도 한다. 음양(陰陽)은 유무공색(有無空色)의 맥락을 완전히 벗어나는 음으로 있고, 양으로 있음으로 인해서 완전히 현상학을 벗어나는 존재론적 사유라고 말할 수 있다.

진리를 묘(妙)로 표현하는 것은 진공묘유 이외에도 현묘지도(玄妙之道), 이기지묘(理氣之妙) 등이 있다. 또 화엄경의 이사명연(理事冥然)도 이와 유사한 것이다. 이를 천지인(天地人) 사상으로 보면 신기(神氣)현상이라고 할 수 있다. 신기현상은 신운(神韻)현상이라고 말할 수 있다. '묘(妙)의 진리'와 '신기(神氣)의 진리'에 이르러야 존재(생성적 존재)에 이를 수 있다. 그렇지 않은 진리는 모두 존재자의 진리이다.

유럽의 현상학적 진리는 모두 '존재자의 진리'이다. 이것이 '존재의 진리'가 되려면 동양의 생성론을 바탕으로 하는 주역(周易)이나 음양오행(陰陽五行)을 이해해야 한다. 주역과 음양의 의미는 다원다층적(중층적)이다. 주역은 1괘마다 6개 층위의 음양이 있고, 64괘가 있다. 역(易)의 괘는 얼마든지 늘일 수도 있고, 줄일 수도 있다. 음양오행은 오행(五行)의 상생(相生)과 상극(相剋)의 두 원리가 있다. 상생상극의 원리는 어디에도 적용할 수 있다. 역과 오행은 서양 과학적 의미맥락의 과학은 아니다. 굳이 이름을 붙이자면 '생성론적 과학'이라고 말할 수 있을 것이다. 그래서 서양에 물리학이 있다면 동양에 한의학이 있고, 서양에 철학이 있다면 동양에 시(詩)가 있다고 말하는 것이다.

서양의 과학문명은 자연을 자연과학으로 이해하는 문명이다. 다시 말하면 자연과학처럼 자연이 존재한다고 생각하고 믿고 있다. 서양의 철학은 자연과학을 뒤따라가면서 해석하는 해석학이고, 심리적 현상학일 뿐이다. 현상학은 과학으로 이루어 놓은 것을 뒤따라가면서 철학적으로 해명하는 데에 급급하다. 그래서 철학의 설 자리를 잃어버리고 있다. 그래서 하이데거에 이르러 동양과의 소통을 위해서 현상학이 아닌 존재론이 탄생했는지도 모른다.

현상학은 근본적으로 모순에 빠져 있다. 세계가 본래 하나라면, 나라는 존재는 내가 모르는 태초를 잉태하고 있어야 한다. 동시에 세계가 하나라면 결국 나를 포함하고 있는 태초는 태초가 아니다. 결국 현상학의 '태초-종말' 프레임은 거짓말이고 모순에 빠지게 된다. 따라서 존재론적인 사유의 세계로 인류가 함께 들어가지 않으면 인류의 역사(문명)는 결국 현상학의 논리에 따라, '태초-종말'의 프레임에 따라 종말에 이르게 된다. 그런 점에서 『천부경』의 무시무종(無始無終)의 철학은 현상학의 유시유종(有始有終)의 철학을 완전히 벗어나는 존재론적인 철학의 고유한 형태로서 인류에게 새로운 희망을 줄 수 있는 '원시반본(原始反本)의 철학'이다.

서양철학과 문명은 필연적으로 유물론과 과학기술(기계론)로 마칠 수밖에 없다. 양자는 도구적 인간의 결말로서 순환론의 자연을 인과론으로 해석한 것이다. 유물론이 생산수단(도구)를 가진 부르주아와 못 가진 프롤레타리아를 구분하면서 계급투쟁을 불러일으켰지만, 자연과학의 도구적 성격은 자연을 황폐화시키면서 환경재앙을 불러오고 있다. 인간에 대한 자연의 보복은 불인(不仁)할 수밖에 없을 것이다. 인류가 과학기술문명의 족쇄에서 벗어나려면 법칙(法則)의 진리가 아니라 역동적(易動的) 진리를 이해해야 한다. 법칙의 진리, 보편성의 진리인 일리(一理)는 수식화·공식화의 진리이고, 역동적 진리, 일반성의 진리인 일기(一氣)의 진리는 계량화할 수 없는 진리이다.

데리다를 비롯해서 서양 사람들은 '구성된 것'(대표적인 것이 '텍스트'다)을 해체하는 것이 '문자학(해체론적 문자학)'인 줄 안다. 이것은 큰 오해이다. 문자학이야말로 철저하게 구성물이다. 데리다는 실체가 구성이라는 것을 모르고 실재가 존재라는 것을 모른다. 문자학이 인간으로 하여금 과학에 이르게 한 장본인이다. 음성(phone)이 이성주의의 원인이라고 하는 것은 어불성설이다. 데리다는 또 '결정할 수 없는 것'과 '해체할 수 없는 것'을 말하면서도 그것이 '자연'인 줄 모르고 '유령'이라고 부른다. 자연과학적이 아니면 유령이기 때문이다. 그런데 그 유령은 새로운 텍스트를 쓴다. 텍스트는 '유령의 텍스트'가 되는 셈이다.

1. 박동환의 삼표론에 대한 반론

한국의 자생철학을 염원한 철학자 박동환은 일찍이 삼표론 (三表論)을 제안했다. 그의 삼표론은 세계철학을 크게 3가지 범주로 나누고 있다. 인도유럽어권의 사유방식이 깔려 있는 철학을 제1표의 철학으로, 한자어권의 사유방식이 깔려 있는 동아시아철학을 제2표의 철학으로 규정하고 있다. 그리고 한국어가 포함된 우랄알타이어권의 사유방식이 깔려 있는 철학은 제3표의 철학으로 분류하고 있다.

박동환의 세계철학 분류기준은 언어이다. 언어가 사상과 철학의 내용을 규정한다는 전제를 깔고 있다. 그가 이렇게 철학을 분류한 데는 독일의 니체와 영국의 러셀의 영향이 컸다고 한다. 니체와 러셀은 주어(임자말·subject)가 술어(풀이말)를 규정하는,

즉 주술일치를 요구하는 인도유럽어의 특징에서 주체(subject)와 실체(substance)를 중시하는 서양철학과 인도철학이 탄생했음을 공통으로 지적했기 때문이다. 특히 니체는 임자말과 풀이말을 일치시키지 않는 언어권을 가정하고, 그러한 언어권에서는 세계를 전혀 다르게 볼 것이라고 예상하기도 했다. 그의 주장의 핵심을 보자.『신동아』(시사월간지) 권재현 기자의 서평 '철학적 천하삼분론-三表論'을 통해 우선 보자.[1]

> 1표의 철학 핵심은 동일화의 논리다. 문장의 서두에 반드시 등장하는 임자말에 나머지 풀이말이 맞춰지듯 진리로 상정된 것에 맞춰 부합하지 않는 것은 버리고 부합하는 것만 택하는 논리다. 여기서 보편주의를 강조하고, 모순을 제거하기 위한 치열한 논쟁의 문화를 낳았다. 박 교수는 이를 '동일보존 및 모순배제 법칙에 의한 정체쟁의(正體爭議)의 체계'로 규정한다. 하나의 정의(正)로운 체계를 모색하고 이를 보편질서로 확립하기 위해 시시비비를 투철히 가리는 쟁론 지향의 철학체계를 뜻한다.

> 제1표의 핵심내용은 결국 인도유럽어권이 철학적으로 '동

1 http://shindonga.donga.com/3/all/13/928049/1
   mybookpr.blog.naver.com/mybookpr/221036822523

일성'을 주장할 수밖에 없는 문법구조를 가지고 있음을 설파하고 있다. 주체 혹은 대상의 동일성을 주장하는 철학은 '주체-대상'의 현상학적 철학권이라고 말할 수 있다. 말하자면 주어(주체)가 술어로 하여금 주어의 동일성(실체성)을 확인하게하고 서술할 것을 요구하고 있다는 것이다.

1표의 '동일보존 및 모순배제 법칙에 의한 정체쟁의(正體爭議)의 체계'라는 구절에서 '모순배제'가 마치 '모순을 배제하는 것처럼' 서술되어 있는데 이는 동일성의 철학이 모순을 배제하는 것처럼 인식하는 일단을 드러내는 것이다. 1표의 서양철학은 모순배제라기보다는 계속해서 모순을 발생시키는 '모순발생구조'라는 것, '동일율과 모순율과 배제율'이 모두 같은 원리임을 간과하고 있는 듯하다. 말하자면 서양문명의 동일성은 모순을 배제하는 것이 아니라, 예컨대 정반합의 과정에서 합(合＝正)을 이루었다고 하더라도 다시 반(反)에 직면함으로써 계속해서 '모순을 재생산'하는 것임을 간과하고 있는 듯하다. 결국 고정불변의 '정체(正體)'가 없는 데 '정체쟁의'라고 규정한 것은 1표의 문법구조를 우월한 것으로 보는 경향을 숨기고 있는 듯하다.

반면 2표의 철학의 핵심은 반구(反求)의 논리다. 이는 한자어가 문장의 위치와 문맥에 따라 의미와 품사가 정해지는 원리에 대해 박 교수가 이름 붙인 것이다. 반구는 『중용』에 나오는 '반구제기신(反求諸其身: 문제의 원인을 자신에게서 돌이켜 찾는다)'에서 따온 것이다. 반구의 논리는 개체보다 집단을 중시하는 집체(集體)주의를 형성했고, 사회적 대립을 싸움 없이 조화롭게 해소하려는 부쟁(不爭)의 문화를 낳았다. 박 교수는 이를 '반구화해(反求和諧)와 상반상성(相反相成·모순관계가 서로를 완성시켜준다)에 의한 집체부쟁(集體不爭)의 체계'라 설파한다.

철학	언어적 분류		논리적 특징	삶의 지평
1표의 철학	제2 언어	굴절어 (인도유럽어)	주어중심	도시문명
			동일화의 논리	
			정체쟁의(正體爭議)의 체계	
2표의 철학		고립어 (한자)	문장의 위치(品詞)의 불확실	
			반구(反求)의 논리	
			집체부쟁(集體不爭)의 체계	
3표의 철학		첨가복합어 (한글)	술어중심(주어생략 많음)	자연생태
X의 존재론	제1 언어		절대의 미니멀리즘	우주
			절대적 환원주의	

[3표론과 X의 존재론 비교]

제2표의 핵심내용은 한자어 문법구조가 인도유럽어와 달리 품사의 위치가 결정되어 있지 않아서 문맥에 따라 주어와 목적어와 동사, 부사와 형용사와 전치사 등 품사를 독자가 결정하면서 문장을 해독해야 하는 특징을 가지고 있음을 말하고 있다. 이런 언어권에서는 주어(주체)의 '동일성'을 술어에 요구하기보다는 문맥(context)에 따른 해석 혹은 자신이 처한 입장에 따라 해석하는 것을 허용하는 특징을 가지고 있다.

박동환이 한자어권의 사유특징을 반구제기신(反求諸其身: 문제의 원인을 자신에게서 돌이켜 찾는다)에서 찾은 것은 참으로 탁견이라고 하지 않을 수 없다. 필자는 이것을 앞으로 반구성(反求性), 반구신(反求身)으로 약호화하고자 한다. '반구(反求)' 즉, '돌이켜 찾는다'는 것은 남의 일을 자신의 입장과 처지에서 다시 바라봄으로써 서로 공감의 영역을 확대하고 나중에는 심신일체를 도모하는 것이다. '반구'의 정신은 '동일성'을 추구하는 문화권이 아니라 상호보완을 추구하는 '음양상대' 문화권에서 세계를 이해하는 방식이다.

'반구'의 정신은 특히 최종적으로 문명의 원시반본(原始反本)으로 통하는 중간지점에 있기 때문에 '이성의 철학'이 아니라 '공감의 철학'으로 넘어가는 전단계라고 볼 수 있다. 특히 '기신(其身)' 즉, '자기 자신'에게 돌이켜서 무엇을 구한다는 것은 신체(身體)와 그 신체가 발을 디디고 있는 처지(處地)를 중시한다는 점에서 존재론 혹은 신체적 존재론으로 나아가게 하는 전환점을 마련한다고 여겨진다.

인간이 각자 자신(혹은 상대방)의 처지에서 생각하고, 삶의 환경을 아우르면서 사유를 진행한다는 것은 신체 혹은 자연과 독립된 의미맥락에서 대뇌적 사유를 하는 것과는 다른 것이다. 요컨대 '반구'정신은 데카르트의 심신이원론에 따라 독립적인 정신과 물질의 실체를 기반으로 사유와는 다른, 심신일원론의 지평을 열어주는 것으로 생각된다. 심신이원론에 따르면 세계는 항상 정신-물질(주체-대상)으로 분리된다. 과연 자연이 처음부터 이원론적으로 존재했느냐는 의문이다.

자연을 '하나의 전체'로 보는 것이 본래존재에 접근하는 방법일 것이다. 만약 자연을 이용하려면 불가피하게 이원론이 필요하게 되는데 데카르트의 심신이원론은 그러한 시대정신(근대성)에 철학이 발맞춘 것으로 평가된다. 데카르트의 코기토는 18세기 과학시대를 앞둔 시점에서 자연과학을 보다 보편적인 수리철학으로 뒷받침한 것이었다. 오늘날 동양의 '반구'철학이 새롭게 대두되는 것은 과학기술의 눈부신 발전에 따라 도리어 인간의 신체성이 망각되었기 때문일 것이다.

반구성은 '만물개비어아(萬物皆備於我)'(『맹자』「진심상」), 만물여아위일(萬物與我爲一)(『장자』「제물론」) 등의 의미와 통하는 것이다. 반구성은 명석판명한 '해답'을 구하기보다는 자신에게 끝없이 '되물어보는 공감적 태도'라고 할 수 있다. 동아시아의 현철(賢哲)들이 계속해서 물어보는 까닭은 존재에 대한 물음은 해답을 얻기 위한 것이라기보다는 '세계와 나'의 존재의 근본에 대한 자문자답의 과정이었기 때문이다. 이러한 사물에 대한 태도는 일종의 수련-수도의 과정으로서 비록 사물을 도구(기계)로 활용하는 데는 미진하였지만, 세계와 하나가 되는 도락(道樂, 悅樂)을 맛볼 수 있는 길로 들어설 수 있다.

한자문화권이 인도유럽어문화권에 비해 신체적 존재론으로

쉽게 돌아갈 수 있는 까닭은 '주체-대상'의 프레임에 의해서 사물을 대상(對象)·타자(他者)로 보기보다는 음양론의 입장에서 상보적(相補的)·상대적(相對的) 존재로 보기 때문이다. 음양론의 경우, 양을 우선하는 양음론(陽陰論)—가부장사회가 되면 남성중심주의가 된다—이 될 때에는 역사적·현상학적 차원에서 논리성을 확보하면서도 동시에 항상 음양론 본래의 존재론적인 차원을 내포하고 있기 때문이다.

예로부터 2표(한자문화권) 지역은 법(法)보다는 예(禮)를 우선하였고, 1표(인도유럽어문화권) 지역은 예(禮)가 없는 것은 아니지만 법(法)과 율법(律法)을 우선하였다. 중국의 경우 진시황의 진나라부터 법가(法家)가 정치의 전면에 등장하긴 하였지만 중국사를 관통하여 볼 때는 예(禮)가 중심을 이루었다. '법'을 중시하는 문화는 정의(正義)와 정답(正答)을 앞세우지만 '예'를 중시하는 문화는 인간관계(關係)와 반구(反求)를 중시한다.

여기서 같은 인도유럽어문화권에서 발생한 불교에 대해서 언급하지 않을 수 없다. 흔히 불교는 기독교와 반대되는 것처럼 인식되기 때문이다. 불교의 입장에서 보면 기독교는 색(色, 相)을 중시하는 종교로서 불교의 공(空, 非相)과 대립되는 위치에 있다. 말하자면 인도유럽어문화권에서 색(色)-공(空)의 현상학적 극단을 점하고 있다. 이것은 『반야경』의 '색즉시공(色卽是空), 공즉시색(空卽是色)'과 같다. 또한 『화엄경』의 '일즉일체(一卽一切), 일체즉일(一切卽一)', 『금강경』의 제상비상(諸相非相)의 이치와도 같다.

색즉시공(色卽是空)-공즉시색(空卽是色), 일즉일체(一卽一切)-일체즉일(一切卽一), 제상비상(諸相非相) 등의 해석은 현상학적인 차원에서 논할 수도 있고, 존재론적인 차원에서도 논할 수 있는 구절이다. 그러한 점에서 해석자는 각자가 '자기가 처한 존재론적 위치'를 드러내게 된다. 어떤 점에서는 서양 사람들의 '실체적 관념'을 뒤집으면 바로 '불교적 존재론의 진리'에 정통할 수 있다는 의미도 된다. 기독교와 불교는 인도유럽어문화권이기 때문이다. 기독교와 불교는 그러한 점에서 서로 '반대의 자기'일 수도 있다. 극과 극은 통한다는 말이 있듯이 말이다. 오늘날 현대물리학의 세계가 불교의 세계와 통하거나 같다는 말을 하게 되는 이유도 여기에 있다. 그렇지만 과학은 어디까지나 색의 편이고, 불교는 공의 편이다.

동아시아·동양의 철학적 전통에는 수신(修身)·수도(修道)의 전통이 반드시 있어왔다. 그러한 점에서 '삶의 철학권'이라고 말해도 손색이 없을 것이다. 또한 실천이 없는 철학은 철학으로 인정받을 수도 없었는데 이는 강력한 '신체적 실천주의'라고 볼 수도 있을 것이다. '반구제기신'은 그러한 전통의 대표적인 예일 것이다.

'반구제기신'은 신체가 내포하고 있는 '중층적 의미'를 찾아볼 수 있는 계기를 마련해준다는 점에서, 혹은 서양의 '주체-대상의 동일성'의 철학을 극복하고 상대적·상보적 관점을 통해 제3의 철학으로 향하는 전환점이 될 수도 있다는 점에서 주목된다. 그러한 점에서 서양의 '동일성'에 대해 동양의 '반구성'을 철학적 대응용어로 발전시키는 것도 유익할 것으로 기대된다.

인도유럽어문화권 (유럽, 인도)	'주체–대상'(현상학적 차원)	절대론(실체론)
인도유럽어문화권 (유럽, 인도)	『반야경』『화엄경』 등의 무(無), 공(空)사상	불교적 존재론
한자어문화권 (중국, 한국, 일본)	양음(陽陰)관계(현상학): 가부장–국가사회	남성중심 상대주의
한자어문화권 (중국, 한국, 일본)	음양(陰陽)관계(존재론): 원시모계사회	음양–오행 관계론
한글어문화권(한국)	원시샤머니즘–풍류도(風流道)	자연적 존재론

[언어문화권별 인식론의 특징과 존재의 세계]

    한자어문화권의 제2표의 철학은 제3표에 들어가기 전에 제1표의 인도유럽어문화권의 '동일성의 폐해'를 완화할 수 있는 철학적 해결(solution)의 중간단계의 청신호가 된다는 점에서도 반드시 상기되어야 할 것으로 보인다. 오늘날 과학기술문명은 추상–기계의 문명이다. 이러한 기계적 환경으로부터 소외되는 인간존재(본래존재)를 구하기 위해서는 존재의 신체성에 대해 눈을 뜨는 것이 급선무이다. 존재는 추상이 아니라 신체이기 때문이다. 존재의 신체에는 '알 수 없는' 무수한 정보가 내장되어 있다.

    박동환의 철학적 '주체 찾기'라고 할 수 있는 3표론은 한자문화권 속에 속하면서도 다시 한글문화권의 의미를 철학적으로 탐색하는 시도라고 말할 수 있다. 박동환의 3표론은 철학의 종주라 할 서양철학(1표의 철학)과 그 대응이 된 동양철학(2표의 철학)에 이어, 한글이 포함된 '제3의 우랄알타이어문화권'[2]의 철학을 모색하기 위한 포석이었다고 말할 수 있다.

앞장에서 소개한 필자의 일반성의 철학, 소리철학이 도달한 (혹은 그 밑에 깔고 있는) 신체적 존재론의 탄생을 위한 정지작업의 의미가 있으면서 자생철학 찾기를 다른 측면에서 결행한 것이다. 특히 한글의 경우 주어가 아닌 술어중심의 언어문화권인 까닭에 언어생활에서 주어가 생략되는 경우가 많다.

결국 주어의 확실성이라는 관점에서 보면 영어, 한자, 한글의 순으로 자리매김할 수가 있다. 이것은 철학의 보편성(영어), 반구성(한자), 일반성(한글)과 대응관계에 있다. 한 지역의 언어문법이 철학의 특성을 결정하는 것은 언어구조가 사물(존재)이해에 결정적인 역할을 함을 증명하기에 충분하다.

박동환은 '철학 선집' 제1권인 『서양의 논리 동양의 마음』 (1987)이 1표 철학에 대한 회의와 비판이라면 제2권인 『동양의 논리는 어디에 있는가』(1993)는 2표 철학에 대한 심층적 이해이다. 그리고 제3권인 『안티호모에렉투스』(2001)에서 '3표의 철학'을 모색한 것이다.

가장 최근작인 『X의 존재론』(2017)에서 그가 제1 언어를 설

---

2 한글(훈민정음)의 경우, 우랄알타이어에 속하는 것이 아니라 독립적인 '한글어문화권'으로 분류하는 언어학자들도 적지 않다.

정하고 '절대의 미니멀리즘'과 '절대적 환원주의'를 논리적 특징으로 들고, 이것이 실현되는 공간을 우주라고 한 것은 삶의 지평을 지구에서 우주(물리학적 우주)로 확대한 것이다. 이것은 지극히 1표 철학(인도유럽어문명권)으로 돌아간 처사이다. 이는 서양철학을 배운 철학자가 자기의 정체성을 찾는 철학을 하기 위해 철학여행을 했으나 결국 서양철학의 자기순환에 빠져버린 꼴이다.

X의 존재론은 결국 물리학이나 수학의 방정식과 달리 답이 없는, Y가 없는, 영원한 미지의 방정식이 되어버린 존재론이다. 이는 결국 소크라테스로 돌아가는 것에 불과하다. 말하자면 소크라테스방식 문제해결이다. 이는 물리학적 존재탐구인 과학에 비해 철학이 아무런 역할을 하지 못한다는 결론에 도달하는 것에 다름 아니다. 적어도 철학이 과학이 할 수 없는(해결할 수 없는) 어떤 메시지나 평안을 주어야 하는 책임을 망각한 것이다. '미지(未知)'라는 의미밖에 없는 X는 그야말로 무의미한 것이다.

그렇다면 결국 그는 2표 철학(동아시아한자문명권)을 들러리로 세우고, 3표 철학(우랄알타이어문명권)을 거론하는가 싶더니 결국 1표 철학으로 돌아가면서 막을 내린 셈이다. 이는 서양철학 전체를 대상으로 하면서 동양철학과의 틈바구니에서 하이데거의 '세계-내-존재'에 대해서 '자기-내-존재'를 주장하면서 결국 '신체적 존재론'에 도달하고 있는, 홀로 독전하고 있는 필자의 철학과는 정반대 방향의 것이다.

필자의 생각에는 박동환의 우주로의 확장은 자연과학의 현상학적 입장을 따르는 것으로서 '본래존재'로 돌아가는 데에 있어서 한계를 드러내고 있다. 자연과학의 영향으로 인한 '우주로의 삶의 연장'은 그의 현상학적 입장이 드러나는 대목이기도 한다. 말하자면 그는 필자의 '신체적 존재론'과 달리 '우주적 존재론'으로 나아갔으니 말이다. 그것도 '절대의 미니멀리즘'과 '절대적 환원주의'를 표방하면서 말이다.

이것은 서양철학과 자연과학에 대한 굴복에 다름 아니다. 이러한 굴복은 샤머니즘의 천지신명(天地神明), 즉 신령에 대한 굴복과는 정반대의 것이다. 과연 우주가 절대의 세계인가. 인간 현존재의 특징이 우주를 절대의 세계로 환원시킨 물리학과 박동환의 철학이 다른 것은 무엇인가? 자연과학이 바라보는 세계가 바로 자연이라면(자연과학=자연) 철학은 더 이상 필요가 없다. 자연은 자연과학이 아니다. 자연을 시공간의 거리가 있는 우주로 환원시켜서는 본래존재, 즉자의 세계, 자기-내-존재에로 돌아갈 수 없을 뿐만 아니라 '영원한 우주미아'가 될 수밖에 없다. 우주라는 것은 이성적 욕망(욕망적 이성)에 의한 '연장적 사유'의 산물이다.

물론 박동환은 서양의 정신과 동아시아의 마음이 다른 것임을 주장하면서 동아시아의 마음의 원리는 어떤 것인가를 천착한 데 이어, 드디어 한국철학의 탄생을 위한 한글어문화권의 철학을 모색하기 위한 시도를 했다고 볼 수도 있다. 그러나 그러한 한자문화권의 환기와 더불어 한글문화권의 자생철학 논의는 '신체적 존재론'의 문 앞에 도달했지만 그 문을 열지 못하고 서양철학의 인력에 끌려 다시 돌아가고 말았다고 할 수 있을 것 같다. 그의 'X의 존재론'은 우주로 발사되면서 서양과학문명의 연장으로 돌아간 것이다. 이를 불교적 존재론으로 말하면 그는 공(空)에 도달한 것이 아니라 공간(空間)-우주(宇宙)에 도달하고 말았다고 할 수 있다.

박동환은 "1표와 2표의 철학이 모두 대략 6000년 전쯤 시작된 고대 도시문명의 산물"이라고 분석했다. 미선 씨의 요약을 보자.

고대 도시문명에선 신과 인간의 수직적 관계가 인간과 인간의 수평적 관계에 투사되면서 절대 권력자가 탄생한다. 이때 폐쇄된 도시공간에서 이 절대 권력을 합리화하는 한편 사회정치적 모순과 대립을 해소하기 위한 두 갈래 사유방식이 탄생했다.
주술관계의 일치를 추구하는 1표는 임자말의 자리에 권력자를 위치시키면서 보편성의 이름으로 모순과 차이를 제거하는 사유방식을 택했다. 주변 단어와 관계망에 의거해 의미와 지위를 획득하는 2표는 대립과 모순을 용인하면서도 '대를 위해 소를 희생해야 한다'는 집체질서의 내면화를 강제하는 사유방식을 택했다.
이런 두 갈래 사유방식은 20세기 막다른 골목에 도달했다. 1표의 철학은 미지의 것이 기지의 것에 속박되고 종속되는 환원주의에 갇혀버린다. 폐쇄회로 속에서 빙빙 돌기만 한다는 비판이다. 2표의 철학은 개별자가 집단에 의해 억압되고 대세를 추종하는 것이 진리가 돼버린다. 출구가 여럿이지만 무엇을 택하든 제자리로 돌아와버린다는 일갈이다.

모임살이의 형식		논리의 방법	형이상학의 방법
도시체계 도시체계	1표, 類들의 正體爭議	굴절어계의 類化	상대환원 logocentrisme, 通分
	2표, 類들의 集體不爭	고립어계의 類化	상대환원, 道通, 體會
자연생태	3표, 類들의 붙음살이	첨가복합어계의 特化	절대환원, ( )에 준거하 는 함몰, 또는 入沒

[박동환의 1, 2, 3표의 모임, 논리, 형이상학]

박동환의 정리는 동서양철학과 문명을 일목요연하게 보여주고 있긴 하지만 의문이 있다. 우선 가장 거슬리는 것이 바로 도시체계 1표의 '상대환원'이라는 개념이다. 과연 1표의 인도유럽어문화권이 '상대환원'인가? 환원이라는 것 자체가 절대적인 환원을 의미한다. 환원이 상대적으로 된다는 것이 이해가 되지 않는다. 상대환원이 무슨 이성중심(logocentrisme)이 될 수 있는가. 이것은 도리어 '절대환원'으로 정정되어야 할 것 같다. 1표의 문명권의 특성은 바로 절대성에 있다.

말하자면 1표의 문화권은 주체-대상의 현상학적 대립을 근간으로 하는, 상대를 대상화하는 절대의 문화권이다. 절대문화권 속의 상대는 상대문화권 속의 상대와는 다른 것이다. 절대문화권 속의 상대는 으레 '주체-대상'프레임의 대상이 됨으로써 '실체적 이분법'을 고집하는 현상학적인 대상이 된다. 그러나 상대문화권(음양문화권) 속의 상대는 상대 자체가 '실체적 이분법'을 고집하지 않음으로써(不二) 존재론적인 존재가 된다. 절대성(뉴턴역학)의 다른 극단에 상대성(아인슈타인의 상대성원리)이 있긴 하지만, 그것은 어디까지나 절대성으로 인한 상대성이다. 예컨대 기독교-과학은 절대문화권을 잘 말해준다.

제2표의 '상대환원'이라는 개념도 마찬가지로 근본적인 의문이 있다. 2표의 한자문화권은 상대문화권이다. 한자문화권의 음양사상은 상대적이긴 하지만, 절대문화권의 '실체적 이분법'을 전제하지 않음으로써 그것은 환원적 의미를 갖는 상대성이 아니다. 음양사상은 어떤 하나의 지평(현상학적 지평)에서 음과 양을 '주체-대상'의 프레임에 의한 대립적인 '실체'로 보는 것이 아니라 상호보완적인 '관계'(실체가 없고 관계만 있을 뿐이다)로 본다. 상대문화권의 상대는 대상을 폐쇄적으로 보는 것이 아니라 탈폐쇄(脫閉鎖)한다.

음양사상은 음과 양의 상호보완적인 관계를 중층적(다원다층적)으로 보여줄 뿐이다. 예컨대 주역(周易)과 음양오행(陰陽五行)은 자연의 변화의 패턴과 상생상극관계를 설명하지만 그것을 하나의 절대적 기준(현상학적인 지평에서)에서 절대적인 음양체계로 환원시키지 않는다. 음양은 결정성(실체성)이 전혀 없는 것으로서 관계성을 보여줄 뿐이다. 따라서 '상대환원'이라는 개념은 차라리 '음양상대'라는 개념으로 바꾸는 것이 좋을 것 같다.

제3표의 '절대환원'이라는 개념은 더더욱 이해가 가지 않는다. 1, 2표를 '상대환원'이라고 이해하니까 3표를 '절대환원'이라고 명명했는지 몰라도 3표의 자연생태의 문화는 '절대환원'이 아니라 차라리 '정령생태' 혹은 '만물생명' '만물만신'으로 표현하는 것이 옳을 것 같다. 어떻게 정령숭배(animism) · 토테미즘(totemism) · 샤머니즘(shamanism)의 지역에서 절대환원이 일어날 수 있는가? 샤머니즘 현상은 절대환원의 세계가 아니라 신들림 · 신 내림 · 신 지핌의 세계이다.

이것은 절대유일신을 타자로서 숭배하는 기독교와 같은 것이 아니라 신과 사람이 하나가 되는, 신체에 내린(들린, 지핀) 신과 함께 노는, 오신(娛神)하는 것이다. 한국인들은 신과 함께 놀아야 신바람이 나고 신명이 나는 민족이다. 이것은 절대환원이라는 개념으로 소화할 수 없는 '존재놀이' '신체놀이' '신(神)놀이'로서의 접신(接神) 현상이다. 박동환은 한국의 자생(주체)철학을 구성한다고 표방하면서도 서구에서 훈련된 철학적 사유로 자신도 모르게 실제로는 '서구적 사유'로 한국철학을 하는 한계에 직면해 있다.

이 같은 사유태도는 마치 서구문명권 출신의 학자가 원시부족사회의 원주민들이 모든 사물에 정령이 깃들어 있다는 신앙을 보고 물신숭배(物神崇拜, fetishism)라고 한 것과 같은 발상이다. 원시부족사회 원주민은 도리어 신물숭배(神物崇拜)라고 한 것이라고 말하는 것이 옳다. 신물숭배는 만물을 신으로 보는 만물만신의 관점이다. 이는 만물을 절대유일신으로 환원시키는 것이 아니라 만물에 신이 깃들어 있다는 발상이다. 물신숭배라는 것은 바로 서양의 기독교-과학의 절대문명권에서 발생한 것이다.

샤머니즘의 세계가 '절대환원'과 '붙음살이'로 해석되는 것은 적합하지 않다. 예컨대 샤머니즘의 세계가 귀신, 정령, 범신들에게 함몰당하거나 입몰당하는 것처럼 생각하기 쉬운데 문화인류학적으로 보면 도리어 여러 신들에게 골고루 신의 자격을 주어 신들의 평화를 비는 형태인 것이다.

3표의 문화는 1표의 절대도 아니고, 2표의 상대도 아니고, 그냥 자연적인(자연과 더불어 사는) 삶이다. 자연의 여러 현상과 모습을 그대로 신(神)으로 받아들이는 '자연＝신'의 형태라고 하지 않을 수 없다. 이렇게 보면 '붙음살이(parasitism)'라는 것은 오히려 존재론적으로 '존재살이'(존재적 삶: Seinsleben)로 명명하는 편이 옳을 것 같다.

한국문화는 한자문화권에 속하면서도 한글의 고유성을 지켜온 문화권으로서 3표에 해당한다고 볼 수 있다. 박동환은 철저하게 서양의 시각을 중심으로 3표를 만든 것이라고 볼 수 있다. 그는 3표에 해당하는 지역출신으로서 한국문화권을 심층적으로 몰랐다는 결론에 도달하게 된다. 말하자면 샤머니즘에 대한 이해를 서구문명권의 철학자가 흔히 이해하듯이 그대로 받아들여 그러한 견해를 투사한 정황을 볼 수 있다.

특히 그가 3표 지역의 자연생태의 삶을 '붙음살이'라고 규정한 데서 여실히 드러난다. 자연과 더불어 공생하는 삶을 '붙음살이'라고 한데는 문명인의 시각이 숨어 있다. 그렇다고 하더라도 박동환의 공적 중에서는 가장 큰 것은 2표 한자문화권의 특징이 반구(反求)에 있음을 발견한 것이다.

철학을 언어문화로 보는 박동환의 3표에 필자의 문화인류학적인 안목을 보태서 3표론을 철학인류학적으로 완성하면 다음과 같다.

1표 문화는 〈동일성(理)-절대성-절대환원-구성적(개념언어)-시각적-실체론〉의 특징을 보이고 있는 반면, 2표 문화는 〈반구성(身)-상대성-음양상보(상대음양)-음양적(상징·은유)-관계적-관계론〉, 그리고 3표 문화는 〈일반성(氣)-존재성-만물생명-생성적(기운생동)-신체적-존재론〉의 특징을 드러내고 있다. 철학(哲學)은 '동일성(理)'을 추구할 수밖에 없고, 도학(道學)은 '상징(象徵)·은유(隱喩)'를 즐길 수밖에 없고, '삶(生)'은 '신체적 존재'를 살 수밖에 없다.

2표 문화(한자문화권)의 반구성은 자신의 신체를 일깨우기는 하지만 전면적으로 '신체적 존재론'으로 승화하기에는 부족하다. 전면적인 신체적 존재론은 세계의 신체성을 깨달아야 하고 그렇기 되기 위해서는 세계의 기운생동과 그것이 함유하고 있는 신(神)의 존재성에 대한 '일반적이고 보편적인' 성격을 견성(見性)해야 한다.

1표 문화의 특징은 동일성-이(理)/법(法), 2표 문화의 특징은 반구성-신(身)/예(禮), 3표 문화의 특징은 일반성-기(氣)/신(神)에 있다. 1표 문화의 특징이 '이성'에 있다면, 2표 문화의 특징은 '공감'에 있으며, 3표 문화의 특징은 '감정'에 있다. 이를 필자의 자신자신자신자신(自身自信自新自神) 이론에 비추면, 1표 문화는 자신(自信), 2표 문화는 자신(自身), 3표 문화는 자신(自神)에 속한다고 할 수 있다.

1표 문화	동일성-理	절대성	절대환원	구성적-개념 언어	시각적	실체론
2표 문화	반구성-身	상대성	음양상보	음양적-상징 은유	관계적	관계론
3표 문화	일반성-氣	존재성	만물생명	생성적-기운 생동	신체적	존재론

[1표, 2표, 3표 문화의 비교문화적 특징]

	언어문화권	문화특징	자신(自身自信自新自神)
1표 문화	인도유럽어문화권	동일성-理/法	자신(自信): 인간+언어(기호)
2표 문화	한자문화권	반구성-身/禮	자신(自身): 신체적 존재의 인간
3표 문화	한글문화권	일반성-氣/神	자신(自神): 기운생동의 천지

[1표, 2표, 3표 문화권과 '자신']

동서양의 철학자들이 흔히 문화인류학적 결과들을 이용해서 철학을 문화로 해석하는 시도를 하는 것은 종종 볼 수 있지만, 대부분 중간에서 실패를 하고 만다. 이러한 실패의 원인은 철학이 전통적으로 행사해온 전체를 함부로 싸잡아보거나 개인과 집단, 문화의 일을 구분하지 못하고, 철학적 권력 혹은 자문화중심주의에 빠졌기 때문이다. 박동환이 한국의 샤머니즘을 절대환원의 세계로 본 것은 개인적 신들림(신앙)의 신앙적 절대를 문화적·집단적인 절대로 해석하는 오류에서 기인한다.

인류학적 보고서나 연구결과들을 잘못 읽는 대표적인 것 중의 하나가 프랑스 현상학자들의 인류학의 '구조주의'(구조인류학)에 대한 잘못 이해이다. 현상학자들은 원시부족사회를 심층적으로 분석한 레비-스트로스의 '구조주의의 이원대립항(binary opposition)'을 '현상학적인 이원대립'으로 취급하고, 구조주의가 역사적인 발전과 변화를 설명하지 못한다고 비판했다. 서양의 철학자와 역사학자들은 인류학적 지식을 활용하면서도 항상 철학과 역사학의 발전의 영양분으로 활용하려고 했고, 소유적 성향을 보였다고 할 수 있다. 사물을 있는 그대로 보아주는 데는 매우 인색한 집단이었다고 할 수 있다.

레비-스트로스와 사르트르의 '차가운 사회(cool society), 뜨거운 사회(hot society)'의 논쟁도 그것 가운데 하나이고, 데리다의 그라마톨로지(grammatology)가 레비-스트로스와 루소를 비판한 것도 그러한 예에 속한다. 박동환의 X의 존재론 속에서도 그러한 철학자의 경향성을 찾아볼 수 있다. 바로 그러한 점 때문에 샤머니즘을 '절대환원'으로 해석하였다고 볼 수 있다.

샤머니즘은 절대환원이라기보다는 차라리 맹목(盲目)이라고 말할 수 있을 것이다. 맹목과 절대는 흔히 오해하기 쉬운데 맹목은 글자그대로 시각의 어두움에서 빚어지는 것인 반면, 절대는 도리어 시각의 초월에 의한 것이다. 맹목은 '개념 없는 직관'이다. 이에 비해 절대는 개념의 산물이다. 샤머니즘 문화권에 속한 한국인인 박동환에게는 맹목이 절대로 보였을 수도 있다. 절대는 사물을 대상화함으로서 초래되는 이성적인 결과로서 법칙을 산출한다. 그러나 샤머니즘은 '신들림' 이상을 산출하지 못한다.

김상환은 박동환의 삼표론에 대해 "이 표의 형식을 좌표화하는 준거점으로는 세 가지의 문제가 있다. 모임살이의 형식(사회의 문제), 논리의 방법(언어의 문제), 형이상학의 방법(존재의 문제) 등이 그것이다. 1표와 2표는 모임살이의 형식으로 정합적인 도시체계를 지향한다는 점에서 같다. 그러나 그 체제를 구축하는 논리에서는 상반된 모습을 보여준다. 즉 1표는 유(類)들의 정체쟁의(正體爭議)를 통해, 2표는 유들의 집체부쟁(集體不爭)을 통해 정합성을 추구한다"[3]라고 분석한다. 이어 3표에 대해서는 "인공적으로 구축된 도시와 국가의 울타리를 넘어서면 그것에 의해 가려져 있었던 원래의 울타리가 나타난다. 그것이 '무한[ ]'이다(3: 114). 자연의 존재론적 바탕이되 '빛으로 뚫을 수 없는 미지의 바탕'(3: 116), 생명체는 이 불가해한 '암호상자'를 기준으로 지

---

3 박동환, 『안티호모에렉투스』(사월의 책, 2017), 307~308쪽.

각, 판단, 대응한다. 원시적 생명의 탐구행위나 정보 수집을 인도하는 준거의 표는 이 상자에 있다. 3표의 체제는 '암호로 싸인 밤〔 〕(3:118)안에서 펼쳐진다'[4]라고 평한다.

김상환은 또 "박동환의 3표론에서 돌이켜보면, 해체론은 서양적 사유가 준거하는 마지막 표를 찾는 작업이었다. 반면 해체론의 관점에서 출발하면, 3표론은 동서 분기 이전의 야생적 사유(레비-스트로스적인 의미의 pensée sauvage)의 마지막 울타리를 그리는 작업이었다. 헤겔과 하이데거는 그런 해체론적 의미의 울타리가 자각되는 역사적 현실을 '세계의 밤(Weltnacht)'이라 불렀다"[5]라고 말한다.

1표와 2표의 세계에서 보면 3표의 세계는 자연생태의 삶이고, 이것이 '붙음살이'임을 받아들인 김상환은 "붙음살이를 정의하는 것은 어떤 함몰이자 그런 함몰을 가져오는 수직적 개방성이다. 정치의 차원에서 그것은 카리스마로 나타난다. 카리스마는 여기서 어떤 물리적 폭력이나 억압에서 오는 것이 아니다. 그것은 어둠의 초월자를 대리하는 능력에서 온다. 그러나 그 대리의 능력은 어디서 오는가? 자체소멸의 진리를 스스로 증명하는 능력, 증빙할 수 있을 만큼 자기 자신을 부정하는 능력에서

---

4 같은 책, 308~309쪽.
5 같은 책, 309쪽.

올 것이다[6]"라고 말한다.

동양철학과 서양철학의 밖에서 제3의 철학으로 제안된 삼표론(三表論)에 대한 김상환의 해석은 철학과 문화를 왕래함에 따르는 약간의 개념의 편차와 혼선이 있긴 하지만 비교적 탁견이다. "도시체계를 밑받침하는 형이상학적 방법은 미지의 절대자를 원환적으로 구축된 어떤 정합체계의 바깥으로 밀어놓거나 횡적으로 구축된 어떤 수평적 구도의 개방성을 통해 여과한다. 반면 자연생태에서 미지의 절대자는 어떠한 여과도 없이 개체에 수직적으로 작용한다. 그것이 함몰의 의미이다. 물론 개체는 그런 함몰에 저항하고, 저항하기 위해서 해석한다. 그러나 그 해석은 동일자에 의거한 환원도, 분류를 위한 일반화나 유화(類化)도 아니다. 통분이나 체통에 따르는 상대환원도 역시 아니다. 그것은 다만 특화와 변이를 거쳐 절대의 다름을 긍정하는 해석, 절대환원으로 이어지는 해석이다. 주변체의 삶은 '특화(specifying), 변이(variation), 입몰(入沒)이라는 절대환원의 단계'를 따른다."[7]

김상환의 해석은 이른바 '꿈보다 해몽이 좋은'격에 해당한다. 그렇지만 김상환의 해석에도 근본적으로 서양철학중심의 해석이 곳곳에 눈에 띈다. 특히 데리다의 해체론의 신봉이 문제

6 같은 책, 311쪽.
7 같은 책, 312쪽.

인데, 해체론이라는 것은 현상학적인 전통의 맥락에 있는 데리다가 현상학의 틀에서 동양의 음양사상을 끌어들여서 서양의 이성주의를 비판한 일종의 억지춘향(정신착란증, 자기도착)의 성격을 내재하고 있다.

데리다의 해체론은 구성주의 전통의 서양철학을 해체하는 듯한 제스처를 취하면서 현란은 말놀이로 해체주의라는 목적을 달성한 듯 철학을 잘 모르는 사람들을 속이는 것이다. 그의 목적으로서의 해체주의는 하이데거의 방법으로서의 해체를 도용한 것을 감추는 술수를 계속적으로 부리는 '사기의 연속'이라고 말할 수 있다. 데리다 식으로 말하면 데카르트의 방법으로서의 회의, 칸트의 방법으로서의 비판, 헤겔의 방법으로서의 변증법도 마치 그것이 목적인 양 호도하게 된다.

데리다의 '울타리론'이라는 것은 서양철학이 항용 사용해온 기존의 철학(남의 철학)을 그 철학의 밖에서 문제제기함으로써 자신의 철학을 새롭게 정립해온 수법에 불과하다. 데리다의 해체는 서양철학 전체를 궁극적으로 해체한 듯이 선전하다가 결국 그가 내놓은 것은 결국 '법과 메시아'사상이다. 법과 메시아사상이라는 것은 서양철학의 전통적인 주제에 다름 아니다. 데리다의 해체주의는 겉으로는 반이성주의 같으면서도 실은 이성주의이다. 말하자면 '반이성주의의 이성주의' 같은 것이다.

김상환은 해체론의 전통을 활용하면서도 서양과 동양과 한국의 문화를 아슬아슬하게 줄타기하는 '철학적 단련과 본능'으로 샤머니즘의 본질에 접근하고 있음을 보여주고 있다.

'어둠의 초월자'를 대리하는 능력자, '자체소멸의 진리'를 증명하는 자, 이들은 샤머니즘의 관점에서 보면 영성(靈性)이 밝은 자들이다. 쉽게 말하면 오늘날 문명의 발달을 따라가지 못하고 속화(俗化)된 무당들이 아니라 샤먼-킹(shaman-king)시대에 사제와 왕을 겸한 사제-왕(priest-king)의 권위를 회복한 자들이다. 여기서 '자기 자신을 부정'한다는 것은 이미 개체(개인)가 전체를 함유(含有)하고 있었음을 의미한다. 이것은 서양철학의 절대정신의 전체의식이나 서양기독교의 절대신앙의 함몰(陷沒)이 아니다.

김상환의 해석 중에서 더욱 눈에 띄는 것은 다음의 대목이다. "일견 저열해 보일 수 있는 주변체 x의 삶. 특화와 변이를 반복하는 그 붙음살이는 미지의 울타리 X를 드러내는 가운데 지연, 왜곡, 전치하는 가장 탁월한 존재론적 사건 그 자체(Xx)에 대한 이름이다. 일반경제 X와 제한경제 x 사이의 제3의 경제(Xx). 그러나 붙음살이를 규정하는 폭력의 경제는 점점 더 절대의 힘에 의해 주도되고, 마침내 개체는 물거품처럼 미지의 울타리 속으로 소멸해버린다. 이것이 절대환원의 마지막 단계의 입몰이다."[8]

여기서 말하는 절대환원은 샤머니즘에서뿐만 아니라 기독

---

8 같은 책, 313쪽.

교나 다른 종교에서도 마찬가지이다. 어느 종교를 믿든 믿음은 개인적 차원에서, 진정한 신앙인에게는 절대적일 수밖에 없다. 인간이 자신의 내부에서 절대적인 신령, 즉 내유신령(內有神靈)을 찾는 것은 모든 신앙의 공통점이라고 말할 수 있을 것이다. 이것을 샤머니즘의 특성이라고 규정하고, 이를 문화적(문화문법적) 차원에서 '절대환원'이라고 규정하는 것은 불합리하다. 더욱이 이것을 자연상태의 붙음살이로 규정하는 것은 개인의 신앙과 집단의 문화를 구별하지 못한 어불성설이다.

여기서 Xx라고 하는 것은 세계를 X-x의 현상학적 연장선상에 놓은 방식이다. 대문자 X가 '중심체(존재)'라면 소문자 x는 '주변체(개체)'이다. 모든 존재는 본래 소문자 x이다. 그런데 인간은 대문자 X(대문자 존재)를 생각하는 현존재이다. 대문자 X는 시간과 공간의 가정(좌표)에 의해서 소문자 x를 계속 밖으로 연장한 가상의 세계이다. 대문자 X이든, 소문자 x이든 철학적으로는 미지의 세계를 표상하는 기호이다. 이는 과학의 미지수의 세계와 동전의 양면이다. 결국 Xx는 서양철학과 서양문명을 대변하고 있는 'X-x＝소크라테스-과학'의 철학이다. 박동환의 'X의 존재론'은 결국 동양철학과 한국의 샤머니즘으로 기껏 돌아왔다가 다시 서양철학의 프레임으로 돌아간 궤적이라고 할 수 있다.

김상환의 가장 빼어난 부분은 절대환원의 세계와 한국인의 문화적 특성이라고도 불리는 한(恨)의 세계를 연결해 보인 점이다. "3표의 존재론이 유후(有厚)의 존재론이라면, 유후의 존재론은 소멸의 깊이에 의해 중심화되고 죽음에 의해 삼투되는 존재의 비극적 구조를 가리킨다. 주변체는 그 존재론적 구조에서 필연적으로 발생하는 어떤 연무현상, 감정의 연무현상을 호흡하면서 살아간다. 어떤 감정, 한(恨)이 단순한 경험적 우연의 지위를 넘어 초월론적 정서(tränszendentale Affekt)로 승화될 가능성은 여기에서 찾을 수 있다."[9]

김상환의 해석은 박동환이 상술하지 못한 한국의 한(恨)과 샤머니즘의 세계를 나름대로 접목시키고 있다는 점에서 주목된다. 적어도 그는 한국문화의 심층에 희끗희끗 도달하고 있다. 물론 그것은 서양해체론의 한계를 안고 있으면서이다. 서양의 후기근대의 해체는 진정한 해체가 아니라 해체를 흉내 내는 것에 불과하다. 해체하는 척하면서 다시 구성으로 돌아가는 해체이기 때문이다.

서양의 후기근대철학은 진정한 해체라고 할 수 있는 '불교의 해탈'에 이르지 못하고, 다시 어떤 '텍스트'를 재구성하거나 '메시아'를 다시 기다리는 것으로 환원되고 만다.[10] 이는 기독교-과학의 실체론적 세계관을 결코 떠날 수 없는 서구철학과 문명의 현상학적 원환궤도를 생각하게 한다. 김상환은 '과학적

9 같은 책, 313~314쪽.
10 박정진, 『메시아는 더 이상 오지 않는다』(행복한에너지, 2016), 57~78쪽, 346~443쪽.

절대환원의 세계'와 '샤머니즘의 절대환원의 세계'를 섞어버리는 혼란을 초래한다. 전자는 과학적 환원이고, 후자는 종교적 환원인데도 말이다. 여기서 자연과학의 우주론(우주탐험)으로 가느냐, 샤머니즘의 우주론(영혼여행)으로 가느냐의 갈림길이 생긴다.

보편과 일반은 서로가 서로를 물고 있기 때문에 완전히 단절하기 어렵다는 점에서 항상 혼란스럽다. 초월과 상대도 마찬가지이다. 이들은 마치 양면을 갖춘 하나의 몸체인 것처럼 보인다. 철학은 그 사이에서 노는 언어놀이에 지나지 않는지도 모른다. 보편과 일반, 초월과 상대는 서로를 비추면서 거울반사놀이에 빠져 있는지도 모른다. 그래서 결국 철학도 환영을 벗어나기 위한 환영의 연속인지도 모른다.

2. 샤머니즘과 철학의 불임증에 대하여

박동환은 결국 한국의 자생철학을 만들기 위해 한국의 샤머니즘을 절대환원의 세계로 보고 한국을 중심으로 철학을 전개하였다. 이것은 철학과 인간과 문화의 피할 수 없는 자기중심주의라고 할 수 있다. 그런데 문제는 서양철학에서 훈련된 철학자가 절대환원을 자기(한국)문화의 특성으로 보고 있다는 점이다. 이것은 개인의 신앙적 절대를 집단의 집단적 절대로 해석하는 문제점이 있다. 또한 문화적 자연주의의 '존재'를 '절대'로 바꾼 치환에 불과하다.

박동환은 또 토론(대화록)에서 3표 문화가 "대체로 아직 철학사를 갖지 못한 사람들이 공유하는 것일 수 있는데, 그뿐만 아니라 생명일반이 공유하는 것이라고 봅니다. 인간이 문화나 사유의 측면에서 좀 더 세련된 양식을 개발할 수 있다고는 하지만, 실은 다른 생명체들과 거의 비슷한 원시생태를 지니고 있다고 봅니다[11]"라고 말한다. 말하자면 3표 문화는 흔히 말하는 철학사를 기술하지 못한 지역이라고 범주화하기도 한다. 철학이 과연 원시샤머니즘보다 삶의 방식에서 훌륭한 것인가에는 의문이 없지 않지만 샤머니즘이 흔히 말하는 동서양의 철학사를 갖지 못한 지역임을 표방하고 있다.

한국의 샤머니즘이 무속(巫俗)이 된 이유는, 원시고대사회에서는 주류의 종교였지만 가부장-국가사회의 발전과 더불어 이성의 확대와 합리성의 강화를 따라갈 수 없어서 문화적으로 퇴행하였기 때문이다. 무(巫)는 고등종교(불교, 유교, 기독교)를 따라갈 수 없었기 때문에 소위 무속(巫俗)이 되어버렸고, 기복(祈福)신앙에 머물렀던 것이다. 이러한 무속적 분위기는 합리적인 사고를 할 수 없게 하였으며, 이것은 철학사상사적으로 무뇌적(無腦的)·무정자증(無精子症)으로 이어졌다고 말할 수 있을 것이다.

역사시대 이후 한국문화는 계속해서 외래종교인 불교, 유교, 기독교를 맹목적으로 믿는 맹종현상을 보였다. 게 중에는 창의적 사유를 하는 종교인이나 신자들이 없는 것은 아니었지만, 대체로 외래종교의 경전이나 철학의 텍스트에 갇혀 사는 모습

---

11 박동환, 『안티호모에렉투스』(사월의 책, 2017), 192쪽.

을 보였다. 그러한 맹목적 행태는 지금도 그대로 남아 있다. 제 종교를 새로운 종교로 통합하는 하거나 자생철학을 재구성한다는 것은 고도의 영성적 계시와 이성적 노력을 수반하는 것이기에 한국인으로서는 도저히 상상도 할 수 없는 일인지도 모른다.

한국문화의 특징은 여성성에 있다. 여성성의 장점은 평화성이지만 단점은 질투성이다(남성성의 장점은 정치성이지만, 단점은 폭력성이다). 여성성의 장점을 잘 살리는 것이 한국문화부흥의 요체가 된다. 한국인의 여성성은 감정적이고, 비논리적이고, 즉흥성으로 잘 나타난다. 동시에 여성성을 바탕으로 한 모성애와 헌신과 평화주의는 다른 나라와 견주어보면 문화적 비교우위에 있다. 이러한 특성은 외래종교에 매우 관대함을 보이고 있다.

한국에서 역사적으로 불교, 유교, 기독교 등 외래종교가 크게 발전을 이루는 까닭은 관대함이나 포용력이기도 하지만 동시에 우리 스스로의 철학이 없기 때문이기도 하다. 이때의 포용력은 '신들의 평화'를 지향하는 샤머니즘의 특성이기도 하지만 동시에 철학적으로 보면 '무(無)철학'의 특성이라고 말할 수 있다. 이렇게 샤머니즘과 무(無)철학은 동시적이면서도 서로 통하는 것이다. 샤머니즘과 '무'철학의 특징을 잘 융합하면 '신들의 전쟁'의 문화를 '신들의 평화'로 바꾸면서 한국문화를 세계사를 이끌어가는 국가로 발돋움하게 할 수 있을 것이다.

한국문화의 샤머니즘적 기반은 어떤 종교도 받아들이는 긍정적인 힘이 되면서도 동시에 맹목적 기복신앙의 요소는 부정

적인 힘으로 작용하기도 한다. '무(無)철학'의 '무(無)'자의 의미
는 현상학적으로는 철학이 없음을 의미하지만 동시에 존재론적
으로 보면 '존재＝무(無)'에 가장 가까이 가는 삶을 영위했음을
의미할 수도 있다. 한국의 샤머니즘은 오늘날 존재론적인 의미
로 새롭게 거듭 날 수 있는 무한한 잠재력을 지니고 있다.

샤머니즘을 매우 어렵게 생각하는 경향이 있는데 실은 자
연과 더불어 살아가던 원시고대인의 '공생의 지혜'라고 말할 수
있다. 그 사상의 핵심은 인간이 자신의 삶을 위해서 어쩔 수 없
이 다른 동물을 수렵하고(식물채집도 포함) 잡아먹지만 그 '죽은
생명'에 대한 미안함과 불편함을 지니는 마음이라고 말할 수 있
다. 그렇기 때문에 필요이상의 남획을 하지 않는다. 동시에 내가
(인간이) 먹는 음식물을 더불어 살고 있는 동물과 나누어 먹는 마
음이라고 말할 수 있다. 종합적으로는 결국 자연환경과 더불어
공생하는 사상이다.

한국의 샤머니즘을 오늘의 입장에서 긍정적인 측면과 부정
적인 측면을 보면 대체로 다음과 같다.

〈한국 샤머니즘의 긍정성(positive)＝자연적 존재×예술적(창조
적) 기술×풍류도(仙道)×여성적·평화적〉
〈한국 샤머니즘의 부정성(negative)＝맹목적 믿음×모방적(수동
적) 기술×기복적 신앙×여성적·질투적〉

남성성과 이성(理性)부재의 한국문화는 '한(恨)의 하나님'을 산출할 수밖에 없다. '한의 하나님'은 문화-정치적으로는 비록 패배주의나 노예의식으로 인해 당쟁(黨爭)과 저주(咀呪)의 굿판을 벌일 가능성이 높다. '한의 하나님'이 '평화의 하나님'으로 승화되면 패권경쟁의 인류를 구할 가능성도 배태하고 있을 것이다. 스스로 세계의 주인이 되어 이성적으로 역사를 이끌어나가지 못했던 한민족은 결국 남성성 부재-사대주의에 빠지는 한편 종합적인 삶의 모습은 '철학적'이라기보다는 '종교적인' 형태를 띨 수밖에 없다.

가부장-국가사회 이후 스스로 국가철학과 이성철학을 구성하지 못한 한민족은 결국 외래철학이나 사상, 외래종교에 의존해서 살아갈 수밖에 없는 운명이었다. 그렇지만 이러한 한국문화는 역설적으로 세계에서 가장 평화에 굶주린 민족, 평화를 염원하는 민족이 될 수도 있고, 반대로 세계열강의 식민지로 전락할 수도 있다. 일제식민지는 좋은 예이다.

샤머니즘	존재적 특성	예술/기술	종교본능	문화적 성격
positive	자연적 존재	예술적(창조적) 기술	풍류도(仙道)	여성적-평화적
negative	맹목적 믿음	모방적(수동적) 기술	기복적 신앙	여성적-질투적

[샤머니즘의 positive, negative]

샤머니즘	하나님	문화–정치적 행태	종합적인 삶의 모습
positive	평화의 하나님	이성(理性) 부재/당쟁 (黨爭)과 저주(咀呪)	남성성 부재–사대주의/ 여성적 삶–종교적 삶
negative	한(恨)의 하나님	이성(理性) 부재/당쟁 (黨爭)과 저주(咀呪)	남성성 부재–사대주의/ 여성적 삶–종교적 삶

[샤머니즘의 삶의 종합적인 모습]

한국에 자생철학이 없는 이유는 상류엘리트층은 외국의 철학과 문화를 수입하는 데에 급급한 반면 하류민중층은 철학과 전혀 상관없이 종교(특히 샤머니즘)에 귀의해서 삶을 영위해 온 때문이다. 결국 한국문화의 여성성과 샤머니즘적 성격은 '한(恨)의 하느님'의 발생조건을 갖추고 있다고 볼 수 있다. 한국인의 한(恨)의 정서를 서양 철학적 차원에서 본격적으로 논의하기 시작한 김상환은 인류문명사적 안목에서 심도 있는 문제제기를 하고 있다.

"칸트가 1표 세계의 도시적 군집을 조건 짓는 초월론적 정서로 도덕법칙에 대한 존경을 가리켰다면, 니체는 그것을 양심의 가책(schlechte Bewußtsein)에서 찾았다. 즉 자연 상태에서 외부로 향하던 본능적 충동이 도시적 체제에서는 개체의 내면으로 향한다. 자유로운 외향적 발산이 금지된 공격적 본능은 안으로 향하여 개채 자체를 물어뜯게 된다. 인간이 동물이 세계에서 벗어나 문화의 세계로 들어가기 위해 갖추어야 하는 의식과 양심의 기원은 여기에 있다. 의식은 그런 자기학대와 내향적 공격이 반복, 심화되면서 비로소 생겨났고, 그에 비례하여 내면적 부피를 키워갔다. 자발적으로 도덕 법칙을 따르는 양심적 자아, 그리고 그것을 수반하는 죄책감은 그런 심화된 자기학대의 마지막 귀결에 불과하다.

그렇다면 1표가 아니라 2표 세계의 실천적 행위나 존재이해가 전제해야 하는 초월론적 정서는? 우리는 공자의 인(仁)이나 성리학의 4단(四端)을 아마 이런 물음에서부터 접근해야 할 것이다. 조선 유학자들이 몇백 년 동안 이어간 사단칠정(四端七情) 논쟁은 초월론적 정서를 둘러싼 다양한 의견이 진리를 다투던 싸움이었다.

이제 그 논쟁은 한의 논쟁으로 이어져야 할 것이다. 경험적 차원에서 한은 이미 원한이나 증오 혹은 복수의 감정과 구별된다. 한은 복수에 의해 풀리는 것이 아니라 극적인 연출, 감정의 드라마와 존재의 드라마를 일치시키는 연출을 통해 풀린다. 한이 어떤 광기를 포함하되 단순한 광기가 아닌 이유도 여기에 있다. 한은 마지막에 가서 자체분석에 도달하는 광기, 해소되고 있는 중의 광기, 해소되는 가운데 새로운 정서적 향유의 가능성(사랑)을 분만하는 광기이다.

그렇다면 이미 독특한 의미를 갖는 한은 3표 세계의 초월론적 정서라는 자격에서 어떻게 존경이나 양심 같은 1표 세계의 선험적 감정과 구별되는가? 인이나 4단 같은 2표 세계의 기본 정서와 어떻게? 한은 왜 3표 세계의 삶의 형식인 불음살이의 선험적 가능조건에 해당하는가? 어쩌면 한은 자기자극 운동을 포함한다는 점에 양심이나 인(克己로서의 仁)과 유사할 것이다. 그러나 다른 종류의 선험적 정서들과 비교되는 한에서 한의 고유한 특성은? 게다가 한을 주변체의 초월론적 정서로서 상정할 때 예상되는 윤리학이나 정치학은 무엇일 수 있는가? 나아가 그것에 기초한 상상력 이론과 미학은?"**12**

그는 미래 세계철학에 대한 전망과 한국의 자생철학의 출현에 대해 이렇게 결론을 짓고 있다.

"박동환 철학은 박동하는 동쪽의 철학이다. 3표론의 역사적 의미는 철학의 동쪽을 처음으로 확인, 긍정했다는 데에 있다. 그 오래된 미래의 땅은 20세기 차이의 철학이 가리키는 동쪽과 다른 곳에 있다. 서양의 탈근대 담론이나 탈서양 담론에서 출발하는 여행객은 표를 잘못 끊은 것이다. 그 주변부와 그곳의 원주민들은 들뢰즈/카타리의 지리철학이 창조한다는 '새로운 대지'나 '미래의 주민'도 아니고 그들이 옹호한다는 '소수자'와도 거리가 멀다. 3표론이 드러내는 동쪽은 앞으로 창조해야 할 어떤 것이 아니라 태고부터 엄연히 존재해왔다. 다만 기존철학의 지도로는 읽을 수 없었을 뿐이다."**13**

김상환의 1표 세계와 2표 세계에 대한 토론과 전망에서 우

12 같은 책, 319~320쪽.
13 같은 책, 320~321쪽.

리는 네오샤머니즘을 강하게 느낄 수 있다. 1표, 2표 세계의 초월론과 3표 세계의 초월론적 감정과 정서가 어떻게 다른가를 거론하는 것 자체가 이미 3표 세계의 초월론과 한(恨)에 대한 문화적 자부심을 갖고 있음을 볼 수 있다. 이러한 태도는 필자의 태도, 즉 샤머니즘을 '존재론의 미래로서 전망'하고, 높이 평가하는 태도와 통한다고 할 수 있다.

중심과 주변은 실은 고정되어 있지 않을 뿐만 아니라 서로 왕래하는 원심-구심의 관계에 있다. 주변체에서 중심부로 들어가는 것을 인류문화는 대체로 초월론으로 불러왔는데 1표, 2표 언어문화권도 각자 서로 다른 초월론을 지니고 있었다. 3표 언어문화권에 포함되는 한국인의 한(恨)은 그런 점에서 한국문화의 '고유의 초월방식'이라고 말할 수 있을 것이다.

인간의 '초월의 방식'에도 서양문명의 기독교-과학적 초월이 있고, 불교적 초월이 있고, 동양문명의 샤머니즘(신선도)-도학의 초월이 있다. 기독교와 불교, 그리고 샤머니즘을 같은 '초월'이라는 용어를 사용하는 것은 근본적인 문제가 있다고 여겨진다. 기독교-과학적 초월은 '보편적이고 일반적인'의 입장이고, 불교적 초월은 '현상계에서 벗어나기 위해서는 초월'이라는 용어를 사용하지 않을 수 없기 때문에 불가피하게 쓰는 것이다. 샤머니즘-도학의 초월은 기독교-과학과는 정반대의 '일반적이고 보편적인'의 입장의 초월이라고 할 수 있다.

필자의 생각에는 기독교-과학을 '현상학적 초월'이라고 말한다면 불교의 초월은 '현상학적-존재론적 초월'이라고 말하고 싶고, 샤머니즘-도학의 초월은 '존재론적 초월'이라고 명명하고 싶다. 존재론적 초월은 실은 초월이라기보다는 본래존재로 돌아가는 것이라는 점에서 그렇게 이름을 붙인 것이다.

샤머니즘-도학의 초월은 정확하게는 초월(보편성)이 아니라 존재일반의 일반성을 회복하는 일반성으로의 제자리 찾기이며, 존재회복이다. 이는 장자(莊子)의 제물론(齊物論)이나 하이데거의 존재론(存在論)의 '일반성'이나 '존재성'에 해당하는 것이다. 보편성과 일반성은 어느 쪽에서든 항상 상대방을 끼고 있으면서 이중적으로 서로 겹치고 있다는 점에서 종종 이해의 혼선을 빚는다.

지금까지 '한(恨)의 정서'와 그것과 관련되는 샤머니즘은 무속이라는 이름으로 천시해왔다. 이는 샤머니즘이 시대에 맞게 개량·개선되지 못한 데도 원인이 있지만 한국민족의 자기비하 태도와 맞물려 있다. 샤머니즘이 천시된 이유는 단군시대 이후 가부장-국가시대(역사시대)에 들어오면서 국제적으로 한민족(한국)의 위상이 퇴락했기 때문이다. 우리는 우리의(한국적) 전통과 정서를 천한 것으로 보는 데에 익숙해지도록 길들여져 왔다. 과거 중국 사대주의 시절도 그랬지만 일제식민지를 거치면서 그것은 더욱 심화된 측면이 있다.

그런데 김상환의 해석 중에서 이러한 네오샤머니즘의 상황을 서양의 후기근대철학들의 '해체'라는 개념에 비유하는 대목은 석연치 않다. 해체론적 문자학이든, 해체론적 유령학이든 그 것은 자연을 말하는 것이 아니다. 자연을 서구문명의 관점에서 바라보는 것일 뿐이다. 이러한 해체론은 또 다른 서양의 오리엔탈리즘으로서 비서구지역의 문화나 전통을 미래 서구문명의 영양분화 하는, 서구문명의 자강을 위한 문화운동에 비할 수도 있다.

서양의 '해체론'이 마치 '자연으로 돌아가는 것' 같은 것으로 해석하는 것에는 동의할 수가 없다. 서구의 후기근대의 해체론은 또 다른 오리엔탈리즘에 불과한 것이다. 해체론은 일종의 '차이의 변증법'이라고 말할 수 있을 것이다. 서양의 '해방'(마르크스)과 '해체'(데리다)가 '해탈'이 되지 못하는 이유는 바로 서양의 현상학적 사유, 실체론적 우주관에 기인하는 것이다. 이제 자연에 대한 '존재론적 태도'가 필요하다. 그래야 인류는 공멸을 면할 수 있다.

필자의 신체적 존재론으로 보면 박동환의 X와 x는 같은 것이며, 이것은 생물학에서 개체발생과 계통발생이 같은 것과 같으며, 불교 화엄경의 '일미진중함시방(一微塵中含時方)'의 사유와 통하는 것이다. 그런 점에서 박동환이 말한 "X의 존재론이 추구하는 최고의 덕목은 이 세상에서 존재하는 모든 전통의 맥으로부터 독립하는 것이다"라는 주장은 참으로 깨달음의 보석을 눈앞에 두고 놓쳐버린 것과 같다는 생각이 든다. 울타리는 어떤 울타리라고 하더라도 경계를 말하고 있으며, 그것은 반드시 울타리 밖에서 해체하는(이것은 방법으로서의 해체이다) 손길을 기다리지 않을 수 없다.

　이제 인간은 계속적으로 남의 울타리 밖에서 자신을 찾는 회의와 비판과 변증과 해체의 행보가 아니라 자신의 신체에서 존재를 찾는 신체적 존재론에 도달하여야 할 때가 되었다. 신체적 존재론에 도달한 사람은 "내가 내 몸의 주인이다"라고 생각하는 사람일 것이다. 시간과 공간에 매인 사람은 자신이 세계의 주인임을 의심할 것이다. 더욱이 "나는 신이다"라고 생각하는 것에 대해서 건방지거나 오만하다고 생각할 것이다. 그러나 전혀 이 같은 진실(사실)은 오만한 것이 아니다. 실은 모든 존재가 신인 것이다. 그래서 만물만신이다.

　존재를 재거나 계산하는 모든 행위는 실은 존재 그 자체가 아니라 존재의 부산물이다. 시간과 공간도 그런 것이다. 사람들은 흔히 우주의 시작과 끝을 말한다. 그러나 그러한 행위는 오직 인간적인 일일 뿐이다. 시간과 공간은 현상학을 위한 제도에 불과하다. 과거와 미래는 나의 신체에 있고, 현재는 본래 없는 것으로 '이제로 다가오는' 지금(丑今)일 뿐이다. 이것이 지금도 생멸하는 자연(우주)의 모습이다.

　자연은 결코 '해체할 수 없는 것'이고, '결정할 수 없는 것'이긴 하다. 그렇다고 자연을 문명의 관점에서 해석하는 것은 다시 결정과 해체를 반복하는 것을 의미하게 된다. 말하자면 울타리 밖에서는 다시 '울타리 안으로 들어가서 글쓰기(inscription)'를 해야 하는 것을 의미한다. 이것은 여전히 서양철학과 문명의 패러다임인 신(God), 정신(Geist), 유령(Ghost)이 요구하는 '동일성의 반복'이나 다름없다. 이것은 지금도 생성되고 있는 자연(자연적 존재)에 대한 이해가 아니다. 겉으로 보면 해체라는 것이 자연으로 돌아가는 것 같지만 실은 자연을 빙자한 문명의 거짓부렁, '체함'이다. 프랑스와 서양의 현상학적 연구풍토는 '존재'(일반적 존재)를 항상 '초월'(보편적 존재)로 보는 경향이 있다.

최세만은 박동환의 입장을 김상환과 다르게 변호(apology)하면서도 비판적 대안을 모색하고 있다. "3표의 철학은 흔히 보편논리로 간주되는 아리스토텔레스 형식논리를 비롯해 헤겔식의 변증법 그리고 중국의 상반상성(相反相成), 또는 대대(對待) 논리 등 동서철학사에 나타난 대표적인 논리패턴들을 상대화하고 보다 보편적인 논리의 모델을 제시함으로써, 제3철학의 가능성과 필연성을 동시에 예고하고 있는 것이다."

그렇지만 최세만은 3표 철학의 보편성에 대해 의문을 제시한다.

"3표의 철학은 모든 존재는 개체로 존재하며 개체는 그 유한성으로 인해 필연적으로 타자와의 모순관계 속에 놓여 있다는 세계관에 기초하고 있다. 그러나 이러한 세계관은 보편적인 것일까. 대부분의 위대한 신비가들은 존재의 개체성과 모순성은 인간이 감각지성적 의식이라는 의식의 표층에 머물러 관찰한 세계의 특이성일 뿐이다. 그들에 의하면 가장 심층적 차원에서 자각되는 존재의 본래모습은 개체성을 초월한 미분화(未分化)

의 통일이다. 이 차원에서는 개체도 모순도 없다. 그러므로 이들에게는 바로 이러한 의식의 가장 심층적 차원을 체험하는 것이, 그리고 그 체험에 기초한 삶을 사는 것이 일상적 표층의식 속에서 부딪히는 모순들에 대한 가장 근본적인 해법이다. 존재의 참모습을 체험했다고 주장하는 신비주의자들이 실천하고 가르친 삶의 양식은 생물학적 자기보존의 양식과는 이념과 방법에 있어 전혀 다르다. 이러한 세계관, 이러한 삶의 양식은 3표의 틀 안에서 설명되거나 포섭될 수 있는 것인가. 아니면 4표를 기다려야 하는가."[14]

박동환은 철학과 언어와 문화의 표상성을 강조하기 위해서 인류의 문화를 '표(表)'라고 지칭했을 것이다. 최세만이 이런 제안을 하는 이유는 3표에 대한 자기 나름의 이해에서 출발하고 있다. 최세만은 의문을 제시하기 전에 자신의 입장을 표명하고 있다.

"이 해법은 모든 개체에게 다가오는 모순의 보편성과 불가피성을 인정하는 데서 출발한다. 사실 다른 개체들과 공존 가능한 재배치를 끊임없이 모색해야하는 수평적 모순관계에, 그리고 그 속으로 함몰할 수밖에 없는 [ ]와의 종속적 모순관계에 무한히 연루되어 있는 개체의 정체성이란 1표나 2표가 생각하듯

---

14 같은 책, 276~277쪽.

이 규정되거나 설명될 수 있는 것이 아니다. 그리고 우리가 일상적으로 말하는 개체의 정체성이란 것도 극단적으로 임시적인 것이다. 즉 모든 개체는 쉼 없이 움직이는 무한한 수평적·수직적 네트워크상의 임시적 지점들에 불과하다는 것이다."[15]

최세만은 이어서 제3철학에 이은 제4철학의 탄생을 기대하고 있다.

"생명체들의 세계 속에서 개체들은 자신의 임시적 정체성을 유지하기 위해 모순을 동화시키기도 하고·모순과 화해를 모색하기도 하지만, 피할 수 없는 모순을 해소하기 위해서는 분절을 통해 자신의 정체성을 포기하고, 연합을 통해 여전히 임시적인 새로운 정체성을 획득하기도 한다. 이것이 원시생명체의 운동 속에서 발견되는 모순해법이며 동시에 3표의 모순해법이다. 2표와 비교할 때 이 해법의 특징은 첫째, 동화되거나 화해될 수 없는 모순의 항시성을 인정한다는 점. 둘째, 개체의 정체성을 임시적인 것으로 그래서 언제든 양보될 수 있는 것으로 본다는 점에 있다. 박 교수는 이러한 삶의 양식이 한국인을 비롯해 1, 2표의 철학에 동화되지 못한 제3세계인들의 삶의 양식 속에 구현돼 있다고 한다. 그는 또한 이것이 도시의 논리를 기초로 패권적 문명을 넘어 새로운 문명이 갖게 될 삶의 양식을 예고하는 것으로

---

15 같은 책, 275쪽.

보는 것 같다. 정보화의 혁명을 통해 지구상의 개인들이 국가와 사회의 장벽을 넘어 저마다의 가치실현을 위해 이합집산(분절연합)하게 될 때, 정체쟁의나 집체부정은 더 이상 모순해법의 이념으로 작동하기 힘들 것이기 때문이다."[16]

이렇게 개괄한 뒤에 최세만은 "이러한 3표의 삶의 양식 속에서는 무모순의 형식논리나 상보(相補) 대대(待對)의 논리는 도시의 논리일 뿐이다. 도시의 성곽을 허물어버리는 야생의 논리는 모순의 논리이다. 이것은 헤겔류의 변증법에서와 같이 총체 속에서 해소되는 임시의 모순이 아니라, 결코 해소될 수 없는 절대모순의 논리이다. 박 교수에 의하면 이것이 임시적 정체성만을 지니고 부단히 분절 연합하는 보편적 생명현상을 반영하는 논리라는 것이다"[17]라고 술회하고 있다.

그는 한편으로는 박동환의 철학에 의미부여를 하면서도 다른 한편으로 모순의 논리를 극복하는 것만으로 존재의 참된 모습에 도달할 수 있느냐를 묻고 있는 것이다. 지금까지 인류는 1표의 '동일성', 2표의 '반구성'으로 문명을 이끌어왔다. 이것은 또한 기(記)의 철학, 즉 기억과 기록의 철학, 기(機)의 철학, 즉 과학기술의 철학으로 문명을 이끌어왔는데 과연 그것만으로 존재의 진

---

16 같은 책, 275쪽.
17 같은 책, 276쪽.

리에 도달할 수 있느냐, 반문하고 있다. 그리고 3표의 철학을 절
대환원과 무한대 [ ]의 세계로 명명한 박동환의 '3표의 철학'은
한계를 보이고 있다.

3. 무(無)의 철학으로서 신체적 존재론

그렇다면 이제 제4철학의 새로운 가능성으로 무엇이 있을까. 필자의 생각으로는 기(氣)철학, 즉 '기운생동의 철학'이 그 대안이 된다고 생각된다. 이는 공(空) 즉 기(氣)의 관점에서 가능하다. 이것은 '공즉기(空卽氣)'의 관점은 현대과학의 입장에서 새롭게 무(無)를 설명하는 '무(無)의 철학'으로서 '철학의 원시반본'을 의미한다. '기(氣)-무(無)의 철학'은 철학의 '동일성' '반구성'을 넘어서 '존재성(일반성)'을 알리는 철학이다. 이것이야말로 삶을 퍼포먼스(performance)로 생각하는 길을 터주는 '진정한 삶의 철학' '예술시대의 철학'인 것이다.

한국의 샤머니즘은 3표의 '절대환원'이 아닌 '무(無)의 철학'으로 재해석되면서 한국인의 여성성에서 발현한 역사적 사대성·노예성을 자연(자연생태)의 존재성으로 새롭게 격상시켜 해석함으로써 인류의 평화에 이바지해야 한다. 이것이 무속(巫俗)으로 천시된 샤머니즘을 성(聖)을 일신(一新)하는 길이 될 것이다.

박동환이 'X의 존재론'으로 처리한 '미지(未知)의 부분'을 필자의 네오샤머니즘(neo-shamanism)철학은 일반성의 철학, 소리의 철학, 여성의 철학, 평화의 철학, 생태의 철학 등으로 대입하여 부르고 있는 것이다. 이는 X라는 빈칸에 구체적인 개념어를 대체한 것이다. 필자의 네오샤머니즘의 여러 이름들은 철학의 '존재론(존재성) 시대'를 여는 교향악의 변주이다.

필자의 네오샤머니즘은 한마디로 고래의 『천부경』사상을 과학기술문명시대의 병폐를 치유할 수 있도록 대안철학으로 새롭게 해석한 철학이다. 오늘날 지구촌이 앓고 있는 문제들에 대한 치유책으로 '천지인사상'을 『천부경』의 존재론'으로 새롭게 해석한 내용이다.

한국인의 '일반성-존재성'(서양철학의 보편성-실체성과 대항하는)의 성격은 이런 말에서도 잘 드러난다. 한국인은 "나는 팔이 길다"라고 말한다. 그러나 서양 사람들은 "나는 긴 팔을 가지고 있다"고 말한다. 한국인은 팔의 상태성을 드러내고 있고, 서양 사람들은 팔의 소유성을 강조하고 있다. 서양 사람들은 어떤 '상태적인 것'은 '소유'하려 하고, 지금 저절로 '감각되고 있는 것'은 '상태'로 생각하는 경향이 있다.

박동환의 철학을 두고 해석상 여러 혼선을 빚은 것은 철학의 발전과 한국철학사의 정립으로 볼 때 중요한 진전을 제공하였다고 생각된다. 무엇보다도 동서철학을 언어-통사의 측면에서 분류하고, 그러한 전반적인 맥락 속에서 한국철학을 자리매김하려는 노력의 일환이었던 것으로 평가된다. 아무리 '존재론=무(無)의 철학'이라고 하더라고 그것을 쓰고 체계화할 때는 현상학적인 입장에 설 수밖에 없다. 그렇지 않으면 철학자는 그냥 도사(道士)에 머무를 수밖에 없다.

철학은 결국 신체(신체 존재론)이며, 기후풍토(氣, air의 존재론)이며, 삶의 철학(자신이 사는 땅에서의 철학)이 되지 않으면 안 된다. 결국 이 땅에서 철학하기는 삶의 존재사건(Er-eignis)이다. 철학은 대지적(大地的)으로, 땅에 충실하게, 근본적으로 일어나는 사건이다. 'Er-'라는 말 속에 그 뜻이 내장되어 있다. 'Er-'에는 철학의 풍토성을 함의하는 'air'의 의미가 있다.

철학이 '앎의 철학'인 반면, '삶의 철학'은 본래 '미지의 철학'일 수밖에 없다. 그래서 삶은 미지의 세계를 탐험하고 개척하는 것이고, 그래서 본질적으로 야생적일 수밖에 없다. 창조적인 인간이나 성현들만이 이러한 '미지의 세계'를 먼저 나아가는 용감한 자들이다. 철학의 본래 뜻인 애지(愛知, philosophy)에도 이미 철학이라는 것이 단순한 지식의 축적이 아니라 지식을 '사랑한다'는 점에서 그 '사랑(phil)'이라는 개념에 이미 창조와 탐험의 의미가 숨어 있기도 하다.

자연과학적 사유는 인류에게 도구-기계를 제공한 것은 사실이지만 결코 영혼을 편안하게 하지 못했다. 기독교마저도 영혼의 구원을 타자인 메시아에 위탁함으로써 결코 스스로 구원을 얻지 못하는 지경에 처해 있다.

동일성(同一性)	1표 세계	현상학적 존재론	후기근대 해체론(解體論)
반구성(反求性)	2표 세계	반구제기신(反求諸其身)	인(仁), 사단칠정(四端七情)
반본성(反本性)	3표 세계	존재론: 신체적 존재론	한(恨), 네오샤머니즘

[동일성, 반구성, 반본성]

그렇다면 샤머니즘적이라는 것은 무엇인가? 한국에는 세계의 여러 종교가 공존하면서도 종교전쟁과 같은 것은 없다. 아마도 서양의 기독교적 사고라면 결코 이런 종교평화를 유지할 수 없었을 것이다. 물론 한국에도 성리학이나 기독교가 들어오면서 '사문난적(斯文亂賊)'이니 '이단(異端)'이니 하는 말들이 오가곤 했지만 그대로 서양에 비해서 종교전쟁이 없었던 것은 사실이다. 한국인의 이러한 평화적 심정의 배경에는 샤머니즘이 있다고 한다. 샤머니즘은 모든 신령을 포용할 수 있는 그릇이 있는 셈이다. 말하자면 '신들의 평화'의 철학이자 종교이다.

한국에 들어온 외래종교인 불교도 무불습합(巫佛褶合)을 이루었고, 기독교도 역시 샤머니즘과 융합된 것이 사실이다. 그 대표적인 것이 바로 '새벽기도'라는 것이다. 새벽기도는 새벽에 장독대에 정한수 떠다놓고 북두칠성신에게 비는 행위와 다를 바가 없다. 말하자면 '칠성신'이 '하느님'으로 바뀐 것이나 다름없다. 신령을 융합하는(통일신령 하는) 힘이 한국인에게, 한국인의 심정에 있음이 틀림없다. 신령을 통일하는 일은 처음부터 초종교적·초국가적 발상과 태도를 가지지 않으면 안 된다. 초종교초국가를 이루려면 필연적으로 '존재론적 사유＝무(無)의 사유'를 전제하지 않으면 안 된다.

결국 한국문화의 심층구조라고 할 수 있는 '샤머니즘'과 '한의 정서'는 서로 피드백하고 있다. 이것은 또한 한국문화의 여성성과 만난다. 한국문화에는 전반적으로 모계사회의 속성이 아직도 남아 있다. 이는 시집간 여성이 자신의 성씨(姓氏)를 지키고 있는 데서도 발견할 수 있다. 여성평등이 이루어졌다는 서구에서 결혼한 여성은 반드시 남편의 것으로 성씨로 바꾸어야 한다. 이것은 여성이 남성에 소속되는(belong to man) 것이다.

한국의 민속음악과 민속문화가 '당골(무당)' 가문과 연결되어 있는 것은 이미 잘 알려진 사실이다. 아직도 한국문화의 특성을 비교문화인류학적인 관점에서 보면 샤머니즘밖에 없다. 그래서 샤머니즘은 한국문화의 심층문화, 기층문화를 이루고 있다. 역사적·문화층위적으로 불교와 성리학과 기독교가 위에서 억압을 하고 있어도 샤머니즘은 여전히 한국문화의 심층구조로 자리 잡고 있다.

자연은 구성되지 않고, 생성(생멸)되었기 때문에 결코 어느 한 시점에서 어떤 개인이나 집단의 정보나 기억으로, 혹은 수식으로 환원될 수도 없고, 재구성될 수도 없다. 자연은 어떤 한시적인 텍스트에 의해 규정될 수도 없고, 심지어 해체라는 말로서 이러쿵저러쿵할 대상이 아니다. 해체는 거짓자연이다. 텍스트에 생기를 불어넣는 것이 해석학적 작업이고, 이러한 작업은 마치 신이 흙으로 인간을 만든 뒤 숨을 불어넣음으로써 인간생명을 탄생시킨 것과 같은 위대한 작업이다. 그런 점에서 해석은 죽은 텍스트에 생명을 불어넣는 작업이다.

『성경』의 「십계명」에 "나 이외의 다른 신을 섬기지 말라"라는 구절이 있다. 이 구절의 '나'는 절대유일신만은 의미하는 것이 아니라 이제 바로 자기 자신이 되지 않으면 안 된다. 신이 죽은 시대의 인간은 스스로 신이 되지 않으면 안 된다. 이제 인간 스스로가 신이 되고, 메시아가 되어 그 책임을 다하지 않으면 세계는 결코 창조될 수도 없고, 구원될 수 없다. 세계와 나는 하나이며, 그 사이에 어떤 종교적 우상(偶像)도, 철학적 표상(表象)도 개입할 수 없다.

필자는 종래의 철학을 '가부장-국가시대의 철학'이라고 규정하고, 미래의 철학으로서 '여성-신모계시대 철학'을 제시한 바 있다.[18] 필자의 일반성의 철학은 자연 이외의 어떠한 초월의 방식도 거부하고 있다. 초월의 방식은 존재에 다가가는 방식이

---

18 박정진, 『철학의 선물, 선물의 철학』(소나무, 2012); 『소리의 철학, 포노로지』(소나무, 2012); 『일반성의 철학과 포노로지』(소나무, 2014) 참조.

아니라 현상에 다가가는 방식이기 때문이다. 일반성의 철학은 인간이 자연을 인식하고 의식하기 전의 존재에 대한 이해방식이다. 일반성의 철학은 자연과학도 무화(無化)시키는 초월-내재(내재적 초월, 초월적 내재)의 방식이다.

가부장-국가시대	보편성의 철학	개념철학	남성철학	전쟁철학	과학철학
여성-신모계시대	일반성의 철학	소리철학	여성철학	평화철학	생태철학

[박정진의 일반성의 철학과 그 변주들]

가부장-국가사회가 출범한 뒤 인류의 철학은 집단적 특수성(풍토성)을 바탕으로 국가적 보편성을 획득하는 것을 목표로 하였으며, 일단 획득한 보편성을 개인에게 주입됨으로써 집단의 정체성을 유지하고 확장하는 데에 기여해왔다. 이것이 집단을 중심으로 하는 보편성의 철학이고 보편성의 철학은 결국 역사철학으로 정점을 찍었다. 보편성의 철학은 그래서 '보편적이고 일반적인'이라고 말한다.

그런데 후기근대사회의 출범과 지구촌의 세계화와 더불어 인류의 철학은 집단보다는 개인의 실존적 삶을 중심으로 개인에 공통된 존재 자체에 대한 물음과 삶과 죽음, 불안과 공포에 대한 탐구로 전향하였으며, 결국 집단의 역사보다는 개인의 존재사에 집중하면서 개인의 자유와 행복과 평화에 주목하게 되었다. 이것이 존재일반에 대한 탐구로 이어지는 존재론의 시대를 열었으며, 개인과 존재에 내재하는 일반성을 탐구하는 일반성의 철학시대를 열었다고 할 수 있다. 일반성의 철학은 그래서 '일반적이고 보편적인'이라고 말한다.

철학인류학적으로 보면 일반성의 철학은 집단보다는 개인을 우선하며, 그 개인의 실존적 삶의 의미와 관련되는 근본적인 것들을 다루게 된다. 말하자면 개인의 탄생과 죽음은 물론이고 자유와 평등과 행복과 평화 등을 철학의 중요한 주체로 삼는다. 이는 다분히 인류사적으로 볼 때 가부장-국가사회에 이는 세계화와 여성-신(新)모계사회에 적응하는 철학이라고 말할 수 있다. 특히 생명과 존재에 대한 탐구는 그 철학의 핵심이라고 말할 수 있다.

이러한 철학의 흐름으로 볼 때 박동환의 철학은 후기근대의 존재론적인 성격이라기보다는 종래의 언어-문화론에 따르는 철학으로서 다분히 집단적·역사적·문화권적인 존재에 대한 탐구에 집중하는 '현상학적인 존재'에 대한 철학으로 분류할 수 있을 것 같다. 박동환에 있어서 개인은 집단에 가려져 있다. 따라서 그의 'X의 존재론'은 현상학과 과학적인 맥락의 소산이다.

박동환의 철학 가운데서 'X의 존재론'은 도리어 현대자연과학의 영향을 크게 입은 것으로 보인다. 특히 개체존재 x들과 무한계의 X가 엮어가는 현실을 드라마로 본 것에서 '무한계의 X'의 등장은 그를 현상학적 철학자로 되돌려놓기 때문이다. 무한계(無限界)라는 말 자체가 이미 현상학이기 때문이다. 후기근대의 존재론은 '무한계'보다는 '무(無)'에 대해 관심이 크다.

박동환의 'X의 존재론'철학에 대해 하이데거의 존재론적인 관심을 가지고 있는 필자가 내놓을 수 있는 대안은 다음의 아포리즘에 집약되어 있다. "X=x=존재=無=자연=자기-내-존재" 이것에 대해서는 뒷장에서 재론될 것이지만, 필자는 우선 하이데거의 '세계-내-존재'보다는 '자기-내-존재'라는 대구로서 필자의 일반성의 철학의 요체를 설명하고자 한다.

그럼에도 불구하고 박동환의 3표론은 필자의 일반성의 철학, 소리철학의 등장을 예고한 예고지표로서 받아들여진다. 필자는 제3표에 포함되는 한글언어권의 자생철학으로서 '일반성의 철학', '소리철학'을 발표한 바 있다.[19] 일반성의 철학은 한국적 존재론을 전개한 것이다. 특히 '소리철학'은 '대상(사물)과 대상이 내는 소리와 문자(기호)의 일치'를 통해 문자가 존재 자체를 말하는 것에 이르게 함으로써 일반성의 철학과 함께 인간으로 하여금 사물 그 자체, 존재 그 자체에로 인도하는 '언어의 존재로의 귀향'이라는 성과를 거둘 수 있었다.

하이데거는 "언어는 존재의 집"이라고 말하였다. 그러나 필자는 "존재는 언어의 집"이라고 그의 말을 역전시켰다. 이는 하이데거가 존재론을 전개하면서도 존재자를 중심으로 존재를 바라보는 태도를 취하는 것인 반면에 필자는 존재의 편에서 존재

---

19 박정진, 『일반성의 철학과 포노로지』(소나무, 2014), 127~137쪽.

자를 설명하는 태도를 취함에 따른 것이다. 이는 하이데거의 '세계-내-존재'에 대항해서 '자기-내-존재'를 내세운 것과 내면적으로 상통하는 것이라고 말할 수 있다.

아무튼 언어-문화권의 시각에서 세계의 철학을 전개한 필자의 철학은 박동환의 자생철학을 완성하고자 하는 태도에 부응하는 철학이었다고 스스로 자평하고 싶다. 문제는 누가 동양철학과 서양철학, 그리고 한자문화권과 한글문화권의 틈새에서 자신의 독자성(originality)있는 철학을 전개하느냐에 따라 철학자로서의 승패가 달려 있다고 할 것이다.

필자의 철학을 특히 '소리철학(phonology)'[20]이라고 명명한 저변에는 서양철학의 가장 최근의 마지막 주자(走者)라고 할 수 있는 데리다의 '문자학(grammatology)'을 해체하는(부정하는) 의미가 있었다. 이에 더하여 인도유럽어문명권과 한자문명권이 아닌 한글문명권에서 탄생할 수 있는 철학이라는 의미가 깔려 있었다. 필자는 이들 세 문명권의 철학적 특성을 언어를 통해서 비교한 바 있다. 요컨대 영어는 소리글자이면서 추상적인 것을 표

---

[20] 소리철학은 영어로 포노로지(phonology)라고 명명해왔다. 직역하면 음운학(音韻學)이 된다. 음운학은 언어학에서 사용해온 말이다. 소리철학은 음운학을 철학적으로 변형한 것이다. 마치 데리다가 그라마톨로지(grammatology)를 문자학(표지학)이라고 명명한 것에 상응한다. 굳이 한자말로 표현하자면 '신운학(神韻學)＝신(神)+음운학'이라는 말이 더 적합한 것 같다. 왜냐하면 기운생동이나 우주적 소리를 신(神)과 같은 존재의 본래모습으로 보기 때문이다. '신운학'은 비언어적 언어(nonverbal language)를 포용한다.

현하는 데에 유리하고, 한자는 뜻글자이면서 상형적인 의미를 표현하는 데에 유리한 것과 달리, 한글은 소리글자이면서 존재 그 자체를 표현하는 장점을 가지고 있다고 주장했다.

한글은 같은 소리글자이지만 인도유럽어와 달리 정체성을 규명하기 어려운 '비동일성(非同一性)의 언어' '비정체성(non-identity)의 언어'라고 할 수 있다. 한글의 의미는 소리와 억양에 따라 같은 글자라도 다른 의미, 혹은 정반대의 의미를 가질 수 있다는 점에서 서양철학과 서양과학을 실행하기에는 부적합한 언어라고 할 수 있다. 한글의 세계에서는 세계가 '대상으로서의 현상'이라기보다는 결코 현상이 될 수 없는 무제약자(영혼, 신, 세계)와 통하는 '주체로서의 존재라고 할 수 있다. 한글어문화권에서는 세계는 저마다 무제약자-초월적 주체로서의 존재, 즉 만물만신이다.

철학인류학적으로 볼 때 결국 서양철학과 인도유럽어문명권은 '동일성(同一性)'의 문제에 매여 있고, 동양철학과 중국한자문명권은 '반구성(反求性)'에서 그 특징을 보이고 있다. 그렇다면 동서양철학을 상호보완적인 관계에 놓기 위해서는 이들을 각각 서로 다른 정체성 혹은 동일성으로 보고, 다시 둘 사이의 틈(잔여, 잉여)에서 차이를 찾는 제3의 철학을 시도할 수밖에 없다. 마르크스는 '잉여의 인간'을 말함으로써 '소외된 인간'을 말했지만, 철학은 '잉여의 시공간'을 통해 새로운 철학을 할 여지(餘地)를 마련한다고 할 수 있을 것이다.

그러한 동서의 철학과 고금의 철학의 '잉여의 시공간'에서 탄생한 것이 바로 필자의 일반성의 철학, 소리철학, 여성철학, 생태철학, 평화철학이다. 이것은 최종적으로 철학의 '존재론과 현상학의 화해'를 추구하는 철학이라고 말할 수 있다. 일반성의 철학은 '보편적이고 일반적인'이라는 종래의 철학적 전통에서 반전함으로써 역전적(逆轉的) 입장에서 철학의 새로운 틈새를 찾은 것이라고 할 수 있다.

필자의 일반성의 철학은 그 바탕에 '신체적 존재론'을 깔고 있다. 신체적 존재론은 철학의 사변성 전체, 즉 철학전체를 인간과 사물의 신체성에서 다시 반추해본다는 점에서 '원시반구'에 이은 '원시반본'의 최대의 업적이라고 할 수 있을 것이다. 과학기술문명이 극단으로 치닫고 있는 지금, 특히 기계적 환경과 대결할 수 있는 인간성 회복의 유일한 출구가 신체이고, 생명이다. 신체와 생명은 하나의 거대한 연결망(network, web)으로 연결되어 있기에 만물생명의 철학일 수밖에 없다.

이 말은 생명은 분류학적으로 생명체(생물)에게만 해당하는 것이 아니라 생명탄생의 기반이 된 모든 것도 생명이라고 말하지 않을 수 없다. 이는 분명히 비분류학적인 태도이다. 필자는 비분류학적인 태도를 가지고 있는 철학자라고 말할 수 있고, 이는 서양철학의 이데아나 동일성을 부정하는 철학자임을 말하는 것이다. 신체적 존재론은 이러한 기반 위에 있다.

신체적 존재론은 과학기술만능의 시대, 인간의 생산마저도 기계에 의존할지도 모르는 시대, 기계인간(인공지능)의 등장이 예고되는 시대에 직면에서 인간의 신체성과 생명성을 회복해야한다는 삶의 본성에서 고 시작되었다고 볼 수 있다. 이는 인간의 언어-기계에 대립하는 신체-생명의 자생운동이라고 볼 수 있다. 인류는 이제 자신의 신체와 처지(處地)를 원시반구(反求)하는 입장을 지나서 원시반본(反本)하여야 한다고 필자는 보고 있다.

박동환의 'X의 존재론'은 동양철학의 요체를 '반구성'에서 찾은 탁월한 관점에도 불구하고, 이른바 존재에 대한 이름을 X로 명명한 것은 아직 우리시대기 필요로 하는 철학을 제출하였느냐는 문제와 관련하여 미진한 감을 저버릴 수 없다. 이는 크게 보면 '존재-의미 매트릭스'로 요약되는 박이문의 '둥지의 철학'과 다를 바가 없다고 여겨진다. 박이문의 '둥지의 철학'은 서양철학의 여러 종류들을 그대로 담아놓은 그야말로 '둥지'에 불과하다면, 박동환의 'X의 존재론'도 '둥지' 대신에 'X'라는 '미지(未知)'를 대입한 것으로 볼 수밖에 없다.

이들의 철학이 진정한 자생철학이 되려고 한다면 종래의 동서양철학과 다른 개념과 체계로, 적어도 새로운 해석으로 보편성 혹은 일반성에 도달하여야 한다고 생각된다. 자생철학을 명명하면서 '둥지'와 'X'로 철학을 대신한다는 것은 자칫하면 내용(개념) 없는 철학이 됨으로써 남의 철학으로 자신의 철학을 대신하겠다는 무(無)철학, 즉 철학이 없는 철학이 될 위험성이 다분하다. 특히 박동환의 'X의 존재론'은 동서철학의 특징을 잘 요약하였으면서도 정작 마지막 분류학에서는 작명을 잘못하였다. 그러한 작명의 오류는 서양철학과 동양철학은 '상대적 환원성'이라고 한 대목에서 여실히 드러난다.

왜 그런 결정적인 오류를 범했을까. 이는 바로 한국문화의 심층구조인 샤머니즘을 '절대적 환원성'이라고 명명한 데서 그 원인을 찾을 수 있다. 박동환은 한국의 샤머니즘을 논하면서 개인적으로 신 내림받는 현상을 문화적 문법으로 해석하지 않고, 개인적 체험으로 파악함으로써 '절대적 환원성'이라는 이름을 붙였다. 신내림은 개인에게는 '절대적'인지 모르지만 '철학적 환원'은 더더구나 아니다. 이는 박동환의 철학적 사유능력을 크게 의심하게 하는 지점이다.

박동환의 철학이 중국철학과 서양철학을 배우는 단계를 뛰어넘어 자생철학이 되려면 적어도 동서철학을 뛰어넘는 개념의 창출과 그것을 체계적으로 정리하는 부속개념들을 내놓을 필요가 있고, 그러한 개념들이 기존의 동서양철학과의 토론과 소통이 가능한 '철학체계'로 전모를 드러낼 수준이 되어야 한다. 그렇지 못하면 자생철학이 될 수 없다. 이들 두 철학자들은 아직도 동서양철학을 배우는 수준을 벗어나서 새로운 불모지(개척지)에서 독립적인 철학의 빌딩을 세울 역량이 부족했던 것으로 짐작된다.

박이문의 철학과 박동환의 철학은 동서고금의 철학을 담아놓기는 했지만 아직 '부화되지 않은 둥지' '성체가 없는 성궤

(X)'에 불과하다. 이들의 철학이야말로 역설적으로 신 내림(신탁)을 받으려고 자신을 비워둔(기도하는) 한국의 샤머니즘의 특성을 잘 드러내는 '철학적-신 내림 사건'이며, 철학적 무정자증(無精子症)·무뇌적(無腦的) 특성을 증명하는 사건이라고 하지 않을 수 없다.

이들의 철학은 자생철학이 아니라 단순히 철학적 둥지, 철학적 자궁을 선전하는 것일 뿐만 아니라 '철학함의 불임증'을 고백하는 사건이다. 이를 달리 말하면 한국인의 뇌가 남(외래)의 철학과 사상을 받아들이는 자궁의 역할을 '자궁뇌(子宮腦)'로 비유될 수 있는 상황이다. 물론 이러한 성향은 '신내림'이 많은 한국인의 성향과도 일치하며, '한국의 여성성'과 '종교성'을 드러낸 것이다. 이는 필자의 일반성의 철학, 소리의 철학, 여성의 철학, 평화의 철학을 형성하는 문화적 토양 혹은 바탕이기도 하다.

세계적으로 철학의 수립과 음악의 작곡에서 여성들이 재능을 발휘한 경우가 그리 많지 않는 것 같다. 여성철학자들을 보면 한나 아렌트(Hannah Arendt, 1906~1975), 보부아르(Simone De Beauvoir, 1908~1986), 이리가레(Luce Irigaray, 1932~) 등이 떠오를 정도이다. 세계적으로 유명한 여성 클래식 작곡가는 서양음악사에서도 찾아볼 수가 없다. 그 대신 훌륭한 여성연주가는 많다. 철학과 작곡은 그러한 점에서 매우 남성적인 작업이라고 하지 않을 수 없다. 세계적으로 여성성이 풍부한 한국인이 자생철학이라는 고지를 점령하는 것은 불가능한 일일까. 동서양

철학을 요약하고 모방하는 것은 음악으로 말하면 일종의 연주에 해당하는 것이다. 그러한 점에서 한국문화는 '작곡(compose, competence)의 문화'라기보다는 '연주(play, performance)'의 문화라고 말할 수 있을 것이다.

'둥지의 철학'은 서양철학과 서양과학을, 'X의 존재론'은 서양철학과 서양과학, 그리고 동양철학을 담고 있으면서도 결국 자신의 철학체계를 선보인 것은 없다. 그 까닭은 서양철학의 밖에서, 동양철학의 밖에서 철학을 바라볼 체계적인 힘, 전회(轉回)할 능력이 없기 때문이다. 이들 철학은 자신의 철학이 내용 없는 '빈 둥지' 혹은 '미지의 X'임을 자기철학의 작명에서부터 스스로 언표하고 있다.

그럼에도 불구하고 자생철학을 만들 기회가 전혀 없다는 것을 선언한 것은 아니다. 이들의 자기철학의 작명에서 자생철학의 탄생의 징조와 예언을 읽을 수 있다. 필자의 철학을 종합적으로 '네오샤머니즘의 철학'이라고 하는 이유는 현대의 과학기술시대를 살아가는 사람들을 안고 넘어가는 철학이 되지 않으면 안 되기 때문이다.

과학기술문명의 닦달과 패권에 시달리고 있는 오늘의 시대상황에서 보면 인간 고유의 '신체적 존재론'을 주장하는 필자의 철학은 결코 기존의 철학을 모방하거나 변주한, '기지(既知)의 철학'이 아닌, 그렇다고 '미지(未知)의 철학'도 아닌 '신지(新知)의 철학'이다. 그야말로 이 시대의 온고지신(溫故知新), 지신온고(知

新溫故)의 철학이다. "신체는 우주의 모든 비밀을 간직하고 있는 성궤(聖櫃)이고, 성체(聖體)이다." 인간은 더 이상 다른 곳에서, 다른 신체에서 성궤와 성체를 찾을 필요가 없다. 본래존재는 신체이기 때문이다.

새로운 '신기원의 철학'을 이룰 수 있는 철학자는 마치 종교적 성인들처럼 자신의 신체로 철학하는 삶을 실천해야 하고 그 과정을 통해 새로운 철학의 영토를 개척하고 모험하는 삶을 살지 않으면 안 된다. 천지의 기운생동은 철학하지 못하는(기존의 철학을 공부만 하는) 철학자에게 결코 새로운 철학을 선물하지 않는다. 예컨대 설사 '존재론의 철학자'라고 하더라도 역사(존재사) 속에서는 새로운 자기만의 텍스트를 써야 하고, 자신만의 글쓰기를 하지 못하면 철학자라고 할 수 없다. 그런 점에서 글을 쓰지 않는 동양의 많은 도사(道士)는 결코 철학자가 아니다.

동양의 한자문화권, 그리고 그 속에서도 한글-샤머니즘 문화권에서 세계에 내놓을 수 있는 네오샤머니즘의 철학은 일반성의 철학이다. 일반성의 철학은 '일반적이고 보편적인' 철학이다. 네오샤머니즘은 또한 존재론의 철학이면서 여성의 철학이다.

서양 양음론(陽陰論)	보편적-일반적	현상학	페니스 철학	보편성의 철학
동양 음양론(陰陽論)	일반적-보편적	존재론	버자이너 철학	일반성의 철학

[보편성의 철학, 일반성의 철학]

철학자 박동환은 2표 중국철학에서 반구성(反求性)을 발견한

데 이어 'X의 존재론'을 주장했다. 그의 '존재'는 현상학적 존재임을 여러 주장과 글에서 알 수 있다. 말하자면 X는 어떤 무한대의 연장선, 이성과 욕망의 연장선상에 있는 존재로서 아직 도달하지 못한 '미지(未知)의 존재'이다. 박동환은 토론(대화록)에서 "우리는 미지와 함께 있을 뿐만 아니라 우리 자신이 떠날 수 없는 미지의 부분입니다."[21]라고 말한다.

모든 존재는 본래 '미지의 세계', 즉 '알 수 없는 세계'이다. 이는 소크라테스도 이미 말한 것이다. '자신'은 결코 자신이 알 수 없는 세계이다. 자신을 멀리 떨어뜨려서 객관적으로 볼 수 없기 때문이다. 그래서 '앎의 세계'는 '남(타자)의 세계'이고, '자신(주체)의 세계'는 '미지의 세계'일 수밖에 없다. 그런데 인간은 자신을 제외한 세계, '타자의 세계'를 설정하는 존재이다. 물론 그 '타자의 세계'는 '인간 자신의 타자의 세계'이지만 말이다. 대문자 X는 타자의 세계를 말한다. 모든 존재는 자신이라는 소문자 x를 사는 존재이다.

박동환은 최종적으로 'Xx의 존재'로 'X의 존재론'을 완성한 것 같다. 'Xx의 존재'는 'X-x를 현상학적 연장선상에 두는 존재론'이라고 할 수 있다. 그래서 박동환의 존재론은 궁극적으로 '현상학적 존재'라고 말하는 것이다. 박동환의 X가 현상학적

---

21 박동환, 『안티호모에렉투스』(사월의 책, 2017), 191쪽.

인 타자로서 계속 남으면 X는 끝없이 'X의 존재'로 남게 된다. 그래서 X가 '존재의 X'가 아니라 '존재론의 X'가 되기 위해서는 '반구(反求)'에 그치는 것이 아니라 완전히 '자신(自身)'을 중심으로 세계를 다시 보는 '자기-내-존재로서의 세계'에 도달하여야 한다. 이것이 바로 원시반본(反本)이다.

좀 비약이긴 하지만 박동환의 X가 자연과학적인 세계와 하이데거의 '세계-내-존재'에 해당된다면 소문자 x는 개체와 필자의 '자기-내-존재'에 해당된다고 할 수 있다. 그런데 '세계'와 '자기'에 'X'를 대입하고 철학의 할 일을 다 하였다고 하는 것은 이해가 쉽게 가지 않는다. 모든 존재, 즉 만물은 본래 소문자 x이다. 인간만이 대문자 X를 생각하는 인간현존재이다. 자신의 세계로 돌아가는 것은 소문자 x, 즉 존재의 일반성으로 돌아가는 회귀이다. 이것을 실현하는 것이 필자의 자기-내-존재인 셈이다.

박동환이 발견한 한자문화권의 '반구(反求)의 정신'은 자신에게서 어떤 것(원인)을 되돌아볼 것을 촉구함으로써 신체적 존재의 세계에 다가가고 환기시킨다는 점에서 매우 중요한 첫걸음을 내디딘 것이라고 할 수 있다. 따라서 '반구의 정신'은 인간으로 하여금 신체적 존재, 혹은 원시반본의 철학, 삶의 철학으로 다가가게 할 뿐만 아니라 나아가서 세계를 '자기-내-존재'로 이해해가는 도정으로서의 의미가 있다.

모든 존재는 자신의 몸(신체)을 살고 있다. 말하자면 돌에서 인간에 이르기까지 모두 자신의 몸을 살고 있다. 박동환의 X를 현상학에서 존재론으로 격상시키려면 'X의 존재론'이라는 현상학적 차원이 아니라 "X야말로 존재이다"라는 존재론적인 차원으로 전도(轉倒)를 이루어야 한다. 말하자면 X는 어떤 무한대의 연장선, 이성과 욕망의 연장선상에 있는 존재가 아니라 X야말로 '알 수 없는 것으로서의 존재'가 되어야 함을 의미한다.

박동환은 '미지'에 대해서 토론(대화록)을 통해 "최소한 말할 수 있는 점은, 우리가 '아직 파악하고 있지 못함'이라는 것은 그냥 주변으로 밀어놓기만 하면 되는 것이 아니라, 오히려 그것이 우리의 모든 것을 뒤집어 버린다는 것입니다"[22]라고 말하고 있다. 또 "[나는 끝없는 물음에 빠져 있고 해답의 근거는 갖고 있지도 믿지도 않습니다.] 내가 개체와 [ ]의 관계를 말하는 것은 그 문제에 답을 하는 것이 아닙디다. 왜 개체는 영원한 지속을 원하는가, 왜 강한 놈이 약한 놈을 지배하고 먹어야 되는가, 그런 질문들에 대해서 개체와 [ ]의 함몰관계를 가지고 어떻게 답할 수 있습니까?"[23]라고 말하고 있지만 철학의 개념과 체계가 들어갈 자리에 '미지'를 대입한 것에 대한 변명은 되지 않는가.

수학과 과학은 X를 미지수로 놓고 답을 추구한다는 점에서

---

22 같은 책, 219쪽.
23 같은 책, 220쪽.

참으로 선구적이지만 철학이 'X=미지'라는 말을 사용한 것은 일종의 철학적 직무유기라고 할 수 있다. 세계를 계산하는 시공 간으로 환원한 과학은 미지수를 채택함으로써 답을 구하는 길 (방정식)을 열어주지만 철학이 같은 방법으로 '미지'를 채택하는 것은 일종의 과학의 흉내 내기라는 혐의를 지울 수 없다.

철학적 존재론의 존재는 미지수가 아니라 미지의 세계, 신 비의 세계, 나아가서 신의 세계를 의미한다. 도대체 알 수 없는, 미궁(迷宮)의 세계, 무시무종(無始無終)의 역동적인 세계(혼돈의 세 계)가 바로 존재의 세계인 것이다. 그래서 하이데거의 존재론은 완전하지는 않지만 '없이 있는(nothingless)'의 의미로 '존재=무 (無)'라고 했던 것이다.

서양이 주도하는 현대문명은 지금 과학기술만능주의에 빠 져 있다. 이것은 그 이면에 '동일성의 폭력'을 숨기고 있다. 동일 성의 폭력의 문명을 치유하기 위해서는 동양의 '반구성의 공감' 의 문명을 새롭게 배우고 환기시키고 강조할 필요가 있다. 반구 성은 동일성이 일반성으로 나아가는 길목에서 교차로의 역할을 한다. 반구성은 나아가서 존재일반의 평등과 평화를 지향하는 '일반성의 평화'를 획득하지 못하면 인류는 공멸의 위기에 처하 게 될 것이다.

인도유럽어문명권에 일찍이 발생한 불교는 동일성의 폭력 을 막을 수 있는 지혜를 담고 있으며, 같은 문화권에 연원을 두 고 있는 기독교-과학문명의 폐해를 막을 가장 확실한 대안으로 주목받고 있다. 말하자면 불교는 이미 인도유럽어문명권 자체에서 인류미래의 평등과 평화를 위한 종교철학적 처방을 준비하였다고도 볼 수 있다. 다행스럽게도 불교는 한자문화권으로 전파되어 중국 도교와 노장철학의 도움을 받아 훌륭하게 번역된 '격의불교(格義佛教)'라는 소중한 역사적 경험을 인류는 공유하고 있다. 말하자면 불교는 인도유럽어문명권과 한자문명권이 공유할 수 있는 '평화사상의 매트릭스'가 될 자격과 자질을 충분히 갖추고 있다고 말할 수 있다.

일찍이 동양철학과 서양철학의 가교역할을 한 '선각의 철학자'로 평가되는 하이데거가 후기에 불교사상 중 특히 선(禪)사상에 심취하는 한편, 고대 유라시아대륙에서 수천 년 동안 평화를 이룩하였다는 『천부경』사상에 빠졌다고 전해진다. 서양 기술문명의 닦달에 대해 매우 심각한 염려와 함께 비판적인 안목을 보여준 하이데거철학에 대한 새로운 의미부여와 그의 한계를 살펴보는 것은 우리시대 동서철학자의 과제라고 할 수 있을 것이다.

샤머니즘의 진수는 무엇일까. 결국 인간의 몸을 태어나게 해주고, 살아갈 수 있도록 먹이를 비롯한 의식주를 제공해주는 자연의 은혜에 대해 감사하는 마음을 잃지 않는 것이고, 아울러 조상에 대해 숭배하는 마음을 통해 인간의 도덕과 윤리를 확립하는 것이다. 종합적으로 자연과 인간이 공생하는 관계에 있는 존재임을 깨닫고, 이를 실천하게 하는 원초적 의례의 종교라고 할 수 있다.

제 7 장

존재론, 여성성,
그리고 네오샤머니즘

1. 존재론, 여성성, 그리고 무당

　하이데거는 동양의 음양론이나 천지인사상을 접했던 것 같다. 그러나 동양사상을 단순히 번안하는 데에 그치는 것이 아니라 서양의 철학적 그리스적 전통에서 다시 그와 유사한 것을 찾아서 자신의 철학을 전개하였다. 예컨대 알레테이아(aletheia), 피지스(physis), 테크네(techne) 포에시스(poesis) 등이 좋은 예이다. 그러나 그는 서양철학의 실체론적 사고의 프레임을 완전히 벗어나지는 못하고 한계에 부딪히게 된다.

　하이데거는 현재가 현존(현존성)으로부터 구성된다고 생각한다. "무엇이 시간과 존재를 함께 (모아) 부르는 동기를 부여하겠습니까? 존재는 서양적-유럽적 사유의 초창기 이래로 오늘날에 이르기까지 현존(Anwesen)과 같은 것을 의미합니다. 현존, 현존성(Anwesenheit, 현존함)으로부터 현재(Gegenwart)가 말해지고 있습니다."[1] 그러나 현재는 정확하게 말하면 현존을 대상(실체)으로 보는 시각에서 비롯된다. 현존을 대상으로 보지 않으면 현재는 존재할 수 없다. 여기에 서양철학의 초창기에 이루어진 '대상(타자)의 철학'으로서의 의미가 있다. 말하자면 현재는 이미 실체(대상 혹은 주체)이다. 시간의 현재와 플라톤의 이데아는 실은 같은 실체적 사유의 연속선 상에 있다. 결국 시간의 실체화야말로 서양철학의 근본핵심이 된다.

서양철학의 전통은 플라톤에서 비롯되는 이데아, 즉 변하지 않는 본질로서의 존재 혹은 실체(실재)를 전제하고, 변하는 생성을 파생된 것으로 보는 타성이 있다. 이데아의 전통은 서양철학사에서 주제-대상(원인-결과)의 이원론으로 전개되고, 이러한 전통은 사물 그 자체(존재 그 자체)를 받아들이는 것에 한계를 노정했던 것이다.

존재	니체/하이데거	생성
근원태		파생태
참된 세계(본질)		가상 세계(현상)
episteme		doxa
있어야 하는 세계		없어도 되는 세계

---

1 마르틴 하이데거, 문동규·신상희 옮김, 『사유의 사태로』(도서출판 길, 2008), 24쪽.

생기존재론	니체(형이상학의 완성) 형이상학＝형이하학＝과학기술	존재 ← 생성: 생성을 존재로 완전히 환원시킴
존재론(존재사태론)	하이데거(현존재: 존재론의 시작) 존재자 ↔ 존재(드러남/숨김)	존재 → 생성: 존재를 생성에 접근시킴 (은적/은유)
존재자(명사적 존재)	존재자의 존재, 존재의 존재자	존재(동사적 존재)
가상실재	실재(존재)와 가상실재의 도착	실재(존재)
남성성(생산)	진리의 남성성/진리의 여성성	여성성(재생산)
존재는 이(理, 眞理)가 아니고 기(氣, 生成)이다. 존재는 만물만신(萬物萬神)이다.		

[서양철학의 전통과 니체–하이데거의 위상]

하이데거는 이러한 형이상학의 전통에 반기를 들고 니체의 '힘에의 의지'철학과 후설의 '의식의 현상학'을 극복하는 것을 통해 새롭게 존재론을 제기한다. 하이데거는 니체비판을 통해 서양의 형이상학은 니체에 의해 완성되었으며, 이성주의에 의해 존재를 가장 극단적으로 압박하고 추락시킨 철학이라고 규정한다. 이때의 형이상학의 완성은 형이상학이 결국 형이하학, 즉 물리학의 과학기술문명의 물신숭배로 돌아간(존재론으로 볼 때는 추락한) 것을 의미한다.

하이데거는 서양철학이 그동안 '존재'라고 해온 것을 '존재자'라고 규정한 뒤 존재의 세계를 새로 탐구하기 시작했다. 그의 현존재는 존재 그 자체가 저기(세계 내)에 있음을 인정하는 출발이다. 그는 현존재의 지평에 있는 존재자가 아닌 그 이면에 있는 (숨어 있다고 생각하는) 존재를 발견하기 시작한 셈이다. 그는 서양철학의 전통과 궤도를 완전히 벗어난 것은 아니지만 존재의 생기적인 측면, 사건사태적인 측면을 강조하는 과정을 통해 존재에 대한 새로운 탐구를 시작한 셈이었다.

그러나 문제는 서양철학의 존재(변하지 않는 실체)에 대한 종래의 관념을 완전히 버리지는 못하는 데에 있었다. 그의 존재(Sein)에는 아직 이데아의 그림자가 남아 있었던 셈이다. 그는 존재와 존재자의 사이를 역동적으로 바라보면서도 동시에 이분법적으로 존재하는 것 같은 이중적인 태도를 취했다. 말하자면 존재론을 주장하면서도 그것을 설명하는 과정에서는 현상학적인 태도를 취할 수밖에 없었던 철학 자체의 결함(언어로 설명할 수밖에 없는)이 있었던 것이다. 특히 현존재를 중심으로 존재론을 전개하다보니까 존재자의 입장에서 존재를 바라보는 태도를 취할 수밖에 없었다.

하이데거의 존재론은 존재의 '은폐적 성격'과 '개현적 성격'의 역동성을 강조하는 것이 중심된 내용이다. 그는 존재론의 출발점으로 알레테이아(aletheia)를 끄집어냈다. 그리스 신화에서 사람이 죽으면 건너는 다섯 개의 강(江) 가운데 하나인 레테의 강, 즉 '망각의 강'에서 다시 존재를 회복하는 것을 말한다. 알레테이아는 망각된 존재를 다시 회복함으로써 존재의 진리에 이름을 의미한다. 존재의 '드러남(개현)/숨음(은폐)'의 발상은 진리의 본래적 모습을 환기시키는 셈이다. 하이데거는 과학기술문명에 의해 존재망각에 처한 현대인에게 다시 존재를 돌려주는 것을 추구한다. 그는 존재의 고향(존재의 소리)을 강조함으로써 기술과학문명에 의한 존재의 타락을 극복하고자 한다.

하이데거의 존재론을 동양도학의 관점에서 보면 존재는 여성이고, 존재자는 남성이다. 또한 존재는 음이고, 존재자는 양이다. 하이데거의 존재론을 동양의 음양론의 관점에서 보면 생성되는 우주의 여러 평면(역동적 우주) 중에서 하나의 평면, 즉 드러남/숨김의 차원에서 존재를 토론한 것이었다고 볼 수 있다.

하이데거는 후기에 개념어로서는 현상학을 완전히 벗어날 수 없음을 깨닫고 '드러남/숨김'의 현상학과 존재론을 시적인 환유/은유로 전환함으로써 시를 통해 존재의 역동성에 도달하고자 한다. 그는 횔덜린의 시의 해석에 몰두하는 것을 통해 존재의 고향, 존재의 소리에 귀를 기울인다. 하이데거의 관점에서 보면 시인이 시를 쓴다는 것은 개인(각자)에게 매우 실존적이고 존재론적인 사건이기 때문에 인간실존인 각자가 세계에 대해서 직면한 것과 같은 입장인 셈이다.

그렇지만 하이데거도 존재를 생성으로 완전히 치환한 것은 아니었다. 하이데거의 존재에는 생성과 초월의 이중적 의미가 내재해 있는 것은 이 때문이다. 하이데거는 현상학적 존재론과 존재론적 현상학의 이중적 성격 혹은 왕래적 성격을 갖는다고 할 수 있다. 하이데거는 '존재적 진리'를 말하고 있다. 플라톤의 '이데아(idea)'를 '존재(Being)'로 바꾼 하이데거는 이데아마저도 존재의 역운적(역사운명적) 사건으로서 해석함으로써 서양철학 전체를 존재론의 입장에서 다시 정리한다. 서양철학의 이데아/현상, 질료/형상 등 여러 개념의 대립항들은 모두 역운적 사태로서의 성격을 갖는 셈이다.

하이데거는 현상학적 방법으로 존재에 다다른, 즉 서양철학 전체를 에포케(époche)함으로써 존재론의 시원(epoch)을 이룬 최초의 철학자가 된 셈이다. 그러나 그가 전제한 '세계-내-존재'로서의 '현존재'는 이미 그 자체로서 한계를 갖고 있다. '세계-내'는 분명 '세계-밖'의 존재를 동시에 의미하는 것이고, 그 세계는 무한대로 확장되지 않으면 안 되는 운명을 내재하고 있다. 이는 그가 현상학적인 방법을 사용했기 때문이다. 현상학은 변증법의 오류('진리의 오류' 혹은 '오류의 진리') 혹은 정반합을 벗어날 수 없기 때문이다.

진정한 존재, 본래존재는 시간과 공간을 넘어설 수 없으면 그 모습을 드러내지 않는다. 시간과 공간에 의해 계산된 세계는 본래존재가 아니기 때문이다. 그래서 시간 그 자체, 공간 그 자체의 말을 하지만 현상학적으로 존재를 드러낼 수 없는 것이다. 하이데거는 특히 시간('존재와 시간' '시간과 존재')에 매였기 때문에 현존재(존재자)의 편에서 존재를 바라보긴 하지만 존재 그 자체는 만날 수 없다. 물론 시간을 통해서 시간을 극복하려는 시간성의 논의가 있긴 하지만 역시 시간의 순환론에 매인다.

존재는 역설적으로 진리를 버리지 않으면 자신의 모습을 드러내지 않는다. 진리를 망각해야 존재는 진면목을 드러내는 모순에 처하게 된다. 하이데거의 존재의 진리라는 말도 실은 바로 진리라는 그 이유 때문에 최초의 원리 혹은 본유관념과 완전한 결별을 이루지 못하는 자기모순의 한계를 벗어나지 못하는 셈이다. 존재에서 필연의 의미를 벗어나지 않으면 존재 그 자체는 알 수 없다. 그런 점에서 '세계-내-존재'는 '자기-내-존재'가 되어야 한다. '세계'가 '자기'로 치환되지 않으면 현상학적인 연장과 지연을 계속하지 않으면 안 되는 서양철학의 운명에 빠진다.

앞에서 필자가 인간의 해석에서 자기투사적 존재, 자기기만적 존재, 자기위로적 존재를 설정한 것은 이 때문이다. 결국 존재는 '자기'(Self)의 문제이다. 자기투사-기만-위로적 존재는 순환론적 관계에 있다. 관점의 철학으로 보면 서로 다른 말을 하고 있는 것 같지만 결국 같은 말을 한 것이 된다. 말하자면 투사가 기만이고, 기만이 위로이다. 기만이 투사이고, 투사가 위로이다. 위로가 기만이고, 기만이 투사이다. 요컨대 '자기기만'으로 인간 존재의 삶을 설명하자면 존재 자체를 기만하지 않고는 인간은 아무 것도 할 수 없었던 무력한 존재였는지 모른다. 그 무력함을 벗어나기 위해서 인간은 자기기만을 통해 생존력을 강화했다고 볼 수도 있다.

인간의 자기기만은 진화의 산물이다. 동식물도 종의 번식과 생존을 위해 남을 속이기는 하지만 자기를 기만하지는 않는다. 자기기만은 인간의 능력이라고도 말할 수 있고, 궁극적으로 인간의 진선미라고 말할 수도 있다. 자연현상에 대해 어떤 설명과 해석을 위해 문장(텍스트)을 대입하는 것은 지독한(위대한) 자기기만일 수도 있다. 자기기만의 관점에서 신(종교)과 과학과 예술의 존재를 설명할 수도 있을 것이다.

마찬가지로 자기기만에 자기투사를 대입할 수도 있고, 자기위로를 대입할 수도 있다. 신(神)의 문제만 해도 그렇다. 자연에 대해 신을 설정한 것은 자기투사의 산물일 수도 있고, 자기위로의 산물일 수도 있고, 자기기만의 산물일 수도 있다. 인간은 스스로 신을 부르고(요청하고), 신의 음성(응답)을 듣고, 삶의 고통에 대해 스스로 위로를 받으면서 미래에 대해 희망을 품으면서(과거에 있었던 신의 창조를 믿으면서) 신을 믿고 신의 도래를 기다리는 존재이다. 시간적으로 보면, 즉 시간이 존재하는 것이라면 그 당연한(당위) 논리적(필연) 결과로서, 신은 재림하지 않으면 안 되는 존재이다. 왜냐하면 신은 이미 과거에 있었던 존재이고, 지금(현재)도 있어야 하는 존재이고, 미래에도 다가오는 존재여야 하기 때문이다. 이것이 현상학적인 궤도이다.

신의 문제와 관련해서 자기기만의 관점에서 서양철학을 회고하면, 인간은 인간종의 생존을 위해서 생멸하는 우주적 존재사건을 고정불변의 사물대상 혹은 사유존재(주체-대상)로 치환함으로써 자연을 정복하고 이용후생의 대상으로 전환시킨 것은 물론이고, 이제 스스로 인간신(人間神)이 되고자 하는 욕망에 가득 차 있다고 할 것이다. 인간의 자기기만은 도를 넘어서 자기위선으로 인류를 공멸할 위기 앞에 노출시키고 있다. 이러한 시점에서 인간신의 욕망을 제어하기 위해서는 '존재론(불교존재론)

철학의 탄생'과 이것의 '평화철학으로의 해석'이 절실하다고 할 수 있다. 이것이 심정평화철학이다.

서양철학이 지금껏 '존재(episteme)'라고 생각한 것은 실은 실재에 대해서 '가상실재'인 것으로 드러났다. 반대로 '생성(doxa)'이라고 생각한 것은 실은 실재(존재)인 것으로 드러났다. 변하는 세계에서 변하지 않는 고정불변의 실체를 찾으려는 서양철학과 기독교와 문명의 노력은 오늘날 과학기술문명을 낳았지만, 결국 자연을 인위(人爲)와 유위(有爲)로 바꾸는 노력에 지나지 않았다. 인간은 자연의 기(氣)를 이(理)로 바꾸는 환유적(치환적) 존재에 지나지 않았다. 시인과 예술가만이 이에 저항하는 족속이었던 셈이다.

인간을 포함한 모든 사물은 평등한 존재이다. 결국 우리가 대상화한 사물들을 스스로 존재하는 존재인 것이다. 인간이 단지 '존재'를 '사물'로 바꿔치기 한 것이다. 그리고 초월적인 존재로서 신을 모심으로써 인간은 만물의 영장이 되었다. 신의 발명은 인간의 최초의 발견이자 자연에 대한 최후의 보루로서 존재하고 있다. 이제 인간도, 신도 만물(자연)로 돌아가야 하는 시점이다. 이것이 바로 만물만신이다. 인류는 남성의 생산에서 여성의 재생산으로 문명의 중심을 이동하여야 한다. 존재는 이(理, 眞理)가 아니고 기(氣, 生成)이다.

앞에서도 말했지만 필자의 일반성의 철학은 "존재는 진리가 아니다"라는 아포리즘과 함께 진리의 기본적 프레임이 되는 시간과 공간마저도 없다고 생각한다. 더 정확하게는 시간과 공간도 인간(현존재)의 제도(존재자)의 일종이라고 생각한다. 하이데거가 니체를 비판하면서 형이상학의 종말과 사유의 과제로서 존재론을 추구했다면 필자는 하이데거가 완성시키지 못한 존재론의 미래로서 현상학의 종말과 사유의 과제를 다룬다고 할 수 있다.

하이데거 존재론 (존재사유의 철학)	존재적 진리(현존재)	존재에 대한 이해	존재와 시간 (시적 거주)
박정진 일반성의 철학 (심정평화철학)	"존재는 진리가 아니다."	존재는 알 수 없다	시공간이 없 다(인류 평화)

[존재론과 일반성의 철학의 비교]

하이데거는 존재의 여성성에 대해 눈길을 줌으로써 서양철학의 새로운 길을 열었다고 볼 수 있다. 하이데거의 여성성에 대한 관심은 여신 레테(Lethe), 노른(Norne) 등에 의해 표현된다.

하이데거는 존재사유와 부합하는 인물로 어머니를 든다.

"존재사유를 가르치기 위한 인물로서 하이데거가 어머니와 아들을 선택한 것은, 임의적인 것이 아니라 그의 존재사유의 특징과 부합하기 때문이다. (중략) 『휴머니즘에 관한 서한』에서 하이데거는 남성적/여성적 사유란 표현을 사용하지는 않는다. 그러나 그는 자신의 존재 사유를 기존 형이상학의 존재자-사유와 구분하면서 존재 사유를 목자와, 존재자-사유를 지배자와 연결시키고 있다. 그리고 존재사유를 다시 염려(쿠라), 알레테이아와 연결시키고 있다. 반면에 기존의 형이상학적인 사유에 근거한 세계의 모습은 '고향 상실'이라고 표현하고 있다."[2]

어머니는 모든 인류의 고향이다. 하이데거의 사유 역시 고향적인 사유이다. 유전공학의 발달로 인해 인간의 조상은 이제 '아담'이 아니라 '미토콘드리아 이브'가 되었다. 이는 미토콘드리아가 모든 세포에 존재하고, 생물의 세포증식과정에서 한 번도 유전되지 않은 적이 없기 때문이다. 유전자는 하나의 실체라기보다는 집합이고 풀이며 일종의 네트워크나 웹의 성질을 가지고 있다. 웹은 바로 여자의 자궁을 의미한다.

하이데거는 니체와 횔덜린을 통해 형이상학을 극복하고 존재론의 길을 열었다. 하이데거는 북유럽의 여신인 '노른'이 등장하는 게오르게의 시를 인용하기도 했다.

"체념은 시인으로 하여금 존재자적인 말로부터 근원적인 말로 넘어가도록 하는 계기인 것이다. 이렇게 체념은 시인으로 하여금 '언어의 본질'에 대한 추구와 그 좌절로부터, 이제는 '본질의 언어'가 스스로 말하는 것을 들을 수 있도록 변화시키는 것이다. 그렇다면 '찾을 수 없다'는 운명의 여신 노른의 말은, 시인으로 하여금 '언어의 본질'에 대한 추구로부터 '본질의 언어'가 스스로 말하는 것을 듣도록 하는 말이다. 즉, 여신 노른의 말

---

2 최상욱, 『하이데거와 여성적 진리』(철학과 현실사, 2006), 328쪽.

을 바로 존재 언어로 초대하는 말인 것이다. 이로써 우리는 시인이 자신의 언어의 왕국의 경계로부터 떠나 언어 자체의 세계로 돌아가야 하는 순간에, 이러한 여행을 가능케 하는 존재가 바로 여신 노른임을 알 수 있다."[3]

원시부족사회의 무당이 왜 여성이었을까 라는 의문은 하이데거의 존재론을 새롭게 바라보게 한다. 물론 샤먼이 여성에서 남성으로 옮겨가면서 생겨난 샤먼-킹(shaman-king)이라는 새로운 강력한 권력자인 왕은 인류가 가부장-국가사회로의 전환을 말하지만 그전의 비권력자의 모습으로 역사의 상당기간을 장식한 무당에 대한 검토를 하게 한다. 이는 오늘날 인류가 전쟁이 아니라 평화로 가기 위한 존재에 대한 근본적인 사유를 촉발한다.

하이데거는 존재를 설명하기 위해 존재의 여성성을 논한 바 있다.

"하이데거는 존재자가 아니라 존재를 사유하도록 가르치기 위해 어머니를 등장시키고 있다. 그리고 위에서 든 예문은 '존재자가 존재한다'는 것의 존재론적 의미가 무엇인지를 설명하기 위한 대목에서 나타나는 예문이다. 그렇다면 하이데거는 존재론적인 차이에 입각해 존재의 의미를 드러내기 위해 의도적으로 사과열매를 예문으로 들고 있으며, 이 사과 열매를 둘러싼 인

3   같은 책, 365쪽.

물인 여성에 대해서도 형이상학을 극복하기 위해 필요한 존재로 평가하고 있음을 알 수 있다. 그리스도교 설화에서 사과나무는 타락을 유혹하는 여성과 연결되는 데 반해, 하이데거의 경우 사과나무와 연관해 등장하는 여성은 타락의 세계로 유혹하는 자가 아니라 오히려 반대로 퇴락한 존재자의 세계로부터 존재의 세계로 인도하는 자로 나타남을 볼 수 있다. 말하자면 하이데거의 '여성'은 형이상학의 극복과 존재자의 '있음', 즉 존재에 대한 새로운 사유를 가능케 하는 인물로 묘사되고 있는 것이다."[4]

헤겔은 딸(여성)은 부모로부터 대자적인 입장을 취하지 못하기 때문에 주체적인 입장이 되지 못한다는 말을 했다.

"헤겔에 의하면, 딸은 결코 부모로부터 완전히 분리되지 않는 삶을 스스로 살아가게 된다. 딸은 스스로 자기 의식을 심화시키기보다는 가족신에 묶여 자신의 존재를 부모 안에서 실현시키려는 것이다. 이런 의미에서 헤겔은, 딸의 경우 부모로부터 '스스로의 대자적 존재'를 확립하지 못한다고 평가한다. 그리고 딸들이 가족신에 연관되어 있는 한, 딸들은 자매로서 자신의 형제들에게 아무런 '욕망(Lust)'을 느끼지 않으며, 단지 그녀가 아내나 어머니가 되었을 때 남편과의 관계 속에서 욕망을 가질 수 있다는 것이다. 그러나 위에서 언급했듯이, 부부 간의 아내와 부

---

4 같은 책, 48~49쪽.

모간의 어머니로서의 여성은 결국 자신의 고유적 존재를 실현시키지 못하는, 단지 자연적인 존재에, 그리고 자연적인 관계에 머물게 된다는 것이다. (중략) 남편과 자식은, '일반적인 의미'를 띠게 된다고 헤겔은 주장한다."[5]

반면에 남자는 보편성을 의식하는 힘을 가지고 있다고 헤겔은 말한다. "남성의 경우, 그는 '보편성을 의식하는 힘'을 지님으로써 욕구를 행하거나 그것으로부터 자유로울 수 있다는 특징을 지닌다. 남성은 가족신의 법칙으로부터 벗어나 인간적인 법칙의 세계로 나아가게 된다. 이때 남성은 '개체적 존재'로 스스로를 실현하게 된다."[6]

남성적 자아는 주체를 형성하고 남성의 대상적 위치에 서 있는 여성은 자아를 형성하지 못하고 가족신에 매임으로써 확실한 개체성을 형성하지 못한다. 헤겔에 의해 가족신에 매여서 주체적이 되지 못하는 것으로 해석된 여성의 특성은 도리어 존재론에서는 존재론적인 삶을 영위하는 장점으로 해석된다. 필자는 가족신에 매이는 여성적 특성을 '자궁적 존재'로 명명함으로써 만물의 생명으로 통하는 점임을 강조한 바 있다. 이것은 그렇기 때문에 존재론으로 통하는 것이다.

---

5   같은 책, 208쪽.
6   같은 책, 208~209쪽.

여성의 이런 특성을 여성의 '무아적(無我的) 특성'이라고 불러도 좋을 것이다. 남성은 자아-존재자적 입장이라면 여성은 무아-존재적 입장이라는 것을 헤겔은 이미 터득하고 있는 듯하다. 헤겔의 정신현상학은 절대정신을 추구하는 국가철학으로 발전하였기에 남성중심의 철학이라고 말할 수 있을 것이다. 헤겔철학은 헤겔좌파인 마르크스의 유물론으로 역전되지만 니체에 의해서는 주권적 개인에 의한 '권력에의 의지'철학으로 발전한다. 니체의 권력의 의지는 과학기술주의를 수용하면서 하이데거에 형이상학의 완성이라는 이름을 얻게 되지만 그것은 동시에 존재의 망각이라는 비판의 대상이 된다. 니체의 권력에의 의지는 지금도 서양철학에서 푸코 등에 의해 주체적 해석학의 흐름으로 계승되고 있다.

마르크스는 헤겔철학의 정신을 물질로 대체하고, 가족에서의 여성적 입장을 유물사관의 프롤레타리아계급에 적용함으로써 탄생한 철학이라고 말할 수 있다. 그런 점에서 마르크스도 여성성 혹은 여성적 입장에 선 철학이라고 말할 수 있다. 독일어로 물질(Matter)은 어머니(Mater)와 통하는 단어인 점을 상기할 필요가 있다.

하이데거의 존재론은 한편으로 니체를 수용하고 다른 한편으로는 니체를 비판하면서 등장하게 된다. 하이데거의 존재론은 남성성보다는 여성성에 초점을 맞추고 있고, 그런 점에서 여성주의 철학이라고 말할 수 있을 것이다. 하이데거가 후기에 시

(詩)철학에 심취하는 것도 바로 여성주의와 통하는 것이라고 할 수 있다. 그렇지만 하이데거는 여성을 남성의 대상으로 생각하는 것에 대해 반발하는 여권회복이나 여권신장을 부르짖는 여성의 주체화의 계열과는 달리 주체-대상의 현상학적인 대립과는 전혀 차원이 다른 길을 택하고 있다.

하이데거의 여성성은 동양의 도학(道學)이나 노장계열의 자연주의 철학과 통하는, 존재의 근본과 통하는 성격을 갖고 있다고 하지 않을 수 없다. 말하자면 '주체-대상(subject to object)'의 이분법의 아래에 있는, 보다 근본적인 근거 혹은 바탕에 대한 철학이라고 말할 수 있다. 여성에게 '주체-대상'은 이분법적으로 뚜렷하지 않다. 여성은 주체의 동일성과 대상의 동일성을 추구하지 않기에 보다 존재론적인 삶의 성격을 갖는다는 점을 하이데거는 인식한 듯하다.

여성에 대한 남성의 입장은 자연에 대한 인간의 입장과 닮았다. 그런 점에서 여성성이 자연이라면 남성성은 문명이다. 여성에게 남성은 손님이고 주인이다. 여성에게 자식은 자신의 몸을 재생시킨(부활하게 한) 진정한 신(神)이다. 그런 점에서 여성이야말로 자기 자신으로서의 '자신(自神)'을 전이해하고 있는 존재라고 말할 수 있다. 어떤 종교에서건 진정한 신앙인들이 여성에게 많은 것은 당연한 일이다. 여성은 종교를 갖지 않아도 이미 자식이라는 종교를 가진 신앙인이며 자신의 신을 가지고 있는, 차라리 '자신의 신'을 다른 종교의 남성 신들에게 빗대어(가상으로) 선물하는 존재인지도 모른다.

존재론과 여성성의 만남은 실로 여성에 대한 존재사적 해석이라고 할 수 있으며, 여성이야말로 역사적으로(집단적 권력을 형성하고 행사하지 않았다는 점에서) 존재론적인 삶을 살아왔음을 상기케 한다. 형이상학에서 존재론의 탄생은 정치적으로 여성의 권위회복과 여권신장을 이루는 상황과 함께 존재의 보다 근본적인 차원에서 이루어진 여성철학의 탄생이라고도 말할 수 있을 것이다.

그렇지만 하이데거의 존재사적인 회상은 결국 서양철학과 기독교, 서양사에 머물러 있는 단점이 있다. 그런 점에서 존재사적인 회상은 지구가 지구촌이 된 시점에서 철학인류학적인 회상으로 확장되어야 하는 역사적 사명(존재역운적 사태)에 처해 있다. 하이데거의 회상은 인류의 보다 다양한 지역과 문화권에 대한 배려와 감안이 없는 것이며, 서양문명만이 과학기술문명의 문제점을 해결할 수 있다는 오만한 태도를 보이고 있다. 이는 문제가 생긴 데서 문제를 해결하게 된다는 논리이긴 하지만 오늘날 과학기술문명의 폐해는 전 지구적인 것이며, 동양도 서구에 못지않다.

현상학의 판단정지를 통한 새로운 해석학은 여러 한계를 노출하고 있다. 헤겔의 정신현상학의 경우 역사(집단)적 회상을 통해 절대국가, 시대정신에 도달하여 국가정신(정체성)에 도달하는 것이 목표라면, 하이데거의 존재사(개체, 각자)적 회상은 '죽을 인간'이라는 실존적 한계상황을 통해 개인이 양심의 소리에 따라 살 것(양심적인 삶)을 촉구하고 있다. 이에 비해 필자의 인류학적 (인종)적 회상은 '멸종할 인간'의 상정을 통해 인류가 '멸종하지 않을 수 있는 가능성'에 관심을 두고 있다.

2. 한국철학의 완성으로서의 평화철학
— 일반성의 철학, 소리철학, 평화철학

'일반성의 철학'의 화두는 "존재는 진리가 아니다."이다. 이 말은 "존재는 존재이다"라는 뜻이다. 존재는 존재하는 것으로 충분한 것이지, 그것이 의미를 가져야 하고, 그것이 진리가 되어야 존재하는 것은 아니라는 뜻이다. 의미와 진리는 인간이 자연에 사후적으로 부여한(표상한) 것이다. 따라서 자연의 본래 있는 그대로가 바로 존재이다. 한국에서 일반성의 철학이라는 것이 탄생한 것은 한국인이 가장 자연적인 삶을 영위하는 집단이라는 데에 그 이유가 있다.

한글에서 '꾀꼬리'는 꾀꼬리라는 새가 내는 소리이자 의미이고 꾀꼬리라는 새를 가리킨다(소리=의미=기표). 말하자면 언어(기호)가 존재 자체를 드러내고(기의) 표상(기표)하는 것이다. 그런 점에서 한글은 다른 표음문자와도 다른 것이다. 소리는 있는 그대로 존재를 드러낸다는 점에서 존재의 일반성이면서 동시에 보편적인 존재론이다. 그래서 '일반적이고 보편적인' 것이다. 하이데거의 존재론의 완성은 바로 일반성의 철학, 소리철학에서 실현되었다고 할 수 있다.

한글(훈민정음)에서 소리는 바로 의미이다. 한글은 문자가 없이도 소리 자체로 의미가 통하는 말글(음성언어, 소리글자)이다. 한자문화권의 한자나 일본의 가나는 한글의 소리를 '의미'로 사용한다. 예컨대 '하늘' 천(天)에서 '하늘'은 한글의 '소리'이자 동시에 한자의 '훈(訓)=뜻'이다. 일본어의 훈독(訓讀)이라는 것은 대부분 한글의 '소리'를 말한다.

이러한 소리글자의 전통이 강한 한국의 경우 어떤 철학이 가능할까. 한글은 자연의 소리를 웬만하면 죄다 옮길 수 있는 소리글자이다. 이 말은 한글이 철학적으로 가장 자연에 가까운 존재(자연적 존재)에 밀착해 있음을 의미한다. 결국 '한글=존재'라는 등식이 성립한다. '존재의 소리'에 귀를 기울이면 일반성의 철학, 소리철학, 평화철학에 동참하는 셈이다. 한글은 개념어를 잘 만들 수 없기 때문에 한자로 개념어를 만들어 써왔다. 한글과 한자는 암수관계에 있다고 해도 과언이 아니다.

서양철학을 역사적으로 보면 그리스로마의 기독교합리주의에서 시작해 헤겔의 국가역사철학, 하이데거의 실존존재사적 철학, 박정진의 인류문화사적 철학 등으로 나눠볼 수 있다. 이들

철학은 모두 그 시대의 정신을 반영하고 있다. 독일의 경우, 근대국가의 출범을 위해서 헤겔의 역사철학, 혹은 국가철학이 필요했다면, 역사의 과도한 과학기술의존을 경고하기 위해서 하이데거의 존재사적 철학이 요구되었다. 서구의 근대철학을 보면 대륙의 합리론과 영국의 경험론, 칸트의 비판철학, 헤겔의 관념론의 완성 등이 있었지만, 어떤 측면에서는 모두 국가철학을 완성하기 위한 철학적 노정이었다고 말할 수 있을 것이다.

요컨대 우리가 '관념론'이라고 말하고 있는 것은 독일의 국가철학을, '합리론'이라고 말하고 있는 것은 프랑스의 국가철학을, '경험론'이라고 말하고 있는 것은 영국의 국가철학을, '실용주의'라고 말하고 있는 것은 미국의 국가철학을 만들어야 하는 현실적 숙명에서 고안되고 생산된 종합적 결과물이라고 평가할 수도 있을 것이다. 심지어 유물론과 공산사회주의는 마르크스에 의해 만들어졌지만 소비에트와 동구권의 국가철학으로 자리매김하였다. 물론 그 사이사이에 국가를 벗어난 위상에서 칸트나 니체와 같은 철학적 종합이나 철학적 집대성을 이룬 대철학자들도 있었다.

독일 사람은 관념을 존재(실재)로 알고, 프랑스 사람은 현상을 존재로 알고, 영국 사람은 경험(과학)을 존재로 안다. 이들의 공통점은 '실체'를 존재로 안다는 점이다. 그렇다면 한국 사람은 존재를 무엇으로 알까? 바로 정(情), 심정(心情)을 존재로 알고 있다고 말할 수 있다. 이처럼 나라마다, 문화권마다 존재를 받아들이는 내용이 다르다.

철학은 '하늘에서 떨어진 것'이 아니라 '땅에서 솟아난 것'이라는 점을 새겨둘 필요가 있다. 서양철학의 보편성이라는 것은 실은 저마다 국가철학의 완성을 위한 노정 중에 드러난 철학적 표상이었을 가능성이 높다. 달리 표현하면 '국가철학의 완성으로서의 세계철학에의 기여'라고 말할 수 있다. 어떤 나라의 철학자라고 하더라도 국가의 주체성이 있다면 당연히 국가철학은 세계철학이 되고, 세계철학은 국가철학이 되는 이중가역성을 띠지 않을 수 없다. 이는 서양철학사가 증명해주고도 남음이 있다.

특히 지금 세계를 지배하고 있는 미국의 실용주의마저도 미국의 국가철학이라는 관점에서 볼 필요가 있다. 가까운 일본의 니시다 키타로의 '절대무(無)의 철학'도 자신도 모르게 일본의 군국주의를 철학적으로 지원한 성과라고 볼 수도 있다. 어떤 철학자도 자신이 몸담고 있는 거주지의 철학적 전통이나 토대, 그리고 현실적 요구를 외면할 수 없다. 철학은 구체적인 삶에 대해 지표를 찾는 것이고, 결과적으로 삶에 대한 이성적 해석인 것이다.

그런 점에서 박정진의 '평화의 철학'(일반성의 철학, 소리의 철학, 여성철학, 생태철학)이라는 것도 실은 한국인의 역사적 전통과 수많은 피침(被侵)으로 인한 평화에 대한 염원이 시대정신으로 형상화된 것이라고 볼 수 있다. 평화철학은 한국의 국가철학을 만드는 과정에서 발생한 철학이라고 말할 수 있다. 말하자면 '평화'라는 것은 수많은 피침을 받은 국가적 운명을 극복하고자 하는 염원과 함께 세계적 평화를 실현하고자 하는 염원의 양면적 의미를 가지고 있는 것이다.

세계 여러 나라의 국가철학은 지배철학이었다고 말할 수 있다. 평화철학은 평화를 사랑해온 한민족의 일원이 세계에 내놓을 수 있는 국가철학이지만 그것 자체가 내용 면에서 지배철학이 될 수 없다는 점에서 그것의 효용성에 현실적 한계를 지니고 있는 철학이다. 특히 강대국들과 현재의 지배철학이 동의하지 않으면 평화철학은 무용지물이다. 효용성을 극도로 따지는 현대에서 평화철학은 아예 '무용지물의 철학'이라고 말할 수도 있다.

그러나 세계가 크고 작은 전쟁과 핵전쟁에서 벗어나려면 평화철학이 세계인에게 받아들여지는 날이 도래하여야 할 것이다. 평화철학은 지배철학의 사이에서 생겨난 국가철학의 '경계의 철학'이라고 말할 수 있다. 세계가 지구촌이 된 현실에서 기존의 국가철학 혹은 세계철학을 뛰어넘을 수 있는 철학이 필요한 시점이다. 이러한 필요에 부응하는 철학의 하나로서 평화철학의 존재이유가 있다.

현대의 인류가 직면한 문명사적 위험, 인류공멸의 위험도 평화철학의 완성에 시대적·환경적으로 힘을 보태고 있다고 볼 수 있다. 과학기술문명의 발전과 가공할 핵무기 등은 인류공멸의 염려를 자초하고 있고, 그러한 종말적 상황을 맞아 평화철학은, 즉 인류문명사를 통시적으로 꿰뚫어보면서 동시에 그러한 위험의 공시적인 성격을 아우르는 인류학적 철학(철학인류학)의 대두로 볼 수 있을 것이다.

과학기술만능 이후에야 과학기술의 의미와 위험성을 제대로 파악할 수 있게 되는 것은 '사이-존재로서의 인간(人間)' 혹은 '경계-존재로서의 세계(世界)'라는 말이 풍기듯이 하늘과 땅의 사이에서, 혹은 모든 사물을 경계 지움으로 자신의 정체성을 실현해온 인류의 삶의 양식인 것이다.

여기서 헤겔의 정신현상학과 하이데거의 존재론, 박정진의 철학인류학적 작업으로서의 평화철학은 간략하게 비교하는 것은 인류철학의 전체적인 풍경을 조망하면서 미래철학을 가늠하는 기회가 될 것으로 보인다. 헤겔의 정신현상학은 역사(집단)적 회상을 통해 '절대국가'를 도출하고 있고, 국가정신(정체성)을 형성하는 것을 목표로 했다고 할 수 있다. 하이데거의 존재론은 존재사(개체, 각자)적 회상을 통해 '죽을 인간'이 개인의 양심을 회복함으로써 스스로 구원을 받을 수 있는 인간이 되는 것을 염원했다고 볼 수 있다. 박정진의 평화철학은 인류학적(인종, 문화) 회상을 통해 '멸종할 인간'을 염려하면서 '멸종하지 않는 가능성'을 모색했다고 볼 수 있다.

헤겔의 정신현상학	역사(집단)적 회상	절대국가	국가정신(정체성) 형성
하이데거의 존재론	존재사(개체)적 회상	죽을 인간	개인의 양심적인 삶
박정진의 평화철학	인류학적(인종) 회상	멸종할 인간	멸종하지 않을 가능성

[현상학 및 존재론적 회상의 차이들과 목표]

서양이 주도하는 현대문명은 오늘날 과학기술적 유토피아에 빠져 디스토피아(dystopia)에 대해서는 눈을 감고 있다. 이것은 무엇을(이상을) 잡거나 소유하지 않으면 존재를 느끼지 못하는 인간의 소유적 생존방식의 결과라고 하지 않을 수 없다. 기독교의 전지전능한 절대유일신은 이제 물신(物神)이 되어버렸다.

원주민사회(원시미개부족사회)의 애니미즘을 보고 물신숭배(物神崇拜, fetishism)에 빠졌다고 비난했던 서양 사람들은 정작 자신들이 물신숭배에 빠져든 것을 모르고 있는 셈이다. 결국 인간은 자신을 사물에 투사하여 사물을 해석하는 존재라는 것을 입증한 셈이다. 그러한 점에서 인간은 자기모순적인 존재이다.

"인류는 농업혁명으로 동식물을 침묵시키고 애니미즘이라는 장대한 경극을 인간과 신의 대화로 바꾸었다. 그런데 인류는 과학혁명을 통해 신도 침묵시켰다. 세계는 1인극으로 바뀌었다. 인류는 텅 빈 무대 위에 홀로 서서 홀로 말하고, 아무와도 협상하지 않고, 어떤 의무도 없는 막강한 권력을 획득했다. 물리, 화학, 생물의 무언의 법칙들을 해독한 인류는 지금 이 법칙들을 가지고 자신이 원하는 대로 하고 있다."[7]

그러나 유발 하라리의 인간신(Homo Deus)은 자기 내부에 '자기파멸의 신'을 내재하고 있는지 모른다. 인류의 제1, 2차 세

---

7 유발 하라리, 김명주 옮김, 『호모데우스』(김영사, 2017), 139~140쪽.

계대전은 이를 잘 말해준다. 당시보다 더 가공할 핵무기체계를 가진 21세기 인류는 패권경쟁 혹은 권력경쟁이라는 자기욕망에 따라 전쟁과 파멸로 치달을 수도 얼마든지 있다.

"농업혁명이 유신론적 종교를 탄생시킨 반면, 과학혁명은 신은 인간으로 대체한 인본주의 종교를 탄생시켰다. 유신론자들이 '테오스(theos, 신을 뜻하는 그리스어)'를 경배하는 반면, 인본주의자들은 인간을 경배한다. 자유주의, 공산주의, 나치즘 같은 인본주의 창립이념은 호모 사피엔스는 특별하고 신성한 본질을 지니고 있으며 우주의 모든 의미와 권위가 거기서 나온다는 것이다. 세상에서 일어나는 모든 일은 호모 사피엔스에게 미치는 영향에 따라 선 또는 악이 된다. 유신론이 신을 내세워 농업을 정당화했다면, 인본주의는 인간을 내세워 공장식 축산농장을 정당화했다."[8]

농업이 '유신론'을 탄생시켰다고 하는 것은 신의 탄생을 너무 단순화한 점이 없지 않다. 더욱이 '신'이라는 존재자체도 인간의 발명일 수도 있다는 점에서 유신론과 인본주의를 대별하는 것은 문제가 없는 것도 아니지만, 유발 하리리가 주장하고자 하는 인본주의는 현대문명의 특징을 잘 드러낸다는 점에서 유의미하다.

---

8 같은 책, 142쪽.

처음부터 인간은 신을 내세워 자신의 소유와 권력을 도모하였고, 결국 신의 자리까지 빼앗는 본색을 드러냈다고 볼 수 있다. 유신론이든, 인본주의든 결국 인간의 힘을 강화하고 증대하는 전략이었고, 자유주의, 공산주의, 나치즘 등을 내세워 패권주의를 일삼은 인류는 스스로의 모순에 의해 전체주의 혹은 파시즘의 나락으로 빠져들 우려가 다분하다.

바로 이러한 현대과학기술문명의 인간신의 등장에 때맞추어 우리는 원시부족의 애니미즘에 대한 새로운 주목과 문명의 원시반본적 사유를 떠올려보는 것이다. 자연에 대한 원시반본적 사유, 애니미즘의 사유야말로 '문명으로부터의 소외'라는 병으로부터 인간을 치유할 수도 있을 것이기 때문이다. 인간은 신(神)과 물(物)을 서로 떼어놓음으로써 그 틈(사이)을 비집고 들어가서 인간의 힘을 팽창시키는 현상학적 이익을 거두었지만, 이제 인간성의 균형과 안정과 행복을 유지하기 위해서라도 자연적 존재로의 귀향을 시도하지 않을 수 없다.

이러한 때에 즈음하여 애니미즘의 만물만신의 입장은 '신'과 '물'을 일원적인 것으로 봄으로써 자연적 존재, 즉 존재론으로 향하게 한다. 애니미즘과 함께 샤머니즘은 바로 존재론의 미래로서 우리 앞에 다가오고 있다. 원시와 과학기술문명은 다시 하나가 되어야만 인간의 전인성(全人性)을 회복할 수 있을 것이다. 공장축산은 인간의 동물성에 크게 상처를 주는 것은 물론이고, 동물성을 기계성으로 대체함으로써 인간소외와 허무주의를 극대화하는 비인간성의 절정을 이루고 있다.

서양문명은 헬레니즘(그리스철학)과 헤브라이즘(기독교)을 포함해서 오늘의 과학기술문명에 이르기까지 모두 동일성(실체)을 극단적으로 추구해온 문명체계라고 말할 수 있다. 기독교의 신은 당연히 동일성의 논리에 따라 기계로 대치되었고, 인간의 생물학적 진화도 마치 기계인간이 이어받을 것처럼 전망하고도 아무렇지도 않은 표정을 짓고 있다. 서양의 '차이의 철학'이라는 것도 실은 실체가 있는 것의 차이의 철학이라는 점에서 진정한 차이의 철학, 생성적 차이의 철학은 아니라고 할 수 있다. 자연(세계)은 실체(주체-대상)가 없는 생멸의 세계이다. 이것이 자연적 존재론, 동양적 도학의 순환의 세계이다.

동양에서 수입해간 도학을 서양철학의 문맥에서 해석하여 문제를 해결하겠다는 발상은 여전히 서구중심적인 사유이다. 그러한 점에서 서양철학을 '현상학적 철학'이라고 규정한 필자의 태도는 더욱더 자명해지고 있다. 또한 동양의 도학을 '존재론'으로 규정한 것도 자명한 이치이다. '자연적'이라는 것을 '자연과학적' '이성적' 의미와 동의어로 사용하는 서양의 과학기술문명은 스스로의 한계, 스스로의 감옥에 갇힌 셈이다. 자연은 실체가 없는 전체성의 역동적 운동이다. 역동성(dynamism)은 역사적 시퀀스를 따라 정반합으로 나아가는 변증법(dialectics)과는 다른 것이다.

도학(道學)의 고향, 자연과학주의가 아니라 자연주의의 고향은 동양이다. 하이데거의 존재론은 자칫 잘못하면 동양에서 아이디어를 가져간 것을 숨기는 어설픈 서양의 도학이라는 비난을 면치 못할 것이다. 하이데거의 존재론은 생성을 가상세계 혹은 파생세계(doxa)로 보는 것에서 반전을 시작하였지만, 여전히 기운생동의 생성의 세계를 인정하지 못하고 존재(episteme)를 고집하는 성격이 잔존해 있다.

하이데거의 존재(Sein, Being)가 초월적인 성격을 내포하면 수많은 말놀이에도 불구하고 결국 존재론의 진면목에 들어갈 수 없을 것이다. 하이데거의 한계는 여전히 신과 물 자체를 하나로 만들지 못하는 것에 있다. 말하자면 만물만신의 경지에 이르지 못한 것에 맹점이 있다. 그런 점에서 존재론은 샤머니즘에서 미래를 찾을 수밖에 없다. 인간존재가 본래의 자연, 본래존재로 돌아가는 길은 그동안 인간이 원시 혹은 미개 혹은 미신의 세계라고 비하했던 바로 그것에 있다. 그런 점에서 철학적 원시반본이야말로 서양철학 혹은 인간의 철학을 회생케 하는 길이 될 것이다.

종래의 서양철학, 즉 현상학이 인간을 주체로 삼고 사물을 대상으로 보는 것은 마치 인류문명사로 볼 때 남성이 주체(주인의 입장)가 되어 여성을 대상으로(여성을 자신의 소유물로) 삼는 것에 비유할 수 있다. 가부장-국가사회와 그 이전의 모계사회는 철학적으로 보면 현상학과 존재론의 관계와 같다.

이상의 철학적 성격을 인류문명사적으로 조망하면 〈존재

자-남성적-지배적-문명적-대뇌적-좌뇌적 사유〉〈존재-여성
적-피지배적-자연적-신체적-우뇌적 사유〉라는 기표연쇄가 가
능하다. 인류문명사로 보면 인류의 가족제도가 모계제에서 가
부장제로 변한 것으로 추정되고 있는데 철학의 발전도 이러한
가족제도의 변화와 궤를 같이하고 있는 것으로 해석된다.

오늘날 남성적 성격의 과학기술문명이 정점에 이른 것과 함
께 존재망각의 시대에 접어든 시점에서 다시 여성적 성격의 존
재론을 떠올리는 것은 아마도 세계가 하나가 된 지구촌의 환경
에서 이른바 하이데거 식의 존재역운적 사태의 일환으로서 존
재론적 사유가 필요하기 때문인 것으로 보인다. 이제 여성적 철
학이 등장하지 않으면 인류가 패권경쟁으로 인해 생존에 큰 위
기를 겪을 전망이다.

가족-국가제도	철학	존재자-남성적/존재-여성적	신과의 교감
가부장-국가사회	현상학	존재자-남성적-지배적-문명적-대뇌적-좌뇌적(존재자적 사유)	천지 사이에서 사제적(司祭的) 지위의 필요
원시모계사회	존재론	존재적-여성적-피지배적-자연적-신체적-우뇌적(존재론적 사유)	인간각자의 천지에 대한 실존적 교감

[가족-국가제도와 현상학과 존재론의 특성]

인류문명의 과학기술화와 함께 고등종교는 사제집단을 통
해서 종교를 권력화·제도화해왔다. 가부장-국가사회는 가부장
의 신을 더욱 더 절대화하였으며, 이것은 남성이 여성을 혹은
'여성의 신'을 혹은 '신인 여성'을 신으로부터 격리시키거나 소

외시킨 사건이라고 할 만하다. 남성은 정치와 종교에서 완전히 권력을 장악하고, 여성을 죄악의 원인이 되거나 쉽게 죄악에 연루되는 것으로 경계하도록 하였다. 가부장사회는 모계사회의 관습이나 특징들을 모두 부정적인 것으로 몰아갔다.

이것은 인간으로 하여금 자연으로부터 멀어지는 결과를 초래했으며 오늘날 과학기술문명의 세계로 몰아세우는(ge-stell) 문명적 위기상황을 초래하게 했다. 그렇지만 인간은 여전히 자연적 존재이며, 집단생활을 하는 생물종이며, 인간의 자연성은 남성보다는 여성에 의해 보존되고 있다. 그 까닭은 여성은 여전히(아직도) 잉태의 기능(역할)을 하고 있다는 점과 관련이 있다.

여성의 잉태는 원시시대나 지금이나 마찬가지이다. 여성은 잉태를 통해서 인간의 본래모습을 보존하고 있으며, 바로 그 모습이야말로 본래존재의 모습이다. 그런 점에서 여성은 여전히 살아 있는 자연이며, 살아 있는 예술이며, 살아 있는 종교이다. 생명을 탄생시키는 여성의 재생산을 통해서 우리는 남성적 생산(공장생산)의 권력적 의미를 깨닫게 된다. 인간은 여성을 통해서 파악할 수 있듯이 자연과의 교감의 존재이다. 여성과 만물은 남성의 시각적 대상 혹은 시각적 구성의 대상이 아니라 본래존재임을 알 수 있다.

남성은 여성의 '자궁적 존재'의 의미를 대뇌의 '의식의 존재'보다 하위에 두었으며, 끝내 인간의 문명을 '의식의 자궁'으로 탈바꿈시켰으며, 그 결과 오늘날 과학기술사회를 만들어냈다. 이는 결국 도구적 인간의 길이었다. 말하자면 철학-과학의 길은 인간을 '도구적 인간(Homo Habilis)'으로 변화시켰다고 할 수 있다. 그러나 이것을 '자궁의 의식'으로 다시 탈바꿈시키면 다시 인간으로 하여금 '놀이적 인간(Homo Ludens)'으로 복귀시킬 수 있을 것이라고 생각된다. 놀이적 인간은 결국 '종교적 인간(Homo Riligiosus)'으로 될 때 원시반본이 된다.

인간 각자는 이제 원시고대부족사회의 하늘의 신부가 된 여성처럼 '인중천지일의 인간' 혹은 '자기-내-존재'가 되어 자연의 천지합일(天地合一)의 존재가 되어야 한다. 이때의 천지합일은 천지(天地) 사이(間)에 있는 '사이(間, 실체)-존재'로서의 인간이 인위유위(人爲有爲)의 길을 개척하는 것이 아니라 생멸하는 존재인 '사이(空, 空집합, 틈)-존재'로서의 인간이 무위자연(無爲自然)의 길을 가는 '인간이 바로 천지'인 '인내천(人乃天)의 길'이다. 존재는 공이고, 공집합이다.

라캉의 실재와 하이데거의 존재는 같은 것이다. 그러나 서양문명의 문제는 바로 실체이고, 가상실재를 실체라고 생각하는 데에 있다. 그래서 라캉이 말하는 실재와 하이데거의 존재는 실체의 사이에서 완전한 실재가 되지 못한다. 서양철학의 실재와 존재는 동양의 도학이나 불교적 존재, 혹은 자연적 실재나 생멸하는 존재 그 자체가 되지 못한다.

세계를 이분화한 주체-대상에서 벗어나야 참다운 존재에 도달할 수 있다. 주체-대상을 설정해놓고 그것을 초월하는 것은 결코 존재 자체가 될 수 없다. 마찬가지로 초월적 존재를 설정해 놓고 주체와 대상을 벗어나서 존재 자체가 달성될 수 없다. 남성의 〈시각-언어-페니스〉의 기표연쇄는 결코 존재 자체가 될 수 없다. 여성의 〈청각-상징-버자이너〉의 기의연쇄야말로 존재 그 자체이다.

인류역사에서 그동안 남성이 존재자적인 삶을 영위해왔다면, 여성은 존재론적인 삶을 영위해왔다고 말할 수 있다. 그래서 남성은 "존재자가 존재한다."는 이성적인 삶의 태도를 가진 반면 여성은 "존재는 존재한다."는 감성적 삶의 태도를 가졌다. 인간이 존재론적인 삶을 살려면 바로 여성적인 삶의 태도가 절실한 입장이다. 여성을 통해서, 여성적 존재를 통해서 인간은 각자가 하늘로 통하는(교감하는) '각자의 사제'가 될 수 있다. 이는 '각자의 메시아의 길'이다.

더 이상 남성은 계급으로써, 정치적 권력으로 인간(여성)을 억압해서는 안 된다. 또한 사제계급이 되어 하늘과의 소통을 독점하고, 자신만의 '말(라틴어나 한자)의 특권'을 무기로 인간으로 하여금 하늘과의 직접 소통과 교감을 차단하고 소외시켜서는 안 된다. 존재론적인 삶의 모습이란 바로 '철학-과학'의 삶이 아니라 '시-예술' '신-종교'의 삶이다. 예술과 종교가 하나 된 삶의 모습이 바로 무당의 모습이다.

온몸으로 살아가는 여성적 삶의 태도는 마치 무당이 공수(空手: 신탁)를 받으려고 온몸으로 굿을 벌이는 것에 비할 수 있다.

인간은 문명화되기 이전에는 이미 존재론적인 삶을 살았고, 그 삶의 흔적이 샤머니즘과 무당이라는 것으로 우리에게 기억되고 있음을 새삼스럽게 깨닫게 된다. 미래의 인류는 마치 여성이나 무당처럼 자신의 몸과 마음을 우주(자연)를 향하여 열어야 한다. 그러면 우주는 스스로의 답을 인간에게 줄 것이다.

철학적으로 보면 대뇌는 '의식(현상학)의 자궁'이라고 말할 수 있을 것이다. 인간은 문명화되면서 여성적인 '무의식(본능)의 자궁'에서 점차로 의식의 자궁 쪽으로 중심이동을 하면서 삶을 영위해왔다고 볼 수 있다. 존재(It)가 자신을 주고(gibt) 있는 존재 역운적 사건에 열린 마음으로 우리 자신을 맡겨보도록 하자. 그러면 기존의 형이상학적 방식이 아닌 다른 방식으로 말 건네오는 존재의 소리를 들을 수 있을 것이다.

이러한 '존재의 소리'에 응한, 존재론적 차이를 맞갖게 실어나르기 위해 최선의 노력을 다한 결과를 그동안 필자는 일반성의 철학으로 정리해보았다. 필자의 일반성의 철학은 오늘날 다시 네오샤머니즘의 이름으로 여기서 새롭게 선을 보이고 있다. 네오샤머니즘은 존재론의 미래로서 가능성을 담고 있다. 이는 '의식의 자궁'이 아니라 '자궁의 의식'이라고 뒤집어서 말할 수 있다.

빛은 입자이고 파동이다. 말하자면 빛은 파동이면서 입자인 이중성의 존재이다. 파동의 빛은 기운생동의 존재이고, 입자의 빛은 실체(동일성)의 존재이다. 빛의 입자성(실체성)을 추구하면 실체를 볼 것이고, 빛의 파동성을 추구하면 파동(소리)을 들을 것이다. 빛은 결국 존재이면서 존재자이다. 파동(소리)은 존재이다. 파동의 소리를 듣는 철학이야말로 존재론의 철학이라고 할 수 있다. 존재(자연)의 소리를 듣고 때를 기다릴 줄 아는 사상이야말로 샤머니즘이다. 여성이야말로 존재의 소리를 들을 줄 아는 존재이다.

네오샤머니즘은 '권력에의 의지'사회에서 버려두었던 여성성의 회복일지도 모른다. 샤머니즘은 바로 그 여성성과 통한다. 샤머니즘은 자연과 함께 살아가는 도(道), 여성의 도, 생활의 도이다. 존재진리의 발생사건과 인간의 응답! 미래를 위한 우리의 사유의 과제는 여기에 있다. 존재의 소리를 들을 줄 알면 저절로 자연친화적이 되고, 그러한 세계야말로 평화를 추구하게 될 것이다.

아무리 고도로 발달한 인간의 기술과학시대라고 하더라도 반드시 인간의 지식의 밖은 있기 마련이다. 인간은 '세계-내-존재'일 뿐만 아니라 동시에 '세계-밖-존재'이다. 무한대는 무한소이듯이 '밖'은 '안'과 통한다. 그 무한소의 '안'이야말로 바로 자연적 존재이고, '권력에의 의지'사회에서 버려두었던 여성성일지도 모른다. 샤머니즘은 바로 그 여성성과 통한다. 샤머니즘은 자연과 함께 살아가는 도(道), 여성의 도, 생활의 도이다. 요즘 철학으로 말하면 에콜로지(ecology)철학이라고 할 수 있다.

인간은 신에게 지피든, 귀신에게 지피든, 아니면 생각에 지피든, 무엇에든 지피는 존재이다. 물론 지피는 존재가 자기 자신일 수도 있다. 말하자면 자기가 만들어놓고, 자기가 그것에 지피는 것이다. 인간 종을 다른 동물 종과 구별을 하면 결국 어떤 존재(It)에 지피는 존재현상이라고 볼 수 있다. 그러한 점에서 샤먼은 인간 종의 일반적이고 보편적인 특성이라고 볼 수도 있을 것이다.

그런 점에서 샤먼현상, 신 지피고 풀고 하는 것은, 미신적인·비과학적인 어떤 행위나 사건이 아니라 인간존재의 존재론적 사건, 존재사태인 셈이다. 샤머니즘의 관점에서 보면 하이데거는 '서양의 샤먼'이라고 말할 수 있을 것이다. 인간은 각자가 샤먼이 되어야 한다. 이는 인간이 각자 메시아가 되어야 하는 것과 같다. 이제 인간은 신이다. 이를 '신인(神人)이라고 명명할 수 있을 것이다. 니체는 만약 신이 있다면 내가 신이 되지 못하는 것을 어찌 견딜 수 있을까, 라고 반문하면서 결국 "신은 죽었다"라고 선언하고, 초인이 되어야 함을 역설했다.

인간은 기독교의 절대유일신과 같은 성격의 신은 될 수 없다. 그러나 인간은 만물만신(萬物萬神)이라는 관점에서 신이 될 수 있다. 아니, 만물은 이미 각자가 신이다. 이것이 바로 샤머니즘의 범신(汎神)이다. 존재론의 미래는 바로 만물만신이다. 인간은 '죽을 사람'으로 불안에 휩싸이는 실존적 존재가 아니라 본래자연, 본래 신으로서 우주에서 생멸하는 존재이다. 생멸하는 존재야말로 '존재자의 신'이 아니라 '존재의 신'이다.

니체가 "신은 없다"라고 말하지 않고, "신은 죽었다"라고 말하고, 필자가 "메시아는 없다"라고 말하지 않고, "메시아는 더 이상 오지 않는다"라고 말한 것은 인간이 각자 신이 되어야 하고, 인간이 각자 메시아가 되어야 함을 내재하고 있는 것이다. 인간과 만물은 지금도 생멸하는 신체를 가진, 각자성과 구체성과 생명성을 가진 존재이다. 세계는 있고 없음의 '유무(有無)의 존재'가 아니라 생멸하는 '생성(生成)의 존재'이다. 유무의 존재는 현상학적인 차원의 존재규정이고, 생성의 존재는 존재론적인 존재자각이다.

하이데거의 '세계-내-존재'는 생명의 궁전인 '자궁-내-존재'를 거쳐 생명을 내포하면서 '자기-내-존재'로 변신해야 한다. 이렇게 해야 생멸하는 존재의 진면목을 놓치지 않으면서 자기-내-존재가 될 수 있다. 이때 '자궁-내-존재'를 거쳐서 '자기-내-존재'로 나아가야 하는 이유는 자궁을 통해서만이 발생학적인 존재의 각자성과 구체성과 생명성(만물생명)과 소통하고 교감할 수 있기 때문이다. 자궁-내-존재에 대해서는 필자가 이미 여러 책에서 피력한 바 있다.[9]

주로 과학기술문명의 기계성에 대비되는 개념으로서 인간

---

9 박정진, 『평화의 여정으로 본 한국문화』(행복한출판사, 2016), 171~174, 366~372쪽; 박정진, 『여성과 평화』(행복한에너지, 2017), 253~254쪽.

의 생명은 물론이고, 특히 존재의 생명성에 대한 논의를 하면서
제안한 개념이다. 그동안 인류문명은 남성중심의 가부장적 사
유 때문에 공장생산에 대해서는 과도한 가치부여를 해왔지만
여성의 자궁적 존재에 대해서 무시하거나 폄하해왔다. 또한 우
주전체의 생명성에 대한 견해를 될수록 묵살해왔다. 여성은 남
성에 비해서는 자궁을 가진 존재로서, 평화적 존재로서의 비중
이 크다. 여성은 자궁-내-존재이기 때문에 자기-내-존재에 쉽
게 다가갈 수 있는 장점이 있는 반면 거꾸로 가족주의로 인해서
역사나 국가발전에 대해서는 둔한할 수도 있다.

여성은 세계-내-존재에 대해서는 무감각해질 수도 있다. 그
렇기 때문에 여성은 그동안 역사와 과학에서는 크게 두각을 드
러내지도 못했고, 그나마 쌓은 공적도 부각되지 못했다고 볼 수
있다. 그러나 세계가 지구촌이 된 시점에서 다시 남성성보다는
여성성을 요구하고 있다. 핵무기 등 대량살상무기가 개발된 시
점에서 전쟁은 인류의 공멸로 이어질 위험이 크다. 이에 호모사
피엔스의 안녕을 위해서도 여성성의 부각과 함께 평화를 향한
큰 발걸음을 요구하고 있다. 이러한 때에 자기-내-존재로서의
인간을 이해하는 것은 인류평화와 이해의 증진에 크게 기여할
것으로 보인다.

세계는 본래 자기 자신이다. 그러한 점에서 필자가 앞에
서 새롭게 인간을 규정한, 자기 위로적-축복적 존재(Homo
religiosus), 자기 투사적-도구적 존재(Homo Habilis), 자기 기만

적-놀이적 존재(Homo Ludens)는 서로 순환적인 관계에 있게 된다. 이들은 천지인사상과 같은 모습을 보인다. 이것은 철학의 새로운 종합이면서 동시에 원시반본이라고 할 수 있다. 말하자면 철학의 온고지신 혹은 지신온고이다.

이들 인간의 세 가지 존재적 특성 가운데 가장 원시적이고 근본적이고 심층에 있는 것은 종교적 특성이라고도 할 수 있는 '자기 위로적-축복적 존재'일 것이다. 그다음이 예술적 특성이라고도 할 수 있는 '자기기만적-놀이적 존재'일 것이다. 실지로 종교적 존재와 예술적 존재의 흔적과 유물은 알타미라 동굴벽화[10]와 라스코 동굴벽화[11] 같은 곳에서 거의 동시에 발견되기도 한다. 종교행위가 예술행위가 되고, 예술행위가 종교행위가 됨으로써 실지로 우선순위를 매길 수는 없다.

제일 마지막에 형성된 것이 '자기 투사적-도구적 존재'일 것이다. 그러나 이것도 자신할 수는 없다. 인간의 종교도 자기투사의 현상일 수 있고, 도구적 존재로서의 흔적도 고고학적 발굴

---

10 알타미라 동굴벽화는 '알타미라 동굴과 스페인 북부의 구석기시대 동굴 예술'이라는 이름으로 1985년에 유네스코 세계문화유산에 등재되었다. 알타미라 동굴과 스페인 북부의 17개의 구석기시대 동굴벽화를 포함한 이 문화유산(기원전 35000년부터 기원전 11000년까지)은 우랄산맥으로부터 이베리아반도에 이르는 유럽 전역에서 발달한 구석기시대 동굴예술의 최고절정을 보여준다고 한다. 알타미라동굴벽화는 1879년에 발견됨.

11 라스코동굴벽화는 프랑스 도르도뉴 지방에서 발견된 구석기시대 동굴의 벽화(기원전 15000년부터 기원전 13000년까지)이다. 1940년에 발견된 구석기 유적으로서 말, 사슴, 들소 등 약 100여 점의 동물상이 그려져 있다. 사냥의 성공과 풍요를 비는 벽화로 알려져 있다.

에서 거의 동시에 드러날 때도 많기 때문이다. 도구의 가장 획기적인 발명이 언어의 사용이라고 한다면 신의 발명도 언어가 없이는 불가능하다고 할 수 있다. 이렇게 보면 세 존재적 특성은 선후를 가릴 수 없다. 이들은 서로 가역적이고 순환적이다.

천지인	문화장르	인간의 특성	내용
천리(天理)	철학과 과학	자기투사적-도구적 존재	보편성의 철학(Homo Habilis)/ 말 놀이(logomenon)=풀이=해석
인화(人和)	시와 예술	자기기만적-놀이적 존재	삶=예술=퍼포먼스(Homo Ludens)/ 풀이-놀이 복합놀이
지기(地氣)	신과 종교	자기위로적-축복적 존재	종교적 인간(Homo Religiosus)/ 몸 놀이(dromenon)=놀이=의례

[천지인사상과 인류문화]

필자의 철학인류학은 인간존재를 거시적으로 '자기-내-존재'로 규정하는 한편 미시적으로는 문화를 학문(과학)과 예술(시)과 종교(신)로 나눔에 따라 결국 인간존재를 '자기투사적-도구적 존재' '자기기만적-놀이적 존재' '자기위로적-축복적 존재'로 세분하는 총체적인 모습을 보이게 된다. 다시 말하면 자기-내-존재를 확대하면 세 종류의 존재가 되고, 후자를 다시 환원시키면 자기-내-존재가 되는 것이다.

필자의 철학인류학은 이러한 분류와 함께 남성중심의 철학을 여성중심으로 옮기는 작업을 하고 있는 셈이다. 인류는 이제 세계의 〈초월성과 추상성과 기계성과 언어성〉의 남성중심의 철학에서 세계의 〈내재성과 구체성과 신체성과 존재성〉의 여성중심의 철학으로 돌아가야 한다. 이것은 철학의 원시반본인 동시에 남성중심의 〈신들의 전쟁〉을 〈신들의 평화〉로 바꾸는 작업을 병행하는 것이다.

서양문명이 신봉하는 언어와 기계는 존재가 아니다. 서양의 언어학과 자연과학은 그런 점에서 존재와는 거리가 멀다. 존재는 자연의 신체일 따름이다. 만물은 신체로 생성되었고, 지금도 생멸하고 있다. 이때의 신체는 우리가 이미 '대상으로 바라본 육체나 물질'이 아니라는 점을 명심할 필요가 있다. 세계를 대상으로 바라보지 않으면 이미 존재를 접하고 있는 것이다. 서양철학은 자신도 모르게 본능적으로 존재를 대상으로 바라보면서 존재(존재자체)를 찾는 '자기를 바라보지 못하는 맹점(盲點)'에 빠져들었다.

서양문명은 결국 '타자의 철학'이고, '타자의 신학'이고, '타자의 종교'가 된다. 이에 비해 동양문명은 결국 '자기의 철학'이고, '자기의 신학'이고, '자기의 종교'가 된다. 타자의 철학은 물리학과 과학을 만들어내고, 자기의 철학은 음양오행과 주역을 만들어냈다. 타자의 철학은 언어의 철학이고, 자기의 철학은 신체의 철학이다. 타자의 철학은 초월적이고, 자기의 철학은 내재적이고, 타자의 철학은 현상적이고, 자기의 철학은 존재적이다. 하이데거의 존재론은 동양의 도학을 향한 서양철학의 본격적인 발걸음이었던 셈이다.

인간 각자가 자기-내-존재임을 깨달을 때, 또한 만물도 모두 자기-내-존재라는 존재이해를 하게 될 때, 인간은 실로 겸손해질 수 있으며, 자기와 다른 어떤 세계도 인정하고 교통·교감할 수 있으며, 공생·공존할 수 있으며, 상호간에 평화를 유지할 가능성이 있을 것이다. 자기-내-존재라는 것은 실은 세계-내-존재보다 열린 세계를 가정하고 있는 것이다. 세계-내-존재는 사유의 전체성과 절대성과 초월성을 전제하고 있기 때문에 닫혀 있을 수밖에 없지만, 자기-내-존재는 그러한 것을 전제하지 않고 있기 때문에 열려 있을 수밖에 없다. 자기-내-존재는 변증법적인 세계가 아니라 역동적인 세계이다. 존재론의 무(無) 혹은 공(空)의 세계를 현상학적으로 보면 무한대가 된다. 무한대는 실체(순간)가 있는 것의 끝없음(영원)이다.

물리적 현상이든, 심리적 현상이든, 역사적 현상이든 모든 현상은 무시무종(無始無終)의 존재, 무(無)의 존재를 어떤 지점(시공간의 포인트)에서 끊어서 유시유종(有始有終)의 존재자 혹은 사물로 끊어서 생각하고 이용하고 만드는 것이다. 그러한 과정에서 언어는 그 끊음(시작과 끝)의 도구로 사용된다. 그 끊음의 지점은 항상 하나의 경계(境界)로서 애매모호하고 혼돈스럽지만 동시에 명석판명(明晳判明)한 것으로 동시에 사용하게 된다.

바로 그 명석판명한 것이 유시유종의 세계로의 환원이며, 모든 환원은 따라서 새로운 신기원을 이룬다. 그래서 종래(과거)의 판단을 없애고(판단정지 시키고) 다시 새로운 판단을 하는(신기원을 이루는) 것이, 새로운 설명을 시작하는 것이 신기원이다. 현상학은 결국 모든 존재를 하나로 설명(설명체계)으로 환원시키는 것이고, 그 하나는 시작과 끝이 동시에 있는 곳이다. 결국 세계가 본래 시작과 끝이 있는 것이 아니라 인간이 그렇게 생각하고 현상함으로써 시작과 끝이 생기는 것이다. 본래 존재는 무시무종의 존재이다. 시작과 끝이 생기는 지점이 바로 주체와 대상이 생기는 지점이고, 시간과 공간이 생기는 지점이고, 순간과 영원이 생기는 지점이고, 모든 이분법이 생기는 지점이다.

현상학의 세계를 본래존재의 세계에서 바라보면 일종의 세계를 자기마음대로 생각하고 끊는 행위이다. 그 끊는 행위가 바로 본래존재(자연, 세계)를 유시유종의 세계로 바꾸고 환원시키는 것이다. 생각하는 동물인 인간은 필연적으로(존재론적으로) 자연(세계)을 어떤 것으로 환원시키지 않을 수 없는 존재이고, 세계를 설명하지 않을 수 없는 존재이고, 그렇기 때문에 그러한 존재는 생성(생멸하는 자연)을 존재로 명명하지 않을 수 없는 존재이다. 여기에 '존재(Sein, Being)'라는 말의 이중성(이중적 의미)이 도사리고 있다. 그 이중성은 바로 존재와 존재자의 이중성이고, 존재와 세계의 이중성이다. 따라서 현상은 존재의 표현형이라고 말할 수 있다. 동시에 존재는 현상의 이면(裏面)이 된다.

인간이 세계를 명명하는 방법은 마치 방안(어떤 제한의 세계)에서 문을 열면서 거꾸로 세계(무제한의 세계)가 열리는 것과 같다. 존재의 세계는 본래 열려 있는데 이를 인식함으로써 세계가 시작되는 것처럼 착각하는 것으로써 종내에는 자기가 인식한

대로 세계가 있다고 주장하게 되는 것과 같다. 그러한 주장은 항상 변증법적으로(정반합으로) 부정되고 다시 정립(합일)되고, 그런 반복을 계속하지 않으면 안 되고, 그러한 반복이 이루어지려면 세계는 무한(무한대)하여야 하고, 그러한 무한의 착각이 영원이라는 것이다. 그러한 영원은 이미 순간 속에 있는 것이고, 시작 속에 있는 것이다. 이것이 또한 기독교의 창조-종말 구조이다.

서양철학은 그러한 무한대와 영원으로 다가오는 타자(주체-대상)를 찾는 철학이다. 그런데 그 타자는 실은 자기가 되지 않으면 안 된다. 결국 자기에서 출발한 일종의 환상이기 때문이다. 인간은 흔히 자신이 '실재의 세계'에서 살고 있다고 생각하는데 그 실재가 바로 환상(가상실재)이며, 따라서 환상의 세계를 만드는 것은 결국 환상이 환상을 만드는 무한대의 연속과 같은 것이다. 인간은 존재의 무를 무한대로 환원하는 현상학적 존재이다.

따라서 존재론의 완성은 이러한 경구로 정리되어야 한다. "존재를 현상학적으로 보면 무한대가 되고, 무한대를 존재론적으로 보면 무가 된다." 이것을 '자기'와 '세계'로 설명을 하면 "자기는 세계가 되지 않으면 안 되고, 세계는 자기가 되지 않으면 안 된다." 자기와 세계는 쌍방통행하지 않으면 어느 하나도 완전하지 않다(완전하게 소통된 것은 아니다). 본래존재의 세계는 역동적이고 혼돈스러운 세계이다. 그것을 주체와 대상, 시작과 끝, 원인과 결과의 세트(set)로 정리한 것이 현상학이다.

타자의 철학은 이분법(변증법)의 세계, 과학의 세계이다. '자기의 철학'은 일원론(역동적 일원론)의 세계, 제물론(齊物論)의 세계와 같다. 물리학과 과학은 존재를 세계-내-존재로, 현상학적으로 인식한 결과로서 주어지고, 음양오행과 주역은 존재를 자기-내-존재로, 존재론적으로 깨달은 결과이다. 타자의 철학은 언어의 철학이다. 언어의 철학은 눈(시각)과 언어가 연합하여 대상을 규정하는 눈의 철학이다. 자기-내-존재의 최악은 자기-뇌(腦)-존재이다. 자기-내-존재의 최선은 자신(自神)이다. '자신(自神)'은 본래 자신(自身)이 신이었음을 깨닫는 존재이다.

'자기-내-존재' 즉 '자기의 철학'('타자의 철학'인 서양철학에 반대가 되는)은 존재를 하나의 기운생동하는 '신체적 전체'(신체는 육체나 물질이 아니다)로 봄으로써 신체의 철학, 몸의 철학에 도달하게 될 때 완성된다. 따라서 '자기의 철학'에서는 존재가 '신체적 존재'가 된다. 이것이 '현상학과 존재론의 화해'이다. 필자의 '신체적 존재론'은 신체가 없는 독일의 존재론과 신체의 현상학에 그친 프랑스의 현상학을 융합한 새로운 존재론이다. 이것은 한국인의 '살을 사는 삶의 철학'을 바탕으로 한 철학이다.

하이데거의 존재는 신체가 없음으로 인해서 자칫하면 독일적 관념론으로 떨어질 위험이 있고(Idea의 잔존), 프랑스의 현상학은 신체를 육체(물질)로 봄으로써 유물론으로 떨어질 위험이 내재해 있다. 결국 필자의 '신체적 존재론'은 현상학적인 유물론과 유심론을 극복하고 초월하는 존재론이다. 즉 '신체'로 육체(물질)를 극복하고, 동시에 '존재'로 이데아를 극복한다. 그런 점에서 신체적 존재론은 육체(물질)로서의 신체를 부정하는 일종의 신체적 상징론 혹은 신체의 기운생동론(기운생멸론)으로서 신체가 바로 존재라는 사실을 알려주는 철학이다.

이것은 서양철학의 두 줄기인 유물론과도 다르고, 유심론(유신론)과도 다르다. 신체적 존재론은 존재(세계)를 실체가 없는 기운생동으로 바라보는 것이 특징이다. 기운생동은 유심도 아니고, 유물도 아니다. 신체적 존재론은 신체에 대한 정신의 우위(우월, 주체)을 인정하지도 않지만 신체의 물질성(육체, 대상)을 인정하는 것도 아니다. 신체가 없으면 존재는 없는 것이다. 그렇기 때문에 신체를 존재라고 말하는 것이다.

하이데거	프랑스 현상학	박정진	변증법적 통합
존재론	신체의 현상학	신체적 존재론	신체가 존재이다 (새로운 齊物論)
관념(Idea)의 잔존	유물론(육체)적 성격	신체의 기운생동론	

[신체적 존재론의 변증법적 통합]

신체는 물리적·생물학적 존재가 아니라 어떤 면에서는 상징적 존재이다. 인간은 인위적(유위적)으로 만들어진 존재가 아니라 자연으로부터 주어진 존재(givenness)이면서 끊임없이 생성되는 존재이다. 신체의 의미는 하나의 맥락에서 결정되는 것이 아니라 비결정적인 의미로서 의미의 집합체(의미의 다발)이며 역동적 의미(음양적 의미)이다. 신체적 의미는 완결된 의미라기보다는 열려진 의미로서, 하나의 맥락의 의미로서 의미를 다할 수 없다. 그런 점에서 신체적 의미는 존재론적 의미이다.

따라서 신체적 만남은 단순한 물리적·생물학적 만남 혹은 기계적인 만남이 아니라 수많은 의미의 만남으로서 항상 인간이 기획한(계산한) 의미 이상의 의미를 내품는다. 이것을 상징적·징후적·은유적 의미라고 말할 수 있다. 신체적 의미는 의미를 넘어서는 존재 그 자체의 의미이다. 그러한 점에서 신체와 신체가 만나는 축제는 '의미 너머의 의미'를 달성하는 존재론적 상호소통과 교감의 열린 장(場)이다.

신체와 신체가 동등하게 만나면(주체-객체가 아닌) 신체의 만남은 우주적 사건이며 존재적 사건이다. 신체는 '살(살점)'을 사는 '삶'으로서 기운생동(생멸)하는 존재이며 사건을 말한다. 모든 존재는(흔히 무생물이라고 하는 것조차도) 사건이고, 우주에서 일어나는 모든 일은 사건이다. 모든 사건은 삶이고, 모든 삶은 사건이다. 사건적(사태적) 존재는 자기이고, 타자가 아니다.

서양의 '타자의 철학'은 결국 언어의 실체론으로서 '언어＝실체(가상실재)'라는 입장을 취한다. 이에 비해 '자기의 철학'은 신체적 존재론으로서 '신체＝존재(실재)'라는 입장을 취한다. 타자의 철학은 결국 가상실재(시각-언어＝가상)의 세계를 자기들의 실재(실체, 사물)의 세계로 오인한다.

자기의 철학은 결국 자연을 실재(자연＝신체)의 세계로 본다. 타자의 철학은 세계를 '타자와의 대립'으로 봄으로써 결국 '신들의 전쟁' 문화를 수행(연출)할 수밖에 없다. 자기의 철학은 세계를 '연기적(緣起的) 존재' '연기적 사태'로 봄으로서 결국 '신들의 평화' 문화를 수행할 수밖에 없다. 결국 세계평화를 위해서는 세계 자체를 자기로 인식하는 '자기의 철학'의 수립이 절실하다.

결국 인류는 타자와 자기의 융합을 꾀하지 않으면 안 된다. 이는 철학적으로 현상학과 존재론의 화해에 해당한다. 필자의 신체적 존재론에 따르면 "자연은 신체이고, 존재이다." 언어는 존재가 아니다. 인간이 지금까지 사물이나 대상으로 취급한 것은 실은 존재 그 자체였고, 남자의 소유의 대상이 되었던 여성이야말로 존재 그 자체였다. 인간(남성)이 사물(대상)과 여자의 주체(주인)가 되었다고 생각한 것은 거꾸로 종속이었다. 이것이 주체와 대상의 역전이다. 인간이 대상종속(subject to object)에서 '주체(subject)의 인간'으로 탈바꿈한 것은 그러한 역전의 의미가 내포되어 있다. 인간은 자기 도착적 존재이다.

서양철학	동양도학	동서철학의 융합
타자의 철학(이분법)	자기의 철학(齊物論의 세계)	타자와 자기의 융합 현상학과 존재론의 화해 신체적 존재론: "자연은 신체이고 존재이다."
물리학-과학(세계-내-존재)	음양오행-주역(자기-내-존재)	
언어의 철학(눈의 철학)	신체의 철학(몸의 철학)	
초월적 현상학(주체-대상)	내재적 존재론(몸＝하나의 세계)	
언어의 실체론(언어＝실체)	신체적 존재론(신체＝존재)	
가상실재(시각-언어＝가상)	자연실재(자연＝신체)	
신들의 전쟁(타자와의 전쟁)	신들의 평화(緣起的 존재)	

[서양철학과 동양도학의 비교]

하이데거는 '언어가 존재의 집'이라고 말했다. 그러나 필자는 거꾸로 '존재가 언어의 집'이라고 말하고 싶다. 존재가 없으면 어떻게 언어가 생겨났을까? 인간은 존재와 언어의 입장을 뒤집어서 언어를 존재의 주인이 되게 하고, 존재를 노리개(노예)로 삼을 것을 기도(祈禱, 企圖)했다. 그러나 인간도 숨을 쉬고 사는 동물이다. 자연이 먼저 있는 뒤에 언어가 생겨났다. 그런데 사람들은 언어가 자연을 만들었다고 생각한다. 인간이 말하는 '세계'는 이미 언어이지 존재 자체가 아니다.

언어를 잘못 쓰면 존재의 집은 고사하고 존재의 감옥이 될 수도 있다. 과학기술문명에 갇힌 인간이야말로 그러한 죄수의 표본이다. 과학기술문명은 언어를 도구적 이성으로 사용하지만, 시(詩)는 언어를 상징적 세계로 들어가는 패스포드로 사용한다.

시(詩)는 기계문명에 저항하는 존재의 마지막 무기이면서 형상(이미지)을 통해 신체적 존재를 빼앗기지 않으려고 대결하는 본능과 같은 것이다. 현상학적인 의미는 결국 의미대상을 지향함으로 인해 기표연쇄인 자연과학(존재자)으로 향하고, 시적 의미는 상징적 의미지향으로 인해 본래존재인 자연적 존재(존재론)로 향한다.

언어의 형상화(상징화)인 시는 아직 완전히 자연적 존재(본래존재)와 일치하는 것은 아니다. 본래존재의 길에 언어적으로 접근하는 길을 연 것에 불과하다. 본래존재는 '의미'가 아니라 '신체'이다. 자연의 신체는 대상도 아니고 물질(육체)도 아니다. 모든 자연의 신체(무생물까지도)는 동등한 것이고, 그런 의미에서 심물일체(心物一體)이고 만물만신(萬物萬神)이다. 이것이 신체적 존재론에 도달하는 궁극점이다. 신체적 존재론에 도달하면 돌 하나, 나무 조각까지도 신체(영매)가 아닌 것이 없다.

만물은 신체적 존재이다. 신체는 현상과 존재가 만나는 지점이며, 바로 그 지점이 신비가 있는 곳이다. 신체적 존재론은 현상학과 존재론을 통합할 수 있는 지점이며, 세계를 전체로서 바라볼 수 있는 지점이다. 세계를 도구(대상, 목적)로 보지 않으면 저절로 세계가 나와 똑같은 신체가 되며, 세계의 신체 또한 내가 되는 것이다. 세계는 신비 그 자체이며, 신 그 자체이며, 나 자신이다. 그렇게 되면 세계는 신체를 가진 자신(自身)에서부터 시작하여 세계를 믿을 수 있는 자신(自信)을 획득하게 되며, 날마다 새로워지는 자신(自新)이 됨으로써 종국에는 기운생동의 자신(自神)이 된다.

결국 신체로서 존재하지 않는 것은 모두 가상실재이다. 그렇게 보면 정신도 육체도 가상실재이다. 신체는 자연의 생멸하는 그 자체를 말한다. 그런 의미에서 신체적 존재론은 자연적 존재론이다. 존재의 관념성을 탈피하기 위해서는 신체를 육체(물질)라고 하는 것부터 벗어나야 한다. 왜냐하면 육체란 정신-물질의 현상학적 세트의 산물이기 때문이다. 사물을 정신이라고 하는 것이나 물질이라고 하는 것은 현상학적 왕래(이중성)에 불과한 것이다. 따라서 신체적 존재론은 칸트가 남겨둔 '신(神)'이나 '물 자체'의 세계를 현상학이 아닌 존재론적인 차원에서 다시 논의하는 것이라고 할 수 있다.

생각해보라. 지금 내 옆에 있는 커피 잔이 처음부터 나와 분리된 것이라면 우주는 처음부터 분리된 것이다. 만약 우주가 처음부터 분리된 것이 아니라면 커피 잔과 나는(생명체라고 하는 나는) 단지 우주적 발생의 경로에서 조금 다른 길을 거쳐 온 것일 뿐인 '나'이다. 이것이 '자기-내-존재'의 궁극적 비밀이다. 인간이 신이 되는 미궁(迷宮)이다. 미궁은 미로(迷路)가 아니다. 그러나 '미로'를 가지 않으면 결코 '미궁'에 도달하지 못한다.

미궁은 여자의 자궁이다. 미궁은 자연의 자궁이다. 미궁은 우주의 블랙홀이다. 미궁은 우주의 자궁이다. 모든 존재는 미궁으로부터 태어난 존재이다. 존재는 미궁이고, 미궁은 자연이다. 가장 미궁에 가까이 있는 인간이 바로 시인이고 예술가이다. 미궁에 가장 가까이 있기 때문에 이들은 신을 보는 것이다. 시와 예술이 다시 인간의 힘이 될 우주계절의 봄을 기다려본다. 시와 예술은 정령적(精靈的), 영매적(靈媒的) 우주(천지)에 대한 기대이고, 기다림이고, 원시반본이다.

3. 여성은 정령적 존재, 평화적 존재

여성은 '인중천지일(人中天地一)의 존재'이다. 이에 비해 남성은 '천지중인간(天地中人間)의 존재'이다. 여성은 자연적 존재이고, 남성은 역사적(문명적) 존재이다. 남성이 역사적 존재라는 말은 역사적 지평을 가지고 있다는 말이다. 그러나 역사적 지평이라는 것이 반드시 좋은 것만은 아니다. 이는 가부장-국가사회의 정점에 있는 현대문명인이 원시부족사회인보다 행복하다고 말할 수 없는 데서 찾아볼 수 있다. 현대문명인은 원시부족 사회인에 비하면 이미 거의 기계인간에 가깝다고 볼 수 있다.

여성은 정령적(精靈的) 존재이다. 여기서 '정령적' 존재라는 말은 여성은 본래적으로 하늘과 땅의 기운생동을 몸으로 느끼는 존재라는 말이다. 이 말을 기독교적으로 말하면 여성은 성령적(聖靈的) 존재라는 뜻이다. 기독교 신학에서도 성령의 특성을 여성적이라고 말하고 있다. 지상의 인간은 성령의 존재적 특성으로 말미암아 신랑을 기다리는 신부가 되는 셈이다.

여성의 성령적·정령적 존재의 특성을 『천부경』에서는 앞에서도 말했듯이 '인중천지일'이라고 표현한다. 세계에서 가장 여성적인 한국인은 자신의 몸에 신을 받아들일 줄 아는, 신을 받아들이는데 가장 민감한 '인중천지일의 민족'이었다. 인중천지일의 존재는 '남성적 존재'라기보다는 '여성적 존재'이다. 신을 가장 민감하게 받아들이려면 자신의 자아와 생각이 없어야 한다. 여성적 존재는 자아가 없는 '무아적 존재'이기 때문에 신을 자아(주체)로 삼는다. 그래서 한민족은 일찍부터 '하나님(하느님)'을 섬겨왔다.

여기서 여성적 존재라는 말에는 감성적 존재, 평화적 존재라는 긍정적인 의미도 있지만 역사적 존재, 반성적 존재가 되지 못한다는 부정적인 의미도 내포되어 있다. 돌이켜보면 한민족은 역사적 반성을 하지 않는다는 취약점을 지니고 있다. 이것이 한민족으로 하여금 수많은 역사적 수난을 감수하지 않으면 안 되는 조건이 되었다.

지금껏 역사에서 지배적인 위치에서 군림한 나라는 모두 남성적인 나라들이다. 남성적 존재는 '자아(주체)의 존재'이기 때문에 역사 속에서 자신의 사상과 이념을 다른 나라에 설득하거나 강요하기 마련이고, 이것이 지배력의 원천이 된다. 남성적 존재는 스스로 역사의 미래를 개척하고, 지향점을 찾아가는 힘을 가진 나라이다. 그런데 그 남성적 주체의 행보, 즉 가부장-국가사회의 발전이 이제 '힘(폭력)의 경쟁'으로 말미암아 인간성의 황폐화라는 한계상황에 도달하였다. 현대의 과학기술문명이야말로 그것의 정점에 있다.

현대인류문명은 과학기술문명의 물신숭배에 맞서 이제 여성이 '지배의 대상' 혹은 '대상적 존재'로서의 굴레를 벗고 존재 그 자체가 되어 인류를 구하여야 할 때가 된 것이다. 지금까지 대상으로서 취급되었던 사물과 여성은 이제 '존재 그 자체' 빛을 발휘하고 평화의 천사로 변신하지 않으면 안 된다. 자연과 여성은 동격이다. 인류의 여성성의 회복은 자연의 회복과 궤를 같이하는 것으로서 자연스럽게 페미니즘(feminism)은 에코페미니즘(eco-feminism)이 될 수밖에 없다.

초기자본주의의 병폐와 모순으로 인하여 발생한 서구의 마르크시즘은 겉으로 보기에는 여성적인 것 같지만 실은 속에는 남성적 패권주의를 숨긴 일종의 '나쁜 여성성'의 회복운동이었다고 볼 수 있다. 마르크시즘은 남성적 가부장-국가사회의 모순을 극복하기 위해 서양의 방법대로 계급투쟁을 내세웠지만, 그 투쟁 자체가 실은 종래의 서양의 권력쟁취의 반복에 지나지 않는 것이었기 때문에 실패로 끝났다. 마르크시즘은 일종의 '나쁜 여성성'이었다면 이제 '좋은 여성성'으로서 세계평화를 구현해야 할 시점에 있는 것이다. 그것의 최종적 주제는 '투쟁'이 아니라 '평화'이다.

평화를 위해 전쟁(투쟁)을 하는 '팍스(Pax=peace) 패러다임'
은 결국 전쟁패러다임에 불과한 것이라는 점을 명확히 할 필요
가 있다. '팍스'패러다임은 결국 남성적-전쟁적 패러다임이며,
이것을 여성적-평화적 패러다임으로 이른바 패러다임 시프트
(paradigm shift)를 인류가 실현하지 못하면 인류의 공멸이라는 악
몽에서 벗어날 수 없다. 미래의 전쟁은 거대한 기계들의 전쟁이
될 전망이다. 인간의 도구로만 생각되던 기계(무기)들의 욕망과
반란이 인류를 종말에 빠트리기에 충분할 정도로 현대의 전쟁
무기들은 가공스럽다 할 것이다.

인간성의 개조 없이는 인류를 전쟁에서 벗어나게 할 수는
없을 것이다. 인간성의 개조의 요체가 바로 여성성이다. 세계를
구할 사람들은 남자이든, 여자이든 여성성과 그 속에 내재한 평
화를 신봉할 줄 아는 사람들일 것이다. 여성은 자아를 고집하지
않기 때문에 무아적 상태에서 신이나 자연의 소리를 들을 줄 아
는 존재이다. 여성은 자연과 신이 하나라는 것을 몸으로 아는(느
끼는) 존재이다. 평화는 역지사지(易地思之)의 공감(共感)에서 이루
어지지 이성(理性)과 지성(知性)에서 이루어지지 않는다. 이것이
바로 여성성의 요체이다. 공감이야말로 열정·동정(compassion)
이다.

네오샤머니즘은 에코페미니즘이다. 에콜로지를 페미니즘
과 융합하는 데는 자연을 어머니로 보는 '네이처마더(Nature

Mother)'의 전통이 깔려 있다. 네오샤머니즘을 서구과학기술주의와 비교하면 전자가 '우리(We)의 문명'이라면 후자는 '나(I)의 문명'이라고 할 수 있을 것이다. 알고 보면 인류문명이라는 것도 '우리(We)'와 '나(I)'의 문제로 집약된다. 전자(We)는 '귀(ear)'를 열어서 세계의 '상징-은유적 전체성'에 도달하고, 후자(I)는 '눈(eye)'에 갇혀서 세계의 '언어-환유적 실체성'에 머물게 한다. 전자는 자연주의(예술주의)의 경향을 보이는 반면, 후자는 자연과학주의(기술주의) 경향을 보인다. 인간은 '나(I)-우리(We)'의 경계선상의 존재이다.

서구과학기술문명	자연과학주의 합리주의	나(I)의 문명 시각(eye)-언어문명	인간중심주의 유일신(唯一神)중심
원시부족사회문명	네오샤머니즘 에코페미니즘	우리(We)의 문명 청각(ear)-상징문명	자연주의 만물만신(萬物萬神)

[나(I)의 문명과 우리(We)의 문명]

눈(eye)은 나를 보지 못하고 '남(타자, 대상)'을 볼 뿐이다. 따라서 '눈의 철학'은 타자의 철학이 될 수밖에 없다. 눈을 '겉'만 볼 뿐이다. 눈은 표면화된 것만 볼 뿐이다. 그래서 눈의 철학은 '기표의 철학'이 될 수밖에 없다. 귀(ear)는 '나의 소리'(남의 소리도 듣지만)를 들을 수 있다. 그래서 나(즉자, 존재)의 철학의 가능성을 열어놓고 있다. 귀야말로 존재의 의미를 들을 수 있다. 우리가 흔히 마음(心)이라고 하는 것이 그것이다. 귀의 철학은 '기의의 철학'이다. 귀의 철학은 구성하는 철학이 아니다. 자연을 들는 철학이다.

데리다는 자신이 낸 목소리를 자신이 들을 수 있는 목소리의 특성을 환원주의의 요체라고 보고, '목소리의 현존'을 이성주의의 원인으로 지목했다. 그러나 목소리는 자신의 목소리를 객관적으로 듣는 환원적인 것(현상학적인 환원)이라기보다는 자신을 그대로 드러내는 존재론적인 것(존재론적인 존재)이다. 그래서 데리다의 현존의 철학에 대한 비판인 해체론적 그라마톨로지는 이성주의철학에 반기를 든 반이성주의철학인 것 같지만 실은 이성주의철학을 단지 뒤집어놓은 철학에 불과한 것이다. 이는 헤겔철학을 절대정신의 차원에서 뒤집어놓은 텍스트철학이다(절대정신이라는 것은 텍스트가 없으면 성립될 수 없다). 결국 유물론의 차원에서 헤겔을 뒤집어놓은 마르크스철학과는 또 다른 헤겔철학의 안티이다.

서양철학은 헤겔의 변증법적 정반합으로 안티의 안티를 계속 생산하였지만 '실체의 재생산'에 불과한 철학이었다. 결국 가상실재의 재생산과 반복이었다고 볼 수밖에 없다. 그런 점에서 이데아(Idea)야말로 결국 존재(Being)가 아니라 시뮬라크르(simulacre)에 불과한 가상실재임을 스스로 증명하는 여정이었다. 인간이 실체라고 말하는 것은 구성된 것에 불과한, 가상실재의 연속이었다.

자연은 구성된 것이 아니다. 그렇기 때문에 자연은 해체할 수도 없다. 해체할 수 있는 것은 구성과 텍스트일 뿐이다. 자연은 시공간도 없다. 자연은 지금도 생성되고 있다. 단지 인간이 생성되고 있는 자연을 구성된 것으로 보았을 뿐이다. 자연은 구성된 것이 아니기 때문에 해체될 수도 없다. 해체라는 말은 자연의 생성을 현상학적인 입장에서 비결정성 혹은 해결불가능으로 해석한 것일 뿐이다. 인간은 결정-비결정성(해체)의 경계선상의 존재이다.

서양의 해체주의는 진정한 해체주의가 아니라 해체주의 담론에서마저 주도권을 잡는, 진정한 해체주의적 삶을 살지도 않으면서 해체적 담론에서마저 결정권을 행사하는 헤겔식의 오리엔탈리즘의 변형에 불과하다. 서양의 해체는 '담론을 위한 해체'일 뿐이다. 이데아와 기독교와 자연과학으로 연결된 서양문명의 '동일성을 숨긴' 존재론과 해체론은 '가짜존재론' '가짜해체론'이다.

'마음'을 보려고 하는 하이데거의 존재론 철학, 즉 '관심(觀心)의 철학'이 귀의 철학에 가장 가까이 다가가는 철학이 되는 것은 당연한 이치이다. 관심의 철학은 동양의 심물일체(心物一體)의 철학, 기(氣)철학에 가장 가까이 올 수 있었다. 해체론을 주장하면서도 '문자와 텍스트'에 갇힌 데리다의 시각중심보다는 말이다. 그러나 하이데거는 서양철학의 실체론의 장벽에 막혔다고 볼 수 있다.

하이데거는 '존재'를 통해 '존재'를 극복하려고 했고, 데리다는 '텍스트'를 통해서 '텍스트'를 극복하려고 했다. 그러나 하이데거의 '존재'에는 존재를 부정하는 정반대의 의미로서의 '반존재'가 숨어 있고, 데리다의 '텍스트'에는 텍스트를 부정하는 정반대의 의미로서의 '반텍스트'가 숨어 있다. 이들은 존재와 텍스트의 의미 자체를 이중적으로 사용하는 현상학적 수법을 통해 동양적 사유의 형태인 도학(道學)을 그들의 철학(哲學)으로 변형시켜서 철학담론을 지배하고자 했으나 실패했다.

서양철학자들은 결국 유심론자 아니면 유물론자이다. 유심론자와 유물론자는 같은 것이다. 이들이 어느 쪽이든 동일성을 추구하기 때문이다. 세계(자연)는 유심(유신)도 유물도 아니다. 세계는 존재 그 자체이다. 존재 그 자체는 '자기-내-존재'이다. '자기-내-존재'에 도달한 사람이 샤먼이다. 자신을 통찰(洞察)한 자만이 신을 부를 수 있고, '자기의 노래(song of myself)'를 부를 수 있다. 이들은 자기의 집에서 자신을 비우고, 자신에게 빌고, 자신에게 기도하고, 자신에게 제사를 지낼 수 있는 자이다.

철학자	철학	서양의 도학(道學)	철학의 이중성	기독교로 환원
하이데거	존재론	존재(Being)	이데아(Idea)	기독교유일신(God)
데리다	해체론	해체(deconstruct)	텍스트(Text)	메시아(messiah)
※ 서양의 후기근대철학은 동양의 도학(道學)을 그들의 철학으로 변형시켰으나 서양 철학의 전통인 '실체(동일성)'와 기독교를 극복하지 못함으로써 미완성에 그쳤다.				

[서양의 후기근대철학의 기독교적 환원]

네오샤머니즘의 관점에서 보면 "전지전능한 하나님(I)이 세계(We)를 창조했다(만들었다)"라는 기독교의 절대적 명제는 "나

(I)는 만물만신(We)이고, 만물만신이 나다"라는 명제로 교체되는 셈이다. 그렇지만 전체로서의 존재 그 자체는 무력한 것이 될 수도 있다. 드러나는 힘, 이용할 수 있는 힘, 현상된 힘은 부분일 수밖에 없다. 예컨대 인간사회에서 말하는 권력이라는 것은 전체를 부분(부분의 힘, 개체의 힘)인 양 속이는 기술일지도 모른다. 권력은 존재를 존재자로 바꾸는 힘인지도 모른다.

자연은 존재이다. 시간에 매인 현존재인 인간만이 존재자이다. 인간으로부터 존재이해의 대상으로 전락한 동식물과 무생물이 도리어 존재이다. 자연은 모두 존재(생성)인데 인간만이 존재로부터(자연으로부터) 퇴락한, 소외된 존재자가 되었다. 인간은 과학기술만능과 물신숭배에 빠져 기계인간(사이보그)이 미래를 지배하는 것을 당연시하고 있다. 이렇게 되면 인간이 바로 악마(인간=신=악마=권력자)라는 사실을 확인하는 것밖에 없다. 인간은 스스로 악마가 되면 스스로 멸종할 것이다. 인간은 거대한 자연의 생멸과정에서 생멸에 저항한 한 생물종이 될 가능성이 높다.

자연＝존재(생성적 존재)＝여성＝만물(동식물무생물)＝생멸(차이성)＝만물평등＝심물일체(心物一體)＝만물만신(萬物萬神)＝존재론
인간＝존재자(현존재)＝남성＝기계(인공지능, 기계인간)＝실체(동일성)＝정신(精神)＝물질(物質)＝유심론(唯心論)＝유물론(唯物論)＝현상학

이 책의 주제를 지금껏 끌어온 입장에서, 끝으로 시간을 중심으로 전개하는 철학으로서 헤겔철학과 하이데거의 철학을 비교해 볼 수 있을 것이다. 헤겔의 철학이 '역사(집단역사)철학'이라면 하이데거는 '존재사(개인존재사)철학'이라고 말할 수 있다. 헤겔의 철학은 필연적으로 집단을 중심으로 변증법적 발전을 하는 '국가철학'에서 꽃피울 수밖에 없었고, 하이데거의 철학은 개인(각자)을 중심으로 '차등적 존재이해'를 하는 '실존철학'이 될 수밖에 없었다. 물론 여기에는 '죽을 인간'으로서 자신의 삶을 기투하고, 죽음을 선구하는 실존적 존재로서의 인간을 높이 평가하는 인간중심주의가 자리하고 있다.

이에 비해 필자의 철학은 모든 존재를 동등한 존재로 이해하는 '존재일반의 철학'으로서 '만물만신의 철학'이라고 할 수 있다. 인간이 '시간적 존재'로서 시간의 설정을 통해 죽음을 먼저 이해하는 것이 저 대자연의 생멸생성과정에 비하면 과연 얼마나 대단한 일인지 알 수 없다. 인간이라는 생물종이 인간중심주의(인간중심주의는 유일신중심주의이다)를 놓지 않으면, 자연으로부터 언젠가는 버림받게 될지도 모른다. 죽음마저 하나의 고정불변의 실체로 이해하는 것이 뭘 그리 대단한 사건인지 모르겠다.

죽음을 선구하는 실존주의는 현상학적인 수준에 불과하다. 실존은 열반이 아니다. 죽음을 두려워하거나 죽음에서 공포를 느낀다면 열반이라고 할 수 없다. 요컨대 기독교가 사후에 천상천국을 운운하는 것은 아직도 삶을 연장하고 싶어 하는 욕망에 불과한 것이다. 천상천국이 아니라 지상천국을 실현하는 것이야말로 땅(대지)과 신체를 통해 천국을 실현하는 것이고, 이는 진정한 천상천국에 다가가는 길이고, 동시에 땅(시공간)의 한계를 넘어 진정한 천국의 실현이기도 하다.

하이데거는 인간만이 죽음(종말)을 미리 생각하는 '죽을 인간'이라고 했지만, 다른 동물들로 저마다 자신의 존재(생존)방식으로 죽음을 이해하는 존재임을 간과하였다. 단지 동물들은 역사와 시간의 방식으로 죽음을 이해하지 못했을 따름이다. 인간만이 역사적 존재이고, 존재사적 존재이다. 이것을 두고 도리어 인간만이 '현존재의 방식'으로 죽음을 이해한 반면 동물이야말로 도리어 '존재의 방식' '자연의 방식'으로 죽음을 이해하고 죽음에 임한다고 말할 수 있을 것이다.

인간만이 자연(자연적 존재)으로부터 이탈한 존재이다. 그런 점에서 하이데거의 존재론은 자연의 입장에서 보면 '존재론'이 아니라 '현존재론'인 것이다. 다시 말하면 인간만이 현존재(존재자)의 방식으로 존재에 임하고 있다고 말할 수 있다. 존재는 고정불변의 실체(Idea, Being)가 아니다. 하이데거의 존재론은 '특수존재론'에 속하고, '일반존재론'에 이르지 못했다.

하이데거도 여전히 서양철학의 고질병인, 생성을 존재의 변형으로 보는 태도를 완전히 넘어서지는 못했다. 이는 그가 기독교의 유일신에서 완전히 벗어나지 못하는 것과 같은 입장이다. 다시 말하면 하이데거는 기독교적 방식, 현상학적 방식으로 최대한 기독교와 현상학에서 멀리 달아난, 다시 말하면 서양철학과 종교의 실체론을 벗어나고자 노력한 철학자라고 말할 수 있다. 하이데거는 필자의 '만물만신의 경지'에 이르지 못했다고 할 수 있다. 그래서 존재론의 미래로서의 네오샤머니즘이 필요한지도 모르겠다.

역설적으로 인간은 '시간의 감옥'으로부터 벗어나야 한다(공간의 감옥으로부터 벗어나는 것은 물론이다). '시간의 감옥'으로부터 벗어나는 것이 진정한 구원인지도 모른다. 그런데 인간은 시간이 감옥인 줄 모르고 열심히 보다 촘촘한 시간에 얽매이기(쫓기기) 위해 발악을 하고 있다. 시간은 인간의 올가미이다. 의미(意味)라는 말의 '의(意)'자를 해자하면 '마음의 소리(意＝音+心)'이다. 옛사람의 직관력에 감탄할 따름이다. 철학이라는 것은 '직관'으로 깨달은 것을 '개념'으로 증명하려고 노력하는 도로(徒勞)에 불과한 것인가. 개념 없는 직관(시공간)이야말로 존재에 도달하는 길이 아닌가! 개념이 없으면 시공간도 성립하지 않기 때문이다.

칸트는 대륙의 합리론과 영국의 경험론을 비판철학의 입장에서 종합하는 과정에서 "직관 없는 개념은 공허하고, 개념 없는 직관은 맹목이다"라고 말했다. 나는 자연의 생성을 자연과학의 기계로 바꾼 인간에게 이렇게 말하고 싶다. "직관 없는 개념(세계)은 허무하고, 개념 없는 직관(세계)은 자연(존재)이다." 제조적-기계적 우주관에 사로잡힌 현대인은 자연적-생성적 존재로 살면서 겸손하게 삶을 영위한 인디언에게 도로 배워야 할 것이다.

인류의 역사는, 특히 서양의 역사는 아버지라는 폭군이 횡포를 부린 역사이다.

모자를 있게 한 아버지는 모자를 권력으로 지배한 '납치범의 폭군'인지도 모른다. 그러는 사이 '생성(生成)의 신'은 자취를 감추어버리고, '존재(存在)의 신'이 횡포를 부렸다. 우리가 '존재'라고 하는 것은 '생성'을 죽인 흔적(텍스트)에 불과하다. '아버지(father)'라고 불리는 신, 정신, 유령이라는 것은 모두 '어머니(mother)'를 강간한 여신폐위(女神廢位)의 찬탈자인지 모른다. 겉으로는 사랑과 용서를 말하지만 그들의 속마음은 지배하고자 하는 권력욕뿐이다. 절대(실체)라는 것은 모두 거짓이다. 절대(권력)라는 것은 죽음으로서 그 허망한 본색을 드러낼 뿐이다. 진정한 생성의 신은 여신(女神)이다.

아! 샤머니즘의 철학은 '바람(風流)의 철학'일 수밖에 없고, '목소리의 철학'일 수밖에 없다. 옛 인류의 조상들은 바람의 철학, 목소리의 철학의 신봉자였다. 그래서 자연의 소리에 귀 기울이면서 자연과 더불어 살아갈 줄 아는 지혜로운 사람들이었다. 오늘의 과학기술로 무장된 지식인들이 아니었다. 그들은 자연의 리듬, 사계절의 순환을 시간으로 느끼면서 자연을 시공간으로 쪼개지 않았다. 자연은 해체할 수 없는 자연이었다. 그들은 자연을 전체로서(to be whole) 은유할 줄 아는 시인들이었다.

끝으로 북미 인디언 수우족(Sioux)[12]의 「기도문」을 읽어보자. 현대의 문명인이 더 신을 잘 믿는가, 아니면 수우족이 더 신을 잘 믿는가? 우리는 스스로에게 물어볼 필요가 있다. 어쩌면 귀로 듣는 것이 아니라 마음으로 말하고 듣는 그들의 기도를 들어보자.

"바람 속에 당신의 목소리가 있고
당신의 숨결이 세상만물에 생명을 줍니다.
나는 당신의 많은 자식들 가운데
작고 힘없는 아이입니다.
내게 당신의 힘과 지혜를 주소서.

나로 하여금 아름다움 안에서 걷게 하시고
내 두 눈이 오래도록 석양을 바라볼 수 있게 하소서.
당신이 만든 물건들을 내 손이 존중하게 하시고
당신의 목소리를 들을 수 있도록 내 귀를 예민하게 하소서.
당신이 내 부족사람들에게 가르쳐준 것들을

---

12 수우족은 북아메리카 대평원의 인디언이다. 원주민은 배타적인 백인 인종주의에 의해 전국으로 나뉜 '인디언 보호구역'에서 살고 있다. '수우 인디언 보호구역' 사우스 다코다 주는 백인들에 의한 인디언 학살과 수탈의 역사가 가장 깊은 상처를 남긴 '킬링필드'이다. 현재의 원주민은 알코올과 마약, 그리고 가정 붕괴의 부도덕에서 허덕이고 있다.

나 또한 알게 하시고

당신이 모든 나뭇잎, 모든 돌 틈에 감춰둔 교훈들을

나 또한 배우게 하소서.

내 형제들보다 더 위대해지기 위해서가 아니라

가장 큰 적인 나 자신과 싸울 수 있도록

내게 힘을 주소서.

나로 하여금 깨끗한 손, 똑바른 눈으로

언제라도 당신에게 갈 수 있도록 준비시켜주소서.

그래서 저 노을이 지듯이 내 목숨이 사라질 때

내 혼이 부끄럼이 없이

당신에게 갈 수 있게 하소서."

제 8 장

결론: 철학의 미래와
네오샤머니즘

보편성을 주장하는 이성과 진리가 실은 '닫힌 체계'라면 일
반성을 향하고 있는 감성은 도리어 자연과 존재의 세계로 '열린
체계'라고 말할 수 있을 것이다. 자연과 인간과의 끊임없는 교
감을 지속하는 것만이 인간으로 하여금 기계인간을 넘어서서
자연과 더불어 살 수 있는 힘을 인간에게 돌려주는(선물하는) 것
이 되지 않을까. 현대인이야말로 각종 유령에 매여 살고 있는 존
재인지도 모른다. 현대인은 귀신을 숭배하면서 자연친화적으로
살던 샤머니즘의 원시고대인보다 실은 더 신(神)과 자연으로부
터 멀어지고 소외되어 있는지도 모른다.

　　중세의 신(神)과 부처(佛)가 국가로 대체된 것이 근대라고 한
다면 근대는 국가종교의 시대라고 말할 수 있을 것이다. 그렇다

면 중세는 종교국가의 시대라고 명명해도 좋을 것이다. 자본주의와 사회주의, 그리고 과학기술시대를 맞아 신은 다시 '돈'과 '물질'과 '기계'로 대신하기에 이르렀다. 결국 이 세 가지의 가상실재는 물신(物神)이라고 해도 좋을 것이다. 자연을 기준으로 보면 자연과학이라는 것도 인간이 새롭게 쓰는 신화의 일종이라고 말할 수 있다.

현대과학기술문명의 입장에서 인간의 역사와 문명을 회고해보면 과학과 종교에 대한 종래의 구분이 설득력을 잃게 된다. 과학이 객관적인 것이라는 것에도 동의할 수 없고, 종교가 주관적이라는 데에도 동의할 수 없다. 과학이든 종교이든 결국 상호주관의 산물이다. 사회구성원들 간에 서로 동의하고 이해되지 않으면 결코 과학도 종교도 존립할 수 없기 때문이다. 결국 둘다 문화일 뿐이다. 이때 '문화일 뿐'이라고 말하는 것은 문화는 결국 본래존재(자연)가 아니라 가상실재라는 의미가 깔려 있다.

문화(文化=언어)는 결국 자연의 변화(變化)와는 다른 가상의 실재이고, 문화는 결국 자연의 물화(物化=수학)를 추구하는 것을 통해 오늘날 과학(科學=사물=thing)에 이르렀으며, 자연(自然=사건=event)을 재구성하고 왜곡·변형하는 것을 통해 호모사피엔스의 인구를 부양해왔다는 데에 이른다. 늘어나는 인구를 부양하기 위해 산업은 수렵채집에서 농업으로, 농업에서 산업으로, 산업에서 정보화로 치달은 것은 물론이다. 정치제체는 제정일치에서 제정분리로, 제정분리는 정치경제로, 그리고 국가와 제국으로 팽창하였다고 말할 수 있다. 그 사이에 수많은 전쟁과 정복과 합병이 있었다.

문화의 원형은 제사였다. 그 제사는 종교의례를 통해 제도화되었다. 고대에서 현대에 이르기까지 인류문화는 제사(신화·종교)→정치→경제→문화→예술로 중심이동을 하였다. 이들 장르는 서로 중첩되거나 순환관계에 있었다고 말할 수 있다. 예컨대 현대의 예술은 고대의 제사기능과 만난다고 할 수 있다. 또한 제사는 정치, 정치는 경제, 경제는 문화, 문화는 예술과 겹치면서 원형과 변형의 관계에 있다.

인간은 상상력을 통해 신화(신화적 우주론)를 구성했으며, 신화의 이야기(narrative)를 통해 자신이 살고 있는 세계를 이해했으며 이야기는 실재를 압도했다. 인간은 우선 이야기꾼이었으며, 신화의 이야기는 근대의 과학시대를 맞아 천문학(물리적 우주론)이라는 새로운 신화를 구성하기에 이르렀다. 결국 과학의 로고스(logos)도 미토스(mythos)의 산물인 셈이다. 오늘의 천문학은 보다 정교하고 복잡한 신화체계라는 점이 다를 뿐이다.

크게 보면 인간은 신화와 과학을 통해 시간과 공간을 제도로 만든 최초의 동물이다. 그 결과 과학적 세계를 구성해냈다. 더 정확하게는 시간성(時)을 시간(時間)으로, 공간성(場)을 공간(空間＝場所)으로 만들고 시공간 안에 있는 사물의 운동과 변화를 수학적으로 계량화함으로써 과학문명을 이루었다. 여기에는 인간의 감각 중에 시각(눈)이 매우 중추적인 역할을 하였음을 부인할 수 없다. 인간의 '앎'이라고 하는 것은 시각적으로 '봄'의 결과이다. 눈으로 확인하지 못하면 앎이 아니다. 결국 인간은 자연을 시공간의 우주(宇宙)로 해석한 동물이다(자연＝우주).

자연이라는 말 대신에 '우주'라는 말 자체가 이미 기계의 의미를 내포하고 있고, 기계적 우주를 의미한다. 현대과학문명의 시대는 과학뿐만 아니라 정치도, 전쟁도, 제도도 기계일 뿐이다(우주＝기계＝제도). 이제 최종적으로 자연도 기계가 되고 말았다. 결국 문화의 문자(文字)는 기호(記號)를 넘어서 과학의 기계(機械)를 의미하는 것으로 되었다(문자＝기호＝기계).

고대신화시대, 중세종교시대, 근대국가시대, 현대과학시대는 겉모양은 다르지만, 즉 문화적 기표(표상)는 다르지만 그 내용(기의)은 모두 가상실재라는 공통점이 있다. 신화의 내용은 신(神)의 체계이고, 신화의 변형인 종교의 내용은 성인(聖人)의 체계였다. 신화와 종교체계는 헤겔과 마르크스에 이르러 결국 이데올로기(도그마)의 속성을 드러냈다. 신화와 종교라는 이데올로기 체계는 결국 제도이며, 제도는 또한 기계이며, 이 기계는 우주로 확장된 셈이다.

니체가 주장하는 초인(超人)은 종래의 성인과 영웅에 대한 현대적 재해석이면서 동시에 우주의 비밀을 깨달은 사람이라고 할 수 있는 '신인(神人)'에 대한 새로운 지칭이라고 말할 수 있다. '신인'은 기계인간(인조인간, 사이보그)을 만들어냄으로써 인간신(人間神)을 꿈꾸는 과대망상증의 현대인과 달리 자신의 마음을 성찰하는 내관(內觀)을 통해 자연의 본래존재에 도달함으로써 감사와 겸손으로 모든 존재를 대하는 깨달은 사람을 말한다.

현상학적으로 말하면 인간(人間)은 결국 '시공간(時空間)의 동물'이며 인간의 '간(間)'자는 시공간의 '간(間)'자를 의미한다. 시공간의 거리가 없으면 인간이 아니라고 역으로 말할 수 있다. 그런 점에서 인간은 '사이-존재'라고 말할 수 있다.

인간은 현상학적으로 지향(intentionality)의 동물이다. 지향은 안(in)에서 밖(ex)으로 향하는 것이다. 밖으로 향한다는 것은 '대상' 혹은 '목표'를 정하는 것이고, 이것은 결국 의미대상에서 사물대상으로 연장된다. 사물대상으로 연장된 것이 과학이다. 과학이라는 것은 결국 인간의 현상학적인 최종산물이다. 과학이라는 것은 수(數)의 비율(ratio)을 실체로 전환한 것이고, 세계를 무한대로 해석한 현상학에 불과하다. 데이비드 흄(David Hume, 1711~1776)은 일찍이 과학의 인과론이 확률에 불과한 것이라는 점을 깨닫고 깊은 회의주의에 빠졌는데 그 확률론은 하이젠베르크에 의해 활용되었다.

과학은 시공간에서 단지 비율과 확률인 것을 실체(substance)로 사용한 착각의 산물이다. 그런데 그 시공간이라는 것도 실은 감성이 허용한 직관, 즉 감성적 직관의 형식이고 보면 과학은 결국 과학적 환상에 불과한 것이 된다. 인간은 과학이라는 세계의 환상 속에 살고 있는 셈이다. 칸트의 현상학이 이루어지는 데는 당시 자연과학의 패러다임의 영향이 컸던 것이고, 그는 자연의 법칙을 인간의 도덕에 그대로 반영하고자 했다. 자연과학이 'science'이고, 도덕의 양심이 'conscience'이고 보면 도덕은 자연과학을 함께 한 것이 된다. 현상학이 이루어지는 데는 인간이 '세계-내-존재'라는 전제가 필요하다.

이에 비해 관심(Sorge)은 밖(ex)에서 안(in)으로 향하는 것이기도 하고, 안에서 밖으로 향하기도 하는 경계선상에 있다. 말하자면 경계선상에서 안과 밖을 동시에 보면서 결국 사물대상보다는 '마음'과 '자기'에 도달하는 것을 목표로 한다. 관심은 저절로 '자기-내-존재'에 이르는 것이다. 인간은 사물대상을 찾는 존재가 아니라 결국 자기를 찾고자 하는 '자기-내-존재'이다. 종교가 인간의 삶과 행동의 목표를 주는 것이라면 종교야말로 지극히 존재론적인 성취이다. 인간을 포함하여 만물은 모두 '자기-내-존재'일 가능성이 높다. 그렇게 보면 인간은 그 '자기'의 자리에 '세계'를 대입한 존재이다.

주술의 입장에서 오늘날의 종교와 과학을 설명하면, 종교와 과학이 혼합되어 있었던 것이 원시고대의 주술(呪術)이라는 것이다. 과학은 '동종주술과 메타포'를 거친 '접촉주술과 메토니미'인 반면 종교는 '접촉주술과 메토니미'를 거친 '동종주술과 메타포'이다. 과학은 시각과 언어와 페니스의 연합의 산물이고, 종교는 청각과 상징과 버자이너의 연합의 산물이다. 과학은 눈으로 사물을 보는 '실체(반사)의 세계'이고, 종교는 귀로 사물의 소리를 듣는 '파동(공명)의 세계'이다.

종교와 과학은 오류의 연속이긴 해도 그동안 인간에겐 여간 쓸모가 있었던 게 아니다. 예컨대 『성경』의 오류는 인간의 협력을 끌어내었고, 과학의 오류는 과학을 발전시켰다. 그런 점에서 인간은 '진리의 동물'이기 전에 '오류의 동물'이었다고 말할 수 있다. 더 정확하게는 오류를 저지를 수 있었기 때문에 과학을 발전시켰다고 말할 수 있다. 인류학적 결과들을 역사적으로 정리하는 데에 탁월한 능력을 발휘하고 있는 우리시대의 역사인류학자라고 부를 수 있는 유발 하라리는 종교와 과학과의 관계에 대해 보기 드문 정의를 내렸다.

"종교는 다른 무엇보다 질서에 관심이 있다. 종교의 목표는 사회구조를 만들고 유지하는 것이다. 한편 과학은 다른 무엇보다 힘에 관심이 있다. 과학의 목표는 연구를 통해 질병을 치료하고 전쟁을 하고 식량을 생산하는 힘을 획득하는 것이다. 과학자와 성직자 개인이 다른 무엇보다 진리를 우선할 수 있지는 있겠지만, 집단적인 제도로서의 과학과 종교는 진리보다 질서와 힘을 우선시한다. 그러므로 이 둘은 의외로 잘 어울리는 짝이다. 타협 없는 진리 추구는 영적 여행이라서, 종교와 과학의 제도권 내에 머물기 어렵다."[1]

유발 하라리는 서양의 기독교(종교)와 철학과 과학이 실체

---

[1] 유발 하라리, 김명주 옮김, 『호모 데우스』(김영사, 2017), 275쪽.

(동일성)를 추구하는 문명이라는 관점에서 과학과 종교의 협력을 기술하지 않고 진리보다는 '질서와 힘을 우선시하는 집단적 제도'로서 어울리는 짝이라고 설명했다. 그런 점에서 철학인류학자인 필자가 철학적 관점에서 서양의 과학기술문명과 패권주의를 인류의 종말과 연결시키거나 염려하는 것과는 차이를 보이고 있지만 나름대로 매우 유익한 결론을 내리고 있다. 그렇다, 종말을 아직 멀었다고 생각할 수도 있고, 실제로 종말이 온다면 종말을 염려할 순간도 없을 것이기 때문에 무익하다고 생각할 수도 있다.

서양은 우주를 코스모스(cosmos), 즉 '질서'라고 하고 있고, 서양의 가장 탁월한 후기근대철학자인 니체는 '힘에의 의지'를 표명했다. '질서와 힘'은 서양문명을 이끌어가는 욕망의 쌍두마차라고 할 수 있다. 니체는 칸트가 과학으로부터 끌어와서 이룩한 도덕철학을 '힘에의 의지'를 통해 다시 과학 쪽으로 밀어낸 인물이다. '힘'이라는 것은 과학이 추구하는 절대명제이다. 불을 숭배한 자라투스트라를 현대적으로 부활시킨 시인-철학자인 니체는 아이로니컬하게도 '힘에의 의지'를 통해 서양문명의 요체를 드러냈다.

서양문명은 한 마디로 '실체론(동일성)의 문명'이라고 할 수 있다. 기독교는 실체론적 종교이고, 서양철학은 실체론적 철학이고, 자연과학은 실체론적 과학이다. 이러한 서양문명의 대척점에 설 수 있는 사상이 바로 동양의 천지인사상이고, 음양사상이다. 천지인사상과 음양사상은 실체를 가정한 사상이 아니다. 자연의 변화와 더불어 살아가는 사상이다. 천지인사상과 음양사상은 자연을 대상으로 보지 않고, 그런 까닭에 자신을 주체로 보지도 않는다. 주체-대상의 이분법에서 자유롭다.

자연이라는 본래존재는 마음(몸)이고, 전체이고, 은유이고. 공(空)이다. 자연은 결코 고정불변의 실체가 아니다. 그런데 인간의 자연과학은 본래존재를 실체로 해석하여 정신(의식주체), 물질(의식대상), 환유, 색(色)으로 변형시킨다. 본래존재는 '기운생동'이라면 인간이 인식하는 세계는 '기계작동'이다. 인간은 처음부터 기계적 알고리즘을 가진 존재였다. 그러한 알고리즘을 구현한 것이 현대의 과학기술문명이다. 현대에 이르러 인간의 알고리즘이 기계였다는 것을 알게 된 셈이다.

자연의 계절은 동일성(정체성)이 없이 변화무쌍하다. 봄이라도 같은 봄이 아니고, 진달래꽃도 같은 것은 하나도 없다. 오늘의 나는 내일의 나가 아니다. 그런데 그것을 굳이 동일성이 있는 것처럼 설명하고, 해석하는 서양문명은 결국 오늘날 우리가 삶에서 매일 접하는 눈부신 과학기술문명이라는 것을 만들어냈다. 이제 인조인간, 인조우주도 만들어낼지도 모른다. 이는 마치 기독교의 여호와(절대 유일신)가 사람과 만물을 만들어내는 것과 흡사하다.

기독교의 신(神)이 원인적 현상학이면, 인간신(人間神)은 결과적 현상학이다. 그렇다면 본래인간은 신인간(神人間)이라는 말인가? 만물만신(萬物萬神)에 따르면 존재는 모두 신이고, 기운생동의 신이다. 기운생동의 신만이 진정한 신이다.

인간이 인간신(人間神)이 되고 있는 즈음에 고래의 천지인사상을 들먹이는 이유는 무엇인가. 왜 그것을 끄집어낼 필요에 직면했는가? 이 책은 바로 그것에 대한 해답을 주기 위해서 여러 각도에서 현대문명의 원천에 대해 조명한 글들로 채워져 있다. 지구촌은 지금 제4차 산업혁명에만 빠져 있다. 그것을 부정하고자 하는 것도 아니다. 그것의 실효성을 무시하는 것도 아니다. 4차 산업혁명도 중요하지만, 기후환경의 문제도 그에 못하지 않는 주제이다. 우리가 그동안 살아온 자연, 본래자연에 대한 관심도 기울여야 인간문명의 균형을 이룰 수 있을 것이다. 근대를 주도한 서양문명이 '자유와 균형(형평)'을 추구한 문명이라면 말이다.

천지인 사상의 역동성을 오늘에 새롭게 부각하고 해석함으로써 많은 철학적 이점을 우리는 얻을 수 있다. 인류를 위한 활생(活生)의 철학은 천지인을 역동적으로 보는 데서 비롯된다. 바로 세계에 대한 역동성을 되찾는 것이 활생의 철학의 기본전제가 된다.

근현대에 이르러 우리민족에게 활생을 조금이라도 실현시킨 사상이 있다면 어떤 철학일까. 민주주의, 사회주의도 그 가운데 하나일 것이다. 그러나 그것은 외래사상에 대한 사대주의의 냄새가 짙다. 근본주의적인 민주주의와 사회주의는 한국에 분단과 전쟁을 가져온 장본인이다. 두 이데올로기는 종교처럼 한국인을 억압하고, 강요하는 도그마가 되어버렸다.

지금도 한국인은 두 이데올로기의 피해자가 되고 있다. 좌파는 이상적 평등을 위해 투쟁하고, 기독교는 사랑하라고 주장하고, 우파는 국가만 내세운다. 그러면서도 이들의 주장은 말로만 이루어지는 '말의 성찬'에 그치고 있다. 정작 어느 파에 속하든 삶의 전략으로서 이데올로기를 이용하고 있다. 그렇기 때문에 정치만이 난무한다. 정치는 많을수록 정치는 없다. 과거 혈연사회에서 벗어났다는 것이 여전히 지연과 학연의 굴레에서 꼼짝도 못하고 있다. 한국사회는 파벌사회, 당파사회이다. 그러니 근대국가가 제대로 성립될 수가 없다.

두 이데올로기는 한국인의 활생은 고사하고 한국을 혼란과 질곡 속으로 집어넣은 것이다. 그럼에도 한국인은 아직도 그것을 신주단지처럼 모시고 있다. 특히 좌파나 우파에 경도된 지식인은 그렇다. 그러한 점에서 한국에는 자생적인 철학이 없다. 남의 철학에 의해 살면서 마치 철학이 없는 것이 가장 철학이 풍부한 채, 혹은 가장 철학적인 체하고 있는 셈이다. 바로 풍부함의 빈곤이 한국을 이데올로기적으로 얽매게 하고 있다.

한국인은 철학적으로 서양철학의 씨받이역할밖에 못 하는 '무지성(無知性)의 난자(卵子)'의 신세가 되어 있다. 대뇌(大腦)마저 서양철학을 받아들이는 자궁(子宮)이 되어버린 이 '무(無)철학의 여성성'을 뒤집어서 우리의 자생철학을 만들어야 한다. 그것이 바로 필자가 말하는 여성성의 철학, 평화의 철학, 에코페미니

즘(eco-feminism)의 철학이다.[2]

서양철학은 오늘날 종교적 도그마로 변형된 채 신앙을 강요하고 있다. 철학이 신앙이 되면 수많은 부작용을 낳게 된다. 철학이 신앙이 되면 다른 생각 자체를 근본적으로 부정하거나 철학적 맹신이나 독선에 빠지기 쉽기 때문이다. 지금 활생의 철학을 주장하는 것도 실은 그러한 상황인식에서 비롯된 것이다. 서양철학은 배우고 그것을 가르치는 일에 급급한 나머지 진정으로 스스로 철학하기에 실패한, 그러면서도 스스로 철학하고 있다고 착각하는 철학의 풍토는 한국문화의 특징인지, 병폐인지알 수가 없다.

한국인의 존재양식은 하이데거 식으로 말하면 '존재론적인삶'을 살아왔다고 해도 과언이 아니다. 태극기의 상황과 같다. 태극기는 한국인의 심성이고, 문화적 디자인이다. 태극과 음양은 바로 그 역동성을 상징한다. 태극은 바로 '2↔1' '3↔1'체계의 혼융이다. 한국인의 '한' 사상은 다원다층의 의미[3]가 있다.

---

2 박정진, 『평화의 여정으로 본 한국문화』(행복한에너지, 2016), 『평화는 동방으로부터』(행복한에너지, 2016), 『여성과 평화』(행복한에너지, 2017) 참조.

3 박정진, 『한국문화와 예술인류학』(미래문화사, 1992), 274~275쪽. '한'은 우리 문화의 정체성(identity)을 논할 때 쓰이는 말이다. 예컨대 '한'은 한국, 한겨레, 한글, 한식, 하느(나)님, 한얼 등 국가, 민족, 사상, 그리고 생활전반에 걸쳐 우리 문화의 원형(원리)으로 작용해 왔다. '한'은 한문(漢文)으로 韓, 漢, 汗, 干, 旱, 寒, 成, 桓, 丸 등 여러 가지 글자로 표기된다. '한'의 사전적 의미는—(one), 多(many), 同(same), 中(middle), 不定(about) 등—다섯 가지로 요약된다. '한'은 따라서 확정성과 불확정성을 동시에 포함한다. 좀더 정확히 말해서 종래 문학

서양문명은 크게 이분법(비대칭성)의 굴레 속에 있다. 그러한 한계는 바로 동일성과 정체성에서 출발하고 있다. 서양은 근대에 이르러 존재자 위주의 인과적 사고, 도구적 사고, 이성주의로 일관해왔는데 비록 그러한 사고는 역사적 전개에서 세계를 지배국으로의 위상을 누리긴 했지만 부수적으로 많은 문제를 남겼다. 이것을 치유하기 위해서는 바로 이중성과 애매모호성으로 요약되는 원시부족의 대칭적(대립이 아닌) 사고, 존재적 사고의 도입이 필요하다.

다행히 우리는 음양오행사상이나 천지인 삼재사상에서 그러한 존재적 사고의 전통을 이어받을 수 있다는 점에서 크게 다행이다. 음양사상은 처음부터 대칭적(대립적이 아닌) 사상이었고, 천지인 삼재사상은 대칭적 사상에서 인간이라는 변수가 들어감으로써 인간에게 역동성을 부여한 측면이 있다. 그 대칭-역동성을 살리느냐, 죽이느냐, 고정시키느냐, 그리고 그것을 존재적으로 혹은 존재자적으로 사용하느냐는 각 개인이나 국가의 몫이었다. 인간은 존재와 존재자의 사이에 있는 경계선상의 존재이다. 그러한 점에서 인간은 가역적 존재이다.

지금까지 주로 동서양철학의 비교를 통해 인류학적인 철학, 철학인류학을 시도해보았다. 동서양철학의 차이는 실은 이미

(철학)이 확정성에 치중한 것을 감안할 때(확정성을 내포한) 불확정성을 그 특성으로 한다.

그들의 일상의 삶 속에 들어 있다고 해도 과언이 아니다. 철학은 일상의 삶 속에, 삶의 언어와 구문 속에 이미 들어 있다. 단지 그 것은 자신들의 삶에 너무 가깝기(거리를 둘 수 없기) 때문에, 즉자 적이기 때문에 대자적으로 깨닫기 어려울 따름이다. 이렇게 보 면 앎의 철학과 삶의 철학의 구분마저도 어렵게 된다. 그러면서 도 철학자의 사명은 삶과의 거리두기를 통해 그것을 개념으로 파악하는 일인 것 같다.

동양과 서양이 하나 된, 지구촌이 하나 된 시점에서 인류는 서로의 삶과 삶 속에 내재된 철학의 차이를 이해하고 소통을 시 도함으로써 새로운 미래를 열어가지 않을 수 없다. 상대방을 이 해할 때 인류의 평화도 가능하다는 점에서 동서양은 물론이고, 인류문화를 하나로 묶고 다시 그것의 밖에서 바라보는 코스모 폴리탄(cosmopolitan)의 태도를 통해 인류가 '하나 됨'을 깨닫게 하는 데에 철학자의 소명이 있을 것이다.

인간이 두발(bi-pedal)로 수직보행하면서, 이 발에서 저 발로 발걸음을 옮기면서 균형(중심, 심중)을 잡고 걸어가는 것 자체가 철학의 출발인지도 모른다. 그러한 점에서 '머리의 철학'이 아니 라 '발의 철학'이 필요할지도 모른다. 삶 자체가 철학이다. 어떻 게 보면 일상의 쉬운 삶을 어려운 말(개념)로써 체계화하는 것이 철학인지도 모른다. 또한 철학이라는 것은 '여기'에 살면서 '저 기'를 생각하는 것인지도 모른다. '저기'라는 것이 바로 '이상'이 고, '저 세상'이고, 동시에 '미래'이다.

철학은 '동일성'을 추구하는 대뇌의 작업인 것 같다. 서양의 '차이의 철학'이라고 하는 것도 '동일성의 차이' 혹은 '동일성의 반복'에 불과한 것이다. 이때의 동일성은 궁극적으로 기계이다. 이에 비해 자연은 동일성이 없는 '진정한 차이의 존재(세계)'이다. 자연의 신체는 동일성이 없고 차이만 있을 뿐이다. 그러한 점에서 진정한 존재는 '신체적 존재'이다. 어떤 철학자의 철학(철학체계)은 그대로 내 것으로 만들 수 있어도 신체는 내 것으로 만들 수 없다. 신체는 자연이기 때문이다.

'하나님'과 '하나됨'의 차이는 무엇일까? 이것이 '존재(Being)-하나님'과 '생성(Becoming)-하나됨'의 차이가 아닐까? 인간은 이 둘의 사이에 있는 것 같다. 존재이면서도 생성(존재-생성)이고, 생성이면서도 존재인(생성-존재), 자연이면서도 인간(자연-인간)이고, 인간이면서도 자연인(인간-자연)—특이한 존재가 인간이다. 인류는 이제 절대유일신의 하나님이 아니라 '하나됨과 하나님'이 융합한 '하나됨-하나님(하나됨의 하나님)'이 필요하다. '하나됨-하나님'은 『천부경』의 하느님'이다.

'생성의 세계'는 『천부경』의 '무시무종(無始無終)의 세계'가 될 수밖에 없다. 무시무종의 세계는 '생성의 세계'이면서 '여성성의 세계'이다. 남성성의 세계는 '존재의 세계'이면서 '유시유종(有始有終)의 세계'이다. 유시유종의 세계의 대표적인 것이 기독교의 세계이고, 기독교는 하나님을 '하나님 아버지'라고 부른다. 기독교의 '아브라함'은 한국어의 '아버지'와 어근을 함께 하고 있다.

한국인들은 천지인의 삼신(三神)을 '삼신할머니(할매)'라고 부른다. 왜 삼신하고 할머니인가. 왜 할아버지가 아닌가. 우리는 '단군'을 말할 때는 '단군할아버지'라고 부른다. 아마도 단군할 아버지 이전의 모계사회에서 부른 이름이 '할머니'였을 것이다. '하나됨의 하나님'을 여성대명사인 '할머니'라는 이름을 통해 명명한 것이 아닐까 생각된다. 여성이야말로 인간을 낳는 존재의 뿌리가 아닌가. 삼신할머니는 아이를 점지해주는 '산신(産神) 할머니'로 변용되기도 했다. 결국 오늘날 철학으로 보면 '생성의 하나님'을 삼신할머니로 불렀을 것으로 추측된다.

삼신할머니는 인류 최초의 여신인 '마고(麻姑) 신'(The God Mago)을 떠올리게 한다. 고대 인류사회는 모계사회였으며, 모계 사회의 인류는 공통모어(母語)를 사용했을 가능성이 높다. 그 공통모어가 오늘날 한글(훈민정음)에서 유추할 수 있는 고대의 '소리글자'였을 것이다. 공통모어는 가부장-국가사회의 발생과 함께 각 지역으로 분파되면서 각 지역의 조어(祖語)가 되었을 것이다. '조어'의 바탕이 되는 것이 '모어'였을 것으로 추측된다. 언어의 공통모어와 종교의 샤머니즘은 같은 시대에 서로 통하는 관계였을 것이다. 한글과 샤머니즘은 인류의 시원문화였을 것으로 추측된다.

네오샤머니즘의 입장에서 보면 모든 종교는 서로 통하게 되어 있다. 그 까닭은 모든 고등종교들이 샤머니즘에서 출발하여 각자의 지역과 역사와 환경(풍토)에 맞게 형성된 것이기 때문이다. 인류의 원시반본 시대를 맞아서 제 종교의 공통성과 일반성인 평화를 되찾고, 그것을 바탕으로 초종교초국가적인 이상과 인간의 근본적이고 소박한 도덕을 회복하는 목표를 달성하기 위해 온고지신(溫故知新), 지신온고(知新溫故)하지 않으면 안 된다.

네오샤머니즘의 입장에서 유불선기독교를 재해석하면 다음과 같은 모습이 될 수도 있다.[4] 유교의 수신제가치국평천하(修身齊家治國平天下)는 자신자신자신자신(自身自信自新自神)으로 될 수 있다. 불교의 일체중생(一切衆生) 실유불성(悉有佛性)은 만물만신(萬物萬神), 심물일체(心物一體), 물심일체(物心一體)가 될 수 있다. 선도(仙道)의 우화등선(羽化登仙), 장생불사(長生不死)는 만물생명(萬物生命), 기운생동(氣運生動)이 될 수 있다. 이는 심물존재(心物存在), 심물자연(心物自然)의 상태이다. 마음과 몸은 본래 분리되지 않았다.

기독교의 "내 이웃을 내 몸과 같이 사랑하라"는 한글의 본래 뜻대로 '마음=몸(뭄)'이 될 수 있다. 기독교는 서양의 선도(仙道), 즉 기독선(基督仙)이라고 말할 수 있다. 예수가 "나는 길(道)이요, 진리(眞理)요, 생명(生命)이다"라고 말한 것은 참으로 유불선기독교가 하나인 것을 단적으로 드러내는 말이다. 여기에 동

---

4   박정진, 『평화는 동방으로부터』(행복한에너지, 2016), 433~434쪽.

양의 도(道)사상과 서양철학의 진리(眞理) 탐구정신과 불교의 만물생명(萬物生命)의 사상까지 함께 갖추고 있다.

성인들 중에서는 가장 최근에 태어난 예수는 인간정신의 정수를 깨닫고 이스라엘 땅에서 인간을 구원할 설교를 시작했던 것이다. 오늘날 다시 인간구원의 정신이 계승되어 인류의 고등종교가 하나가 되어야 하는 것은 지구촌시대의 사필귀정이다. 이러한 초종교초국가의 정신을 한 몸에 지니고 태어난, 그러한 정신을 스스로 깨달은 사람이 인류를 구원할 자격을 갖추게 되는 것은 물론이다. 유불선기독교 등 모든 종교의 뿌리가 하나인 것을 깨닫게 될 때에 세계의 진정한 평화가 도래할 것이다.

인간이 신이 되고자 하면, 결국 신이 인간의 정신(精神)의 현상학적인 대상으로서 바깥에 있는 존재, 외재적인 신, 현상학적인 신이 되어서 결국 패권으로 군림하고자 할 것이다. 그렇기 때문에 반대로 신이 인간이 되고자 하는, 신이 인간의 마음(心物)의 안에 있는 존재, 내재적인 신, 존재론적인 신이 되면 평화를 이룰 가능성이 높아질 것이다.

	유불선(儒佛仙)기독교의 철학사상	일반성의 철학(混元一氣)
유교 (儒敎)	수신제가치국평천하 (修身齊家治國平天下)	자신자신자신자신 (自身自信自新自神)
불교 (佛敎)	일체중생(一切衆生), 실유불성(悉有佛性)/여래장(如來藏)	만물만신(萬物萬神)/심물일체(心物一體)/물심일체(物心一體)

선도 (仙道)	우화등선(羽化登仙) 장생불사(長生不死)	만물생명(萬物生命)/기운생동(氣運生 動)/심물존재(心物存在)/심물자연(心物 自然)
기독교 (基督敎)	"내 이웃을 내 몸과 같이 사랑하라." "나는 길이요, 진리요, 생명이다."	마음 = 몸(몸): 기독교는 서양의 선도 (仙道, '기독선(基督仙)'이라 할 수 있다.

[유불선기독교의 통일과 새로운 변형]

동양철학의 천지인(天地人)·정기신(精氣神)사상은 본래 혼원일기(混元一氣)인 하나의 세계를 말한다. 인간은 이러한 기운생동의 생성변화에 신의 이름을 붙임으로써 생성을 존재로, 사건을 사물로 바꾸는 것을 통해 절대적인 신(神)을 발명한 존재이다. 인간은 천지인의 과정적인 결과(processing result)로서 최초의 원인(first cause)인 신을 발명했던 것이다.

우주의 원기(元氣)를 의식(意識)으로 지각한 인간은 각자가 신이 되는 자신(自神)의 경지에 도달하여야 한다. 자신(自神)에 도달하는 것이 만물만신(萬物萬神)이고, 심물일체(心物一體)이고, 물심일체(物心一體)이며 만물생명(萬物生命)이다. 기독교의 사랑은 나와 이웃과 세계가 본래 하나의 몸(신체)이라는 것을 깨닫는 경지에 도달하는 것을 최종목표로 하여야 한다. 세계는 정신-물질(육체)의 현상학적인 이분법적 존재가 아니라 그것의 바탕이 되는 본래존재로서의 신체적 존재이다. 결국 인간과 만물의 신체속에 우주의 비밀이 다 숨어 있다. 그 비밀은 무시무종(無始無終)이라는 실재이다.

끝으로 유불선기독교사상을 『천부경』의 천지인사상에 대

응시키면 다음과 같다. 천(天)은 기독교(유대교·이슬람교)-종교(宗教)·과학(科學)에 대응되고, 지(地)는 불교(禪불교)-자각(自覺)·무아(無我)에 대응되고, 인(人)은 유교(성리학)-윤리(倫理)·도덕(道德)에 대응된다. 천지인이 순환하면 결국 선(仙)이 된다. 선은 도법자연(道法自然)이고, 샤머니즘이고, 신선도(神仙道)이다.

天	기독교(유대교·이슬람교)	종교, 과학	천지인의 순환: 선(仙)/도법자연(道法自然)/샤머니즘/신선도(神仙道)
人	유교(성리학)	윤리, 도덕	
地	불교(선불교)	자각, 무아	

[천지인 사상을 통해 본 유불선기독교사상과 인류문화]

인류의 유불선기독교 등 모든 종교의 핵심을 관통하여 보면, 결국 깨달음의 네 가지 덕, 사주덕(四主德)을 볼 수 있다. 자신(自身), 자신(自信), 자신(自新), 자신(自神)이 그것이다. 인간(만물)의 삶은 스스로의 몸(身)을 바탕으로, 스스로의 믿음(信)으로 살면서, 날마다(시대에 따라) 스스로를 새롭게(新) 하면서, 결국 스스로의 신(神)을 깨닫는 과정임을 의미한다. 결국 만물만신이 존재의 최종적인 길이다.

아울러 생활실천의 '사주덕'으로 검소, 겸손, 자유, 창의를 들 수 있을 것이다. 검소는 환경과의 약속이고, 겸손은 인간과의 약속이고, 자유는 철학의 정신이고, 창의는 역사의 정신이다. 이상을 천지인 사상에 맞추면 다음과 같다. 이것을 종합하면 '신선(神仙)이 되는 길'(Way to Taoist hermit with miraculous powers)이다.

신선(神仙)은 신인간(神人間)의 옛말이다.

	깨달음의 사주덕	생활의 사주덕: 신선(神仙)이 되는 길	
天	自神(스스로의 신을 깨달음)	創意(역사)	自新(날마다 스스로를 새롭게 함)/自由(철학)
人	自信(스스로의 믿음으로 삶)	謙遜(인간)	
地	自身(스스로의 몸을 바탕으로 함)	儉素(환경)	

[천지인 사상과 깨달음과 생활]

인간은 이제 단순한 피조물이 아니다. 스스로 신이 될 수 있는 존재이면서 행복과 불행, 전쟁과 평화를 스스로 선택하고 결정할 수 있는 존재이다. 이것이야말로 '현대판 신선(神仙)'이 아니고 무엇인가. 인간의 집단유전자는 호모사피엔스의 '공멸의 길'을 선택할지, '복락의 길'로 들어설지 아무도 모른다. 인간도 자연이다. 그런데 자연인 인간의 힘은 이제 인간 스스로는 물론이고, 공생하고 있는 모든 동식물을 멸종시킬 수 있을 정도의 인간신에 이르렀다. 그런 점에서 인간의 미래선택은 참으로 중요한 것이다.

인간은 자기창조적이면서도 자기종말적 존재이다. 그것이 기독교의 『성경』으로 표출된 것이 천지창조와 종말구원사상이다. 인간이 스스로를 구원할지는 미지수이지만 종말은 역사현상학적으로 다가올 미래이다. 그런 점에서 인간은 현상학적인 동물이다. 현상학적인 동물이기 때문에 그 경계선상에서 본래존재를 떠올릴 수 있었을 것이다.

인간은 왜 존재를 현상했을까. 아마도 자연의 생존경쟁에서 살아남기 위해서였을 것이다. 현상은 자연으로부터 도구를 추출할 수 있게 하였고, 끝내 자연을 도구와 기계의 세계로 만들었다. 아마도 그러한 도구의 최초의 발명품은 신(神)이었을 것이다. 그런데 도구(도구적 인간)를 만들고, 신(축복적 인간)을 만들고, 그러한 것을 할 수 있는 힘의 원천은 놀이할 수 있는 인간 '놀이적 인간'이었을 것이다. 놀이적 인간으로서 최고의 놀이는 '시간의 놀이'라고 할 수 있다.

자연의 일원으로 태어나서 문화를 창조한 존재인 인간에게 놀이야말로 인간의 손길을 미쳐서 자연을 재구성하는 '문화적 존재'인 인간의 자기기만적 성격이 가장 잘 드러난 것이다. 자기기만보다 재미있는 놀이가 있을까. 남을 기만하면서 생존하는 다른 동식물과 달리 인간은 자기를 기만함으로써 만물의 영장이 되었다. 그러나 그 자기기만 속에 자기종말성이 내재해 있음을 어쩔 수 없다. 자기기만의 자기종말성을 극복하는 길은 심정평화를 이루는 길이다. 심정평화야말로 존재현상학이 아닌, 존재존재론적 평화의 길이다.

세계는 주체(절대)로 보면 주체이고, 상대(대상)로 보면 상대이다. 그러나 주체-대상(절대-상대)은 이미 자연을 이분법으로 재단한 결과이다. 진정한 평화의 길은 바로 모든 종류의 이분법을 넘어서는 길이다. 이분법을 넘어선다는 것은 모든 체계를 부정하는 것이다. 모든 체계 너머에 존재가 있다. 그러나 그 존재는 인간이 생각하는 한 닿을 길이 없다. 그 존재는 자기 자신이 기 때문이다. 인간을 포함한 모든 존재는 결국 자기-내-존재일 따름이다. 자기가 지금, 바로(now, here) 평화에 도달하면 평화가 이루어지고, 그렇지 못하면(nowhere) 평화가 이루어지지 않는 것이다.

평화란 무엇인가. 평화를 쾌락해야 한다. 평화를 즐겨야 한다는 말이다. 평화를 목적으로, 대상으로만 하면 결코 평화를 이룰 수가 없다. 인간은 결국 몸과 마음으로 쾌락하여야 한다. 마음과 몸으로 공감해야 신체적 공감이 되는 것이고, 신체적 존재에 참여하는 길이 된다. 평화란 마음과 몸이 하나가 되어, 세계의 밑바닥에서부터 전체적으로 공명해야 다가오는 선물이다. 평화는 자기-내-존재의 자기운동이며, 궁극적으로는 스스로 자유롭고 행복해지는 것이다. 이것은 결국 우주적 생멸(생성, 생기)에 기꺼이 참여하는(들어가는) 존재로서의 자족(自足)의 길이다. 스스로 자족하지 않으면 죽음에 대한 불안이나 공포가 없이 생멸 그 자체에로 들어갈 수 없다.

선악(善惡)의 문제는 인간의 문제일 뿐이다. 다른 동물에게 우리는 선악을 책임지울 수 없다. 인간을 잡아먹거나 인간에게 해악을 끼치는 적이 되는 동물을 악하다고 했을 뿐이다. 인간 사이에서도 적을 악이라고 했을 가능성이 높다. 과학기술이라고 하더라도 인간을 죽이거나 해악을 끼치면 악이 될 수밖에 없다. 과학기술이 악이 아니라 그것을 잘못 쓰면 악이 되는 것이다. 결국 인간(나)에게 좋으면 선, 나쁘면 악이 되는 것은 과학에서도 예외가 있을 수 없다.

샤머니즘에서 말하는 백주술(白呪術, white magic)과 흑주술(黑呪術, black magic)은 인간의 선악의 양면성이 주술에 반영되었을 가능성이 높다. 남을 이롭게 할 수도 있고, 남을 해롭게 할 수도 있는 것이 인간이다. 그러한 성향과 분위기는 교육수준과 관계없이 인간사회에 골고루 퍼져 있다. 좋음(good)과 나쁨(evil)은 선과 악이 됨으로써 사물에게 있을 수 있는 여러 측면 중의 하나 혹은 하나의 기능이 아니라 고정된 성격으로 굳어져버렸다.

샤머니즘의 입장에서 오늘날 과학기술문명을 보면 자연에 대해 흑주술을 감행하고 있는 샤먼-과학자의 푸닥거리(퍼포먼스)라고 생각할지도 모른다. 만약 문명이 자연에 대해 적대적인 인간의 악이라고 할지라도, 악은 스스로의 생명을 포기한 적이 없다. 생명을 포기하지 않는 악을 두고 생명의 입장에서 보면 굳이 악이라고 단죄할 필요도 없다(그렇다고 선이라고 할 수도 없지만 말이다). 자연에서는 생명이 가장 중요하기 때문이다. 실지로 현대인은 자신의 삶과 생명을 위해서는 다른 어떤 것도 희생시킬 준비가 되어 있는, 철저히 생의 욕망에 가득 찬 생물종이다.

이제 존재냐, 생명이냐의 문제만 남는다. 'to be or not to be'는 과연 어떻게 해석되어야 하는가? 인간에게 있어 있느냐, 없느냐의 문제는 항상 사느냐, 죽느냐의 문제와 결부되어왔다. 유무의 문제는 생사의 문제와 겹쳐 있었고, 결국 살아 있어야 '있는 것이기' 때문에 둘은 동의어가 되기도 했다. 그래서 삶의 문제는 항상 앎의 문제와 겹쳐 있었고, 삶과 앎이 서로 독립되기보다는 '삶의 문제로서 앎' '앎의 문제로서 삶'으로서 추구되었다.

여성성에 대한 진정한 이해는 인간을 자연으로 돌리는 유일한 길인지도 모른다. 여성성에 대한 진정한 이해는 인간을 평화로 돌리는 유일한 길인지도 모른다. 여성성에 대한 진정한 이해는 인간을 구원하는 길인지도 모른다. 신체적 존재, 심정적 존재로서의 여성은 인류의 생명의 길이며, 앎보다는 삶을, 지식보다는 사랑을 우선한 길이다.

삶의 문제는 앎의 문제와 항상 겹쳐 있다. 그렇기 때문에 앎의 문제에 치중하는 현상학과 삶의 문제에 치중하는 존재론의 화해가 절실한 것이다. 지금 우리 앞에 벌어지고 있는 존재사건의 의미를 죄다 알 수는 없다. 또 생멸과 흥망의 정도와 진폭조차 가늠할 수가 없다. 아마도 어느 날 갑자기(순식간에) 인류는 공멸될지도 모른다. 그렇기 때문에 최선을 다해서 사피엔스의 공멸을 지연시킬 방도를 찾을 수밖에 없다. 누가 하늘을 편안하게 할 것인가. 하늘을 편안하게 하는 자야말로 인류에게 평화를 선물할 메시아가 아닌가. 평화의 메시아는 여성성에서 찾는 도리밖에 없다. 우리(We), 사피엔스는―.

인류평화의 철학, 네오샤머니즘

진형준(전 홍익대 교수, 상징학)

한국철학계의 미증유의 철학적 사건

박정진은 하나의 사건이다. 그의 작업 내용이 새롭다거나 충격적이기 때문만이 아니다. 그가 〈철학 인류학〉이라는 이름으로 그 누구도 시도해보지 않은 작업, 엄두를 내기조차 어려운 작업을 그야말로 거침없이 행하고 있기 때문이다.

그가 〈철학〉과 〈인류학〉을 결합하여 〈철학 인류학〉이라는 용어를 사용한 것은 〈철학〉이라는 용어만으로는 종래의 철학들이 지닌 지역 철학적 특성에서 벗어나기가 힘들기 때문이다. 그가 보기에 〈기존의 서양철학은 서양의 지역학 혹은 지역철학이고, 동양철학도 동양의 지역학 혹은 지역철학〉에 머물러 있다.(14쪽) 철학이 그런 지역적 특성에서 벗어나기 위해서는 과감하게 인류학이라는 이름과 결합해야 한다. 아니다. 결합이 아니다. 철학은 좀 더 적극적으로, 그리고 과감하게 〈**인류학**〉의 길로 나아가야만 한다. 그리하여 인간이 인간이라는 이름으로 지니고 있는 〈**공통분모**〉로 눈을 돌려야 한다. 이제까지의 철학, 특히 서양철학은 생명체로서의 인간이 지니고 있는 공통분모를 외면한 채 그들만의 특징적인 문화, 사유를 보편적인 것으로 착각하고 내세워 왔다.

박정진은 이제 지구촌 전체에서 새로운 철학, 혹은 새로운 사유가 필요하다고 역설한다. 그 철학은 〈**동서고금을 넘나드는 것**〉이어야 하고(지역적 한계를 넘나들고), 〈**새로운 철학의 가능성을 제시**〉(과거와 결별한 새로운 것)하는 것이어야 한다. 그러기 위해서는 인류문화의 원형을 되돌아보아야 한다. 박정진이 〈**인류학적 철학**〉을 제안한 것은 그렇게 〈**과거의 사유와 철학을 되돌아보고 반성하면서 새로운 미래의 문명을 만들어낼 견인차 역할을 하기 위해서**(28쪽)〉이다. 세상에! 이런 과감한 선언을 한 철학자를 우리가 곁에서 본 적이 있는가? 한국철학, 동양철학, 서양철학 전문가는 많지만 그것들을 동시에 아우르면서 그것들을 유기적으로 맺어주려 한 철학자를 본 적이 있는가? 그것들을 맺어주면서 지구촌 가족화의 차원에서 미래의 철학을 모색한 철학자를 본 적이 있는가? 박정진 덕분에 우리는 이제 그런 철학자를 한 명 갖게 되었다.

철학은 인류학과 결합하면서 그 시야가 넓어진다. 철학 인류학은 철학의 본령인 사유(思惟)를 삶과 결합시켜준다. 자신의 철학적 사유를 상대화할 수 있게 해준다. 인류학적 철학은 〈사유하는 존재〉로서의 인간, 사유의 결과인 〈철학〉을 인간의 생명현상의 하나로 바라볼 수 있게 해준다. 자신의 〈철학〉을 인류라는 이름으로 행하는 모든 사유들 중의 하나로 바라보고 품을 수 있게 해준다.

철학 인류학은 말하자면 인류의 밖에서 인류를 바라보는 것과 같다. 또한 자기 밖에서 자기를 바라보는 것과 같다. 하지만 자기가 자기를 벗어날 수는 없다. 그때 자기는 사유의 주체이면서 동시에 대상이 된다. 그의 철학 인류학에서 주체와 대상은 구분이 되지 않는다. 주체와 대상은 끊임없이 왕복하며 주고받는 생명현상 한가운데 놓인다. 이제까지의 철학이 사유의 영역에 머물러 있었다면 그의 철학 인류학은 〈살면서 사유하기〉에 가깝고, 삶 자체가 된 사유를 살아내는 것이 되기도 한다. 말하자면 그의 철학 인류학에서 철학은 인간의 본능이 된다. 사유도 본능이 되는 것이다. 인간은 사유하는 동물이다.

하지만 그것은 인간이라는 존재 전체가 사유로 환원될 수밖에 없다는 뜻이 아니다. 사유는 인간 생존의 기본 조건 중의 하나가 된다는 뜻이다. 따라서 사유는 인간의 삶 밖에서 삶을 관찰·분석하는 절대적인 위상을 점할 수 없다. 인간은 인간의 삶을 이론화하기 위하여 철학하는 것이 아니라, 생존하기 위하여 철학한다. 그때 철학은 앎이 아니라 삶이 된다. 그의 철학인류학은 앎으로서의 철학을 삶으로서의 철학으로 전환하는 것을 의미한다.

그가 우선적으로 사유의 대상으로 삼은 것은 서양철학이다. 말하자면 그는 우선 서양철학의 밖에서 서양철학을 바라본다. 이유는 자명하다. 서양철학, 혹은 서양적 사유를 우리는 보편적인 것으로 받아들이고 있기 때문이다. 서양철학이, 서양의 과학이 지구촌 전체를 지배하고 있기 때문이다. 우리는 그렇게 서양의 삶을 살고 있다. 그 삶을 철학하기 위해서는 그 밖으로 나가야 한다. 밖으로 나가 우리를 지배하고 있는 인식을 상대화해야 한다. 그의 작업의 많은 부분이 서양철학의 검토에 할애된 것은 그 때문이다. 적어도 철학에 관한 한 우리는 서양철학의 세상을 살고 있다.

게다가 우리의 서양철학 전공자들은 몇 명을 제외하고는 대부분 서양철학과 사유를 보편적인 것으로 받아들이고 그 안에 머물러 있다. 그가 제일 먼저 〈**보편성의 철학**〉을 거부하고 〈**일반성**〉을 내세우는 것은 바로 그 때문이다. 서양철학을 밖에서 바라보는 것은 서양 인식론을 상대화하는 것이며 동시에 스스로를 반성하는 것이기도 하다. 그것은 서양철학의 밖에서 서양철학을 바라보면서 동시에 자신을 바라보는 것이 된다.

서구존재론: 보편성의 철학과 현상학적 존재론

그는 서구의 철학을 한 마디로 보편성의 철학이라고 말하고 현상과 과학을 위한 철학이라고 규정한다. 그것은 존재 밖의 초월을 전제로 한 철학이고, 물(物) 자체를 대상으로서의 물질로 환원한 철학이며, 주체와 대상을 분리하는 이원성의 철학이다. 그리고 그 철학의 뿌리에는 플라톤의 이데아가 있으며 기독교도 예외가 아니다.

박정진이 옳게 말하고 있듯이 세계는 하나로 해석할 수도 있고 둘로 해석할 수도 있다. 그리고 세계를 하나로 해석하는 태도는 다시 둘로 갈라진다. 초월적인 하나를 상정해서 세상을 해석할 수도 있고, 세상은 본래적으로 하나라고 말할 수도 있다. 두 해석 모두 〈하나〉를 상정하고 있지만 그 하나가 절대적이고 실체적인 하나이냐, 전체를 아우르는 하나이냐에 따라 방향은 완전히 달라진다. 서양의 인식은 초월적인 하나를 상정하는 방향으로 흘러왔다. 그 흐름에 이어서 세계를 둘로 나누어 해석하는 흐름이 자연스럽게 이어졌고 그것이 바로 현상학적인 방법이다.

그러나 엄밀하게 말한다면 초월적인 하나를 상정한다는 것 자체가 이미 초월계/현실계의 이분법을 전제하고 있다. 서구의 현상학은 절대적 초월을 상정하는 태도의 직계 자식이다.

박정진은 단호하게 말한다. 초월적인 하나를 상정했건, 현상학적으로 둘로 나누었건 그 태도는 결국 자연의 실재(존재)에 대해 가상실재(실체)를 세운 후에 세계를 이해하는 태도이다. 서양철학 전통에서 실체라고 말한 것은 모두 가상실재일 뿐이라는 것이다. 그 태도는 실재(존재)를 버리고 가상실재를 택한다.

그 가상실재의 두 기둥이 바로 주체와 대상이다. 그가 보기에 현상학은 〈**주체와 대상의 환영들**〉이다.(37쪽) 세상을 인간/인간, 인간/자연, 인간/환경 등 어떤 식으로 나누건 사실상 그 관계는 주체/대상의 관계가 아니다. 그것들은 모두 자연 안에 품어져 있는 주체들로서 관계를 맺고 있다. 현상학은 그것들을 모두 주체와 대상이라는 가상실재로 설명하고, 인간을 그 가상실재의 주체로 설정한다. 인간이 자연에 품어져 있는 게 아니라 〈**중심**〉이 되는 것이다. 따라서 서구의 모든 인식의 흐름들은 현상학의 이름으로 다음과 같이 정리될 수 있다.

다시 말하지만 현상학의 가장 큰 잘못은 그것이 무엇을 표방했건 본래 존재, 즉 실재로부터 멀어진다는 데 있다.

그러한 서구 현상학을 지탱해주는 것이 바로 〈**동일성의 원칙**〉이다. 달리 말하자면 바로 A≠non A의 원칙이다. 이 세상에서 A가 아닌 것은 모두 비(非)A이다. 비슷한 것은 아닌 것과 같다(似而非). 둘을 맺어줄 접점도 없고 둘 사이에 공통분모도 없다. 동일성의 원칙에 입각한 서구 현상학은 세상을 둘로 나눈 후 그중 하나를 반드시 버린다. 그러나 실재 존재는 그렇게 확연하게 구분될 수도 없고, 버리려 한다고 해서 버려질 것이 따로 존재하는 것이 아니다. 그 구분이 확실하면 확실할수록, 선택이 단호하면 단호할수록 현상학은 실재로부터 멀어진다. 박정진의 표현대로라면 〈존재〉로부터 멀어진다. 존재는 차라리 그 확실함과 단호함의 틈새에 있다. 그 확실함으로 규정할 수 없는 곳에 있다. 그 틈, 설명될 수 없는 것이 더 존재에 가깝다. 거기서 출발하는 것, 그것이 바로 그의 일반성의 철학이다.

바로 그 동일성의 원칙이 오늘날의 서구를 지탱해왔다. 박정진의 말대로 서양 문명의 특징과 문제점, 장점과 약점은 바로 그 동일성에 있다. 서양문명이 오늘날 지배문명이 될 수 있게 한 것이 바로 그 동일성의 원칙이지만 동시에 인류가 공멸의 길로 갈 위험을 내포하고 있는 것도 바로 그 동일성의 원칙이다.

그 동일성의 원칙은 본질을 현상으로 만들고, 현상은 항상 〈목적으로서의 허구〉를 지향한다. 그리고 그 동일성의 원칙으로서의 현상학은 의식의 현상학에 이르러 절정에 달한다. 가장 대표적인 현상학 중의 하나가 바로 사르트르의 실존주의이다. 사르트르는 인간이 사물과 마찬가지로 이 세상에 던져진 즉자적 존재라고 말한다. 인간은 그 자체 존엄성을 지닌 의미 있는 존재인 줄 알았지만 실은 그렇지 않다는 것이다. 저 유명한 '실존은 본질에 우선한다'는 선언은 그래서 나온다. 인간에게 미리 주어진 본질적인 존재 이유나 가치는 없다는 것이다.

그 사실을 깨닫는 순간 인간은 구토를 느낀다. 인간은 의미 있게 세상에 태어난 것이 아니라 의미를 만들어가는 존재라는 일견 멋진 말이 그때 탄생한다. 기투(企投)를 통해 즉자적 존재에서 대자적 존재가 되는 것, 그것이 의미 있는 존재가 되는 방법이라는 것이다. 박정진이라면 인간이 즉자적 존재라는 사실을 깨닫는 순간 희열을 느꼈을 법하다. 오히려 그때 구토가 아니라 환희를 느껴야 하지 않겠는가! 사물과 다를 바 없다고 구토를 하다니! 이 얼마나 오만한가? 사물처럼 무심코 존재할 수 있기를 바라는 것이 더 온당하지 않은가? 자연과 가까운 존재가 되기를 바라는 것이 더 건강하지 않은가? 우리는 어쩔 수 없이 대자적 존재임을 한탄하는 것이 더 점잖지 않은가? 나는 박정진의 철학에서 이런 목소리를 듣는다.

인간이 사물과 마찬가지라고? 그렇다면 사물도 다 살아 있다는 말 아닌가? 그렇다면 이 세상 만물이 다 살아 있고, 그 도저한 자연의 세계와 인간이 다를 바 없다고 느끼는 순간은, 인간이 인간중심주의에서 벗어나 자연과 하나임을 느끼는 순간이 아닌가? 해탈의 순간이고 깨달음의 순간이 아닌가? 박정진의 철학은 사르트르와는 반대로 대자적 존재에서 즉자적 존재로 돌아가자고 말하고 있는 것이다. 그에 비해 이미 충분히 대자적 존재로 살아온 서양인들에게 더 적극적으로 대자적 존재가 되자고 부르짖는 사르트르는 좀 희화적이기도 하다.

박정진은 헤겔이 서양 정신의 종합메뉴, 혹은 종합백화점이라고 말한다. 헤겔은 간단히 말해 정신(Geist)이라는 개념으로 서양 기독교의 신(神)을 새롭게 해석한 것이다. 서양철학과 기독교는 신을 초월적 존재로 설정하면서 그 존재에 인간의 모습을 투사한다. 그런 후 인간이 신을 증명하는 〈인간-신〉과, 신이 인간의 존재를 보증해주는 〈신-인간〉 사이를 왕래하다가 헤겔에 이르러 절대정신으로 신을 설명하는 〈신-정신〉에 이르렀다는 것이다. 신과 정신은 하나가 되고, 그것들은 모두 현상학적이라는 점에서 실재가 아닌 유령일 뿐이며 헤겔은 역설적이게도 그것을 증명해 낸 셈이다. 서양 정신에서 신-정신-유령-실체는 한 몸으로 붙어 있다.

헤겔의 유심론이 유물론으로 옮아가는 것을 가능하게 한 사람이 스피노자이다. 스피노자는 절대유일신을 실체로 보고 그 실체가 자연에 양태(modes)로 존재한다고 보았다. 말하자면 허상으로서의 절대가 자연으로 옮아왔고, 자연은 절대 물질이 된 것이다. 헤겔의 절대정신은 절대물질에의 길을 안내했다는 점에서 마르크스는 헤겔의 수제자인 셈이라고 박정진은 말한다. 결국 가장 이상적(관념적)인 것이 가장 현실적(실체적)인 것이 되었을 뿐 아니라 물질이 정신이 되는 적반하장을 초래한 것이다. 그리고 그 단초는 본래 물질이 아니라 물(物-존재)인 것을 물질로 규정한 정신이 스스로 제공한 것이다. 즉 〈'물질'은 '정신'이 규정한 것이며 결국 정신=물질이 된 셈이다〉.(97쪽) 그 결과 오늘날 서양이 주도하고 있는 인류 문명은 〈과학기술문명과 혼음과 근친상간에 빠져 있다.〉(97쪽) 그렇게 신-(절대)정신은 물질로 옮아가면서 절대적인 자연과학의 법칙을 탄생시키고 그 현상학

적 시선은 〈근대에 들어와 자유-자본주의 국가 혹은 공산-사회
주의 국가라는 양대 유령(자본과 노동이라는 거대 유령)을 만들어 패
권경쟁을 하고 있다〉.(61쪽)

　그 패권경쟁 속에서 과연 승자는 있는가? 승자가 인간승리
를 외치며 웃을 수 있는가? 그 패권경쟁에서 이긴 인간이 이 세
상의 주인이 될 수 있는가?

　아니다. 인간도 인간이 만든 허구로서의 이데올로기와 자연
과학적 법칙의 지배를 받는 존재가 된다. 서양의 현상학은 자연
과학을 발전시켰지만 그 결과 인간은 그 자연과학의 지배를 받
는 존재가 되었다. 이 세상은 자연과학 법칙의 지배를 받는 거대
한 기계가 되고 인간도 그 법칙에서 예외가 아니기에 기계가 된
다. 인간은 스스로 자신이 만든 거대한 기계의 부품이 된다. 그
리고 더 성능이 좋은 기계에게서 위협을 느낀다. 메리 셸리의 소
설『프랑켄슈타인』에서 사람들이 괴물에게서 느끼던 공포를 똑
같이 인공지능에서 느끼게 되는 것이다. 그러면서 인간은 자신
이 이념의 절대화 속에 갇힌 신세라는 것을 알지 못한 채, 성찰
을 포기하고 그냥 공포만 느끼고 있을 뿐이다. 박정진은 말한다.

　선과 악이 어디에 있는가. 인간이 선할 수도 있고, 악할 수도 있
　는 것이다. 모든 이념은 인간이 만들어낸 허상(유령)에 지나지
　않는다. 인간은 그 허상을 실체라고 생각하면서 서로 싸우면서
　살아가고 있다. 특히 유물론과 무신론은 인류의 '마지막 이념

(last ideology)'이라는 점에서 가장 치열한 이념투쟁을 하고 있
다.(137쪽)

그렇다면 어떻게 할 것인가? 박정진이 그 대안으로 제시하
고 있는 것이 바로 〈보편성〉이 아닌 〈일반성〉의 철학이며, 의식
적, 혹은 현상학적 존재론이 아닌 〈신체적 존재론〉이다.

일반성의 철학: 보편성의 철학에서 일반성의 철학으로

일반성의 철학은 원시반본(原始反本)의 철학이다. 일반성의
철학은 〈초월적인 하나〉를 상정하는 것이 아니라 〈본래 하나〉
의 관점을 견지하는 것이다. 그것은 인간이 인위적으로 설정하
거나 밝혀낸 법칙으로서의 보편적 하나를 거부하고 자연의 있
는 그대로인 유동성 전체(존재적 하나)를 하나라고 말하는 것이
다. 보편성은 그 어느 경우건 초월성과 통하고, 일반성은 공통성
과 통한다. 보편성은 아는 것과 통하지만, 일반성은 삶 그 자체
를 의미한다. 보편성이냐 일반성이냐의 질문은 앎이 우선이냐,
삶이 우선이냐는 질문으로 바꾸어도 무방하다. 그것은 인간의
이성으로, 혹은 지식, 혹은 과학으로 세상을 하나로 묶는 법칙을
찾아내는 것이 옳은가, 아니면 자연의 법칙을 커다란 하나로서
깨닫는 것이 옳은가, 라는 질문이 될 수도 있다. 아니다. '어느

것이 옳은가?'라는 질문은 적절하지 않다. 이렇게 바꾸자. 과연 두 태도 중 어느 것이 더 근원적인가? 어느 것이 더 포괄적인가?

보편적 하나이건 일반적 하나이건 하나이긴 마찬가지처럼 보인다. 그러나 그 두 개의 하나 사이에는 커다란 차이가 존재한다.

보편적인 하나에서 일반적인 하나로 내려오면, 그 일반적인 하나는 보편적인 하나의 일부분이 될 수밖에 없다. 그런 보편성에 입각하면 일반적인 하나들은 전체에 종속되거나 전체를 형성하는 데 기여할 수밖에 없다.

하지만 일반적인 하나에서 보편적인 하나로 나아가면, 그 일반적인 하나가 보편적인 하나를 품는다. 아니, 보편적인 하나가 이미 일반적인 하나에 들어 있다. 보편성의 철학에서 전체는 부분들의 밖에 가상적으로 존재하거나, 부분들의 합일 수밖에 없다. 하지만 일반성의 철학에서는 전체는 그 전체의 일부를 형성하는 부분들 속에 있다.

일원론에서의 하나(一)가 바로 보편성을 품고 있는 일반적인 하나이다. 서양의 보편성의 철학도 일견 일이관지(一以貫之)를 내세우고 있는 듯 보인다. 그러나 그때의 하나는 부분적인 하나이다. 그 일이관지는 부분적인 하나로 전체를 꿰차려는 일이관지이다. 박정진의 표현대로라면 초월적, 혹은 허상적 하나를 보편으로 설정해 놓고 다른 모든 것들을 그 보편으로 환원시키는 일이관지이다. 그러나 어찌 현실을, 삶의 다양성을 그 보편으로 다 꿰찰 수 있겠는가? 보편성에서 출발한 철학은 따라서 필경

배제적일 수밖에 없다. 그게 바로 동일성의 원리이다. 법칙에서 벗어나는 것은 비인간적이고, 비합리적이고, 혼돈일 수밖에 없다! 그런데 어쩌랴! 인간의 실재적 삶은 거의 모두 그 법칙에서 벗어나 있는 것을!

박정진의 일반성의 철학은 〈**부분적이며 허상이며 인위적일 수밖에 없는 하나**〉로 전체를 꿰차며 걸어온 잘못된 발걸음을 되돌려 삶 자체를 근원부터 다시 살펴보자는 철학이다. 그것이 진정한 의미의 일이관지이다. 그의 발상은 에드가 모랭이 서구의 인식론 전체에 대해 '객관화를 지향한다는 단 하나의 주관으로 다른 모든 주관성들을 억압하거나 환원시켜온 잘못을 범했다'라고 비판한 것과 짝을 이룬다.

보편성이 초월성 및 동일성과 짝을 이룬다면 일반성은 전일성(holisme)과 짝을 이룬다. 박정진의 표현대로라면 보편성의 철학이 가장 우수한 것만 추려내는 최대 공약수의 철학이라면 일반성의 철학은 모든 것을 품에 안는 최소공배수의 철학이다. 박정진의 그 말은 질베르 뒤랑이 『상상계의 인류학적 구조들』을 설립하면서 〈**인간에 관한 한 그 어느 것도 낯설지 않다**〉라고 선언한 것과 부응한다. 일반성의 철학도 일이관지의 철학이지만 그때의 하나는 보편적이라고 내세운 인위적 하나가 아니라 전일적인 하나이다.

보편성에 입각한 철학이 명료성과 정답을 지향한다면 일반성에 입각해 바라보면 세상은 영원한 미궁이고, 정답이 없다. 보편성에 입각한 철학이 인간의 의식작용을 중시한다면 일반성의 철학은 몸의 철학 자체이며 무의식이 뒷받침되어 있다.

박정진은 일반성의 철학을 서양의 이성철학에 대해서는 감성(感性)철학이라고 할 수 있고, 동양의 이(理)철학에 대해서는 기(氣)철학이라고 할 수 있다고 말한다. 그가 특히 주의를 요하는 것은 기(氣)라는 〈개념 아닌 개념〉이다. 흔히 이=정신, 기=물질이라는 등식을 내놓는 사람이 많은데, 그것은 물 자체를 물질로 환원한 서구 이원론의 영향 때문에 그렇게 된 것이다. 기는 물질이 아니라 에너지, 혹은 파동과 유사한 개념으로서, 보이지는 않지만 분명히 존재하는 그 무엇이다.

아니다. 그렇게 소극적으로 말하면 안 된다. 기는 모든 존재의 근원이다. 일반성의 철학이 기 철학이라고 말하는 것은 일반성의 철학이 보편성의 바탕을 이룬다고 말하는 것과 같다. 따라서 보편성에서 일반성으로 돌아가자는 것은 보편성과 대립되는 새로운 철학을 내세우는 것이 아니다. 부분적인 보편성에 함몰된 의식에게 그 보편성을 낳은 근본으로 돌아가자고 말하는 것과 같다. 비유하자면 자신을 낳은 모태를 한 번 돌아보자고 말하는 것과 같다. 잊고 있던 어머니, 버려두었던 어머니를 다시 찾자는 것이다.

공자의 말을 빌려 비유적으로 말하자면 그것은 소인에서 군자로 돌아가자는 말과 흡사하다. 공자는 군자 화이부동(和而不同)이요, 소인 동이불화(同而不和)라고 말했다.(『논어』「자로 23」) 서양의 동일성의 원칙은 소인의 원칙이다. 동이불화의 세계에서는 우선 이질적인 것들을 몰아낸다. 그것만 해도 눈살이 찌푸려지는데, 같은 것끼리 모인 후에도 사이좋게 지내는 것이 아니라 서로 경쟁을 한다. 일종의 주도권잡기 쟁탈전이 벌어지는 것이다. 동일성의 원칙은 필경 불화와 싸움에 이르게 되는 것이다. 박정진이 비판적으로 살펴본 서양 철학사는 일란성 쌍둥이들의 주도권 쟁탈전과 같다. 그 쟁탈전을 벌이는 와중에 체력은 단련될지 모르지만 포용력은 사라지고 강퍅해진다. 게다가 허상을 실재라고 우기면서 싸우는 싸움이니…… 결국 인간 자체를 삶으로부터 소외시키고 만다. 인간이 기계가 되고 만다.

박정진은 그 소인들의 주도권 쟁탈전에 뛰어든 것이 아니다. 그는 그들에게 동이불화의 좁은 안목에서 벗어나, 각자 나름대로 고유한 삶(결코 보편적으로 환원될 수 없는 삶)들끼리, 연대감을 느끼면서 평화롭게 지내자는 점잖은 충고를 하고 있는 것이다. 그러면서 그는 지구촌의 가족화를 제안한다. 모두 호모 사피엔스의 후손들인 지구촌 인류들이 가족처럼 일체감을 느끼며 살자는 것이다. 가정(家庭)주의라니 그 얼마나 따뜻한 주의(isme)인가?

인류의 평화는 자식이 부모의 입장에서 자신을 되돌아보는 것으로 달성된다. 만약 자식의 입장에만 있으면 '인류역사는 형제들의 투쟁의 역사'라는 장벽과 한계를 벗어나지 못하기 때문이다. (……) 효(孝)는 충(忠)과 더불어 이데올로기라고 비판하기도 하지만 가정의 평화가 없으면 인류의 평화가 달성되지 않는다는 점에서 인류는 일종의 가정주의로 복귀하지 않으면 평화를 달성하기 어려운 구조에 있다. 그런데 그 가정주의는 족벌주의로 돌아가는 것이 아니라 지구촌가족주의로 새롭게 중심을 잡아야 한다. 이는 가정주의와 세계일가정신의 역동적 왕래라고 할 수 있다.(61쪽)

그는 서양 현상학처럼 새로운 목표, 새로운 이론을 내세우는 것이 아니다. 새로운 거대 담론을 제시하는 것이 아니다. 오히려 보편적인 거대 담론의 존재를 그는 아예 부정하고 있지 않은가? 거대 담론이란 무엇인가? 그가 그토록 부정한 보편성에 입각한 담론이 아닌가? 보편성에 입각해야 거대한 이론이 나오는 것이 아닌가?

한동안 서양에서 거대담론이 출현하지 않는다고 안타까워한 이 땅의 지식인들이 많았다. 거시적인 안목, 위대한 사상의 출현을 은근히 기대하며, 그렇지 못한 현실을 안타까워하며……하지만 거대 담론이 출현하지 않는 것은 인간에게서 거대담론을 만들어낼 능력이 사라져서가 아니다. 인간의 사유가 왜소화, 파편화되어서가 아니다. 거대 담론의 허구성이, 상대성이 밝혀졌기 때문이며, 더 이상 그런 것이 필요치 않게 되었기 때문이다. 마지막 허구적 거대 담론이라 할 수 있는 마르크스주의에 매달리는 사람들이 아직도 많은 것은, 그들이 여전히 보편성의 환상에서 깨어나지 못하고 있기 때문이다.

그런 의미에서 이 땅의 마르크스주의자들은 그들이 겉으로 무엇을 표방하건 스러져가는 서양 인식론의 끄트머리에 기를 쓰고 매달려 있는 자들이다. 세상을 진보/보수라는 완벽히 허구적인 틀로 나누어 보는 그 낡은 인식!

다시 말하자. 박정진의 존재론은 새로운 거대 담론이 아니다. 그에게서 서구적인 거대 담론을 기대하다가는 실망하기 십상이다. 그의 존재론은 일종의 실천 운동이다. 그것은 일종의 존재론적 전환에 대한 요구이다. 삶에 대한 태도의 변환에 대한 요구이다. 그래서 일견 과격하다. 존재론적 전환은 우선적으로는 모든 것에 대한 부정과 함께하기 때문이다. 무엇보다 자기 자신을 부정해야 하니 더욱더 치열하다.

다시 말하지만 그는 한발자국 비껴난 자리에서 국외자의 눈으로 서양의 철학계를 비판하고 있는 것이 아니다. 그도 그 세례를 받았음을 분명 알고 있기에, 그는 자기반성을 한다. 그의 자기반성은 새로운 이론을 만들어내기 위한 반성이 아니다. 스스로 변화와 생성의 자리에 함께 하기 위한 반성이다. 그렇기에 역설적이게도 그의 존재론은 소박하고 온건하다. 지구촌 인류들이 한 가족처럼 오순도순 지내자니, 이 얼마나 소박하고 온건한가? 하지만 거기까지 가는 길은 멀고 험난하기만 하다. 인류가 그곳으로부터 너무나 멀리 왔기 때문이다.

신체적 존재론: 〈세계-내-존재〉에서 〈자기-내-존재〉로

인류는 지금 거의 모두 기계적 존재론, 기계적 인과론의 지배를 받고 있으며 기계적인 사유를 하고 기계적인 삶을 살고 있다. 좀 더 정확히 말하면 기계적 **〈법칙〉**의 존재론이 만들어놓은 허구 속에서 살고 있다. 기계적 존재론의 세계에서 우리가 살고 있는 삶은 가상의 삶일 뿐이다. 박정진은 그 기계적 존재론에 맞서 신체적 존재론을 내세운다.

그리고 〈**존재는 몸속에 있는 몸일 뿐이다**〉를 신체적 존재론의 성구(聖句)로 삼는다. 그는 언어와 기계에 저항할 수 있는 마지막 존재로서 신체, 즉 몸을 내세우고 있다.

그는 몸이야말로 현상학적으로 살아 있는 태초-종말이고, 신-메시아로서 유시유종의 성체(聖諦, 聖體)이며 동시에 존재론적으로도 무시무종(無始無終)의 성체라고 말한다. 몸은 가상실재가 아닌 유일한 실재이다. 세계는 신체적 존재이며 신체적 존재야말로 세계인 것이다. 달리 말하면 **〈신체는 존재이면서 현상이다. 신체는 존재가 현상으로 현현(epiphany)하는 바탕이다.〉** 신체적 존재론에는 서양철학에서의 초월적 시각이 없다. 세계 전체가 신체적 존재이며, 신체적 존재야말로 세계인 것이다.

그가 말하는 신체적 존재에서의 신체는 우리가 일반적으로 생각하는 물리학적인 물질로서의 몸이 아니다.

결국 신체로서 존재하지 않는 것은 모두 가상실재이다. 그렇게 보면 정신도 육체도 가상실재이다. 신체는 자연의 생멸하는 그 자체를 말한다. 그런 의미에서 신체적 존재론은 자연적 존재론이다. 존재의 관념성을 탈피하기 위해서는 신체를 육체(물질)라고 하는 것부터 벗어나야 한다. 왜냐하면 육체란 정신-물질의 현상학적 세트의 산물이기 때문이다. 사물을 정신이라고 하는 것이나 물질이라고 하는 것은 현상학적 왕래(이중성)에 불과한 것이다. 따라서 신체적 존재론은 칸트가 남겨둔 '신(神)'이나 '물자체'의 세계를 현상학이 아닌 존재론적인 차원에서 다시 논의하는 것이라고 할 수 있다.(572쪽)

신체는 정신/육체로 나뉜 현상학적 실체가 아니다. 그것은 정신, 육체의 바탕이 되는 불이(不二)의 존재이다. 그것은 존재 자체로 들어가는 관문이다.

신체는 또한 형이상학적 시각에서처럼 존재자가 존재를 규정하는 세계-내-존재로서의 신체도 아니다. '세계-내-존재'는 이미 존재자가 존재를 바라보는 시선의 한계를 드러내고 있으며, 또한 그 결과이기도 하다.

그가 말하는 신체적 존재론에서의 신체란 시간과 공간의 지배하에 놓인 신체가 아니다. 박정진은 시간과 공간도 인간의 발명품이라고 말한다. 본래의 세계에는 시간과 공간이라는 개념이 존재하지 않는다. 본래의 세계는 접촉의 세계이며, 끊임없는 생성과 소멸의 역동적 변화의 세계이다. 만물유전의 세계이다. 그런 본래존재의 세계가 시간의 발명에 의해 의미의 세계로 환원되었다.

본래존재의 입장에서 보자면 현재라는 시간은 모순이다. 현상학적 존재론은 기본적으로 과거-현재-미래의 시간성을 축으로 설정되어 있다. 그러나 역설적이게도 현재는 그 시간성을 잃고 비(非)시간이 되어야만 과거와 미래가 존재할 수 있다. 현재가 있기에 시간이 성립되는 것이지만, 그 현재를 부정해야만 시간이 존재할 수 있다는 역설이 성립되는 것이다. 만일 현재가 계속된다면 과거와 미래는 존재할 수 없고 현재만이 있는 시간은 결국 시간이 아니기 때문이다. 이는 시간이 현상학적인 시각의 산물일 뿐임을 보여주는 것이다. 그런 의미에서 오늘날의 인간은 현상학적 존재이다. 말하자면, 그는, 인간이 시간을 만들었다는 것, 기억을 통해 시간의 과거와 가상실재를 만들었다고 말하고 있는 것이다. 바로 그 가상실재에 기초해서 인간은 미래를 만든 것이고, 결국 불안과 공포에 떠는 실존적 존재가 되었다는 것이다.

그런 절대적인 시간 앞에서 인간은 왜 공포에 떨어야 하는가? 실존적으로는 시간의 흐름은 결국 우리를 죽음으로 몰고 가기 때문이다. 그 공포에서 벗어나기 위해 미래에 희망을 걸어도 마찬가지이다. 인간은 시간의 흐름이 지배하는 인과(因果)의 고리의 법칙에서 벗어날 수 없기 때문이다. 과거가 현재의 원인이고 현재는 미래의 원인이 되면서 인간 존재는 시간의 흐름을 수동적으로 뒤따를 수밖에 없다. 그렇게 시간을 절대화한 자리에서 시간의 흐름으로서의 역사를 절대화한 역사주의가 탄생한다. 역사주의의 결정판인 마르크스주의는 형이상학적 이데아가 현세적 메시아로 강림한 것이다. 그 메시아는 미래에 대한 헛된 희망을 심어주면서 끊임없이 현재를 부정하게 만든다. 시간의 절대성(칸트의 선험성) 앞에 놓인 인간은 수동적인 인간일 뿐 아니라 불안한 인간일 수밖에 없다.

박정진의 신체적 존재론에서 신체(몸=마음=뮴)는 항상 현재이다. 그때의 현재는 시간이면서 동시에 시간이 아니다. 그 현재는 시간이면서 공간이다.

세계가 본래 신체적 존재라는 말은 인간이 시간의 지배를 받지 않는다는 말과 같다. 신체적 존재는 공간화된 시간을 살고 있는 존재이다. 시간의 흐름은 선적인 흐름이 아니라 우주(자연)의 생멸을 고스란히 반영하고 있는 축적된 시간이다.

그때 그 항상 현재를 사는 존재는 〈세계-내-존재〉가 아니라 〈자기-내-존재〉가 된다. 〈자기-내-존재〉는 형이상학적 초월과 현상학적 메시아라는 가상실재에서 벗어난 존재이다.

그가 〈자기-내-존재〉가 되어야 한다고 역설하는 것은 모든 현상학적 목적의식에서 벗어난 존재가 되어야 함을 강조하기 위해서이다. 〈세계-내-존재〉는 초월적인 존재자의 입장에서 존재를 바라보는 입장이 내재되어 있고 존재를 여전히 도구화하고 있기에 아직 '보편성의 편'이다. 그에 비해 **〈자기-내-존재〉**는 존재를 완전히 본래존재로 돌려놓는 것으로서 박정진의 일반성의 철학에 정합적(coherent)인 말이다.

자기-내-존재는 존재 자체를 열린 체계 혹은 체계가 없는 상태에서 바라보는 것을 뜻한다. 그렇게 되면 존재는 주체/대상의 이분법에서 벗어나 자유롭고 평등한 주체들과 어울릴 수 있고 접촉할 수 있다. 달리 말한다면 개방성 속에 닫혀 있다고 말할 수 있다. 그 존재는 자율적인 존재이다. 자율적인 존재라는 것은 자기 안에 갇혀 있는 것을 의미하지 않는다. 자율성은 개방을 전제로 한다. 한 마디로 〈자기-내-존재〉는 자기 속에 닫혀 있는 존재가 아니라 개방성 속에 닫혀 있는 존재이다. 그 자기-내-존재는 자기가 닫혀 있다고 생각하고 세계가 열려 있다고 생각함으로써 지금의 자기에 집착하거나 머물지 않는다. 그 존재는 개방성으로 인해 끊임없이 생성·변화한다. 그런 자기-내-존재에게 좌표 상으로 정해진 공간이나 체계화된 공간은 존재하지 않는다.

그의 자기-내-존재의 존재론은 고정된 실체가 없는 존재론이다. 자연은 그 자체 선후상하좌우내외의 구별이 없는, 말하자면 시간과 공간이 없는 세계이다. 실체가 없는 세계를 인간이 실체로 보고 있을 뿐이다. 인간존재는, 아니 모든 존재는 관계의 연결망 속에서 움직이고 있으며 고정된 시공의 좌표 내에서 움직이지 않는다. 세계는 입자들이 시간과 공간을 채우고 있는 것이 아니라, 〈파동이 흘러가는 장(場)〉일 뿐이다.

〈세계-내-존재〉의 존재론을 〈자기-내-존재〉의 존재론으로 전환하는 것은 세계가 자기로 좁아지는 것을 뜻하지 않는다. 세계-내-존재론은 자기를 세계라는 정해지고 닫힌 틀에서 고정된 실체로 바라본다. 세계도 실체이고 자기도 실체이다. 그때 세계는 닫히고 따라서 자기도 닫힌다. 자기-내-존재는 세계가 유동적으로 열려 있음으로 인해서 자기도 열린다. 그 열림은 타인을 향한 것이기도 하고 자연을 향한 것이기도 하고 존재자체를 향한 것이기도 하다. 그리고 종국에 그 열림은 신의 경지까지 향한다. 현상학에서의 주체/대상이 사라짐으로써 신(神)과 물(物)이, 신과 인(人)이 하나가 되는 신물(神物)일체, 신인(神人)일체의 경지에 이르는 것이다.

내가 보기에 박정진은 자신의 몸(自身)에서 출발하여 자신의 믿음(自信)에 이르고, 날마다 자신의 믿음과 지식을 새롭게 하는 자신(自新)을 통해서 자신의 신(自神)에 이르러야 존재론의 완성을 기할 수 있다고 말하는 것과 같다. 그는 인간신 대신에 본래의 신인 '자신(自神)으로서의 신인간(神人間)'을 내세운다. 실체로서의 신을 부정하는 것이 무신론으로 이어지는 것이 아니라 물활론, 만신(萬神)론, 신인(神人)론까지 이르게 되는 것이다.

시공간이라는 현상학적 발명품이 사라진 그의 존재론적 관점에서 지금 현재의 변화는 바로 태초의 변화와 다를 바 없다. 우리는 시공간 속의 현재, 여기를 살고 있는 것이 아니라, 언제나 인류의 태초를 산다. 모든 존재는 언제나 〈**지금의 존재**〉인 것이며, 그렇게 시간의 규약에서 벗어난 인간에게는 내재적 초월, 혹은 해탈의 길이 열린다. 박정진의 자기-내-존재는 시공적 한계에 닫혀 있지 않음으로 해서 인류의 태초와 영원을 산다. 그 태초와 영원은 시간적 개념이 아니다. 그것은 무시무종의 태초이고 영원이다.

신체적 존재론의 철학
─소리철학, 여성성의 철학, 예술철학

박정진의 신체적 존재론의 철학은 일반성의 철학이면서 동시에 소리철학(phonology)이고 여성성의 철학이며 예술철학이다. 그가 소리철학을 주창한 것은 눈의 철학과 대결하기 위해서이다. 언어를 바탕으로 한 종래의 언어철학을 부정하기 위해서이다. 박정진이 소리의 철학을 내세우는 것은 또한 존재론의 상태로 더 가까이 다가가서, 인간이 중심이 아니라 사물에 종속되는 수동적인 상태로 가기 위해서이다.

눈은 자기를 보지 못한다. 따라서 밖을 향한 타자의 철학이 될 수밖에 없다. 반면에 귀는 남의 소리뿐 아니라 나의 소리도 들을 수 있다. 따라서 나(즉자, 존재)의 철학이 될 가능성을 열어놓고 있다. 박정진은 눈의 철학은 기표(signifiant)의 철학이 될 수밖에 없다고 말하고 귀의 철학은 기의(signifié)의 철학이 될 수 있다고 말한다. 귀의 철학은 기표의 체계를 구성하는 철학이 아니라 자연을 듣는 철학이다. 그리고 보다 근본적인 의미는 기표에 있는 것이 아니라 기의에 있다. 그의 소리철학은 존재의 철학인 동시에 기의의 철학이고 상징의 철학이며 열림의 철학이다.

눈의 철학은 기표로서의 언어의 철학이다. 언어는 그 무엇보다 경제성을 바탕으로 한 구성과 약속의 체계인 것이다. 언어는 존재자체가 아니라 경제적 소통의 도구일 뿐이다. 따라서 언어에는 존재를 담을 수 없다. 존재는 언어에 있는 것이 아니라 언어 밖에 있으며 언어도단(言語道斷)에 있다.

박정진의 소리철학은 언어 너머의 소통, 존재의 교감을 우선시 하는 철학이다. 그런 의미에서 소리철학은 향기철학이라고 불러도 마땅하고 마음의 철학이라고 불러도 아무 상관이 없다. 그가 소리철학을 주창한 것은 눈에 보이지 않는 보다 근본적인 것에 귀를 기울이자는 의도에서이기 때문이다.

보들레르의 「상응(correspondance)」이라는 시에 나오듯이 향기야말로 놀라운 확산력으로 열려 있지 않은가? 심지어 향기는 소리가 닫지 못하는 곳까지 가닿지 않는가? 또한 생텍쥐페리의 『어린 왕자』에 나오는 **〈중요한 것은 눈에 보이지 않아. 마음으로 보아야 해. L'essentiel n'est pas visible aux yeux. Il faut voir avec le coeur.〉**, **〈눈은 눈멀어 있어. Les yeux sont aveugles〉**라는 표현과 부응하지 않는가? 보다 윤리적으로 말하자면 소리철학은

〈양심에 귀를 기울이는 철학〉이기도 하다. 양심이야말로 모든 인간의 마음에서 울리고 있는, 보이지도 않고 심지어 들리지도 않는 소리가 아닌가?

소리는 분명 존재하지만 잡을 수 없다. 마음을 잡을 수 없는 것과 마찬가지이다. 그것은 고정불변의 실체나 자기 자신 속에 닫힌 에고가 될 수 없다. 또한 소리는 마음과 마찬가지로 보이지 않는다. 그러나 분명 존재한다. 보이지도 않고 가장 은밀한 곳에 숨어 있으면서 가장 깊게, 널리 열려 있는 것이 바로 마음이다.

마음의 소리에 귀를 기울인다는 것은 무엇인가? 그것은 박정진의 표현대로 **〈인간이 사물과의 관계에서 본래의 수동적인 자리로 돌아가는 것〉**을 말한다. **〈자연에 순응하는, 본래자연으로 돌아가는 것〉**을 말한다. 그리고 그는 그 본래의 자리에서 여성성을 발견한다. 여성은 그 자체 생성적 존재이다. 그가 말하는 존재는 실체적 존재가 아니라 생성적 존재라는 의미에서 여성이 본래의 자연적 존재이다. 그가 보기에 인류의 역사는, 특히 서양의 역사는 아버지라는 폭군이 횡포를 부린 역사이다.

모자를 있게 한 아버지는 모자를 권력으로 지배한 '납치범의 폭군'인지도 모른다. 그러는 사이 '생성(生成)의 신'은 자취를 감추어버리고, '존재(存在)의 신'이 횡포를 부렸다. 우리가 '존재'라고 하는 것은 '생성'을 죽인 흔적(텍스트)에 불과하다. '아버지(father)'라고 불리는 신, 정신, 유령이라는 것은 모두 '어머니(mother)'를 강간한 여신폐위(女神廢位)의 찬탈자인지 모른다. 겉으로는 사랑과 용서를 말하지만 그들의 속마음은 지배하고자 하는 권력욕뿐이다. 절대(실체)라는 것은 모두 거짓이다. 절대(권력)라는 것은 죽음으로서 그 허망한 본색을 드러낼 뿐이다. 진정한 생성의 신은 여신(女神)이다.(586쪽)

박정진의 신체적 존재론의 철학은 여성의 철학이기도 하다. 그에게 인간이 자연을 배반하고 지배한다는 것은 남성이 자신을 낳아준 어머니를 배반하는 것과 같다. 그가 초월적인 신을 부정하는 것은 신을 부정하는 것이 아니다. 군림하는 남성적인 신을 부정하는 것이다. 니체가 말했듯 그 '신은 죽었다.'

그렇다면 인간은 누구와 대화를 할 것인가? 신을 버리고 황폐해진 황야에서 버려진 채 살 것인가? 박정진은 군림하는 신과는 다른 신이 이제 인간에게 필요하다고 말한다. 함께 대화하고 우리를 품어주는 신, 바로 여성적인 신, 어머니 같은 신이 필요한 것이다. 그 신은 해와 같은 신이 아니라 달과 같은 신이다. 그가 주창하는 신체 존재론의 철학은 소리의 철학이면서 동시에 달의 철학이다. 달의 철학은 그의 철학 전체를 집약한다.

해의 철학이 '시각-언어-남성-노동-경쟁(전쟁)의 철학'이라면 달의 철학은 '소리-상징-여성-놀이-평화(축제)의 철학'이라고 할 수 있다. 소리는 밤에 더 잘 들린다. 해의 철학이 '지배의 철학' '지시의 철학'이라면 달의 철학은 '생명의 철학' '시의 철학'이다. 달의 철학은 '음(陰, 吟, 婬, 淫, 音)'의 철학이다. 달의 철학에서 관음(觀音)의 철학에 도달하여야 소리철학, 일반성의 철학에 도달하여 철학적 완성에 이르게 된다.(170~171쪽)

달은 여성적이면서 양면적이다. 달은 기울고 차오르기를 반복한다. 달은 죽음의 상징이면서 동시에 소생의 상징이다. 최초로 죽은 몸이면서 동시에 최초로 부활한 몸인 것이다. 달을 척도로 한 시간은 현상학적 시간처럼 앞을 향해 흘러가는 것이 아니라 순환한다. 따라서 달은 영원회귀의 상징이 된다. 어둠은 빛을 잉태하고 빛은 어둠을 통해서만 나타나는 영원회귀와 변화의 약속이 달의 상징이다. 달의 상상력에서 재난이나 죽음은 결정적이지 않다. 쇠퇴는 일시적일 뿐이고 반복에 의해서 그 부정성은 극복이 된다. 가장 비근한 예로 '실패는 성공의 어머니'라는 금언은 달의 상상력의 소산이다. 달은 결정적 실체의 상징이 아니라 그 자체 생성과 변화의 상징인 것이다. 그리고 그 변화만이 영원하다는 상징이다.

달의 이중성은 그뿐이 아니다. 달은 어머니이며 동시에 아들이기도 하다. 달은 달을 낳는다. 달은 달의 자식이다. 그런데 그 달이 다시 달을 낳는다. 달은 아들도 되고 어머니도 되는 것이다.

달의 상상력에서는 아들도 이중적이다. 그 아들 속에는 여성성이 깃들어 있다. 그 달은 달의 아들이면서 달을 낳는 어머니이다. 바로 모계의 상상력이다. 하지만 해의 상상력에서는 그런 아들의 이중성이 존재하지 않는다. 아들은 어머니(자연)가 낳은 존재가 아니라 아버지의 핏줄을 이어받은 존재가 된다. 서양의 **〈지배의 철학〉**은 바로 그런 해의 철학이다. 해의 철학은 아들(남성)에게서 여성성을 박탈한다. '남자는 남자다워야 한다'는 단순한 경구가 보여주는 것이 바로 그것이다. 남자가 본래 남자답게 태어났다면 왜 '남자는 남자다워야 한다'라고 말하겠는가? 그 안에는 본래 여성성이 들어 있다는 뜻이 아니겠는가? 그것이 자연스럽다는 뜻이 아니겠는가? 박정진이 비판하는 서양의 해의 철학은 아버지가 모자를 권력으로 지배한 철학이면서 동시에 아버지가 스스로에게서, 또한 아들에게서 여성성을 제거해온 철학이기도 하다. 동시에 자연을 다스리고 정복할 대상으로 삼아온 철학이기도 하다.

달이 양면성을 지닌다는 것은 또 다른 중요한 뜻을 함축하고 있다. 달은 자신 속에 양면적 속성을 다 지니고 있음으로 해서 서로 다른 둘을 맺어주는 역할도 한다. 따라서 달은 중개자이다. 그 자체 여성적인 달은 그 탄생과 잉태와 출산의 순환 고리 속에서 남성과 여성의 모습뿐 아니라 변화하는 것과 영속하는 것, 인간과 신의 속성을 모두 지니고 있으며 그것들을 맺어주는 중개자 역할을 한다. 박정진이 신체적 존재론이라고 할 때의 신체가 바로 달이다.

　다시 말하자. 박정진의 신체적 존재론에서의 신체는 물질로서의 신체가 아니라, **〈자신의 몸(自身)에서 출발하여 자신의 믿음(自信)에 이르고, 날마다 자신의 믿음과 지식을 새롭게 하는 자신(自新)을 통해서 자신의 신(自神)에 이르게 하는〉** 신체이다. 신체의 신(身)을 신(信), 신(新), 신(神)과 연결한 박정진의 상상력이 멋지지 않은가? 그가 왜 자신의 철학을 달의 철학이라고 했는지 이해가 되지 않는가? 그의 철학은 신체적 존재론의 철학, 일반성의 철학이면서 달의 철학이기도 한 것이다. 그의 달의 철학은 해의 철학에 맞서는 것이 아니라 해의 철학을 품는다. 생성의 철학은 실체의 철학을 부정하면서 품는다.

　여성성의 철학은 달의 철학이면서 생성의 철학이다. 만물유전에 입각한 생성의 철학은 **〈유일한 진리〉**라는 가상 실재를 우선시하는 태도를 거부한다. 인간은 유일한 진리를 꿈꿀 수도 있고, 그것이 존재한다고 믿을 수도 있으며, 그렇다고 주장할 수도 있다.

　그러나 그 태도는 어디까지나 인위적인 허상(실체)으로서 모두 자연(실재)과 대립한다. 더 정확히 말한다면 자연에 거스르고 인간 스스로 자연으로부터 소외되는 결과를 낳는다. 존재 혹은 실재, 혹은 자연, 혹은 근원으로 돌아가 새롭게 세상을 보아야 한다. 아니다. 새롭게 보는 게 아니라 새롭게 살아야 한다. 세상을 보는 눈 자체를 뒤집어서, 새롭게 태어나야 한다. 그렇다면

어떻게 해야 하는가? 박정진은 과감하게 말한다. **〈예술에 구원 이 있다!〉**

예술에 구원이 있다는 말은 무슨 말인가?

철학과 과학 등의 학문은 진리(眞)를 추구하고, 종교는 선 (善)과 성(聖)을 추구하며, 예술은 생명과 아름다움(美)을 추구한 다. 그가 예술에 구원이 있다는 말은 진선미(眞善美)의 태도를 미 선진(美善眞)으로 바꾸자는 말과 같다. 이는 진리/거짓과 선/악 의 이원적 태도에서 벗어나서 존재 그 자체를 긍정하는 태도로 돌아가자는 말이다. 세상을 미선진의 태도로 바라보면 **〈존재는 진리도 아니며 선악의 구분도 없으며 아름다움(美醜를 함께 포함한 아름다움)과 생명일 뿐(22쪽)〉**이다.

나는 **〈예술에 구원이 있다〉**는 박정진의 말에서 금세 공자를 떠올린다. 공자는 말했다.

> "도에 뜻을 두고 덕을 토대로 삼아 인에 의지하며 예술의 세계
> 에서 노닌다.(志於道 據於德 依於仁 游於藝)"(『논어』「술이」)

공자의 위의 말씀에는 주어가 없다. 우리네 삶이 그렇다는 표현으로 보면 된다. 간단히 말하자면 우리네 삶은 곧 예술의 전

당이라는 말이다. 그뿐인가? 공자는 "시에서 감흥을 일으키고 예에서 세우며 악에서 이루는 법이다(興於詩 立於藝 成於樂)"(『논어』 「태백」)라는 말씀을 남겼다. 시에서 감흥을 느끼는 것으로 삶을 출발했다는 뜻이다.

바슐라르의 용어를 빌리자면 〈시적 자아〉를 삶의 지렛대로 사용했다고 보면 되고, 내 식으로 표현하자면 상상력이 삶의 출발이었다고 보아도 무방하다. 말하자면 삶은 진리를 추구하기 위해 사는 것도 아니고 선을 추구하기 위해 사는 것도 아니라는 뜻이 된다. 진리를 추구하건 선을 추구하건 나와 세계 사이에는 일정한 거리가 있다. 그러나 미를 추구하는 예술의 세계에서는 그 거리가 존재하지 않는다. 시적 자아는 세상과 화합하는 자아이기 때문이다. 그때 삶, 세상 자체가 예술의 전당이 되는 것이니 그냥 함께 어울려 흥겨워하면 된다. 저절로 흥이 나니 리듬이 생기지 않을 리 없다. 성어락(成於樂)은 그렇게 세상과 어울려 추는 춤이고 음악이다.

박정진은 마치 공자의 말에 화답하듯, 인간은 예술을 통해서 자신의 영혼을 다스리고 치유함으로써 본래존재, 평화의 존재로 돌아갈 수 있다고 주장하고 있다. 그가 쓴 다른 책에서 그는 〈오늘날 음악은 명상과도 긴밀한 관련을 맺는다. 악(樂)과 약(藥)이라는 용어와 함께 명상(meditation)과 의약(medicine)의 용어의 뿌리가 같은 것도 우연이 아니다〉라고 말한다. 오늘날의 세계가 병들어 있다면 그것을 치료할 수 있는 가장 효율적인 처방은 예술이며 음악이라는 말이다. 〈미는 현상이면서 동시에 존재 24〉이기에 존재를 상실한 현대인들에게 존재를 되살릴 수 있다는 말이다.

일반성에 토대를 두고 있는 박정진의 철학은 〈인간이 이룩한 대표적 문화장르라고 할 수 있는 종교, 예술, 과학의 공통점과 뿌리를 찾아, 그들이 융합하는 길을 열어주는 철학이 되고자 한다. 그리고 그는 그 중심에 예술을 둔다. 그 철학을 인류가 받아들인다면 미래는 예술, 혹은 예술 철학의 시대가 될 것이다.

그가 인류의 미래 문화에 예술이 옷을 입히기를 주장하는 것은 우리의 생활 자체에 축제의 성격을 부여하기 위해서이다. 달리 말해 인간의 삶 자체를 예술로 이해하기 위해서이다. 그의 예술 인류학은 그의 종교 인류학, 철학 인류학의 출발점이요, 귀결이다.

예술이 점점 소외되어가는 세상에서 힘겹게 예술을 하고 있는 예술가들에게 힘이 될 수 있는 선언과 같은 말이다. 그러나 예술가들이 마냥 희희낙락하고만 있을 수는 없다. 그의 선언은 예술이라는 장르 자체의 우월함이나 중요성을 강조하기 위한 것이 아니기 때문이다. 그는 〈**예술적인 것**〉이 우리의 삶에 골고루 스며들기를 바라고 있다. 인간과 자연, 땅과 하늘, 인간과 땅, 인간과 인간의 관계에서 존재론적인 전환이 이루어지기를 바라고 있다. 게다가 오늘날의 예술가들 스스로 진/선/미의 기준을 은연중에 받아들이고 그에 굴복하고 있는지도 모른다. 그렇다면 가장 먼저 존재론적인 전환을 이루어야 하는 것은 예술가나 예술에 종사하고 있는 사람들인지도 모른다.

그가 예술 인류학을 주창하는 것은 예술에 원시반본의 힘이 있기 때문이다. 종교와 과학이 예술의 옷을 입는다는 것은 단순히 겉치장을 멋지고 아름답게 하자는 것이 아니다. 그 이원성, 추상성에서 벗어나 피와 살을 붙이자는 것이다. 인류에게 본원적인 것, 공통되는 것을 돌아보자는 말이다. 그리고 그 공통되는 곳에 원형처럼 심정적 인간이 있다.

그런 의미에서 그의 예술인류학은 일종의 원형학이다. 원형학은 과거로 돌아가자는 이야기가 아니다. 이 세상은 끊임없이 변화하지만 그 안에는 불변적인 요소도 숨어 있다. 개인도 그렇고 사회도 그렇고 국가도 그러하며 자연은 더욱 그러하다. 그의 원형학은 끊임없이 변화, 생성하는 기(氣)의 움직임으로 세상을 바라보되, 그 생명체로서의 세상을 움직이는 불변적인 요소를 함께 바라보자는 원형학이다. 그가 예술을 통해 발견한 인간의 원형은 바로 심정(心情)의 놀이이다. 그때 과학은 말놀이, 종교는 신(神)놀이가 된다. 심정적 인간이 예술적 인간인 것이며 예술적 인간은 결국 감성으로 평화를 달성하려는 '감성 평화론자'이다.

왜 네오샤머니즘인가? 왜 『천부경』인가?

그런 감성 평화론자인 그가 왜 네오샤머니즘을 주창하고 『천부경』을 권하고 있는가? 이제 우리는 그 내용을 살펴볼 때가 되었다. 하지만 그 전에 그가 초월론과 현상학이라는 이름으로 비판하고 있는 서양 철학자들에 대해 짧게나마 언급하고 넘어갈 필요가 있다. 그가 주창하는 네오샤머니즘이 그들이 노정(露呈)하고 있는 한계와 밀접한 연관이 있기 때문이다.

박정진은 서양 철학이 '사물(Thing)–시간(Time)–텍스트(Text)–테크놀로지(Technology)'의 4T의 링 속에 갇혀 있었다고 말한다. 그 사각의 링은 현상학적 링이고 현상학적 굴레이다. 그가 보기에 서양 철학자들은 거의 예외 없이 이 사각의 링에 갇혀 진정한 신체적 존재론에 이르지 못했다. 헤겔이야 두말할 필요도 없고 데카르트가 텅 비워버린 주체에 다시 주관성을 주입한 칸트도 〈시간과 공간의 선험성〉에서 벗어나지 못했다. 베르그송도 예외가 아니다. 그는 실재의 본질은 언제나 변하고 흐르는 〈순수 생성〉 자체이며 모든 것을 〈생성〉 자체로 보았다. 생성적 존재론에 매우 가까운 것 같다. 그러나 그가 바라본 생명현상은 의식을 통한 것이다. 그가 말하는 〈지속〉이라는 개념은 순전히 의식의 현상이다. 그러나 의식은 생명현상 자체인 신체에 비해 이미 2차적이다. 이성도 인간의 욕망으로 보고 모든 것을 〈권력에의 의지〉로 설명한 니체도 그에서 자유롭지 못하다. 그는 권

력에의 의지가 절대적이라고 말했지만 결국 '권력에의 의지' 자체
가 바로 서양문명의 고질병이라는 것을 역설적으로 보여준 셈이
다. 권력에의 의지는 결국 남성성의 특성이 아닌가?

그렇다면 포스트모더니즘 철학은 어떠한가? 그들은 데리다
에게서 볼 수 있듯 서양 철학의 해체를 주장하며 새로운 탈출구
를 모색하고 있지 않은가? 그러나 해체라는 말 자체가 이미 구
성을 전제하고 있음으로 해서 여전히 그 사각의 링의 패러다임
에 갇혀 있다고 그는 말한다. 자연은 구성된 실체가 아니고 유동
성 그 자체이기 때문이다. 따라서 그가 보기에 데리다의 반이성
주의를 주장하는 해체주의는 반이성주의의 이성주의에 불과할
뿐이다. 그는 결국 텍스트라는 링에서 벗어나지 못했다. 또한 들
뢰즈는 테크놀로지(Technology)로서의 기계에 사로잡혀서 진정
한 신체의 존재론에 이르지 못했다.

박정진이 가장 공들여 살펴본 철학자는 칸트와 니체와 하이
데거이다. 그중에서 그가 말하는 예술적 존재론에 가장 가까이
간 철학자가 하이데거이고 그가 가장 공들여 해석하고 바라본
철학자가 하이데거이다.

하이데거는 보편성에 입각한 서양 철학에서의 개별성(개체
성)을 각자성(개개의 실존)으로 바꾼 철학자이다. 집단적·역사
적·보편적 이해의 틀에서 벗어나 존재를 이해하는 길을 연 것
이다. 특히 그는 시에서 새로운 존재론의 가능성을 찾은 사람이
다. 그는 언어의 한계를 알았다. 언어에 종속되는 것은 결국 사

물에 종속되는 것임을 알았다. 그가 횔덜린의 시에 매달린 것은 시적 은유만이 언어에 의해 은폐되어 있는 존재의 진면목을 보여줄 수 있다고 보았기 때문이다. 그 존재는 시 혹은 예술을 통해 현현할 수밖에 없다.

그러나 그는 인간을 현존재라고 부름으로써 결국은 존재로 직입하지 못하고 존재를 〈**현재라는 시간에 사로잡힌 존재**〉로 만들어버렸다. 하이데거의 존재는 〈**자기-내-존재**〉가 아니라 〈**세계-내-존재**〉이다. 인간을 〈**세계-내-존재**〉로 본다는 것은 인간존재를 타자를 인식하는 존재 즉 대자적 존재로 본다는 것을 말한다. 그는 서양 철학의 관념성의 함정에서 벗어나지 못했기에 즉자적 존재론에 이르지 못한다. 박정진은 하이데거의 현존재에 대해 자신의 존재론을 다음과 같이 천명한다.

존재와 사물 그 자체는 인간이 잡을 수 없는 자연(우주)의 생멸 과정이다. 인간은 자연의 생성과정의 한 단락에서 자신이 잡을 (소유할) 수 있는 것을 가지고 우주를 설명하고 측량하는 것에 지나지 않는다. 심지어 우주를 깨달았다는 자체도 실은 너무나 인간적인, 인간적인 일들에 지나지 않는다. 이는 마치 날아가는 새를 잡았다고 하거나 흘러가는 강물을 잡았다고 하는 것에 지나지 않는다. 어떻게 생멸하는 존재가 잡은(깨달은) 것이 고정불변의 진리가 될 수 있다는 말인가. 그런 점에서 존재는 진리가 아니다. '존재적 진리'라는 말은 인간의 타협의 산물(혹은 무지의

소치)이다.(213~214쪽)

　　박정진은 결국 하이데거가 현상학적인 방법으로 존재에 도
달한 것이 한계라고 본다. 결국 그는 시간에 사로잡혀 있었던 것
이다. 그도 다른 철학자들과 마찬가지로 서양철학의 실체론에
사로잡혀 있었던 셈이다. 그래서 그의 존재론은 결국 인간실존
의 특징을 불안과 공포로 삼게 된다. 시간에 사로잡힌 인간, 혹
은 허구적 시간에 홀린 인간은 불안할 수밖에 없기 때문이다.

　　그러나 박정진의 신체의 존재론에서 불안과 공포는 인간의
숙명이 아니다. 오히려 환희와 즐거움이 본령일 수 있다. 불안과
공포는 만물유전의 세계에 살면서 고정불변의 실체를 잡으려는
데서 온다. 끊임없이 선·악을 헤아려야 하며, 잘못 생각하거나
잘못 보지 말아야 하고, 내가 착한 자인지 아닌지 주판알을 튕기
며 계산하는 초월자의 눈치를 살펴야만 한다.

　　그러나 그것은 인간 존재의 특질도 아니고 숙명도 아니다.
그것은 자연을 거스른 인간의 특징일 뿐이다. 존재가 생성 그 자
체임을 거부했기에 오는 불안일 뿐이다. 변하는 것을 두려워하
기 때문에 오는 불안일 뿐이다. 변하지 않는 것에 대한 집착 때
문에 흐르는 모든 것이 부정적으로 인식되었기 때문이다. 실존
적 불안 자체가 근본적으로는 자연을 거스른 것이다. 생멸을 자
연스럽게 받아들이지 못하는 태도는 자연에 거스르는 태도이기
도 하다.

한 걸음 더 나아가서 말하자. 어찌 보면 그 태도 또한 자연스럽다. 그런 태도를 가질 수 있는 것이 또한 인간이기 때문이다. 그러나 그것이 말 그대로 보편적인 인간의 모습은 아니다. 그것은 하이데거의 용어대로 〈인간 현 존재〉의 특성일 뿐이다. 그리고 만물은 유전하니 〈인간 현 존재〉의 특성은 다른 특성에 자리를 내주고 물러가야 할지도 모른다. 그런 특성이 마치 보편적인 인간의 특성인 양 군림하고 있는 지금의 세계에서는 더욱 그 필요성이 절실한지도 모른다. 박정진이 네오샤머니즘을 대안으로 제시하는 것은 그 절박함 때문이다.

하이데거가 한계를 보인 것은 그의 사상의 토대를 이루고 있는 서양의 환경, 혹은 풍토에서 그가 벗어나지 못했기 때문이다. 그리고 그것은 당연한 일이기도 하다. 그 누군들 자신을 둘러싸고 있는 환경에서 자유로울 수 있겠는가? 박정진이 주창하는 신체적 존재론을 살려면, 소리의 철학과 일반성의 철학을 바탕으로 만물만신의 경지에서 새로운 존재가 되려면 새로운 환경이 필요하다. 그리고 그런 환경의 토대가 될 만한 것이 있다. 바로 샤머니즘 문화권에서 토테미즘과 애니미즘에 이르는 종교적 환경이다. 그는 그 종교적 환경을 네오샤머니즘이라고 부른다.

샤머니즘 문화권은 애니미즘의 전통에 입각해 있다. 애니미즘이란 모든 사물에 나름대로의 존재의 고유성이 있다고 보고 그러한 고유성을 정령(精靈)이라 부르는 원시고대의 사물 이해방식이다. 정령 숭배를 박정진은 물질을 신처럼 숭배하는 물신숭배와 구별하기 위해 신물(神物)숭배라 지칭하길 제안한다. 신물 숭배는 물질을 숭배하는 것이 아니다. 물질 속에 본래 신성이 깃든 것으로 보고 숭배하는 것이다.

네오샤머니즘이란 바로 그 신물숭배 정신을 말한다. 그때 인간도 역시 신성이 깃든 신(神)인간, 혹은 신인(神人)이 된다. 신인은 과학기술로 신에 도전하는 인간이 아니라 우주의 기운생동을 믿는 인간이며 정령을 숭배하는 인간이다. 그때의 인간은 물질로서의 사물(기계)을 숭배하는 것이 아니라(현대인) 세계 전체를 신성화한다. 샤머니즘은 귀신, 정령에 사로잡히는 것이 아니라, 여러 신들에게 골고루 신성을 부여해서 신들의 평화를 비는 것이다.

21세기 과학 만능시대에 네오샤머니즘을 주창하는 박정진의 모습에서 나는 역시 과학으로 모든 것을 해결할 수 있다는 실증주의적 믿음이 팽배해 있던 19세기 프랑스의 시인 네르발의 모습이 겹쳐 떠오른다.

황금빛의 시행들

그래! 모든 것에 감각이 있다.
-피타고라스

인간이여, 자유로운 사색가여!

생명이 만물로 흩어져 퍼진 이 세상에서

오로지 그대만이 생각을 한다고 믿는가?

그대가 지닌 힘을 그대가 사용하는 것은 자유지만

이 우주 어디에도 그대의 의도는 받아들여지지 않느니.

동물들에게도 활동하는 정신이 있음을 존중하라;

모든 꽃은 대자연에 속한 개화한 영혼이며;

사랑의 신비는 금속에도 깃들어 있는 법;

〈모든 것에 감각이 있도다!〉 그리고 네 존재 위의 모든 것은 힘을 지니고 있도다.

두려워하라, 눈먼 벽에도 그대를 염탐하는 시선이 있으니;

물질에도 말씀은 붙어 있는 법……

그것을 불경한 용도로 사용하지 말라!

종종 어두운 존재 안에 숨은 신이 거주하고 있으니;

마치 눈꺼풀에 덮여 태어나는 눈처럼

순수한 정신이 돌 껍질 아래서 팽창하도다!

19세기 프랑스의 시인이자 소설가인 네르발(Gérard de Nerval, 1808~1855)의 『공상(1854)』이라는 시집에 나오는 시들 중의 한 편이다. 19세기의 프랑스라는 맥락에서 보면 아주 파격적이고 위험한 시이다.

위의 시에는 온통 물활론(物活論, animism)적이고 신비주의적인 범신론의 분위기가 휘돌고 있다. 만물이 살아 있고 만물에 신성함이 깃들어 있다. 영혼은 인간의 전유물이 아니라 동식물을 비롯해 심지어는 광물도 소유하고 있다. 모든 존재에 생명이 깃들어 있으며 모든 존재에 의미가 들어 있다. 심지어 금속에도 사랑의 신비가 깃들어 있다. 동양적 생기(生起)론(vitalisme)의 선언처럼 보이기도 한다. 그런 세상에서 인간이 오만할 근거는 하나도 없으며 인간이 우주의 중심이 된다는 것은 큰 착각일 뿐이다. 인간이 지닌 사유 기능으로 인간이 만물을 관찰하고 분석하는 것이 아니라 세상의 만물이 오히려 인간을 관찰하고 염탐한다. 인간은 우주의 중심에 자리 잡고 있는 것이 아니라 우주에 품어져 있다. 만물이 우주다. 만물이 자기-내-존재이다.

19세기에 네르발은 광인 대접을 받았다. 그리고 결국 미쳐 죽었다. 과학에 대한 믿음, 진보에 대한 믿음이 팽배해 있을 때, 미신(迷信)을 숭배하는 것 같은 시를 썼으니 미친 대접받는 게 당연했는지도 모른다.

그렇다면 미신이란 과연 무엇인가? 미신이 매도의 대상이 되는 것은 유일신 사상의 입장에서 우상숭배의 모습으로 보이기 때문이고, 과학의 입장에서 무질서하고 혼미스럽게 보이기 때문이다. 그러나 샤머니즘은 바로 세계의 미(迷) 혹은 혼미(混迷)를 믿는다. 미신이야말로 세계의 카오스(Chaos)와 신비(神祕,

Secret)를 믿은 신앙이다. 그는 신비가 없는 신앙은 신앙이 아니라 과학이라고 단호히 말한다. 그런 의미에서 박정진은 네르발과 마찬가지로 신비주의자이기도 하다.

샤머니즘은 분명 원시적 사유의 한 형태이다. 그러나 그것은 흘러간 과거의 사유도 아니고 지금은 효력을 상실한 유물 같은 것도 아니다. 인간이 물리학적 시공간의 지배를 받는다고 볼 때만 그렇게 생각할 수 있을 뿐이다. 박정진의 말대로 인간은 언제나 현재를 살고 있을 뿐이며, 그 현재를 사는 존재는 인류의 태초와 끝을 사는 인간이다. 시공간에 갇혀 있는 인간은 사유 때문에 존재를 놓치고 좁은 틀에 갇힌 인간이다. 샤머니즘은 원시반본을 가능하게 해주어, 인간을 그 좁은 틀에서 해방시켜줄 수 있는 우주관이다.

샤머니즘은 모호하다. 정답이 없다. 그러나 세상에 대한 객관적이고 과학적인 이해가 부족했기 때문에 정답이 없는 것이 아니다. 그것은 정답이 없는, 실체가 없는, 붙잡을 수 없는 세계에 대한 보다 합리적인 이해방식이다. 어디 우리의 삶이 합리로, 필연으로, 법칙으로, 절대로 환원될 수 있겠는가? 카오스를 코스모스로 환원하는 것은 오히려 우리의 삶을 소외시키는 것이다. 세계로부터, 자연으로부터, 자기 자신으로부터…….

박정진은 네오샤머니즘을 주창하면서 시공간을 초월하는 존재로서의 인간이 어떻게 새롭게 태어날 수 있는지를 탐구한다. 그것이 원시반본인 것은 인간이 무엇보다 근본적으로 신기

(神氣)적 존재이기 때문이다. 그리고 그것은 바로 **〈신체적 존재론〉**으로 연결된다. 신체는 신과 존재를 동시에 포함하고 있기 때문이다.(52쪽) 네오샤머니즘을 권하면서 그는 인간은 자연과학의 우주론으로 가느냐, 샤머니즘의 우주론으로 가느냐의 갈림길에 있다고 말한다. 우주탐험으로 가느냐, 아니면 영혼 여행으로 가느냐의 갈림길!

그러나 그 갈림길은 엄밀히 말하면 한쪽 길을 택해야만 하는 갈림길이 아니다. 한쪽을 버려야만 하는 갈림길도 아니다. 과학을 버리고 미신을 택하는 것도 아니고, 유일신의 신앙을 버리고 범신론을 택하는 것도 아니다. 과학의 영역을 넓히고 새롭게 하는 것이며, 유일신을 믿는 종교를 그것만이 유일한 종교라고 생각하고 믿는 좁은 틀에서 벗어나게 해 본래의 종교성을 회복시키게 하는 것이다. **〈샤머니즘은 범신론을 내재하고 있는 초월성이며 아직 자연성이 내재되어 있는 초월성이기 때문이다.**(306쪽)〉 그의 말대로 샤머니즘의 초월은 기독교의 현상학적 초월과는 다른 존재론적 초월이다. 그리고 존재론적 초월은 원시반본의 초월이다.

샤먼은 바로 그 원시반본의 초월성을 획득한 존재

샤먼은 만물만신(萬物萬神)의 경지에 이른 사람이다. 그런 점에서 애니미즘이나 토테미즘의 상징성을 몸에 지니고 있으면서 동시에 '초월적인 영혼'을 지닌 사람이라고 말할 수 있을 것이다. 쉽게 말하면 자연과 하나가 된 접신의 경지에 이른 사람이다. 샤먼들은 서양문명의 '신-이성' '정신(주체)-물질(대상)'의 이분법을 초월하고 극복하면서 '모든 존재는 하나 됨'을 표방하는 사람이다. 이때의 '하나 됨'은 초월적인 의미의 '하나'가 아니라 존재일반으로서의 '하나 됨'이다. 다시 말하면 서양의 형이상학적 의미의 '하나'가 아니라 동양철학의 도학적(道學的) 의미의 '하나 됨'이다.(404-405쪽)

그가 네오샤머니즘을 주창하는 것은 그 존재일반으로서의 〈하나 됨〉을 지금 인류에게 권하기 위해서이다. 그는 오늘날 자연과학 시대를 맞아 샤머니즘이 새롭게 해석될 필요가 있다고 말하면서 동양 문화, 혹은 동아시아의 '원시반본적 르네상스'를 꾀하고 있다. 고대의 유물이 아니라 지금 이 시대에 절대적 필요성을 절감하고 내세운 새로운 인류학을 그는 네오샤머니즘이라고 칭하고 있는 것이다. 네오샤머니즘이란 근대자연과학시대를 넘어선 이후의 샤머니즘, 즉 과학 이후의 샤머니즘이다.

그렇게 원시반본의 네오샤머니즘은 유불선기독교이슬람교는 물론이고, 인류의 모든 종교를 하나의 뿌리에서 나간 것으로 보는 입장을 취한다. 모든 종교의 원형이 정령숭배(animism)라는 생각을 그가 하고 있기 때문이다. 샤먼은 특별한 존재이기보다는 인간의 보편적·일상적 존재이기 때문이다. 마음을 비우고 해탈하는 것, 그것이 모든 종교성의 원천이다. 결국 샤먼은 신체적 존재론에 도달한 사람이다. 그는 '내가 내 몸의 주인이다. 나는 신이다'라고 생각하는 사람이다. 그것이 오만함의 표현일까? 아니다. 만물만신의 믿음에서 '내가 신이다'라고 선언하는 것은 나와 만물의 **〈하나 됨〉**을 천명하는 것과 같다. 만물만신, 신인(神人)은 오만함의 표현이 아니라, 겸손함의 표현이다. 오만한 인간들은 오히려 신의 자리를 찬탈한 현상학적, 과학적 인간들이다.

그의 네오샤머니즘은 고래의 『천부경』사상을 과학기술문명 시대의 병폐를 치유할 수 있도록 대안철학으로 새롭게 해석한 철학이다. 『천부경』은 한국의 샤머니즘이 종교적 형태로 남아 있는 경전이다. 그는 『천부경』이 무시무종(無始無終)의 존재론을 집약한 책이라고 말한다. 그가 주창하고 있는 **〈존재론의 철학〉**을 집약하고 있다는 말이다. 그리고 인류의 철학 가운데 질서와 혼돈을 동시에 수용한 것으로 『천부경』만한 것이 없다고 말한다. 그런 무시무종의 철학은 인중천지일(人中天地一)이라는 구절로 완성되면서 천지인의 생성적 순환과 그것에 순응하는 인간상을 보여준다.

내가 여기서 박정진이 상세하게 설명하고 있는 『천부경』의 내용을 반복할 생각은 없다. 다만 하이데거의 철학이 『천부경』에서 힌트를 얻었다는 놀라운 사실은 지적하지 않을 수 없다. 박정진은 여러 근거를 대며 "하이데거는 세계를 마치 『천부경』의 세계처럼 해석하고 있다"고 단언한다. 내가 그 점을 지적하는 것은 『천부경』의 뛰어남을 강조하기 위해서만이 아니다. 하이데거 연구자는 수없이 많으면서 그의 철학의 모티프가 되고 있는 『천부경』에 대한 이해는 거의 전무한 한국 철학계가 좀 의아해 보이기에 해본 말이다.

그가 신선(神仙)교라고 부르는 게 더 적절하다고 말하는 샤머니즘이, 적어도 인류가 자연친화적인 삶을 영위하던 부족사회 혹은 부족국가 시절에 유행한 종교적 원형으로서, 단지 미신이 아니라 세계를 총체적으로 바라본 철학적 의미를 갖듯이, 『천부경』은 한국의 샤머니즘을 종교로, 철학으로 집대성하고 있는 경전이다. 종교로서의 한국의 샤머니즘이 무속(巫俗)이 된 이유는 〈**가부장-국가사회의 발전과 더불어 문화적으로 퇴행하였기 때문이다. 무(巫)는 고등종교**(불교, 유교, 기독교)**를 따라갈 수 없었기 때문에 소위 무속(巫俗)이 되어버렸고, 기복(祈福)신앙에 머물렀던 것이다.**(483쪽)〉

그러나 비록 무속으로 전락하기는 했어도 샤머니즘은 〈**한국문화의 심층문화, 기층문화를 이루고 있다.**(503쪽)〉 그리고 한국 문화의 부정성과 긍정성을 동시에 보여주고 있다. 그는 그것을 다음과 같이 요약한다.

〈**한국 샤머니즘의 긍정성**(positive)**=자연적 존재×예술적(창조적) 기술×풍류도(仙道)×여성적·평화적**〉

〈한국 샤머니즘의 부정성(negative)=맹목적 믿음×모방적(수동적) 기술×기복적 신앙×여성적·질투적(485쪽)〉

그 결과 남성성이 부재해 있는 한국문화는 '한(恨)의 하나님'을 산출할 수밖에 없다. '한의 하나님'은 패배주의나 노예의식으로 인해 당쟁과 저주의 굿판을 벌일 가능성이 높다. 한국 문화나 정치의 부정적 측면은 모두 거기에서 온다. 그러나 한의 하나님이 평화의 하나님으로 승화되면 패권경쟁에 빠져 있는 인류를 구할 가능성도 배태하고 있을 것이다. 한국인 고유의 초월방식이라 할 수 있는 '한'이 인류를 구할 초월방식으로 승화할 수도 있을 것이다. 박정진은 말한다.

> 한국인의 여성성에서 발현한 역사적 사대성·노예성을 자연(자연생태)의 존재성으로 새롭게 격상시켜 해석함으로써 인류의 평화에 이바지하여야 한다. 이것이 무속(巫俗)으로 천시된 샤머니즘의 성(聖)을 일신(一新)하는 길이 될 것이다.(499~500쪽)

한국에서 역사적으로 불교, 유교, 기독교 등 외래종교가 크게 발전을 이루는 까닭은 관대함이나 포용력이기도 하지만 동시에 우리 스스로의 철학이 없기 때문이기도 하다. 이때의 포용력은 '신들의 평화'를 지향하는 샤머니즘의 특성이기도 하지만 동시에 철학적으로 보면 '무(無)철학'의 특성이라고 말할 수 있다. 이

렇게 샤머니즘과 무(無)철학은 동시적이면서도 서로 통하는 것
이다. 샤머니즘과 '무'철학의 특징을 잘 융합하면 '신들의 전쟁'
의 문화를 '신들의 평화'로 바꾸면서 한국문화를 세계사를 이끌
어가는 국가로 발돋움하게 할 수 있을 것이다.(484쪽)

박정진은 바로 그 가능성에 희망을 걸고 긍정성과 부정성
사이에서, 패권과 평화 사이에서 철학을 하고 있다. 내가 보기에
그는 철학을 그 사이에서 노니는 언어놀이로 보는 것 같다.

하지만 그 놀이는 아주 귀중한 놀이이다. 그 놀이는 이제까
지 한국에서 아무도 놀아보지 않은 놀이이기 때문이다. 박정진
의 말대로 한국에는 자생적인 철학이 없다. 남의 철학에 의지해
살면서 마치 가장 철학이 풍부한 체, 가장 철학적인 체 살고 있
는 셈이다. 그는 〈**한국인은 철학적으로 서양철학의 씨받이 역할
밖에 못 하는 '무지성(無知性)의 난자(卵子)'의 신세가 되어 있다.
대뇌(大腦)마저 서양철학을 받아들이는 자궁(子宮)이 되어버린
이 '무(無)철학의 여성성'을 뒤집어서 우리의 자생철학을 만들
어야 한다. 그것이 바로 필자가 말하는 여성성의 철학, 평화의
철학, 에코페미니즘(eco-feminism)의 철학이다**(601~602쪽)〉라고 선
언한다. 그런 의미에서 그는 한국 철학자로서는 거의 유일한 자
생철학을 세상에 내놓은 셈이다.

그가 주창하는 철학은 물론 한계가 있다. 그러나 그는 언젠
가 평화철학이 세계인에게 받아들여지는 날이 도래해야만 한다

고 말한다. 경쟁과 물질과 권력에 지친 인류가 모두 한 가족임을 절실히 깨닫는 날이 올 것이고 와야만 하기 때문이다. 그래서 그의 철학은 우리의 자생철학의 의미도 지니고, 인류 철학의 의미도 지니며, 미래 철학의 의미도 지닌다.

그런 의미에서 그가 주창하는 네오샤머니즘은 우리만의 사유가 아니다. 동양, 특히 한국에서 중시된 인간의 사유의 하나일 뿐이다. 그 사유는 우리에게도 있고 서양에도 있다. 그러나 잊혀졌다. 서양에게만 잊혀진 게 아니라 우리에게도 잊혀졌다. 더 정확히 말한다면 그 영향력이 지극히 약해졌다. 그래서 그의 발언은 한국인의 발언이 아니라 세계인의 발언이 된다. 그의 놀이가 더 없이 귀중한 이유이다.

다시 말하지만 그의 철학은 원시반본의 철학이다. 하지만 인간은 절대로 시간의 흐름에서의 과거로 되돌아가지 못한다. 그런 의미에서의 원시반본은 불가능하다. 하지만 자연으로 돌아가는 것은 언제나 가능하다. 그때의 자연이란 대상으로서의 자연이 아니다. 자기-내-존재로서의 인간 그 자체이다. 만물만신의 존재 가운데 놓인 인간이다. 인간을, 세계를, 우주를 자연친화적으로, 총체적으로 바라보는 인간이다. 그 인간으로 되돌아가는 것은 언제고 가능하다. 그의 철학이 권하는 것은 따라서 아주 소박하다.

옛 원시고대인들은 바로 현대인이 잃어버린 자연에 대한 고마움을 항상 잃지 않는 삶의 태도를 가지고 살아왔던 우리의 선조들인 것이다. 우리는 그들의 자연친화적(자연적)인 삶의 태도, 혹은 자연과 자신을 하나로 느끼는 태도를 회복해야 할 시점에 있는 것이다. 그렇다고 현대인이 원시시대로 돌아갈 수는 없다. 단지 그러한 자연친화적인 삶을 부분적으로 회복하고, 자연에 대한 고마움을 항상 느끼는 것만으로도 현대인의 삶은 달라질 것이다. 자연을 필요의 대상으로 약탈하고 개발하는 것이 아니라 함께 살아가는 공동운명체, 공동존재로서의 의미를 되새기고, 생각(denken)보다는 감사(danken)할 줄 아는 인간이 될 필요에 직면해 있다.(420쪽))

그러나 그 소박한 권고는 아주 엄중한 경고이기도 하다. 지금 내가 소유하고 있는 것(물질), 지금 내가 누리고 있는 것(물질적 안락과 풍요), 내가 휘두르고 있는 것(권력)을 자랑하고 있는 사람들에게, 그것만이 인간이 지향해야 할 목표라고 생각하는 사람들에게, 그것이 단순히 개인 차원에서 그치는 것이 아니라, 인류 공멸의 길로 향하는 데 일조하고 있다고 경고하고 있기 때문이다. 우리가 맹목적으로 파멸의 길로 향하고 있는지도 모른다고 엄중 경고하고 있기 때문이다.

다시 말하자. 박정진은 사건이다. 더 나아가 신기하기 이를 데 없다. 오로지 혼자의 힘으로 여기까지 왔다니! 기댈 언덕도 없었으며, 환호하는 사람도 없이! 그러나 그렇기에 그만의 새로운 철학이 나왔다.

나는 그의 철학을 '기지(旣知)의 철학'이 아닌, 그렇다고 '미지(未知)의 철학'도 아닌 '신지(新知)의 철학', 그야말로 이 시대의 온고지신(溫故知新), 지신온고(知新溫故)의 철학이라고 말하고 싶다.

심중(心中) 박정진(朴正鎭) 연보

1. 평범한 출생과 성장

1950.11.17.: 한국전쟁이 발발한 그해 가을(음력 10월 8일), 대구시 달성동 오두막에서 아버지 함양인(咸陽人) 박재명(朴在明, 1926년 6월 9일(음력)~2006년 3월 23일)과 어머니 아주인(鵝洲人) 신병기(申炳琪, 1930년 11월 16일(음력)~1994년 7월 13일)의 장남(2남 2녀 중)으로 태어남. 어머니가 태몽으로 '고래 꿈'을 꾸었다고 함. 그 후 대구시 중구 동인동 3가 220번지, 일본 적산가옥으로 이사하여 삶. 3세 때 설사복합병으로 목숨을 잃을 뻔했음. 당시는 6·25전쟁 중이어서 약을 구할 수도 없었는데 때마침 미(美) 8군에서 흘러나온 페니실린을 구해서 구사일생으로 목숨을 건짐.

1957.3.: 대구 동인국민학교에 입학함.

1958.3.: 대구시 신천동에 신설된 대구신천국민학교에 전학함. 어릴 때부터 항상 홀로 생각에 잠기는 소년이었음. 학업성적은 중상위에 속했으며 특히 사회과목에 남보다 뛰어났으나 사회성은 없었다고 함. 자주 동네 아이들에게 매 맞고 집에 들어오는 소심한 소년이었음. 5, 6학년 때 담임인 이정화 선생으로부터 정의감과 국가관, 근면성과 남성다움을 배우고 일생 동안 잊지 못할 큰 영향을 받음. 대구 신천국민학교 제1회 졸업생으로 졸업, 6년 개근상을 받음.

1963.3.: 대구 경상중학교에 입학함. 중학교에 들어가면서 말없던 소년이 갑자기 말문이 열리기 시작하면서 사내다워졌다고 함. 그러나 여전히 근본적으로는 내성적인 문학소년이었음. 이때부터 김소월의 시집과 괴테의 『젊은 베르테르의 슬픔』 등 시와 소설을 읽기 시작하면서 문학에 심취함. 때로는 시집을 읽기 위해 학교를 조퇴한 적도 있었음. 경상중학교 석인수 교장의 근면성에 감동을 받음.

1966.3.: 대구고등학교에 입학함. 청춘의 질풍노도의 시대를 독서와 운동으로 극복하면서 인격수양을 도모함. 이때부터 간간이 자작시를 쓰기 시작함.

1969.3.: 부모의 권유로 서울 한양대학교 의과대학 의예과에 입학함. 처음으로 부모와 떨어져서 홀로 유학생활을 시작함. 의과대학 입학 동기는 아버지가 갑작스럽게 신경성질환으로 입원하게 됨에 따라 의사가 되기로 결심함. 그러나 해부학 시간에 실험용 시체를 보고 충격을 받음. 그럴수록 시에 심취함. 심약한 그는 결국 의과대학이 적성에 맞지 않음을 알고 전과하기로 결심함. 당시 한국사회는 민주화의 열기가

대학가에 넘쳤으며, 박정희 군사독재와 맞서 청년문화운동이 일어나고 서울의 대학가는 공부보다는 민주화운동에 열중하였음. 서울을 비롯한 지방의 각 대학은 민주주의운동에 열을 올렸지만, 그렇다고 생산적이고 주체적이고 자생적인 민주주의 이념을 창안한 것은 아님. 사회는 극도의 혼란과 무질서 속에서 갈피를 잡지 못하고 분열되었음. 특히 남북분단 상황에서 북한은 남한의 이러한 상황을 적화통일의 계기로 삼으려고 광분함. 사회는 극심한 좌우 이데올로기의 대립 속에 병들어갔음. 그는 의과대학을 졸업한 뒤 병든 사람을 치료하는 것보다 인문사회학적인 공부를 해서 사회를 구원해야겠다고 결심함. 이에 한국문화의 정체성과 세계문화의 동향에 대해 관심이 컸으며, 인간의 삶 전체에 대한 철학적 사색을 하는 일에 열중함. 특히 그는 한국문화가 외래문화에 접했을 때에 쉽게 사대주의에 빠지는 습성이 있으며, 이로 인해 내분과 파당적 상황에 자주 빠지게 됨을 한탄함. 스스로 생각하지 못하는 한국인, 스스로의 법(law)과 로직(logic)을 세우지 못하는 한국인의 삶의 특성에 주목하게 됨. 특히 한국에 자생철학이 없음을 알고, 한국문화에 대한 심각한 회의에 빠짐. 이러한 문제의식을 가지고 공부를 하기 위해서는 인문학으로의 전과가 불가피하였음. 당시 한양대학교 국문과 교수로 재직하고 있던 시인 박목월 선생과 진로를 상의함.

1972.3.: 한양대 국문과로 전과하기 위해 여러 차례 박목월 시인을 만남(그전에도 교내 백일장에 투고하여 박목월 선생을 만나는 기회를 가지기도 하고 습작을 지도받았음). 당시 목월 선생은 전과를 반대하면서 의사의 길을 가면서 시인이 될 것을 권함. 목월 선생은 어느 날 그에게 「국경의 밤」을 지은 김동환과 같은 서사 시인이 될 소질이 있다고 격려함. 결국 국문과로 전과를 결행함.

1972.~1974.: 국문과로 전과한 후 국내외 대표적 시와 소설을 읽는 데 전력투구함. 이광수, 김동인의 여러 작품을 섭렵함. 카뮈의『이방인』과 사르트르의『구토』『자유의 길』등 실존주의 작가의 작품에 심취함. 닥치는 대로 문학철학서적을 남독하면서 거의 2년을 보냄. 이때 동서고금의 고전을 섭렵하는 열정을 보임. 시인과 철학자가 되는 두 길에서 어느 길에도 진입하지 못하고 피곤한 심신을 추스르기 위해서 고향인 대구로 귀향함. 당시 헤르만 헤세의『데미안』『나르치스와 골드문트』『싯다르타』『향토』『수레바퀴 밑에서』등의 작품에 심취함.

1974.~1976.: 졸업 후 취직도 하지 못하고 쓸쓸하게 고향인 대구에서 끝없는 허탈, 방황에 빠짐. 친구들의 권유로 2년간 외부고시를 준비하였지만, 정작 공부에는 등한하였으며, 시와 철학책을 간간히 사 보면서 마음을 추스름. 친구들의 권유로 대구매일신문사 입사시험에 응시했으나 필기시험에 합격하고, 면접에서 떨어짐. 심각한 고뇌와 묵상에 빠짐. 현실과 이상 사이에서 방황하다가 가톨릭 세례를 받음(대구 복자성당). 세례명으로 '그레고리'.

1976.3.3: (주)문화방송 경향신문사에 공채로 입사하여 경향신문 대구 주재기자로 부임함. 지방주재기자 생활을 약 2년 하다가 다시 학문에의 뜻을 세워 영남대 대학원 문화인류학과 진학을 준비함.

1978.3.3: 대구 영남대학교 문화인류학과 대학원에 입학함. 여기서 그에게 인류학의 길을 열어준 은사인 김택규(金宅圭) 교수와 강신표(姜信杓) 교수를 만남. 한국의 향토 민속문화에 해박한 김택규 교수와 동서양철학에 관심이 많은 강신표 교수로부터 영향을 받음. 강신표 교수는 대학원에 입학하던 그해에 이화여자대학교로 옮기는 바람에 직접 강의를 듣지 못했으나 그 후 서울에서 신문기자 생활을 하면서 사적인 친분을 쌓음. 이러한 친분이 그의 초기 저작 중 하나인『무당시대의 문화무당』에서 강신표 교수와 김용옥 교수를 비교하는 계기가 됨. 김용옥 교수와도 친분을 유지하면서 영향을 주고받음. 그 후 그는 다분히 철학적인 성향을 가지며 철학인류학분야에 관심을 가짐. 그는 계속 〈인간은 어떻게(무엇으로) 사는가?〉에 관심을 가짐. 신문기자 생활과 인류학도의 길을 병행함.

1978.11.: 막내 동생 박창진(朴昌鎭)이 서울에서 대학교 입학을 위한 재수를 하던 중 원인 모를 병으로 객사함. 이때 인생의 어처구니없음과 죽음에 대한 명상을 시작함. 특히 인생의 목적을 설정하는 것이 덧없음을 느끼고, 목적론적 사고를 하는 것이 인생의 전부가 아니라는 것을 뼈저리게 느낌.

1979.2.20: 단양(丹陽)인 우경옥(禹敬玉)과 결혼함. 우경옥은 우수기(禹守基)와 최재윤(崔載允)의 2남 2녀 중 차녀로 태어났음.

2. 공부하는 기자

1980.4.4.: 장남 박준석(朴埈奭) 태어남.

1980.9.:「도시화에 따른 대도시근교 씨족집단의 정치경제적 변화연구」로 영남대학교에서 석사학위를 받음.

1982.4.4.: 차남 박우석(朴祐奭) 태어남.

1981~1986.: 경향신문 본사로 올라와 서울에서 기자생활을 시작함. 한편 한양대학교를 비롯, 서울교육대학교, 대구대학교 등에서 인류학 강의를 하면서 문화평론가로도 활동을 겸함.

1986.8.31.: 영남대학교 대학원 인류학과 박사과정을 수료함. 그러나 서구의 패러다임이나 이데올로기에 종속되어 주체성도 없는 학위논문 제출을 포기함. 자신의 철학도 없이 외래 이데올로기에 빠져 체질적으로 사대하는 한국민족에 대해 심각한 회의에 빠짐. 그 후 한국민족의 정체성을 확인하기 위한 기반 확충작업으로 서양철학자들의 수많은 책들을 섭렵함. 데카르트, 스피노자, 라이프니츠, 루소, 칸트, 니

체, 프로이트, 베르그송, 후설, 그리고 특히 실존주의 철학자인 키르케고르, 사르트르, 카뮈 등 수많은 철학자와 사상가와 문학가들의 책을 봄.

1988.7.14.: 지식산업사 김경희 대표의 인도로 국선도(國仙道)에 입문함. 서울 용산구 남영동 국선도협회 총본원에서 덕당(德堂) 김성환(金性煥) 정사(正師)를 만남. 여기서 전통 수련법인 선도(仙道)를 알게 되고, 선도의 원류가 화랑도(풍류도)였음을 확실하게 인식함.

1988.8.15.: 새로 창간한 세계일보사로 자리를 옮김. 세계일보사에서 문선명(文鮮明) 선생을 역사적으로 조우하게 되는 일생일대의 행운을 얻음. 문선명 선생은 한국사에서 처음으로 자생종교를 수출한 인물이면서 근대에 들어 한국이 낳은 세계적 종교지도자·문화선각자임. 한국은 역사적으로 계속해서 외래 종교와 철학을 들여와서는 항상 그것에 종속되는 나라가 되었다. 예컨대 불교가 들어오면 '한국의 불교'가 되는 것이 아니라 '불교의 한국'이 되고, 주자학이 들어오면 '한국의 주자학'이 되는 것이 아니라 '주자학의 한국'이 되고, 기독교가 들어오면 '한국의 기독교'가 되는 것이 아니라 '기독교의 한국'이 되는 그러한 양상이다. 결국 한국이라는 주체성은 없는 것이다. 그러한 사대종속적 입장에서 탈피하여 기독교를 자생통일교로 만들어 수출한 인물이 문선명 선생으로 이해하게 됨. 한국인이 세계 종교의 분포에서 사대종속-노예 상황에 빠져 있음을 뼈저리게 느낌. 그 정도가 얼마나 심각한지, 그러한 종속상태를 종속상태로 느끼는 것이 아니라 선진문화로 착각하는 사대성에 절망함. 한국인의 이데올로기적 종속성과 노예성은 한국문화의 여성성-수동성-자기부정성과 관련되는 역사체질적인 것으로 파악함. 한국문화에는 결국 남성성-능동성-자기긍정성이 부족함을 뼈저리게 느낌. 이는 종합적으로 한국문화의 '아버지(가부장) 부재'의 문화로 드러나게 됨을 파악함.

1989.1.28.: 첫 시집이자 첫 저작인 『해원상생, 해원상생』(지식산업사)을 펴냄. 이 시집은 한민족이 서로 원한을 풀고 상생하자는 뜻의 시집이었음. 이해에 철학논문 두 편을 씀. 「상징-의례에 대한 理氣철학적 고찰」, 『한민족』 제1집, 200~228쪽, 한민족학회, 교문사, 서울.; 「BSTD 모델에 대한 상징인류학적 조명」, 『두산 김택규 박사 화갑기념문화인류학 논총』, 241~254쪽, 두산김택규박사화갑기념논문집 간행위원회, 신흥인쇄소, 대구.

1990.1.20: 야심작 『무당시대의 문화무당』(지식산업사)을 펴냄. 그의 첫 예술인류학적 작업이었음. 후에 『한국문화와 예술인류학』을 쓰는 계기가 됨. 시와 철학과 예술에 대한 종합적인 사유를 시작하면서 철학(과학), 예술, 종교의 현상학적 관계에 대해 관심을 가지기 시작함. 특히 동양의 전통철학인 이(理)-기(氣)철학의 관점에서 이들의 관계에 사유를 집중함.

1990.3.: 『사람이 되고자 하는 신들』(문학아카데미) 펴냄. 이 책은 사람 위에 군림하는

초월적인 신이 아니라 사람과 함께 지상에 내려오고자 염원하는 신을 상정함. 여기엔 한국 자생종교인 동학(東學)의 인내천(人乃天) 사상이 스며 있음.

1990.3.: 『한국문화 심정문화』(미래문화사) 펴냄. 이 책은 한국문화론을 철학적으로 정리하기 시작한 첫 결과물임. 이 책에 「시간의 이중적 가치」(179~197쪽)라는 제목의 철학적 논문을 실었음.

1991.11.3.: 국선도협회 총본원에서 3년간의 수련을 마치고 진기단법(眞氣丹法)으로 승단함(제223호). 이로써 국선도인(풍류도인)이 됨. 국선도 수련은 재래의 신선(神仙) 사상과 전통적으로 내려온 기(氣)를 체득하게 되는 계기가 됨. 나중에 기(氣)철학을 바탕으로 하는 새로운 철학을 정립하는 데에 도움이 됨.

1992.1.: 세계일보사 문화부장이 됨.

1992.2.: 월간 『현대시』 신인상 수상으로 늦깎이 시인이 됨. 당선작은 '황색나부의 마을'. 추천심의위원인 이형기, 김광림 시인은 심사평에서 그를 프랑스의 시인 '앙리 미쇼'에 견주면서 '에망그롱족'에 견줄 만한 작품이라고 평함.

1992.3.: 『한국문화 심정문화』의 개정증보판인 『한국문화와 예술인류학』(미래문화사)을 펴냄. 이 책은 국내에서 예술인류학을 처음으로 거론한 책일 뿐만 아니라 세계 인류학계에서도 예술과 인류학을 융합한 첫 책으로 평가됨. 또 이 책은 자민족문화 연구의 한 방법으로서 '자기 고백'을 제창하였으며, 느낌(Feeling)을 학문적 용어로 사용할 것을 역설함. 인류학적 민족지를 쓰는 데도 느낌을 중시해야 한다고 주장함. 철학인류학자인 레비-스트로스의 영향을 크게 받은 그는 여기서 '다원다층의 음양적 의미'를 분석하는 '예술인류학'을 제창함. 이것은 대칭적 사고를 하는 원시 고대인의 신화적 사고(원시인의 철학)를 오늘에 되살리려는 시도였음.

1992.6.: 『천지인 사상으로 본 서울올림픽』(아카데미서적) 펴냄. 대한민국이 건국 이후 치른 최고최대의 국제적인 스포츠 제전인 올림픽을 전통 '천지인 사상'과 롤랑-바르트의 '다차원의 문화해석의 틀'을 이용하여 입체적으로 분석함. 그의 집약된 인류학적 연구모델인 '심볼(symbol)-적응(adaptation)'을 적용한 첫 연구결과물임. 특히 상징의 다원다층의 의미 분석에 치중함. 상징은 여러 층위로 이분되는 성질을 가지고 있고, 마지막 최종 아래에는 삶을 위한 생존의 근거인 에콜로지(ecology)가 있음을 주장함.

1992.7.: 『잃어버린 선맥을 찾아서』(일빛출판사) 펴냄. 국선도의 맥을 현재에서부터 역원적으로 찾은 역작이었음. 이 책은 고대에서부터 현대까지 신선사상의 인물을 찾는 한편 고조선의 국조인 단군이 선도의 원조임을 깨닫는 계기가 되었음. 모든 종교와 수도의 원형에 단군에 있음을 알게 됨. 유불선(儒佛仙) 삼교의 삼묘(三妙)를 터득함.

1992.7.: 『선도와 증산교』(일빛출판사) 펴냄. 선도사상을 증산교와 관련하여 더욱 심도

있게 다룸.

3. 문필가로 거듭나다

1992.6.19.: 바르셀로나 올림픽 사전 취재 도중 자동차로 피레네 산맥을 넘어 안도라 공화국으로 가던 중 언덕에서 추락함(8시 40분 바르셀로나 북방 70km 지점). 이때 일주 일간 의식불명 상태에서 깨어나지 못함. 의식불명의 비몽사몽 간에 인류문명의 과거와 미래에 관한 네 가지 현몽을 접함(예수와 부처, 예수의 제자인 베드로, 그리고 이름 없는 메시아 혹은 미래불이 현몽으로 나타났음). 헬리콥터로 긴급 수송되어 한 달간 바르셀로나 발데브론 병원에 입원함. 그 후 비행기로 한국으로 수송되어 서울 영동세브란스 병원에 입원함. 병원에서 척추수술을 받는 등 6개월간 장기 입원하는 동안 위험한 고비를 여러 차례 넘기고 회복됨. 오랜 병상생활을 통해 인생이 결코 내일을 기약할 수 없는 허무한 것이며, 자신의 생각을 단상으로 정리하여야 한다는 사명감을 느낌. 이것이 후일 200자 원고지 3만 장 분량의 '박정진 철학노트'의 출발이 되었음.

1992.12.31.: 영동세브란스 병원에서 퇴원함. 척추수술 등으로 노동부로부터 3급 장애 판정을 받음.

1993.4.: 서울 강남구 일원동에서 동네 수서공원과 대모산에서 명상과 함께 피나는 재활훈련으로 건강을 회복함. 그 후 신들린 듯 각종 글을 쓰기 시작함. 하루 100여 장씩 원고를 쓴 적도 있음. 그 후 발간된 수십 권의 책들은 이때 쓰인 것임. 인근 수서공원에서의 명상과 대모산을 오르는 가벼운 등산과 산보를 통해 문필가로서 입신을 위한 기본적인 사색과 함께 사상적 기조를 형성함.

1994.11.: 『아직도 사대주의에』(전통문화연구회) 펴냄. 한국문화의 체질적 사대주의와 문화적 종속상황에 대한 처절한 반성을 시도함. 특히 외래문화에 맹목적인 신앙을 하는 것을 반성함. 한국문화 속에 들어오는 모든 외래문화는 일종의 도그마가 된다는 사실에 놀람. 그런 점에서 한국인은 '종교적 인간'의 성격이 강함을 알게 됨.

1994.3.: '고려원시인선 22' 책으로 『시를 파는 가게』(고려원) 펴냄. 이때의 필명은 박수원(朴守園)이었음. 수원(守園)이라는 호는 정원을 지킨다는 의미로 강신표 교수가 지어주었음. 이 호는 춘원(春園) 이광수(李光秀)에서 비롯되는 것으로 춘원(春園)-소원(韶園) 이수락(李壽洛)-취원(翠園) 강신표-수원(守園) 박정진에 이르는 4대째 이어진 호였음. 이수락 선생(1913~2003)은 성균관대 전신인 명륜학원 출신으로 대구향교에 홍도학원을 설립한 거유(巨儒)였음.

1994.7.13.: 어머니가 자궁암으로 돌아감. 바르셀로나 올림픽 취재 도중 사고를 당한 중환자였던 그를 간호하고 염려하던 끝에 무리하여 과거에 앓았던 암이 재발하였

음. 어머니와의 영원한 이별을 통해 훌륭한 문필가가 될 것을 다짐함. 어머니와의 이별을 통해 '불교적 인연과 연기가 현재'임을 깨닫게 됨. '어머니의 사랑이 자식을 살리는 대신 당신을 저세상으로 돌아가게 한 희생적 삶'임을 절감함. 모든 어머니의 아가페적인 사랑에 대해 절실한 사유를 시작함. 인류사에서 여성성의 의미와 희생적 사랑을 되새기는 계기가 되었음.

1997.6.: 세계일보사를 퇴사하고 본격적으로 글쓰기에 몰두함. 본격적인 사회비판과 풍자적 글쓰기에 매달림.

1997.6.: 『왕과 건달』(전 3권, 화담출판사) 펴냄.

1997.10.: 『창을 가진 여자』(전 2권, 화담출판사) 펴냄. 후에 전자책(e-북) 『서울 황진이』로 개작함.

1997.12.: 『어릿광대의 나라, 한국』(화담출판사) 펴냄. 후에 전자책(e-북) 『드라마 사회, 한국』으로 개작함.

1998.1.: 『단군은 이렇게 말했다』(화담출판사) 펴냄. 후에 전자책(e-북) 『광화문의 단군』으로 개작함.

1998.7.: 사진기자 정범태(鄭範泰)의 일대기를 담은 『발가벗고 춤추는 기자』 펴냄(화담출판사).

1999.3.: 사서삼경(四書三經)을 비롯하여 동양고전에 대한 이해를 높이기 위해 한문전문교육기관인 '민족문화추진회 국역연수부'에 입학함. 여기서 정태현, 성백효 선생을 만남. 중국의 고전을 접하는 계기가 되었으며, 동아시아 문화의 원류와 깊이에 대해 새삼 놀랐지만, 중국문화를 사대하는 일에 빠지지는 않음. 중국문화와 한국문화의 차이에 대해 눈을 뜸.

1999.8.: 명상집 『생각을 벗어야 살맛이 난다』(책섬) 펴냄.

2000.11.: 전자책(e-북)으로 명상집 『생각하는 나무』(1권-26권) 펴냄(www.barobook.co.kr). 한국 '아포리즘 문학'의 금자탑을 이룸.

2000.11.: 전자책(e-북) 『세습당골-명인, 명창, 명무』 펴냄.

2000.11.: 전자책(e-북)시집 『한강은 바다다』 펴냄.

2000.11.: 전자책(e-북)시집 『바람난 꽃』 펴냄.

2000.11.: 전자책(e-북)시집 『앵무새 왕국』 펴냄.

2000.11.: 『인류학자 박정진의 밀레니엄 문화읽기—여자의 아이를 키우는 남자』(불교춘추사) 펴냄. 전자책(e-북)으로도 펴냄.

2000.11.: 전자책(e-북) 에세이 『문화의 주체화와 세계화』 펴냄.

2000.11.: 전자책(e-북) 에세이 『문화의 세기, 문화전쟁』 펴냄.

2000.11.: 전자책(e-북) 『오래 사는 법, 죽지 않는 법』 펴냄.

2000.11.: 전자책(e-북) 『마키아벨리스트 박정희』 펴냄.

2000.11.: 전자책(e-북)『오래 사는 법, 죽지 않는 법』펴냄.

2000.11.: 전자책(e-북)『붓을 칼처럼 쓰며』펴냄.

2001.5. :『도올 김용옥』(전 2권)(불교출판사) 펴냄.

2001.11.: 전자책(e-북) 소설『파리에서의 프리섹스』(전 2권) 펴냄.

2002.2.: 민족문화추진회 국역연수부 26기로 졸업함.

2002.3.: 민족문화추진회 일반연구부에 입학함.

4. 문화평론가, 철학인류학에 매진하다

2002.4.: 새로운 사상으로서 '중학(中學)사상'에 대해 생각을 시작함. '중학'은 다분히 '동학(東學)'의 한계를 극복하고자 하는 의도에서 상정되었음. 예컨대 '중학'은 유교의 중용(中庸), 불교의 중도(中道)·공(空)사상, 노장(老莊)의 무위자연사상, 선도(仙道)의 선(仙)사상 등 유불선을 통합하는 것을 물론이고, 프랑스 대혁명의 사상인 자유·평등·박애 사상 등 동서고금의 사상을 융합하고 집대성하여 새로운 시대의 전개에 따른 철학적·사상적 준비로 시도됨. '중학'사상은 현재에도 계속 집필 중에 있음.

2002.5.13.: 서울 강남구 일원동 대모산에 주민들의 건의로 자작시 「대모산」 시탑을 강남구청에서 세움.

2002.6.: 인터넷 홈페이지 www.koreanculture.co.kr(한국문화사전)을 개설함.

2002.6.: 전자출판사 바로북에서 CD롬 『한국문화사전』을 펴냄.

2004.2.:『붉은 악마와 한국문화』(세진사) 펴냄.

2004.9.:『미친 시인의 사회, 죽은 귀신의 사회』(신세림) 펴냄.

2004.6.: 시집『먼지, 아니 빛깔, 아니 먼지』(신세림) 펴냄.

2004.7.: 시집『대모산』(신세림) 펴냄.

2004.7.: 시집『청계천』(신세림) 펴냄.

2005.6.:『대한민국, 지랄하고 놀고 자빠졌네』(서울언론인클럽) 펴냄.

2006.3.23.: 아버지 박재명 숙환으로 돌아가심.

2006.3.:『여자』(신세림) 펴냄. 이 책은 우주적 여성성에 대한 단상을 정리한 에세이임.

2007.3.:『현묘경-여자』(신세림) 펴냄. 이 책은 우주적 여성성에 대한 심화된 단상을 정리한 에세이임.

2007.7.: 시집『독도』(신세림) 펴냄.

2007.3.:『불교인류학』(불교춘추사) 펴냄.

2007.8.:『종교인류학』(불교춘추사) 펴냄.

2008.2. : 장남 박준석 연세대학교 공과대학 건축과를 졸업함.

2008.9.9.: '박정진 시를 사랑하는 모임'(박시모)과 '박씨 대종친회'의 찬조로 자작시 〈독도〉시비 건립함(울릉도 독도박물관 야외독도박물원).

2008.7.: 전자책(e-북) 『성인류학』(전 3권) 펴냄. 이 책은 '성'(性, 姓, 聖)이라는 한글발음을 토대로 인류문명의 발전과정을 정리함으로써 철학과 종교에서 말하는 '성결학(hagiology)'과 '오물학(scatology)'이 결국 하나로 순환하는 것임을 주장하는 '일반문화론'에 도달하려는 철학인류학적 시도였음. 이 책은 따라서 '일반성의 철학'을 도출하기 위한 철학인류학적 노력의 결실이었음.

2008.9.: 전자책(e-북) 명상집 『죽음을 예감하면 세상이 아름답다』(전 3권), 전자책(e-북) 명상집 『경계선상에서』(전 7권). 이로써 『생각하는 나무』(전 26권)을 포함하여 『화산(華山) 명상집)』(전 36권 완간) (www.barobook.co.kr) 펴냄.

2008.10.: 시집 『한강교향시─詩로 한강을 거닐다』(신세림) 펴냄. KTV '북카페' 프로그램에서 한 시간 동안 방영.

2009.1.: 차(茶) 전문월간지 『茶의 세계』 편집주간을 맡음. 그 이전에도 불교전문출판사인 불교춘추사에서 발행해오던 불교전문월간지 『禪文化』와 『茶의 세계』의 기획위원으로 활동해오다가 이때부터 편집주간으로 본격적인 활동을 시작함.

2009.2.1.: 『신천부경(新天符經)』 완성. 고조선의 '천부경'을 새롭게 해석한 것으로서 오늘의 '과학과 철학과 종교'를 종합한 입장에서 진리의 요체를 진언(眞言)으로 구성한 것임.

2009.2.11.: 세계일보에 「박정진의 무맥」 연재 시작(2010년 11월 30일 제43회로 마침).

2009.9.: 『예술의 인류학, 예술인류학』(이담북스) 『예술인류학으로 본 풍류도』(이담북스) 펴냄. 이 책은 종래 『한국문화와 예술인류학』을 심화시켜서 두 권으로 출판한 것임.

2010.5.: 『굿으로 본 백남준 비디오아트 읽기』(한국학술정보) 펴냄. 『굿으로 본 백남준 비디오아트 읽기』는 소리미술과 오브제, 퍼포먼스를 추구하는 백남준의 비디오아트를 '굿'이라는 개념으로 해석한 책임.

2010.11.: 『성인류학』(이담북스) 펴냄. 『성인류학』은 종래 3권의 전자책으로 출판되었던 것을 한 권의 단행본으로 출판하면서 내용을 집약하고 개선한 책임.

2010.1.: 『단군신화에 대한 신연구』(한국학술정보) 펴냄. 『단군신화에 대한 신연구』는 중국한족이 부상하는 새로운 동아시아사의 전개에 따른 동이족의 정체성 확립이라는 관점에서 단군신화를 새롭게 정리·해석한 책임.

2010.2.: 차남 박우석, 경원대학교 전자공학부 졸업(2월 23일).

2011.4.: 『박정희의 실상, 이영희의 허상』(이담북스) 펴냄. 이 책은 '국가론'(정치학)으로서 쓰여졌다. 초고는 3년 전에 쓰여졌으나 당시 사회적 분위기(좌파민주화운동)로 인해서 출판사를 찾지 못해 출판이 미루어졌다.

2011.9.: 차남 박우석과 신부 백지숙 결혼(9월 30일).

2011.5.: 철학자 김형효(金炯孝) 교수(서강대 철학과 교수 및 전 정신문화연구원 부원장)를 인사동문화클럽에서 조우하는 행운을 얻게 됨. 김형효 선생을 만나면서 그동안 잠들어 있던 철학에 대한 영감이 불꽃처럼 일어나는 계기를 얻게 됨. 김 선생을 만나서 강의를 듣고 자유롭게 질문과 대화를 하는 가운데 그의 대표적인 철학적 사유들이 결집되고, 책으로 집필되고 출간되는 행운을 맞음. 철학전문출판사인 소나무 출판사 유재현 대표를 만나면서 당시 집필 중이던 철학 원고들을 모두 책으로 엮어내는 은혜를 입음.

2012.1.: 첫 철학인류학적 작업의 결과물 『철학의 선물, 선물의 철학』 『소리의 철학, 포노로지』(소나무) 펴냄. 당시 인류학계와 철학계로부터 큰 관심을 불러일으킴.

2012.3.: 장남 박준석과 신부 김순훈 결혼(3월 24일).

2012.9.3.: 통일교 창시자 문선명 총재가 이날 새벽 1시 54분(天基 3년, 天曆 7월 17일), 성화(聖和)하셨다. 그는 성화식을 전후로 장장 6회에 걸쳐 문선명 총재의 생애노정의 의미를 새기는 글을 집필함. 이날은 통일교-가정연합에서 말하는 기원절(基元節)을 172일 앞둔 날이었다.

2012.11.17.: 『세계일보』에 「박정진의 차맥(茶脈)」 연재 시작(2013년 8월 27일 제66회로 마침).

2013.2.: 차남 박우석, 한양대학교 경영대학원 졸업.

2013.3.: 『빛의 철학, 소리철학』 『니체야 놀자』(소나무) 펴냄. 이로써 먼저 출판한 『철학의 선물, 선물의 철학』 『소리의 철학, 포노로지』(소나무)와 함께 철학인류학적 저서 4권을 묶어 '소리철학'으로 명명함.

2013.9.27.: 김형효 선생과 철학대담을 시작하여 6개월간 지속함.

2013.11.12.: 『세계일보』 객원논설위원으로 개인칼럼 「청심청담」 집필 시작.

2014.4.: 김형효 선생 댁에서 제자들과 친지들로 구성된 '심원철학방'을 운영하기 시작함. 2018년 12월 현재까지 지속하고 있음.

2014.1.: 첫 손녀 박지인(박준석-김순훈의 딸) 출생(1월 3일)

2014.5.: 『일반성의 철학, 포노로지』(소나무) 펴냄. 이 책의 발간과 함께 『철학의 선물, 선물의 철학』 『소리의 철학, 포노로지』(소나무), 『빛의 철학, 소리철학』, 『니체야 놀자』(소나무)와 함께 '소리철학' 시리즈 제5권이 완성됨.

2014.7.1.: 『메시아는 더 이상 오지 않는다』(미래문화사) 펴냄. 이 책은 통일교 문선명 총재의 성화식 기간 중에 세계일보 기고문을 바탕으로 철학적·신학적 해석을 첨가하여 단행본으로 묶은 것이다.

2014.7.30.: 『새로 쓰는 부도지(符都誌)—지구 어머니, 마고(麻姑)』(마고출판사) 펴냄. 이 책은 한국문화의 여성성을 승화시켜서 '자기부정'이 아니라 '자기긍정'으로 한민족

을 대반전시키려는 신화적 노력의 결정판이다. 이 책의 출간으로 '소리철학' 시리즈와 함께 '한국문화의 철학과 신화'를 현대적인 모습으로 재탄생하게 하는 학자적 중간결산을 이룬다.

2014.9.: 첫 손자 박선우(박우석·백지숙의 아들) 출생(9월 29일).

2015.8.: 『니체, 동양에서 완성되다』 펴냄. 서양 후기근대철학의 분수령을 이룬 니체를 동양철학의 관점에서 포용하면서 더욱 더 완성도 높은 불교적 깨달음의 경지를 기술함.

2016.1.: 『메시아는 더 이상 오지 않는다』(행복한에너지) 개정증보판 펴냄.

2016.9.: 『평화의 여정으로 본 한국문화』(행복한에너지) 펴냄. 『평화는 동방으로부터』(행복한에너지) 펴냄.

2016.12.27: 세계일보사 평화연구소장으로 부임.

2017.5.: 시집 『거문도』(신세림) 펴냄.

2017.7.: 한국 하이데거 학회(59차)와 한국해석학회(119차)가 공동으로 주최한 2017년 한국현대유럽철학회 하계학술발표회(중앙대학교, 7월 14일)에 초대되어 「존재론의 미래로서의 네오샤머니즘」 발표. 서구중심의 근대과학기술문명이 여러 면에서 한계를 드러내고 있는 상황에서 동서철학과 문명의 가교 역할을 한 것으로 평가되고 있는 하이데거의 존재론이 우리나라에서는 어떻게, 어떤 모습으로 발전되는 것이 가장 바람직할까? 이러한 고민을 하고 있던 중 발표논문을 쓰게 되었다.

2017.8.8: 『여성과 평화』(행복에너지) 펴냄.

2017.8.25: 『위대한 어머니는 이렇게 말했다』(살림) 펴냄. 이 책은 니체의 『자라투스트라는 이렇게 말했다』를 한국문화와 여성시대의 입장에서 패러디한 책이다.

2018.2.24.: 철학의 스승인 김형효 선생 별세. 이날 새벽 자택에서. 철학의 스승이자 훌륭한 대담자로 함께 동행해준 선생의 상실로 망연자실에 빠짐.

2018.4.30.: 영남대학교 대학원에서 문화인류학박사학위(Ph.D)를 받음. 박사논문은 「굿으로 본 서울올림픽의 의례성」. 학위등록번호: 영남대2017(박)083.

2018.6.: 한국동서철학회로부터 '동양은 어떻게 서양을 계몽하였는가?—오리엔탈리즘에 대한 재성찰과 평가'를 주제로 춘계학술대회(한국외국어대학 교수회관, 6월 2일) 기조강연을 맡아달라는 초청을 받았다. 여기서 「서양철학에 영향 미친 성리학 및 도학(道學)」을 발표했다.

2018.11.: 『생명과 평화의 철학—네오샤머니즘』(살림) 펴냄. 인류문명이 패권주의를 넘어서 '평화의 지구촌'을 건설하기 위해서는 원시적 종교로 알려진 샤머니즘의 자연주의에서 많은 힌트와 삶의 자세와 지향을 얻어야 함을 역설한 책. 네오샤머니즘이야말로 인류구원의 철학임을 강조하고 있음. 박정진의 '소리의 철학'(일반성의 철학-여성철학-평화철학-에콜로지철학)의 결정판이다.

2018.12.1.: 한국동서철학회 추계학술대회(충남대학교 문원강당 및 세미나실) 제3부: 주
제발표―한국의 철학자 집중연구―"동서횡단의 철학자 박이문(朴異汶) 선생의 '둥
지 철학' 조명"에 발표자로 초대됨.「'둥지의 철학'은 한국자생철학의 둥지가 될 것
인가」를 발표논문으로 제출함.

2019.2.25.: 심원철학회 주최 심원(心遠) 김형효(金炯孝) 선생 1주기 추모 학술발표회
(한국학중앙연구원, 세미나실)에 발표자로 초대됨.「동서양 비교철학으로써 철학적 자
아 찾기」 발표 예정.

2019.3.: 『인류학자가 풀어쓴 차(茶)의 인문학 1』(차의 세계사) 발간 예정.

"나는 아버지의 뜻에 따라 의사가 되려다가 결국 내 뜻에 따라 시인이 되었다. 내가 얼마나 미친놈이었는가는 한참을 살고 뒤늦게 알았다. 아마도 나는 인간사회의 병을 일찍이 감지했고, 그것을 고치고자 시인이 되려고 하였던 것 같다. 그러다가 언론인이 되었고, 인류학자가 되었고, 세계에서 처음으로 '예술인류학'이라는 장르를 만들었고, 이제 '철학인류학'이라는 장르를 만들어가고 있다. 예술이 인류의 구원이 될 것을 꿈꾸었고, 삶 자체가 예술이라는 것을 알았다. 가만히 생각해보면 나에게는 시와 철학이 함께 동거하고 있다. 말하자면 지금은 낯선, 일찍이 아시아의 황금시대에 존재했던 시철(詩哲)인 셈이다. 100여 권의 책을 썼고, 1,000여 편의 시를 읊었다. 참으로 숨 가쁘게 살아온 인생여정이었던 것 같다."

네오샤머니즘
—생명과 평화의 철학

펴낸날	**초판 1쇄 2018년 12월 1일**
지은이	**박정진**
펴낸이	**심만수**
펴낸곳	**(주)살림출판사**
출판등록	**1989년 11월 1일 제9-210호**
주소	**경기도 파주시 광인사길 30**
전화	**031-955-1350 팩스 031-624-1356**
홈페이지	**http://www.sallimbooks.com**
이메일	**book@sallimbooks.com**
ISBN	978-89-522-4003-3 93100

※ 값은 뒤표지에 있습니다.
※ 잘못 만들어진 책은 구입하신 서점에서 바꾸어 드립니다.

이 도서의 국립중앙도서관 출판시도서목록(CIP)은 서지정보유통지원시스템 홈페이지(http://seoji.nl.go.kr)와 국가자료공동목록시스템(http://www.nl.go.kr/kolisnet)에서 이용하실 수 있습니다.(CIP제어번호: CIP2018037961)